Techniques Financières Internationales

Introduction générale

L'activité des entreprises et des banques est de plus en plus orientée vers l'international. Pour les unes et pour les autres les opérations en dehors du territoire national sont une source de contraintes et d'opportunités. Des techniques financières plus ou moins complexes sont progressivement apparues pour réduire les premières et tirer profit des secondes. Elles forment aujourd'hui un ensemble bien structuré en voie de perpétuel renouvellement. Nous voudrions, avec ce livre, contribuer modestement à une meilleure compréhension de ces contraintes, de ces opportunités et de ces techniques.

La confrontation au marché des changes est la première manifestation concrète de la réalité internationale. Toute entreprise qui exporte ou importe, tout particulier qui se rend à l'étranger se heurte immédiatement à un problème de change. Ceci justifie la première partie de ce livre, consacrée au marché des changes.

La simple observation de l'évolution quotidienne des cours des devises pourrait conduire à penser que l'irrationalité est le seul déterminant des taux de change. La réalité est heureusement plus complexe et nuancée. Les principaux déterminants du taux de change sont présentés dans la deuxième partie.

Les marchés financiers internationaux sont une composante essentielle de l'activité économique et financière des banques, des entreprises et des entités publiques, même lorsqu'elles n'ont aucune activité internationale. Elles y puisent en effet une partie de plus en plus substantielle de leurs ressources financières. Ces marchés financiers internationaux sont l'objet de la troisième partie de ce livre.

Dès qu'une entreprise exporte ou importe, elle est confrontée à des risques spécifiques qu'elle ne rencontre pas sur les marchés domestiques. C'est à leur étude qu'est consacrée la quatrième partie du livre.

Les activités internationales des entreprises sont nombreuses et variées. Elles ont, de ce fait, donné naissance à des techniques financières de plus en plus complexes. Le financement des activités internationales des entreprises est abordé dans la cinquième partie.

Les marchés internationaux de capitaux, le marché des changes, les montages financiers internationaux, la gestion des risques internationaux, toutes ces institutions et toutes ces activités sont concentrées dans certains endroits spécifiques dénommés places financières internationales. Leur étude est l'objet de la sixième et dernière partie du livre.

PREMIÈRE PARTIE

Le marché des changes

La confrontation au marché des changes est la première manifestation concrète de la réalité internationale. Toute entreprise qui exporte ou importe, tout particulier qui se rend à l'étranger se heurte immédiatement à un problème de change.

Le premier chapitre de cette partie est consacré à la description du marché des changes interbancaire et de ses deux composantes que sont le marché au comptant et le marché à terme. Depuis le début de la décennie 1970, le marché des changes s'est développé en dehors du système bancaire. Les contrats et les options sur devises ont considérablement élargi les possibilités d'intervention des opérateurs. C'est à l'étude de ces nouveaux compartiments du marché des changes qu'est consacré le deuxième chapitre de cette première partie.

Chapitre 1

LA DESCRIPTION ET LE FONCTIONNEMENT DU MARCHÉ DES CHANGES INTERBANCAIRE*

Le marché des changes assure la confrontation des offres et des demandes de devises et révèle leurs cours en terme de monnaie nationale.

Les monnaies étrangères sont échangées contre la monnaie nationale sur toutes les places financières du monde. Le marché des changes n'est pas géographiquement limité : le marché du franc français couvre non seulement les transactions en devises à Paris, mais également celles effectuées en franc contre les monnaies locales à New York, à Zurich, à Londres, à Singapour etc... Comme le dit C.P. Kindleberger, « les marchés des changes actuels suivent le trajet du soleil autour du globe par l'intermédiaire des satellites de télécommunications ».

Pour appréhender correctement le fonctionnement du marché des changes, il convient, d'une part, de s'interroger sur les opérateurs intervenant sur ce marché, d'autre part, de connaître les actifs utilisés par ces opérateurs. Tel est l'objet des deux premières sections. Le marché des changes comprend deux compartiments complémentaires, étroitement imbriqués.

* Pour approfondir le contenu de ce chapitre, le lecteur peut se reporter au livre de questions et d'exercices corrigés de Yves Simon : *Finance Internationale*, Paris, Economica, 1992, et plus spécialement au chapitre 1 intitulé : Le marché des changes interbancaire.

Ils sont analysés aux sections trois et quatre[1]. Depuis 1973, les transactions sur le marché des changes connaissent un développement considérable. Il est évoqué dans la cinquième section de ce chapitre.

Section I — Les participants au marché des changes

Le marché des changes est réservé aux banques et aux institutions financières. Ces opérateurs interviennent pour leur propre compte ou celui de leur clientèle. Ils peuvent négocier directement entre eux ou passer par l'intermédiaire de courtiers.

§ 1. Les banques et les institutions financières

Il existe deux catégories d'opérateurs : les banques commerciales et les institutions financières assimilées, d'une part, les banques centrales, d'autre part.

A. — Les banques commerciales et les institutions financières assimilées

Les banques, les institutions financières et les filiales financières des grands groupes industriels prennent en charge les opérations de change pour leur propre compte ou celui de leurs clients. Pour faciliter leurs opérations, les banques ont des dépôts auprès d'institutions financières étrangères qui jouent le rôle de correspondants.

Les banques sont les plus importants opérateurs sur le marché des changes, mais les filiales financières ou bancaires des groupes industriels y jouent un rôle croissant. Renault Finance est un cas bien connu. Un autre exemple est celui de British Petroleum. Cette société a annoncé en décembre 1984 la création d'une filiale dont la mission est d'assurer des fonctions de banquier et de direction financière pour le groupe et les entreprises associées. British Petroleum International, puisque tel est son nom, a débuté ses activités au début de l'année 1985. Ce qui est vrai de British Petroleum l'est également de nombreuses autres sociétés.

En France, tous les intermédiaires agréés sont habilités à traiter de façon habituelle des opérations de change. En pratique, peu de banques interviennent en permanence sur le marché. Parmi les plus actives, on peut citer la Société Générale, le Crédit Lyonnais, la Banque Nationale de Paris, Paribas, Indosuez, la Banque Française du Commerce Extérieur. Ces banques opèrent par l'intermédiaire de spécialistes appelés cambistes.

---

1. Le lecteur trouvera des informations plus détaillées sur le contenu de ce chapitre dans deux notes publiées par la BANQUE DE FRANCE : *Le marché des changes de Paris : les opérations au comptant,* juillet 1983 ; *Le marché des changes de Paris : les opérations à terme,* août 1983. Il peut se référer avec profit à l'étude de J. BLANC, *Le marché des changes,* Notes et études documentaires n° 4625-4626, 20 juin 1981 ainsi qu'à l'article de M. GALY, V. LEVY-GARBOUA et D. PLIHON : Description et fonctionnement du marché des changes, *Cahiers économiques et monétaires,* n° 8 1978, pp. 5-25.

Pendant longtemps, les cambistes étaient des autodidactes formés sur le tas. Ce n'est plus le cas aujourd'hui. Ils sont très compétents et doivent être en mesure de comprendre, d'analyser et de critiquer la théorie économique et financière. A l'heure actuelle, un opérateur sur le marché des changes doit être doté des qualités qui permettaient la réussite des cambistes du passé et la rigueur scientifique indispensable à l'analyse économique et financière.

Les banques font de plus en plus appel à des jeunes diplômés issus des grandes écoles commerciales et scientifiques et des universités. Les rémunérations sont très élevées. Il n'est pas rare qu'un bon cambiste gagne à Paris 600 000 francs par an et qu'il bénéficie d'une participation aux résultats. A Londres et sur les autres places financières, les rémunérations peuvent être deux à trois fois supérieures à celles de Paris.

En quelques secondes et sans la moindre signature, un cambiste peut engager la banque pour plusieurs millions de dollars. Les cambistes sont de ce fait l'objet de contrôles étroits de la part des responsables de la banque.

Les cambistes travaillent sur des tables de change qui sont devenues de véritables bijoux sur le plan de l'informatique et des télécommunications. Chaque poste de travail comporte :

- un ou deux terminaux fournissant une information en temps réel sur les cours de change et les taux d'intérêt ; les plus utilisés sont ceux de Reuter et Telerate ; leur présence permet de relier entre elles toutes les salles de change du monde ;
- plusieurs téléphones digitaux ;
- plusieurs lignes directes afin de pouvoir joindre instantanément les filiales étrangères, les banques, les courtiers et les clients les plus importants ;
- un système d'information donnant en temps réel la position de la banque dans chaque devise ;
- un micro-ordinateur doté de logiciels d'aide à la décision permettant des calculs rapides en vue d'effectuer des opérations d'arbitrage, de placement, de spéculation et de couverture sur la base de décisions prises par l'ordinateur.

Le profit des banques sur le marché des changes a deux origines : la première est commerciale, la seconde est spéculative.

Le profit commercial a pour explication la différence entre les cours sur le marché interbancaire : celui auquel la banque achète des devises et celui auquel elle les vend. A cette différence, le cambiste ajoute une marge supplémentaire lorsqu'il négocie avec un client commercial. En fait, la concurrence est d'une telle intensité que les banques ne peuvent plus ajouter de marge et doivent bien souvent rogner leur propre *spread* pour conserver la clientèle des grandes entreprises. Ces dernières disposent en effet de cambistes et parfois d'une véritable table de change avec des informations strictement identiques et une compétence tout à fait comparable à celle des établissements financiers les plus actifs du marché des changes.

La réduction du profit commercial explique que les banques sont conduites à prendre des positions spéculatives sur le marché des changes ou des positions de couverture anticipée dans l'anticipation d'une variation du taux de change.

Très souvent les banques soulignent qu'elles n'ont pas de position spéculative. Ceci n'a jamais été tout à fait exact et l'est de moins en moins. En réalité, il leur arrive fréquemment d'être en position de change, ce qui n'a rien de honteux ou de scandaleux, car ce faisant les banques prennent le risque de change dont se débarrassent les exportateurs et les importateurs et elles jouent le rôle de *market maker*, ce qui apporte de la liquidité au marché, surtout lorsque la grande majorité de leurs clients commerciaux sont acheteurs ou vendeurs de devises.

Les opérations de spéculation prises par les cambistes sont encadrées par les limites imposées par la direction générale de la banque. Ces limites sont de différents ordres.

Il existe, en premier lieu, une limite sur le montant de la position en fin de journée, ce que l'on appelle la position de report ou la position *overnight*. Cette dernière ne doit pas être par exemple supérieure à 10 millions de dollars.

Il existe, en deuxième lieu, une limite sur le montant de la position maximale qui peut être atteinte en cours de journée, ce que l'on appelle une position *intraday*. Il est, par exemple, impossible d'avoir une position nette acheteur (on dit également une position longue) ou une position nette vendeur (on dit également une position courte ou découverte) supérieure à 50 millions de dollars.

Les limites sont imposées à chaque cambiste individuel et/ou à l'ensemble des postes de la salle des marchés. Ces limites concernent la position de la banque, toutes devises confondues, mais des sous-limites peuvent être également imposées pour chaque monnaie prise individuellement. Une autre manière d'encadrer l'activité des cambistes consiste à leur fixer des limites sur le montant de la position qu'ils peuvent prendre sur le marché au comptant, sur le marché à terme, ou sur la position nette comptant-terme.

Il existe, en troisième lieu, des limites relatives aux contreparties de la banque sur le marché des changes. Il est par exemple impossible pour un cambiste (mais plus généralement pour l'ensemble de la banque) d'avoir pour contrepartie l'institution XYZ au-delà d'un montant supérieur à 100 millions de dollars.

L'importance de la spéculation induite par les banques est cependant faible, comparée à celle qui est générée par la clientèle privée. Les banques ne refusent toutefois pas la spéculation de leurs clients, car ces opérations sont une source de revenus et de commissions. Il leur est par ailleurs difficile de s'opposer aux désirs d'une clientèle qui passerait immédiatement à la concurrence si elle ne trouvait pas les services qu'elle exige.

Sur le marché des changes, la valeur normale d'une transaction n'est pas inférieure au million de dollars. Aujourd'hui, le minimum serait plutôt de l'ordre de 3 à 5 millions de dollars, certaines transactions pouvant atteindre 10 à 20 millions de dollars. Elles peuvent être facilement exécutées sans le moindre problème s'il y a beaucoup d'activité et une bonne liquidité, ce qui n'est pas nécessairement toujours le cas.

Les ordres de la clientèle inférieurs à un million de dollars ne sont pas passés directement dans le marché. Ils doivent être regroupés avant d'être exécutés. Le cambiste doit donc être prudent quand il annonce un cours pour un petit ordre, car il sait que ce dernier ne sera exécuté que dans quinze minutes, une heure ou plus... et durant ce laps de temps les taux peuvent évoluer.

B. — Les banques centrales

Les banques centrales interviennent sur le marché des changes. En opérant sur ce marché, la Banque de France, pour prendre un exemple précis, mais ceci est vrai de toutes les autres banques centrales, remplit trois fonctions.

- Elle exécute les ordres de sa clientèle : administrations, banques centrales étrangères, organismes internationaux.
- Elle assure le contrôle du marché. Cette emprise est plus ou moins forte selon l'importance du contrôle des changes.
- Elle cherche, enfin et surtout, à influencer l'évolution du taux de change, pour des raisons de politique économique interne, d'une part, pour faire respecter certains engagements internationaux formels (le traité de Bretton Woods) ou informels (les accords dits du G7), d'autre part. En France, les interventions de la banque centrale se font par l'intermédiaire du fonds de stabilisation des changes.

Le fonds de stabilisation des changes est un organisme créé en 1936 et géré pour le compte de l'Etat par la Banque de France en liaison étroite avec le ministère des Finances[2]. L'objectif de ce fonds est de régulariser l'évolution du franc par rapport au cours des devises étrangères. Cette mission n'a pas été confiée directement à la Banque de France, car la publication hebdomadaire du bilan de l'Institut d'Emission aurait eu pour conséquence de révéler l'ampleur des sorties d'or et de devises induites par la régularisation des cours du franc. Pour éviter d'activer les mouvements spéculatifs, les opérations du fonds de stabilisation des changes sont tenues secrètes et ne donnent pas lieu à une publication officielle. Il s'agit en réalité d'un secret de polichinelle car la dotation initialement allouée étant très faible, le fonds ne peut intervenir qu'en vendant les devises mises à sa disposition par la Banque de France. Inversement, quand le fonds achète des devises pour éviter une hausse du franc jugée préjudiciable à l'économie française, il cède les devises obtenues sur le marché à la Banque de France. La plus grande partie des opérations du fonds de stabilisation des changes se traduisent en conséquence par des variations des postes « Disponibilités à vue à l'étranger » et « Avance au fonds de stabilisation des changes ».

Il faut noter par ailleurs que la publication mensuelle de la situation des réserves publiques de change par le ministère de l'Economie et des Finances permet d'apprécier précisément l'ampleur des interventions du fonds de stabilisation sur le marché des changes.

---

2. Des informations complémentaires sont disponibles dans la note d'information publiée par la BANQUE DE FRANCE : *Le fonds de stabilisation des changes*, décembre 1978.

Les interventions de la Banque de France sur le marché des changes ont pris au cours du temps des modalités fort diverses. De 1958 à 1971, période caractérisée par une fixité des taux de change, la Banque intervenait sur le marché pour maintenir la parité du franc par rapport au dollar dans les limites de ± 0,75 %. L'instauration d'un double marché des changes consécutif à la suspension de la convertibilité du dollar a conduit la Banque de France à n'intervenir que sur le marché officiel et à laisser librement flotter le taux sur le marché financier. Entre décembre 1971 et mars 1973 (date de la décision de supprimer la fixité du taux de change), la Banque de France est intervenue sur le marché des changes pour maintenir la parité du franc par rapport au dollar dans les limites de ± 2,25 %. Depuis mars 1973, la Banque de France n'est plus obligée d'intervenir sur le marché des changes contre le dollar. Elle continue cependant à le faire quand elle l'estime nécessaire.

Les accords passés en avril 1972 avec les autres pays de la Communauté Economique Européenne contraignaient la Banque de France à maintenir la parité entre les différentes devises dans une fourchette de ± 2,25 %. Cet accord a été renforcé avec la création du Système monétaire européen.

En intervenant sur le marché des changes, les banques centrales ont pour objectif de régulariser l'évolution du cours des devises. Ces interventions ont toujours fait l'objet de controverses. Certaines banques centrales refusent d'intervenir, car elles estiment que ces achats et ventes déstabilisent le marché des changes. Telle était la position clairement affirmée des autorités monétaires américaines jusqu'en septembre 1985. Elle s'est sensiblement modifiée depuis la réunion à Washington, le 22 septembre 1985, des ministres des Finances des Etats-Unis, du Japon, du Royaume-Uni, de l'Allemagne et de la France. Soucieuses de réduire le déséquilibre croissant de leur balance commerciale, les autorités monétaires américaines ont accepté d'intervenir sur le marché des changes pour faire baisser le dollar par rapport à l'ensemble des autres devises. Les banques centrales européennes sont moins hostiles à ces interventions. Elles y recourent quand des turbulences et des incertitudes provoquent des fluctuations erratiques des taux de change dénuées de justification économique.

L'ampleur des transactions sur le marché des changes (plus de 1 000 milliards de dollars en moyenne journalière) comparée à leurs réserves en devises, interdit, en fait, aux banques centrales toute possibilité d'influencer durablement les taux de change ou d'imposer un cours qui ne correspondrait pas à la réalité économique du moment. De ce fait, pour être couronnées de succès, les interventions des banques centrales doivent être massives, coordonnées et se produire à des moments opportuns. Ce fut le cas le 21 septembre 1984[3] et le 27 février 1985. Près de deux milliards de dollars furent vendus ce dernier jour par les banques centrales sur le marché

3. Le succès est tout relatif dans la mesure où la chute brutale du dollar enregistrée le 21 septembre n'a pas empêché la devise américaine d'atteindre plus de 10,60 francs le 26 février 1985.

des changes (la Bundesbank pour les deux tiers, les banques centrales d'Angleterre, de France, d'Italie, des Pays-Bas, de Belgique et du Japon, pour le reste). Les conditions de l'intervention étaient propices, car le marché des changes était très étroit et le cours du dollar avait déjà fléchi la veille, à la suite d'une déclaration du président de la Réserve fédérale devant une sous-commission du Sénat américain s'inquiétant de la hausse de la devise américaine.

§ 2. La clientèle privée

Elle n'intervient pas directement sur le marché des changes, mais elle le fait par l'intermédiaire des banques. La clientèle privée regroupe trois catégories d'opérateurs : les entreprises industrielles et commerciales, les institutions financières ne participant pas directement au marché et les particuliers.

§ 3. Les courtiers

Bien qu'il ne soit pas indispensable de passer par leurs services, les courtiers jouent un rôle essentiel sur le marché des changes en tant qu'informateurs et intermédiaires. Sans qu'eux-mêmes ou la banque soient obligés d'acheter ou de vendre des devises (ce qui n'est généralement pas le cas lorsque les cambistes sont directement en rapport), ils informent les opérateurs des cours auxquels se vendent et s'achètent les différentes monnaies. Ils ont un rôle d'intermédiaire, dans la mesure où ils centralisent les ordres d'achat et de vente de plusieurs banques et qu'il est, en conséquence, plus facile pour un cambiste d'utiliser leurs services que de contacter plusieurs confrères susceptibles de vendre ou d'acheter la devise recherchée.

Leur rôle d'intermédiaire est plus général encore car ils ne sont jamais obligés de dévoiler le nom des banquiers qu'ils mettent en rapport. Cette discrétion peut être très intéressante pour certaines institutions financières qui ne veulent pas faire apparaître, à un moment donné, leur position acheteur ou vendeur dans telle ou telle devise[4].

La fonction d'un courtier est de rendre le marché plus efficace et plus fluide, en étant en contact permanent avec de nombreuses banques. La valeur d'un courtier s'apprécie à la qualité des liaisons qu'il entretient avec les institutions financières actives sur le marché des changes.

Une maison de courtage est divisée en sections. Chaque section travaille sur une devise ou un groupe de devises. A l'intérieur des sections, les courtiers se spécialisent dans les transactions sur le marché au comptant et les différentes échéances du marché à terme. Chaque courtier est en plus spécialisé sur certaines catégories de banques.

---

4. MUNIER, B. : *Le cambisme et le jeu monétaire international,* pp. 138-139.

Les maisons de courtage les plus importantes sont localisées à Londres. Elles sont peu nombreuses. Ce sont des maisons internationales ayant de nombreux bureaux ou filiales sur d'autres places financières. Elles peuvent regrouper plusieurs centaines de courtiers. A côté de ces grandes institutions il existe des maisons plus modestes ou très spécialisées ne regroupant que quelques courtiers. Les maisons de courtage ont contribué à l'essor du marché des changes en établissant des liens directs avec les centres non européens à la fin des années 1970. La conséquence fut d'accroître et d'accélérer l'intégration des différents marchés. Ce phénomène conjugué à l'arrivée des banques étrangères explique en partie l'essor du marché de New York. A Paris les courtiers sont au nombre d'une vingtaine, mais une dizaine d'entre eux assurent l'essentiel de l'activité.

Section II — Les actifs négociés sur le marché des changes

Le transfert télégraphique de dépôt bancaire est le principal actif utilisé dans les transactions sur le marché des changes. La lettre de change et le numéraire ne constituent que des éléments accessoires.

§ 1. La lettre de change

Dans les débuts du commerce international, la lettre de change était le moyen de règlement le plus utilisé. Elle l'est encore, mais son importance a beaucoup diminué. La lettre de change est un ordre écrit par le vendeur d'un bien, et accepté par l'acheteur (ou sa banque), obligeant cet acheteur ou cette banque à payer une certaine somme au vendeur, à une date fixée et en une certaine monnaie. La lettre de change associe la fonction de crédit à court terme à celle d'opération de change.

§ 2. Le transfert télégraphique de dépôt bancaire

Le transfert télégraphique de dépôt bancaire est un ordre envoyé par télex de débiter un compte libellé dans une devise A et de créditer simultanément un autre compte libellé en devise B. Les comptes débités et crédités peuvent appartenir à une même personne ou à deux opérateurs différents.

La rapidité d'exécution est le principal avantage du transfert télégraphique de dépôt bancaire. Un exemple permet d'illustrer ce qu'est le transfert de dépôt bancaire. Un exportateur français disposant d'un compte au Crédit Lyonnais à New York peut demander à cette banque de lui vendre par transfert télégraphique de dépôt bancaire USD 500 000 et de créditer simultanément son compte au Crédit Lyonnais de Paris. Il lui sera remis à Paris l'équivalent de USD 500 000 en franc français, au taux du marché, à la date de valeur de l'opération[5].

---

5. De manière systématique, nous avons utilisé dans les différents chapitres de ce livre les

(suite de la note page suivante)

Le taux sur les transferts de dépôts bancaires est le taux directeur auquel est chevillé le taux de change portant sur le numéraire.

§ 3. Le numéraire

Cet actif est peu utilisé, en comparaison des masses échangées par transfert de dépôt bancaire. Le marché des billets est un secteur très marginal du marché des changes. La demande des touristes oblige cependant les banques à en détenir en permanence dans leurs caisses.

Toute personne entrant dans une banque pour acheter ou pour vendre des devises constate que les taux de change facturés sont très sensiblement différents des taux relatifs aux transferts de dépôts publiés dans la presse financière. Cet écart « représente principalement le coût en trésorerie de la détention de billets non productibles d'intérêt et les frais de transformation des instruments manuels de paiement en avoirs en compte (ou réciproquement), c'est-à-dire le transport et l'assurance des billets de banque étrangers vendus ou achetés contre crédit ou débit en compte[6] ».

§ 4. Les principales devises négociées sur le marché des changes

Il existe une gradation dans l'importance des différentes devises utilisées sur le marché des changes.

Le dollar américain constitue la monnaie de référence. C'est en effet contre la devise américaine que s'effectue la plus grande partie des transactions sur toutes les places financières.

Le yen et le deutsche mark ont acquis, depuis 1985, une véritable dimension internationale. Ces devises font l'objet d'une cotation contre dollar sur pratiquement toutes les places financières internationales.

La livre sterling, le franc suisse, le florin, le dollar canadien, le dollar australien et le franc français sont traités sur l'ensemble des places financières internationales, mais de façon plus ou moins continue.

---

nouveaux sigles monétaires normalisés au niveau national par l'AFNOR et au niveau international par l'ISO. Ils consistent en un mode alphabétique constitué par trois caractères. Les deux premiers servent à identifier le pays, le troisième est un indicateur dérivé de l'unité monétaire. Les principaux codes utilisés sont les suivants :

DEM : Deutsche mark
CAD : Dollar canadien
BEF : Franc belge
USD : Dollar américain
FRF : Franc français
ITL : Lire
JPY : Yen
CHF : Franc suisse
NLG : Florin
GBP : Livre sterling

6. BANQUE DE FRANCE : *Le marché des changes de Paris : les opérations au comptant* juillet 1983, p. 1.

Les autres devises convertibles ne sont cotées que lorsque la place financière émettrice est ouverte.

Les devises non convertibles ne font pas l'objet d'un véritable marché et les cours sont déterminés par la banque centrale.

Section III — L'organisation et le fonctionnement du marché des changes au comptant

Sur le marché au comptant s'effectuent des achats et des ventes de devises qui doivent être livrées au plus tard deux jours ouvrables après la date de conclusion de la transaction. Ne font exception à cette règle que les transactions entre le dollar canadien et le dollar américain, devises pour lesquelles la livraison doit être faite dans un délai de 24 heures.

§ 1. La définition du taux de change au comptant

Le taux de change de la monnaie A par rapport à la monnaie B exprime le nombre d'unités de B qui peuvent être achetées sur le marché au comptant par une unité de A.

Les taux de change peuvent être cotés de deux manières différentes. Dans la première formulation, le taux de change est le prix d'une unité de devise étrangère en terme de monnaie nationale. A Paris, le 11 janvier 1983, le dollar valait 6,6550 francs français. A New York, le 11 janvier 1983, le deutsche mark valait 0,4257 dollar américain et le dollar canadien 0,8179 dollar américain. Cette modalité de cotation dite « à l'incertain » est utilisée sur toutes les places financières du monde, à l'exception de celle de Londres.

Dans la seconde formulation, dite cotation « au certain », le taux de change est le prix d'une unité de monnaie nationale en terme de monnaie étrangère. A Londres, le 11 janvier 1983, la livre valait 1,5845 dollar.

Ces deux formulations traduisent une même réalité et sont parfaitement symétriques : le produit de ces deux cotations pour une même devise à un instant donné est bien évidemment égal à 1. Le 11 janvier 1983, la cotation à l'incertain du deutsche mark donnait 1 DEM = USD 0,4257 et la cotation au certain donnait USD 1 = 2,3490 DEM. Le lecteur vérifiera lui-même que le produit de ces deux cotations est bien égal à 1.

Les cotations sur le marché au comptant sont faites sous la forme de deux prix : un cours acheteur et un cours vendeur. Le cours acheteur est le prix auquel la banque se propose d'acheter les devises ; le cours vendeur est celui auquel la banque se propose de vendre les devises.

Du fait de l'existence de deux modalités de cotation, l'interprétation des chiffres reproduisant la valeur du taux de change doit être conduite avec prudence.

Dans le cadre d'une cotation à l'incertain, nous avons, par exemple, sur le marché de Francfort, le cours du dollar par rapport au deutsche mark :

USD 1 = 1,7356 – 1,7366 DEM

1,7356 est le cours d'achat du dollar par rapport au deutsche mark ; 1,7366 est le cours de vente du dollar par rapport au deutsche mark. Lorsqu'une banque annonce cette fourchette, cela signifie qu'elle est prête à acheter le dollar sur la base de USD 1 = 1,7356 DEM et à le vendre sur la base de USD 1 = 1,7366 DEM.

Dans le cadre d'une cotation au certain, nous avons, par exemple, sur le marché de Londres, le cours de la livre sterling par rapport au dollar :

1 GBP = USD 2,1050 – 2,1060

2,1050 est le cours d'achat de la livre par rapport au dollar ; 2,1060 est le cours de vente de la livre par rapport au dollar. Lorsqu'une banque annonce cette fourchette, cela signifie qu'elle est prête à acheter de la livre sterling sur la base de 1 GBP = USD 2,1050 et à la vendre sur la base de 1 GBP = USD 2,1060.

Il est toujours possible de passer d'une cotation à l'incertain à une cotation au certain et réciproquement. En partant de la cotation précédemment évoquée du dollar par rapport au deutsche mark sur la place de Francfort, il est possible de calculer le cours du deutsche mark par rapport au dollar. Le cours acheteur du deutsche mark par rapport au dollar est obtenu en inversant la valeur du cours vendeur du dollar par rapport au deutsche mark : 1/1,7366, soit 0,5758. Le cours vendeur du deutsche mark par rapport au dollar est obtenu en inversant la valeur du cours acheteur du dollar par rapport au deutsche mark : 1/1,7356, soit 0,5762.

La différence entre le cours acheteur et le cours vendeur représente la marge de la banque. Cet écart varie légèrement d'un établissement à l'autre. La plus ou moins grande agressivité commerciale de la banque et sa position dans la devise considérée expliquent cette différence.

La fourchette entre le cours offert et le cours demandé est généralement très faible et inférieure à une « figure[7] ». Elle peut cependant s'accroître sensiblement lorsque les marchés deviennent nerveux et étroits. La fourchette peut alors atteindre une ou deux figures pour des devises comme le deutsche mark. Le 27 février 1985, lorsque le dollar a perdu en moins de deux heures 4 % de sa valeur contre les autres devises, certaines banques offraient à Paris une fourchette de dix figures pour la cotation du dollar en franc français[8].

Sur le marché des billets, les écarts entre les cours acheteur et vendeur appliqués aux particuliers sont très supérieurs à ceux du marché interbancaire. Ils sont, par ailleurs, très différents d'une banque à l'autre à un même moment du temps.

---

7. La figure est un terme utilisé par les cambistes pour définir le deuxième chiffre après la virgule. Lorsque le taux de change passe de USD 1 = 10,25 FRF à USD 1 = 10,30 FRF, on dit qu'il a varié de cinq figures.

8. Cela signifiait qu'à un instant donné une banque cotait la devise américaine USD 1 = 10,25 – 10,35 FRF. Cet écart était d'autant plus compréhensible... et justifié qu'en moins de deux heures le dollar a baissé de 40 centimes par rapport au franc.

§ 2. Les caractéristiques du marché au comptant

Le marché des changes de Paris se tient tous les jours ouvrables par téléphone entre les établissements de la place, soit directement de banque à banque, soit par l'intermédiaire de courtiers. Les opérations se font avec les correspondants étrangers par téléphone ou télex. Le marché fonctionne en continu, ce qui veut dire qu'il est toujours possible pour un opérateur d'acheter ou de vendre des devises ou du franc pendant les heures d'ouverture du marché.

Le dollar occupe une place centrale, car cette devise sert de pivot à l'ensemble des transactions. Toutes les devises sont cotées contre le dollar, alors qu'elles ne sont pas nécessairement cotées entre elles, de sorte qu'un banquier vendant des lires pour acheter des francs belges doit nécessairement passer par le dollar. Il vend, dans l'exemple précis qui nous occupe, des lires contre le dollar et revend ces dollars pour obtenir des francs belges. Il est en effet pratiquement impossible de vendre directement des lires contre du franc, car il n'y a pas de marché direct entre ces deux devises. Cette procédure n'est pas spécifique aux monnaies retenues dans cet exemple. Elle est générale et concerne de très nombreuses monnaies échangées sur le marché des changes. Il faut toutefois noter l'apparition depuis 1987 de transactions directes entre deux devises, dont l'une n'est pas le dollar. Ces transactions qualifiées de *cross* dans la terminologie des opérateurs représentaient en 1992 près de 10 % des échanges réalisés sur le marché des changes.

L'exécution des opérations de la clientèle diffère selon que les ordres sont « au mieux » ou à « cours limite ».

Les ordres au mieux sont exécutés immédiatement par le cambiste au meilleur cours pouvant être obtenu sur le marché.

Dans le cas de transactions à cours limite, l'opérateur fixe un seuil au-delà ou en deçà duquel le cambiste ne doit pas aller. Il demande, par exemple, de vendre 5 millions de dollars à un cours supérieur ou égal à USD 1 = 8,5450 FRF. Les achats peuvent également se faire à un cours limite. L'opérateur demande, par exemple, au cambiste de lui acheter 10 millions de dollars à un cours inférieur ou égal à USD 1 = 8,6040 FRF.

De nombreuses devises jouant un rôle marginal dans le financement du commerce international ne sont pas cotées sur toutes les places financières. Elles font l'objet de transactions sur leur marché national et quelques places internationales entretenant des relations privilégiées avec le pays de la devise en question. Le tableau 1 indique les places sur lesquelles sont négociées certaines devises de faible importance. Pour acheter ou pour vendre ces monnaies, les opérateurs s'adressent aux principales banques de la place financière nationale ou aux établissements internationaux spécialisés dans leur cotation.

Quand une banque intervient sur le marché des changes pour le compte de sa clientèle, elle peut procéder à des achats et à des ventes directs de devises. Elle peut également passer par une devise tierce, dans la mesure où cet arbitrage lui donne la possibilité d'obtenir un profit supplémentaire. Un exemple permet d'illustrer cette opération triangulaire.

Une banque canadienne est chargée de vendre, le 10 janvier 1983, un million de francs français provenant d'exportations effectuées par une entreprise canadienne. Quand la banque reçoit l'ordre de vendre les francs, les taux sur le marché des changes sont les suivants :

1 CAD = 5,4022 FRF à Paris
USD 1 = 1,2226 CAD à New York
USD 1 = 6,6040 FRF à New York et Paris

Tableau 1
Places financières internationales cotant des devises de faible importance

DEVISES		*PLACES FINANCIÈRES*
Bolivar	Venezuela	New York
Couronne	Islande	Londres
Cruzado	Brésil	New York
Dinar	Bahrein	Londres-Paris-Koweit-Qatar
Dinar	Irak	Londres-Paris
Dinar	Koweit	Londres-Paris
Dinar	Libye	Londres
Dirham	EAU	Londres-Paris-Bahrein-Qatar
Dollar	Australie	Londres
Dollar	Hong-Kong	Londres-Singapour
Dollar	Nouv. Zélande	Londres
Dollar	Singapour	Londres
Drachme	Grèce	Londres-Paris
Livre	Egypte	Londres
Livre	Israël	Londres
Livre	Liban	Londres-Paris
Peso	Argentine	New York
Peso	Chili	New York
Peso	Mexique	New York
Rand	Afrique du Sud	Londres-Paris
Rial	Arabie Saoudite	Londres-Paris-Bahrein-Qatar-Koweit
Rial	Iran	Londres-Paris-Bahrein-Qatar-Koweit
Rial	Qatar	Londres-Paris-Bahrein-Koweit
Ringitt	Malaisie	Londres
Roupie	Inde	Londres
Rupiah	Indonésie	Londres

Source : Association française des trésoriers d'entreprise : *Le marché des changes et les moyens de couverture,* Paris, 1980, p. 23.

La première possibilité offerte à la banque est de vendre directement 1 million de francs. Elle obtient :

$$\frac{1\ 000\ 000}{5{,}4022} = 185\ 109{,}77$$

La seconde solution est de passer par une devise tierce, en l'occurrence le dollar américain. Elle vend, dans ces conditions, un million de francs français contre des dollars américains à New York et achète simultanément les dollars canadiens contre les dollars américains :

$$\frac{1\ 000\ 000}{6{,}6040} \times 1{,}2226 = 185\ 130{,}21 \text{ CAD}$$

Par rapport à la vente directe sur le marché des changes, le passage par une devise tierce dégage un profit de 20,44 dollars canadiens. De cette somme, il faut déduire les frais de téléphone, de télex et les autres coûts administratifs. L'ensemble peut être estimé à 5 dollars canadiens. Au total, l'opérateur dégage un bénéfice net de 15,44 dollars canadiens.

La réalisation d'un arbitrage triangulaire exige une grande célérité, car les taux de change varient très rapidement et le cambiste risque de se faire « coller ». Si, en effet, pendant la première partie de l'arbitrage : la vente de francs français contre des dollars américains, le taux de change entre le dollar canadien et le dollar américain se modifie et passe de 1,2226 à 1,2224, le résultat global de l'opération ressort à 185 099,92 dollars canadiens, ce qui n'est plus suffisant pour couvrir les frais. Le cambiste ne peut plus déboucler son opération avec profit. Il reste « collé » avec du dollar américain. Deux solutions se présentent : soit il achète immédiatement des dollars canadiens, quitte à dégager une perte nette, soit il attend quelques minutes ou quelques heures en espérant une évolution favorable du taux de change dollar américain/dollar canadien..., mais en prenant, ce faisant, le risque d'accroître ses pertes au cas où l'évolution lui serait défavorable.

Dans l'exemple précédent, la banque était supposée recevoir un ordre de la clientèle. Il est évident que les cambistes effectuent ces arbitrages sur leur propre initiative et pour le compte de la banque, dès qu'ils décèlent la possibilité d'obtenir un gain. Ces opérations initiées par les cambistes constituent une partie significative des transactions du marché des changes. Elles dégagent des profits relativement faibles, mais non négligeables lorsque les cambistes interviennent pour des sommes très importantes. Dans l'exemple précédent, si le cambiste travaillait avec dix millions de francs au lieu d'opérer sur un million de francs, le solde de son opération ressortirait à 204,40 dollars dont il faudrait toujours enlever 5 dollars pour obtenir un profit net de 199,4 dollars canadiens.

Dans la mesure où la position initiale du cambiste était en franc français, on peut concevoir qu'il souhaite retrouver une position dans cette devise. Nous devons dans ce cas poursuivre l'exemple et transformer les 185 130,21 CAD en prenant le taux de conversion 1 CAD = 5,4022 FRF.

Le résultat ressort alors à 1 000 110,4 francs, le profit brut de 110,4 francs étant bien égal au produit de 20,44 dollars canadiens par le taux de change en vigueur au moment précis de l'arbitrage, soit 5,4022 francs.

Les opérations d'arbitrage direct et triangulaire ont tendance à régulariser les cours des changes, de sorte qu'il est aujourd'hui de plus en plus difficile pour les cambistes de réaliser des gains d'arbitrage.

Quand les différents taux de change sont en équilibre et quand les cambistes ne peuvent réaliser un gain d'arbitrage, il est possible de calculer le taux de change entre deux devises à partir des taux de ces deux devises exprimés dans une monnaie tierce. Un exemple permet de comprendre ce calcul des taux de change croisés.

Le 11 janvier 1983, le franc français valait à New York 0,1503 dollar américain et le dollar canadien se négociait sur la base de 0,8179 dollar américain. A partir de ces cours, il est possible de déterminer le taux du dollar canadien par rapport au franc en effectuant simplement le rapport des taux de change. Nous déterminons ainsi qu'un dollar canadien valait 5,4418 francs.

Les opérations sur le marché de Paris donnent lieu à une commission de change et à une commission de transfert[9] auxquelles s'ajoutent des frais de dossier.

Ces commissions et frais sont majorés de la taxe sur les activités financières au taux de 18,6 %, sauf la commission de change sur devises provenant de l'exportation.

Section IV — L'organisation et le fonctionnement du marché des changes à terme

Sur le marché à terme, les opérateurs contractent des engagements d'achat et de vente de monnaie à un cours fixé au moment de la transaction, mais ils repoussent la livraison et le paiement à une date ultérieure fixée au moment de l'engagement.

---

9. La Commission de change est perçue sur toute opération d'achat ou de vente de devises, à l'exportation comme à l'importation. Son assiette est déterminée par le montant de l'opération en franc français, après change. En règle générale, les taux sont fixés selon le barème suivant :
   1/2 ‰ jusqu'à 200 000 FRF
   1/4 ‰ de 200 000 à 500 000 FRF
   1/8 ‰ de 500 000 à 2 000 000 FRF
   1/16 ‰ au-delà de 2 000 000 FRF
   Des taux plus favorables ou moins favorables peuvent être appliqués.
   En règle générale, les taux de la commission de transfert sont fixés selon le barème suivant :
   1 ‰ jusqu'à 200 000 FRF
   1/2 ‰ de 200 000 à 500 000 FRF
   1/4 ‰ de 500 000 à 2 000 000 FRF
   1/8 ‰ au-delà de 2 000 000 FRF
   Des taux plus favorables ou moins favorables peuvent être appliqués. Sur toutes ces questions, le lecteur peut se reporter au livre de J.P. ROUMILHAC, *Trésorerie à court terme et informatisation,* 4e éd., Paris, Dalloz, 1992, pp. 169-170.

§ 1. La définition du taux de change à terme

Le taux de change de la monnaie A par rapport à la monnaie B exprime le nombre d'unités de B qui peuvent être achetées sur le marché à terme par une unité de A. Il existe autant de taux que de termes pour lesquels des transactions peuvent être conclues.

Le 11 janvier 1983, le taux de change du dollar pour un terme de 180 jours s'établissait à 7,0050 francs français. Ce taux signifiait qu'au 11 janvier 1983 la banque acheteur s'est engagée à prendre livraison et la banque vendeur s'est engagée à livrer au 11 juillet 1983 un million de dollars, pour prendre un exemple, au taux de 7,0050 francs même si le 11 juillet le dollar vaut 7,5025 ou 6,2540 francs ou n'importe quel autre prix sur le marché au comptant.

Le taux de change à terme n'est jamais égal, sauf par hasard, au taux de change au comptant. Il lui est supérieur ou inférieur.

Si on considère deux devises A et B, le cours à terme de A est en prime ou en report (*premium* en anglais) par rapport au cours au comptant quand il permet d'acheter davantage de monnaie B que le cours au comptant. La prime est égale à la différence entre les deux cours, exprimée en pourcentage annuel du cours au comptant.

De la même manière, le cours à terme de A est en perte ou en déport (*discount* en anglais) quand il permet d'acheter moins d'unités de la monnaie B. La perte s'exprime également en pourcentage annuel.

La devise est dite « au pair » quand le taux à terme est égal au taux au comptant.

Le taux à terme se définit de manière différente, selon que la cotation se fait à l'incertain ou au certain.

Dans le cadre d'une cotation à l'incertain, un écart positif entre le taux à terme et le taux au comptant indique une plus-value de la monnaie à terme : on parle alors d'un report. Un écart négatif indique, en revanche, une moins-value de la monnaie à terme : on parle alors d'un déport.

Le 11 janvier 1983, le dollar à Paris était coté au comptant 6,6550 francs. Il était coté à terme de un mois avec un report de 0,0550. Cela signifiait qu'il fallait ajouter 0,0550 au cours au comptant pour obtenir le taux à terme.

Le 11 janvier 1983, le dollar canadien à New York était coté au comptant 0,8179 dollar américain. Il était coté à terme de un mois avec un déport de 0,0010. Cela signifiait qu'au cours au comptant de 0,8179, il fallait enlever 0,0010 pour obtenir le taux à terme.

Le 11 janvier 1983, le deutsche mark cotait au comptant à New York 0,4257 dollar américain et à terme de 90 jours 0,4293 dollar américain. Le mark était donc en report par rapport au dollar américain.

Les grands journaux financiers publient les taux à terme à 1 mois, à 3 mois et à 6 mois.

Le 11 janvier 1983, les taux à terme du dollar à Paris étaient les suivants :

30 jours : USD 1 = 6,7100 FRF
90 jours : USD 1 = 6,8450 FRF
180 jours : USD 1 = 7,0050 FRF

Le 11 janvier 1983, les taux à terme du dollar canadien à New York étaient :

30 jours : 1 CAD = USD 0,8169
90 jours : 1 CAD = USD 0,8157
180 jours : 1 CAD = USD 0,8141

Le 11 janvier 1983, les taux à terme du deutsche mark à New York étaient :

30 jours : 1 DEM = USD 0,4270
90 jours : 1 DEM = USD 0,4293
180 jours : 1 DEM = USD 0,4329

Les taux diffèrent suivant les échéances, mais ils ne sont pas rigoureusement proportionnels à la durée du terme. Des considérations techniques ou financières et le fait que certaines échéances sont, à un moment donné, plus recherchées que d'autres expliquent ces anomalies.

Les exemples précédents illustrent parfaitement ces anomalies. Le tableau 2 reproduit, pour chacune des devises considérées, les reports ou les déports réellement constatés sur le marché des changes ainsi que les reports ou les déports *théoriques* qui seraient rigoureusement proportionnels à la durée du terme en prenant comme base le report ou le déport à 30 jours.

Tableau 2
Reports et déports sur différentes devises en fonction de l'échéance

	USD Paris		*CAD New York*		*DEM New York*	
	Réel	*Théorique*	*Réel*	*Théorique*	*Réel*	*Théorique*
30 jours	0,0550	0,0550	0,0010	0,0010	0,0013	0,0013
90 jours	0,1900	0,1650	0,0022	0,0030	0,0036	0,0039
180 jours	0,3500	0,3300	0,0038	0,0060	0,0072	0,0078

Unités : Chiffres bruts.

Dans le cadre d'une cotation au certain, la plus-value d'une monnaie à terme est exprimée par un écart négatif et la moins-value par un écart positif.

C'est ce que l'on peut constater en traduisant dans le cadre d'une cotation au certain les taux à terme précédemment exprimés dans le cadre d'une cotation à l'incertain. Sachant que le produit des deux cotations est égal à 1, on obtient la cotation au certain en effectuant le rapport $\frac{1}{\text{cotation à l'incertain}}$. En appliquant cette règle aux exemples précédents on obtient pour le dollar américain coté à Paris :

30 jours : 1 FRF = USD 0,1490,
90 jours : 1 FRF = USD 0,1461,
180 jours : 1 FRF = USD 0,1428,

pour le dollar canadien à New York :

30 jours : USD 1 = 1,2242 CAD,
90 jours : USD 1 = 1,2259 CAD,
180 jours : USD 1 = 1,2283 CAD,

pour le deutsche mark à New York :

30 jours : USD 1 = 2,3419 DEM,
90 jours : USD 1 = 2,3295 DEM,
180 jours : USD 1 = 2,3100 DEM.

Le report et le déport sont fréquemment exprimés en pourcentage annuel du taux au comptant. Si X_o est le taux au comptant et X_t le taux à terme, le report ou le déport à t jours s'exprime :

$$\frac{X_t - X_o}{X_o} \times \frac{360 \times 100}{t}$$

Un report sur le dollar à Paris de 0,1900 pour un terme de trois mois, le cours au comptant du dollar étant de 6,6550, s'exprime en pourcentage annuel de la manière suivante :

$$\frac{0{,}19}{6{,}6550} \times \frac{360 \times 100}{90} = 11{,}42\ \%$$

Les reports et les déports à la date du 11 janvier 1983 sur les devises du tableau 2, exprimés en pourcentage annuel, sont reproduits au tableau 3.

Tableau 3
Reports et déports sur différentes devises en fonction de l'échéance

	USD Paris		*CAD New York*		*DEM New York*	
	Brut	*Pourcent*	*Brut*	*Pourcent*	*Brut*	*Pourcent*
30 jours	0,0550	9,92%	0,0010	1,47 %	0,0013	3,66 %
90 jours	0,1900	11,42 %	0,0022	1,08 %	0,0036	3,38 %
180 jours	0,3500	10,52 %	0,0038	0,93 %	0,0072	3,38 %

Unités : Pourcentages annuels.

Comme sur le marché au comptant, les cotations à terme se font sous la forme d'un cours acheteur et d'un cours vendeur. Le tableau 4 reproduit à titre d'exemple la cotation pour différentes échéances du dollar par rapport au franc français.

Tableau 4
Cotation à terme du dollar par rapport au franc français

Echéance	*Taux à terme*
Spot	6,9990 – 7,0010
Un mois	7,0330 – 7,0400
Trois mois	7,1890 – 7,1970
Six mois	7,3440 – 7,3560
Un an	7,5140 – 7,5360

En fait, dans la presse financière, on ne trouve jamais la présentation du tableau 4, mais celle reproduite au tableau 5.

Tableau 5
Cotation à terme du dollar par rapport au franc français

Echéance	*Taux à terme*
Spot	6,9990 – 7,0010
Un mois	340 – 390
Trois mois	1900 – 1960
Six mois	3450 – 3550
Un an	5150 – 5350

La lecture et l'interprétation d'une cote publiée par un journal financier diffèrent selon qu'il s'agit d'une cotation à l'incertain (tableaux 4 et 5) ou d'une cotation au certain (tableaux 6 et 7).

Dans le cadre d'une cotation à l'incertain (la valeur de un dollar en terme de monnaie nationale) :

- si le cours d'achat est supérieur au cours de vente, les taux sont en déport (il s'agit des taux du dollar, ce qui implique que la monnaie nationale est en report) ;
- si le cours d'achat est inférieur au cours de vente, les taux sont en report (il s'agit des taux du dollar, ce qui implique que la monnaie nationale est en déport).

Dans le cadre d'une cotation au certain (une livre sterling par rapport au dollar ou, d'une manière plus générale, la monnaie nationale par rapport à une devise) :

- si le cours d'achat est supérieur au cours de vente, les taux sont en déport (il s'agit des taux de la livre sterling ou de la monnaie nationale, ce qui implique que le dollar ou la devise est en report) ;
- si le cours d'achat est inférieur au cours de vente, les taux sont en report (il s'agit des taux de la livre sterling ou de la monnaie nationale, ce qui implique que le dollar ou la devise est en déport).

Tableau 6
Cotation à terme de la livre sterling par rapport au dollar

Echéance	*Taux à terme*
Spot	1,5225 – 1,5230
Un mois	1,5200 – 1,5207
Trois mois	1,5154 – 1,5163
Six mois	1,5119 – 1,5128
Un an	1,5055 – 1,5070

Tableau 7
Cotation à terme de la livre sterling par rapport au dollar

Echéance	*Taux à terme*
Spot	1,5225 – 30
Un mois	25 – 23
Trois mois	71 – 67
Six mois	106 – 102
Un an	170 – 160

C'est une habitude sur le marché interbancaire de ne pas évoquer le niveau absolu du taux de change à terme, mais de parler uniquement de la différence entre le taux au comptant et le taux à terme.

Pour un taux au comptant de USD 1 = 140,50 JPY et un taux à terme de USD 1 = 131,25 JPY, l'écart de 9,25 (c'est-à-dire la différence entre le taux au comptant et le taux à terme que nous avons précédemment défini comme étant le report ou le déport) représente et constitue le taux de swap. Comme nous aurons l'occasion de l'expliquer au chapitre 5, le taux de swap est déterminé par la différence entre les taux d'intérêt sur deux marchés monétaires.

Les cambistes parlent plus volontiers du taux de swap que du taux à terme et pour calculer le niveau absolu de ce dernier ils ajoutent ou retranchent du taux de change au comptant la valeur du taux de swap.

§ 2. Les caractéristiques du marché à terme

Sur le marché des changes, les transactions se font pour des termes allant de 3 à 7 jours, 1, 2, 3, 6, 9, 12, 18 mois, et 2, 3, 5 ans.

Il existe deux types de transactions : les swaps et les termes secs.

Une opération à terme sec consiste à acheter ou à vendre une devise pour une échéance déterminée.

Un swap est une opération dans laquelle la transaction à terme est complétée par une transaction simultanée sur le marché au comptant. Si l'opérateur effectue un achat de devise sur le marché au comptant, il procède à une vente de devise sur le marché à terme. Inversement, s'il réalise une vente de devise au comptant, il initie un achat simultané de devise à terme.

Lors de la négociation d'un swap ou d'une opération à terme sec, il est préférable de retenir l'une des échéances qui ont été mentionnées. Les transactions peuvent néanmoins avoir des échéances rompues ne correspondant pas à un nombre de mois exact. Le coût en est généralement plus élevé, car le banquier a plus de mal à couvrir son propre risque de change.

En principe, toutes les monnaies convertibles peuvent être négociées à terme.

- Pour des échéances comprises entre 3 jours et 6 mois, il est généralement possible d'obtenir des cours à terme pour toutes les monnaies utilisées dans les échanges internationaux.
- Entre 12 et 24 mois, il est quasiment impossible de traiter des devises

de moindre importance comme le franc belge, la lire, la peseta espagnole, l'escudo portugais, le schilling autrichien et les devises des pays nordiques.

- Au-delà de 2 ans, seuls le dollar, le deutsche mark, le franc suisse, le yen et la livre sterling peuvent être négociés à terme.

Pour effectuer des opérations de change à terme, les banques exigent en général (sauf lorsqu'elles travaillent avec d'autres institutions bancaires ou financières) un dépôt de garantie. Quand les fluctuations sont importantes, le banquier peut réclamer une garantie supplémentaire.

Les opérations à terme s'effectuent directement de banque à banque ou par l'intermédiaire de courtiers. Elles ne sont jamais cotées en bourse. Il n'existe donc pas de cours à terme officiel.

En période de stabilité, les opérations à terme sont moins importantes qu'au comptant et le marché est souvent à sens unique : les monnaies faibles sont peu demandées et les monnaies fortes sont peu offertes. Il est alors difficile de trouver une contrepartie.

Traditionnellement, les banques centrales ont pour politique de ne pas intervenir sur le marché à terme, même pour lutter contre la spéculation, car, en diminuant les reports et les déports, elles facilitent le jeu des spéculateurs en leur permettant d'opérer à des cours favorables.

Les variations à terme peuvent sembler devoir être, en théorie, plus importantes que celles au comptant, du fait de la non-intervention des banques centrales. En réalité, les relations entre le terme et le comptant limitent fortement les variations des taux de change à terme.

Section V — Le développement du marché des changes interbancaire

Le marché des changes connaît un développement considérable depuis l'instauration des changes flottants. Les transactions atteignent des montants colossaux. Une enquête menée au mois d'avril 1989 — mois particulièrement calme — par vingt banques centrales révèle que les transactions quotidiennes sur le marché des changes de l'ensemble des places financières dépassaient 500 milliards de dollars, soit un doublement par rapport au mois de mars 1986, date de la précédente enquête alors conduite par les banques centrales de Grande-Bretagne, des Etats-Unis et du Japon. Ce chiffre signifie que la valeur des transactions sur le marché des changes en une seule semaine est équivalente à la valeur du commerce international d'une année entière. Une autre manière de voir le problème est de dire que les transactions sur le marché des changes ont, 51 semaines par an, un objectif purement financier (arbitrage ou spéculation).

Malgré la concurrence des autres places financières, Londres garde le premier rang avec un volume quotidien moyen de transactions s'élevant à 187 milliards de dollars, devant New York (129 milliards de dollars) et Tokyo (marché où l'augmentation a été la plus forte avec 115 milliards de dollars contre 48 milliards en 1986).

En Europe, faute d'indications sur l'Allemagne du fait de la non-participation de la Bundesbank à cette enquête, la première place revient à Zurich avec 57 milliards de dollars par jour, suivie par Paris (26 milliards), Amsterdam et Bruxelles (16 milliards chacune).

L'ampleur de ces chiffres permet de mieux comprendre les difficultés éprouvées par les banques centrales dans leurs interventions sur le marché des changes. La maîtrise des cours de change échappe de plus en plus aux autorités monétaires, car les réserves des banques centrales susceptibles d'être mobilisées sont insuffisantes pour influencer durablement l'évolution des taux de change. Les autorités monétaires sont au mieux capables de freiner les mouvements, mais pas de les arrêter et encore moins de les inverser.

Les principaux marchés sont localisés dans trois zones géographiques distinctes : l'Europe, l'Amérique du Nord et l'Extrême-Orient. Cependant, les marchés de ces trois zones interagissent entre eux et sont étroitement interdépendants.

En Europe, le marché est actif à partir de 9 h-10 h et s'arrête de fonctionner vers 17 h. A Paris, il est ouvert entre 9 h 30 et 16 h 30. Quand le marché ferme en Europe, il devient actif aux Etats-Unis. Lorsque le marché de la côte ouest américaine s'arrête, les transactions débutent en Extrême-Orient où elles cessent quand elles commencent à Zurich, Paris et Londres. On comprend, dans ces conditions, que le marché est continu et fonctionne 24 h sur 24, successivement sur les différentes places financières, 5 jours sur 7. Pendant le week-end, les transactions sont ralenties, car, seules, les tables de change du monde arabe sont actives.

§ 1. Les places financières européennes

Si les places financières européennes n'ont plus l'importance qu'elles avaient précédemment, elles demeurent de très grands centres pour le marché des changes. Les places les plus importantes sont Londres, Francfort et Zurich. Elles évoluent en étroite interdépendance et sont reliées à d'autres centres de moindre importance comme Amsterdam, Bruxelles, Copenhague, Dusseldorf, Genève, Hambourg, Luxembourg, Madrid, Milan, Oslo, Paris, Rome et Stockholm.

Malgré la concurrence croissante de New York et de Tokyo, Londres demeure, de très loin, le plus important marché des changes dans le monde, pour le volume des transactions et le nombre des participants. Toutes les devises convertibles sont activement négociées par la plus importante concentration bancaire que l'on puisse imaginer. Ces transactions sont facilitées par la présence d'un très important marché d'eurodevises.

En août 1986, la Banque d'Angleterre a publié les résultats de la première enquête générale entreprise sur l'activité du marché des changes de Londres. Cette enquête a été réalisée entre le 3 et le 14 mars 1986 pour la faire coïncider avec deux recherches analogues menées aux Etats-Unis par la Federal Reserve Bank de New York et au Japon par la banque centrale japonaise. Elle a été effectuée auprès de 347 banques et de 8 courtiers de change. Les institutions non bancaires pratiquant des opérations de change n'ont pas été prises en compte.

Cette enquête révèle que le volume quotidien moyen des transactions sur le marché des changes londonien était de 115 milliards de dollars au premier trimestre 1986. En excluant les doubles emplois dus aux transactions entre banques, le chiffre descend au niveau de 90 milliards de dollars. Les transactions entre le dollar américain et la livre sterling représentaient 30 % du total, alors qu'elles en constituaient la majorité cinq ans auparavant ; celles portant sur le dollar américain et le deutsche mark représentaient 28 % du total. Les transactions sur le marché au comptant intervenaient pour 73 % de l'ensemble des échanges. Celles dont le terme était inférieur à un an représentaient 26 % du total.

Francfort est la principale place financière allemande, mais le marché des changes n'est pas concentré dans cette ville. Des transactions significatives ont lieu entre banques à Düsseldorf, à Munich et à Hambourg. Le marché de Francfort est dynamique et les transactions atteignaient 20 milliards de dollars par jour au premier trimestre 1986, ce qui fait de la place financière allemande le principal marché des changes de l'Europe continentale. La banque centrale allemande est très présente sur le marché. Elle n'hésite pas à intervenir lors de la détermination du *fixing*. Les grandes banques allemandes et les filiales nationales des banques internationales sont très actives sur le marché des changes. Le marché du dollar-mark est le compartiment le plus actif. Les devises échangées sont moins nombreuses qu'à Londres et les transactions impliquent très souvent le dollar ou le deutsche mark.

Zurich est, en importance, le troisième centre européen. A l'exemple de l'Allemagne, le marché suisse n'est pas concentré sur une seule place. Des échanges nourris se font à Bâle, à Berne, à Genève, à Lausanne et à Lugano. Le marché, très largement dominé par les trois grandes banques helvétiques, est étroitement contrôlé par la Banque nationale suisse. Le dollar et toutes les devises européennes sont négociés à Zurich.

A Paris, la Banque de France a interrogé 65 banques et sept sociétés de courtage sur la période du 3 au 28 avril 1989. Plusieurs conclusions ressortent de cette enquête.

- Le volume des transactions est de l'ordre de 32 milliards de dollars par jour, chiffre réduit à 26 milliards lorsque sont éliminées les doubles comptabilisations de certaines opérations.
- Les trois principaux marchés sont ceux :

— du dollar-deutsche mark : 28 % des échanges,
— du dollar-franc français : 26 % des échanges,
— du deutsche mark-franc français : 17 % des échanges.

Le marché du dollar-deutsche mark tend à devenir en France, comme sur les autres places financières, le pivot de tout le marché des changes. Il se substitue ainsi au marché du dollar-livre qui ne représente désormais qu'un faible pourcentage des échanges.

- Le classement des transactions selon l'échéance fait apparaître que :

— les opérations au comptant représentent 58 % des transactions,
— 36 % des opérations ont une échéance égale ou inférieure à un an,
— 6 % des transactions ont une échéance supérieure à un an.

- 85 % des transactions sont des opérations interbancaires.
- Les échanges sont réalisés pour la moitié d'entre eux par l'intermédiaire de sociétés de courtage.

- Une dizaine de banques effectuent à elles seules 60 % des échanges.
- Grâce à l'abandon pratiquement complet du contrôle des changes depuis le début de l'année 1989, le marché du franc, précédemment localisé à Londres, est en grande partie revenu à Paris.

§ 2. Les places financières de l'Amérique du Nord

L'Amérique du Nord n'est devenue un centre significatif pour le marché des changes qu'au milieu de la décennie 1970 avec l'arrivée des banques étrangères à New York. Mais depuis cette époque, le développement est tout à fait impressionnant. Les statistiques publiées par la Banque fédérale de réserve de New York établissent que le volume des transactions a été multiplié par cinq entre avril 1977 et mars 1980. Depuis 1980, le développement ne s'est pas ralenti. La croissance est si spectaculaire que le marché des changes de New York est aujourd'hui presque aussi important que celui de Londres.

L'enquête effectuée en mars 1986 par la Federal Reserve Bank de New York auprès de 123 institutions financières révèle que les transactions quotidiennes se sont élevées en moyenne à 63,1 milliards de dollars, ce qui représente une hausse de 89 % par rapport à avril 1983. Après ajustement pour éviter les doubles emplois, le chiffre net est estimé à 50 milliards de dollars par jour, ce qui correspond à une augmentation de 92 % par rapport à avril 1983. Le volume quotidien des transactions en devises étrangères sur le marché américain a pratiquement doublé en trois ans.

L'étude de la Federal Reserve Bank de New York indique qu'en 1986, les trois principales devises étrangères négociées à New York étaient, comme en 1983, le deutsche mark, le yen et la livre sterling. Mais leur part de marché s'était sensiblement accrue, passant de 32,5 % en 1983 à 34,2 % en 1986 pour le deutsche mark, de 22 % à 23 % pour le yen, et de 16,6 % à 18,6 % pour la livre sterling.

Si New York est le plus important centre nord-américain, il n'est pas le seul. Des transactions significatives ont lieu à Chicago, à Boston, à Philadelphie, à San Francisco et à Los Angeles.

Au Canada, les transactions se sont progressivement concentrées à Toronto au détriment de Montréal. Ces deux places sont étroitement reliées au marché de New York.

§ 3. Les places financières de l'Extrême-Orient

Les principaux centres en Extrême-Orient sont dans l'ordre d'ouverture des marchés : Tokyo, Hong-Kong et Singapour.

Le volume des transactions sur le marché de Tokyo a été multiplié par quatre entre 1983 et 1986, d'après une étude menée au premier trimestre 1986 par la banque centrale japonaise, parallèlement à celles entreprises par la Federal Reserve Bank de New York et la Banque d'Angleterre sur leurs marchés respectifs. Les transactions nettes quotidiennes atteignaient 48 milliards de dollars par jour ouvrable. Elles étaient de 115 milliards de dollars en avril 1989. Plus de 80 % des échanges concernaient le marché du yen contre dollar. Seuls, le deutsche mark et la livre sterling font l'objet d'échanges au demeurant marginaux contre le dollar américain. Les principaux opérateurs sont les grandes banques japonaises et les filiales des banques américaines et européennes. La banque centrale japonaise est très active sur le marché des changes. Si le marché de Tokyo continue à se développer dans les prochaines années au rythme qui fut le sien entre 1983 et 1989, il dépassera très rapidement celui de New York.

Les échanges sur le marché de Hong-Kong sont moins concentrés sur une devise que ceux du marché de Tokyo. Les principales transactions concernent le dollar-mark, le dollar américain-dollar de Hong-Kong, le dollar-yen, le sterling-dollar, et le dollar-franc suisse. Des marchés plus étroits sur les devises asiatiques et européennes se sont également développés.

A Singapour, les transactions les plus importantes portent sur le dollar-mark, le dollar-yen et le sterling-dollar. A un moindre degré, il existe des marchés sur les devises asiatiques et les autres devises européennes. La banque centrale (*Monetary Authority of Singapore*) est très active sur le marché des changes. A ses côtés, les principaux opérateurs sont les filiales locales des banques japonaises, américaines et européennes.

Références

A. — OUVRAGES

ALIBER R.Z. (ed) : *The International Market for Foreign Exchange,* New York, FA Praeger, 1969.

BLANC J. : *Le marché des changes,* Paris, La Documentation française, 1981.

BODINAT H. de, DE LEERSNYDER J.M., GHERTAMN M., KLEIN J., MAROIS B. : *Gestion internationale de l'entreprise,* Paris, Dalloz, 1978, pp. 63-74.

BOURGUINAT H. : *Marché des changes et crises des monnaies,* Paris, Calmann-Lévy, 1972.

CARDINEAU G., PORTIER G. : *Comment comprendre et mieux utiliser le marché des changes*, Paris, Dunod, 1987.

CHAMPION P.F., TRAUMAN J. : *Mécanismes de change et marché des eurodollars,* 3e éd., Paris, Economica, 1982.

CHOURAQUI J.C. : *La spéculation et la politique de défense des monnaies,* Paris, PUF, 1972.

COULBOIS P. : *Finance internationale, Le change,* Paris, Cujas, 1979.

COULBOIS P. (ed) : *Le change à terme : technique, théorie, politique,* Paris, Cujas, 1972.

EINZIG P. : *A Dynamic Theory of Forward Exchange,* 2e éd., Londres, Macmillan, 1968.

EINZIG P. : *A Textbook on Foreign Exchange,* 2e éd, Londres, Macmillan, 1968.

EVITT H.E. : *A Manual of Foreign Exchange*, 7e éd., London, Pitman Publishing, 1971.

FLIGHT H., LEE-SWAN B. : *All you Need to Know about Exchange Rates*, Londres, Sidgwick and Jackson, 1988.

GOUTELLE L.J. : *Gestion de trésorerie internationale*, Paris, J. Delmas, 1988.

MUNIER B. : *Le cambisme et le jeu monétaire international,* Paris, PUF, 1970.

PRISSERT P. : *Le marché des changes,* 2e éd., Paris, Sirey, 1977.

RIEHL H., RODRIGUEZ R.M. : *Foreign Exchange Markets*, New York, McGraw-Hill, 1977.

ROUMILHAC J.P. : *Trésorerie à court terme et informatisation,* 4e éd., Paris, Dalloz, 1992.

SELLESLAGS F. : *Pratique des paiements internationaux,* Bruxelles, Presses universitaires de Bruxelles, 1968.

SOHMEN E. : *Flexible Exchange Rates,* 2e éd., Chicago, University of Chicago Press, 1969, pp. 81-131.

TYGIER C. : *Basic Handbook of Foreign Exchange,* Londres, Euromoney Publications, 1983.

WAPLER N. : *Les changes : cambisme et trésorerie devises,* Paris, Dalloz, 1990.

B. — ARTICLES

BANK OF ENGLAND : The Market in Foreign Exchange in London, *Bank of England Quarterly Bulletin*, novembre 1989, pp. 531-535.

DE LEERSNYDER J.M. : Le marché des changes, *Cahiers Français*, mars-avril 1987, notice 7.

FITZSIMONS R.B. : Who are the Currency Speculators, *The Banker,* novembre 1971, pp. 1277-1283.

GALY M., LEVY-GARBOUA V., PLIHON D. : Description et fonctionnement du marché des changes, *Cahiers économiques et monétaires,* n° 8, 1978, pp. 5-25.

PRISSERT P. : Le marché des changes à terme, *Banque,* mai 1978, pp. 628-633.

WINDER R. : Be Big and Bright, *Euromoney*, mai 1986, pp. 184-202.

Pour suivre le développement du marché des changes, le lecteur est invité à lire les articles publiés dans les revues suivantes :

Bank of England Quarterly Bulletin
Banque
Bulletin trimestriel de la Banque de France
Corporate Finance
Euromoney
La Synthèse financière

Regards sur les changes
The Banker

C. — AUTRES PUBLICATIONS

ASSOCIATION FRANÇAISE DES TRÉSORIERS D'ENTREPRISE : *Le marché des changes et les moyens de couverture,* Paris, 1980.

BANQUE DE FRANCE : *Rapport annuel.*

BANQUE DE FRANCE : *Le marché des changes de Paris : les opérations au comptant,* Note d'information n° 54, juillet 1983.

BANQUE DE FRANCE : *Le marché des changes de Paris : les opérations à terme,* Note d'information n° 55, août 1983.

BANQUE DE FRANCE : *Le fonds de stabilisation des changes,* Note d'information n° 38, décembre 1978.

BANQUE DES REGLEMENTS INTERNATIONAUX : *Rapport annuel.*

EUROMONEY : Annual Foreign Exchange Review, *Euromoney*, mai de chaque année.

FONDS MONETAIRE INTERNATIONAL : *Rapport annuel.*

JURGENSEN Ph. : *Rapport du groupe de travail sur les interventions sur les marchés des changes,* Paris, La Documentation française, 1983.

QUESTIONS

1. Quels sont les participants au marché des changes interbancaire ?
2. Quel est l'objectif du fonds de stabilisation des changes ?
3. Quel est le rôle des courtiers sur le marché des changes interbancaire ?
4. Quels sont les actifs utilisés sur le marché des changes interbancaire ?
5. Quelles sont les principales caractéristiques du marché des changes interbancaire au comptant ?
6. Quelle est la différence entre un ordre au mieux et un ordre à cours limite ?
7. Quelle est la différence entre le report et le déport ?
8. Comment différencier une cotation au certain d'une cotation à l'incertain ?
9. Quelles sont les principales caractéristiques du marché des changes interbancaire à terme ?
10. Quel est le rôle de la Banque de France sur le marché des changes ?
11. Décrivez le principe et les mécanismes d'une opération de spéculation sur le marché des changes interbancaire.
12. Décrivez le principe et les mécanismes d'une opération d'arbitrage sur le marché des changes interbancaire.
13. Quelles sont les places financières internationales les plus importantes quant au volume des transactions effectuées sur le marché des changes interbancaire ?

14. Donnez un ordre de grandeur du volume quotidien moyen des transactions sur le marché des changes interbancaire pour l'ensemble des places financières internationales.

QUESTIONS A CHOIX MULTIPLES

Question 1

Les devises achetées et vendues sur le marché des changes au comptant sont disponibles :
— immédiatement .... ☐
— 12 heures .... ☐
— 24 heures .... ☐
— 48 heures .... ☐
— 72 heures .... ☐
après la date de conclusion de la transaction.

Question 2

Le Fonds de stabilisation des changes est un organisme créé en :
— 1926 .... ☐
— 1936 .... ☐
— 1945 .... ☐
— 1958 .... ☐
— 1968 .... ☐
— 1981 .... ☐

Question 3

La cotation officielle des devises par l'intermédiaire d'un *fixing* est une procédure que l'on trouve sur les places financières de :
— Paris .... ☐
— Londres .... ☐
— Zurich .... ☐
— New York .... ☐
— Tokyo .... ☐
— Amsterdam .... ☐
— Milan .... ☐

Question 4

Sur le marché des changes de Londres, les cotations se font au certain. Cela signifie que le taux de change est le prix d'une unité de monnaie nationale en terme de monnaie étrangère.

— vrai .... ☐
— faux .... ☐

Question 5

En France, tous les intermédiaires agréés sont habilités à traiter de façon habituelle des opérations de change pour leur propre compte ou celui de leur clientèle.

— vrai .... ☐
— faux .... ☐

Question 6

Pour opérer sur le marché des changes, les cambistes doivent obligatoirement passer par l'intermédiaire des courtiers.

— vrai .... ☐
— faux .... ☐

Question 7

Les particuliers sont autorisés à intervenir directement sur le marché des changes.

— vrai .... ☐
— faux .... ☐

Question 8

Le 10 mars, le dollar américain était coté au comptant à Paris : USD 1 = 6,655 FRF. Il était coté à terme de 1 mois avec un report de 0,0550. Cela signifiait que le taux à terme était :

— USD 1 = 6,6550 + (0,0550 × 12) .... = 7,3150 FRF... ☐
— USD 1 = 6,6550 − (0,0550 × 12) .... = 5,9950 FRF... ☐
— USD 1 = 6,6550 + 0,0550.................. = 6,7100 FRF... ☐
— USD 1 = 6,6550 − 0,0550.................. = 6,6000 FRF... ☐
— USD 1 = 6,6550 + (6,6550 × 0,0550) .... = 7,0210 FRF... ☐
— USD 1 = 6,6550 − (6,550 × 0,0550) .... = 6,2890 FRF... ☐

Question 9

Le 17 décembre à 11 heures du matin, heure locale, une grande banque new-yorkaise cotait le franc français à sa clientèle commerciale de premier ordre : 1 FRF = USD 0,1280 – 0,1310.

Cette cotation signifiait qu'une entreprise cotée AAA pouvait :

- acheter du franc français sur la base de 1 FRF = USD 0,1280 .... ☐
- acheter du franc français sur la base de 1 FRF = USD 0,1310 .... ☐
- vendre du franc français sur la base de 1 FRF = USD 0,1310 .... ☐
- vendre du franc français sur la base de 1 FRF = USD 0,1280 .... ☐

Question 10

Le 17 décembre à 10 heures du matin, heure locale, sur le marché interbancaire de New York, une grande banque américaine cotait le franc français : 1FRF = USD 0,1285 – 0,1298

Cette cotation signifiait que cette banque était prête :

- à acheter du franc français sur la base de 1 FRF = USD 0,1285 et à le vendre sur la base de 1 FRF = USD 0,1298 .... ☐
- à acheter du franc français sur la base de 1FRF = USD 0,1298 et à le vendre sur la base de 1 FRF = USD 0,1285 .... ☐

Question 11

Par les masses financières qu'elles engendrent, les opérations d'arbitrage direct et triangulaire sur le marché des changes :

- ont tendance à régulariser les taux de change .... ☐
- ont tendance à déstabiliser les taux de change .... ☐
- n'ont aucune influence sur les taux de change .... ☐

Question 12

Sur le marché des changes interbancaire, et en situation normale, la fourchette entre les cours offert et demandé est généralement inférieure à :

- une figure .... ☐
- cinq figures.. ☐
- dix figures... ☐
- aucun des chiffres précédents .... ☐

Question 13

Sur le marché des changes, le dollar américain cote USD 1 = 6,5020 – 6,5060 FRF. Le cambiste d'une banque considère que sa position est trop « longue » en dollar. Pour réduire cette position, il doit proposer aux autres cambistes qui l'interrogent :

— USD 1 = 6,5010 – 6,5050 FRF .... ☐
— USD 1 = 6,5030 – 6,5070 FRF .... ☐

Question 14

Sur le marché des changes, le dollar américain cote USD 1 = 5,4030 – 5,4080 FRF. Le cambiste d'une banque considère que sa position est trop « courte » en dollar. Pour la réduire, il doit proposer aux autres cambistes qui l'interrogent :

— USD 1 = 5,4020 – 5,4070 FRF .... ☐
— USD 1 = 5,4040 – 5,4090 FRF .... ☐

Question 15

Le volume quotidien moyen des transactions sur le marché des changes pour l'ensemble des places financières internationales pouvait être estimé en avril 1989 à :

- 500 millions de dollars .... ☐
- 10 milliards de dollars .... ☐
- 50 milliards de dollars .... ☐
- 100 milliards de dollars .... ☐
- 200 milliards de dollars .... ☐
- 500 milliards de dollars .... ☐

Question 16

Le volume quotidien moyen des transactions sur le marché des changes de Londres pouvait être estimé en avril 1989 à :

- 190 milliards de dollars .... ☐
- 115 milliards de dollars .... ☐
- 80 milliards de dollars .... ☐
- 50 milliards de dollars .... ☐
- 10 milliards de dollars .... ☐
- 500 millions de dollars .... ☐

Question 17

Le volume quotidien moyen des transactions sur le marché des changes de New York pouvait être estimé en avril 1989 à :

- 130 milliards de dollars .... ☐
- 65 milliards de dollars .... ☐
- 50 milliards de dollars .... ☐
- 30 milliards de dollars .... ☐
- 10 milliards de dollars .... ☐
- 500 millions de dollars .... ☐

Question 18

Le volume quotidien moyen des transactions sur le marché des changes de Tokyo pouvait être estimé en avril 1989 à :

- 115 milliards de dollars .... ☐
- 65 milliards de dollars .... ☐
- 50 milliards de dollars .... ☐
- 30 milliards de dollars .... ☐
- 10 milliards de dollars .... ☐
- 500 millions de dollars .... ☐

EXERCICES*

Exercice 1

Veuillez compléter le texte suivant.

La livraison des monnaies échangées sur le marché des changes peut intervenir dans un délai très court (48 h) ; quand tel est le cas, les transactions sont effectuées sur le marché .... Cette livraison peut être différée durant une certaine période ; quand tel est le cas, les transactions sont effectuées sur le marché ....

L'écart existant entre la valeur d'une monnaie à terme et sa valeur au comptant peut être positif, nul, ou négatif suivant le moment. Quand le terme est au même prix que le comptant, on dit que le taux de change est .... ; quand sa cote est plus élevée, on parle de .... ; quand elle est moins élevée, on parle de .... Ainsi, pour un cours du DEM à 3 mois à New York de : 22-18 *discount* et un DEM coté 0.3767-69 au comptant, le taux à 3 mois est égal à : ....

---

* Les exercices 1 et 7 ont été rédigés par C. de La Baume.

La Grande-Bretagne a adopté une convention de cotation opposée à celle des autres pays. Le cours de change est établi en déterminant le nombre d'unités de devises que la GBP permet d'acheter ; ceci s'appelle la cotation ....

Il devrait toujours y avoir une correspondance exacte entre les taux demandés cotés sur une devise par rapport à une autre, sur les différentes places financières, en vertu d'un processus fondamental : le processus .... Dès lors, si à New York le DEM est coté 0.3767, à Francfort le USD devrait être coté ....

Exercice 2

Le dollar au comptant à Paris est coté USD 1 = 6,8580 FRF.

Les reports pour les termes de 1 mois, 3 mois et 6 mois sont reproduits au tableau ci-joint :

Echéance	*Report*
1 mois	0,042
3 mois	0,175
6 mois	0,324

Calculez le report en pourcentage annuel du taux au comptant pour les échéances à 1 mois, 3 mois et 6 mois.

Exercice 3

Le *spread* entre le cours acheteur et le cours vendeur du dollar américain par rapport au franc français est égal à 0,0080.

Sachant que le cours médian du dollar par rapport au franc français est USD 1 = 6,7230 FRF, calculez le cours acheteur et le cours vendeur du dollar par rapport au franc français.

Exercice 4

Sachant que la cotation à l'incertain du franc par rapport au dollar s'établit à USD 1 = 7,8520 FRF, déterminez la cotation au certain du franc par rapport au dollar.

Exercice 5

Le 29 janvier 1985, le dollar américain cotait à Paris USD 1 = 9,6730 FRF. A Francfort, il se négociait sur la base de USD 1 = 3,1640 DEM.

Quelle était, exprimée en franc français, la valeur du deutsche mark ?

Exercice 6

Une banque française est chargée de vendre USD 250 000 provenant d'exportations.

Lorsque le cambiste décide de vendre les dollars, les cours sur le marché des changes sont les suivants :

USD 1 = 6,8750 FRF à Paris
1 GBP = USD 1,7340 à Londres
1 GBP = 11,9120 FRF à Londres et Paris

Que doit faire ce cambiste en supposant que les frais de courtage et de transaction sont nuls ?

Exercice 7

Vous êtes stagiaire au département finance internationale d'une grande banque lorsque vous avez à résoudre le problème suivant.

Un client remet à la banque USD 100 000 provenant d'exportations aux Etats-Unis qui doivent être crédités en francs français sur son compte. Au moment de réaliser l'opération, le dollar à Paris est coté USD 1 = 7,9735 FRF. A Londres il s'échange sur la base 1 GBP = USD 1,5158. La livre sterling se traite à 12,1225 francs français à Paris et à Londres.

Les frais de téléphone et de télex avec Londres sont estimés à 25 francs.

Avez-vous intérêt à passer par l'intermédiaire de la livre sterling pour la négociation des 100 000 dollars de votre client ?

Chapitre 2

LES NOUVEAUX COMPARTIMENTS DU MARCHÉ DES CHANGES*

Les transactions au comptant et à terme entre banques occupent une position centrale sur le marché des changes. Il serait cependant faux de croire que le marché des changes se réduit à ces transactions interbancaires. Depuis le début de la décennie 1970, de nouveaux compartiments se sont progressivement développés. Leur impact est encore assez marginal, mais ils sont appelés à un développement considérable. Ces nouveaux compartiments sont ceux des marchés dérivés.

Au sein de ces marchés, il est habituel de distinguer les marchés de contrats standardisés qui sont localisés dans des bourses dotées d'une chambre de compensation, d'une part, des marchés de contrats non standardisés qui sont un compartiment du marché interbancaire où s'effectuent des transactions de gré à gré, d'autre part. A l'intérieur des contrats standardisés, une deuxième dissociation distingue les contrats à terme des contrats d'options.

Le tableau 1 présente une vue synoptique des différents marchés dérivés qui sont étudiés dans ce chapitre.

---

* Pour approfondir le contenu de ce chapitre, le lecteur peut se reporter au livre d'exercices corrigés de Yves Simon : *Finance Internationale*, Paris, Economica, 1992, et plus spécialement au chapitre 3 intitulé : Les marchés de contrats à terme, et au chapitre 4 intitulé : Les marchés d'options.

Tableau 1
Les différents marchés dérivés sur devises

	Contrats à terme		*Contrats d'options*	
Contrats non standardisés			Marchés d'options de gré à gré	
Contrats standardisés	*Bourse de commerce*	*Bourse de valeurs*	*Bourse de commerce*	*Bourse de valeurs*
	Marchés de contrats à terme de l'International Monetary Market		Marchés d'options de l'Index and Options Market	Marchés d'opt du Philadelp Stock Exchar

Les principes de fonctionnement communs à l'ensemble des marchés de contrats standardisés sont évoqués dans la première section. Les marchés à terme de contrats de devises sont présentés dans la deuxième section. Les marchés d'options (standardisées et non standardisées) sont analysés dans la troisième section.

Section I — Les principes de fonctionnement des marchés de contrats standardisés

Les marchés de contrats standardisés, dont nous allons présenter les spécificités dans cette première section, sont localisés à l'intérieur des bourses : bourses de commerce pour les contrats à terme de devises et les options sur contrats à terme, bourses de valeurs pour les options sur devises au comptant.

§ 1. L'organisation des marchés de contrats

Les bourses sont des organisations privées sans but lucratif dont les membres sont seuls autorisés à négocier des ordres d'achat et de vente pour leur propre compte ou pour celui de leurs clients. Ils sont également responsables du fonctionnement des marchés. Cette responsabilité est exercée au niveau le plus élevé par une assemblée générale qui élit un conseil d'administration et vote sur les décisions les plus importantes. Le conseil d'administration assure le fonctionnement quotidien des marchés. Il est aidé, dans la réalisation de cette tâche, par les cadres et les salariés de la bourse.

La bourse fonctionne grâce à un règlement intérieur approuvé par l'assemblée générale des membres.

L'activité des membres de la bourse et le fonctionnement des différents marchés font l'objet d'un contrôle étroit et relativement sévère[1].

§ 2. Les caractéristiques des marchés de contrats

Les caractéristiques communes à tous ces marchés sont au nombre de trois.

1. Les marchés de contrats — qu'il s'agisse de contrats à terme ou de contrats d'option — sont des marchés dérivés. Ce ne sont donc pas des devises qui sont négociées, mais des contrats standardisés.

Un contrat à terme est un engagement ferme et définitif de livrer ou de recevoir, à une échéance bien spécifique, une certaine quantité de devises, à un prix fixé lors de la négociation du contrat.

Contrairement à un contrat à terme, une option n'est pas une obligation. L'option donne, en effet, à celui qui la détient, le droit, mais pas l'obligation, d'acheter s'il s'agit d'une option d'achat, ou de vendre, s'il s'agit d'une option de vente, des devises (dans le cadre des marchés d'options sur devises au comptant) ou un contrat à terme de devise (dans le cadre des marchés d'options sur contrats).

2. Tout contrat acheté ou vendu se dénoue au plus tard à l'arrivée du terme. L'originalité des marchés de contrats est de permettre deux dénouements. La manière *a priori* la plus simple est de remplir les obligations du contrat en prenant livraison des devises ou en les livrant. Cette méthode est peu pratiquée. C'est une opération lourde, assez coûteuse et peu justifiée dans la plupart des cas, mais elle est indispensable, car elle établit une passerelle entre le marché interbancaire et celui des contrats. Moins de 1 % des contrats se dénouent en moyenne par une livraison effective de devises (tableau 2). Cette passerelle permet une évolution identique, dans leurs grandes tendances, des prix sur les deux marchés et autorise, de ce fait, les opérations de couverture contre le risque de change. Si les prix des contrats et du marché interbancaire n'évoluaient pas de la même manière, des opérations d'arbitrage seraient immédiatement entreprises. Elles auraient pour conséquence de rétablir l'égalité entre les prix.

Dans la quasi-totalité des cas, le dénouement se réalise par une inversion de l'opération initiale : le vendeur rachète un contrat et l'acheteur revend un contrat pour la même échéance. Cette modalité est la grande originalité des marchés à terme de devises. Elle est rendue possible par la présence d'une chambre de compensation. Elle permet à l'opérateur de débourser ou d'encaisser la différence entre les prix des deux transactions.

---

1. Pour avoir de plus amples informations sur l'organisation et le fonctionnement des marchés à terme, le lecteur peut se reporter à deux ouvrages plus généraux : Yves SIMON, *Bourses de commerce et marchés à terme de marchandises,* 3e éd., Paris, Dalloz, 1986 et M. LEVASSEUR, Y. SIMON, *Marchés de capitaux : options et nouveaux contrats à terme*, Paris, Dalloz, 1980.

Tableau 2
Importance relative des contrats se dénouant par une livraison de devises par rapport au volume des transactions

Devise	*1976*	*1977*	*1981*	*1982*
Livre sterling	1,50 %	0,73 %	1,04 %	0,86 %
Dollar canadien	1,22 %	0,45 %	1,65 %	0,91 %
Deutsche mark	1,33 %	0,79 %	0,62 %	0,43 %
Florin..................	8,42 %	2,17 %	—	—
Franc français	5,14 %	3,87 %	7,84 %	8,01 %
Yen....................	6,07 %	0,67 %	0,76 %	0,61 %
Peso mexicain..........	0,95 %	2,11 %	4,45 %	4,86 %
Franc suisse	1,22 %	1,11 %	0,49 %	0,38 %

Unité : Pourcentage.
Source : International Monetary Market Yearbook.

Les modalités de dénouement sont identiques pour les contrats d'options. Dans la quasi-totalité des cas, le dénouement se réalise avant l'échéance par une inversion de l'opération initiale : le vendeur rachète des options pour la même échéance et le même prix d'exercice ; l'acheteur revend, quant à lui, des options.

3. Les transactions sur les contrats à terme ne donnent pas lieu à un règlement financier immédiat. Ce dernier est repoussé à l'échéance de la transaction et se concrétise dans la seule hypothèse d'un dénouement par livraison effective de l'actif sous-jacent. Pour assurer la sécurité des contractants et de la chambre de compensation, cette dernière exige des opérateurs le versement d'un dépôt de garantie dénommé déposit. Son montant varie selon les périodes, la situation conjoncturelle, la surface financière des opérateurs et l'importance de leur position ouverte. Il varie également selon les marchés et peut représenter entre 1 à 20 % de la valeur du contrat.

Quand un acheteur (vendeur) de contrats à terme est confronté à une baisse (hausse) des cours, il enregistre une perte potentielle qui ampute le montant du dépôt de garantie et réduit d'autant la sécurité de son courtier et de l'organisme de compensation. Pour se protéger, ce dernier appelle en marge le client pour une somme équivalente à la perte potentielle.

Le même principe est retenu pour les marchés d'options, mais avec des aménagements. Les acheteurs d'options devant s'acquitter immédiatement de la totalité de la prime, le déposit et les appels de marge ne leur sont pas applicables. Les vendeurs, en revanche, dans la mesure où ils sont soumis, comme nous le verrons ultérieurement, à des risques considérables, doivent verser des déposits et s'acquitter d'éventuels appels de marge. Le montant du déposit est établi à partir de formules prenant en compte le risque maximum auquel est soumis le vendeur. Pour des raisons identiques à celles évoquées pour les marchés de contrats à terme, les appels de marge sont effectués par la chambre de compensation en cas d'évolution défavorable des cours.

§ 3. Le fonctionnement des marchés de contrats

Les membres de la bourse sont seuls autorisés à acheter et à vendre des contrats. Ils le font pour leur propre compte ou celui de leur clientèle.

Lorsqu'un acheteur A et un vendeur B effectuent une opération sur un marché de contrats, cette transaction doit être obligatoirement enregistrée par la chambre de compensation qui se substitue à l'acheteur et au vendeur et devient, de ce fait, leur unique contrepartie. Ceci permet à l'acheteur A (le raisonnement est identique pour le vendeur B) de pouvoir revendre son contrat en intervenant avec un opérateur C (A et C sont évidemment substitués par la chambre de compensation) et d'être liquidé par un solde positif si le prix de vente est supérieur au prix d'achat ou négatif dans le cas inverse. A la suite de cette seconde transaction, B est vendeur vis-à-vis de la chambre de compensation et C est acheteur. L'organisme de compensation permet aux opérateurs de déboucler leurs contrats quand ils le désirent sans être contraints de rechercher ceux avec lesquels ils avaient initialement opéré. La position initiale est de ce fait annulée et l'opérateur reçoit de l'organisme de compensation (ou lui verse) une somme représentant la différence entre le prix d'achat et le prix de vente. La chambre de compensation s'interpose systématiquement entre l'acheteur et le vendeur. Elle garantit la bonne fin des transactions et accroît la sécurité des opérateurs.

Section II — Les marchés de contrats à terme de devises

Les marchés de contrats à terme de devises ont été ouverts le 16 mai 1972 par le Chicago Mercantile Exchange (CME). Les contrats sont négociés sur l'International Monetary Market (IMM), une division du CME regroupant les marchés à terme de devises et de titres financiers à revenu fixe. Cette création originale a essaimé sur plusieurs autres places financières, mais sans connaître le succès rencontré à Chicago.

§ 1. Les caractéristiques des contrats à terme de devises du Chicago Mercantile Exchange

Ce ne sont pas des devises qui sont négociées à l'IMM, mais des contrats standardisés obligeant le vendeur à livrer et l'acheteur à recevoir une certaine quantité de devises à un prix déterminé le jour où le contrat a été négocié. Ces contrats fixent avec précision l'échéance de la transaction, la quantité de devises et la date de leur livraison ou de leur réception.

Le tableau 3 reproduit les caractéristiques essentielles des principaux contrats à terme de devises négociés à l'IMM de Chicago.

Tableau 3
Caractéristiques des contrats à terme de devises négociés à l'International Monetary Market

Devise	*Montant du contrat*	*Fluctuation minimale*	*Déposit*
Livre sterling	62 500	12,5	1 500
Dollar canadien	100 000	10,0	1 500
Deutsche mark..............	125 000	12,5	2 000
Yen	12 500 000	12,5	2 000
Franc suisse	125 000	12,5	3 000

Unité : Dollar américain.
Source : Documents de l'International Monetary Market.

Les transactions sont effectuées pour des époques précises qui sont : mars, juin, septembre et décembre, et pour un horizon pouvant atteindre deux ans, ce qui implique que huit échéances au maximum peuvent être cotées simultanément. Les montants nominaux des contrats sont standardisés : 62 500 livres sterling, 100 000 dollars canadiens, 125 000 deutsche marks, 12 500 000 yen, 125 000 francs suisses, 250 000 francs français. Les transactions débutent à 7 h 20 (heure de Chicago) et se terminent vers 13 h (l'heure de clôture est variable selon les devises). Les limites minimales de variation de la valeur des contrats sont elles aussi standardisées et comprises entre 10 et 12,5 dollars américains par contrat.

Les déposits varient selon les contrats et la volatilité du cours des devises. Ces différences sont dues au caractère plus ou moins spéculatif des marchés et aux variations plus ou moins erratiques des cours de change. Normalement, le déposit représente 1 à 3 % de la valeur des contrats. Ceci n'interdit pas aux courtiers d'exiger des sommes plus élevées pour certaines devises et certains clients. Afin de réduire le coût d'opportunité du déposit, la réglementation américaine accepte que les opérateurs déposent des bons du Trésor, dont les intérêts leur restent acquis.

§ 2. Le développement des marchés de contrats à terme de devises

Les contrats de devises sont négociés avec succès à l'IMM. Mais c'est le New York Produce Exchange, bourse aujourd'hui disparue et absorbée par le New York Mercantile Exchange, qui avait le premier créé des marchés à terme de devises en 1969. Cette initiative avait malheureusement échoué. Les contrats de devises ne se sont bien développés qu'à Chicago. Plusieurs tentatives furent initiées pour ouvrir des marchés de contrats sur d'autres places financières, mais elles ne furent pas, en règle générale, couronnées de succès.

A. — Les marchés de l'International Monetary Market

Les marchés de Chicago ont été ouverts le 16 mai 1972. Les contrats, tous cotés en dollar américain, portaient initialement sur la livre sterling, le dollar canadien, le deutsche mark, le yen, le peso mexicain, le franc suisse et la lire. Les transactions sur cette dernière devise ont cessé en 1973, faute d'intérêt spéculatif et professionnel. Le contrat sur le franc français fut introduit en 1973 et celui relatif au florin en 1974. Les transactions sur ce dernier contrat ont cessé en 1982. Le marché du peso a été fermé en 1985 à la suite des mesures de contrôle des changes imposées par les autorités mexicaines. Le contrat sur le franc français a lui aussi cessé d'être négocié en 1990. Le 17 janvier 1986, les responsables de l'IMM ont ouvert un marché sur l'Ecu, mais celui-ci s'est éteint en 1987. En revanche, un contrat à terme sur le dollar australien fut introduit avec succès le 15 janvier 1987.

Le développement des transactions sur les marchés de contrats de devises a été lent à se manifester. Jusqu'à la fin 1976, le volume des transactions est resté stable, à l'exception de l'année 1973, aux environs de 200 000 contrats. Depuis 1978, en revanche, ces marchés se développent rapidement. Il faut toutefois noter que les volumes de transactions pour 1991 et 1992 sont en baisse sensible par rapport à ceux de 1990, exception faite du contrat relatif au deutsche mark. Les contrats les plus actifs portent sur le yen, le franc suisse, le deutsche mark et la livre sterling. Le tableau 4 fournit l'évolution annuelle du volume des transactions et le montant de la position ouverte pour chacun des contrats négociés depuis 1972. Pour s'adapter à l'évolution du marché interbancaire, les responsables du CME ont introduit en mai 1991 et février 1992, mais sans connaître un réel succès, quatre contrats portant sur des taux de change croisés (*cross rates*).

Les grandes banques américaines n'ont guère apprécié l'apparition de ces nouveaux marchés et ont partiellement réussi à bloquer leur développement. Cette opposition avait pour origine la crainte — au demeurant fondée — que ces marchés ne remettent en cause le monopole du marché interbancaire. Le refus des banquiers (il s'agissait des grandes banques de New York, car celles de Chicago ont participé à ces marchés dès leur origine bien que de façon modeste) d'acheter des sièges à l'International Monetary Market et d'intervenir sur les marchés de contrats a réduit le volume des arbitrages avec le marché interbancaire. La conséquence en fut pendant longtemps un manque de liquidité sur le marché des contrats. Il était difficile d'exécuter dans de bonnes conditions des ordres égaux ou supérieurs à 20 contrats. La situation est aujourd'hui différente.

Tableau 4
Volume des transactions et montant de la position ouverte sur les plus importants ma de contrats à terme de devises du Chicago Mercantile Exchange

Année	*Deutsche mark*		*Yen*		*Franc suisse*	
	Volume des transactions	*Montant de la position ouverte*	*Volume des transactions*	*Montant de la position ouverte*	*Volume des transactions*	*Mont de la po ouve*
1972	19 318	1 800	43 989	7 307	17 721	1 3
1973	77 264	10 296	125 653	1 212	22 013	1 0
1974	49 447	5 508	7 239	533	42 505	2 2
1975	54 793	2 348	1 790	25	69 933	1 1
1976	44 887	1 837	1 449	253	37 246	6
1977	134 368	3 561	82 261	2 518	106 968	4 4
1978	400 569	5 618	361 731	2 905	321 451	4 9
1979	450 856	11 294	329 645	2 708	493 944	10 9
1980	922 608	10 256	575 073	7 624	827 884	7 7
1981	1 654 891	10 731	960 598	12 940	1 518 767	10 0
1982	1 792 901	19 792	1 762 246	25 777	2 563 332	25 9
1983	2 423 508	ND	3 442 262	ND	3 766 130	N
1984	5 508 308	33 746	2 334 764	13 542	4 129 881	17 8
1985	6 449 384	53 525	2 415 094	28 058	4 758 159	27 3
1986	6 582 145	44 292	3 969 777	23 172	4 998 430	23
1987	6 037 048	32 536	5 358 556	42 656	5 268 276	24 2
1988	5 662 109	35 504	6 433 132	32 647	5 283 406	21 4
1989	8 186 221	58 073	7 823 739	49 960	6 093 885	32 4
1990	9 169 230	42 712	7 437 235	44 250	6 524 893	33 9
1991	10 928 693	54 472	6 017 012	59 874	5 835 480	26
1992	11 593 174	132 558	4 520 356	44 782	5 134 717	49

Unité : Nombre de contrats.
Sources : International Monetary Market Yearbook et *Futures Industry Association.*

Tableau 4
me des transactions et montant de la position ouverte sur les plus importants marchés de contrats à terme de devises du Chicago Mercantile Exchange

nnée	*Livre sterling*		*Dollar canadien*		*Dollar australien*	
	Volume des transactions	*Montant de la position ouverte*	*Volume des transactions*	*Montant de la position ouverte*	*Volume des transactions*	*Montant de la position ouverte*
1972	14 787	2 542	38 804	2 639	—	—
1973	31 412	2 476	29 161	692	—	—
1974	14 033	1 003	3 699	641	—	—
1975	15 015	527	2 677	82	—	—
1976	33 465	1 007	17 068	1 753	—	—
1977	78 701	5 834	161 139	1 773	—	—
1978	240 099	2 396	207 654	4 632	—	—
1979	513 682	10 000	399 885	7 287	—	—
1980	1 263 750	10 065	601 925	6 497	—	—
1981	1 491 102	10 865	475 585	6 892	—	—
1982	1 321 701	14 854	1 078 467	18 033	—	—
1983	1 614 993	ND	558 741	ND	—	—
1984	1 444 492	15 624	345 875	7 775	—	—
1985	2 799 024	25 082	468 996	13 929	—	—
1986	2 701 330	23 145	734 071	14 937	—	—
1987	2 592 177	28 593	914 563	14 908	53 335	618
1988	2 616 068	16 277	1 408 783	21 974	75 960	1 495
1989	2 518 232	19 835	1 263 664	23 526	113 972	2 554
1990	3 410 333	25 426	1 408 799	22 712	105 241	1 894
1991	3 745 617	20 576	1 139 397	20 540	76 016	868
1992	3 053 428	34 745	1 171 640	19 650	89 784	2 377

: Nombre de contrats.
es : *International Monetary Market Yearbook* et *Futures Industry Association.*

Le refus des banques d'opérer sur le marché des contrats eut pour conséquence de perpétuer des écarts relativement importants entre les cours du marché interbancaire et ceux du marché des contrats à terme. Normalement, ces écarts auraient dû disparaître grâce à des opérations d'arbitrage. Mais ces opérations ne se sont pas développées, car les banques ont refusé de les faire. On aurait pu imaginer qu'à défaut de banquiers, des arbitragistes interviennent. Ces opérations furent en fait impossibles, car les banques imposent sur le marché interbancaire des cours offerts et demandés et cette différence est suffisamment importante pour dépasser le profit potentiel que pouvait obtenir un opérateur effectuant des arbitrages entre les deux marchés. Si les banques étaient intervenues, les différences de cours entre les deux marchés auraient été supprimées car elles n'auraient pas eu à supporter l'écart entre le prix offert et le prix demandé qu'elles imposent aux arbitragistes non bancaires.

Ces opérations d'arbitrage auraient développé la liquidité du marché des contrats et permis aux entreprises d'y intervenir directement pour se protéger contre le risque de change, avec pour conséquence un dépérissement du marché interbancaire qui est à l'origine de profits importants pour les banques.

Pour remédier à l'insuffisance des opérations d'arbitrage, les responsables de l'IMM ont permis à une nouvelle catégorie d'opérateurs : les « arbitragistes classe B » d'entreprendre des arbitrages en les dispensant de déposit. En contrepartie de cet avantage, ces opérateurs ne peuvent avoir de positions sur les marchés à la clôture des transactions et ne doivent réaliser que des arbitrages.

En fait, après 1976, de nombreuses banques sont intervenues pour arbitrer les deux marchés, directement ou par l'intermédiaire d'arbitragistes classe B ; mais s'il n'est pas niable, le développement des transactions sur le marché des contrats n'est toutefois en rien comparable à l'essor du marché interbancaire puisque ce dernier, surtout aux Etats-Unis, connaît une extraordinaire croissance[2].

B. — Les marchés ouverts dans les autres bourses de commerce

Les contrats de devises sont négociés depuis le 16 mai 1972 à l'International Monetary Market, mais c'est le New York Produce Exchange, une bourse aujourd'hui disparue et absorbée par le New York Mercantile Exchange (NYMEX), qui avait la première, mais sans succès, créé des marchés de contrats à terme de devises en 1969.

En 1974, le NYMEX avait à son tour ouvert des marchés de contrats de devises. Les transactions ne réussirent pas à se développer. Une seconde tentative initiée en 1978 se solda par un nouvel échec.

En 1980, le New York Futures Exchange avait introduit cinq contrats portant sur la livre sterling, le deutsche mark, le franc suisse, le yen et le dollar canadien. Ces contrats cotés en dollar américain ne se sont jamais développés.

Le 15 septembre 1983, le MidAmerica Commodity Exchange ouvrait cinq marchés de devises portant sur la livre sterling, le franc suisse, le deutsche mark, le yen et le dollar canadien. La valeur faciale de ces différents contrats représente la moitié de celle des contrats négociés à l'IMM. Les échanges sont faibles, mais les marchés sont demeurés opérationnels.

En 1985, le New York Cotton Exchange ouvrait un marché à terme sur un produit assimilable à une devise. Il s'agissait d'un contrat sur le dollar

2. *Cf.* les développements de la section 5 du chapitre 1.

américain (*dollar index*) évalué à partir des cours pondérés des dix devises les plus utilisées dans le commerce international. Le 7 janvier 1986, la même bourse créait le premier marché à terme sur l'Ecu.

Le 8 août 1986, le Philadelphia Board of Trade a ouvert sept marchés à terme de devises portant sur la livre sterling, le franc français, le franc suisse, le deutsche mark, le yen, le dollar canadien et l'écu. Les transactions n'ont pas réussi à se développer et les marchés ont été fermés.

Le 19 mars 1980, et pour la première fois en dehors des Etats-Unis, le Sydney Futures Exchange introduisait deux contrats de devises. Cotés en dollar australien, ces contrats portaient sur le yen et le dollar américain. Un troisième marché reposant sur la livre sterling fut ouvert en novembre 1980. Les transactions sur le yen ont cessé en janvier 1981, celles sur la livre sterling en février 1982 et celles sur le dollar américain en septembre 1987. Une tentative initiée le 24 février 1988 de négocier un contrat sur le dollar australien coté en dollar américain a elle aussi échoué.

Le London International Financial Futures Exchange (LIFFE) a ouvert en 1982 des marchés de contrats sur quatre devises cotées en dollar américain : la livre sterling le 30 septembre, le deutsche mark le 14 octobre, le franc suisse le 30 novembre et le yen le 1er décembre. Le 30 janvier 1986, le LIFFE a ouvert un marché portant sur le dollar américain coté en deutsche mark. Tous ces marchés sont désormais inactifs.

En 1984, le Singapore International Monetary Exchange a ouvert deux marchés de contrats de devises cotées en dollar américain et portant sur le deutsche mark et le yen. Un marché à terme reposant sur la livre sterling s'est également ouvert le 1er juillet 1986. L'activité de ces trois marchés est faible.

Les premiers marchés à terme brésiliens de devises ont été créés en 1986 à la Bolsa de Mercadorias de Sao Paulo. Les contrats cotés en cruzado portaient sur le dollar américain, le deutsche mark, le yen et la livre sterling. Ces marchés ne sont pas parvenus à se développer. Il n'existe aujourd'hui qu'un marché du dollar américain coté en cruzado. Il est localisé à la BMF et présente une réelle activité.

En dehors du marché brésilien, il faut mentionner l'existence de quatre autres contrats : deux localisés à Barcelone, un en Nouvelle-Zélande et le dernier à Tokyo. Ils ont en commun la faiblesse de leur activité.

Le volume des transactions sur le marché interbancaire est incomparablement supérieur à ceux de l'IMM et des autres bourses où sont négociés des contrats. Ces marchés ne peuvent pas remplacer le marché interbancaire où interviennent les firmes multinationales et les grandes entreprises impliquées dans le commerce international. Ils retiennent, en revanche, l'attention des spéculateurs individuels, des arbitragistes et de certaines entreprises familiarisées avec le fonctionnement des marchés à terme. Avant l'ouverture des marchés de Chicago, le marché interbancaire était la seule possibilité permettant aux entreprises de se couvrir contre le risque de change. Avec l'IMM, les firmes ont la possibilité de le faire à un coût qui peut être, dans certaines circonstances, inférieur à celui du marché interbancaire. Malgré le développement des transactions à Chicago, les marchés de contrats de devises n'ont pas connu tout le succès qu'ils méritent.

Trois raisons expliquent cet état de fait.

- Les grandes banques ne souhaitent pas réduire l'importance du marché interbancaire dans la mesure où elles en dégagent des profits substantiels.
- Les entreprises traditionnelles, peu familiarisées avec le fonctionnement des marchés de contrats, ne sont pas conduites à utiliser les marchés de devises de Chicago.
- Les services rendus par le marché interbancaire sont très satisfaisants.

L'utilisation des marchés de contrats devrait cependant s'intensifier, car les trésoriers et cambistes acquièrent progressivement une connaissance de plus en plus fine du fonctionnement de ces marchés.

C. — Les facteurs explicatifs de la croissance du marché des contrats à terme de devises

Malgré les échecs enregistrés sur la plupart des bourses de commerce, et même à Chicago pour certains contrats, les marchés à terme de devises ont réussi à se développer. Quatre facteurs sont en mesure d'expliquer la croissance de ces marchés.

- Le premier, et il est essentiel, est la volatilité des taux de change, mais d'autres éléments sont à prendre en considération.
- Dans la mesure où le marché est utilisé pour se protéger du risque de change, tout accroissement du commerce international, et plus spécialement toute augmentation des importations et des exportations américaines, devrait accroître le volume des transactions et le montant de la position ouverte. Il existe, de fait, une relation positive entre la croissance de la position ouverte sur les marchés de contrats de devises de l'IMM et le montant des importations américaines. La relation est plus forte pour les importations qu'elle ne l'est pour les exportations, car elles sont proportionnellement beaucoup plus libellées en devises que ne le sont les exportations. Cette corrélation n'est cependant pas une relation causale.
- La plus grande expérience des opérateurs potentiels et la diffusion des connaissances relatives aux marchés de contrats se traduisent par un accroissement des transactions et de la position ouverte.
- Toute augmentation du volume des transactions due aux facteurs précédents accroît la liquidité du marché et permet d'obtenir des cours de meilleure qualité... ce qui facilite les interventions de nouveaux spéculateurs et de nouveaux opérateurs à la recherche d'une couverture.

§ 3. Les avantages et les inconvénients des marchés de contrats à terme de devises

Malgré l'opposition initiale des grandes banques, les marchés de contrats de devises de l'IMM ont réussi à attirer un nombre suffisant d'arbitragistes et de spéculateurs pour pouvoir fonctionner. Les avantages spécifiques offerts par ces marchés expliquent ce développement.

A. — Les avantages des marchés de contrats à terme de devises

1. Les frais de transaction et le coût des opérations sont, pour les spéculateurs et les petits opérateurs, inférieurs à ceux imposés par les banques sur le marché interbancaire.

2. Les opérateurs peuvent se protéger contre le risque de change ou spéculer sur le taux de change sans livrer ou prendre livraison des devises à l'arrivée du terme. L'inversion de l'opération initiale leur évite les inconvénients associés aux transactions sur les devises elles-mêmes.

3. L'IMM permet d'effectuer des opérations totalement anonymes, ce qui n'est pas le cas sur le marché interbancaire.

4. Les marchés de Chicago offrent unc flexibilité qui n'existe pas sur le marché interbancaire. Une couverture peut y être obtenue instantanément et liquidée aussi facilement et à n'importe quel moment, cc qui n'est pas le cas du marché interbancaire. Par ailleurs, il n'y a aucune difficulté pour prolonger la période de couverture ou l'interrompre : il suffit de renouveler ou d'annuler la position à terme. La même flexibilité bénéficie au spéculateur. Les opérateurs ne sont pas obligés d'attendre, comme sur le marché interbancaire, l'échéance de leur transaction pour prendre leur profit ou limiter leurs pertes.

5. N'importe quel opérateur peut intervenir sur un marché de contrats à terme de devises, à condition de verser un dépôt de garantie auprès de la chambre de compensation. Sur le marché interbancaire, en revanche, les banques sont beaucoup plus sélectives et prudentes. Elles écartent purement et simplement certains opérateurs et exigent des autres des garanties qui renchérissent le coût d'une intervention.

B. — Les inconvénients des marchés de contrats à terme de devises

Ces avantages contrebalancent les inconvénients tenant à la rigidité qu'impose la standardisation des contrats : leur valeur peut être trop faible ou trop importante par rapport aux besoins des opérateurs et les termes des contrats, également standardisés, peuvent ne pas correspondre aux échéances recherchées par l'exportateur et l'importateur en quête d'une couverture. Ces inconvénients sont en réalité peu importants. Une autre difficulté réside dans le fait que toutes les devises ne sont pas négociées sous forme de contrats. Ceci n'est pas niable, mais il faut reconnaître que les monnaies actuellement échangées à Chicago assurent la quasi-totalité du financement du commerce international.

§ 4. La comparaison du marché interbancaire et du marché des contrats à terme de devises

Les transactions sur le marché interbancaire à terme ressemblent à celles des marchés de Chicago en ce sens que le prix est fixé lors de la négociation et que la livraison et le paiement sont repoussés à l'échéance. Pour le reste, les différences sont plus nombreuses que les ressemblances. Elles sont au nombre de sept.

1. Le montant de devises et la date de leur livraison sont rigoureusement standardisés sur le marché des contrats et ne peuvent être adaptés aux besoins des opérateurs comme sur le marché interbancaire.

2. Le marché interbancaire est un marché de gré à gré (*over the counter*) alors que le marché des contrats recourt aux services d'une chambre de compensation. Ceci implique que le risque de contrepartie inhérent à tout marché de gré à gré est en principe éliminé du marché des contrats. Par voie de conséquene, la relation est beaucoup plus personnalisée et étroite entre le client et la banque sur le marché interbancaire qu'elle ne l'est entre le courtier ou le marché à terme et l'acheteur ou le vendeur de contrats.

3. Les transactions interbancaires se font par téléphone ou télex entre les cambistes des différentes banques avec publication à chaque transaction d'un prix offert et d'un prix demandé. Sur le marché des contrats, en revanche, les transactions se font à la criée à un cours unique pour les achats et les ventes.

4. La structure des coûts diffère sur les deux marchés. Sur le marché interbancaire, les banques sont rémunérées par l'écart entre le cours acheteur et le cours vendeur. Ce *spread* varie selon les devises, l'intensité de la concurrence entre les banques et la valeur des différentes devises. Sur le marché de Chicago, des commissions sont versées aux courtiers. Elles varient de 15 à 100 dollars selon les opérations, l'importance de l'ordre exécuté, les opérateurs et les services annexes offerts par la maison de courtage.

5. La quasi-totalité des transactions sur le marché interbancaire sont exécutées par une livraison effective de devises. Sur le marché de Chicago en revanche, moins de 2 % des contrats se dénouent par une livraison effective de devises.

6. La valeur d'une transaction est beaucoup plus importante sur le marché interbancaire qu'elle ne l'est sur le marché des contrats. Sur le premier cité, il n'y a pas de transaction de valeur inférieure à un million de dollars et celles ayant une valeur supérieure à cinq millions ne sont pas rares. Sur le marché des contrats, en revanche, il n'est certes pas impossible d'acheter ou de vendre en une seule transaction 50 contrats ou plus, mais la norme est en réalité beaucoup plus faible.

7. Les services rendus par les deux marchés sont très différents. La standardisation des contrats est plus adaptée aux besoins des spéculateurs individuels qu'à ceux des grandes entreprises. En offrant des contrats sur mesure, le marché interbancaire répond mieux aux besoins des exportateurs et des importateurs qu'à ceux des investisseurs privés.

Section III — Les marchés d'options sur devises

Les options de change se présentent sous trois modalités différentes.

Il existe, en premier lieu, des options négociées sur le marché interbancaire. Ce sont des options de gré à gré échangées entre deux banques ou, plus généralement, entre une banque et une entreprise. Ces options ont une faible négociabilité. Elles ne sont pas standardisées et sont construites sur mesure pour répondre aux besoins spécifiques des opérateurs, et plus spécialement ceux de l'acheteur.

Il existe, en deuxième lieu, des options standardisées, négociées dans le cadre de marchés organisés, dotés d'une chambre de compensation. Ces options se scindent à leur tour en deux sous-ensembles. Les premières ont pour actif sous-jacent des devises négociées sur le marché interbancaire au comptant : deutsche mark, franc suisse, yen, livre sterling, dollar canadien et dollar australien. Ce sont des options au comptant. Les secondes ont pour actif sous-jacent les contrats à terme de devises négociés au Chicago Mercantile Exchange. L'activité sur ces deux ensembles d'options est sensiblement la même, avec toutefois un léger avantage aux options sur contrats à terme de devises.

Avant de présenter les différents types d'options et les services rendus par ces actifs financiers, il importe d'en donner une définition aussi claire et simple que possible.

§ 1. La définition d'une option sur devise

Une option, qu'il s'agisse d'un instrument négocié sur un marché organisé ou sur un marché de gré à gré, confère à son porteur un droit : celui d'acheter ou de vendre le support de l'option, en l'occurrence des devises, à un prix fixé d'avance et désigné comme étant le prix d'exercice. Ce droit ne peut être exercé que durant la vie de l'option, c'est-à-dire jusqu'à la date d'exercice.

Si l'option accorde à celui qui la détient une possibilité d'achat, il s'agit d'une option négociable d'achat, appelée *call* sur les marchés anglo-saxons. Si l'option accorde à celui qui la détient une possibilité de vente, il s'agit d'une option de vente dénommée *put* dans la terminologie anglo-saxonne.

Une transaction portant sur une option met face à face un acheteur et un vendeur. Pour le droit accordé par l'option, l'acheteur paie et l'émetteur reçoit une certaine somme acquise par l'émetteur, que l'option soit exercée ou non. Cette somme constitue le *premium.*

Le prix d'exercice est le cours auquel l'acheteur d'une option d'achat (ou l'acheteur d'une option de vente) peut acquérir (ou céder) l'actif sous-jacent pendant la durée de vie de l'option. Deux expressions anglo-saxonnes : *exercise price* et *strike price* sont fréquemment utilisées pour désigner le prix d'exercice.

La date d'exercice, ou échéance, de l'option est le dernier jour auquel l'option peut être exercée. C'est la date à laquelle l'option disparaît et perd toute valeur.

Les éléments caractéristiques d'une option sont donc :

- la nature de l'option : *call* ou *put*,
- le prix d'exercice,
- la date d'exercice,
- la prime.

L'acheteur d'une option d'achat peut exercer son option (on utilise également l'expression lever son option), c'est-à-dire acheter l'actif lui servant de support, mais il n'est jamais obligé de le faire. Il peut choisir d'abandonner son option. Le vendeur d'une option d'achat doit obligatoirement livrer les devises au prix fixé, si l'acheteur l'exige : il n'a pas le choix. Le raisonnement est identique pour l'option de vente. L'acheteur d'une telle option peut la lever (ou l'exercer), c'est-à-dire vendre l'actif servant de support à l'option, mais il n'est jamais obligé de le faire. Il peut choisir d'abandonner son option. Le vendeur de l'option n'a pas le choix : il doit obligatoirement recevoir les devises et verser le prix d'exercice.

§ 2. Les déterminants de la valeur d'une option

La valeur d'une option dépend de quatre facteurs :
- le cours de la devise sous-jacente,
- le prix d'exercice,
- la volatilité du cours de la devise,
- la date d'exercice.

La date d'exercice et la volatilité exercent la même influence sur la valeur d'une option, qu'il s'agisse d'un *call* ou d'un *put*. Le cours de la devise sous-jacente et le prix d'exercice n'ont pas, en revanche, la même influence sur les valeurs d'une option d'achat et d'une option de vente.

1. Plus la volatilité est forte, plus la prime est élevée.

2. Plus la date d'exercice est éloignée, plus la prime est importante, ce que traduisent les tableaux 5 et 6 qui reproduisent les valeurs des options d'achat et des options de vente DEM/USD à la date du 8 juillet 1987 pour différentes échéances.

Tableau 5
Valeur des options d'achat DEM/USD
à la date du 8 juillet 1987

Prix d'exercice	*Août*	*Septembre*
53	1,71	1,88
54	0,91	1,16
55	0,37	0,64
56	0,14	0,35
57	0,06	0,17
58	0,01	0,09

Unité : Cents américains.
Source : The Wall Street Journal.

Tableau 6
Valeur des options de vente DEM/USD
à la date du 8 juillet 1987

Prix d'exercice	*Août*	*Septembre*	*Octobre*
53	0,11	0,28	—
54	0,30	0,55	0,63
55	0,75	1,02	1,05
56	1,52	1,71	—
57	2,42	2,52	—
58	—	3,42	—

Unité : Cents américains.
Source : The Wall Street Journal.

3. Toutes choses égales par ailleurs, plus le cours de la devise est élevé, plus la prime d'une option d'achat est élevée (graphique 1). Inversement, et toujours toutes choses égales par ailleurs, plus le cours de la devise est faible, plus la prime d'une option de vente est élevée (graphique 2).

Graphique 1
Influence du cours de l'actif de base sur la valeur d'une option d'achat

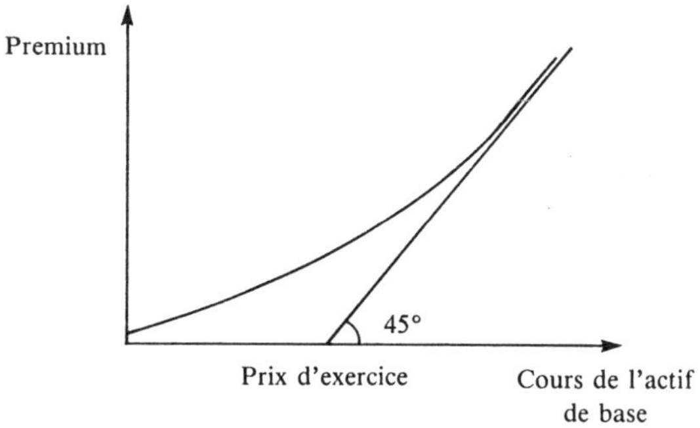

Graphique 2
Influence du cours de l'actif de base sur la valeur d'une option de vente

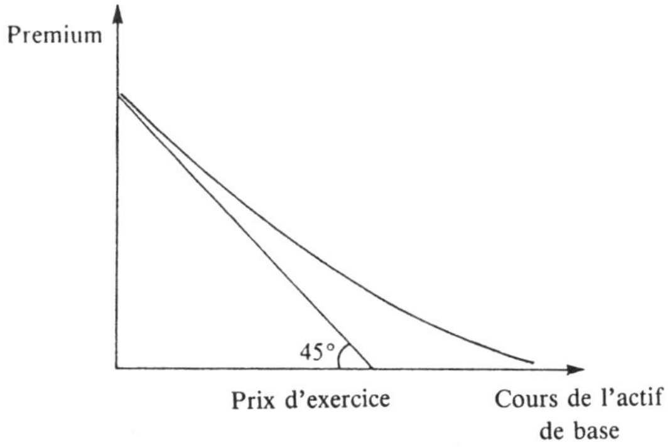

4. Pour une valeur donnée du cours de la devise, et toutes choses égales par ailleurs, plus le prix d'exercice est élevé, plus la valeur d'une option d'achat est faible, ce que traduisent le graphique 3 et le tableau 5. Inversement, pour une valeur donnée au cours de la devise, et toutes choses égales par ailleurs, plus le prix d'exercice est élevé, plus la valeur d'une option de vente est élevée, ce que traduisent le graphique 4 et le tableau 6.

Graphique 3
Influence du prix d'exercice sur la valeur d'une option d'achat

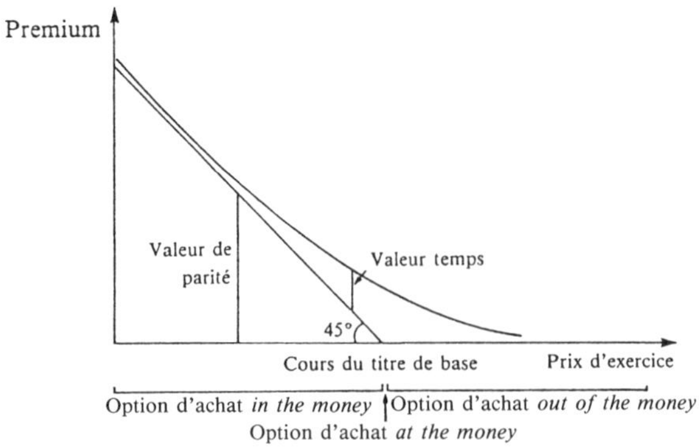

Graphique 4
Influence du prix d'exercice
sur la valeur d'une option de vente

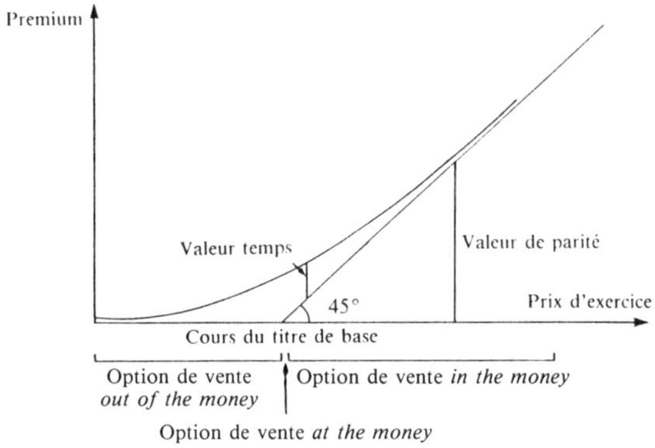

§ 3. Les différents types d'options sur devises

Il existe plusieurs types d'options. Pour la simplicité de l'exposé, nous les avons regroupés selon quatre critères.

A. — Les options négociées dans le cadre ou en dehors d'un marché organisé

Les options sur devises peuvent être échangées dans le cadre de marchés organisés — qu'il s'agisse de bourses de commerce ou de bourses de valeurs — ou en dehors de ces marchés.

C'est en 1982 que des options sur devises furent échangées pour la première fois sur des marchés organisés, mais les premières options furent négociées, il y a beaucoup plus longtemps, dans le cadre du marché interbancaire. Les banques s'achetaient et se vendaient entre elles des options d'achat et des options de vente. Ces options pouvaient être également échangées entre des banques et des entreprises exportatrices et importatrices. Dans cette dernière hypothèse, les banques sont généralement vendeurs d'options et les entreprises acheteurs d'options : options d'achat pour les importateurs, options de vente pour les exportateurs. Les options négociées en dehors des marchés organisés sont généralement qualifiées d'options hors-cote (*over the counter* en anglais).

Les options de change négociées en gré à gré sur le marché interbancaire présentent plusieurs inconvénients majeurs :

- les valeurs nominales sont généralement très élevées ; il est en effet impossible d'intervenir pour des montants inférieurs à un million de dollars (ou d'équivalent dollar quand on travaille dans une autre devise),
- les échéances sont courtes et très rarement supérieures à un an ou à six mois,
- elles ne sont pas d'un accès facile pour une clientèle non bancaire,
- elles ne sont pas négociables sur un marché secondaire.

Les warrants sur devises sont un prolongement des options de change négociées sur le marché interbancaire, car ils évitent les quatre inconvénients précédemment mentionnés. Les warrants sont des options à long terme sur devises, d'un faible montant, émis par des banques et négociés en bourse. Ces warrants peuvent être des *calls* ou des *puts*.

Un *call* warrant donne à l'opérateur qui le détient le droit, mais pas l'obligation, d'acheter une certaine quantité de devise, à un prix fixé d'avance (*strike price*) pendant une période déterminée (échéance du warrant) en contrepartie du paiement d'une prime (le prix du warrant).

Un *put* warrant donne à l'opérateur qui le détient le droit, mais pas l'obligation, de vendre une certaine quantité de devise, à un prix fixé d'avance (*strike price*) pendant une période déterminée (échéance du warrant) en contrepartie du paiement d'une prime (le prix du warrant).

Lorsque la devise d'un *call* warrant s'apprécie au-delà du prix d'exercice, l'opérateur qui détient cette option peut acheter cette devise à un prix inférieur à son cours sur le marché au comptant. De la même façon, si la devise d'un *put* warrant se déprécie en deça du prix d'exercice, l'opérateur qui détient cette option peut vendre cette devise à un prix supérieur à son cours sur le marché au comptant.

Ces warrants sont émis en tranche par une banque. Leur échéance lors de l'émission peut atteindre 18 mois, 2 ans, voire 5 ans. La première émission de warrant sur devise sur la place financière de Paris fut réalisée le 4 janvier 1991 par la filiale française de Citibank. Cette émission comprenait deux *call* warrants sur le dollar ayant des prix d'exercice de 5,20 et 5,40 francs français et deux *put* warrants sur le dollar ayant des prix d'exercice de 5,00 et 4,80 francs français ainsi qu'un *call* warrant sur la livre ayant un prix d'exercice de 10 francs et un *put* warrant sur la livre ayant un prix d'exercice de 9,50 francs. Ils sont cotés en bourse. Les warrants peuvent être de style américain (le détenteur peut l'exercer à tout instant) ou de style européen (le détenteur ne peut l'exercer qu'à l'échéance).

Quel que soit l'émetteur, la valeur nominale d'un warrant se situe au niveau de 10 000 dollars, ce qui permet à toutes les entreprises impliquées dans le commerce international de pouvoir se couvrir contre le risque de change au moyen d'instruments optionnels. La faiblesse de la valeur nominale permet également à de nombreux investisseurs d'intervenir sur ce marché pour essayer de tirer profit de leurs anticipations quant à l'évolution des taux de change.

Le principal avantage des warrants, outre ceux déjà mentionnés, est d'éviter l'inconvénient majeur des options à court terme, à savoir la perte rapide de valeur de la prime due à la chute de la valeur temps, à mesure que l'on se rapproche de l'échéance de l'option.

Le second avantage des warrants est d'éviter de devoir reporter les options à court terme d'échéance en échéance et de rouler les positions dans le cas d'une opération de couverture à moyen terme ou à long terme. Ceci réduit très sensiblement le montant des coûts de transaction et simplifie la gestion des positions.

Les warrants ont donc toutes les caractéristiques des options, l'essentiel de leurs avantages, en particulier leur caractère asymétrique, et pratiquement aucun de leurs inconvénients.

B. — Les options négociables et les options non négociables

Les options peuvent être négociables ou non négociables. Trois caractéristiques différencient ces deux types d'instruments.

- Les options négociables sont standardisées.
- La chambre de compensation assure une parfaite fongibilité aux options. En se substituant à l'acheteur et au vendeur, la chambre de compensation (*clearing*) se porte garante de la bonne exécution de l'option.
- Enfin, et surtout, il existe un véritable marché secondaire permettant à l'acheteur et au vendeur d'une option d'inverser leur position, avant l'échéance.

A contrario, les options non négociables ne sont pas standardisées. Les transactions se font *principal to principal*, sans l'intervention obligatoire d'une contrepartie unique qu'est l'organisme de compensation. Il n'existe enfin aucun véritable marché secondaire permettant à l'opérateur de réviser rapidement, à faible coût et sans inconvénients, sa stratégie en fonction d'informations nouvelles.

Les options négociables sont donc des instruments échangés au sein de marchés organisés disposant d'une chambre de compensation. Les options non négociables sont en revanche échangées en gré à gré sur le marché interbancaire.

C. — Les options négociées dans les bourses de commerce et les options négociées dans les bourses de valeurs

Les options négociables sur devises peuvent être échangées dans des bourses de commerce ou dans des bourses de valeurs. Quand elles sont négociées dans une bourse de commerce, les options ont pour support des contrats à terme de devises. Quand elles sont négociées dans des bourses de valeurs, elles ont pour support des monnaies[3]. Dans la suite de ce chapitre, nous utiliserons l'expression « options sur physique » (même si le physique en question est constitué par des actifs monétaires) pour les différencier des « options sur contrats à terme ».

Les bourses de commerce et les bourses de valeurs se livrent une sévère concurrence pour obtenir le leadership dans le domaine des marchés d'options.

Les options sur physique et sur contrats à terme de devises offrent les mêmes services. Ce ne sont pas, malgré tout, des titres absolument identiques. Quatre caractéristiques différencient les deux types d'options.

1. Le contrat à terme servant de support à une option est coté sur un marché boursier et les transactions y sont réglementées. Les devises servant de support aux options sur physique ne sont pas traitées autour d'une corbeille et les opérations sur le marché des changes interbancaire ne sont pas aussi strictement réglementées que dans les bourses de commerce.

2. La cotation des contrats à terme étant publique, il est possible d'obtenir à tout instant leur prix. Ce type d'information est plus délicat à obtenir pour les actifs servant de support aux options sur physique, car les transactions sur ces actifs ne se font pas sur un marché unique et centralisé. Dans le cas particulier des devises, la qualité des informations fournies par le marché interbancaire supprime, en fait, sur ce point, la différence entre les deux types d'options.

3. La levée de l'option est différente. Pour une option sur un contrat à terme, exercer une option d'achat conduit à acquérir un contrat à terme et à se retrouver en position longue sur le marché (ou à annuler une position vendeur). Dans le cas d'une option sur physique, exercer une option d'achat conduit à se retrouver en possession d'une quantité déterminée de devises.

4. Les modalités de paiement en cas de levée de l'option sont très différentes. S'il exerce son option, l'acheteur d'une option d'achat sur contrat à terme verse un déposit, puis répond aux appels de marge en cas d'évolution défavorable des cours. Dans le cas d'une option sur physique, l'acheteur d'une option d'achat est dans l'obligation de verser la valeur totale de l'actif servant de support à l'option.

La différence entre les deux types d'options vient de l'instrument servant de support. Les options sur contrats nécessitent des engagements moins importants que les options sur physique. L'opérateur qui exerce une option ne verse pas la valeur totale des contrats mais un simple déposit. A l'inverse, un opérateur qui exerce une option sur physique doit verser la valeur intégrale des devises acquises.

---

3. Cette classification n'est plus tout à fait vraie depuis que le London International Financial Futures Exchange a ouvert le 27 juin 1985 un marché d'options portant sur des devises et non pas des contrats à terme de devises.

D. — Les options américaines et les options européennes

La qualification d'« américaine » ou d'« européenne » n'a rien à voir avec la localisation des marchés. Des options de style européen sont négociées aux Etats-Unis et, inversement, des options de type américain sont négociées en Europe. La distinction est relative à l'exercice de l'option.

Les options américaines peuvent être exercées à tout moment pendant leur durée de vie. Les options européennes, en revanche, ne peuvent être exercées qu'au dernier jour de la vie de l'option. Les options européennes présentent un avantage pour les vendeurs. Dans la mesure où elles ne peuvent être exercées qu'au dernier jour, les vendeurs d'options sont à l'abri de tout exercice anticipé, même si l'évolution des cours est favorable aux acheteurs d'options.

La quasi-totalité des options négociées sur les marchés organisés sont de type américain.

§ 4. Les stratégies élémentaires

Quatre opérations élémentaires sont à la base de toutes les transactions effectuées sur les marchés d'options :

- l'achat d'une option d'achat,
- la vente d'une option d'achat,
- l'achat d'une option de vente,
- la vente d'une option de vente.

A. — L'achat d'une option d'achat

L'achat d'une option d'achat donne à l'opérateur le droit, mais pas l'obligation, d'acheter des devises à un prix d'exercice spécifié au moment de l'achat.

Le risque de l'acheteur est limité au montant de la prime qu'il accepte de verser au vendeur de l'option pour obtenir le droit de se déclarer acheteur. Son gain est, en revanche, illimité.

Le 8 juillet 1987, l'option d'achat DEM/USD pour le terme de septembre ayant un prix d'exercice de 53 cents se négociait 1,88 cent (tableau 5). Le point mort, au-delà duquel l'acheteur de l'option commence à percevoir un bénéfice, est égal à 54,88 cents (soit le prix d'exercice, 53, accru du montant de la prime, 1,88 cent). Si, le 18 août, l'acheteur avait exercé son option, et si le cours au comptant DEM/USD à cette date valait 58 cents, le profit obtenu aurait été égal à 3,12 cents. Si le deutsche mark avait coté 62 cents, le profit aurait été de 7,12 cents. Le bénéfice potentiel d'un acheteur d'option d'achat ne connaît pas de limite objective. La perte est, en revanche, limitée à 1,88 cent. En deçà de 53 cents, en effet, l'acheteur n'a aucun intérêt à exercer son option, car la perte, en l'exerçant, serait supérieure à 1,88 cent.

Le profil des gains et des pertes d'un acheteur d'option d'achat, au dernier jour d'exercice de l'option, est reproduit au graphique 5.

Graphique 5
Profil des gains et pertes d'un acheteur d'option d'achat

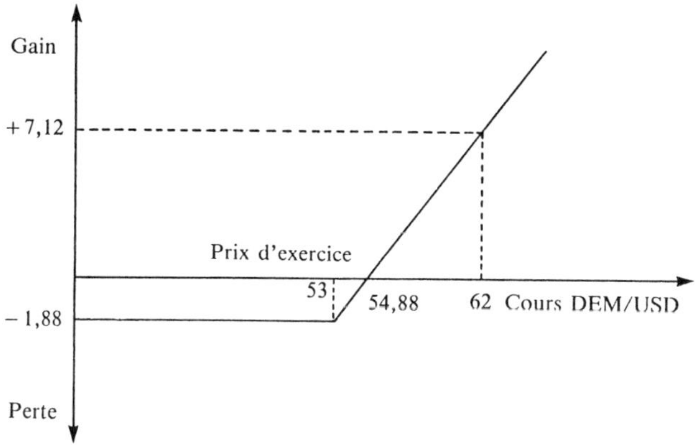

B. — La vente d'une option d'achat

Le vendeur d'une option d'achat est soumis à la volonté de l'acheteur. Il doit livrer les devises si l'acheteur exerce son option, quel que soit le cours au comptant de la devise.

Le profit du vendeur d'option est limité au montant de la prime qu'il encaisse. Son risque est, en revanche, illimité.

Le 8 juillet 1987, l'option d'achat DEM/USD pour le terme de septembre ayant un prix d'exercice de 54 cents se négociait 1,16 cent (tableau 5). Le point mort au-delà duquel le vendeur d'option commence à enregistrer une perte est égal à 55,16 cents (soit le prix d'exercice, 54 cents, accru de la prime versée par l'acheteur, 1,16 cent). Si, le 18 août, l'acheteur avait exercé son option, et si le deutsche mark avait coté 58 cents, la perte du vendeur aurait été égale à 2,84 cents. Si le deutsche mark avait coté 62 cents, la perte aurait été égale à 6,84 cents. La perte potentielle d'un vendeur d'option d'achat ne connaît pas de limite objective. Son gain est, en revanche, limité. En effet, quel que soit le cours au comptant (54 cents, 50 cents ou 40 cents), l'acheteur n'exerce pas son option et le gain du vendeur est donc limité à 1,16 cent, soit le montant de la prime.

Le profil des gains et pertes d'un vendeur d'option d'achat, au dernier jour d'exercice de l'option, est reproduit au graphique 6.

Graphique 6
Profil des gains et pertes d'un vendeur d'option d'achat

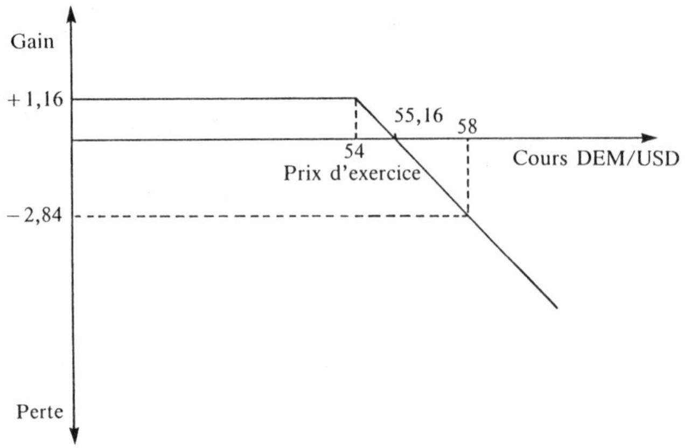

C. — L'achat d'une option de vente

L'achat d'une option de vente donne à l'opérateur le droit, mais pas l'obligation, de vendre des devises à un prix d'exercice spécifié au moment de l'achat.

Le risque de l'acheteur est limité au montant de la prime qu'il accepte de verser au vendeur de l'option pour obtenir le droit de se déclarer vendeur. Son gain est, en revanche, illimité.

Le 8 juillet 1987, l'option de vente DEM/USD pour l'échéance septembre ayant un prix d'exercice de 57 cents se négociait 2,52 cents (tableau 6). Le point mort en deçà duquel l'acheteur de l'option commence à percevoir un bénéfice est égal à 54,48 cents (soit le prix d'exercice, 57, diminué du montant de la prime, 2,52). Si, le 18 août, l'acheteur avait exercé son option, et si le cours au comptant DEM/USD à cette date valait 50 cents, le profit obtenu aurait été égal à 4,48 cents. Si le deutsche mark avait coté 45 cents, le profit aurait été de 9,48 cents. Le bénéfice potentiel d'un acheteur d'option de vente ne connaît pas de limite objective. La perte est, en revanche, limitée à 2,52 cents. Au-delà de 57 cents, en effet, l'acheteur n'a aucun intérêt à exercer son option, car la perte, en l'exerçant, serait supérieure à 2,52 cents.

Le profil des gains et pertes d'un acheteur d'option de vente au dernier jour d'exercice de l'option est reproduit au graphique 7.

Graphique 7
Profil des gains et pertes d'un acheteur d'option de vente

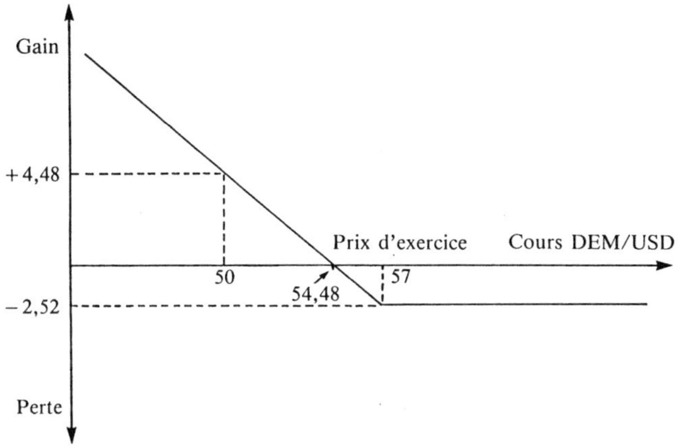

D. — La vente d'une option de vente

Le vendeur d'une option de vente est soumis à la volonté de l'acheteur. Il doit recevoir les devises et payer le prix d'exercice si l'acheteur exerce son option, quel que soit le cours au comptant de la devise.

Le profit du vendeur d'option est limité au montant de la prime qu'il encaisse. Son risque est, en revanche, illimité.

Le 8 juillet 1987, l'option de vente DEM/USD pour le terme de septembre ayant un prix d'exercice de 58 cents se négociait 3,42 cents (tableau 6). Le point mort en deçà duquel le vendeur de l'option de vente commence à enregistrer une perte est égal à 54,58 cents (soit le prix d'exercice, 58 cents, amputé de la prime versée par l'acheteur, 3,42 cents). Si, le 18 août, l'acheteur avait exercé son option, et si le deutsche mark avait coté 50 cents, la perte du vendeur aurait été égale à 4,58 cents. Si le deutsche mark avait coté 45 cents, la perte aurait été de 9,58 cents. La perte potentielle d'un vendeur d'option de vente ne connaît pas de limite objective. Son gain est, en revanche, limité. En effet, quel que soit le cours au comptant (60 cents, 65 cents, 70 cents), l'acheteur n'exerce pas son option et le gain du vendeur est donc limité à 3,42 cents, soit le montant de la prime.

Le profil des gains et pertes d'un vendeur d'option de vente, au dernier jour d'exercice de l'option, est reproduit au graphique 8.

Graphique 8
Profil des gains et pertes d'un vendeur d'option de vente

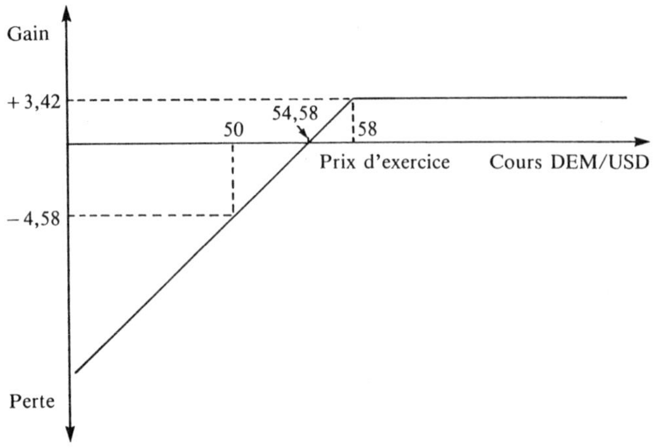

§ 5. Les utilisations des marchés d'options

Qu'elles reposent sur des devises ou sur des contrats à terme, les options permettent aux investisseurs de spéculer sur l'évolution des cours des devises et aux opérateurs détenant une position dans la monnaie servant de support à l'option de se protéger contre une évolution défavorable des cours de change.

Ainsi, pour les opérateurs détenant une position longue ou courte dans une devise, les marchés d'options constituent un moyen de protection contre une évolution adverse des cours de change, mais ils permettent également, à la différence des opérations à terme, de profiter en partie d'une évolution favorable du taux de change.

Les options sur devises sont des outils de gestion fins, précis, puissants et compliqués.

Ces marchés s'adressent en premier lieu aux professionnels avertis, soucieux d'une bonne gestion des risques. Ils leur permettent d'éliminer ceux qu'ils ne veulent pas porter. Ils leur offrent l'opportunité de diminuer ceux qu'ils estiment excessifs. Ils peuvent aussi éviter des transactions coûteuses et inutiles, tout en protégeant la valeur des patrimoines libellés en devises.

Les marchés d'options concernent en deuxième lieu la clientèle à la recherche d'instruments plus nerveux ou plus précis. Ils intéressent ceux qui estiment pouvoir anticiper mieux que la moyenne des opérateurs sur le marché l'évolution à court terme des devises. A chaque niveau de leur jugement correspond une stratégie adaptée et performante. Toutes les gradations sont possibles. Que le cours des devises doive rester stable, progresser très modérément, vivement, très vivement, à la hausse, à la baisse, à la hausse ou à la baisse, à chaque fois correspond une méthode précise qui peut transformer le jugement de cet opérateur en une performance exceptionnelle, pourvu qu'il ait raison.

Les arbitragistes sont la troisième catégorie d'opérateurs intéressés par les options. Ils tirent profit des différences non économiquement fondées entre les cours des options d'achat et ceux des options de vente ayant différents prix d'exercice ou différentes échéances. Ils arbitrent également les cours des options avec ceux des contrats à terme de devises et les taux de change au comptant.

Bien évidemment, ces marchés intéressent, en dernier lieu, une clientèle de spéculateurs. Les profits peuvent être considérables et les risques également. Mais il ne faut pas réduire les interventions sur ces marchés à ces seules opérations. Elles existent sans conteste et jouent un rôle de premier ordre. Mais elles satisfont aussi ceux qui, sagement, veulent se dessaisir d'une partie du risque qu'ils supportent. Ils trouvent la contrepartie disposée à l'accepter. Couverture et spéculation sont souvent les deux faces d'une même opération.

§ 6. Le développement des marchés d'options sur devises

Les options ne sont pas des produits financiers récents. Les premières options de change remontent à l'origine de tout système financier. Il s'agissait d'options de gré à gré non standardisées. Le volume des transactions s'est beaucoup développé depuis cette époque, mais comme elles sont négociées sur le marché interbancaire qui est par définition non pourvu d'une chambre de compensation, il est très difficile d'obtenir des informations chiffrées précises. Il est toutefois généralement admis que le volume des transactions sur ce type d'options est très important. Ces options ont été complétées depuis le début de la décennie 1980 par des options standardisées négociées dans le cadre de marchés organisés dotés d'une chambre de compensation. C'est à elles que sont consacrés les développements qui suivent.

Les premières options standardisées sur devises furent introduites par des bourses de valeurs. Il s'agissait d'options sur devises au comptant, également dénommées options sur physique. Elles furent rapidement concurrencées par des options sur contrats à terme de devises négociées au sein des bourses de commerce.

A. — Les options sur devises au comptant

Les premières options négociées sur des marchés organisés furent échangées le 18 novembre 1982 sur le parquet de l'European Options Exchange (EOE), une bourse localisée à Amsterdam, spécialisée dans les transactions d'options ayant pour support des valeurs mobilières. Il s'agissait d'options sur devises au comptant. Des marchés de même nature furent ouverts au Vancouver Stock Exchange et à la bourse de Montréal en novembre 1982, au Philadelphia Stock Exchange (PHLX) en décembre 1982, au London International Financial Futures Exchange (LIFFE) et au London Stock Exchange en 1985[4], et au Sydney Stock Exchange en 1986. Le Chicago

4. Depuis 1987, le London Stock Exchange est dénommé International Stock Exchange. Le

(suite de la note page suivante)

Board Options Exchange avait tenté d'ouvrir des options sur devises en septembre 1985, mais la faiblesse des échanges avait conduit les responsables de la bourse à fermer ces marchés en août 1987 et à les transférer à Philadelphie... où ils ne se sont pas mieux développés.

Les options américaines offertes à Philadelphie sont les seules à connaître un réel développement. L'évolution du volume annuel des transactions et le montant des positions ouvertes en fin d'année sont reproduits aux tableaux 7 et 8.

Tableau 7
Evolution du volume annuel des transactions sur les marchés d'options sur devises du Philadelphia Stock Exchange

Année	*GBP*	*JPY*	*CHF*	*DEM*	*CAD*	*FRF*	*ECU*	*Total*
1982	3 399	—	—	—	—	—	—	3 399
1983	68 211	34 469	38 530	46 228	6 714	—	—	194 152
1984	449 784	243 745	329 600	365 934	72 980	7 502	—	1 484 935
1985	1 360 936	587 140	682 165	905 695	137 070	78 831	—	3 751 837
1986	967 505	1 885 026	2 337 287	2 487 037	170 305	45 249	12 831	7 905 239
1987	1 880 469	2 465 026	1 316 500	4 263 952	208 151	81 305	1 892	10 485 640

Unité : Nombre de contrats.
Source : Documents du Philadelphia Stock Exchange.

Sans atteindre, loin s'en faut, les niveaux de Philadelphie, les transactions se sont dans un premier temps bien développées à l'EOE, malgré plusieurs échecs enregistrés entre 1984 et 1986. Depuis 1987, en revanche, les volumes échangés ont tendance à se réduire. L'activité est en fait concentrée à l'EOE sur les options sur le dollar coté en florin.

Les échanges sur les autres bourses demeurent symboliques ou ont définitivement cessé.

Tableau 8
Evolution du montant de la position ouverte sur les marchés d'options sur devises du Philadelphia Stock Exchange

Année	*GBP*	*JPY*	*CHF*	*DEM*	*CAD*	*FRF*	*ECU*	*Total*
1982	1 763	—	—	—	—	—	—	1 763
1983	7 923	6 009	7 113	6 395	1 818	—	—	29 258
1984	47 962	19 350	29 445	26 333	6 551	2 589	—	132 230
1985	100 392	64 046	41 847	74 858	9 105	15 055	—	305 303
1986	79 881	89 862	351 991	244 220	19 014	3 014	814	788 796

Unité : Nombre de contrats en fin d'année.
Source : Documents du Philadelphia Stock Exchange.

---

marché des options développé par cette bourse sous le nom de London Traded Options Market a été absorbé le 23 mars 1992 par le LIFFE.

Tableau 9
Evolution du volume annuel des transactions sur les marchés d'options sur devises de l'European Options Exchange

Année	*USD/NLG*	*GBP/NLG*	*Autres options*	*Total*
1982	5 110	—	—	5 110
1983	89 603	—	—	89 603
1984	288 587	—	50 009	338 596
1985	404 280	2 653	103 351	510 284
1986	484 696	46 935	1 834	533 465
1987	647 251	44 176	136	691 563
1988	456 862	16 290	—	473 152
1989	451 520	17 906	—	469 426

Unité : Nombre de contrats.
Source : Documents internes à l'European Options Exchange.

B. — Les options sur contrats à terme de devises

Les premières options sur contrats à terme de devises furent négociées quatorze mois après l'ouverture des marchés de l'EOE. Les transactions ont débuté le 24 janvier 1984 à l'Index and Options Market (IOM), la division du Chicago Mercantile Exchange (CME) spécialisée dans les indices et les options. Les premières options avaient pour support le contrat à terme de deutsche mark. Le succès de ce marché a conduit les responsables de la bourse à introduire progressivement de nouvelles options ayant pour support les autres contrats à terme de devises : livre sterling et franc suisse le 25 février 1985, yen le 5 mars 1986, dollar canadien le 18 juin 1986, dollar canadien le 11 janvier 1988. L'évolution du volume annuel des transactions et du montant de la position ouverte en fin d'année sur ces marchés est reproduite aux tableaux 10 et 11.

Tableau 10
Evolution du volume annuel des transactions sur les marchés d'options sur contrats à terme de devises du Chicago Mercantile Exchange

Année	*Deutsche mark*	*Franc suisse*	*Livre sterling*	*Yen*	*Dollar canadien*	*Dollar australien*	*Total*
1984	727 634	—	—	—	—	—	727 634
1985	1 562 438	324 806	329 071	—	—	—	2 216 315
1986	2 205 579	817 897	496 591	864 586	26 465	—	4 411 118
1987	3 125 687	1 053 323	569 062	2 250 813	48 690	—	7 047 575
1988	2 734 079	1 069 798	543 380	2 944 889	313 901	6 811	7 612 858
1989	3 795 135	1 488 682	405 993	3 127 247	274 362	23 257	9 114 676
1990	3 430 374	1 130 447	501 187	3 116 130	283 609	27 381	8 489 128
1991	5 643 031	998 002	650 472	2 397 141	336 758	37 519	10 062 923
1992	6 354 248	1 026 974	597 352	1 518 409	306 528	13 132	9 816 643

Unité : Nombre de contrats.
Source : Futures Industry Association.

D'autres bourses ont essayé d'introduire des options sur contrats à terme de devises (Sydney Futures Exchange en juin 1985 et mars 1988, Singapore International Monetary Exchange en novembre 1987), mais elles n'ont pas connu le moindre succès. Seul le New York Cotton Exchange a réussi à développer une option sur le contrat à terme sur l'indice dollar, mais le volume des transactions a beaucoup baissé en 1992.

Tableau 11
Evolution du montant de la position ouverte sur les marchés d'options sur contrats à terme de devises du Chicago Mercantile Exchange

Année	*Deutsche mark*	*Franc suisse*	*Livre sterling*	*Yen*	*Dollar canadien*	*Dollar australien*
1984	35 543	—	—	—	—	—
1985	56 606	17 435	24 514	—	—	—
1986	64 883	26 335	28 617	35 009	4 700	—
1987	145 389	51 934	45 511	130 504	2 486	—
1988	94 275	34 879	20 037	92 907	27 071	1 279
1989	137 331	54 491	16 779	72 622	18 353	706
1990	126 008	32 492	17 839	126 382	15 029	3 155
1991	180 414	29 672	22 180	92 292	24 755	2 550
1992	297 419	35 767	20 483	36 590	9 920	266

Unité : Nombre de contrats en fin d'année.
Source : Chicago Mercantile Exchange.

Références

A. — OUVRAGES

AUGROS J.C. : *Finance : options et obligations convertibles,* 2e éd., Paris, Economica, 1987.

BEAUFILS B., GUIMBERT J.P., PY G., RICHARD B., TAUFFLIEB Ch. H. : *Les nouveaux instruments financiers : la pratique bancaire des marchés*, 2e éd., Paris, La revue Banque éditeur, 1989.

COX J., RUBINSTEIN M. : *Options Markets,* Englewood Cliffs, NJ, Prentice-Hall, 1985.

FABOZZI F.J., ZARB F.G. : *Handbook of Financial Markets : Securities, Options and Futures*, 2e éd., Dow Jones-Irwin, Homewood Ill., 1986.

GAUTHIER M. : *Les nouveaux marchés financiers et leurs instruments : source de profit pour les entreprises*, Paris, Publi-Union, 1988.

GILLOT P., PIOND D. : *Le nouveau cambisme,* Paris, Eska, 1987.

LEVASSEUR M., SIMON Y. : *Marchés de capitaux : options et nouveaux contrats à terme,* Paris, Dalloz, 1980.

LOMBARD O., MARTEAU D., de BONTIN J. : *Les options de change*, Paris, Eska, 1986.

B. — ARTICLES

BEDUNEAU G. : La position nette de place sur le marché des options de change à Paris, *Bulletin trimestriel de la Banque de France*, décembre 1988, pp. 101-118.

DUQUESNE P. : L'option de devises et le change, *Banque*, février 1988, pp. 153-159 et 215.

GASTINEAU G.L., FINN K.M. : Options Markets and Instruments ; article publié dans l'ouvrage collectif *Handbook of Financial Markets and Institutions*, 6° éd., ALTMAN E. I. (ed.) New York, John Wiley, 1987.

LEVASSEUR M., SIMON Y. : Les marchés de contrats de devises, *Banque,* mai 1980, pp. 348-355 ; juin 1980, pp. 737-741.

Pour suivre le développement des nouveaux compartiments du marché des changes, le lecteur est invité à lire les articles publiés dans les revues suivantes :
Bank of England Quarterly Bulletin
Banque
Euromoney
Futures
Futures and Options World
International Financing Review
Journal of Business
Journal of Finance
Journal of Futures Market
La Synthèse Financière
Marchés et techniques financières
Marchés/Crédit Lyonnais
Option Finance
The Banker

QUESTIONS

1. Quelle est la date d'ouverture du premier marché de contrats à terme de devises ?
2. Quelles sont les devises négociées sous forme de contrats à terme ?
3. Quelles sont les principales caractéristiques des marchés de contrats à terme de devises ?

4. Quelles sont les différences entre le marché des contrats de devises et le marché des changes interbancaire ?
5. Quelles raisons expliquent les difficultés associées au démarrage des marchés de contrats de devises ?
6. Quelles raisons expliquent le succès des marchés de contrats de devises à partir de 1976 ?
7. Quels sont les inconvénients des contrats à terme de devises ?
8. Quelle est la définition d'une option d'achat ?
9. Quelle est la définition d'une option de vente ?
10. Qu'est-ce que le *premium* ?
11. Quels sont les éléments caractéristiques d'une option ?
12. Quelles sont les différences entre les options négociables et les options non négociables ?
13. Quelles sont les différences entre les options sur physique et les options sur contrats ?
14. Quels sont les utilisateurs des marchés d'options ?
15. Quels sont les déterminants de la valeur d'une option ?
16. Quelle est l'influence de la volatilité de l'actif de base sur la valeur d'une option d'achat ?
17. Quelle est l'influence de la volatilité de l'actif de base sur la valeur d'une option de vente ?
18. Quelle est l'influence de l'échéance de la date d'exercice sur la valeur d'une option d'achat ?
19. Quelle est l'influence de l'échéance de la date d'exercice sur la valeur d'une option de vente ?
20. Quelle est l'influence du cours de l'actif de base sur la valeur d'une option d'achat ?
21. Quelle est l'influence du cours de l'actif de base sur la valeur d'une option de vente ?
22. Pour une valeur donnée du titre de base, et toutes choses égales par ailleurs, quelle est l'influence du prix d'exercice sur la valeur d'une option d'achat ?
23. Pour une valeur donnée du titre de base, et toutes choses égales par ailleurs, quelle est l'influence du prix d'exercice sur la valeur d'une option de vente ?
24. Quelle est la différence entre une option américaine et une option européenne ?
25. Quelles sont les stratégies élémentaires associées aux options ?
26. Quels sont le risque et le gain potentiels d'un acheteur d'une option d'achat ?
27. Quels sont le risque et le gain potentiels d'un vendeur d'une option d'achat ?
28. Quels sont le risque et le gain potentiels d'un acheteur d'une option de vente ?
29. Quels sont le risque et le gain potentiels d'un vendeur d'une option de vente ?
30. Quelle est la date d'ouverture du premier marché organisé d'options négociables sur devises au comptant ?

31. Quelle est la date d'ouverture du premier marché d'options négociables sur contrats à terme de devises ?

QUESTIONS A CHOIX MULTIPLES

Question 1

Les premiers marchés de contrats de devises réellement opérationnels ont été ouverts :

- en janvier 1970, à l'American Stock Exchange de New York .. ☐
- en mai 1972, à l'International Monetary Market de Chicago... ☐
- en mai 1972, au New York Mercantile Exchange .... ☐
- en juin 1976, au Singapore International Monetary Exchange .. ☐
- en août 1978, au New York Mercantile Exchange .... ☐
- en décembre 1980, au London International Financial Futures Exchange.. ☐
- en décembre 1980, au London Stock Exchange .... ☐

Question 2

Les premiers marchés à terme non américains portant sur des contrats de devises furent ouverts par :

- le Singapore International Monetary Exchange.............. ☐
- le London International Financial Futures Exchange.......... ☐
- le Sydney Futures Exchange .... ☐
- le Marché à Terme International de France................. ☐

Question 3

Une partie des contrats de devises négociés dans les bourses de commerce ne donne pas lieu à livraison ou réception de devises. Le pourcentage des contrats donnant lieu à livraison effective de devises est :

- inférieur à 5 % .... ☐
- compris entre 6 % et 20 % .... ☐
- compris entre 21 % et 40 % .... ☐
- compris entre 41 % et 60 % .... ☐
- compris entre 61 % et 80 % .... ☐
- compris entre 81 % et 95 % .... ☐
- supérieur à 95 % .... ☐

Question 4

Une transaction sur une option met face à face un vendeur d'option de vente et un acheteur d'option d'achat.

- vrai .... ☐
- faux .... ☐

Question 5

Une option *over the counter* est :

- une option négociée dans une bourse de valeurs .... ☐
- une option négociée dans une bourse de commerce .... ☐
- une option négociable .... ☐
- une option négociée en dehors d'un marché organisé .... ☐

Question 6

Les premières options négociables sur devises échangées sur un marché organisé le furent :

- à l'European Options Exchange .... ☐
- au Philadelphia Stock Exchange .... ☐
- à la Bourse de Montréal .... ☐
- à l'Index and Options Market .... ☐
- au Chicago Board Options Exchange .... ☐

Question 7

Les premières options négociables sur devises furent échangées dans le cadre :

- d'une bourse de commerce américaine .... ☐
- d'une bourse de valeurs américaine .... ☐
- d'une bourse de valeurs européenne .... ☐
- d'une bourse de commerce anglaise .... ☐

Question 8

Une option sur devise (il s'agit d'une option américaine) confère à son porteur le droit d'acheter ou de vendre le support de l'option à un prix fixé d'avance et désigné comme étant le prix d'exercice. Ce droit peut être exercé durant la vie de l'option, c'est-à-dire jusqu'à la date d'exercice.

Cette définition de l'option sur devise est :

- juste .... ☐
- erronée .... ☐

Question 9

Les premières options négociables sur contrats à terme de devises furent échangées :
- au Singapore International Monetary Exchange .... ☐
- au New York Mercantile Exchange .... ☐
- à l'European Options Exchange .... ☐
- au Chicago Mercantile Exchange .... ☐
- au Chicago Board of Trade .... ☐

Question 10

Les premières options négociables sur contrats à terme de devises furent échangées :
- le 20 février 1983 .... ☐
- le 24 janvier 1984 .... ☐
- le 1er mars 1985 .... ☐
- le 18 juin 1986 .... ☐
- le 15 novembre 1987 .... ☐
- le 19 mai 1988 .... ☐

EXERCICES

Exercice 1

Un opérateur est vendeur de l'option suivante :
- put américain, DEM, PHLX
- SEPT 52.00 cents
- P : 1.48 cent
- S : 51.89 cents/DEM
- F : 52.36 cents/DEM

1. Définissez toutes les caractéristiques de cette option.
2. Définissez la valeur intrinsèque et calculez son montant.
3. Définissez le point mort et calculez son niveau.
4. Quelles sont les anticipations de l'opérateur en vendant cette option ?
5. Définissez le comportement de l'opérateur à l'échéance de l'option en fonction de S* (le cours du deutsche mark à l'échéance).
6. Déduisez le diagramme représentant le profit de l'opérateur à l'échéance.

Exercice 2

Le tableau 1 extrait du *Financial Times*, reproduit les cours des options de change GBP/USD négociées le 3 octobre et le 10 octobre 1989 au Philadelphia Stock Exchange.

1. Quel est, le 3 octobre, le cours de l'option de vente GBP/USD pour le terme de décembre ayant un prix d'exercice de 1.575 ?
2. Quel est — toujours à partir des chiffres du tableau 1 — le cours à partir duquel l'acheteur d'une option de vente GBP/USD échéance décembre ayant un prix d'exercice de 1.575 commence à percevoir un bénéfice ?

Le 3 octobre 1989, un opérateur achète 20 options de vente GBP/USD échéance décembre à un prix d'exercice de 1.625.

3. Quel est le montant de la prime payée par cet opérateur ?

Les options sont exercées à la date du 10 octobre quand le taux de change sur le marché au comptant est 1.5555.

4. Quel est le profit dégagé par cet opérateur ?

Le 10 octobre 1989, la livre cotait 1.5555. Elle aurait pu prendre beaucoup d'autres valeurs.

5. Complétez le tableau 2 et déterminez, en fonction des différents prix au comptant retenus, le montant des profits et des pertes d'un opérateur exerçant, le 10 octobre, 20 options de vente GBP/USD échéance décembre, achetées le 3 octobre 1989.
6. Représentez graphiquement les résultats de la question précédente.
7. Que pouvez-vous conclure quant aux bénéfices et aux pertes potentiels d'un acheteur d'une option de vente ?
8. Déterminez le profit dégagé par un opérateur qui aurait revendu, le 10 octobre 1989, les 20 options de vente GBP/USD échéance décembre, achetées le 3 octobre 1989.
9. Comparez les résultats financiers obtenus aux questions 8 et 4. Concluez.
10. Déterminez le résultat financier de l'opérateur qui aurait vendu le 3 octobre, 20 options de vente GBP/USD échéance décembre à un prix d'exercice de 1.625, et aurait liquidé sa position le 10 octobre 1989.

Tableau 1

Philadelphia SE £/$ Options
£ 31 250 (cents per £1)

Strike Price	*Calls* *Oct.*	*Nov.*	*Dec.*	*Mar*	*Puts* *Oct.*	*Nov.*	*Dec.*	*Mar*
1.500	11.50	11.20	11.20	11.20	0.01	0.09	0.53	1.93
1.525	8.70	8.70	8.74	8.96	0.02	0.31	0.96	2.58
1.550	6.20	6.42	6.69	7.14	0.06	0.78	1.58	3.51
1.575	3.90	4.45	4.89	5.52	0.27	1.36	2.36	4.64
1.600	2.09	2.86	3.45	4.28	0.90	2.25	3.50	5.99
1.625	0.87	1.81	2.34	3.22	2.10	3.62	4.95	7.50
1.650	0.27	1.04	1.62	2.37	4.00	5.35	6.63	9.17

Source : Financial Times, 4 octobre 1989.

Philadelphia SE £/$ Options
£ 31 250 (cents per £1)

Strike Price	*Calls* *Oct.*	*Nov.*	*Dec.*	*Mar*	*Puts* *Oct.*	*Nov.*	*Dec.*	*Mar*
1.500	6.50	6.56	6.76	7.08	0.01	0.46	1.34	3.29
1.525	4.01	4.46	4.86	5.40	0.03	1.01	2.06	4.40
1.550	1.86	2.78	3.37	4.07	0.25	1.90	3.16	5.76
1.575	0.44	1.67	2.23	3.01	1.45	3.14	4.60	7.31
1.600	0.04	0.89	1.50	2.17	3.31	4.87	6.29	9.01
1.625	0.01	0.50	0.92	1.63	5.72	6.89	8.20	10.85
1.650	—	0.30	0.52	1.14	8.20	9.11	10.29	12.82

Source : Financial Times, 11 octobre 1989.

Tableau 2
Montant des profits et des pertes d'un opérateur exerçant le 10 octobre 20 options de vente GBP/USD achetées le 3 octobre en fonction du taux de change au comptant

Taux de change au comptant le 10 octobre 1989	*Profit*	*Perte*	*Prime*
1.3555			
1.4055			
1.4555			
1.5055			
1.5555			
1.5755			
1.6055			
1.6250			
1.6555			
1.7055			
1.7555			

CONCLUSION DE LA PREMIÈRE PARTIE

Le marché des changes a beaucoup évolué depuis le début de la décennie 1970. Sur le plan quantitatif, le marché interbancaire a pris une ampleur considérable. Sur le plan qualitatif se sont développés, à côté du marché interbancaire, de nouveaux compartiments à l'avenir extrêmement prometteur : le marché des contrats de devises d'une part, le marché des options d'autre part.

Après avoir décrit l'organisation et le fonctionnement du marché des changes, il est indispensable d'étudier les déterminants économiques et financiers du taux de change. Tel est l'objet de la deuxième partie de ce livre.

DEUXIÈME PARTIE

Les déterminants du taux de change

La simple observation de l'évolution du cours des devises, en particulier celui du dollar par rapport aux monnaies européennes, pourrait conduire à penser que l'irrationalité est le seul déterminant des taux de change. La réalité est heureusement plus complexe et nuancée.

Le premier chapitre de cette deuxième partie est consacré à l'analyse économique de l'équilibre sur le marché des changes, aux implications des mouvements de marchandises et de capitaux sur le taux de change et à l'équilibre de la balance commerciale. Chaque compartiment du marché interbancaire est caractérisé par un taux de change. Nous analysons, en conséquence, au deuxième chapitre, les déterminants du taux au comptant et, au troisième chapitre, ceux du taux à terme. Les conditions dans lesquelles se déterminent les cours des devises varient profondément selon le régime de change en vigueur. Il faut à cet égard distinguer le régime des changes fixes et celui des changes flottants. Tel est l'objet du quatrième chapitre. Peut-on influencer par des contrôles administratifs les taux qui résultent des facteurs économiques et financiers examinés aux chapitres précédents ? Non, certainement pas. L'illusion est malheureusement répandue que le contrôle des changes est un instrument adéquat pour influencer durablement le taux de change. Nous en examinons les principales dispositions au cinquième chapitre de cette deuxième partie. Etudier la formation des taux de change et les conditions dans lesquelles ils s'établissent, rechercher les déterminants des taux de change au comptant et à terme, appréhender l'éventuelle influence du contrôle des changes sur les cours des devises, toutes ces démarches doivent faciliter, en dernière analyse, la prévision du taux de change. Le dernier chapitre de cette deuxième partie présente les méthodes et les techniques utilisées dans la prévision du taux de change.

Chapitre 3

LA BALANCE DES PAIEMENTS, LES MOUVEMENTS DE MARCHANDISES ET DE CAPITAUX ET L'ÉQUILIBRE SUR LE MARCHÉ DES CHANGES*

Le taux de change est le prix d'une devise en terme de monnaie nationale. Il résulte de la confrontation d'une offre et d'une demande.

Les cours des devises connaissent des fluctuations de grande ampleur. Ces variations sont-elles la seule conséquence d'opérations spéculatives, comme l'avancent de nombreux commentateurs et certains économistes ? Non, bien évidemment. Comme l'établit la première section de ce chapitre, le financement des opérations commerciales associées aux exportations et aux importations de biens et de services joue un rôle déterminant, même si les mouvements de capitaux induits par les anticipations de variation du taux de change peuvent, à certains moments, exercer des pressions à la hausse ou à la baisse du taux de change.

Tous les flux de marchandises et de capitaux entre les résidents et les non-résidents, tous les facteurs qui influencent et déterminent le taux de change

---

* Pour approfondir le contenu de ce chapitre, le lecteur peut se reporter au livre d'exercices corrigés de Yves Simon : *Finance Internationale*, Paris, Economica, 1992, et plus spécialement au chapitre 2 intitulé : Les déterminants du taux de change.

sont systématiquement recensés au sein de la balance des paiements. Il est par conséquent indispensable de procéder à une présentation simplifiée des principaux postes et des soldes significatifs de la balance des paiements, ce qui est réalisé à la deuxième section de ce chapitre.

Section I — La formation des cours sur le marché des changes

Le taux de change résulte de la confrontation d'une offre et d'une demande de devises sur le marché des changes, provenant des exportations et des importations de biens et de services. Cette offre et cette demande sont également alimentées par les mouvements de capitaux à long terme et les mouvements de capitaux d'origine spéculative. Cette section a pour objectif d'analyser l'influence de ces différents facteurs sur la détermination du taux de change d'équilibre.

§ 1. Les importations et la demande de dollars

Pour simplifier le raisonnement, nous supposons que l'univers se réduit à deux pays : la France et les Etats-Unis, et nous faisons l'hypothèse que tous les prix sont exprimés en dollar. Ces deux hypothèses sont maintenues tout au long de cette section.

Nous supposons par ailleurs, dans ce paragraphe, que le taux de change est fixe et nous admettons que la parité s'établit à un taux de USD 1 = 8 FRF. Les conséquences d'une variation de la parité du franc sur la demande de dollars sont examinées au paragraphe 3.

Représentons dans un système d'axes de coordonnées l'offre et la demande d'importations françaises (graphique 1).

Graphique 1
Les importations et la demande de dollars

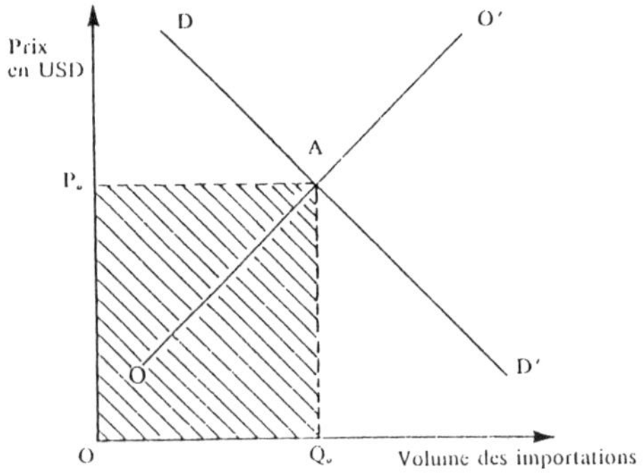

En abscisse, nous avons le volume des importations et en ordonnée le prix exprimé en dollar.

La droite OO′ représente l'offre d'importations françaises effectuée par les Etats-Unis. La pente de cette droite est positive. Cela signifie que l'offre de biens et services des producteurs américains est d'autant plus grande que le prix exprimé en dollar est élevé.

La droite DD′ représente la demande d'importations des agents économiques français. Comme toute courbe de demande traditionnelle, sa pente est négative. Cela signifie que la quantité demandée est d'autant plus grande que le prix est faible.

L'intersection des courbes d'offre et de demande détermine un prix d'équilibre P_o et une quantité d'équilibre Q_o. La surface hachurée représente en conséquence la demande de dollars qui se manifeste sur le marché des changes pour assurer le paiement des importations françaises.

§ 2. Les exportations et l'offre de dollars

Continuons à supposer que la parité franc/dollar se maintient à USD 1 = 8 FRF et représentons dans le système d'axes de coordonnées les courbes d'offre et de demande d'exportations françaises (graphique 2).

Graphique 2
Les exportations et l'offre de dollars

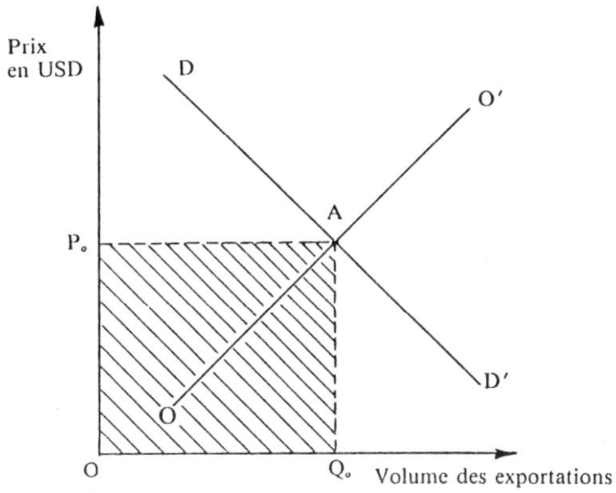

La droite OO′ représente l'offre d'exportations des entreprises françaises. Comme toute courbe d'offre traditionnelle, la pente de cette droite est positive. Cela signifie que, pour un taux de change de USD 1 = 8 FRF, la quantité de biens et de services offerts à l'exportation par les entreprises françaises est d'autant plus grande que le prix en dollar est élevé.

La droite DD′ représente la demande d'exportations françaises émanant des résidents américains. La pente de cette droite est négative. Elle signifie qu'au taux de change USD 1 = 8 FRF, la demande américaine de produits français est d'autant plus forte que le prix en dollar est faible.

L'intersection des courbes OO′ et DD′ détermine un prix d'équilibre $P_o$et une quantité d'équilibre Q_o. La surface hachurée représente l'offre de dollars sur le marché des changes provenant des entreprises exportatrices françaises.

Les surfaces hachurées des graphiques 1 et 2 représentent respectivement la valeur en dollar des importations et des exportations françaises (la demande et l'offre de dollars sur le marché des changes). Si elles sont égales, la balance commerciale française est équilibrée. Si les deux surfaces ne sont pas identiques, nous sommes en présence d'un excédent commercial (quand l'offre de dollars est supérieure à la demande) ou d'un déficit commercial (dans le cas inverse).

§ 3. Les conséquences des variations du cours du franc sur la demande de dollars

Dans les deux premiers paragraphes, nous avons supposé que le taux de change ne se modifiait pas. Admettons maintenant que la valeur du franc fluctue sur le marché des changes. Quelles sont les conséquences de cette modification de parité ?

Deux hypothèses sont successivement envisagées : celle d'une baisse de la valeur du franc dans un premier temps, celle d'une hausse dans un deuxième temps.

A. — Les conséquences de la baisse du franc sur la demande de dollars

Repartons de la situation initiale et reportons-la sur le graphique 3. La droite OO′ représente toujours l'offre d'importations françaises effectuée par les exportateurs américains. La droite DD′ représente la demande d'importations des agents économiques français lorsque le taux de change est USD 1 = 8 FRF.

Lorsque le taux de change passe de USD 1 = 8 FRF à USD 1 = 9 FRF, le producteur américain n'est pas affecté par la baisse du franc, tout du moins dans un premier temps. Dans la mesure où les prix sont exprimés en dollar, que cette devise soit cotée 4 francs, 10 francs ou 8 francs ne change rien à la situation économique du producteur américain.

La modification de la valeur du franc affecte, en revanche, la situation de l'importateur français. La demande de biens et de services des importateurs français va se réduire. La courbe de demande va passer de DD′ à D_1D_1'. Un exemple permet de comprendre le déplacement de cette courbe.

Quand le taux de change était USD 1 = 8 FRF, un importateur français pouvait, avec 8 francs, obtenir, par exemple, 9 chewing-gums. Avec un taux de USD 1 = 9 FRF, cet importateur ne peut, avec 8 francs, acheter que les huit neuvièmes de ce qu'il obtenait auparavant. La perte de la valeur du franc implique une réduction instantanée de la quantité demandée et un déplacement de la courbe de demande de DD′ à D_1 D_1'.

L'intersection de la courbe OO′ avec la demande D_1 D_1' détermine un nouvel équilibre B. Le nouveau prix et la nouvelle quantité d'équilibre sont P_1 et Q_1.

Par voie de conséquence, la nouvelle demande de dollars sur le marché des changes est représentée par la surface hachurée OP_1 BQ_1. La baisse du franc réduit la valeur des importations françaises. L'ampleur de cette réduction est fonction de la pente des courbes d'offre et de demande.

B. — Les conséquences de la hausse du franc sur la demande de dollars

Sur le graphique 4, la droite OO′ représente l'offre d'importations françaises effectuée par les exportateurs américains. La droite DD′ reproduit la demande d'importations par les Français lorsque le taux de change est USD 1 = 9 FRF. La demande de dollars sur le marché des changes est représentée par la surface hachurée $OP_o AQ_o$.

Graphique 3
Les variations de la demande de dollars et la baisse du taux de change

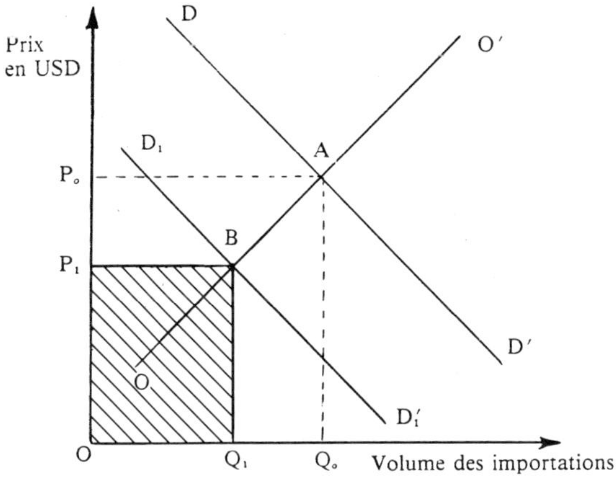

Graphique 4
Les variations de la demande de dollars et la hausse du taux de change

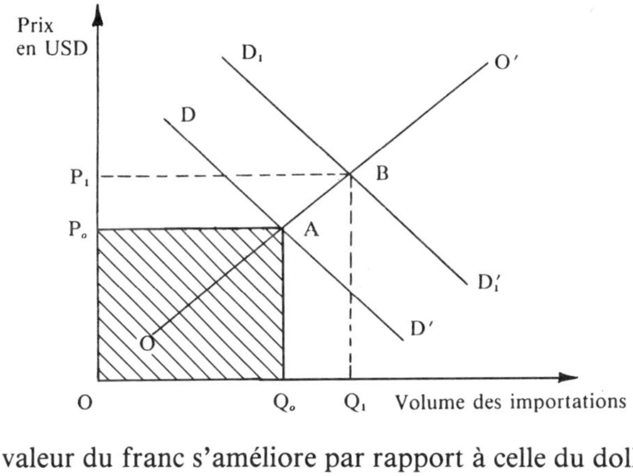

Si la valeur du franc s'améliore par rapport à celle du dollar, cela signifie que le taux de change passe de USD 1 = 9 FRF à USD 1 = 8 FRF. La droite DD′ se déplace en D_1D_1'.

L'intersection de la courbe OO′ avec la nouvelle demande D_1D_1' détermine un nouvel équilibre B. Le nouveau prix et la nouvelle quantité d'équilibre sont P_1 et Q_1. La nouvelle demande de dollars sur le marché des changes est représentée par la surface $OP_1 BQ_1$. La hausse du franc accroît la valeur globale des importations françaises. L'ampleur de cet accroissement est fonction de la pente des courbes d'offre et de demande.

§ 4. Les conséquences des variations du cours du franc sur l'offre de dollars

Comme au paragraphe précédent, deux situations sont successivement envisagées. La première est celle d'une baisse du franc. La seconde est celle d'une hausse.

A. — Les conséquences de la baisse du franc sur l'offre de dollars

Repartons de la situation initiale et reportons-la sur le graphique 5. La droite DD′ représente toujours la demande d'exportations françaises provenant des importateurs américains. La droite OO′ représente l'offre d'exportations des entreprises françaises au taux de change USD 1 = 8 FRF.

Graphique 5
Les variations de l'offre de dollars
et la baisse du taux de change

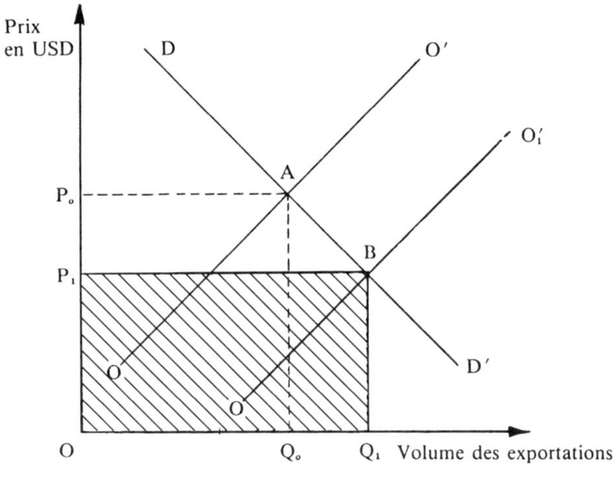

Lorsque le taux passe de USD 1 = 8 FRF à USD 1 = 9 FRF, le consommateur américain qui raisonne en dollar n'est pas affecté par la baisse du franc, tout du moins dans un premier temps. Dans la mesure où les prix sont exprimés en dollar, que cette devise soit cotée 5 francs, 12 francs ou 8 francs ne change rien à la situation du consommateur américain.

La baisse du franc affecte, en revanche, l'exportateur français. La courbe représentant l'offre de biens et de services destinés à l'exportation va se déplacer et passer de OO′ à O_1O_1'. Un exemple permet de comprendre le déplacement de cette courbe. Quand le taux de change était USD 1 = 8 FRF, l'exportateur français recevait 8 francs pour chaque litre de vin vendu au prix de un dollar. Maintenant que la devise américaine s'est appréciée, il reçoit 9 francs alors que sur le marché national il continue à recevoir 8 francs (on suppose que, préalablement à la baisse du franc, le prix du vin était identique en France et aux Etats-Unis). La perte de valeur du franc accroît instantanément l'offre de vin à destination des Etats-Unis (quitte à réduire l'offre sur le marché français) et déplace la courbe d'offre de OO′ à O_1O_1'.

L'intersection de O_1O_1' avec DD′ détermine un nouvel équilibre B. Le prix et la quantité d'équilibre sont P_1 et Q_1. Par voie de conséquence, la nouvelle offre de dollars sur le marché des changes est représentée par la surface hachurée OP_1 BQ_1.

Il est difficile de déterminer avec précision la conséquence de la baisse du franc sur l'offre de dollars car, à l'inverse de ce qui se passe pour les importations, l'effet prix et l'effet quantité nc jouent pas dans le même sens. Dans certaines situations, l'effet quantité est supérieur à l'effet prix et la nouvelle offre de dollars sur le marché est supérieure à l'ancienne. Dans d'autres circonstances, en revanche, l'effet prix est supérieur à l'effet quantité et la nouvelle offre de dollars est inférieure à l'ancienne. Le résultat net est fonction de la pente des courbes d'offre et de demande.

Si l'élasticité de la demande d'exportations est très grande, l'accroissement des quantités vendues consécutif à une baisse de la valeur du franc surcompense la baisse des prix. L'effet net des deux variations est positif. C'est ce que traduit le graphique 6.

Si, en revanche, la demande étrangère d'exportations françaises est rigide, une baisse de la valeur du franc induit une faible augmentation des quantités vendues et une forte baisse des prix. L'effet net de ces deux variations est négatif, ce que traduit le graphique 7.

B. — Les conséquences de la hausse du franc sur l'offre de dollars

La situation est reproduite au graphique 8.

Graphique 6
Les variations de l'offre de dollars
et la baisse du taux de change

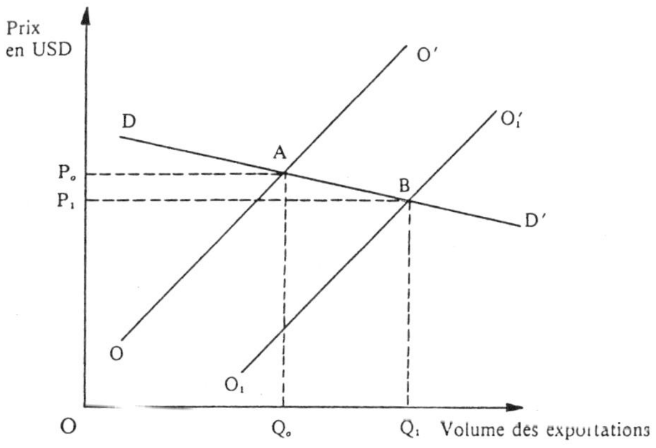

Graphique 7
Les variations de l'offre de dollars et la baisse du taux de change

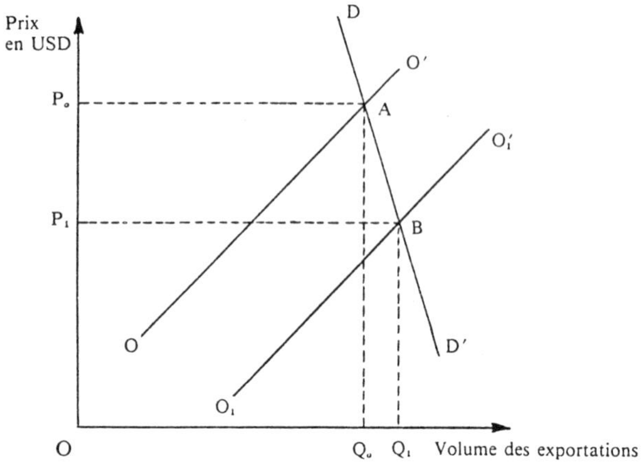

Graphique 8
Les variations de l'offre de dollars et la hausse du taux de change

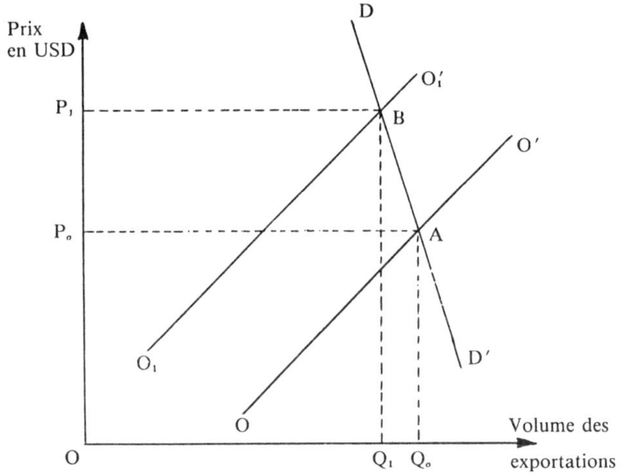

L'offre initiale de dollars pour un taux de change USD 1 = 9 FRF est représentée par la surface OP_o AQ_o. Si le franc s'apprécie par rapport au dollar, l'offre se déplace de OO′ à O_1O_1'. Le nouveau point d'équilibre B détermine une nouvelle offre de dollars représentée par la surface OP_1 BQ_1, conséquence d'un effet prix et d'un effet quantité qui ne jouent pas dans le même sens.

Dans certaines situations, l'effet quantité est inférieur à l'effet prix et la nouvelle offre de dollars sur le marché est supérieure à l'ancienne. Dans d'autres circonstances, en revanche, l'effet prix est inférieur à l'effet quantité et la nouvelle offre de dollars sur le marché est inférieure à l'ancienne. Le résultat net est en réalité fonction de la pente des courbes d'offre et de demande, ce que traduisent parfaitement les graphiques 8 et 9.

Graphique 9
Les variations de l'offre de dollars et la hausse du taux de change

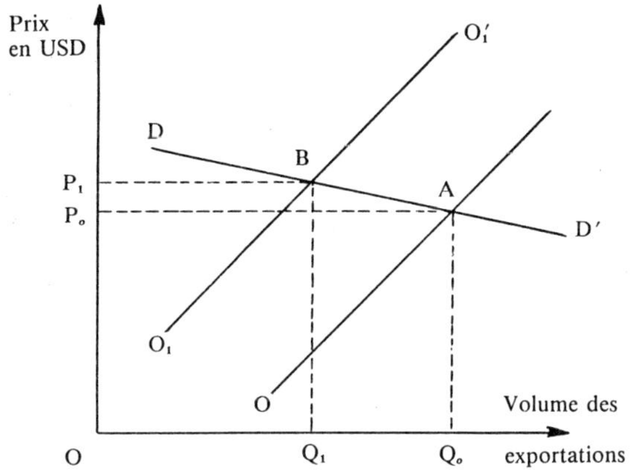

Dans les premiers paragraphes de ce chapitre, le taux de change était donné : USD 1 = 8 FRF dans les deux premiers, USD 1 = 9 FRF dans les paragraphes 3 et 4. Mais nous ne nous sommes pas inquiétés de savoir comment ce taux était déterminé et pourquoi il variait. C'est à ces deux questions que nous allons tenter d'apporter des éléments de réponse.

§ 5. L'équilibre sur le marché des changes

Avant de présenter le mécanisme de formation du taux de change, il peut être utile de préciser que le marché des changes est réservé aux institutions financières bancaires (banques commerciales et banques centrales) et non bancaires. Ces dernières sont le plus souvent des émanations financières des grandes entreprises industrielles et commerciales. Sur le marché interviennent des institutions résidentes et non-résidentes. Elles opèrent directement entre elles, mais elles peuvent passer par des courtiers. Les institutions financières intervenant sur le marché des changes le font pour leur propre compte ou pour celui de leur clientèle.

Le schéma 1 fournit une vision simplifiée du marché des changes. Cette présentation a été amplement développée au chapitre 1, consacré au fonctionnement du marché des changes.

Le taux de change est le prix d'une unité de devise étrangère en terme de monnaie nationale. Il est déterminé par la confrontation de l'offre et de la demande de devises sur le marché des changes.

Sur le graphique 10, la droite OO' représente l'offre de dollars. A chaque taux de change correspond une certaine quantité de dollars représentant la valeur des exportations françaises exprimée dans la devise américaine. La droite DD′ représente la demande de dollars. A chaque taux de change correspond également une certaine quantité de dollars représentant la valeur des importations françaises exprimée dans la devise américaine.

Schéma 1
Présentation simplifiée du marché des changes

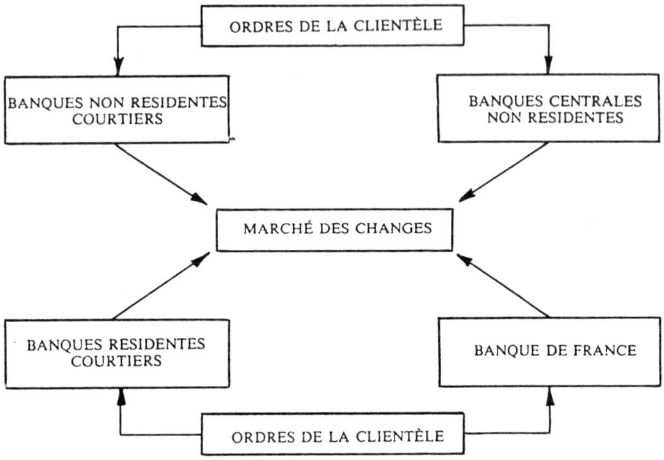

Au taux t_o : USD 1 = 8 FRF, la quantité offerte sur le marché des changes est Q_o^e (cette quantité Q_o^e correspond à la surface hachurée $OP_o AQ_o$ du graphique 2). A ce même taux t_o, la quantité de dollars demandée sur le marché des changes est Q_o^i (cette quantité Q_o^i correspond à la surface hachurée $OP_o AQ_o$ du graphique 1). Au taux USD 1 = 8 FRF, il apparaît un écart entre la quantité demandée et la quantité offerte : la première est supérieure à la seconde. Cette différence ne peut se résoudre que par une hausse du dollar (ou, ce qui revient au même, une baisse du franc).

Graphique 10
L'équilibre sur le marché des changes

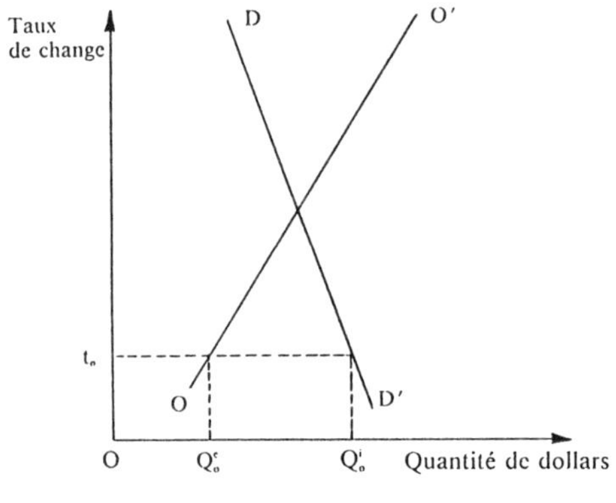

Le graphique 11 établit que l'équilibre entre la demande et l'offre de dollars sur le marché des changes se réalise au taux t_1 (USD 1 = 10 FRF pour prendre un exemple).

Graphique 11
L'équilibre sur le marché des changes

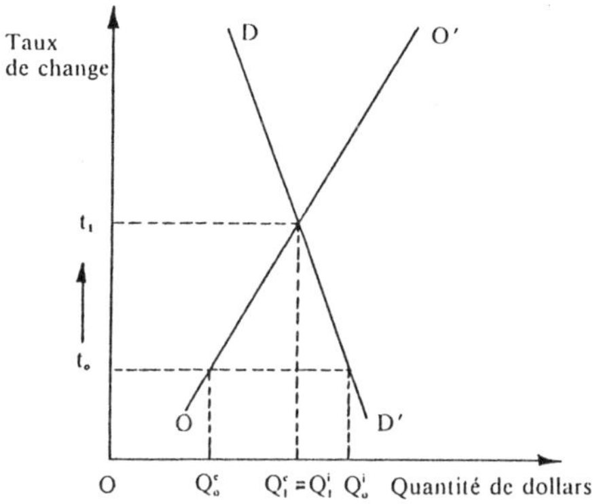

Ce processus de rééquilibrage peut entraîner un effet de sur-réaction conduisant au taux t_2 (graphique 12). A ce taux (USD 1 = 12 FRF, par exemple) apparaît un déséquilibre entre l'offre et la demande de dollars au bénéfice, cette fois, de l'offre. Ce déséquilibre induit une baisse du dollar (ou, ce qui revient au même, une hausse du franc) et le taux de change doit tendre vers t_1, le point d'équilibre entre l'offre et la demande sur le marché des changes.

Graphique 12
L'équilibre sur le marché des changes

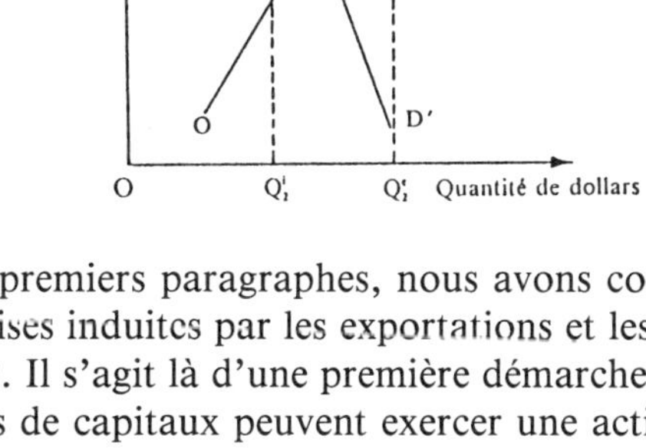

Durant les cinq premiers paragraphes, nous avons considéré l'offre et la demande de devises induites par les exportations et les importations de biens et de services. Il s'agit là d'une première démarche. Dans la mesure où les mouvements de capitaux peuvent exercer une action déterminante sur le niveau des taux de change, il est indispensable de les prendre en compte et d'analyser leur influence.

§ 6. L'équilibre sur le marché des changes et les mouvements internationaux de capitaux

L'achat de dollars en vue de payer les importations ne représente qu'une fraction de la demande totale. Une seconde composante motivée par la volonté de se procurer des actifs étrangers doit être prise en compte.

A. — L'équilibre sur le marché des changes et la demande de dollars pour acheter des actifs étrangers

Les fluctuations de la demande de dollars peuvent être induites par l'achat et la vente d'actifs industriels, financiers et monétaires.

Lorsqu'une entreprise française prend le contrôle d'une société étrangère (nous pensons à l'achat de Texas Gulf par Elf ou à la prise de contrôle de Square D par Schneider), elle doit se procurer des devises sur le marché des changes. Cet accroissement de la demande de dollars entraîne, toutes choses égales par ailleurs, une perte de valeur du franc par rapport au dollar. Cette conclusion se déduit de la simple observation du graphique 13. A partir de l'équilibre établi au graphique 12, nous supposons que la demande de dollars passe de DD′ à D_1 D_1'. Dans la mesure où l'offre de dollars ne varie pas, le nouvel équilibre se déplace de A en B et le taux de change évolue de t_o à t_1.

Graphique 13
L'équilibre sur le marché des changes et la demande de dollars pour acheter des actifs étrangers

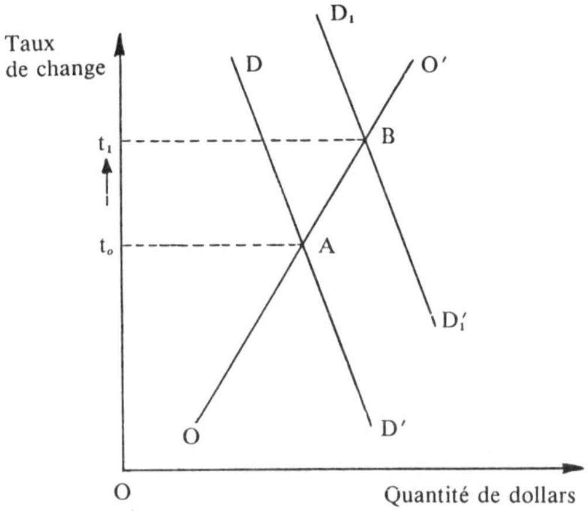

Le raisonnement et les conclusions sont bien évidemment identiques lorsque les nationaux demandent des dollars pour acheter des actions ou des obligations libellées en devises ou pour effectuer des opérations spéculatives (graphique 14).

Graphique 14
L'équilibre sur le marché des changes et la demande de dollars pour acheter des actifs étrangers

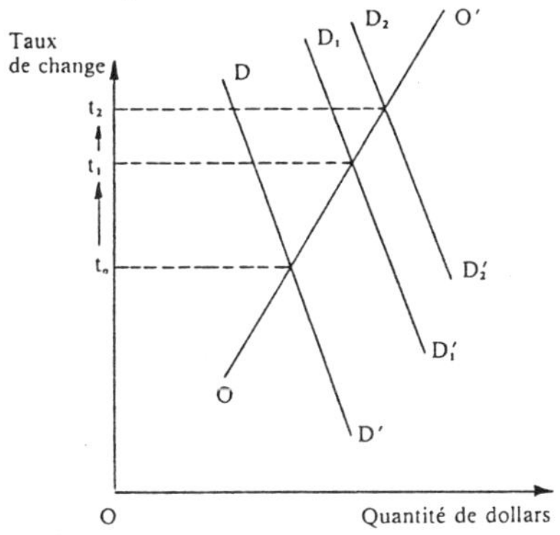

B. — L'équilibre sur le marché des changes et l'offre de dollars provenant de la liquidation d'actifs étrangers

De la même manière, tout accroissement de l'offre de dollars induit par une vente d'actifs industriels, financiers ou monétaires libellés en dollar, implique une baisse de la valeur de cette devise et par conséquent une hausse du franc, ce que traduit le graphique 15.

Graphique 15
L'équilibre sur le marché des changes et l'offre de dollars provenant de la vente d'actifs étrangers

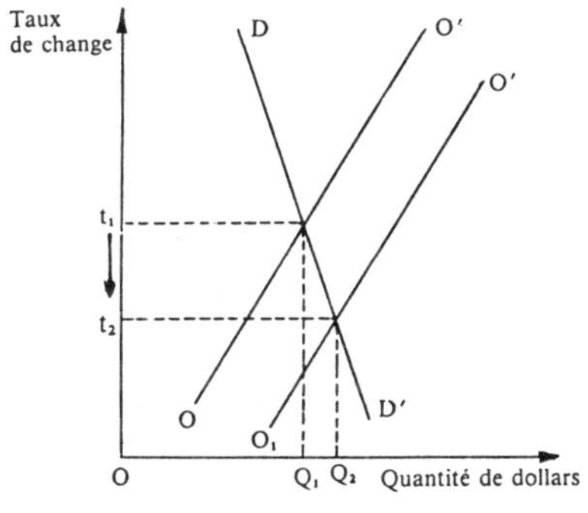

Section II — Le recensement des mouvements de marchandises et de capitaux et la balance des paiements

Les échanges entre un pays et le monde extérieur sont nombreux et diversifiés : achats et ventes de marchandises, prêts et emprunts, crédits commerciaux, investissements financiers, mouvements de devises etc... Tous ces échanges, dont nous avons vu dans la section précédente qu'ils exercent une influence sur la formation du taux de change, sont systématiquement recensés au sein de la balance des paiements.

La balance des paiements est un état statistique, dressé à intervalles de temps réguliers. Son objet est de retracer sous forme comptable l'ensemble des flux réels, financiers et monétaires entre les résidents d'une économie et les non-résidents, au cours d'une période de temps déterminée[1].

Cette définition appelle six précisions.

- Les résidents d'une économie sont les personnes physiques de nationalité française résidant en France, ou à l'étranger depuis moins de deux ans, et celles de nationalité étrangère résidant en France depuis plus de deux ans (fonctionnaires étrangers exclus). Sont également incluses dans les résidents les personnes morales (entreprises notamment) ayant un établissement en France, à l'exception des représentations diplomatiques et consulaires.
- Les non-résidents sont les autres personnes physiques ou morales. L'ensemble des non-résidents constitue l'Extérieur.
- La France regroupe les départements métropolitains, les départements et territoires d'outre-mer, la principauté de Monaco et la collectivité territoriale de Mayotte.
- La balance des paiements la plus agrégée recense les relations commerciales et financières entre la France et l'Extérieur. D'autres balances peuvent être établies pour des non-résidents définis de façon plus étroite : France - pays de l'OCDE, France - pays de la Communauté Économique Européenne, France - Japon, etc...
- La balance des paiements française, élaborée par la Banque de France pour le compte de la direction du Trésor, est publiée trimestriellement, semestriellement et annuellement.
- Les échanges entre une économie et l'Extérieur peuvent être saisis au moment où ils sont effectués ou lors de leur règlement financier. Dans le premier cas, la balance des paiements est présentée en termes de transactions, dans le second, elle est présentée en termes de règlement. Depuis 1976, l'approche en termes de transactions est devenue officielle en France. La différence entre les deux méthodes conduit à prendre en compte les décalages entre les transactions et les règlements (avances à la commande, crédits commerciaux).

Pour apprécier leur importance relative, les différents échanges entre un pays et le reste du monde sont regroupés en sous-ensembles homogènes. Le regroupement adopté pour la balance des paiements française distingue :

— les transactions courantes,
— les transferts en capital,
— les mouvements de capitaux à long terme,
— les mouvements de capitaux à court terme du secteur privé non bancaire,
— les erreurs et omissions,
— les mouvements de capitaux à court terme des secteurs bancaire et officiel.

---

1. BANQUE DE FRANCE : *La balance des paiements de la France* , Note d'information n° 50, février 1983.

§ 1. Les transactions courantes

La structure détaillée des transactions courantes est fournie par le tableau 1. Deux catégories de flux sont distinguées : les biens et services, d'une part, les transferts unilatéraux, d'autre part.

Tableau 1
Transactions courantes

	1989	*1990*	*1991*
I. Biens, services et revenus	**18 427**	**8 326**	**7 984**
A. **Marchandises**	**– 64 258**	**– 70 335**	**– 49 772**
— Exportations	1 087 928	1 122 910	1 165 009
— Importations	1 155 873	1 196 652	1 221 439
Commerce extérieur	– 67 945	– 73 742	– 56 430
Négoce international	3 687	3 407	6 658
B. **Services**	**45 475**	**23 143**	**17 553**
Services liés au commerce extérieur	*– 9 258*	*– 12 601*	*– 13 206*
Services liés aux échanges de technologie	*14 890*	*14 925*	*19 229*
Grands travaux	4 512	6 383	7 727
Coopération technique	6 943	5 171	7 600
Revenus	*2 161*	*– 17 514*	*– 28 709*
Opérations gouvernementales	*– 3 832*	*– 3 663*	*– 3 927*
Voyages	*39 649*	*43 168*	*51 009*
Services divers	*1 865*	*– 1 172*	*– 6 843*
C. **Autres biens et services**	**37 210**	**38 866**	**40 203**
II. Transferts unilatéraux	**– 48 260**	**– 44 412**	**– 41 353**
A. **Secteur privé**	**– 12 167**	**– 15 084**	**– 14 410**
B. **Secteur officiel**	**– 36 093**	**– 29 328**	**– 26 943**
Total des transactions courantes	**– 29 833**	**– 52 738**	**– 33 369**

Unité : Millions de francs.
Source : Les notes bleues, 26 juillet 1992.

A. — Les biens et services

Les biens et services sont regroupés en trois rubriques : les marchandises, les services et les autres biens et services.

La rubrique marchandises comprend le commerce extérieur (les exportations et les importations de biens) et le négoce international.

Les exportations et les importations sont évaluées par l'administration des douanes à un prix mesurant leur valeur lors du passage à la frontière française. Il en résulte des statistiques FOB à l'exportation et CAF à l'importation.

La valeur FOB (*free on board*) des exportations[2] est égale à leur prix au départ de l'usine, accru du coût d'acheminement de l'usine à la frontière. Les principales composantes de ce coût sont les frais de transport, d'assurance, de manutention et de stockage auxquels peuvent éventuellement s'ajouter certaines taxes.

La valeur CAF (coût, assurance, fret) des importations est égale à leur prix au départ de l'usine étrangère, accru du coût d'acheminement dans le pays exportateur de l'usine au poste frontière et du coût d'acheminement (air, mer) de la frontière du pays exportateur jusqu'à la frontière française.

Afin d'harmoniser les deux évaluations, on est amené à calculer des statistiques commerciales FOB/FOB. Pour ce faire, les chiffres d'importation sont corrigés en baisse de la valeur du coût d'acheminement de la frontière du pays exportateur à la frontière française.

Le poste négoce international enregistre les achats de marchandises à l'étranger non suivis d'importation véritable, et leur revente à l'étranger. Les marchandises en question ne franchissent pas la frontière douanière française. Ainsi en est-il de l'achat par un négociant français d'une cargaison de cacao du Ghana revendue à un acheteur néerlandais.

La balance des paiements enregistre les transactions sur quinze services différents regroupés en six ensembles cohérents : les services liés au commerce extérieur (frais accessoires sur marchandises, transports maritimes, autres transports, assurances), les services liés aux échanges de technologie (grands travaux, coopération technique, travail à façon, brevets et redevances, services de gestion), les revenus (intérêts, dividendes et autres revenus du capital, salaires et autres revenus du travail), les opérations gouvernementales (dépenses et recettes des gouvernements étrangers, recettes et dépenses du gouvernement français), les voyages et les services divers.

Les autres biens et services recensent les transactions relatives à des marchandises et services mal appréhendées ou mal recensées, du fait de la diversité des sources statistiques utilisées.

B. — Les transferts unilatéraux

Les transferts unilatéraux enregistrent la contrepartie de biens, services ou capitaux exportés ou importés gratuitement ou sans rétribution apparente ou mesurable. Les transferts du secteur privé représentent surtout les économies des travailleurs migrants adressées à leurs familles demeurées à l'étranger. Les transferts du secteur public regroupent pour l'essentiel des opérations relatives au budget de la Communauté Economique Européenne.

§ 2. Les transferts en capital

Ce poste regroupe les remises de dettes et les pertes enregistrées lors de cessions de créances (tableau 2). Il est constitué d'opérations réalisées par

2. Le terme français, peu usité, est FAB (franco à bord).

le secteur officiel au titre des remises de dettes aux pays en voie de développement et aux pays les moins avancés, en application de décisions prises lors de différentes conférences internationales : sommets de Toronto, de Dakar et conférence de Paris. Il inclut également les remises de dettes et les pertes sur les cessions de créances du secteur privé.

Tableau 2
Transferts en capital

	1989	*1990*	*1991*
Secteur privé	**–4 788**	**– 6 896**	**–2 694**
Secteur officiel	**–1 063**	**–22 961**	**– 479**
Total	**–5 851**	**–29 857**	**–3 173**

Unité : Millions de francs.
Source : Les Notes bleues, 26 juillet 1992.

§ 3. Les mouvements de capitaux à long terme

La structure détaillée des mouvements de capitaux à long terme est reproduite au tableau 3. Ce dernier enregistre les transactions dont l'échéance initiale est supérieure à un an. Quatre rubriques sont distinguées : crédits commerciaux, prêts, opérations sur titres et investissements directs.

Tableau 3
Mouvements de capitaux à long terme

	1989	*1990*	*1991*
Crédits commerciaux	**8 344**	**8 054**	**3 606**
Prêts	**–40 120**	**–6 490**	**–14 773**
Opérations sur titres	**162 827**	**188 069**	**86 081**
Sur titres étrangers	–42 343	–46 057	–75 786
Sur titres français	205 170	234 126	164 076
Instruments conditionnels	0	0	–2 209
Investissements directs	**–57 755**	**–100 227**	**–57 217**
Secteurs privé et bancaire	–54 770	–97 377	–53 343
— français à l'étranger	–115 715	–147 649	–115 801
— étrangers en France	60 945	50 272	62 458
Secteur officiel	–2 985	–2 850	–3 874
Total	**73 296**	**89 406**	**17 697**

Unité : Millions de francs.
Source : Les notes bleues, 26 juillet 1992.

Les crédits commerciaux sont presque uniquement constitués de crédits à l'exportation. Plus de 80 % d'entre eux représentent des crédits acheteurs.

Le solde est fourni par des crédits fournisseurs[3].

Les investissements directs des secteurs privé et bancaire regroupent les investissements français à l'étranger et étrangers en France. Ils comprennent essentiellement les achats et les ventes de biens immobiliers, les créations et les liquidations de succursales d'entreprises et les prises de participation au capital de sociétés, lorsqu'elles aboutissent à l'ouverture d'un droit de contrôle sur la gestion. (Le contrôle est obtenu à partir d'une prise de participation supérieure ou égale à 20 % du capital social). Les investissements du secteur public regroupent les achats et les ventes de titres étrangers et les participations du gouvernement français au capital des organismes internationaux tels que la Banque mondiale.

Les prêts divers à l'étranger effectués par les secteurs privé, bancaire et public et les prêts accordés par l'étranger sont recensés dans la sous-rubrique Prêts.

Les opérations sur titres français et étrangers sont des transactions sur valeurs mobilières : actions, obligations, fonds d'Etat, dont l'objectif n'est pas la prise de contrôle de ceux qui les ont émis. Elles sont considérées comme des placements financiers. Ce sont des investissements de portefeuille.

§ 4. Les mouvements de capitaux à court terme du secteur privé non bancaire

Dans cette rubrique sont enregistrés les mouvements de capitaux, initiés par les entreprises non bancaires, dont l'échéance est inférieure à un an (tableau 4). Ces mouvements, d'inégale importance et de caractère spéculatif plus ou moins prononcé, sont les crédits commerciaux et les avances à la commande, les prêts et les placements, et les autres crédits à court terme. Leur caractère spéculatif est souvent mis en avant, mais il s'agit là d'une généralisation abusive. Quand ils sont de nature financière, les principaux déterminants de ces mouvements de capitaux sont les différentiels de taux d'intérêt entre les places financières internationales et les variations anticipées des taux de change. Il faut cependant reconnaître que la grande majorité de ces mouvements de capitaux est de nature commerciale.

§ 5. Les mouvements de capitaux à court terme des secteurs bancaire et officiel

Les mouvements de capitaux à court terme des secteurs bancaire et officiel sont, aux ajustements près, la contrepartie des transactions courantes, des mouvements de capitaux à long terme et des mouvements de capitaux à court terme du secteur privé non bancaire (tableaux 4 et 5).

---

3. Pour de plus amples détails sur les crédits acheteurs et fournisseurs, le lecteur peut se reporter à la section 2 du chapitre 19.

Tableau 4
Mouvements de capitaux à court terme

	1989	*1990*	*1991*
Secteur privé non bancaire	**– 66 914**	**– 100 496**	**– 42 307**
Crédits commerciaux et avances à la commande	6 003	10 355	– 5 068
Prêts et placements	– 37 349	– 66 430	– 34 464
Autres crédits à court terme	– 35 568	– 44 421	– 2 775
Secteur bancaire	**37 036**	**149 364**	**4 259**
Créances et engagements en franc	59 349	176 111	– 11 450
Créances et engagements en devises	– 22 313	– 26 747	15 709
Secteur officiel	**27 050**	**– 58 933**	**31 178**
Total	– 2 828	– 10 065	– 6 870

Unité : Millions de francs.
Source : Les notes bleues, 26 juillet 1992.

Le secteur bancaire regroupe l'ensemble des banques françaises, appelées également intermédiaires agréés. Elles ont l'obligation de déclarer les transferts effectués avec l'étranger pour leur propre compte ou pour celui de leur clientèle. Les banques françaises entretiennent, en effet, des comptes avec des correspondants (banques étrangères), des clients résidents et des clients non résidents. Les mouvements de capitaux du secteur bancaire reprennent les mouvements, en franc et en devises, inscrits au débit et au crédit de ces comptes.

Le secteur officiel est constitué du Trésor public, de l'administration des postes et télécommunications, de la Caisse Centrale de Coopération Economique, du Crédit National et de la Banque de France.

Quatre sous-rubriques retracent les mouvements de capitaux officiels :
- les réserves officielles de change, c'est-à-dire les variations des avoirs en or et en devises de la Banque de France,
- la position au Fonds européen de coopération monétaire (FECOM),
- la position au Fonds monétaire international (FMI),
- les droits de tirage spéciaux acquis et utilisés en France.

§ 6. Les balances les plus significatives

A partir des soldes des différentes rubriques et sous-rubriques, il est possible d'établir plusieurs balances significatives, au niveau des transactions courantes, d'une part, au niveau des mouvements de capitaux, d'autre part.

A. — Les balances significatives au niveau des transactions courantes

La balance du commerce extérieur (souvent dénommée balance commerciale) est égale au solde des exportations et des importations. Un solde négatif signifie que le pays a plus importé qu'il n'a exporté. Un solde positif signifie, au contraire, que le pays a plus exporté qu'importé.

La balance des invisibles cumule les soldes du négoce international, des services, des autres biens et services et des transferts unilatéraux.

La balance des transactions courantes est égale à la somme de quatre soldes : marchandises, services, autres biens et services et transferts unilatéraux. Le même résultat est obtenu en ajoutant le solde du commerce extérieur à celui des invisibles.

B. — Les autres balances significatives

La balance des capitaux à long terme est égale à la somme des soldes des quatre sous-rubriques enregistrant les différents mouvements de capitaux à long terme.

La balance de base regroupe trois soldes : celui des transactions courantes, celui des transferts en capital et celui des capitaux à long terme.

La balance globale ou balance des mouvements non monétaires cumule les soldes des transactions courantes, des transferts en capital, des mouvements de capitaux à long terme et des mouvements de capitaux à court terme du secteur privé non bancaire. Elle fait apparaître un besoin ou une capacité de financement d'un montant identique, aux erreurs et omissions près, aux mouvements de capitaux à court terme des secteurs bancaire et officiel.

La balance des règlements officiels est égale au cumul des soldes de la balance globale et des mouvements de capitaux à court terme du secteur bancaire. Le solde de cette balance est égal, au signe près, aux mouvements de capitaux à court terme du secteur officiel.

C. — La balance des paiements

Le tableau 5 présente le résumé des principales rubriques de la balance des paiements française.

Tableau 5
Balance des paiements

		1989	*1990*	*1991*
I.	**Transactions courantes**	**– 29 833**	**– 52 738**	**– 33 369**
II.	**Transferts en capital**	**– 5 851**	**– 29 857**	**– 3 173**
III.	**Mouvements de capitaux à long terme**	**73 296**	**89 406**	**17 697**
	Balance de base (I + II + III)	**37 612**	**6 811**	**– 18 845**
IV.	**Mouvements de capitaux à court terme du secteur privé non bancaire**	**– 66 914**	**– 100 496**	**– 42 307**
V.	**Erreurs et omissions**	**– 34 784**	**3 254**	**25 715**
	Mouvements de capitaux à court terme et ajustements (IV + V)	**– 101 698**	**– 97 242**	**– 16 592**
VI.	**Mouvements de capitaux à court terme des secteurs bancaire et officiel**	**64 086**	**90 431**	**35 437**
	Secteur bancaire	37 036	149 364	4 259
	Secteur officiel	27 050	– 58 933	31 178

Unité : Millions de francs.
Source : Les notes bleues, 26 juillet 1992.

Références

A. — OUVRAGES

AFTALION F., LOSQ E. : *Les taux de change*, Paris, PUF, 1985.

BHANDARI J.S., PUTNAM B.H., (eds) : *Economic Interdependence and Flexible Exchange Rates*, Cambridge Mass., The MIT Press, 1984.

BILSON J.F.O., MARSTON R.C. (eds) : *Exchange Rate Theory and Practice*, Chicago, The University of Chicago Press, 1984.

BYE M. : *Economie internationale*, 4e éd., Paris, Dalloz, 1977.

FRENKEL J.A. (ed.) : *Exchange Rates and International Macroeconomics*, Chicago, The University of Chicago Press, 1983.

FRENKEL J.A., JOHNSON H.G. : *The Monetary Approach to the Balance of Payments*, New York, Allen and Unwin, 1966.

FRENKEL J.A., JOHNSON H.G. : *The Economics of Exchange Rates : Selected Studies*, Reading Mass., Addison-Wesley, 1978.

INTERNATIONAL MONETARY FUND : *Balance of Payments Manual*, 4e éd., Washington D.C., International Monetary Fund, 1977.

KRUEGER A.O. : *Exchange Rate Determination*, Cambridge, Cambridge University Press, 1983.

LINDERT P.H. : *Economie internationale*, 8e éd., Paris, Economica, 1989.

MINFORD P. : *Substitution Effects, Speculation and Exchange Rate Stability*, Amsterdam, North Holland, 1978.

PLIHON D., WAQUET I. : *Les balances des paiements : éléments d'analyse*, Paris, Hatier, 1982.

RAYMOND R., CHAUSSARD A. : *Les relations économiques et monétaires internationales*, Paris, Editions Banque, 1979.

B. — ARTICLES

Le lecteur trouvera des informations complémentaires sur les sujets développés dans le présent chapitre dans les articles publiés dans les revues suivantes :

Banque
Bulletin trimestriel de la Banque de France
Les notes bleues de Bercy
Statistiques et études financières

C. — AUTRES PUBLICATIONS

BANQUE DE FRANCE : *La balance des paiements de la France*, Note d'information n° 50, février 1983.

MINISTÈRE DE L'ÉCONOMIE, BANQUE DE FRANCE : *La balance des paiements de la France,* Paris, rapport annuel.

QUESTIONS

1. Qu'est-ce que le taux de change ?
2. Dans un graphique représentant l'évolution des importations françaises en fonction de leur prix exprimé en dollar, la pente de la droite représentant la demande d'importations françaises est négative. Quelle est la signification de cette pente négative ?
3. Dans un graphique représentant l'évolution des exportations françaises en fonction de leur prix exprimé en dollar, la pente de la droite représentant l'offre d'exportations françaises est positive. Quelle est la signification de cette pente positive ?
4. Quelles sont les conséquences d'une baisse du franc par rapport au dollar sur la valeur des importations françaises ?
5. Quelles sont les conséquences d'une baisse du franc par rapport au dollar sur la valeur des exportations françaises ?
6. Qu'est-ce que la balance des paiements ?
7. Quels flux sont recensés dans la balance des transactions courantes ?
8. Quels sont les principaux postes de la balance des services ?
9. Quels éléments sont enregistrés dans la rubrique : transferts unilatéraux ?
10. Comment déterminer le solde de la balance des invisibles ?
11. Comment déterminer le solde de la balance des transactions courantes ?
12. Comment passer du solde du commerce extérieur au solde de la balance des transactions courantes ?
13. Comment déterminer le solde de la balance de base ?
14. Comment passer du solde de la balance des transactions courantes au solde de la balance de base ?
15. Quels sont les flux recensés dans les mouvements de capitaux à court terme du secteur privé non bancaire ?

QUESTIONS A CHOIX MULTIPLES

Question 1

Toutes choses égales par ailleurs, et en raisonnant par rapport au franc français, une demande de dollars sur le marché des changes en vue de prendre le contrôle de sociétés américaines tend à :

- accroître la valeur du franc .... ☐
- réduire la valeur du franc .... ☐
- abaisser la valeur du dollar .... ☐
- abaisser la valeur du deutsche mark .... ☐
- accroître la valeur du deutsche mark .... ☐

Question 2

Les transferts unilatéraux enregistrent la contrepartie de biens, services ou capitaux exportés ou importés gratuitement et sans rétribution apparente ou mesurable.
- vrai .... ☐
- faux .... ☐

Question 3

Les investissements directs, français à l'étranger et étrangers en France, comprennent essentiellement les achats et les ventes de biens immobiliers, les créations et les liquidations de succursales d'entreprises et les prises de participation au capital de sociétés lorsqu'elles aboutissent à l'ouverture d'un droit de contrôle sur la gestion. Ce contrôle est obtenu à partir d'une prise de participation égale ou supérieure à :
- 10 % du capital social .... ☐
- 20 % du capital social .... ☐
- 25 % du capital social .... ☐
- 33 % du capital social .... ☐
- 50 % du capital social .... ☐

Question 4

La balance de base cumule les résultats :
- de la balance des transactions courantes et des invisibles ...... ☐
- de la balance des transactions courantes et des mouvements de capitaux à long terme .... ☐
- de la balance des transactions courantes et des mouvements de capitaux à court terme .... ☐
- de la balance des invisibles et des mouvements de capitaux à long terme .... ☐
- du commerce extérieur et des mouvements de capitaux à court terme ☐

Question 5

Une balance commerciale excédentaire a, toutes choses égales par ailleurs, tendance à :
- élever la valeur du taux de change du pays qui bénéficie de cet excédent commercial .... ☐
- abaisser la valeur du taux de change du pays qui bénéficie de cet excédent commercial .... ☐

Question 6

Quand la balance commerciale française est déficitaire vis-à-vis du reste du monde, le franc baisse par rapport aux devises des pays à l'égard desquels la France enregistre un déficit commercial, mais il s'élève par rapport aux devises des pays à l'égard desquels la France enregistre un excédent commercial.

- vrai .... ☐
- faux .... ☐

EXERCICES

Exercice 1

Le 18 mars 1983, le prix du gallon de pétrole *Arabian Light* se négociait USD 27,50 le baril.

Le 21 mars 1983, les ministres des finances des pays membres de la Communauté Economique Européenne décidaient de dévaluer le franc français de 5,5 % et de réévaluer le deutsche mark de 2,5 %.

Quelles furent les conséquences de ces modifications de parité sur le prix du gallon de pétrole Arabian Light ?

Exercice 2

Les responsables économiques et politiques français estiment qu'une appréciation du dollar de 10 % par rapport au franc entraîne une hausse des prix français de 0,6 %.

Quelles raisons justifient cette assertion ?

Exercice 3

L'Institut National de la Statistique et des Etudes Econométriques estime que l'offre d'importations nationales et la demande d'importations nationales peuvent être représentées par les équations :

$$P = 0{,}0000065\ Q + 75$$

$$P = -0{,}0000085\ Q + 98$$

Des études de même nature établissent que l'offre d'exportations nationales et la demande d'exportations nationales peuvent être représentées par les équations :

$$P = 0{,}00007\ Q + 800$$

$$P = -0{,}00009\ Q + 1\ 000$$

A partir de ces informations calculez :

- le volume des importations,

- le prix moyen de chaque unité importée,
- la valeur des importations,
- le volume des exportations,
- le prix moyen de chaque unité exportée,
- la valeur des exportations,
- le déficit ou l'excédent de la balance commerciale.

Chapitre 4

LES DÉTERMINANTS DU TAUX DE CHANGE AU COMPTANT*

Si le taux de change au comptant est d'une manière générale déterminé par la loi de l'offre et de la demande, il dépend plus spécifiquement de facteurs économiques et financiers. Le taux d'inflation, les soldes de la balance des paiements et le niveau relatif des taux d'intérêt ont toujours été considérés comme des déterminants fondamentaux du taux de change au comptant.

Section I — Le taux d'inflation et le taux de change

A moyen et à long terme, le taux de change d'une devise est fonction du taux d'inflation du pays considéré. Pour être plus précis, les variations du taux de change entre deux devises A et B dépendent du différentiel d'inflation existant entre les économies des pays A et B. Cette conclusion de la théorie de la parité des pouvoirs d'achat mérite d'être réexaminée dans le contexte d'une économie internationale largement dominée par les mouvements de capitaux.

---

* Pour approfondir le contenu de ce chapitre, le lecteur peut se reporter au livre d'exercices corrigés de Yves Simon : *Finance Internationale*, Paris, Economica, 1992, et plus spécialement au chapitre 2 intitulé : Les déterminants du taux de change.

Cette section a pour objet de présenter les conclusions de la théorie de la parité des pouvoirs d'achat et les hypothèses sur lesquelles elles reposent, de montrer l'actualité de cette théorie et d'examiner les principales critiques formulées à son égard.

§ 1. La théorie de la parité des pouvoirs d'achat

La théorie de la parité des pouvoirs d'achat reste attachée au nom de G. Cassel qui s'en fit le défenseur dès 1918. Elle établit une relation entre la différence des taux d'inflation de deux pays et l'évolution comparée du cours de leurs monnaies sur le marché des changes. Elle soutient que le taux de change évolue en fonction du pouvoir d'achat respectif des deux devises.

Si le pouvoir d'achat du franc français se dégrade par rapport à celui du deutsche mark (si le taux d'inflation est supérieur en France au taux d'inflation en Allemagne), la valeur du franc par rapport au deutsche mark sur le marché des changes va, tôt ou tard, se réajuster afin de rendre identiques les pouvoirs d'achat des deux monnaies. Théoriquement, ce réajustement est d'une ampleur égale à la différence entre les taux d'inflation. Pour la théorie de la parité des pouvoirs d'achat, c'est la différence des taux d'inflation entre deux pays qui *explique* l'évolution du taux de change.

Les développements qui suivent ont pour objet d'expliciter cette conclusion et d'exposer rigoureusement, mais simplement, les fondements de la théorie de la parité des taux d'intérêt[1].

A. — Un exemple simplifié

Considérons deux économies : la France et l'Allemagne et supposons qu'elles produisent à l'époque t_1 un bien B dans les mêmes conditions, avec la même fonction de production. Il est également admis que les fonctions d'utilité des consommateurs sont identiques et que le taux d'inflation est le même dans les deux pays. En situation d'équilibre, le prix du bien B doit être identique dans les deux économies.

$$B_{1,DEM} = B_{1,FRF} \times S_{1,FRF/DEM} \qquad [1]$$

$B_{1,DEM}$: le prix en deutsche mark du bien à l'époque 1,
$B_{1,FRF}$: le prix en franc du bien à l'époque 1,
$S_{1,FRF/DEM}$: le taux de change à l'époque 1.

Si, pour prendre un exemple, les prix en Allemagne et en France sont respectivement égaux à 10 deutsche marks et 30 francs, il est facile d'en déduire que le taux de change du deutsche mark par rapport au franc est égal à : 1 DEM = 3 FRF, ou, ce qui revient au même, que 1 FRF = [1/3 DEM] = 0,3333 DEM. Cette relation entre le taux de change et le prix d'un bien dans deux économies est la loi du prix unique.

---

1. Cette présentation reprend l'analyse développée par Laurent L. JACQUE dans son ouvrage *Management of Foreign Exchange Risk*, Lexington, Mass., Lexington Books, 1979, pp. 75-79.

Supposons qu'elle ne soit pas vérifiée et que le taux de change s'établisse à 1 DEM = 2,70 FRF. Les conséquences de cette sur-évaluation du franc sont doubles. On enregistre un accroissement des importations françaises, car le produit fabriqué en Allemagne et importé en France coûte moins cher, lorsqu'il est exprimé en franc, que le même bien produit en France. De la même façon est enregistrée une réduction des ventes françaises à destination de l'Allemagne, car l'exportateur français doit faire payer 11,11 deutsche marks le bien exporté pour obtenir 30 francs. Le résultat de cette surévaluation du franc est un déficit commercial qui ne peut se résorber, dans le cadre d'un système de change flottant, que par une baisse du taux de change. L'équilibre sera finalement rétabli lorsque 1 DEM = 3FRF. C'est donc le processus d'arbitrage sur les biens qui aboutit à ce que la loi du prix unique est vérifiée.

Supposons, dans un deuxième temps, que le taux d'inflation n'est plus identique dans les deux pays. L'inflation en France est égale à 5 %. Elle atteint, en revanche, 10 % en Allemagne. Cette nouvelle situation implique qu'à l'époque t_2, un an plus tard, et toutes choses égales par ailleurs, les prix du bien B produit en Allemagne et en France seront respectivement de :

10 DEM(1 + 10 %) = 11 DEM
30 FRF (1 + 5 %) = 31,5 FRF

Dans ces conditions, le nouveau taux de change d'équilibre $S_{2,FRF/DEM}$ est alors égal à :

$$1 \text{ FRF} = 11/31{,}5 = 0{,}3492 \text{ DEM},$$

ou, ce qui revient au même :

$$1 \text{ DEM} = 31{,}5/11 = 2{,}8636 \text{ FRF}.$$

B. — La généralisation du raisonnement et la formulation de la théorie de la parité des pouvoirs d'achat

Ce qui est vrai pour un bien l'est également pour l'ensemble des biens produits en Allemagne et en France.

Si on appelle :
$P_{1,DEM}$: le niveau des prix en Allemagne à l'époque 1,
$P_{1,FRF}$: le niveau des prix en France à l'époque 1,
$P_{2,DEM}$: le niveau des prix en Allemagne à l'époque 2,
$P_{2,FRF}$: le niveau des prix en France à l'époque 2,
il est possible d'écrire :

$$P_{1,DEM} = S_{1,FRF/DEM} \times P_{1,FRF} \quad [2]$$
$$P_{2,DEM} = S_{2,FRF/DEM} \times P_{2,FRF} \quad [3]$$

De la relation [2] il est facile de déduire que :

$$\frac{P_{1,DEM}}{P_{1,FRF}} = S_{1,FRF/DEM} \qquad [4]$$

De la relation [3] il est facile de déduire que :

$$\frac{P_{2,DEM}}{P_{2,FRF}} = S_{2,FRF/DEM} \qquad [5]$$

Le rapprochement des relations [4] et [5] permet d'établir que :

$$\frac{P_{2,DEM}/P_{2,FRF}}{P_{1,DEM}/P_{1,FRF}} = \frac{S_{2,FRF/DEM}}{S_{1,FRF/DEM}} \qquad [6]$$

En retranchant 1 de chaque côté de la relation [6], on obtient :

$$\frac{P_{2,DEM}/P_{2,FRF}}{P_{1,DEM}/P_{1,FRF}} - 1 = \frac{S_{2,FRF/DEM}}{S_{1,FRF/DEM}} - 1, \qquad [7]$$

ce qui permet d'obtenir facilement :

$$\frac{P_{2,DEM}/P_{2,FRF} - P_{1,DEM}/P_{1,FRF}}{P_{1,DEM}/P_{1,FRF}} = \frac{S_{2,FRF/DEM} - S_{1,FRF/DEM}}{S_{1,FRF/DEM}} \qquad [8]$$

La relation [8] permet d'obtenir une première formulation de la théorie de la parité des pouvoirs d'achat, dont il ressort que la variation en pourcentage du taux de change est égale à la variation en pourcentage du rapport des indices des prix des deux pays.

Il est possible d'aboutir à la même conclusion en utilisant une autre formulation.

C. — Une deuxième formulation de la théorie de la parité des pouvoirs d'achat

Si on appelle :

$P_{1,DEM}$: l'indice des prix en Allemagne à l'époque 1,
$S_{1,FRF/DEM}$: le taux de change FRF/DEM, à l'époque 1,
$P_{1,FRF}$: l'indice des prix en France à l'époque 1,

il est possible d'écrire :

$$P_{1,DEM} = S_{1,FRF/DEM} \times P_{1,FRF} \qquad [9]$$

De la même façon, si l'indice 2 se rapporte à l'année 2, nous avons :

$$P_{2,DEM} = S_{2,FRF/DEM} \times P_{2,FRF} \qquad [10]$$

Si r_{DEM} et r_{FRF} représentent respectivement le taux d'inflation en Allemagne et en France, il est possible d'écrire :

$$P_{2,DEM} = P_{1,DEM}\ (1 + r_{DEM}) \qquad [11]$$

$$P_{2,FRF} = P_{1,FRF}\ (1 + r_{FRF}) \qquad [12]$$

A partir des relations [11] et [12], la relation [10] peut désormais s'écrire :

$$P_{1,DEM}\ (1+r_{DEM}) = S_{2,FRF/DEM} \times P_{1,FRF}\ (1+r_{FRF}) \qquad [13]$$

En remplaçant dans la relation [13] $P_{1,DEM}$ par son expression de la relation [9], on obtient :

$$S_{1,FRF/DEM} \times P_{1,FRF}(1+r_{DEM}) = S_{2,FRF/DEM} \times P_{1,FRF}(1+r_{FRF}) \qquad [14]$$

Il est possible de simplifier la relation [14] pour obtenir :

$$S_{1,FRF/DEM}(1+r_{DEM}) = S_{2,FRF/DEM}(1+r_{FRF}) \qquad [15]$$

$$\frac{1+r_{DEM}}{1+r_{FRF}} = \frac{S_{2,FRF/DEM}}{S_{1,FRF/DEM}} \qquad [16]$$

En retranchant 1 de chaque côté de la relation [16], on obtient :

$$\frac{1+r_{DEM}}{1+r_{FRF}} - 1 = \frac{S_{2,FRF/DEM}}{S_{1,FRF/DEM}} - 1 \qquad [17]$$

ce qui permet d'obtenir finalement :

$$\frac{1+r_{DEM}-1-r_{FRF}}{1+r_{FRF}} = \frac{S_{2,FRF/DEM}-S_{1,FRF/DEM}}{S_{1,FRF/DEM}} \qquad [18]$$

En supposant que le taux d'inflation r_{FRF} est faible par rapport à 1, il est possible de simplifier la relation [18] et d'aboutir à la formulation la plus habituelle de la théorie de la parité des pouvoirs d'achat :

$$r_{DEM} - r_{FRF} = \frac{S_{2,FRF/DEM}-S_{1,FRF/DEM}}{S_{1,FRF/DEM}} \qquad [19]$$

D. — Un exemple chiffré

Un exemple simplifié permet d'appréhender plus facilement les conclusions de la théorie de la parité des pouvoirs d'achat.

A l'époque t, le taux de change entre l'Allemagne et la France s'établit à : 1 DEM = 3 FRF. A cette époque, l'indice du coût de la vie dans les deux pays est égal à 100. Un an plus tard, l'indice du coût de la vie est passé à 110 en France et 120 en Allemagne.

Le taux de change qui résulterait de l'application mécanique de la théorie de la parité des pouvoirs d'achat formulée par la relation [19] devrait être :

$$20\ \% - 10\ \% = \frac{S_1 - 0,3333}{0,3333},$$

soit, $S_1 = 0,3663$; c'est-à-dire 1 DEM = 2,7300 FRF.

Le résultat obtenu est en réalité approximatif, car l'inflation atteignant 10 % en France (ce taux ne peut être considéré comme négligeable), il est préférable de retenir la relation [18].

$$\frac{20\,\% - 10\,\%}{1 + 10\,\%} = \frac{S_1 - 0{,}3333}{0{,}3333},$$

d'où il ressort que $S_1 = 0{,}3636$, c'est-à-dire 1 DEM = 2,7503 FRF.
Ce résultat est confirmé par l'application de la relation [8].

$$\frac{120/110 \; - \; 100/100}{100/100} = \frac{S_1 - 0{,}3333}{0{,}3333},$$

d'où il ressort que $S_1 = 0{,}3636$, c'est-à-dire 1 DEM = 2,7503 FRF.

§ 2. Les hypothèses de la théorie de la parité des pouvoirs d'achat

La théorie de la parité des pouvoirs d'achat repose sur trois hypothèses :

1. Les marchés financiers sont parfaits. Cette perfection se traduit par une absence de contrôles administratifs, de coûts de transaction et de fiscalité.
2. Les marchés des biens sont parfaits. Cette perfection se traduit par une absence de droits de douane, de coûts de transaction et de réglementation de quelque nature que ce soit.
3. La structure de la consommation des agents économiques est identique dans les différents pays.

Le caractère contraignant des hypothèses présentées explique que la théorie de la parité des pouvoirs d'achat est difficilement vérifiée.

§ 3. Les vérifications empiriques de la loi du prix unique et de la théorie de la parité des pouvoirs d'achat

De très nombreuses études empiriques ont été initiées pour vérifier la loi du prix unique et la théorie de la parité des pouvoirs d'achat.

Les vérifications de la loi du prix unique n'ont pas donné d'excellents résultats.

• Pour les biens non marchands, il n'existe pas, comme prévu, de véritable arbitrage, et par voie de conséquence la loi du prix unique ne s'applique pas.

• Pour les biens marchands, en revanche, la loi du prix unique est mieux vérifiée, mais les résultats sont parfois médiocres. De manière générale cette loi s'applique relativement bien aux matières premières, de manière moins satisfaisante aux produits semi-finis et mal aux autres biens marchands[2].

---

2. Deux études peuvent être utilement consultées sur le sujet. Celle de J. RICHARDSON « Some Empirial Evidence on Commodity Arbitrage and the Law of on Price » *Journal of International Economics*, 1978, pp. 341-351, concerne plus spécialement l'application de la loi du prix unique à des biens négociés au Canada et aux Etats-Unis. Celle de L. CROUHY-VEYRAC et M. CROUHY, *Intégration des marchés de marchandises et parité internationale des prix*, Cahiers de recherche CESA n° 157, 1980, fournit une revue quasi exhaustive des recherches et travaux empiriques sur la loi du prix unique.

A un niveau plus agrégé, la théorie de la parité des pouvoirs d'achat ne se vérifie que sur le moyen et le long terme. Les auteurs, dans leur quasi-totalité, reconnaissent l'existence d'importantes déviations à court terme entre le différentiel d'inflation et le différentiel de change. Les variations relatives des taux de change sont, à court terme, beaucoup plus déterminées par les anticipations, l'évolution des taux d'intérêt et les mouvements de capitaux que par le différentiel d'inflation.

Deux études empiriques, parmi beaucoup d'autres, illustrent parfaitement ces conclusions[3]. Elles sont brièvement exposées avant de formuler quelques remarques générales.

A. — L'étude de B. Solnik et R. Roll

Cette étude concerne la période allant de janvier 1957 à décembre 1976[4]. Les 23 pays sélectionnés regroupent les principales économies développées non socialistes et quelques économies en voie de développement pour lesquelles des séries statistiques de bonne qualité étaient disponibles sur une longue période. Les taux d'inflation et les cours de change sont observés sur une base mensuelle. Cette périodicité implique un nombre maximal de 239 observations pour la période s'étendant de janvier 1957 à décembre 1976. Les informations statistiques n'étant pas toujours disponibles, les observations pour certains pays (Argentine, Brésil, Danemark, etc...) sont parfois inférieures à ces chiffres. Le tableau 1 recense les différents pays retenus et le nombre d'observations disponibles pour chacun d'eux. Le taux d'inflation a été appréhendé à partir des indices nationaux des prix des biens de consommation. Les taux de change retenus sont ceux du marché libre à la fin de chaque mois. L'homogénéité de ces informations est assurée par le fait qu'elles sont tirées des données statistiques du Fonds monétaire international.

La détermination du pouvoir explicatif de l'inflation sur le comportement du taux de change peut s'analyser à l'aide de la relation :

$$\Delta S_t = \alpha + \beta \, \Delta \, I_t + \epsilon_t \text{ où}$$

ΔS_t = la variation du taux de change franc - devise pendant la période d'observation t

ΔI_t = le différentiel d'inflation entre la France et l'étranger pendant la période t.

Les études de Solnik et Roll établissent que si t est égal à 1 mois, le pou-

3. Le lecteur intéressé par ces questions doit également se reporter à l'article de L.M. OFFICER « The Purchasing Power Parity Theory of Exchange Rates : a Review Article « *International Monetary Fund Staff Papers*, mars 1976, pp. 1-60, qui présente une excellente synthèse de toutes les études théoriques et empiriques publiées avant 1975. Sur le même sujet, le lecteur peut se référer à l'étude de H. GAILLOT « Purchasing Power Parity as an Explanation of Long Term Changes in Exchange Rates » *Journal of Money, Credit and Banking*, août 1970, pp. 348-357. Il peut également consulter l'ouvrage plus récent de L.M. OFFICER, *Purchasing Power Parity and Exchange Rates*, New York, JAI Press, 1984.
4. SOLNIK B., ROLL R. : *Système monétaire international et risque de change,* Paris, Economica, 1978.

voir explicatif de l'inflation sur la variation du taux de change est très faible puisqu'il n'atteint pas 5 %.

Tableau 1

Pays	*Période*	*Pays*	*Période*
Afrique du Sud	238	Indonésie	93
Allemagne de l'Ouest	239	Iran	238
Argentine	213	Israël	237
Autriche	238	Italie	238
Belgique	239	Japon	239
Brésil	153	Mexique	238
Canada	238	Norvège	239
Chili	239	Pays-Bas	239
Danemark	118	Suède	238
Etats-Unis	239	Suisse	239
France	238	Venezuela	239
Grande-Bretagne	238		

Source : Solnik B. et Roll. R. *op. cit.*

Si la période d'observation est trimestrielle, le différentiel d'inflation n'explique que 15,5 % de la variation trimestrielle du taux de change.

Si la période d'observation est annuelle, l'influence du différentiel d'inflation s'accroît sensiblement, mais il n'explique malgré tout que 36,8 % de la variation annuelle du taux de change.

Une autre manière d'analyser le même phénomène est reproduite au tableau 2. Les écarts inflationnistes et les variations du taux de change exprimés en pourcentage annuel sont observés par rapport à la France et au franc français. Pour les écarts inflationnistes entre la France et chacun des 22 pays considérés, le signe + signifie que le taux d'inflation français est, en moyenne annuelle, supérieur au taux d'inflation du pays considéré. Le signe – signifie que le taux d'inflation français est inférieur. Pour les variations du taux de change, le signe + signifie que le franc français s'est dévalué par rapport à la devise considérée. Le signe – signifie que la valeur du franc s'est accrue par rapport à celle de la devise du pays considéré.

Les résultats obtenus par Solnik et Roll sont très intéressants. Ils justifient quatre séries de commentaires.

1. Pour les 14 premiers pays considérés, il existe une identité de signes entre les variations des taux de change et les différentiels d'inflation. Quand l'inflation française est supérieure à la hausse des prix à l'étranger, le franc français baisse sur le marché des changes par rapport aux devises étrangères (exemple : les Etats-Unis) ; quand l'inflation française est inférieure, le franc s'apprécie par rapport à la devise du pays étranger (exemple : la Grande-Bretagne).

2. Pour le Japon et le Danemark, les variations des taux de change ne sont pas cohérentes avec celles des différentiels d'inflation. Cette évolution, aberrante aux yeux de la théorie de la parité des pouvoirs d'achat, peut s'expliquer par la faiblesse des échanges commerciaux entre la France et ces deux pays.

Tableau 2
Vérification empirique de la théorie de la parité des pouvoirs d'achat

	Ecart inflationniste avec la France	*Variation du taux de change*
Grande-Bretagne	− 0,32	− 1,01
Etats-Unis	+ 2,34	+ 1,80
Canada	+ 2,15	+ 1,73
Belgique	+ 1,79	+ 3,36
Italie	+ 0,10	+ 0,16
Afrique du Sud	+ 1,34	+ 0,82
Iran	+ 0,97	+ 2,16
Venezuela	+ 2,98	+ 0,35
Indonésie	− 8,41	− 3,22
Israël	− 4,55	− 6,07
Argentine	− 33,70	− 30,00
Brésil	− 20,50	− 22,90
Chili	− 45,70	− 49,70
Mexique	− 1,01	− 1,80
Japon	− 0,46	+ 2,85
Danemark	− 0,81	+ 1,74
Autriche	+ 1,92	+ 3,93
Allemagne de l'Ouest	+ 2,75	+ 4,63
Pays-Bas	+ 0,96	+ 3,92
Norvège	+ 0,86	+ 3,33
Suède	+ 1,04	+ 2,83
Suisse	+ 2,28	+ 4,66
Moyenne	− 4,91	− 4,87

Unité : Pourcentages.
Source : Solnik B. et Roll R. *op. cit.*

3. Pour les six dernières économies prises en considération (Autriche, Allemagne, Pays-Bas, Norvège, Suède, Suisse), les signes sont cohérents, mais il existe des différences importantes entre les variations du taux de change et celles des taux d'inflation. Les premières (ce sont toutes des dévaluations du franc) sont beaucoup plus importantes que celles qui seraient impliquées par la théorie de la parité des pouvoirs d'achat. Ce phénomène pourrait s'expliquer par le fait que les six devises sont considérées comme des monnaies fortes, voire des monnaies refuge pour certaines d'entre elles.

4. Enfin, la théorie de la parité des pouvoirs d'achat s'applique d'autant mieux que les taux et différentiels d'inflation sont très élevés (exemples : Argentine, Brésil, Chili).

B. — L'étude de Lee

Cette étude vise à vérifier la théorie de la parité des pouvoirs d'achat sur une très longue période d'observation[5]. Huit pays furent retenus, et pour chacun d'eux la période d'observation s'étend de 58 à 72 ans. Les écarts inflationnistes et les variations du taux de change observés par rapport aux Etats-Unis et au dollar américain sont exprimés en pourcentage annuel. Les résultats impressionnants obtenus par Lee sont reproduits au tableau 3.

Tableau 3
Vérification empirique de la théorie de la parité des pouvoirs d'achat

		Ecart inflationniste avec les Etats-Unis	*Variation du taux de change*
Canada	72 ans	– 0,1 %	+ 0,01 %
France	72 ans	– 6,3 %	– 6,4 %
Allemagne de l'Ouest	61 ans	– 4,4 %	– 4,4 %
Italie	72 ans	– 6,6 %	– 6,4 %
Japon	72 ans	– 7,3 %	– 7,0 %
Pays-Bas	66 ans	– 0,1 %	+ 0,1 %
Suisse	58 ans	+ 0,2 %	+ 0,5 %
Royaume-Uni	72 ans	– 0,9 %	– 0,9 %

Unité : Pourcentages.
Source : Lee M. : *Excess Inflation and Currency Depreciation, op. cit.,* rapporté par P. Salin, *op. cit.* p. 42.

C. — Quelques remarques générales

Ces remarques concernent l'influence qu'exerce le système de change sur la parité des pouvoirs d'achat et les raisons qui expliquent la non-vérification de la loi du prix unique.

1. Certaines études récentes font apparaître des comportements différents des devises en matière de parité en fonction du régime de change auquel elles adhèrent.

• Les monnaies des pays liés par un système de change fixe, mais suffisamment souple pour autoriser des réajustements de change en fonction des évolutions des taux d'inflation, et les monnaies des pays ayant des échanges commerciaux privilégiés ne présentent jamais de sur-évaluation ou de sous-évaluation supérieure à 20 %. Tel est le cas des monnaies des pays membres du Système monétaire européen et des parités entre le dollar amé-

5. LEE M. : *Excess Inflation and Currency Depreciation,* Thèse de doctorat, Université de Chicago, 1974. Rapportée par P. SALIN : La transmission internationale de l'inflation. *Vie et Sciences Economiques,* avril 1976, pp. 9-19. Les travaux et les conclusions de Lee ont été repris dans un ouvrage du même auteur *Purchasing Power Parity*, New York, Marcel Dekker, 1976.

ricain et le dollar canadien, le deutsche mark et le franc suisse, le deutsche mark et le schilling autrichien.

- En revanche, les cours en dollar de certaines devises peuvent atteindre des écarts de 50 % par rapport à la parité des pouvoirs d'achat. Trois raisons peuvent expliquer des différences aussi importantes :

— le poids international des Etats-Unis,
— l'afflux de capitaux attirés par des taux d'intérêt élevés,
— la confiance — ou la défiance — des investisseurs internationaux dans l'économie américaine.

2. La théorie de la parité des pouvoirs d'achat et la loi du prix unique ne sont pas vérifiées, en particulier sur la courte période, pour plusieurs raisons.

- Les flux commerciaux d'exportation et d'importation ne se modifient pas instantanément sur la base d'une simple différence (qui peut être temporaire) de prix. Les exportateurs et les importateurs s'assurent que les écarts de prix sont durables pour modifier leur politique commerciale.
- Le prix n'est pas le seul facteur qui intervient dans la décision d'achat et de vente. D'autres variables commerciales, comme la qualité du produit, le service après-vente, les modalités de financement (surtout dans le domaine des biens industriels) interviennent dans la décision d'achat. Un écart de prix entre deux produits n'induit pas d'arbitrage si d'autres variables commerciales que le prix sont déterminantes dans les décisions d'achat.
- S'il existe à long terme une bonne corrélation entre les variations des prix et les modifications des coûts de production, ce parallélisme n'est pas nécessairement vérifié à court terme, car une entreprise peut accepter une réduction de ses marges en vue de contenir une hausse des coûts de production et maintenir sa part de marché. Une modification des coûts n'implique donc pas une réorientation des flux commerciaux, ce qui met en défaut les procédures d'arbitrage qu'impliquent la loi du prix unique et la théorie de la parité des pouvoirs d'achat.
- Par leur nature même, les marchés de biens sont plus difficilement arbitrés que les marchés financiers. De ce fait, une variation exogène du taux de change met en défaut la loi du prix unique, car les exportateurs et les importateurs ne modifient pas instantanément leurs flux commerciaux. Cette modification exige en effet sur un strict plan technique des délais de plusieurs mois, voire de plusieurs semestres. Pendant toute cette période la loi du prix unique ne peut être vérifiée.

En résumé, ces différentes raisons font que la théorie de la parité des pouvoirs d'achat est incapable d'expliquer correctement le comportement des taux de change à l'horizon du mois ou du trimestre. Sur le long terme, en revanche, pour un horizon supérieur à 18 mois, la théorie de la parité des pouvoirs d'achat est dans l'ensemble correctement vérifiée.

§ 4. Les critiques et les insuffisances de la théorie de la parité des pouvoirs d'achat

La théorie de la parité des pouvoirs d'achat est fort intéressante pour expliquer l'évolution à moyen et long terme des taux de change, mais elle n'en reste pas moins soumise à plusieurs critiques. Par ailleurs, les nombreuses études empiriques entreprises ne permettent pas de conclure définitivement que l'hypothèse de la parité des pouvoirs d'achat est vérifiée. Les résultats doivent être cependant interprétés avec prudence. Ces études reposent, en effet, sur des hypothèses implicites ou des choix plus ou moins arbitraires qui peuvent influencer les conclusions. Cinq points retiendront l'attention[6].

1. La théorie de la parité des pouvoirs d'achat est fondée sur l'évolution de la balance des opérations courantes, la seule qui soit véritablement affectée par les variations des prix respectifs des biens et des services dans les différents pays. Or, la balance des opérations courantes n'est qu'une partie de la balance des paiements, et le taux de change peut évoluer sous l'influence des autres postes composant la balance des paiements. En d'autres termes, le pouvoir d'achat de la monnaie d'un pays pourrait se dégrader sans le moindre danger pour son taux de change, si un flux d'investissement à long terme venait compenser le déficit de la balance des opérations courantes qui résulterait de la dégradation du pouvoir d'achat de cette monnaie. La théorie de la parité des pouvoirs d'achat néglige en fait toutes les opérations relatives aux actifs financiers.

2. La théorie de la parité des pouvoirs d'achat ignore le fait qu'une devise peut servir de monnaie véhiculaire et être utilisée comme instrument de transfert par deux pays tiers. Dans ces conditions, l'évolution de la valeur d'une devise peut être déterminée par des considérations qui n'ont rien à voir avec le taux d'inflation du pays de la devise. Ce phénomène explique en partie les fluctuations que peuvent connaître le dollar et le deutsche mark.

3. La vérification empirique de la théorie de la parité des pouvoirs d'achat est extrêmement sensible aux indices de prix retenus. On utilise généralement l'indice des prix à la consommation à cause de sa généralité, de sa fiabilité et de sa disponibilité. L'utilisation d'indices généraux est toutefois contestable, car ils englobent des biens et services qui ne donnent pas lieu à des échanges internationaux. De plus, l'estimation de la parité des pouvoirs d'achat par des indices de prix à la consommation peut introduire des biais, du fait des différences de productivité et d'inflation entre les secteurs. Le poids économique de certaines branches économiques, à faible productivité et à taux d'inflation élevé, mais ne donnant pas lieu à des échanges internationaux, peut induire une fausse représentation de la compétitivité externe de certains pays. Le recours à des indices spécifiques aux produits manufacturés est sans doute préférable, car ils sont mieux corrélés à l'évolution du taux de change que ne le sont les indices généraux. L'idéal serait de retenir des indices reflétant l'évolution des prix des seuls produits faisant l'objet d'échanges internationaux. A défaut, on peut se reporter sur des indices de coûts salariaux, ou des indices de prix à la production.

---

6. MAROIS B. : *La vérification empirique de la théorie de la parité des pouvoirs d'achat,* Cahiers de recherche du CESA, n° 119, 1978, pp. 4-6.

4. La vérification empirique de la théorie de la parité des pouvoirs d'achat est extrêmement sensible à la période de référence retenue. Théoriquement, il serait souhaitable de retenir une période d'équilibre durant laquelle le taux de change serait égal à sa valeur de parité des pouvoirs d'achat. En fait, il n'est jamais certain que le taux de change pris comme base de départ soit un taux d'équilibre. Il peut être sous-évalué ou sur-évalué, ce qui peut modifier très nettement les résultats. Les conclusions des vérifications empiriques de la théorie de la parité des pouvoirs d'achat sont également sensibles à la nature du régime de change en vigueur pendant la période d'observation retenue. Toutes choses égales par ailleurs, elles varient selon que les pays connaissent un régime de changes fixes ou un régime de changes flottants. Ces conclusions varient également avec l'intervalle d'observation retenu : le mois, le trimestre ou l'année.

5. La vérification empirique de la théorie de la parité des pouvoirs d'achat est sensible, enfin, aux pays retenus. L'hypothèse de la parité des pouvoirs d'achat est plus souvent vérifiée avec des pays industrialisés possédant le même niveau de développement et des structures économiques identiques.

Section II — Les taux d'intérêt et le taux de change

Dans un système de changes flottants, l'observation des taux d'intérêt sur le marché monétaire international est indispensable pour essayer de comprendre (et de prévoir) l'évolution des taux de change, car leurs variations se reflètent immédiatement sur celles des cours des devises.

Prendre en compte l'influence des taux d'intérêt permet de mieux appréhender l'évolution du taux de change au comptant. Si la théorie de la parité des pouvoirs d'achat est une explication satisfaisante de l'évolution à moyen terme du taux de change, tel n'est pas le cas pour le court terme. Des déviations temporaires des taux de change par rapport à leur valeur de parité sont fréquemment rencontrées. Les fluctuations des taux d'intérêt sont un facteur explicatif important de ces déviations. L'impact des taux d'intérêt sur les taux de change au comptant est donc complémentaire de l'influence exercée par le différentiel d'inflation.

Les relations entre le taux d'intérêt et le taux de change peuvent être analysées sur le court terme et sur le long terme.

1. A court terme, une variation des taux d'intérêt entraîne, toutes choses égales par ailleurs, une fluctuation du taux de change au comptant. Un exemple permet de comprendre ce mécanisme. Supposons que les autorités monétaires américaines sont conduites, pour des raisons de politique monétaire interne, à élever les taux d'intérêt. Toutes choses égales par ailleurs, cette hausse incite les investisseurs internationaux à liquider leurs actifs en devises pour acheter des titres en dollar (bons du Trésor, certificats de dépôts, etc...). La vente de devises et l'achat de dollars ont pour conséquence d'élever le taux de change au comptant du dollar par rapport aux autres devises. Inversement, la baisse des taux américains incite les investisseurs à liquider leurs actifs en dollar pour se placer sur d'autres devises.

Ces ventes de dollars, accompagnées d'achats de devises, ont pour conséquence d'abaisser le cours de la monnaie américaine. L'évolution des taux d'intérêt réels à court terme aux Etats-Unis, entre 1980 et 1985, reproduite au graphique 1, n'est certainement pas étrangère à la hausse du dollar sur le marché des changes durant la même époque[7].

Graphique 1
Evolution du taux d'intérêt réel à court terme aux Etats-Unis

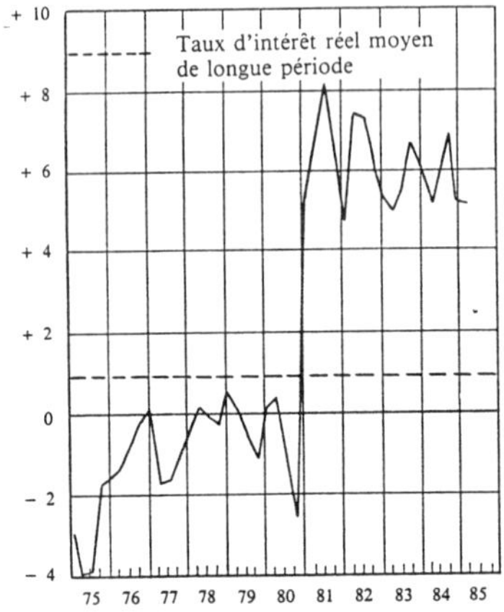

Unité : Pourcentages.
Source : BNP, *Regard sur les changes,* juillet 1985.
N.B. : La droite horizontale représente le taux d'intérêt réel moyen durant la période.

2. A moyen terme, les relations entre les taux d'intérêt et les taux de change sont assez complexes.

- Pour la plupart des devises, l'association monnaie forte - taux d'intérêt bas, d'une part, monnaie faible - taux d'intérêt élevé, d'autre part, a été vérifiée à moyen terme comme le révèle le graphique 2.
- Pour le dollar, la relation est plus complexe. Sur la période 1980-1985, la relation monnaie forte - taux d'intérêt élevé était vérifiée. Depuis 1985, cette relation, non conforme à la logique économique, s'est radicalement modifiée, permettant de voir réapparaître la liaison classique : monnaie faible - taux d'intérêt élevé.

7. Le taux d'intérêt réel est égal au taux d'intérêt nominal diminué du taux d'inflation.

Graphique 2
Relation taux de change - taux d'intérêt sur la période 1970-1986

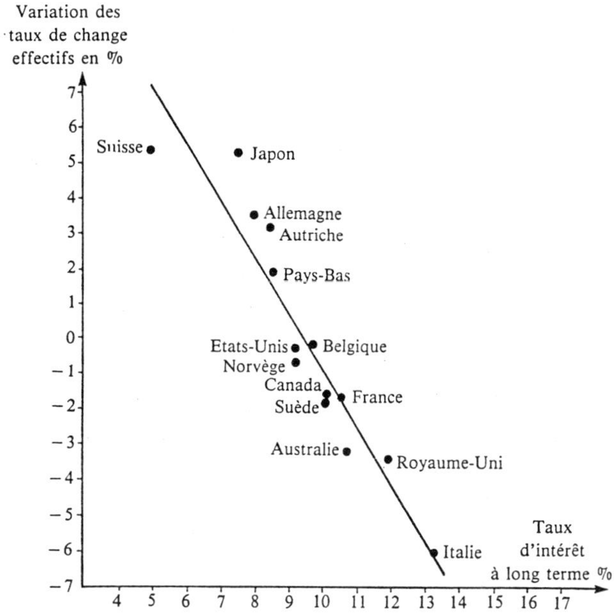

L'influence des taux d'intérêt ne se limite pas à la détermination du taux au comptant. Leurs variations déterminent, conformément à la théorie de la parité des taux d'intérêt, le taux de change à terme. Cette question est suffisamment importante pour mériter des développements spécifiques qui font l'objet du chapitre 5.

Section III — La balance des paiements et le taux de change

Les informations contenues dans une balance des paiements présentent un certain intérêt pour expliquer le niveau des taux de change. La balance des paiements recense en effet de façon exhaustive les transactions économiques entre un pays et le reste du monde. De ce fait, toutes les raisons pour lesquelles l'offre et la demande de devises évoluent sont systématiquement enregistrées[8].

Le déficit ou l'excédent de certains soldes de la balance des paiements peuvent expliquer le niveau du taux de change, vu l'effet mécanique qu'un tel déséquilibre provoque sur la demande et l'offre de devises étrangères.

---

8. Pour de plus amples développements, le lecteur peut se reporter à la deuxième section du chapitre 3.

Un déficit accroît la demande de devises, ce qui réduit, toutes choses égales par ailleurs, la valeur de la monnaie nationale sur le marché des changes. Inversement, un excédent accroît la valeur de la monnaie nationale sur le marché des changes.

Pour expliquer l'évolution du taux de change, il faut plus spécialement se préoccuper des soldes du commerce extérieur, de la balance des opérations courantes et de la balance de base.

Toutes choses égales par ailleurs, un solde du commerce extérieur excédentaire a, par simple effet mécanique, tendance à élever la valeur du taux de change ; un solde déficitaire a tendance à la faire baisser. En régime de convertibilité, le prix d'une monnaie A par rapport à une monnaie B n'est pas déterminé par l'état de la balance commerciale entre les pays A et B, mais par l'état de la balance commerciale de chacun de ces pays avec le reste du monde. Quand le commerce extérieur de la France est déficitaire vis-à-vis du reste du monde, le franc baisse par rapport à toutes les autres devises, même si le solde commercial français est excédentaire vis-à-vis de certains pays. Inversement, quand le solde est excédentaire, la valeur du franc s'élève par rapport à toutes les autres devises, même si le commerce extérieur est déficitaire vis-à-vis de certains pays[9].

Le solde de la balance des opérations courantes donne une information sur la situation économique d'un pays. Il permet de savoir s'il vit au-dessus ou au-dessous de ses moyens. Quand le solde est positif, le taux de change est poussé à la hausse. Inversement, un solde négatif de la balance des opérations courantes conduit logiquement à une baisse du taux de change.

La balance de base cumule les résultats de la balance des transactions courantes et les mouvements de capitaux à long terme. Son solde est un bon instrument pour expliquer le niveau du taux de change. Quand la balance de base est positive, le taux de change a tendance à s'accroître. Inversement, une balance de base négative entraîne une baisse du cours de la devise.

Références

A. — OUVRAGES

FEIGER G., JACQUILLAT B. : *Finance internationale,* Paris, Dalloz, 1982, pp. 123-176.

9. Ce qui est vrai du commerce extérieur l'est également des autres balances évoquées dans cette section.

FRENKEL J., JOHNSON H. : *The Monetary Approach to the Balance of Payments,* New York, Allen and Unwin, 1966.

JACQUE L.L. : *Management of Foreign Exchange Risk,* Lexington, Mass., Lexington Books, D.C. Heath and Company, 1979, pp. 75-84.

LEE M. : *Purchasing Power Parity*, New York, Marcel Dekker, 1976.

LEVICH R.M. : *The International Money Market : An Assessment of Forecasting Techniques and Market Efficiency,* Greenwich, JAI Press, 1979.

OFFICER L. : *Purchasing Power Parity and Exchange Rates*, Greenwich, JAI Press, 1984.

SOLNIK B., ROLL R. : *Système monétaire international et risque de change,* Paris, Economica, 1978.

B. — ARTICLES

AIZENMAN J. : Testing Deviations from Purchasing Power Parity, *Journal of International Money and Finance*, mars 1986.

BALASSA B. : The Purchasing Power Parity Doctrine : a Reappraisal, *Journal of Political Economy,* décembre 1964, pp. 584-596.

BANQUE NATIONALE DE PARIS : La parité des pouvoirs d'achat : un facteur qui tend à reprendre de l'importance, *Regard sur les changes*, octobre 1986.

BRILLEMBOURG A. : Purchasing Power Parity and the Balance of Payments, Some Empirical Evidence, *International Monetary Fund Staff Papers,* mars 1977, pp. 77-99.

DORNBUSH R. : Expectations and Exchange Rate Dynamics, *Journal of Political Economy,* décembre 1976, pp. 1161-1176.

FRENKEL J. : The Collapse of Purchasing Power Parities during the 1970's, *European Economic Review*, 1981.

GAILLIOT H. : Purchasing Power Parity as an Explanation of Long Term in Exchange Rates, *Journal of Money Credit and Banking,* août 1970, pp. 348-357.

HOLMES D. : The Purchasing Power Parity, Theory in Defense of Gustav Cassel as a Modern Theorist, *Journal of Political Economy,* octobre 1967, pp. 685-695.

ISARD P. : How Far Can we Push the Law of One Price, *American Economic Review,* décembre 1977, pp. 942-948.

KRUGMAN P. : Purchasing Power Parity and Exchange Rates, *Journal of International Economics*, août 1978.

MORGAN GUARANTY TRUST : Foreign Exchange Market Developments, *World Financial Markets,* 17 mars 1976, pp. 1-7.

OFFICER L. : The Purchasing Power Parity Theory of Exchange Rates, a Review Article, *International Monetary Fund Staff Papers,* mars 1976, pp. 1-60.

SALIN P. : La transmission internationale de l'inflation, *Vie et Sciences Economiques,* avril 1976, pp. 9-19.

YEAGER L.B. : A Rehabilitation of Purchasing Power Parity, *Journal of Political Economy,* décembre 1958, pp. 516-530.

C. — AUTRES PUBLICATIONS

CROUHY-VEYRAC L., CROUHY M. : *Intégration des marchés de marchandises et parité internationale des prix,* Cahiers de recherche du CESA, n° 157, 1980.

KATSELI - PAPAEFSTRATIOU L. : *The Reemergence of the Purchasing Power Parity Doctrine in the 1970's*, Special Papers on International Economics, n° 13, Princeton University, décembre 1979.

MAROIS B. : *La vérification empirique de la théorie de la parité des pouvoirs d'achat,* Cahiers de recherche du CESA, n° 119, 1978.

NAGY P. : *Purchasing Power Parity and Effective Exchange Rates,* Montréal, Ecole des Hautes Etudes Commerciales, Les Cahiers du CETAI, n° 83-03, mars 1983.

QUESTIONS

1. Quelles sont les variables explicatives de l'évolution du taux de change au comptant ?
2. Explicitez le contenu de la théorie de la parité des pouvoirs d'achat.
3. Sur quelles hypothèses repose la théorie de la parité des pouvoirs d'achat ?
4. Quelles conclusions pouvez-vous tirer des vérifications empiriques de la théorie de la parité des pouvoirs d'achat ?
5. Quelles critiques pouvez-vous formuler à l'encontre de la théorie de la parité des pouvoirs d'achat ?
6. Quelle est l'influence de la variation des taux d'intérêt sur le taux de change au comptant ?

QUESTIONS A CHOIX MULTIPLES

Question 1

La théorie de la parité des pouvoirs d'achat a été conceptualisée par :

— David Ricardo .... ☐
— John Maynard Keynes .... ☐
— Milton Friedman .... ☐
— Karl Marx .... ☐
— Gustav Cassel .... ☐
— James Tobin .... ☐
— Roy Harrod .... ☐
— Paul Samuelson .... ☐
— John Hicks .... ☐
— Bertrand Nogaro .... ☐

Question 2

La théorie de la parité des pouvoirs d'achat explique les variations du taux de change à :
— court terme .... ☐
— long terme .... ☐

Question 3

Toutes choses égales par ailleurs, la hausse des taux d'intérêt américains et la stabilité des taux d'intérêt allemands devraient avoir pour conséquence :
— une hausse du dollar .... ☐
— une baisse du dollar .... ☐
— une hausse du franc français .... ☐
— une baisse du franc français .... ☐
— une hausse du deutsche mark .... ☐
— une baisse du deutsche mark .... ☐

EXERCICES

Exercice 1

En janvier de l'année t, les indices représentant les taux d'inflation de deux pays A et B sont respectivement égaux à 120 et 115.

A la fin de l'année t + 2, les indices représentant le taux d'inflation des pays A et B sont respectivement égaux à 140 et 155.

1. Dans la mesure où les deux pays ont adopté le système des changes flottants, quelle devise devrait s'être théoriquement appréciée par rapport à l'autre ?

2. Si la théorie de la parité des pouvoirs d'achat était rigoureusement respectée, quel devrait être le taux de change entre les devises des pays A et B en décembre de l'année t + 2, si la valeur de ce taux en janvier de l'année t était : 1 unité A = 3,4050 unités B ?

Exercice 2

En janvier de l'année t, les indices représentant les taux d'inflation de deux pays A et B sont égaux à 115 et 105.

A la fin de l'année t + 1, les indices représentant le taux d'inflation des pays A et B sont respectivement égaux à 135 et 150.

1. Dans la mesure où les pays A et B ont adopté le système des changes flottants, quelle devise devrait s'être théoriquement appréciée par rapport à l'autre ?

2. Si la théorie de la parité des pouvoirs d'achat était rigoureusement respectée, quel devrait être le taux de change entre les devises A et B en décembre de l'année t+1, si la valeur de ce taux était : 1 unité A = 2,79 unités B, en janvier de l'année t ?

Chapitre 5

LES DÉTERMINANTS DU TAUX DE CHANGE À TERME*

Le marché au comptant et le marché à terme sont les deux compartiments du marché des changes. Chacun d'eux est caractérisé par un taux de change. Pour être plus précis, nous devrions dire qu'il existe autant de taux que de termes pour lesquels sont négociées des devises. Pour simplifier le raisonnement, nous supposerons cependant qu'il n'existe qu'un seul taux à terme.

Le problème traité dans ce chapitre est celui de la relation entre le taux de change au comptant et le taux de change à terme à un moment donné du temps. Après avoir exposé dans une première section l'analyse théorique de cette relation, nous montrons dans une deuxième section que les mouvements internationaux de capitaux peuvent être influencés ou déterminés par des différentiels de taux d'intérêt. La théorie de la parité des taux d'intérêt fait l'objet d'une discussion et d'une analyse critique dans la troisième section de ce chapitre.

Section I — La relation entre le taux de change au comptant et le taux de change à terme : la théorie de la parité des taux d'intérêt

The Wall Street Journal du 8 mars 1983 indiquait que le taux de change du franc français contre le dollar sur le marché au comptant était

* Pour approfondir le contenu de ce chapitre, le lecteur peut se reporter au livre d'exercices corrigés de Yves Simon : *Finance Internationale,* Paris, Economica, 1992, et plus spécialement au chapitre 2 intitulé : Les déterminants du taux de change.

USD 1 = 6,80 FRF. Le même jour, le taux de change pour un terme de 3 mois était USD 1 = 7,23 FRF.

La même source d'information indiquait que le deutsche mark se négociait au comptant sur la base de USD 1 = 2,3890 DEM et à terme de 90 jours sur la base de USD 1 = 2,3649 DEM.

Cette observation conduit à poser deux questions :

- quels facteurs expliquent et justifient que le taux de change à terme diffère du taux de change au comptant ?
- pourquoi, à un moment donné du temps, le prix à terme du dollar est-il supérieur à son prix au comptant quand on se réfère au franc français, alors qu'il lui est inférieur lorsqu'on raisonne par rapport au deutsche mark ?

La théorie de la parité des taux d'intérêt permet de répondre à ces deux questions. Pour la comprendre, le plus simple est de travailler à partir de données chiffrées. Nous présentons un exemple simplifié dans un premier paragraphe, puis nous formulons la théorie de la parité des taux d'intérêt dans un deuxième paragraphe.

§ 1. Un exemple simplifié

Un banquier dispose de liquidités en dollar et cherche à réaliser des placements lui procurant la plus grande rentabilité[1].

Pour faciliter le raisonnement, nous admettons que le banquier peut placer tout à fait librement ses fonds à New York ou à Francfort. Les hypothèses supplémentaires concernent les taux d'intérêt et le montant des liquidités à la disposition du banquier :

- t est le taux d'intérêt à court terme (six mois) sur le marché des bons du Trésor de Francfort,
- t'est le taux d'intérêt à court terme (six mois) sur le marché des bons du Trésor de New York,
- le taux de change au comptant est USD 1 = 3 DEM,
- le banquier dispose de C dollars, ce qui est égal, par souci de simplification, au prix d'un deutsche mark sur le marché au comptant[2].

Deux possibilités s'offrent au banquier : soit il transfère ses capitaux à Francfort, soit il investit ses fonds sur le marché américain des bons du Trésor.

En transférant C dollars sur le marché monétaire de Francfort, il obtient un deutsche mark qu'il place pendant six mois en achetant des bons du Trésor. Six mois plus tard, le banquier obtient la somme 1 DEM (1 + t). En achetant des bons du Trésor sur le marché de Francfort, le banquier s'expose à un risque de change : à quoi bon obtenir un accroissement de la rentabilité de 1 % pendant six mois si, pendant le même temps, le deutsche mark baisse de 10 % par rapport au dollar ?

---

1. La présentation ci-jointe est inspirée de celle développée par F. SELLESLAGS, *Pratique des paiements internationaux*, pp. 37-38.
2. Nous pourrions considérer que le banquier dispose de 10, 20 ou 50 millions de dollars, mais ce serait compliquer inutilement la présentation.

Pour éviter ce risque, le banquier doit se couvrir en vendant dès maintenant à terme la somme de 1 DEM (1 + t) qu'il recevra dans six mois[3]. Cette vente va se faire à un certain taux T, qui est le taux de change à terme du deutsche mark par rapport au dollar. En effectuant cette vente à terme, le banquier est certain d'encaisser au bout de six mois :

$$T\ (1 + t) \text{ dollars}$$

En plaçant ses fonds à New York, le banquier aurait obtenu au bout de six mois :

$$C\ (1 + t') \text{ dollars}$$

Le banquier est indifférent à placer ses fonds à Francfort ou à New York si :

$$T\ (1 + t) = C\ (1 + t')$$

De cette relation on déduit que :

$$T = C\ \frac{1 + t'}{1 + t}$$

Le cours de change à terme du deutsche mark est fonction de son cours au comptant et des taux d'intérêt à six mois à Francfort et à New York sur des titres financiers présentant le même risque.

Si le taux d'intérêt à Francfort est supérieur au taux d'intérêt à New York, le cours à terme du deutsche mark T est inférieur au cours au comptant. On dit que le deutsche mark à six mois est en déport. Ce déport est égal à la différence entre le taux au comptant et le taux à terme.

Si l'on suppose que :

- t = 12 %,
- t' = 10 %,
- C = 1/3,

le taux à terme T est égal à :

$$T = C\ \frac{1 + t'}{1 + t}$$

$$T = 1/3\ .\ \frac{1{,}05}{1{,}06} = 0{,}3302$$

Si le taux d'intérêt à Francfort est inférieur à celui de New York, le cours à six mois du deutsche mark est supérieur au cours au comptant : le deutsche mark est en report sur le marché des changes.

Si l'on suppose que :

- t = 10 %,
- t' = 12 %,
- C = 1/3,

---

3. Les techniques de couverture contre le risque de change sont exposées plus en détail au chapitre 13, section 1.

le taux à terme T est égal à :

$$T = C \frac{1 + t'}{1 + t}$$

$$T = 1/3 \,.\, \frac{1,06}{1,05} = 0,3365$$

En situation d'équilibre sur le marché des changes, le report et le déport sont égaux au différentiel de taux d'intérêt sur les marchés monétaires.

Quand le taux d'intérêt à Francfort est supérieur à celui de New York, le banquier obtient une rémunération plus importante en investissant ses fonds sur le marché monétaire allemand, mais, en se couvrant à terme, il vend ses deutsche marks à un prix plus faible, ce qui réduit d'autant le gain réalisé sur le marché monétaire.

Inversement, quand le taux d'intérêt à Francfort est inférieur à celui de New York, le banquier bénéficie d'une moindre rémunération en investissant ses fonds à Francfort, mais, en se couvrant à terme, il vend ses deutsche marks à un prix supérieur au cours au comptant, ce qui compense la perte en opportunité subie en opérant à Francfort.

§ 2. La formulation de la théorie de la parité des taux d'intérêt

La théorie de la parité des taux d'intérêt, conceptualisée par J.M. Keynes, se résume en une phrase : les cours à terme des devises tendent à s'ajuster aux parités des taux d'intérêt. Le report et le déport d'une devise A par rapport à une devise B sont, dans ces conditions, déterminés par le différentiel de taux d'intérêt sur les marchés monétaires des monnaies A et B.

Le différentiel des taux d'intérêt est un important facteur explicatif de la formation du cours à terme, mais ce serait cependant une erreur de se limiter à cette explication. Deux autres facteurs agissent sur la formation des cours à terme :

- l'offre et la demande de devises liées au commerce international ont une influence déterminante sur le cours au comptant et le cours à terme,
- les anticipations sur les cours au comptant futurs des différentes devises sont des déterminants des cours à terme qui ne peuvent être négligés.

L'influence de ces facteurs est variable selon les époques. En période troublée, il est certain que les opérations de spéculation ont un rôle considérable sur la formation du cours à terme.

Section II — La théorie de la parité des taux d'intérêt et les mouvements internationaux de capitaux

Les mouvements internationaux de capitaux mettent en jeu, à certaines périodes, des sommes considérables. Une analyse simpliste de cette question explique l'ampleur de ces transferts par les motivations spéculatives des gérants de ces fonds. Il s'agit là d'une vue biaisée de la réalité. La plupart du temps, ces mouvements de capitaux sont induits par des variations relatives des taux d'intérêt qui affectent les marchés monétaires des différentes places financières.

La théorie de la parité des taux d'intérêt explique ces mouvements internationaux de capitaux. Un exemple permet, plus facilement qu'un long discours, d'en comprendre la logique et les mécanismes[4].

Le système d'axes du graphique 1 représente en abscisse le report ou le déport exprimé en pourcentage annuel, et en ordonnée le différentiel de taux d'intérêt, exprimé également en pourcentage annuel. Pour bien clarifier l'exemple, considérons que nous évoluons dans le cadre de deux pays ignorant le contrôle des changes et la moindre entrave administrative aux mouvements internationaux de capitaux : l'Allemagne et les Etats-Unis.

La droite OO' matérialise une situation d'équilibre. En chaque point de cette droite à 45°, la théorie de la parité des taux d'intérêt est respectée, puisqu'un différentiel de taux est parfaitement compensé par un report ou un déport sur le marché des changes.

Graphique 1
La théorie de la parité des taux d'intérêt et les mouvements internationaux de capitaux

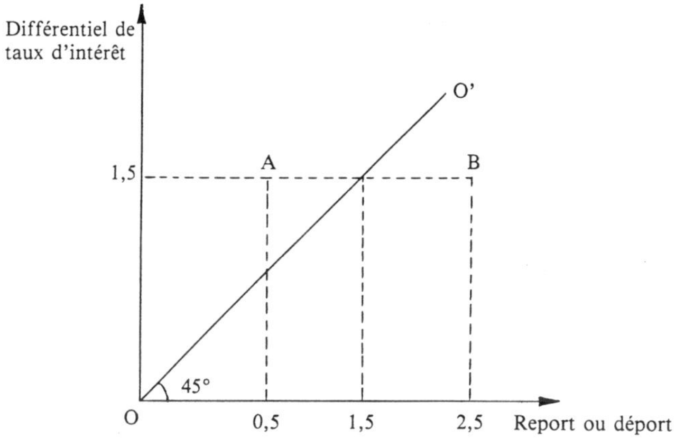

Pour simplifier le raisonnement, nous supposons que les placements sur les marchés monétaires allemand et américain ne présentent aucun risque, de quelque nature que ce soit. Bien évidemment, le terme des opérations sur le marché des changes correspond à l'échéance des placements sur le marché monétaire.

Deux cas de figure sont successivement abordés. Ils sont concrétisés par les points A et B du graphique 1.

---

4. Cet exemple s'inspire des développements proposés par J.C. CHOURAQUI : *La spéculation et la politique de défense des monnaies*, Paris, PUF, 1972, pp. 59-61.

§ 1. Le différentiel de taux d'intérêt est supérieur au différentiel de change

Cette hypothèse est concrétisée par le point A du graphique 1. Les taux d'intérêt américains sont supérieurs de 1,5 % aux taux sur le marché monétaire allemand, alors que le déport à terme du dollar par rapport au deutsche mark n'est que de 0,5 %. Pour que la parité des taux d'intérêt soit respectée, le déport aurait dû s'établir à 1,5 %.

Ce déséquilibre provoque une sortie de capitaux allemands à destination des Etats-Unis car ils bénéficient, ce faisant, d'un rendement net et sans risque de 1 %. En achetant des bons du Trésor américain, un investisseur bénéficie d'un rendement brut supérieur de 1,5 % à celui obtenu sur le marché monétaire allemand. Pour éviter le risque de baisse de la devise américaine par rapport au deutsche mark, cet investisseur vend immédiatement à terme les dollars obtenus sur le marché des changes. Cette vente se fait avec un déport de 0,5 %, ce qui lui laisse un taux net de 1 %.

Ces mouvements de capitaux ont pour conséquence de rétablir la parité des taux d'intérêt. Deux raisons expliquent ce rééquilibrage.

- La sortie de capitaux allemands à destination des Etats-Unis augmente le déport sur le dollar, car l'accroissement de la demande de dollars sur le marché des changes au comptant induit une hausse de son cours au comptant, et l'accroissement simultané de l'offre de dollars sur le marché des changes à terme induit une baisse de son prix à terme.
- L'intensification des mouvements de capitaux allemands accroît la liquidité du marché monétaire américain et réduit celle du marché monétaire allemand, ce qui induit une baisse des taux d'intérêt à New York et une hausse à Francfort.

En conséquence, le déport sur le dollar tend progressivement à s'accroître et le différentiel de taux d'intérêt tend à se réduire. Ce rétablissement de la parité des taux d'intérêt est favorisé par les décisions des autorités allemandes qui ont pour effet d'élever les taux d'intérêt sur leur marché monétaire pour freiner les sorties de capitaux (n'oublions pas qu'une sortie de deutsche mark affaiblit les cours sur le marché des changes et renchérit le coût des importations allemandes).

§ 2. Le différentiel de taux d'intérêt est inférieur au différentiel de change

Cette hypothèse est concrétisée par le point B du graphique 1. Les taux américains sont supérieurs de 1,5 % aux taux d'intérêt sur le marché monétaire allemand, mais le déport à terme du dollar par rapport au deutsche mark est de 2,5 %. Pour que la parité des taux d'intérêt soit respectée, le déport aurait dû s'établir à 1,5 %.

Ce déséquilibre provoque une sortie de capitaux des Etats-Unis vers l'Allemagne. Bien que les taux d'intérêt soient supérieurs aux Etats-Unis, les détenteurs de deutsche marks ne sont pas incités à investir aux Etats-Unis et les détenteurs de dollars sont incités à placer leurs ressources sur le marché monétaire allemand car ils bénéficient, ce faisant, d'un rendement sans risque de 1 %. Un détenteur de deutsche marks obtiendrait, certes, un rendement supérieur de 1,5 % en plaçant ses fonds à New York, mais ce gain serait surcompensé par le déport de 2,5 % qu'il subirait en vendant à terme les dollars pour se protéger contre le risque de change.

Ces mouvements de capitaux rétablissent la parité des taux d'intérêt. Deux raisons, identiques à celles évoquées au paragraphe précédent, expliquent ce rééquilibrage.

- L'entrée de capitaux à Francfort réduit le déport, car l'accroissement de l'offre de la devise américaine sur le marché des changes au comptant induit une baisse du cours au comptant, et l'augmentation simultanée de la demande de dollars sur le marché à terme entraîne une hausse du cours à terme.
- L'intensification des mouvements de capitaux américains augmente la liquidité du marché monétaire allemand et réduit celle du marché américain, ce qui induit une baisse des taux à Francfort et une hausse à New York.

En conséquence, le déport sur le dollar tend progressivement à se réduire et le différentiel de taux d'intérêt tend à s'accroître. Là également, le rétablissement de la parité des taux d'intérêt peut être favorisé par les décisions des autorités monétaires qui, pour freiner les mouvements de capitaux et leurs conséquences négatives, peuvent agir sur les taux d'intérêt.

§ 3. La nature des mouvements internationaux de capitaux

Les mouvements de capitaux sont, dans leur quasi-totalité, des mouvements à court terme et leur échéance initiale est inférieure à un an. Ils sont parfois dénommés capitaux flottants (*hot money*). Leur caractère spéculatif est souvent mis en avant, mais il s'agit là d'une généralisation abusive.

Ces mouvements de capitaux sont d'origine bancaire ou non bancaire. Les premiers sont les plus importants. Ils correspondent aux opérations d'arbitrage effectuées par les trésoriers de banques. Les capitaux à court terme du secteur privé non bancaire comprennent les crédits commerciaux à court terme, les avances à la commande, les prêts et emprunts entre maison mère et filiales et le termaillage.

Les crédits commerciaux à court terme et les avances à la commande ne présentent aucun caractère spéculatif. Tel n'est pas nécessairement le cas des prêts et des emprunts entre une société-mère et ses filiales ou entre les filiales d'un groupe industriel ou financier. Le termaillage est la source principale des mouvements de capitaux à court terme du secteur privé non bancaire[5]. Il résulte des modifications des termes de paiement, c'est-à-dire des avances ou des retards de paiement par rapport aux termes contractuels initialement acceptés lors de l'opération commerciale. Un exemple illustre la nature de ces mouvements de capitaux. Un importateur français, payant en dollar, anticipe la hausse de cette devise. Il propose à son fournisseur d'avancer la date contractuelle de son paiement. Ce comportement accélère les sorties de devises et pèse sur le cours du franc en dollar. A

5. L'expression anglaise *leads and lags* est plus explicite que le terme français termaillage.

l'inverse, l'importateur qui anticipe une baisse du dollar retarde son paiement contractuel. Les comportements des exportateurs français payés en dollar sont bien évidemment de sens opposé en cas de hausse ou de baisse anticipée de la devise.

Le termaillage a pour origine principale la volonté des entreprises d'éliminer le risque de change ou d'en profiter. Dans ce dernier cas, le termaillage possède un contenu spéculatif évident. Les difficultés de trésorerie des entreprises sont une deuxième cause du termaillage, mais leur importance quantitative est relativement faible. Si le termaillage n'est pas une spéculation pure, il affecte cependant le marché des changes, car il contribue à affaiblir les monnaies faibles et à renforcer les monnaies fortes[6].

Section III — La critique de la théorie de la parité des taux d'intérêt

Admettre la théorie de la parité des taux d'intérêt, revient à accepter que les marchés financiers internationaux sont parfaitement concurrentiels et fonctionnent librement et sans contraintes. La réalité est plus complexe. Quatre facteurs institutionnels, au moins, nous éloignent de cette norme théorique[7].

1. La disponibilité des fonds susceptibles d'être utilisés à des opérations d'arbitrage n'est pas infinie. Par ailleurs, l'importance des mouvements de capitaux, quand ils sont disponibles, dépend des conditions de crédit pratiquées entre les places financières et de la liberté d'action des différents opérateurs.
2. Le contrôle des changes fait bien évidemment obstacle à la théorie de la parité des taux d'intérêt. Il en est de même des restrictions qui peuvent être apportées de manière indirecte aux mouvements de capitaux à court terme.
3. Les taux d'intérêt ne constituent qu'un facteur orientant l'attitude et le comportement des arbitragistes. Les mouvements de capitaux ne dépendent pas, en d'autres termes, que des taux d'intérêt. Un autre facteur de nature plus qualitative fait aussi partie de la stratégie des arbitragistes : ce facteur est la liquidité et la commodité du placement.
4. Le dernier élément à prendre en considération est la spéculation. Cet effet perturbateur n'entre réellement en jeu qu'en période de crise de confiance dans l'avenir d'une monnaie. Il se concrétise par des reports ou des déports anormaux, très éloignés de ceux qu'engendrerait théoriquement la théorie de la parité des taux d'intérêt.

*

* *

6. Sur la question du termaillage, le lecteur peut consulter avec profit l'ouvrage de P. EINZIG : *Leads and Lags,* Londres, Macmillan, 1968, traduction française : *Les décalages chronologiques sur le marché des changes,* Paris, Mame, 1970.
7. CHOURAQUI J.C. : *La spéculation et la politique de défense des monnaies,* Paris, PUF, 1972, pp. 61-65.

La théorie de la parité des taux d'intérêt est, en conclusion, une référence très utile pour expliquer le différentiel entre les cours de change au comptant et à terme et les mouvements internationaux de capitaux. Comme toute analyse conceptuelle, cette théorie constitue un cadre de référence. Elle n'est jamais parfaitement vérifiée dans la réalité. J. Stein estime, par exemple, que la relation entre le différentiel de change et le différentiel d'intérêt n'est vérifiée qu'à 80 %.

Références

A. — OUVRAGES

AFTALION F. : *Les taux de change*, Paris, PUF, 1985.

COULBOIS P. (ed) : *Le change à terme : technique, théorie, politique,* Paris, Cujas, 1972, pp. 67-91 et 19-40.

CHOURAQUI J.C. : *La spéculation et la politique de défense des monnaies,* Paris, PUF, 1972.

EINZIG P. : *Leads and Lags,* Londres, Macmillan, 1968. Traduction française : *Les décalages chronologiques sur le marché des changes,* Paris, Mame, 1970.

KEYNES J.M. : *A Tract on Monetary Reform,* Londres, Macmillan, 1923.

SELLESLAGS F. *Pratique des paiements internationaux,* Bruxelles, Presses Universitaires de Bruxelles, 1968.

SOLNIK B., ROLL R. : *Système monétaire international et risque de change,* Paris, Economica, 1978.

TYGIER C. : *Basic Handbook of Foreign Exchange,* Londres, Euromoney Publications, 1983, pp. 119-149.

B. — ARTICLES

ALIBER R.Z. : The Interest Parity Theorem, a Reinterpretation, *Journal of Political Economy,* décembre 1973, pp. 1451-1459.

BOCCON-GIBOD J.L. : Le calcul du change à terme, *Banque*, octobre 1984, pp. 1061-1065.

FRENKEL J.A., LEVICH R.M. : Covered Interest Arbitrage : Unexploited Profit ? *Journal of Political Economy,* avril 1975, pp. 325-338.

PEYRELEVADE J. : Taux d'intérêt et taux de change, *Banque*, octobre 1978, pp. 1103-1109.

PRISSERT P. : Vers une remise en question fondamentale de la théorie académique des changes à terme, *Banque*, avril 1972, pp. 333-343.

PRISSERT P. : La dissociation des taux de terme et des taux d'intérêt est-elle réalisable ? *Banque,* juin 1978, pp. 721-724.

STEIN J.L. : The Forward Rate and the Interest Parity, *Review of Economic Studies,* avril 1965, pp. 113-126.

STEIN J. : International Short Term Capital Movements, *American Economic Review,* mars 1965, pp. 40-66.

QUESTIONS

1. Explicitez le contenu de la théorie de la parité des taux d'intérêt.
2. Sur quelles hypothèses repose la théorie de la parité des taux d'intérêt ?
3. Quelles critiques peuvent être apportées à la théorie de la parité des taux d'intérêt ?
4. Comment se concrétise l'influence des taux d'intérêt sur le niveau du taux de change à terme ?
5. Qu'est-ce que le report ?
6. Qu'est-ce que le déport ?
7. Quelles sont les implications d'une hausse des taux d'intérêt sur le cours au comptant et sur le cours à terme d'une monnaie ?
8. Si le taux d'intérêt à Londres est supérieur de 2 % au taux d'intérêt à New York et si le déport sur la livre sterling est égal à 1 %, par quels mécanismes précis les mouvements de capitaux peuvent-ils contribuer à rétablir la parité des taux d'intérêt ?
9. Quels sont, en dehors des taux d'intérêt, les facteurs susceptibles d'avoir une influence sur les taux de change à terme ?
10. Qu'est-ce que le termaillage ?

QUESTIONS A CHOIX MULTIPLES

Question 1

La théorie de la parité des taux d'intérêt a été formulée par :
— J. Rueff.. ☐
— B. Ohlin .... ☐
— J. R. Hicks...................................... ☐
— J.M. Keynes .... ☐
— M. Friedman .... ☐

Question 2

Le taux de change à terme d'une devise est en déport quand :
— le taux à terme est inférieur au taux au comptant .... ☐
— le taux à terme est supérieur au taux au comptant........... ☐

Question 3

Si les taux d'intérêt américains sont supérieurs de 2 % aux taux d'intérêt sur les places financières européennes :

— les capitaux américains se déplacent vers l'Europe .... ☐
— les capitaux européens se déplacent vers les Etats-Unis .... ☐
— on ne peut conclure de manière définitive sur le sens des mouvements de capitaux .... ☐

Question 4

La source principale des mouvements de capitaux à court terme du secteur privé non bancaire est consituée par :

— les crédits commerciaux à court terme .... ☐
— les avances à la commande .... ☐
— les prêts et emprunts entre maisons-mères et filiales .... ☐
— le termaillage .... ☐

EXERCICES*

Exercice 1

Le taux d'intérêt à New York sur les bons du Trésor à 6 mois est égal à 12 %.

Le taux d'intérêt à Londres sur les bons du Trésor à 6 mois est égal à 10 %.

Le taux de change au comptant est : 1 GBP = USD 2.

Le taux de change à terme à 6 mois est : 1 GBP = USD 2,04.

1. Un investisseur disposant de 2 millions de dollars pendant 6 mois doit-il les placer à New York ou faire un investissement en sterling à Londres ?

2. Quel devrait être le taux de change à terme à 6 mois de la livre pour que l'investisseur soit indifférent à placer ses fonds à New York ou à Londres ?

3. Un investisseur disposant de 1 million de livres sterling pendant 6 mois doit-il les placer à New York ou faire un investissement en sterling à Londres ?

Exercice 2

Le taux d'intérêt à New York sur les bons du Trésor à 1 an est 10,5 %.

Le taux d'intérêt à Londres sur les bons du Trésor à 1 an est 9 %.

* L'exercice 6 a été rédigé par Charles de La Baume.

Le taux de change au comptant est : 1 GBP = USD 2.

Le taux de change à terme est : 1 GBP = USD 2,05.

Les transactions effectuées par les investisseurs ne modifient pas les taux d'intérêt et les taux de change.

Quel est le résultat financier obtenu par un investisseur qui placerait un million de livres sterling sur le marché monétaire américain en se protégeant contre le risque de change ?

Exercice 3

Le taux d'intérêt à New York sur les bons du Trésor à 1 an est égal à 10,5 %.

Le taux d'intérêt à Londres sur les bons du Trésor à 1 an est égal à 9 %.

Le taux de change au comptant est : 1 GBP = USD 2.

Le taux de change à terme pour 1 an est : 1 GBP = USD 2,03.

1. Un investisseur disposant de dollars pendant 1 an doit-il les placer à New York ou faire un investissement en livre sterling à Londres ?

2. Un investisseur disposant de livres sterling doit-il les placer à Londres ou faire un investissement en dollar à New York ?

Exercice 4

Sur le marché des changes au comptant :

1 DEM = 2,7830 FRF : cours acheteur

1 DEM = 2,7850 FRF : cours vendeur

Le taux d'intérêt sur le marché de l'euro-deutsche mark à 180 jours est 8,50 %.

Le taux d'intérêt sur le marché monétaire français à 180 jours est 14,20 %.

Quel est le taux de change à terme à 180 jours auquel la banque se propose d'acheter du deutsche mark ?

Exercice 5

Le taux d'intérêt sur les bons du Trésor anglais à 1 mois est 14 %.

Le taux d'intérêt sur les bons du Trésor américain à 1 mois est 12 %.

Le taux de change au comptant est 1 GBP = USD 2.

Quel devrait être le taux de change à terme à 1 mois de la livre sterling si la théorie de la parité des taux d'intérêt était respectée ?

Exercice 6

Un exportateur vend 250 000 deutsche marks sur le marché à terme à 3 mois.

Au moment où il effectue cette vente, les cours acheteur et vendeur du DEM sur le marché au comptant sont respectivement égaux à 3,0023 et 3,0098 francs, les taux emprunteur et prêteur sur le marché de l'euro deutsche mark à 3 mois sont respectivement égaux à 5 1/5 % et 5 2/5 %, les taux emprunteur et prêteur sur le marché monétaire français à 3 mois sont respectivement égaux à 14 3/4 % et 15 %.

En supposant que la vente à terme s'effectue sans frais et commissions, quelle somme reçoit l'exportateur français ?

Exercice 7

Calculez le taux de change à terme à 6 mois du franc belge par rapport au franc suisse, sachant que :

- 100 BEF = 15,1743 FRF,
- 1 CHF = 3,6041 FRF,
- le taux de l'euro-franc belge à 6 mois est égal à 11 1/4 %,
- le taux de l'euro-franc suisse à 6 mois est égal à 4 7/8 %.

Exercice 8

Calculez le taux de change à terme à 2 mois du florin par rapport au yen, sachant que :

- 100 JPY = 3,5762 FRF
- 1 NLG = 2,7179 FRF
- le taux de l'euro-yen à 2 mois est égal à 5 2/8 %,
- le taux de l'euro-florin à 2 mois est égal à 6 1/8 %.

Chapitre 6

LE SYSTÈME DES CHANGES ET LA FORMATION DES COURS DES DEVISES

Les conditions dans lesquelles se détermine le cours des devises varient profondément selon le régime de change en vigueur.

Dans le contexte d'un régime de changes flottants, le taux de change et ses fluctuations résultent des seules variations de l'offre et de la demande de devises. Théoriquement, les autorités monétaires s'abstiennent d'intervenir sur le marché. On pourrait penser qu'en optant pour le système des changes flottants les pouvoirs publics en accepteraient tous les avantages et les inconvénients, et en particulier s'engageraient à laisser fluctuer librement le cours des devises. Il semble que tel ne soit jamais le cas. Les autorités monétaires acceptent très rarement une parfaite flexibilité et sont, de ce fait, conduites à intervenir sur le marché des changes.

Dans un système de changes fixes, les autorités monétaires s'efforcent de maintenir le taux de change à une certaine parité déterminée par rapport à un étalon qui est le plus souvent l'or ou une monnaie étrangère, mais qui peut être également un panier de devises. La fixité n'est pas absolue : il est généralement prévu que le taux peut fluctuer de ±2,25 % ou ±1 %, autour de la parité officielle, dans une bande étroite appelée marge de fluctuation. Dans un tel système, les pouvoirs publics doivent nécessairement intervenir sur le marché, afin de respecter leurs engagements de maintenir la parité de leur monnaie. Lorsqu'ils ne peuvent plus la défendre, ils doivent alors dévaluer ou réévaluer le cours officiel de cette monnaie.

Avant d'examiner les avantages et les inconvénients de ces deux régimes, il importe d'expliquer, dans une première section, pourquoi le système monétaire international a évolué d'un régime de changes fixes à un régime de changes flottants. Le système monétaire européen est une tentative, jusqu'à maintenant assez concluante, de restaurer, dans un cadre régional et entre plusieurs devises, un régime de changes fixes. L'étude de son fonctionnement constitue l'objet de la troisième section. Dans une quatrième et dernière section, est analysée l'influence des spéculateurs sur le marché des changes.

Section I — L'évolution du système monétaire international : du régime des changes fixes à celui des changes flottants

Le système monétaire international a beaucoup évolué au cours du temps. Il est passé d'un régime de changes fixes à un régime de changes flottants. Les différentes étapes de cette évolution sont présentées dans les cinq paragraphes de cette section[1].

§ 1. Le système de l'étalon or

Le système de l'étalon or s'est mis en place de manière informelle à partir de 1850 entre les principaux pays développés de l'époque : Angleterre, France, Etats-Unis et Allemagne.

Dans un tel système, les différents pays ont une monnaie librement convertible en or. Par voie de conséquence, les taux de change ne peuvent pas s'écarter durablement des parités calculées à partir des rapports entre les poids d'or de chaque monnaie. Ils ne peuvent évoluer que dans une fourchette très étroite, déterminée par les points d'entrée et de sortie de l'or[2].

§ 2. Le système de l'étalon de change or

Plus connu sous le nom de *Gold Exchange Standard,* le système de l'étalon de change or s'est progressivement mis en place au début du vingtième siècle et fut institutionnalisé par la conférence de Gênes en 1922.

Du fait de leur convertibilité en or, les monnaies émises par les principales puissances économiques de l'époque sont devenues des monnaies de réserve. Il était en effet plus avantageux pour les banques centrales de détenir

---

1. L'objectif de cette section n'est pas de refaire l'histoire du système monétaire international, mais de rappeler les points essentiels concernant le problème de la fixité et du flottement des taux de change.
2. Pour de plus amples explications sur le sujet, le lecteur peut se reporter à l'ouvrage de J.H. DAVID : *Crise financière et relations monétaires internationales*, Paris, Economica, 1985, p. 66.

ces devises qu'elles pouvaient placer que de l'or qui était parfaitement stérile. En 1913, les balances sterling représentaient trois fois les réserves d'or de la Banque d'Angleterre.

Le système du *Gold Exchange Standard* fut institutionnalisé par la conférence de Gênes réunie pour trouver des remèdes à la crise, consécutive à la première guerre mondiale, qui affectait le système monétaire international. Parmi les solutions suggérées, la Conférence conseillait aux différents pays de conserver dans leurs réserves de l'or et des devises convertibles en or.

Les années qui suivirent la conférence de Gênes furent le théâtre de violentes secousses qui affectèrent le système monétaire international. La spéculation, la crise économique, les dévaluations sauvages et le protectionnisme débouchèrent sur la seconde guerre mondiale. La crise financière internationale et le conflit armé redonnèrent au métal jaune un rôle central. A la fin de la guerre, les quatre cinquièmes des réserves d'or se trouvaient aux Etats-Unis.

La conférence monétaire et financière des Nations-Unies, réunie à Bretton Woods du 1er au 22 juillet 1944, s'était donné pour objectifs de revoir les règles de fonctionnement du système monétaire international, d'instaurer un régime de change en mesure d'éviter les chaos qui précédèrent la seconde guerre mondiale, et de mettre sur pied une institution internationale chargée de veiller au bon fonctionnement des règlements internationaux.

§ 3. Les caractéristiques du système monétaire international issu des accords de Bretton Woods

Le compromis entre les thèses de Keynes, le responsable de la délégation britannique, et celles de White, le chef de la délégation américaine, a débouché sur un système caractérisé par quatre points fondamentaux :

- des parités fixes, mais ajustables, avec des marges de fluctuation par rapport au dollar de ± 1 % de part et d'autre de la parité,
- un système d'étalon de change or,
- un code de bonne conduite en ce qui concerne les mécanismes d'ajustement des taux de change,
- une procédure de crédit international mutuel.

Le Fonds monétaire international, chargé de veiller au fontionnement du système monétaire international, fut créé le 27 décembre 1945 et ses activités débutèrent le 1er mars 1947. Pratiquement tous les pays, à l'exception de ceux dirigés par des communistes, ont adhéré au Fonds monétaire international.

§ 4. L'évolution du système monétaire international conçu à la conférence de Bretton Woods

Le système monétaire issu des accords de Bretton Woods a régi les échanges entre les pays jusqu'en 1971. Il a pratiquement cessé de fonctionner après la décision, prise le 15 août 1971 par le Président Nixon, de ne plus assurer la convertibilité du dollar en or.

Le système monétaire international conçu à Bretton Woods a parfaitement fonctionné jusqu'en 1957. La situation s'est dégradée à partir de 1958. Plusieurs raisons ont contribué à cette dégradation. La plus importante concerne le déficit de la balance commerciale américaine et l'ampleur des balances dollar détenues par des non-résidents en dehors des Etats-Unis. En 1959, celles-ci dépassaient la valeur du stock d'or américain. Une telle situation ne pouvait qu'attirer les spéculateurs et entretenir la défiance de certains gouvernements européens. Les seconds demandèrent une conversion en or des dollars qu'ils détenaient. Les premiers anticipaient une dévaluation de la devise américaine à un terme plus ou moins rapproché et achetaient du métal jaune.

Pour remédier à la spéculation, les Etats-Unis instaurèrent avec la Grande-Bretagne, la France, l'Allemagne, l'Italie, la Belgique, les Pays-Bas et la Suisse le « pool de l'or ». Les différents pays s'engagèrent à vendre de l'or contre du dollar pour maintenir le cours de l'once de métal jaune aux environs de 35 dollars. En contrepartie de la constitution de ce pool, les Etats-Unis s'engagèrent à réduire le déficit de leur balance commerciale.

Le pool de l'or fut un échec, car les Etats-Unis ne faisant rien pour réduire le déficit de leurs paiements courants, les gouvernements de certains pays européens exigèrent de nouveau la conversion en or de leurs dollars. En juin 1967, la France abandonna le pool de l'or. En novembre 1967, la Grande-Bretagne dénonça à son tour ce mécanisme. Le 17 mai 1968, le marché de l'or de Londres est fermé. Dans les jours qui suivent le pool de l'or est dissout.

De novembre 1967 à août 1971, de nombreuses dévaluations ou réévaluations accompagnées ou provoquées par plusieurs crises spéculatives ont déstabilisé le système des parités fixes. Toutes les tentatives envisagées pour sauver le système de Bretton Woods échouèrent.

En août 1971, la valeur des réserves d'or de Fort Knox tomba en dessous du seuil de 10 milliards de dollars. Le 15 août 1971, le Président Nixon suspendit la convertibilité du dollar en or. Le système monétaire international de Bretton Woods était mort.

§ 5. Des changes fixes aux changes flottants

En réaction à la décision américaine, les pays développés, dans leur très grande majorité, adoptent un système de changes flottants, mais ils ne peuvent se résoudre à l'abandon des changes fixes.

Le 18 décembre 1971, lors d'une réunion à Washington, les dix pays les plus riches du monde décident en conséquence de rétablir un système de changes fixes, mais ils prévoient un élargissement des marges de fluctuation par rapport au dollar, de 2,25 % de part et d'autre de la parité[3].

---

3. Ils procèdent également à un réajustement général des parités or des principales monnaies. Le dollar américain, la lire italienne et le franc suisse sont dévalués. Le yen, le deutsche mark, le florin, le franc belge sont réévalués. La livre sterling et le franc français ne sont pas modifiés. Le prix de l'once d'or passe de 35 à 38 dollars, à la suite de la dévaluation de la devise américaine.

La balance des paiements américaine ne s'étant pas rééquilibrée en 1972, la spéculation à la baisse du dollar reprend de manière intensive. Le 9 février 1973, le marché des changes est fermé. Il est réouvert le 14 février, après l'annonce d'une deuxième dévaluation du dollar de 10 %. Cette mesure n'est pas suffisante. Le marché des changes est de nouveau fermé le 2 mars. Les transactions ne reprennent que le 19 mars, mais les autorités monétaires ont cette fois définitivement abandonné les changes fixes : le régime retenu est celui des changes flottants généralisé à toutes les devises.

Dans les années qui suivent, le droit se met en accord avec les faits. Les projets de réforme du système monétaire international initiés à la fin de 1972 aboutissent aux accords de la Jamaïque de janvier 1976. Ils sont incorporés dans le deuxième amendement aux statuts du Fonds monétaire international qui entre en application le 1er avril 1978.

Section II — Les avantages et les inconvénients des changes fixes et des changes flottants

Avant 1971, le système monétaire international était régi par les changes fixes. Il en est résulté de graves difficultés concernant les ajustements des cours et la détermination des taux d'équilibre. A la suite de crises de plus en plus redoutables, le système monétaire international, mis en place à la conférence de Bretton Woods de 1944, s'est finalement effondré, car certains pays ont dû procéder à de nombreuses réévaluations et dévaluations qui ont entraîné par réaction des modifications des taux de change des autres pays.

Une des raisons de cet effondrement tenait à un inconvénient majeur des changes fixes qui est de permettre aux opérateurs de spéculer sans risque.

§ 1. Les inconvénients du système des changes fixes

Plaçons-nous dans le cadre d'un système de fixité des changes et supposons que la parité du dollar s'établisse à 9 francs. Si la politique économique conduite en France aboutit à une hausse du taux d'inflation et à une détérioration de la balance commerciale, les opérateurs internationaux vont anticiper une baisse de la valeur du franc. Ils sont par conséquent incités à vendre du franc pour acheter du dollar. Ces opérations peuvent être réalisées sur le marché au comptant, mais il est plus avantageux de les entreprendre sur le marché à terme. Dans la mesure où les banques centrales se sont portées garantes de la stabilité du franc français par rapport au dollar, elles achètent du franc et vendent du dollar[4].

A l'échéance des opérations à terme, le spéculateur dénoue sa position. Il est alors confronté à l'une des deux situations suivantes.

---

4. Le système de Bretton Woods prévoyait que les banques centrales devaient intervenir uniquement sur le marché au comptant. En fait, elles sont souvent intervenues sur le marché à terme.

Si le taux de change ne s'est pas modifié, il ne supporte aucune perte, à l'exception des coûts de transaction et de l'éventuelle différence entre le prix de vente à terme et le prix d'achat au comptant[5].

Si le franc est dévalué, le spéculateur déboucle sa position au nouveau cours et bénéficie d'un gain sensiblement égal au taux de dévaluation, aux coûts de transaction près.

Cet exemple montre qu'en changes fixes le spéculateur, dans la plus mauvaise situation, ne subit pratiquement aucune perte si ses anticipations ne se vérifient pas. Bien évidemment, si le franc était réévalué, le spéculateur ferait des pertes. La probabilité pour qu'une telle situation se produise est cependant faible dans le cadre des hypothèses retenues. Si la situation économique se modifiait après la vente à terme de francs par le spéculateur, la réévaluation ne serait pas immédiate, ce qui donnerait à l'opérateur la possibilité de dénouer sa position sans subir de pertes autres que celles induites par les coûts de transaction.

Le système des changes fixes présente le grave inconvénient de permettre à certains opérateurs de spéculer sans risque et d'induire ainsi une spéculation déstabilisante. Il n'est pas sans présenter, malgré tout, quelques avantages aux yeux des exportateurs et des importateurs.

§ 2. Les avantages du système des changes fixes

Le principal avantage des changes fixes est d'offrir un cadre stable aux échanges commerciaux. Cette stabilité est relative dans la mesure où les réévaluations et les dévaluations ont souvent émaillé la période 1944-1973 mais, comparée à celle des années 1978-1984, elle est malgré tout bien réelle. Quand un exportateur accordait avant 1971 un crédit à 6 mois, il n'avait pas *en règle générale* à se préoccuper du risque de change sur sa créance. Il en était de même pour l'importateur qui avait contracté une dette en devises[6]. Dans la mesure où le change était stable, les exportateurs et les importateurs connaissaient parfaitement, au moment où ils accordaient un crédit ou en bénéficiaient, la quantité de francs qu'ils recevraient ou qu'ils verseraient à l'échéance du crédit.

A partir de 1973, les différents pays ont opté pour un système de changes flottants en laissant au marché le soin de déterminer le taux d'équilibre. Un tel système n'est pas sans présenter quelques inconvénients.

§ 3. Les inconvénients du système des changes flottants

Pour les entreprises, le plus sérieux inconvénient est l'incertitude introduite dans leurs résultats financiers. Du fait de la variabilité des taux de

---

5. Le système de Bretton Woods prévoyait que le taux de change à terme pouvait librement fluctuer. Seul le prix au comptant devait être maintenu fixe. Cette fixité n'était pas absolue. Il était prévu une marge de fluctuation de ± 1 % autour de la parité, à l'intérieur de laquelle le taux au comptant pouvait librement fluctuer.
6. Nous disons bien « en règle générale », car de nombreuses entreprises qui n'avaient pas correctement anticipé certaines réévaluations ou dévaluations et ne s'étaient pas couvertes ont subi des pertes importantes.

change et de l'impossibilité de prévoir, même imparfaitement, les fluctuations des cours des devises, les entreprises sont beaucoup plus exposées à des risques de perte dans un système de changes flottants qu'elles ne le sont dans un système de changes fixes. Les importateurs français ayant une monnaie de facturation différente du franc sont exposés à des hausses imprévisibles des cours des devises, qui renchérissent le prix de leurs importations. De leur côté, les exportateurs sont exposés à des baisses non prévisibles des cours des devises dans lesquelles sont libellées leurs exportations.

Comme nous le verrons au chapitre 14, les entreprises ne sont pas totalement démunies. Elles peuvent se couvrir contre les risques qu'impliquent les fluctuations des cours des devises. Elles peuvent recourir au marché des changes interbancaire, aux avances en devises, aux options de change et à de nombreux autres instruments qu'il est inutile de développer ici. La protection contre le risque de change est généralement excellente, mais elle n'est pas gratuite. Le coût de la couverture n'est pas négligeable. Il doit être supporté par l'un ou l'autre des opérateurs, ce qui renchérit le coût des importations ou réduit le bénéfice provenant des exportations.

§ 4. Les avantages du système des changes flottants

Le système des changes flottants offre un énorme avantage : celui de prévenir toute spéculation sans risque.

Dans un tel système, les cours au comptant et à terme ne sont plus garantis par les interventions de la banque centrale. Cette situation implique que le spéculateur n'est plus assuré du cours de change au comptant à l'échéance de son opération de spéculation à terme.

Supposons que dans un système de changes flottants, le cours du franc par rapport au dollar soit USD 1 = 9 FRF. Anticipant une baisse du franc, des spéculateurs achètent du dollar pour un terme de 6 mois. Le cours monte immédiatement et le taux de change s'établit, par exemple, à USD 1 = 9,50 FRF. A ce niveau, les spéculateurs vont hésiter à vendre du franc car, par rapport à la situation initiale, il a déjà baissé de 50 centimes, ce qui n'aurait pas été le cas dans un système de changes fixes. Par ailleurs, quel sera le taux de change dans 6 mois, à l'échéance des transactions à terme ? Du fait que la banque centrale n'est pas obligée de prendre les mesures nécessaires pour stabiliser le taux de change, ce dernier peut très bien évoluer à 10 francs, 9 francs ou 8 francs, ce qui ne serait pas le cas avec des changes fixes. Dans un système de changes flottants, les opérateurs peuvent toujours spéculer, mais ils sont confrontés à des risques plus importants que ceux rencontrés dans un système de changes fixes.

Section III — Le système monétaire européen

A la suite de la généralisation des changes flottants en 1973, les pays membres de la Communauté Economique Européenne (CEE) ont tenté de restaurer, avec la création du système monétaire européen (SME), une zone, sinon de changes fixes, du moins de flottement contrôlé des monnaies européennes.

Le principe du SME a été adopté par les chefs d'Etat et de Gouvernement des pays membres de la CEE réunis en conseil européen à Brême les 6 et 7 juillet 1978. Les mécanismes ont été adoptés lors d'un conseil européen à Bruxelles les 4 et 5 décembre 1978. Le SME est entré en vigueur le 13 mars 1979.

Les objectifs du système monétaire européen sont triples :

- accroître la stabilité monétaire au sein de la CEE,
- améliorer la situation économique des pays de la CEE sur le plan de la croissance, du plein emploi, de l'harmonisation des niveaux de vie et de la réduction des disparités régionales,
- contribuer à la stabilisation des relations économiques et monétaires internationales.

Les cinq paragraphes de cette section analysent les différents volets du SME et s'efforcent d'en présenter le bilan.

§ 1. La création d'une unité de compte : l'écu

L'European Currency Unit (écu) est un panier de devises composé de quantités fixes de monnaies de chacun des pays membres de la CEE.

Il a été défini pour la première fois par un règlement du 18 décembre 1978. Les devises concernées étaient alors le deutsche mark, le franc français, la lire, la livre sterling, le florin, le franc belge, le franc luxembourgeois, la livre irlandaise et la couronne danoise. Par la suite furent ajoutés la drachme grecque, la peseta et l'escudo.

L'écu a succédé, en mars 1979, lors de la création du SME, à l'Unité de compte européenne dont l'origine remontait au 30 juin 1974. Lors de sa création, l'écu servait de numéraire et d'instrument de réserve et de règlement pour les banques centrales participant au mécanisme de change du SME. Ultérieurement, les opérateurs privés ont peu à peu utilisé cette nouvelle unité monétaire pour leurs propres besoins.

Il importe, en effet, de distinguer clairement l'écu privé de l'écu officiel (ou écu public). Ils ont en commun d'être déterminés par le même panier de monnaies des pays de la Communauté Economique Européenne, mais ils diffèrent l'un de l'autre par plusieurs aspects : ils ne sont pas créés selon les mêmes mécanismes ; les entités qui les émettent ne présentent pas le même risque ; ils n'offrent pas le même rendement ; ils n'ont pas la même utilité.

L'écu officiel est un instrument financier international, mais il n'en possède pas tous les attributs. Lors de sa création il avait été, en effet, décidé que son rôle se limiterait aux transactions entre les banques centrales des pays membres de la Communauté Economique Européenne[7].

C'est « par hasard » que certaines banques ont décidé de créer l'écu privé dont la composition était strictement identique à celle de l'écu officiel, mais le hasard faisant bien les choses, l'écu privé a connu un remarquable déve-

7. En 1985, toutefois, certaines institutions comme la Banque des Règlements Internationaux se sont vues accorder le statut de « Tiers détenteur » et ont eu, en conséquence, la possibilité de détenir et de négocier des écu officiels.

loppement et son importance est aujourd'hui sans commune mesure avec celle de l'écu public.

Les interventions sur le marché de l'écu officiel concernent les transactions entre les banques centrales au titre :

- du financement à très court terme : financement non plafonné, automatiquement disponible aux limites des marges de fluctuation de 2,25 %. Il s'agit d'un financement de 45 jours fin de mois, plus un délai supplémentaire de 3 mois renouvelable une fois,
- du financement à court terme d'une durée de trois mois renouvelable deux fois. Le plafond de mobilisation entre les banques centrales est de 14 milliards d'écu,
- du financement à moyen terme, à hauteur de 11 milliards d'écu.

L'écu officiel est créé par les banques centrales des pays de la Communauté Economique Européenne. Chacune d'elles doit déposer 20 % de ses réserves en or et en devises auprès du FECOM. En contrepartie de ces dépôts, le FECOM crée des écu et les alloue aux banques centrales. Le « transfert » contre écu prend la forme de crédits croisés renouvelés de 3 mois en 3 mois (*swap*). Chaque renouvellement donne lieu à des ajustements du montant en écu pour tenir compte des variations des réserves en or et en dollar des banques centrales et des fluctuations des cours de ces actifs.

A l'inverse de l'écu privé, l'écu officiel n'est pas convertible dans les monnaies qui le composent. Par ailleurs les réserves des banques centrales en écu officiel n'ont pas accès au marché des changes et ne peuvent être utilisées comme monnaie d'intervention sur le marché des changes[8]. La conséquence en est que les banques centrales n'ont aucun intérêt à acquérir des écu publics, par définition non négociables..., et ceci explique qu'elles ne s'en sont pas servi.

L'écu privé est fondamentalement une euro-devise qui s'est progressivement construit un statut de monnaie internationale. Sa composition est strictement identique à celle de l'écu officiel, mais sa création résulte d'« une simple clause contractuelle entre les banques commerciales et les agents non bancaires ». Pour garantir sa valeur, les banques se sont engagées à ce que les écu puissent être convertis dans les monnaies composantes.

Lorsque les premiers écu privés ont commencé à circuler, les banques centrales des pays membres de la Communauté Economique Européenne ne se sont pas opposées à l'essor de cette nouvelle devise. Mais elles n'ont pas joué (elles ne le pouvaient pas d'ailleurs) le rôle de prêteur en dernier ressort, ce qui veut dire que le système bancaire privé doit boucler lui-même son propre circuit, sans l'aide d'une autorité monétaire de premier rang. Par voie de conséquence, le marché de l'écu privé doit être « autosuffisant » et ne pas nécessiter l'intervention des banques centrales... ce qui est réalisé. L'écu est la seule monnaie privée dans le monde ayant un rôle économique significatif dont l'offre et la demande sont très largement détermi-

8. Cette remarque implique que lorsqu'elles interviennent sur le marché des changes, les banques centrales le font à partir de leurs réserves en écu privé.

nées en dehors de toute interférence avec les secteurs publics et les autorités monétaires.

Les montants fixes de chaque monnaie pris en compte pour calculer la valeur de l'écu sont actuellement les suivants :

Deutsche mark = 0,6242
Franc français = 1,332
Livre sterling = 0,08784
Florin = 0,2198
Lire = 151,8
Franc belge = 3,301
Franc luxembourgeois = 0,130
Couronne danoise = 0,1976
Livre irlandaise = 0,008552
Drachme = 1,44
Peseta = 6,8885
Escudo = 1,393

Ces quantités sont définies sur la base du poids économique de chaque pays, mesuré par la part de son PNB dans celui de la CEE, l'importance de la devise dans le commerce intra-communautaire et la quote-part des banques centrales de la CEE dans le Fonds européen de coopération monétaire.

La résolution du Conseil européen du 5 décembre 1978 prévoyait que la composition de l'écu pouvait être révisée dans trois hypothèses : six mois après l'entrée en vigueur du SME, tous les cinq ans ou lorsque la variation de la pondération relative d'une devise constituant l'écu est supérieure à 25 %. La première révision prit effet le 17 septembre 1984 et permit d'introduire la drachme grecque dans l'écu. Elle entraîna une modification du poids relatif des neuf anciennes devises tel qu'il avait été initialement établi en 1979 (tableau 1). La deuxième révision, décidée le 19 juin 1989, prit effet le 21 septembre 1989. A l'occasion de cette modification, la peseta et l'escudo ont intégré le nouveau panier qui comprend désormais les 12 monnaies de la Communauté Economique Européenne (tableau 1).

Le cours de l'écu peut se calculer à tout moment et correspond à la somme des valeurs de ses composantes. Il peut être exprimé dans n'importe laquelle des devises composant le panier.

Le cours théorique de l'écu exprimé dans l'une des monnaies (le franc français par exemple) est égal à la somme des cours de change des devises composantes pondérés par leur quote-part dans l'écu. Il est calculé quotidiennement par la Commission des communautés européennes. Le tableau 2 reproduit, par exemple, ce qu'était la valeur théorique de l'écu le 3 octobre 1985 exprimée en franc français[9].

---

9. Ces calculs, et ceux du tableau 4, sont extraits d'un article de Charles de La Baume : Utiliser l'écu dans la gestion de trésorerie en devises. Ils ne prennent pas en compte les ajustements monétaires postérieurs au 3 octobre 1985.

Tableau 1
Évolution de la composition de l'écu

	Du 01/01/79 au 16/09/84	*Du 17/09/84 au 20/09/89*	*Depuis le 21/09/89*
DEM	0,82800	0,71900	0,624200
GBP	0,08850	0,08780	0,087840
FRF	1,15000	1,31000	1,332000
ITL	109,00000	140,00000	151,800000
NLG	0,28600	0,25600	0,219800
BEF	3,66000	3,71000	3,301000
LUF	0,14000	0,14000	0,130000
DKK	0,27700	0,21900	0,197600
IEP	—	0,00871	0,008552
GRD	—	1,15000	1,440000
PTA	—	—	6,885000
ESC	—	—	1,393000

Tableau 2
Cours théorique de l'écu

Devises	*Quote-part*	*Cours FRF*	*Contre-valeur ECU*	*Poids des différentes devises*
DEM	0,719	3,0528	2,19496	32,53 %
GBP	0,0878	11,4160	1,00232	14,85 %
FRF	1,31	1,0	1,31	19,41 %
ITL	140	0,004515	0,6321	9,37 %
NLG	0,256	2,7079	0,69322	10,27 %
BEC	3,71	0,15037	0,55787	8,27 %
LUF	0,14	0,15037	0,02105	0,31 %
DKK	0,219	0,8394	0,18383	2,72 %
IEP	0,00871	9,4300	0,08214	1,22 %
GRD	1,15	0,06135	0,07055	1,05 %
ECU			6,74804	100,00 %

Date : 3 octobre 1985.

Il ressort de ce tableau que le cours théorique de l'écu était de 6,74804 francs français. Le même jour, le *fixing* de Paris indiquait un cours de 6,7440 francs. Cette différence de 0,00404 signifie que le cours de l'écu, comme celui de toute devise, résulte des forces du marché en présence et peut être déterminé indépendamment des cours des monnaies composantes[10].

Le cours de l'écu peut être également calculé par rapport au dollar américain, ce que reproduit le tableau 3 pour la date du 22 juillet 1991.

---

10. Pour de plus amples développements sur cette question, le lecteur peut se rapporter au chapitre 12, pp. 281-282.

Lorsque la procédure du *fixing* fonctionnait à Paris, l'écu y faisait l'objet d'une cotation officielle, juste après le dollar américain. Il était également coté au *fixing* de Milan. De très nombreuses banques offrent une cotation sur l'écu au comptant et jusqu'à 12 mois, comme n'importe quelle autre devise, sous la forme d'un cours acheteur et d'un cours vendeur[11].

Tableau 3
Calcul du cours de l'écu au 22 juillet 1991

Monnaies du panier	*Montant dans l'écu* (1)	*Cours USD au 22/07/91* (2)	*Équivalent USD pour chaque monnaie* (3) = (1)/(2)	*Cours écu pour chaque monnaie* (4) = (2) × E
DEM	0,624200	1,7585	0,3549616	2,0559
FRF	1,332000	5,9710	0,2230782	6,9807
NLG	0,219800	1,9820	0,1108981	2,3172
BEF/LUF	3,431000	36,1000	0,0950416	42,2048
DKK	0,197600	6,8000	0,0290588	7,9499
ITL	151,800000	1309,7500	0,1159000	1531,2387
IEP (*)	0,008552	1,5215	0,0130119	0,7684
GBP (*)	0,087840	1,6810	0,1476590	0,6955
GRD	1,440000	192,5000	0,0074805	225,0532
PTA	6,885000	109,7000	0,0627621	128,2511
ESC	1,393000	150,5000	0,0092558	175,9507
Cours de l'écu en USD			E = 1,1691076	

* La livre sterling et la livre irlandaise étant cotées au certain, le cours de l'écu dans ces deux devises est obtenu en divisant E par (2).

Du fait de la fixité des quote-parts de chaque devise, les variations quotidiennes des taux de change ont pour conséquence de modifier le poids relatif des différentes devises dans l'écu. Lorsque la variation de cette pondération est supérieure à 25 %, il est nécessaire, comme nous l'avons déjà précisé, de procéder à une révision de la composition de l'écu. Il faut toutefois noter que cette clause n'a jamais eu l'occasion d'être mise en jeu depuis la création du SME. La détermination des poids relatifs est importante pour le calcul des taux d'intérêt.

Les taux d'intérêt de l'écu sont en effet égaux à la somme des euro-taux de chacune des devises composant le panier, pondérés par leur poids relatif dans l'écu. Le tableau 4 reproduit ce qu'était le taux d'intérêt théorique de l'écu à 6 mois à la date du 3 octobre 1985. En pratique, les taux d'intérêt résultent de la confrontation d'une offre et d'une demande à un instant donné et peuvent être légèrement différents des taux théoriques[12].

---

11. Voir également le chapitre 12, pp. 00 à 00.
12. Pour de plus amples développements sur cette question, le lecteur peut se reporter au chapitre 12, pp. 281-282.

Tableau 4
Taux d'intérêt de l'écu à six mois

Devises	*Poids des devises*	*Taux à six mois*	*Taux pondérés*
DEM	32,53 %	4,6875 %	1,52 %
GBP	14,85 %	11,1875 %	1,66 %
FRF	19,41 %	11,125 %	2,16 %
ITL	9,37 %	13,75 %	1,29 %
NLG	10,27 %	5,9062 %	0,60 %
BEC	8,27 %	9,625 %	0,82 %
LUF	0,31 %	9,625 %	0,03 %
DKK	2,72 %	9,25 %	0,25 %
EIR	1,22 %	10,0 %	0,12 %
GRD	1,05 %	22,0 %	0,23 %
ECU	100,00 %		8,65 %

Date : 3 octobre 1985.

Les transactions ont, dans un premier temps, concerné l'écu public. Depuis 1981, les transactions sur l'écu privé se sont beaucoup développées, surtout au niveau financier. Sur le plan commercial, en revanche, l'écu est d'un usage très réduit. Malgré son essor, le marché financier de l'écu demeure étroit pour certaines de ses composantes.

L'écu public remplit plusieurs fonctions. Il sert de numéraire dans les mécanismes de change et de crédit. Il est utilisé comme moyen de règlement entre les banques centrales de la CEE. Il remplit, enfin, la troisième fonction classique d'une monnaie : celle de réserve de valeur. L'écu figure, parmi les réserves, à l'actif du bilan de la Banque de France. Il sert par ailleurs de contrepartie à la masse monétaire.

§ 2. Le mécanisme de change

Chaque pays membre déclare, avec l'assentiment de ses partenaires, un taux-pivot de sa monnaie exprimé en écu[14]. Ce taux est une sorte de taux de change officiel ou de parité.

Dans la mesure où chaque Etat membre déclare un taux-pivot, il est possible de calculer des cours bilatéraux entre les devises du SME (encore appelés taux centraux, ou cours-pivot bilatéraux). A l'heure actuelle (20 janvier 1993), le taux-pivot du franc français est 1 écu = 6,60683 FRF. Les cours bilatéraux du franc sont à cette date :
1 deutsche mark = 3,35386 FRF
1 florin = 2,97661 FRF
1 franc luxembourgeois = 0,162608 FRF
1 franc belge = 0,162608 FRF

---

13. Pour de plus amples développements, le lecteur peut se reporter au chapitre 12.
14. Ce taux est également dénommé cours-pivot. Les taux-pivots peuvent être révisés par consultation réciproque.

1 couronne danoise = 0,879257 FRF
1 livre irlandaise = 8,9848 FRF
1 peseta = 0,0460772 FRF
1 escudo = 0,0362626 FRF

Huit pays : l'Allemagne, la France, l'Italie, les Pays-Bas, la Belgique, le Luxembourg, le Danemark et l'Irlande participaient au mécanisme de change lors de la création du SME. L'Espagne y a adhéré le 19 juin 1989. Le Portugal a fait de même le 6 avril 1992. La Grande-Bretagne a rejoint les autres pays européens le 8 octobre 1990, mais cette participation a été suspendue le 16 septembre 1992. L'Italie a pris une décision similaire le 17 septembre en décidant, comme la Grande-Bretagne, de laisser flotter sa monnaie et de suspendre les interventions de la Banque d'Italie au titre du mécanisme de change européen. La Grèce est le seul pays de la Communauté Economique Européenne à n'avoir jamais adhéré au mécanisme de change du SME.

L'écart maximal de fluctuation entre deux monnaies est fixé à ± 2,25 % par rapport aux cours pivot-bilatéraux, à l'exception de la peseta et de l'escudo, devises pour lesquelles la marge de fluctuation est de ± 6 %. Le même régime était appliqué à la livre sterling pendant la période (8 octobre 1990-16 septembre 1992) durant laquelle la Grande-Bretagne participait au mécanisme de change. Lors de la mise en œuvre officielle du SME en 1979, la devise italienne avait bénéficié, elle aussi, d'une marge de fluctuation de ± 6 %. Cet écart a été réduit à ± 2,25 % lors du réaménagement des parités en date du 5 janvier 1990. Les banques centrales s'engagent à intervenir avec des devises européennes ou des devises tierces pour empêcher leur monnaie de franchir ces cours limites.

Pour éviter toutefois qu'une monnaie soit contrainte de supporter seule le respect des limites de fluctuation, les créateurs du SME ont imaginé un mécanisme original reposant sur un « indicateur de divergence ». Cet indicateur est destiné à mettre en œuvre une stabilisation des taux de change avant que les cours d'intervention soient atteints.

Pour une devise incluse dans l'écu, l'écart maximal de divergence entre le cours de l'écu et son cours pivot est obtenu quand cette monnaie atteint ses cours limites d'intervention à l'égard de toutes les autres devises du panier. Cet écart maximal tient compte du poids de la devise dans l'écu : il est donc variable selon les devises considérées.

Pour le franc français, dont le poids dans l'écu est d'environ 19 %, l'écart maximal de divergence par rapport à l'écu est :

$$\frac{2,25 \times (100 - 19)}{100} = 1,82\ \%$$

Pour le deutsche mark, dont le poids dans l'écu est d'environ 30 %, l'écart maximal de divergence par rapport à l'écu est :

$$\frac{2,25 \times (100 - 30)}{100} = 1,57\ \%$$

La résolution du 5 décembre 1978 a fixé un « seuil de divergence » égal à 75 % de l'écart maximal de divergence, soit dans le cas du franc français 1,37 %, et dans celui du deutsche mark 1,13 %. Quand une devise atteint son seuil de divergence, les responsables du pays concerné doivent adopter les mesures de politiques monétaire, budgétaire, fiscale etc... adéquates pour améliorer leur situation économique et celle de leur devise sur le marché des changes.

§ 3. Le mécanisme de règlement

Le Fonds européen de coopération monétaire (FECOM), organisme chargé d'assurer le bon fonctionnement du SME, reçoit en dépôt une partie des réserves de change des pays membres et leur fournit en contrepartie des bons en écu qui servent de moyen de règlement entre les banques centrales créditrices et débitrices[15]. Les apports de chaque banque centrale sont de 20 % de ses avoirs en or et en dollar, ce qui représente environ 25 milliards d'écu.

Si une banque centrale manque d'écu, elle peut s'en procurer contre un apport de réserves à d'autres banques centrales ou au FECOM.

§ 4. Le mécanisme de crédit

Les mécanismes de crédit communautaire sont au nombre de trois : un financement à très court terme, un financement à court terme et un financement à moyen terme.

Le crédit à très court terme correspond à un délai de règlement entre banques centrales. Son montant n'est pas, en principe, limité. Il est automatiquement disponible. Il s'agit d'un financement de 45 jours fin de mois, avec un délai supplémentaire de 3 mois renouvelable une fois.

D'une durée maximale de neuf mois (trois mois renouvelables deux fois), le financement à court terme doit permettre aux Etats membres de faire face à un besoin de financement résultant d'un déficit temporaire de la balance des paiements. Ce financement permet de mobiliser un montant maximal de 14 milliards d'écu.

Le financement à moyen terme est destiné à remédier à de grosses difficultés des Etats membres en matière de balance des paiements. L'échéance de ces crédits varie de 2 à 5 ans. Le plafond est de 11 milliards d'écu.

Parallèlement à ces financements, la Communauté Economique Européenne peut contracter des emprunts internationaux au profit de l'un ou l'autre des Etats membres pour un montant maximal de 6 milliards d'écu.

§ 5. Les résultats du système monétaire européen

Dix ans après sa création, le SME a largement dépassé les objectifs que lui avaient assignés ses initiateurs. Le succès se concrétise sous trois aspects.

1. Malgré les troubles du deuxième semestre 1992, le SME a permis d'établir une zone monétaire connaissant une relative stabilité. Les années 1979

---

15. Le FECOM portera le nom de Fonds monétaire européen lorsque le SME deviendra définitif.

et 1980 furent assez calmes. De 1981 à 1983, en revanche, le SME a connu de nombreux soubresauts. Depuis mars 1983, le SME est redevenu particulièrement calme. Il est toujours difficile de réécrire l'histoire, mais il est probable qu'en l'absence de SME, les taux de change des différentes devises auraient beaucoup plus varié les uns par rapport aux autres qu'ils ne l'ont fait, et plus particulièrement durant la période 1981-1983.

2. La stabilité dont fait preuve le SME depuis mars 1983 provient en grande partie, d'une convergence des politiques économiques des différents pays européens. Cette convergence est même tout à fait impressionnante pour la France et l'Allemagne.

3. La dernière manifestation du succès du SME va bien au-delà des objectifs de ses promoteurs puisqu'il s'agit du développement de l'écu privé. Les transactions commerciales en écu se développent de manière significative depuis 1985. Cette devise est par ailleurs largement utilisée sur tous les compartiments du marché financier international : prêts à court terme, crédits à moyen terme, et émissions obligataires.

Malgré les succès, la stabilité des devises du SME n'en demeure pas moins relative. Depuis sa mise en œuvre officielle, le 13 mars 1979, le SME a connu de nombreux réajustements, comme le révèle le tableau 5.

Tableau 5
Les réajustements de parité au sein du SME

Date		*Réajustement de parité*	
24 septembre	1979	• Dévaluation de la couronne danoise	−2,9 %
		• Réévaluation du deutsche mark	+2 %
30 novembre	1979	• Dévaluation de la couronne danoise	−4,8 %
23 mars	1981	• Dévaluation de la lire	−6 %
5 octobre	1981	• Dévaluation du franc français	−3 %
		• Dévaluation de la lire	−3 %
		• Réévaluation du deutsche mark	+5,5 %
		• Réévaluation du florin	+5,5 %
22 février	1982	• Dévaluation du franc belge	−8,5 %
		• Dévaluation du franc luxembourgeois	−8,5 %
		• Dévaluation de la couronne danoise	−3 %
14 juin	1982	• Dévaluation du franc français	−5,75 %
		• Dévaluation de la lire	−2,75 %
		• Réévaluation du deutsche mark	+4,25 %
		• Réévaluation du florin	+4,25 %
21 mars	1983	• Dévaluation du franc français	−2,5 %
		• Dévaluation de la lire	−2,5 %
		• Dévaluation de la livre irlandaise	−3,5 %
		• Réévaluation du deutsche mark	+5,5 %
		• Réévaluation du florin	+3,5 %
		• Réévaluation de la couronne danoise	+2,5 %
		• Réévaluation du franc belge	+1,5 %
		• Réévaluation du franc luxembourgeois	+1,5 %
22 juillet	1985	• Dévaluation de la lire	−6 %
		• Réévaluation du deutsche mark	+2 %
		• Réévaluation du florin	+2 %

		• Réévaluation de la couronne danoise	+2	%
		• Réévaluation du franc français	+2	%
		• Réévaluation du franc belge	+2	%
		• Réévaluation du franc luxembourgeois	+2	%
		• Réévaluation de la livre irlandaise	+2	%
7 avril	1986	• Dévaluation du franc français	−3	%
		• Réévaluation du florin	+3	%
		• Réévaluation du deutsche mark	+3	%
		• Réévaluation du franc belge	+1	%
		• Réévaluation du franc luxembourgeois	+1	%
		• Réévaluation de la couronne danoise	+1	%
4 août	1986	• Dévaluation de la livre irlandaise	−8	%
12 janvier	1987	• Réévaluation du deutsche mark	+3	%
		• Réévaluation du florin	+3	%
		• Réévaluation du franc belge	+2	%
		• Réévaluation du franc luxembourgeois	+2	%
5 janvier	1990	• Dévaluation de la lire[1]	−3,7	%
14 septembre	1992	• Dévaluation de la lire	−3,5	%
		• Réévaluation des autres monnaies	+3,5	%
16 septembre	1992	• Suspension de la participation de la livre sterling au mécanisme de change du SME		
17 septembre	1992	• Dévaluation de la peseta	−5	%
		• Suspension temporaire des interventions obligatoires de la Banque d'Italie au mécanisme de change du SME		
23 novembre	1992	• Dévaluation de la peseta	−6	%
		• Dévaluation de l'escudo	−6	%

1. Il s'est agi, en fait, d'une réduction de la marge de fluctuation de la lire de ±6 % à ±2,25 %, accompagnée d'un ajustement implicite du cours pivot à la baisse de 3,7 %, ce qui revient en réalité à une dévaluation du même montant.

Source : BNP, *Regards sur les changes.*

Section IV — Le rôle et l'influence des spéculateurs sur le marché des changes

Des financiers et des économistes estiment que le marché des changes doit être dégagé de toute intervention des autorités monétaires. Ils pensent, en revanche, que les opérations des spéculateurs recherchant le profit ont pour conséquence de stabiliser les cours.

§ 1. L'argumentation de Milton Friedman

Sur le marché des changes, les coûts d'information et de transaction sont faibles et les barrières à l'entrée sont réduites. Dans ces conditions, les spéculateurs peuvent facilement intervenir sur le marché pour faire des profits et leurs opérations stabilisent en conséquence les cours de change.

Supposons qu'en l'absence de spéculateurs, l'évolution du taux de change dollar-franc français soit représentée par la courbe 1 du graphique 1. Admettons maintenant que les spéculateurs puissent entrer et sortir librement du marché. S'ils veulent réaliser des profits, les spéculateurs doivent acheter du dollar quand son prix est faible (B), pour le revendre quand il est élevé (A). Ils réalisent ce faisant un profit unitaire égal à la différence entre le prix d'achat et le prix de vente.

En achetant du dollar, les spéculateurs empêchent une baisse plus importante de cette devise. En le vendant ils préviennent une hausse. Par leurs opérations, les spéculateurs réduisent l'amplitude des fluctuations du taux de change. Plus ils sont nombreux à opérer de la manière indiquée et plus leurs interventions ont tendance à écréter les fluctuations. L'évolution du taux de change passe de la courbe 1 à la courbe 2.

§ 2. La critique de l'argument de Milton Friedman

Cette critique s'articule autour de deux idées.

1 — Les spéculateurs peuvent volontairement déstabiliser le marché des changes pour accroître leur profit. La condition requise pour y arriver est de disposer de sommes très importantes. Pour obtenir un tel résultat, il suffit de vendre du dollar en B et d'en acheter en A. En opérant de la sorte le taux de change connaît l'évolution représentée par la courbe 2 du graphique 2.

2 — Même si les spéculateurs ne veulent pas déstabiliser le taux de change, ils peuvent le faire de manière involontaire. L'analyse présentée jusqu'à maintenant est en effet une analyse *ex-post*. Après coup, il est toujours facile de déterminer le moment le plus opportun pour acheter et vendre du dollar. Dans la réalité, quand le spéculateur intervient sur le marché à terme, il ne connaît pas l'avenir. En B, il ignore réellement si le dollar est arrivé à un palier. Il peut, en toute bonne foi, penser qu'il va continuer à baisser et s'abstenir d'en acheter. Dans ces conditions, le dollar a toutes les chances de chuter. Le raisonnement est bien évidemment identique en A. Par conséquent, toute erreur de jugement des spéculateurs sur l'évolution des taux peut conduire à une déstabilisation du marché.

Graphique 1
Evolution du taux de change et opérations de spéculation

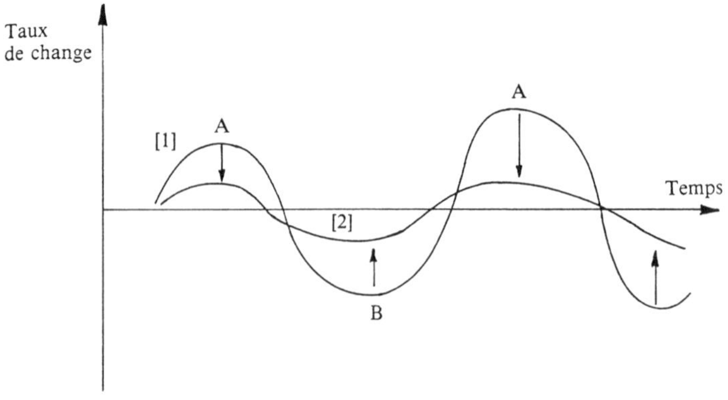

Graphique 2
Evolution du taux de change et opérations de spéculation

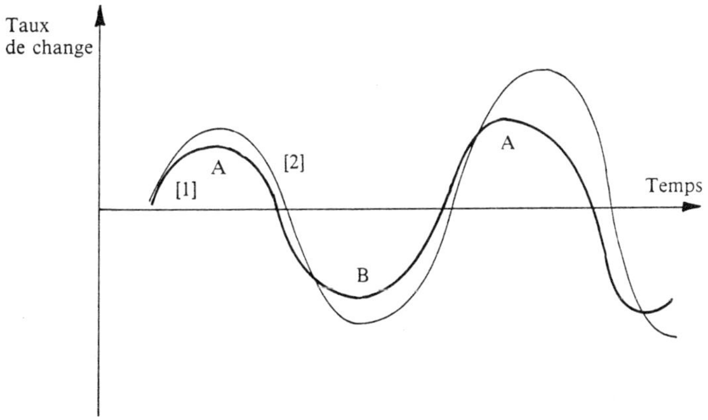

L'action déstabilisatrice des opérateurs sur le marché des changes n'est pas uniquement le fait des spéculateurs. Les achats et ventes de devises décidés par les banques centrales et les autorités monétaires peuvent également déstabiliser le marché. Il n'y a aucune raison, en effet, que les responsables politiques d'un pays soient plus aptes que les autres opérateurs à déceler ou à prévoir les variations des taux de change, et mieux à même que le marché à évaluer ce que doit être le taux d'équilibre. L'histoire financière internationale est pleine d'épisodes durant lesquels les interventions des banques centrales ont eu pour effet de déstabiliser le marché, plutôt que de réduire l'amplitude moyenne des fluctuations du taux de change.

Références

A. — OUVRAGES

BARRE R., DUNKEL A., GAUDARD G., LAMFALUSSY A., L'HUILLIER J., MERCILLON H., SCHMITT B., TRIFFIN R. : *Les déséquilibres monétaires et financiers internationaux*, Fribourg, Editions universitaires de Fribourg, 1987.

BLANC J. : *Le système monétaire international*, Paris, Ed. A. Pedone, 1979.

BOURGUINAT H. : *Les vertiges de la finance internationale*, Paris, Economica, 1987.

BOURGUINAT H. : *Le flottement des monnaies,* Paris, PUF, 1977.

COOPER R.N. : *The International Monetary System*, Cambridge Mass., The MIT Press, 1987.

DAVID J.H. : *Crise financière et relations monétaires internationales,* Paris, Economica, 1985.

DEGUEN D. : *Politique économique de la France,* Polycopié de l'Institut d'Etudes Politiques, Paris.

DENIZET J. : *Le dollar*, Paris, Fayard, 1985.

EINZIG P. : *Contre les changes flottants,* Paris, Mame, 1971.

GIAVAZZI F., GIOVANNINI A. : *Limiting Exchange Rate Flexibility : The European Monetary System,* Cambridge Mass., MIT Press, 1989.

GIAVAZZI F., MICOSSI S., MILLER M. : *The European Monetary System,* New York, Cambridge University, 1988.

LEVICH R.M. : *European Currency Unit*, Londres, Euromoney Publications, 1987.

LEVICH R.M., SOMMARIVA A. : *The Ecu Market : Current Developments and Future Prospects of the European Currency Unit*, Lexington Mass., DC Heath, 1987.

LINDERT P.H. : *Economie internationale*, 8e éd., Paris, Economica, 1989.

MARCHAL J., LECAILLON J. : *Le système monétaire international,* 8e éd., Paris, Cujas, 1984.

Mc DONALD R. : *Floating Exchange Rates : Theories and Evidence,* Londres, Unwin, 1988.

PASCALLON P. : *Le système monétaire international*, Paris, Les éditions de l'épargne, 1983.

PRISSERT P., PIQUEMAL A. : *Stratégie et économie des échanges internationaux,* Paris, La revue Banque.

SOHMEN E. : *Flexible Exchange Rates,* 2e éd., Chicago, The University of Chicago Press, 1969.

WILLIAMSON J. : *The Exchange Rate System*, Washington, Institute for International Economics, 1983.

B. — ARTICLES

CAHIERS DE LA BANQUE EUROPEENNE D'INVESTISSEMENT : 1979-89 the Ecu's Tenth Anniversary : a Special Issue, *Cahiers de la Banque Européenne d'Investissement*, décembre 1989, pp. 1-83.

DEVILLE V. : The Ecu on the Way to a European Currency : Implication of a Link between Private and Official Ecu, *Ecu Newsletter,* janvier 1989.

FOLKERTS-LANDAU D., MATHIESON D.J. : The European Monetary System in the Context of the Integration of European Financial Markets, *Occasional Paper,* n° 66, Washington DC, Fonds Monétaire International, octobre 1989.

FONDS MONETAIRE INTERNATIONAL : The Exchange Rate System. Lessons of the Past and Options for the future : A Study by the Research Department of the International Monetary Fund, *Occasional Paper,* n° 30, Washington DC, Fonds Monétaire International, 1984.

LA GENIERE R. de : Perspectives du système monétaire international, *Banque*, juin 1985, pp. 551-560.

LEBEGUE D. : Pour une réforme du système monétaire international, *Economie prospective internationale*, 4e trimestre 1985, pp. 7-18.

LELART M. : Les opérations des banques en Ecus privés, *Problèmes économiques*, 28 décembre 1989, pp. 8-12.

LEROUX L.A. : L'expérience du système de change européen, *Revue du marché commun*, novembre 1988, pp. 517-525.

MAYER H.W. : Private Ecus. Potential Macro-Economic Policy Dimensions, *Economic Papers* n° 16, Banque des Règlements Internationaux, avril 1986.

MICOSSI S. : The Intervention and Financing Mechanisms of the EMS and the Role of the ECU, *Banca Nazionale del Lavaro Quarterly Review*, décembre 1985, pp. 327-345.

NADAL M.J. : Evolution du marché bancaire de l'Ecu privé, *Bulletin trimestriel de la Banque de France*, septembre/octobre 1989, pp. 83-91.

SARCINNELLI M. : The EMS and the International Monetary System : Towards Greater Stability, *Gestion 2000*, n° 5, 1988, pp. 99-126.

SCHLÜTER P.W. : The Official Ecu, *Ecu Newsletter,* octobre 1986.

TRIFFIN R. : The IMS (International Monetary System or Scandal), *Banca National del Lavoro Quarterly Review*, septembre 1987, pp. 239-261.

ULLMO Y. : Le système monétaire européen, *Etudes,* octobre 1987, pp. 309-326.

UNGERER H., EVANS O., MAYER Th. : The European Monetary System : Recents Developments, *Occasional Paper,* n° 48, Washington DC, Fonds Monétaire International, décembre 1986.

UNGERER H., EVANS O., NYBERG P. : The European Monetary System : The Experience, 1979-82, *Occasional Paper,* n° 19, Washington DC, Fonds Monétaire International, 1983.

Le lecteur trouvera des informations complémentaires sur les sujets développés dans le présent chapitre dans les articles publiés dans les revues suivantes :

Banque
Bulletin des communautés européennes
Bulletin trimestriel de la Banque de France
Euromoney
Revue du marché commun
The Banker

C. — AUTRES PUBLICATIONS

BANQUE DE FRANCE : *Le système monétaire européen,* Note d'information n° 40, Banque de France, mai 1979.

BANQUE DES REGLEMENTS INTERNATIONAUX : *Rapport annuel.*

FONDS MONETAIRE INTERNATIONAL : *Yearbook*, Direction of Trade Statistics, FMI, Washington.

QUESTIONS

1. Qu'est-ce que la marge de fluctuation du taux de change ?
2. Quels sont les avantages et les inconvénients d'un système de changes fixes ?
3. Quels sont les avantages et les inconvénients d'un système de changes flottants ?
4. Quelle est, d'après Milton Friedman, l'influence des spéculateurs sur le marché des changes ? Que pensez-vous de cette analyse ?
5. Quelles sont les caractéristiques du système de l'étalon or ?
6. Quelles sont les caractéristiques du *Gold Exchange Standard* ?
7. Quelles sont les caractéristiques du système monétaire international issu des accords de Bretton Woods ?
8. Quel était l'objectif du pool de l'or ?
9. Quel était l'objectif poursuivi par les organisateurs de la réunion de Washington du 18 décembre 1971 ?
10. Comment calcule-t-on le cours théorique de l'Ecu en francs français ?
11. Comment calcule-t-on le taux d'intérêt à 6 mois sur l'Ecu ?
12. Qu'est-ce que l'indicateur de divergence ?
13. Qu'est-ce que le seuil de divergence ?
14. Quels sont les mécanismes de crédit communautaire mis en place dans le cadre du système monétaire européen ?

QUESTIONS A CHOIX MULTIPLES

Question 1

La conférence de Bretton Woods s'est tenue :

- à Gênes en 1922 .... ☐
- dans le New Hampshire, aux Etats-Unis, en 1944 .... ☐
- à Washington, au Smithsonian Institute, en 1971............ ☐
- en Jamaïque, en 1976...................................... ☐
- à Londres, en 1968, à la suite de la dissolution du pool de l'or ☐

Question 2

Le principe du système monétaire européen a été adopté par les neuf chefs d'Etat et de gouvernement des pays membres de la Communauté Economique Européenne :

- à Brême, les 6 et 7 juillet 1978............................ ☐

- à Bruxelles le 13 mars 1979 .... ☐
- à Versailles le 15 octobre 1982 .... ☐
- à Gênes en 1922 .... ☐

Question 3

Sachant que l'écart maximal de fluctuation entre deux devises du SME est fixé à ±2,25 %, et sachant que le poids du florin est d'environ 10 %, le seuil de divergence par rapport à l'écu de cette devise est :

- 2,25 % .... ☐
- 2,03 % .... ☐
- 1,90 % .... ☐
- 1,52 % .... ☐
- 1,30 % .... ☐
- 1,00 % .... ☐

Chapitre 7

LE CONTRÔLE DES CHANGES*

Il peut *a priori* sembler paradoxal de rédiger un chapitre sur le contrôle des changes dans un ouvrage consacré aux techniques financières internationales, dans la mesure où ce contrôle n'existe pratiquement plus en France. Ceci est vrai, mais ne pas aborder ce problème serait oublier que l'économie française n'est pas à l'abri d'un rétablissement du contrôle des changes et que moins de dix pays dans le monde sont dans une situation de quasi-liberté des changes ; tous les autres sont soumis à des contrôles plus ou moins rigoureux et contraignants. Il importe donc, pour ces deux raisons, de consacrer quelques pages à ce thème.

La France a une solide tradition de contrôle des changes. Elle a été inaugurée par un décret de 1932 qui a précisé le dispositif réglementaire à appliquer aux transferts financiers avec les pays dont la monnaie s'était effondrée avec la crise économique. La guerre de 1939 a bien évidemment renforcé le dispositif du contrôle des changes. Des allègements partiels sont intervenus en 1948 et en 1958. Il a cependant fallu attendre 1966 pour que ce contrôle soit aboli.

La crise politique de 1968 et les attaques contre le franc ont contraint le gouvernement à adopter, en mai de la même année, des mesures de sauvegarde. Suspendues en septembre 1968, elles furent renforcées par le décret du 24 novembre 1968 qui a rétabli, en fait, le contrôle des changes[1].

---

* Pour approfondir le contenu de ce chapitre, le lecteur peut se reporter au livre d'exercices corrigés de Yves Simon : *Finance Internationale,* Paris, Economica, 1992, et plus spécialement au chapitre 2 intitulé : Les déterminants du taux de change.

1. Pour avoir une vue plus complète sur l'histoire du contrôle des changes, le lecteur doit se reporter à l'ouvrage de L.G. TEYSSIER, *Le contrôle des changes en France de 1932 à 1972,* Paris, Librairie du commerce international, 1973.

Cette réglementation a été progressivement assouplie par différentes mesures adoptées après la dévaluation de 1969. Cette libéralisation fut renforcée par plusieurs décisions prises jusqu'au premier trimestre 1981. Malgré ces assouplissements, le cadre réglementaire mis en place le 24 novembre 1968 n'a jamais été démantelé. Ceci a permis au gouvernement issu des élections de mai et juin 1981 de renforcer sans peine ce contrôle quand des difficultés de change sont apparues. Le contrôle des changes a atteint en France sa plus grande sévérité, en temps de paix, en 1983. Depuis cette époque, et par touches successives, le contrôle a été progressivement levé, les efforts les plus importants ayant été réalisés entre 1966 et 1968.

Différents organismes ont participé et participent encore, dans une certaine mesure, au contrôle des changes. La direction du Trésor du ministère de l'Economie et des Finances est l'autorité suprême dans ce domaine. Elle définit la politique en matière de contrôle des changes. Elle a cependant toujours délégué une part importante de ses pouvoirs à d'autres directions du ministère des Finances et à certains organismes à compétence particulière.

La direction des douanes et des droits indirects est compétente pour les transferts à caractère commercial : exportations, importations et négoce international.

La Banque de France est compétente pour toutes les opérations courantes à l'exception de celles relatives aux transferts à caractère commercial.

La Caisse centrale de coopération économique a des prérogatives identiques à celles de la Banque de France en ce qui concerne les relations avec les départements et territoires d'outre-mer.

La direction des assurances du ministère des Finances est chargée d'appliquer le contrôle des changes aux entreprises d'assurance.

Parmi les organes à compétence particulière, mentionnons l'Institut national de la propriété industrielle qui est compétent en matière de transferts liés à des droits de propriété industrielle.

En fait, la mise en œuvre réelle et concrète du contrôle des changes est assurée par les intermédiaires agréés. Sous le contrôle de la Banque de France, de la direction des douanes et des autres organes ayant reçu délégation de la direction du Trésor, ces intermédiaires agréés sont autorisés à réaliser sous *leur responsabilité* tous les transferts de fonds entre la France et l'étranger. La qualité d'intermédiaire agréé est accordée par le ministère de l'Economie et des Finances à la plupart des banques françaises, à toutes les banques étrangères inscrites en France et à certains organismes à statut légal spécial comme la Caisse Nationale de Crédit Agricole et la Caisse des Dépôts et Consignations. Cet agrément est publié chaque année au *Journal officiel*. Il est révocable à tout moment.

Le contrôle des changes a pour objectif principal de limiter les entrées ou, plus généralement, les sorties de capitaux. Le graphique 1 traduit parfaitement le but poursuivi par les pouvoirs publics lorsqu'ils instaurent un contrôle des changes.

Graphique 1
Le contrôle des changes et la fixation du taux de change

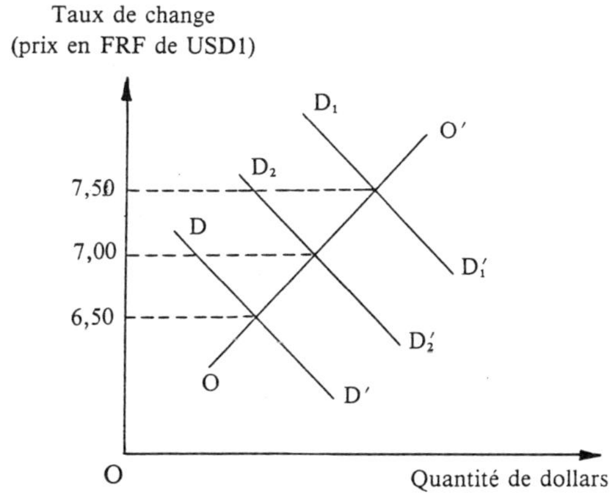

Dans un pays donné, prenons le cas de la France, l'offre et la demande de dollars sur le marché des changes sont représentées par les droites OO' et DD[2]. Le taux d'équilibre s'établit à l'intersection des deux droites et se fixe à USD 1 = 6,50 FRF. Supposons que les modifications de la politique économique conduisent à un accroissement de la demande de dollars entraînant un déplacement de la droite DD' en D_1D_1'. En l'absence de contrôle des changes, le taux d'équilibre se fixerait à USD 1 = 7,50 FRF. Cette baisse du franc étant jugée excessive, l'objectif de la réglementation des changes est de réduire, sous une forme ou sous une autre, et en utilisant différentes techniques exposées dans les prochaines sections de ce chapitre, la demande de dollars pour la maintenir à D_2D_2' et éviter qu'elle n'atteigne le niveau D_1D_1'. La finalité du contrôle des changes est de stabiliser le niveau du taux de change par l'intermédiaire d'une réduction de la demande de devises. Le même objectif peut être atteint par une action visant à accroître l'offre de devises sur le marché des changes.

La crainte d'une dépréciation de la monnaie nationale étant la situation la plus fréquente, le principe sous-jacent à la réglementation est d'autoriser les opérations favorables à la monnaie nationale et de limiter celles qui lui sont défavorables. La réglementation vise en conséquence à accélérer les cessions et à limiter les achats anticipés de devises.

En France, comme dans la plupart des autres pays qui ont pratiqué ou pratiquent encore le contrôle des changes, les mesures retenues par les autorités publiques concernent les biens et services, les investissements, les dépenses des touristes et les opérations financières internationales. Ces différents points sont exposés dans les quatre premières sections de ce chapitre. Les autres mesures participant au contrôle du marché des changes sont brièvement résumées dans la cinquième section.

---

2. Pour simplifier l'analyse, le raisonnement suppose l'existence de deux devises : la monnaie nationale et le dollar. La prise en compte de plusieurs devises compliquerait le raisonnement sans modifier les conclusions.

Section I — Le contrôle des changes et les mouvements de marchandises

Les exportations et les importations sont à des degrés divers concernées par les mesures de contrôle des changes.

§ 1. Le contrôle des changes et les exportations

Les exportations supportent fréquemment une réglementation contraignante, bien qu'elles ne donnent pas lieu à des transferts financiers vers l'étranger, car elles peuvent constituer un moyen privilégié de fuite de capitaux. Il suffit, en effet, de se faire payer en devises sur un compte étranger pour que, le plus facilement du monde, se produise une sortie de capitaux.

Le contrôle des changes appliqué aux exportations contraint généralement les entreprises à respecter trois obligations.

- Les exportateurs sont tenus de rapatrier toutes leurs créances sur l'étranger, en monnaie nationale ou en devises, nées de l'exportation de marchandises ou de services, y compris celles qui ne donnent pas lieu à domiciliation bancaire.
- Les entreprises sont tenues d'encaisser l'intégralité des sommes soumises au rapatriement et, si le règlement des exportations a lieu en devises, de les céder contre de la monnaie nationale sur le marché des changes. Il arrive souvent que la cession de devises doive se faire dans un délai très court (une ou deux semaines) à compter de l'expédition des marchandises. Pour satisfaire à cette obligation, les exportateurs doivent céder le montant de leur créance, procéder à une vente à terme ou vendre au comptant les devises empruntées dans le cadre d'une avance.
- Les exportateurs sont souvent tenus de domicilier chez un intermédiaire agréé toutes leurs opérations avec l'étranger ou, à tout le moins, celles ayant une valeur supérieure à un certain montant.

§ 2. Le contrôle des changes et les importations

En matière de contrôle des changes, les importateurs sont généralement tenus à trois obligations.

- Ils doivent domicilier chez un intermédiaire agréé toutes leurs opérations avec l'étranger ou, à tout le moins, celles ayant une valeur supérieure à un certain montant.
- Le délai accordé aux importateurs pour acheter les devises indispensables au paiement de leurs importations peut être réduit à quinze jours, une semaine, voire 48 heures dans les cas extrêmes. Bien évidemment, les achats de devises doivent être accompagnés de justificatifs.
- Le délai accordé aux importateurs pour se couvrir à terme peut être limité à 3 mois ou à 1 mois. Il peut arriver, dans des cas extrêmes, que l'achat à terme de devises pour la couverture d'importations de marchandises soit interdit.

Section II — Le contrôle des changes et les investissements

Les mesures de contrôle s'appliquent aux investissements à l'étranger décidés par les résidents d'un pays et aux investissements étrangers sur le territoire national. L'ampleur des contrôles diffère selon la nature des investissements. C'est ainsi que l'achat de valeurs mobilières étrangères par les résidents est beaucoup plus sévèrement contrôlé que les investissements directs à l'étranger effectués par les entreprises nationales.

Quelle que soit l'ampleur des contrôles, le rapatriement des capitaux étrangers investis dans un pays et le transfert des bénéfices vers l'étranger sont, d'une manière générale, librement autorisés dans le cadre des pays de l'OCDE. En revanche, de nombreux pays en voie de développement apportent des restrictions plus ou moins importantes à cette liberté des mouvements de capitaux.

§ 1. Le contrôle des changes et les investissements étrangers sur le territoire national

Les investisseurs étrangers peuvent être soumis à différentes obligations lors de la constitution de l'investissement et lors de sa liquidation.

Un investissement étranger sur le territoire national peut être soumis à déclaration auprès des autorités nationales et à autorisation préalable. Les opérations financières liées au développement d'entreprises nationales déjà sous contrôle étranger peuvent être dispensées de déclaration et d'autorisation préalables dans la limite d'un montant annuel global fixé par les autorités de contrôle. Il peut en être de même pour les acquisitions d'entreprises artisanales ou de commerce de détail destinées à être exploitées personnellement par l'acheteur non-résident.

Toute liquidation d'un investissement étranger sur le territoire national peut faire l'objet d'une déclaration aux autorités de contrôle.

§ 2. Le contrôle des changes et les investissements directs à l'étranger des entreprises nationales

Sont généralement considérés comme des investissements directs à l'étranger l'achat, la création ou l'extension de fonds de commerce, de succursales et d'entreprises, ainsi que toutes les opérations ayant pour effet de prendre le contrôle d'une société à l'étranger ou d'en accroître le contrôle. Les opérations à prendre en considération sont :

- les prises de participation ou les accroissements de participation, qu'il s'agisse d'apports en numéraire ou en nature,
- les prêts et avances consentis à des sociétés étrangères,
- la consolidation des dettes,
- les garanties données par des résidents en faveur d'entreprises étrangères.

Pour les pays qui appliquent un contrôle des changes à l'égard des investissements directs à l'étranger, le principe général de la réglementation est de soumettre à autorisation préalable les transferts de toute nature à destination de l'étranger. Les investissements directs sont généralement soumis à une déclaration préalable et à une autorisation spécifique accordée par les autorités chargées d'appliquer le contrôle des changes. Dans certaines circonstances, les investissements inférieurs à un certain montant sont dispensés de déclaration et d'autorisation préalable.

Pour éviter les sorties de capitaux sans interdire pour autant les investissements à l'étranger, le contrôle des changes impose très fréquemment que les investissements soient totalement ou partiellement financés par des devises empruntées sur le marché financier international ou le marché des capitaux du pays qui accueille l'investissement.

Pour des raisons qui visent plus à établir des données statistiques fiables qu'à contrôler les mouvements de capitaux avec l'étranger, les investisseurs doivent effectuer des comptes rendus et des déclarations après tout investissement et adresser chaque année aux autorités de contrôle certains documents comptables.

§ 3. Le contrôle des changes et les achats de valeurs mobilières étrangères

L'exportation et l'importation de valeurs mobilières étrangères font généralement l'objet d'une surveillance attentive de la part des autorités chargées de faire respecter le contrôle des changes. Le mécanisme le plus perfectionné mis en place fut celui de la devise-titre[3].

Dans ce système, les résidents ne sont plus autorisés à acheter des devises sur le marché des changes en vue de se procurer des valeurs mobilières libellées en devises. Ils ne peuvent effectuer ces opérations qu'au moyen de devises provenant de la vente, par des résidents, de valeurs mobilières libellées en devises.

La négociation de ces devises entre résidents acheteurs et résidents vendeurs de valeurs étrangères s'effectue de gré à gré par le canal des banques. Le marché de la devise-titre assure la confrontation, entre résidents, de l'offre et de la demande de titres en devises étrangères et en détermine le cours en monnaie nationale.

Le mécanisme de la devise-titre n'est pas récent. Au lendemain de la deuxième guerre mondiale, il fallait obtenir une autorisation de l'Office des changes pour acheter des titres étrangers. Cette autorisation était particulièrement restrictive car les devises-titres étaient géographiquement localisées : il était, par exemple, impossible de vendre des titres anglais ou allemands pour acheter des actions américaines. Pour se procurer des titres en dollar, il fallait vendre des titres en dollar. Les devises-titres étaient par ailleurs personnelles, c'est-à-dire que les intermédiaires ne pouvaient les négocier. Ces deux dispositions furent progressivement assouplies pour aboutir au régime du 22 avril 1955 dans lequel les intermédiaires étaient autorisés à opérer sur le marché de la devise-titre et à faire des arbitrages entre les différentes places financières.

---

3. Les développements de ce paragraphe sont inspirés d'une étude effectuée par la Banque Privée de Gestion Financière et publiée dans le *Bulletin mensuel* de cette banque en février 1982, d'une recherche réalisée par Charles de LA BAUME : *La devise-titre,* Cahiers de recherche du CEREG, Université Paris-Dauphine, 1983 et d'un article de J. OTTONE, *Le Nouveau Journal,* 20 janvier 1984.

Supprimées le 21 décembre 1962, ces mesures de contrôle de changes ont été rétablies en juin 1968. Elles furent supprimées quelques semaines plus tard et de nouveau rétablies de septembre 1969 à décembre 1971. A cette date la mise en place d'un double marché des changes et d'un franc financier eut pour conséquence de supprimer, dans les faits, le marché de la devise-titre. De la suppression du double marché des changes au 20 mars 1981, les investisseurs français purent librement acheter ou vendre des titres étrangers tout en les déposant obligatoirement chez un intermédiaire agréé. Les circulaires de la Banque de France du 20 mai 1981 ont rétabli le mécanisme de la devise-titre sous la forme qu'il avait prise entre septembre 1969 et décembre 1971.

Le mécanisme de la devise-titre n'est pas une spécificité française. Utilisé par la Grande-Bretagne, il n'y fut aboli qu'en octobre 1979 avec la suppression totale du contrôle des changes. La France et la Grande-Bretagne sont les deux seuls pays à l'avoir utilisé sur une grande échelle.

Le mécanisme de la devise-titre crée un marché artificiel auquel les résidents sont obligés de recourir pour accroître leurs actifs étrangers. Ce marché est hermétiquement clos : l'acheteur de titres libellés en devises ne peut les trouver qu'auprès des résidents vendeurs de titres libellés en devises. Le stock ne peut s'accroître. Dans la mesure où la demande de titres est supérieure à l'offre, l'ajustement ne peut se faire que par la hausse des cours de la devise-titre.

Sur le marché de la devise-titre, tel qu'il fut institué en France en 1981, le cours du dollar-titre, déterminé par la confrontation de l'offre et de la demande, sert de pivot à l'ensemble des autres devises-titres. Leur cours est déterminé en appliquant à la valeur du dollar-titre les parités officielles. Si le cours du dollar-titre s'établit à USD 1 = 8,50 FRF et si le deutsche mark se négocie sur le marché des changes sur la base de USD 1 = 2,50 DEM, le cours du deutsche mark-titre s'établit à 1 DEM = 3,40 FRF.

Le prix de la devise-titre diffère très sensiblement du cours de cette devise sur le marché des changes. L'écart entre les deux varie d'une période à une autre. La première fourchette du dollar-titre publiée le 22 mai s'est fixée à 6,35 — 6,41 FRF alors que le dollar commercial cotait le même jour 5,59 francs. La prime était donc égale à 13,6 % — 14,7 %. Après avoir oscillé entre 17 % et 34 % en 1982, elle a atteint 40 %. Cette prime a tendance à se creuser en période d'incertitude et lorsque les anticipations sur la dévaluation du franc français se font plus vives.

L'évolution comparée des cours du dollar commercial et du dollar-titre montre que la prime connaît d'amples fluctuations accentuées par l'étroitesse du marché et ses imperfections techniques.

Conséquence du marché de la devise-titre, le prix des actions étrangères cotées à Paris diffère de leur cours sur les autres places financières. Lorsque le cours de Schlumberger à New York vaut 120 USD et que le dollar à Paris s'établit à USD 1 = 8,50 FRF, théoriquement Schlumberger devrait être cotée à Paris 1020 (1020 = 120 x 8,50). Si le dollar-titre est coté 11,50 francs, la valeur de Schlumberger à Paris est égale à 1380

(1380 = 120 x 11,50), ce qui représente un écart de 30 % correspondant au montant de la prime du dollar-titre sur le dollar officiel[4].

Dans le marché français de la devise-titre, l'investisseur est donc libre d'acheter des titres étrangers libellés en devises, mais il est considéré comme un exportateur de capitaux et doit payer une pénalité égale au montant de la prime de la devise-titre.

De nombreux observateurs considèrent que les variations de cette prime reflètent les anticipations des opérateurs sur la tenue de la monnaie nationale. Il ne faut cependant pas attribuer de trop grandes vertus au cours de la devise-titre et lui faire dire plus qu'il ne peut révéler. Le taux de la devise-titre n'est pas une prévision de la valeur future de la monnaie nationale pour le proche avenir. Deux raisons s'y opposent. Le marché est étroit, cloisonné et sans relation avec le marché officiel. Par ailleurs, l'offre et la demande sur ce marché sont le fait d'un groupe d'intervenants spécifiques dont les opérations ne constituent pas un échantillon représentatif de celles effectuées sur le marché des changes.

Le mécanisme de la devise-titre « est une arme efficace pour endiguer les sorties de devises non justifiées par des opérations commerciales. Elle crée un marché artificiel entre résidents, totalement déconnecté du marché des changes, mais l'intervention de professionnels parfaitement rodés à cette réglementation confère à ce marché l'efficacité souhaitable »[5].

Section III — Le contrôle des changes et les dépenses des touristes à l'étranger

Le régime financier relatif aux déplacements des touristes à l'étranger peut faire l'objet d'une réglementation plus ou moins rigoureuse selon les pays, les époques et les vicissitudes du contrôle des changes.

Les contraintes édictées en France en mars 1983 ont été probablement les plus sévères jamais imposées depuis le début des années 1950 par un pays développé, membre de l'OCDE. Cette réglementation fut rapidement suspendue, mais il nous a semblé utile d'en rappeler les principales dispositions pour donner une idée de la rigueur atteinte à certaines périodes par le contrôle des changes.

Les résidents français qui se rendaient à l'étranger devaient acquérir un carnet de change et disposaient d'une allocation touristique en devises de 2 000 francs par personne et par an majorée de 1 000 francs pour chaque enfant de moins de 10 ans. En complément à cette allocation annuelle, les

---

4. Charles de LA BAUME explique, que cette prime n'a rien à voir avec les qualités propres de l'action « Le fait que des résidents français acceptent de payer un titre coté à l'étranger jusqu'à 1,4 fois son cours ne peut réellement s'expliquer par des anticipations boursières ». Cette hausse ne reflète nullement l'anticipation de performances exceptionnelles de tel ou tel groupe d'actions « L'existence d'une telle prime exprime publiquement l'anticipation d'une décote du franc français qui résulte d'une certaine défiance des investisseurs envers la monnaie nationale ». Pour de plus amples informations et développements, on consultera Ch. de LA BAUME : *La devise-titre,* Cahiers du CEREG, Université Paris-Dauphine, 1983.
5. *Bulletin mensuel,* Banque Privée de Gestion Financière, *op. cit.*

voyageurs pouvaient emporter 1 000 francs en billets français à chacun de leurs déplacements à l'étranger. L'usage des cartes de crédit et de paiement était strictement interdit lors des séjours touristiques à l'étranger.

Un régime particulier fut toutefois mis en place pour les voyages d'affaires. Il se concrétisait par l'attribution d'une allocation spéciale de 1 000 francs par jour. Par ailleurs, les cartes de crédit de sociétés émises sur le compte de l'entreprise pouvaient être utilisées. Leur usage était réservé au règlement des frais professionnels. Sur présentation de justificatifs, des versements pouvaient toutefois être effectués à destination de l'étranger pour régler des dépenses de séjour liées à des voyages d'affaires. Ces virements n'étaient pas imputés sur l'allocation spéciale de 1 000 francs par jour.

L'obligation du carnet de change fut supprimée en décembre 1983 et les résidents français disposèrent d'une allocation de 5 000 francs ou la contre-valeur de cette somme en devises étrangères. Les restrictions à l'utilisation des cartes de crédit et de paiement furent abandonnées en août 1984. La levée de cette interdiction avait été facilitée par un jugement de la Cour de Justice de Luxembourg qui l'avait estimée contraire aux principes de la Communauté économique européenne. Par la suite, de nouvelles mesures furent adoptées qui aboutirent à la situation de liberté totale qui est actuellement en vigueur.

Section IV — Le contrôle des changes et les opérations financières internationales

De nombreux pays imposent des mesures de contrôle relativement contraignantes à l'égard des opérations financières internationales. Nous mentionnons ci-joint les trois plus fréquemment utilisées.

- Les emprunts de résidents à des non-résidents, utilisés sur le territoire national, sont fréquemment soumis à une autorisation spécifique délivrée par le ministère des Finances ou les autorités chargées du contrôle des changes. Sont, en revanche, généralement dispensés d'autorisation, les emprunts libellés en devises contractés à l'étranger par des entreprises pour le financement d'opérations exécutées à l'étranger ou pour le financement d'importations et d'exportations.
- Les prêts en monnaie nationale de résidents à des non-résidents sont généralement interdits par la réglementation des changes pour éviter de favoriser les opérations de spéculation contre la monnaie nationale.
- Les émissions étrangères effectuées sur le marché financier national sont très souvent soumises à une autorisation préalable du ministère des Finances, même en l'absence de tout contrôle des changes.

Section V — Les autres mesures de contrôle des changes

Ces mesures extrêmement diverses poursuivent deux objectifs différents : renforcer la valeur d'une monnaie d'une part, éviter une trop forte appréciation de son cours d'autre part. Par ailleurs, certaines mesures spécifiques du contrôle des changes peuvent viser les opérations des non-résidents.

§ 1. Les mesures ayant pour objectif de renforcer la valeur d'une devise

Les responsables économiques et politiques peuvent vouloir renforcer la valeur de leur monnaie sur le marché des changes. Pour atteindre cet objectif, les mesures prises doivent favoriser les entrées de capitaux étrangers. Des accords de coopération entre banques centrales permettent d'atteindre le même objectif[6]. Le déplafonnement des taux d'intérêt sur les dépôts de non-résidents permet d'attirer les dépôts des institutions financières internationales, des banques centrales et des gouvernements étrangers. Le démantèlement du dispositif réglementaire visant à lutter contre l'afflux de capitaux étrangers est un préalable au renforcement de la valeur d'une devise. La hausse des taux d'intérêt est le dernier instrument utilisé. Cette technique favorise l'entrée de capitaux flottants.

§ 2. Les mesures ayant pour objectif d'éviter une appréciation de la valeur d'une devise

Un pays peut vouloir éviter une appréciation de sa monnaie par rapport à celle de ses partenaires commerciaux.

Les mesures envisageables dans cette hypothèse sont nombreuses. Nous avons retenu, à titre d'illustration, celles prises par la Suisse entre octobre 1974 et mars 1980 :

- limitation des entrées de capitaux,
- interdiction de rémunérer les avoirs étrangers déposés auprès des banques nationales,
- mise en place d'un intérêt négatif sur les dépôts effectués par des non-résidents.

§ 3. Les mesures concernant les non-résidents

Les non-résidents sont des spéculateurs potentiels à la baisse de la monnaie nationale. Ils peuvent en effet emprunter du franc sur le marché des euro-devises et le changer immédiatement dans une monnaie forte en espérant que le cours du franc aura baissé lors de son rachat en vue de rembourser l'emprunt initial. L'ampleur de ces opérations peut conduire les taux d'intérêt sur le marché de l'euro-franc à des niveaux très élevés. Le 14 mars 1981, le taux de l'euro-franc à Francfort a atteint 4 000 %, ce qui représente une valeur de 12 % par jour ! La simple demande de franc pour un motif de spéculation ne peut expliquer, seule, de tels niveaux. Des facteurs de nature technique doivent être intégrés dans l'analyse pour expliquer ces niveaux. Il faut par ailleurs comprendre qu'à 12 % par jour, très peu d'emprunts (et peut-être aucun) furent effectivement contractés.

---

6. En mars 1980, par exemple, la banque centrale japonaise a bénéficié d'un accord de swap de 5 milliards de dollars.

Le contrôle des changes devrait limiter les opérations de spéculation des non-résidents mais, dans la mesure où le gouvernement veut respecter les engagements internationaux relatifs à la convertibilité externe du franc, il ne peut guère restreindre la liberté des non-résidents d'opérer sur la monnaie internationale. Les quelques mesures susceptibles d'être décrétées visent à empêcher les banques résidentes de prêter du franc à des non-résidents — mesure dont nous avons déjà parlé précédemment — et à refuser aux non-résidents la possibilité de vendre en France des valeurs mobilières libellées en devises.

*

* *

Le contrôle des changes n'a jamais pu maintenir la valeur d'une devise à un niveau artificiel ne correspondant pas à l'état réel de l'économie du pays. La théorie économique et financière est parfaitement claire sur ce point. Les exemples historiques sont pour une fois cohérents avec la théorie. Ce fait est suffisamment rare pour être noté.

Le contrôle des changes n'est donc qu'une illusion. Pour maintenir le taux de change d'une devise, il faut poursuivre une politique économique adaptée se concrétisant par un taux d'inflation identique à celui des partenaires commerciaux et un équilibre de la balance commerciale. Qu'il y ait ou non un contrôle des changes, un pays ayant un taux d'inflation supérieur à celui de ses partenaires commerciaux et un déficit de sa balance commerciale subira une baisse de la valeur de sa devise. Le contrôle des changes ne pourra, dans la meilleure hypothèse, que retarder l'échéance. En fait, en la retardant, il la complique et la dramatise. Les exemples anglais de novembre 1967 et français de mars 1983 sont probants.

Le contrôle des changes n'entraîne aucun effet positif sur le plan macroéconomique. Il est en plus une source de tracas pour la gestion de l'entreprise.

La complexité des règles de change risque de dissuader les entreprises de libeller leurs contrats d'exportation en devises et d'aboutir à une facturation en monnaie nationale, ce qui n'est pas toujours favorable à la compétitivité des exportations du pays.

Références

A. — OUVRAGES

BANQUE FRANÇAISE DU COMMERCE EXTERIEUR : *Le contrôle des changes,* Paris, 1984.

BENTLEY Ph. : *A World Guide to Exchange Control Regulations*, Londres, Euromoney. 1985.

JACOMET Th., DIDIER E. : *Les relations financières a*
Gide Loyrette Nouel, 1990.

SELLESLAGS F. : *Pratique des paiements internation*
versitaires de Bruxelles, 1968, pp. 67-105.

TEYSSIER L.G. : *Le contrôle des changes en France de*
du commerce international, 1973.

B. — ARTICLES

BANQUE DE FRANCE : La clientèle titres des banq
à fin 1980, *Bulletin trimestriel de la Banque de France,*

BANQUE PRIVEE DE GESTION FINANCIERE : La
tionnement, *Bulletin mensuel,* février 1982, pp. 1-5.

CARREAU D., MEYRIER F. : La réglementation du
ges : aspects principaux, *Droit et pratique du comme*
n° 1, 1985, pp. 7-23.

LA BAUME Ch. de : Le prix de la devise titre, *Anal*
1984, pp. 84-93.

MENTRE P. : Le contrôle des mouvements de capita
de l'économie et des finances, octobre-décembre 197

OTTONE J. : Le clignotant devise-titre, *Le Nouveau*

PEYRELEVADE J. : Pour une autre conception du
que, février 1986, pp. 109-114.

RECCANATESI A. : Qui sont les spéculateurs intern
nomiques, 1er août 1973, pp. 9-11.

ROGEZ J.J. : Contrôle des changes : vers une sortie
finances agricoles, janvier 1980, pp. 41-46.

SALIN P. : Un double marché des changes est-il justifi
tique, novembre-décembre 1971, pp. 959-974.

SWIDROWSKI J. : Le contrôle des changes dans le m
ques, 27 décembre 1972, pp. 21-27.

Pour suivre l'évolution de la réglementation en matiè
le lecteur est invité à lire les articles publiés dans les r

ACCOMEX
Actualités de la BFCE
Bulletin trimestriel de la Banque de France
Crédit Lyonnais International
MOCI
Les notes bleues de Bercy.

C. — AUTRES PUBLICATIONS

LA BAUME Ch. de : *La devise-titre,* Université
du CEREG, 1983.

MINISTERE DE L'ECONOMIE ET DES FINANCES : *Recueil des réglementations du commerce extérieur et des changes,* Paris, Editions de Navarre, mise à jour régulière.

NEJJAR Y. : *L'évaluation de la devise-titre,* Mémoire DEA, IAE de Lille, 1982.

QUESTIONS

1. Quel est l'objectif affiché du contrôle des changes ?
2. A quelles contraintes peuvent être soumis les exportateurs du fait du contrôle des changes ?
3. A quelles contraintes peuvent être soumis les importateurs du fait du contrôle des changes ?
4. Quelles sont, pour une entreprise, les implications d'une domiciliation bancaire ?
5. Quel est l'objectif du marché de la devise-titre ?

EXERCICES

Exercice 1

Le 17 novembre, le cours du dollar titre s'établissait à : USD 1 = 9,50 FRF. A la même date, les parités officielles du franc suisse, du deutsche mark et de la livre sterling s'établissaient à :

USD 1 = 2,12 CHF
USD 1 = 2,56 DEM
1 GBP = USD 1,58

Sachant que les cours acheteur et vendeur diffèrent des cours centraux d'un *spread* d'environ 0,25 % de chaque côté, calculez les cours acheteur et vendeur du dollar-titre, du franc suisse-titre, du deutsche mark-titre et de la livre-titre.

Exercice 2

Le gouvernement de la République de Bordurie est confronté à un redoutable problème. Le déficit de la balance commerciale s'est dégradé depuis les douze derniers mois au point que le taux de couverture des importations par les exportations est passé à 84 %.

Conjointement à ce déséquilibre commercial, une grave crise de confiance des milieux financiers internationaux a eu pour conséquence d'induire une intense spéculation à l'égard du bordure et des sorties massives de capitaux de la République de Bordurie.

Le ministre des finances est chargé de mettre en place une politique adéquate pour remédier à la situation économique extérieure de la Bordurie. Il envisage d'instaurer un contrôle des changes.

1. Quels sont les avantages et les inconvénients d'un contrôle des changes ?
2. Peut-on espérer du seul contrôle des changes un rétablissement de la situation économique extérieure ?

Nonobstant les conseils de la grande majorité des économistes de la République de Bordurie, le ministre des finances décide d'instaurer un contrôle des changes. Son objectif est d'atténuer la pression à la baisse de la monnaie locale sur le marché des changes en agissant sur les flux financiers induits par les exportations.

3. Quelles mesures prendront les autorités monétaires pour atteindre cet objectif ?

A côté d'une action sur les flux financiers induits par les exportations, les autorités monétaires de la République de Bordurie pensent qu'il serait astucieux de réduire à 1 mois les possibilités de couverture à terme des importateurs.

4. Quelles sont les conséquences à court et moyen terme, pour les importateurs et pour la tenue de la monnaie locale, d'une restriction des possibilités de couverture des importateurs ?

Afin de réduire les achats de valeurs mobilières étrangères, les responsables financiers veulent instaurer un mécanisme identique à celui de la devise-titre mis en place en France en 1981, pays qui sert fréquemment de modèle aux responsables politiques de la République de Bordurie.

5. Pourquoi les autorités monétaires veulent-elles freiner les achats de valeurs mobilières effectuées par les citoyens de la République de Bordurie ?
6. Décrivez le mécanisme de la devise titre tel qu'il a fonctionné en France entre 1981 et 1986.
7. Quel jugement portez-vous sur le mécanisme de la devise-titre ?

Chapitre 8

LA PRÉVISION DU TAUX DE CHANGE

Du fait de leur exposition au risque de change, les entreprises sont très sensibles aux variations des cours des devises. Il est donc naturel qu'elles essaient d'en prévoir l'évolution, bien que cette opération soit fort délicate. Il est en effet pratiquement impossible de prévoir correctement l'évolution à court terme des taux de change et l'opération se révèle très difficile pour le moyen et le long terme.

Les financiers d'entreprise et de banque estiment possible, malgré les difficultés de l'exercice, de prévoir l'évolution des taux de change. Qu'elles le veuillent ou non, ajoutent-ils, les entreprises possédant des créances ou des dettes en devises font nécessairement des prévisions, car le fait de ne pas prévoir explicitement l'évolution des taux de change suppose implicitement une anticipation de leur stabilité. L'ampleur des conséquences qu'impliqueraient des erreurs trop fréquentes sur l'évolution des cours des devises justifie que les banques et les entreprises consacrent des ressources importantes à l'élaboration de modèles permettant de diagnostiquer et de prévoir l'évolution des cours de change.

Les variables explicatives de l'évolution du taux de change sont de nature socio-politique ou économique.

Les premières mettent l'accent sur l'évolution de la situation politique et sociale et prennent en compte des phénomènes aussi divers que la stabilité du gouvernement, le rôle des partis politiques, la proximité des élections et les enjeux défendus par les divers groupes de pression. Les programmes des partis politiques, la naissance de nouvelles tendances politiques peuvent devenir des facteurs d'évolution. Il est conseillé à cet égard d'évaluer l'impact des programmes des partis politiques sur l'environnement monétaire et financier. Si la stabilité politique d'un pays est menacée, une variation de change est souvent imminente. Le changement d'orientation d'un gouvernement laisse présager des bouleversements économiques et l'apparition de mesures susceptibles d'agir sur l'évolution du taux de change. Toutes ces incertitudes sont souvent le prétexte à des mouvements financiers et à une modification des parités des monnaies.

L'analyse des facteurs psychologiques est importante. La valeur d'une monnaie est, dans une certaine mesure, fonction de la confiance des opérateurs dans cette devise. La perte de confiance de certaines catégories de la population, le monde des affaires par exemple, peut, de manière indirecte, exercer une influence néfaste sur l'évolution du taux de change.

L'observation des facteurs psycho-socio-politiques est indispensable à la prévision du taux de change. Mais en l'état actuel des connaissances, il est pratiquement impossible d'exprimer parfaitement ces phénomènes sous forme de modèles rationnels et cohérents[1]. Quelle que soit par ailleurs leur importance, leur influence est nettement inférieure à celle exercée par les variables économiques.

Prévoir l'évolution du taux de change est une opération fort délicate. L'objet de ce chapitre n'est pas de faire croire au lecteur qu'il est possible d'anticiper correctement l'évolution du taux de change. Il est, plus modestement, de présenter les différentes variables économiques susceptibles de faire évoluer le cours des devises et d'évoquer les problèmes que pose la prévision du taux de change.

Section I — Les variables économiques et la prévision du taux de change

Les trois variables économiques les plus fréquemment retenues dans les différents exercices de prévision du taux de change sont le taux d'inflation, les taux d'intérêt et la situation de la balance commerciale.

§ 1. Le taux d'inflation

La théorie de la parité des pouvoirs d'achat fournit une indication précieuse sur l'évolution du taux de change. Le différentiel d'inflation étant le principal déterminant à moyen terme du cours des devises, l'observation des taux d'inflation dans les différents pays permet de se faire une idée précise de l'évolution des taux de change.

Par ailleurs les prévisions du taux d'inflation ne sont pas les plus difficiles et les plus risquées de toutes celles effectuées par les experts. Il est désor-

1. Le terme « modèle » ne vise pas uniquement une formulation mathématique.

mais acquis que le taux d'inflation est étroitement relié au taux de croissance de la masse monétaire. A court terme, de nombreux autres facteurs exercent une influence sur l'inflation, mais dès que l'on dépasse un horizon de 18 mois, le taux de croissance de la masse monétaire est le principal déterminant du taux d'inflation. Toute augmentation de la masse monétaire supérieure au taux de croissance du produit intérieur brut induit à moyen terme un taux d'inflation égal à la différence entre les taux de croissance de la monnaie et du produit (à vitesse de circulation de la monnaie constante).

Bien évidemment, la théorie de la parité des pouvoirs d'achat n'est jamais parfaitement vérifiée. Les informations que l'on peut en tirer quant à l'évolution du taux de change sont donc incertaines. Elles doivent être au mieux considérées comme des tendances. Il n'en demeure pas moins que l'observation de l'écart, à un moment donné, entre le différentiel de change effectivement enregistré sur le marché et celui qui résulterait de la stricte application de la parité des pouvoirs d'achat, fournit une indication précieuse sur l'évolution relative future des cours des devises. La parité des pouvoirs d'achat constitue un ressort de rappel, une limite vers laquelle doit tendre le taux de change. Toute différence significative entre le taux de change effectif et celui qui résulterait de la parité des pouvoirs d'achat signifie que tôt ou tard le taux de change effectif devra rejoindre le taux reflétant la parité des pouvoirs d'achat. Les graphiques 1 et 2 indiquent qu'il existe cependant des périodes assez longues pendant lesquelles le ressort de rappel ne joue pas ou joue mal. Tel est d'ailleurs plus spécialement le cas du dollar.

Graphique 1
Cours USD-DEM
Ecart par rapport à la parité des pouvoirs d'achat

Unité : Pourcentages.
Source : BNP, *Regard sur les changes,* avril 1986, p. 6.

§ 2. Les taux d'intérêt

Les taux d'intérêt sont un facteur explicatif important de l'évolution à court terme du taux de change. Il est malheureusement difficile de prévoir

Graphique 2
Cours DEM-FRF
Ecart par rapport à la parité des pouvoirs d'achat

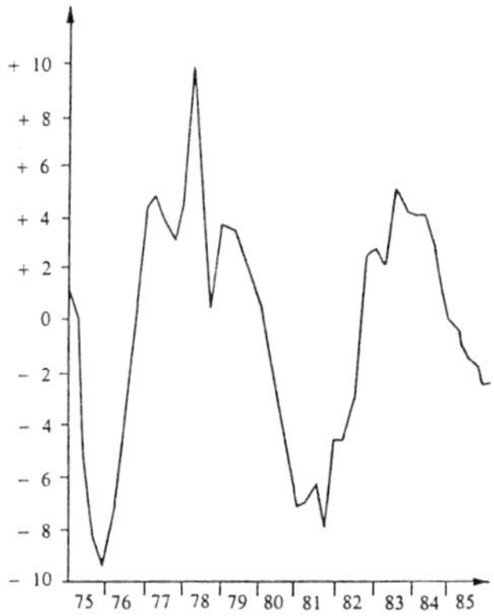

Unité : Pourcentages.
Source : BNP, *Regard sur les changes,* avril 1986, p. 14.

aujourd'hui ce que sera le taux de change au comptant dans 6 mois ou 1 an car, pour le connaître, il faudrait être capable de prévoir aujourd'hui les taux d'intérêt dans 6 mois ou 1 an dans les deux pays. Il existe des méthodes de prévision des taux d'intérêt, mais elles sont loin d'avoir donné, de manière générale, d'excellents résultats[2].

Le taux de change à terme ne peut-il pas être utilisé comme base de départ pour prévoir le taux de change au comptant futur ?[3]

Cette démarche rejoint les préoccupations de nombreux praticiens et théoriciens. Les uns et les autres considèrent qu'il est difficile, et même impossible, de prévoir correctement l'évolution du taux de change car ce marché est très efficient. Cette constatation les conduit à considérer que le taux à terme est le meilleur prédicteur du taux au comptant futur. Un taux de change en déport traduirait une anticipation de baisse du taux au comptant futur. Un taux en report anticiperait une hausse du taux au comptant futur.

Est-ce à dire que le taux à terme est un bon prédicteur du taux au comptant futur ? Les résultats des tests empiriques sont douteux. Ce problème recouvre en fait deux questions. La première concerne la capacité prédictive du taux à terme. Elle se préoccupe de la précision de la prévision et de l'ampleur des erreurs de prévision. La deuxième concerne l'existence d'un biais éventuel dans l'estimation fournie par le taux de change à terme. Existe-t-il un écart systématique entre le taux à terme et le taux au comptant futur anticipé ?

---

2. Certains n'hésitent pas à avancer qu'ils possèdent des méthodes quasi infaillibles. Celles-ci demeurent, bien évidemment, confidentielles.
3. Les développements ci-joints sont extraits des travaux de A.HYAFYL et B. SOLNIK : Le taux de change à terme, prédicteur du taux de change futur, *Vie et Sciences Economiques*, juillet 1978, pp. 6-16. Le lecteur est invité à se reporter à cette publication et à l'ensemble des travaux des auteurs sur le sujet pour de plus amples développements.

Il n'est pas indifférent, pour un praticien, que le taux à terme soit un prédicteur non biaisé mais doté d'une faible capacité prédictive, (du fait d'un fort pourcentage d'erreurs) ou qu'il sous-évalue systématiquement le taux de change futur (du fait de la présence d'un biais systématique), mais en le prévoyant avec une remarquable précision.

L'analyse théorique de ce problème se scinde en deux. La théorie issue d'un raisonnement en termes de marchés parfaits implique que le taux à terme est un estimateur sans biais du taux au comptant futur. Certains auteurs ont cependant développé des modèles d'équilibre prenant en compte la situation d'incertitude et les imperfections qui caractérisent le marché des changes. Ils démontrent que le taux à terme devrait différer du taux au comptant anticipé d'une prime liée au risque de change. Il n'est pas équivalent en effet pour un opérateur d'avoir une position dans une devise dont la valeur future est incertaine ou d'avoir une position sans risque grâce à une opération de couverture qui permet de connaître avec certitude la valeur de cette position[4].

Les études empiriques semblent conclure que le taux à terme prédit mal l'évolution du taux de change au comptant futur. Par ailleurs, les résultats relatifs à l'éventuelle présence d'un biais sont contradictoires et peu fiables. L'existence d'un biais semble prouvée, mais il n'est pas stable et son sens n'est pas totalement indépendant de la variation de change anticipée.

Ces conclusions confirment qu'il est difficile de prévoir correctement l'évolution des taux de change à court terme.

§ 3. Les soldes de la balance des paiements

Les principaux soldes de la balance des paiements, qu'il s'agisse du solde du commerce extérieur, de la balance des transactions courantes ou de la balance de base sont des facteurs explicatifs importants de l'évolution à moyen et long terme des taux de change. L'accroissement du déficit commercial, pour prendre un exemple précis, ne peut avoir qu'un effet négatif sur l'évolution du taux de change. Inversement, la réduction du déficit des transactions courantes exerce un effet favorable sur l'évolution du taux de change.

Ces différents soldes sont d'autant plus importants qu'ils intègrent les conséquences des écarts d'inflation et des différentiels de taux d'intérêt.

Les différentiels de taux d'inflation sont pris en compte au niveau de la balance commerciale. Quand un pays a une inflation supérieure à celle de ses principaux partenaires commerciaux, ses exportations sont plus difficiles. La conséquence en est un accroissement du déficit commercial. Le résultat est strictement inversé dans l'hypothèse où le taux d'inflation national

4. Les travaux les plus significatifs dans cette direction sont ceux de B. SOLNIK : An Equilibrium Model of the International Capital Market, *Journal of Economic Theory,* août 1974, pp. 500-524, de R. ROLL - B. SOLNIK : A Pure Foreign Exchange Asset Pricing Model, *Journal of International Economics,* mars 1977 et de F.Z.A. GRAUER - R.H. LITZENBERGER - R.E. STEHLE : Sharing Rules and Equilibrium in an International Capital Market under Uncertainty, *Journal of Financial Economics,* juin 1976, pp. 233-256.

est inférieur à la hausse des prix des principaux partenaires commerciaux.

Les différentiels de taux d'intérêt sont pris en compte au niveau de la balance de base, dans la mesure où les mouvements de capitaux à long terme et les mouvements de capitaux à court terme du secteur privé non bancaire sont partiellement déterminés par les différentiels de taux d'intérêt.

L'importance des soldes du commerce extérieur et de la balance des transactions courantes dans la détermination du taux de change oblige les prévisionnistes à suivre très régulièrement l'évolution d'un certain nombre d'indicateurs reliés à la situation des comptes extérieurs. Les principaux d'entre eux sont au nombre de six :

- le taux de croissance ou de décroissance des réserves internationales du pays,
- le taux de couverture des importations par les exportations,
- l'évolution des prix relatifs,
- le taux de croissance de l'offre de monnaie,
- le taux de diversification des exportations,
- le ratio du service de la dette.

En suivant l'évolution de ces différents indicateurs, le prévisionniste dispose d'un certain nombre de clignotants servant de détecteurs à une prochaine amélioration ou détérioration du taux de change.

Prévoir la situation future de la balance commerciale est un exercice beaucoup plus difficile que de prévoir le taux d'inflation. Les méthodes de prévision ont fait de grands progrès, mais il est difficile d'obtenir des résultats parfaitement fiables et de prévoir correctement le taux de change à partir du solde de la balance commerciale. Ce dernier évolue sous l'influence de facteurs plus nombreux et plus difficiles à cerner que le taux d'inflation. Les principaux déterminants sont les prix des exportations et des importations, d'une part, les revenus des consommateurs français et étrangers, d'autre part.

La demande d'importations et d'exportations est reliée aux prix et aux revenus au moyen des élasticités. En supposant qu'elles soient relativement stables, il est possible d'en déduire la situation de la balance commerciale à partir d'une estimation des prix des exportations et importations françaises et étrangères et des revenus des consommateurs français et étrangers.

La balance des opérations courantes prend en compte les soldes de la balance commerciale, des services et des transferts unilatéraux. Les exportations et importations de services ne fluctuant pas beaucoup, leur solde est assez facile à prévoir. Les transferts unilatéraux sont également aisés à anticiper car les transferts gouvernementaux et les mouvements de fonds provenant des travailleurs migrants connaissent des évolutions assez lentes.

Quand est prévu un solde positif de la balance des opérations courantes, il est logique de s'attendre à une hausse du taux de change. Inversement, l'anticipation d'un solde négatif de la balance des opérations courantes conduit à anticiper une baisse du taux de change.

La balance de base peut être un instrument de prévision des taux de change, mais plus les flux internationaux pris en compte sont nombreux et diversifiés, plus il est difficile d'en prévoir correctement le solde.

Les différentes balances constituent des outils intéressants, mais leurs qualités prévisionnelles ne sont pas identiques. Ces différents soldes sont complémentaires. Chacun d'eux apporte des informations que les autres ne peuvent procurer.

La balance des paiements est l'instrument privilégié pour recenser les relations économiques et financières entre un pays et le reste du monde et, à ce titre, justifier les prévisions sur le taux de change.

Elle doit être cependant utilisée avec prudence, car la sommation au niveau mondial des excédents et des déficits nationaux n'aboutit pas à un résultat nul. Depuis 1979, une masse de plus en plus importante de flux commerciaux et financiers n'est pas enregistrée ou l'est de manière asymétrique par les différents pays, de sorte que la sommation des excédents et des déficits nationaux laisse apparaître un déséquilibre important, ce qui jette un doute sur l'utilisation possible des soldes de la balance des paiements pour la prévision du taux de change.

Ces chiffres ne sont pas négligeables. Jusqu'en 1979, les différences d'enregistrement évoluaient dans une fourchette de 15 milliards de dollars, ce qui représentait environ 1 % des flux internationaux. Ces différences se sont accrues passant de 20 milliards de dollars en 1980 à 47 milliards en 1981, 89 milliards en 1982 et 79 milliards en 1983, ce qui correspondait à environ 3 % des échanges extérieurs courants[5].

La surévaluation ou la sous-évaluation des transactions sont partiellement répertoriées dans le poste « Erreurs et omissions » de la balance des paiements. Même lorsqu'ils disposent d'un appareil statistique performant, certains pays présentent des postes Erreurs et omissions très importants :

- 38 milliards de dollars pour les Etats-Unis en 1982,
- 20 milliards de dollars pour les Etats-Unis en moyenne sur la période 1979-1982,
- 9 milliards de dollars pour l'Italie en 1976,
- 12,9 milliards de dollars pour l'Italie en 1977,
- 5,6 milliards de dollars pour le Royaume-Uni en 1977,
- 4,1 milliards de dollars pour le Royaume-Uni en 1978,
- 6,2 milliards de dollars pour le Royaume-Uni en 1982.

Les asymétries dans la balance mondiale des paiements courants résultent d'écarts enregistrés au niveau de la balance commerciale et de la balance des invisibles.

Jusqu'en 1981, les écarts dans la balance commerciale étaient positifs et peu importants. En 1982 et 1983, les écarts sont devenus négatifs tout en restant faibles.

Les écarts dans la balance mondiale des invisibles sont, en revanche, toujours négatifs et ont tendance à prendre des proportions très importantes :

- 1 milliard de dollars en 1972,
- 27 milliards de dollars en 1979,
- 45 milliards de dollars en 1980,

5. Ce paragraphe reprend les développements d'une étude publiée par la BNP : Le « trou noir » des balances des paiements, *Lettre de conjoncture,* février 1984.

- 81 milliards de dollars en 1981,
- 75 milliards de dollars en 1983.

Ce déficit représentait environ 3 % des flux d'invisibles avant 1975. Il s'est élevé à 6 % entre 1975 et 1979 pour atteindre 11 % en 1982.

Les invisibles plus spécialement en cause sont les transports car la présence des pavillons de complaisance aboutit à un enregistrement plus correct des dépenses que des recettes, et les revenus des investissements car la partie non réinvestie peut facilement transiter vers les paradis fiscaux. Les services d'assurance, de courtage, de publicité et d'ingénierie expliquent également une partie des écarts dans la balance mondiale des services. Les sociétés multinationales sont en général les bénéficiaires de ces services et il est difficile de leur attribuer un lieu de résidence très précis. Il faut enfin noter que ces services peuvent être sous-évalués dans un but d'évasion fiscale[6].

Dans la mesure où les contreparties de ces différences ne peuvent être affectées à un pays, elles jettent un doute sur l'utilisation qui peut être faite des données de la balance des paiements pour la prévision du taux de change. Une étude effectuée par le Centre d'études prospectives et d'informations internationales (CEPII) est révélatrice des erreurs d'interprétation auxquelles peuvent conduire ces asymétries dans le recensement des flux commerciaux[7].

En redistribuant, sur la période 1969-1982, ces écarts statistiques de manière à obtenir au niveau mondial une différence au plus égale à 2,5 milliards de dollars, le CEPII a montré que les soldes de la balance des paiements courants pouvaient être profondément modifiés et même inversés.

En 1981, avant correction, le surplus de la balance des paiements courants du Japon était de + 5,1 milliards de dollars ; après correction, il atteignait 11,3 milliards de dollars.

En 1980, avant correction, le déficit de la balance des paiements courants de l'Allemagne était de − 16,8 milliards de dollars ; après correction, il atteignait − 12,5 milliards de dollars.

En 1981 et 1982, avant correction, le solde de la balance des paiements courants des Etats-Unis était négatif ; après correction, il était positif !

Les informations statistiques permettant d'établir la balance des paiements courants sont d'une qualité incomparablement supérieure à celle relative aux mouvements de capitaux. Dans la mesure où, malgré cette qualité, des écarts annuels de 80 milliards de dollars sont enregistrés entre les recettes et les dépenses au niveau mondial, il est évident que les soldes des mouvements de capitaux ne peuvent être retenus car ils sont entachés d'erreurs considérables.

---

6. Pour de plus amples informations sur tous ces points, le lecteur consultera avec intérêt l'article suivant : The World's Missing Billions, *Fortune,* 22 août 1983, pp. 154-155.
7. CEPII. *Les désajustements des balances des paiements,* Document de travail CEPII, janvier 1984.

Section II — Les problèmes posés par la prévision du taux de change

La prévision du taux de change pose trois problèmes importants. Le premier est celui de l'horizon temporel de la prévision. Le deuxième est celui des méthodes retenues pour prévoir le taux de change. Le troisième est celui de la possibilité de prévoir l'évolution du taux de change.

§ 1. L'horizon temporel de la prévision du taux de change

Les prévisionnistes ne sont pas tous d'accord sur l'horizon qui doit être retenu pour effectuer une prévision du taux de change. Certains pensent qu'il est nécessairement à court terme ; d'autres estiment que la prévision doit avoir pour cadre le moyen ou le long terme.

Les experts ne sont pas d'accord également sur l'échéance effective d'une prévision à court, moyen et long terme. Pour clarifier les idées, nous pouvons dire cependant que l'horizon d'une prévision à très court terme ne dépasse pas 7 jours, que celui d'une prévision à court terme est compris entre 7 jours et 3 mois, qu'une prévision à moyen terme se fixe pour horizon une échéance comprise entre 3 mois et 3 ans et qu'au-delà de 3 ans la prévision est considérée comme étant à long terme.

§ 2. Les méthodes de prévision du taux de change

Deux grandes séries de méthodes peuvent être distinguées. Les premières sont fondées sur l'analyse technique ou chartiste. Elles permettent, en général, une prévision à très court terme et s'appuient, sinon exclusivement, du moins essentiellement, sur le comportement passé des cours de change. Les méthodes économiques sont fondées sur l'existence de relations stables entre le cours de change et diverses variables économiques. Destinées à formuler des prévisions à moyen et long terme, ces méthodes recourent de plus en plus fréquemment à l'économétrie et à des modèles quantifiés et informatisés.

A. — L'analyse technique et les méthodes chartistes

L'analyse technique est la plus ancienne méthode utilisée pour analyser le comportement d'un marché. Les opérateurs y ont eu recours dès les années 1880, époque à laquelle l'inexistence de l'information nécessaire à l'analyse fondamentale interdisait toute étude quantitative.

L'analyse technique est aussi décriée par les théoriciens des marchés financiers qu'elle est utilisée par les professionnels de la finance. Pour les tenants de l'analyse technique c'est « par manque de compréhension (que) ses détracteurs la présentent souvent comme relevant de la divination »[8].

---

8. E. BERTRAND, L'analyse technique : fondements théoriques et méthodes, *Encyclopédie de Gestion,* Paris, Economica, 1989, pp. 163-180. Le lecteur peut également se référer à l'excellent ouvrage de Th. BECHU et E. BERTRAND : *L'analyse technique. Pratiques et méthodes*, Paris, Economica, 1992.

Des nombreuses définitions de l'analyse technique, nous retiendrons celle donnée par J. Murphy : « L'analyse technique est l'étude de l'évolution d'un marché, principalement sur la base des graphiques, dans le but de prévoir les tendances futures »[9].

Depuis plusieurs années, les techniques chartistes suscitent un regain d'intérêt, en particulier dans le domaine des changes. Deux raisons peuvent expliquer cet engouement :

- les fluctuations de plus en plus importantes et erratiques des taux de change contraignent les opérateurs à concevoir de nouveaux outils d'aide à la décision ;
- les modèles de prévision basés sur les variables économiques et l'analyse fondamentale se sont révélés peu fiables, surtout à court terme ; les théories comme celle de la parité des pouvoirs d'achat sont peut-être valides à long terme, mais elles ne permettent pas de formuler des prévisions correctes à court terme.

1 - *Les principes de l'analyse technique*

Contrairement à l'analyse fondamentale et aux méthodes économiques, l'analyse technique se concentre sur « ce qui est » et non pas sur « ce qui devrait être ». Elle s'intéresse au marché lui-même et non pas aux facteurs externes reflétés par le marché ; elle décrit les mouvements du marché sans rechercher les raisons qui les expliquent. Deux principes fondamentaux sont à la base de l'analyse technique :

- la valeur d'une devise sur le marché des changes est uniquement déterminée par le jeu de l'offre et de la demande ;
- les cours de change ont tendance à évoluer selon des trends et des tendances.

L'analyse fondamentale repose sur l'idée que chaque devise a une valeur intrinsèque et que le taux de change doit tendre vers cette valeur. L'analyse technique repose au contraire sur l'idée que « l'histoire a tendance à se répéter » et qu'il existe une dépendance dans les variations successives des cours de change.

2 - *Les méthodes de l'analyse technique*

Les méthodes utilisées par les spécialistes de l'analyse technique sont nombreuses et complémentaires. Elles partagent toutes les mêmes buts : déterminer les tendances en vigueur, repérer les zones de congestion et signaler les changements de tendance à venir.

2.1. Les graphiques

Le chartisme est la plus connue des méthodes auxquelles recourent les spécialistes de l'analyse technique. On distingue généralement les graphiques en continu, en bâton (*bar charts*) et en croix et points.

Le graphique en continu est une courbe reliant les valeurs du taux de change au cours du temps.

Le graphique en bâton fait figurer pour chaque intervalle de temps une barre verticale reliant le cours le plus haut au cours le plus bas. L'analyste

---

9. Cité par E. BERTRAND, *op. cit.*

y ajoute une marque transversale pour indiquer le cours de clôture. Ce graphique est très utilisé, car il contient trois informations contre une seule pour le graphique en continu.

Le graphique en croix et points n'a pas d'échelle temporelle. Sur un graphique de ce type ne sont enregistrées que les fluctuations contribuant au développement d'une tendance. Si l'axe vertical reflète les cours cotés, l'axe horizontal ne présente aucune signification particulière. Les croix et les points enregistrent respectivement les hausses et les baisses des cours. Toute rupture de tendance induit une nouvelle colonne de croix ou de points. Le passage d'une phase de hausse à une phase de baisse se matérialise par une nouvelle colonne de points débutant un cran au-dessous du cours le plus élevé. Le passage d'une phase de baisse à une phase de hausse des cours se matérialise par une nouvelle colonne de croix débutant un cran au-dessus du point le plus bas atteint par le marché. Ce graphique permet de mettre très facilement en évidence les tendances et les zones de congestion, car elles sont les seules à apparaître sur le graphique.

2.2. Les droites de tendance et les configurations

Les droites de tendance, tracées en joignant une succession de points bas ou de points hauts, constituent des guides, des sortes de rails pour le mouvement des cours, ainsi que des zones de soutien ou de résistance aux tendances qui se développent.

Les configurations sont des figures réalisées par des courbes de cours : un double sommet, un triangle ascendant, une tête-épaules inversée, etc... Chacune de ces configurations est définie par un certain nombre de caractéristiques qui permettent de les déceler. Ces différentes figures, une fois identifiées, permettent d'anticiper l'évolution des cours à venir[10].

2.3. Les indicateurs de renversement de tendance

Les momentums et les oscillateurs sont des indicateurs dont la finalité est de quantifier la puissance d'une tendance, une fois qu'elle est repérée, et de fournir un signal avancé de retournement quand celui-ci doit avoir lieu.

Ces indicateurs sont en général obtenus en mesurant les différences entre les cours sur une période donnée (cours du jour moins le cours d'il y a 10 jours) ou en procédant à un rapport entre les cours (cours du jour divisé par le cours d'il y a 10 jours).

2.4. Les moyennes mobiles

Les moyennes mobiles permettent de lisser les aspérités des variations de cours et d'appréhender plus facilement les tendances et les retournements de cours. Elles permettent par ailleurs de faire apparaître des signaux automatiques d'achat ou de vente. On distingue les moyennes mobiles simples, croisées et pondérées.

Pour construire une moyenne mobile simple, on calcule à chaque date la moyenne des n valeurs antérieures à cette date (n pouvant être égal à 3, 5, 10, 20..., 200... jours).

---

10. Pour de plus amples informations sur l'utilisation et l'élaboration de ces différents instruments, le lecteur peut se reporter aux nombreux ouvrages consacrés à l'analyse technique et à l'excellent article d'E. BERTRAND, déjà mentionné, et auquel nous avons beaucoup emprunté pour la rédaction de ce sous-paragraphe.

CONCLUSION DE LA DEUXIÈME PARTIE

Les mécanismes associés au marché des changes ne sont pas nouveaux ni originaux. Aussi loin que remonte l'histoire humaine, des problèmes de change se sont posés. Les déterminants du taux de change sont devenus plus complexes de nos jours, mais ils n'ont pas fondamentalement changé de nature. Ils demeurent identiques même s'ils se manifestent sous des formes différentes et renouvelées.

Beaucoup plus originaux, en revanche, sont les techniques et mécanismes associés aux marchés financiers internationaux. S'il existait un embryon de marché international au 19e siècle, ce dernier n'a réellement pris son essor qu'au milieu de la décennie 1960. Il est à l'origine d'une profonde transformation de la réalité financière internationale. C'est à l'étude des différentes composantes de ce marché et des techniques originales qu'il a engendrées, qu'est consacrée la troisième partie de ce livre.

TROISIÈME PARTIE

Les marchés financiers internationaux

Aux yeux du grand public, les marchés financiers internationaux constituent un ensemble assez flou. Très souvent les commentateurs et les analystes non avertis intègrent le marché des changes aux marchés financiers internationaux et étendent à ces derniers l'instabilité du premier. Il s'agit là d'une erreur. Le fait d'étudier, comme nous l'avons fait, ces deux ensembles dans deux parties différentes révèle bien qu'ils doivent être, à nos yeux, nettement distingués. Ils remplissent d'ailleurs des fonctions économiques tout à fait différentes.

Les marchés financiers internationaux doivent-ils être assimilés aux marchés des euro-devises ? Non, et ceci pour deux raisons. En confondant le marché des euro-devises et les marchés financiers internationaux, on exclut de ces derniers celui des émissions étrangères dont nous verrons qu'il concerne des sommes très importantes. En assimilant le marché des euro-devises et les marchés financiers internationaux on ignore, au moins implicitement, le marché des euro-crédits et celui des euro-obligations, auquel nous pouvons ajouter le marché des notes. Ces remarques préalables justifient le plan de cette troisième partie.

La création du marché des euro-devises est traditionnellement associée aux premiers échanges de dollars effectués en dehors des Etats-Unis par les filiales française et londonienne de la banque centrale soviétique. Elles avaient en effet reçu des dépôts en devises, car, au moment de la guerre de Corée, les autorités soviétiques craignaient que les Etats-Unis gèlent les dollars déposés par les banques soviétiques auprès de certaines institutions financières américaines. En fait, le marché des euro-devises a véritablement pris son essor en 1974. A cette époque, pour des raisons de sécurité, les pays producteurs de pétrole préférèrent déposer les dollars provenant de leurs excédents commerciaux sur les euro-banques plutôt que sur les banques américaines. Le premier chapitre de cette troisième partie présente les facteurs économiques et financiers qui furent à l'origine de l'émergence et du développement du marché des euro-devises.

Les banques collectent des ressources sur le marché des euro-devises en offrant aux déposants et aux investisseurs des actifs répondant parfaitement à leurs besoins : dépôts à vue, dépôts à terme et certificats de dépôt. A partir des ressources collectées, les euro-banques effectuent des crédits au bénéfice d'emprunteurs publics et privés. A l'origine, ces crédits, pour l'essentiel à court terme, étaient destinés au financement du commerce international. Progressivement leur échéance s'est allongée et leur volume s'est accru dans des proportions telles qu'il fut nécessaire de recourir à la syndication bancaire. En se développant les euro-crédits ont également changé de finalité. Ils servent maintenant au financement des investissements et des grands projets de développement. Ils furent même utilisés, mais ce n'est pas nécessairement un point positif, au financement des déficits des balances des paiements de nombreux pays. C'est à l'étude de ces euro-crédits qu'est consacré le deuxième chapitre de cette troisième partie.

L'essor du marché euro-obligataire fut parallèle à celui des euro-crédits mais, à la différence de ce dernier, sa qualité ne s'est pas dégradée avec son développement. Les euro-émissions permettent aux entreprises privées et publiques d'accéder à une source de financement de premier ordre. Elle est importante mais ce n'est pas la seule possible : un emprunteur peut obtenir des ressources à long terme sur des marchés domestiques étrangers. Le marché euro-obligataire et celui des émissions étrangères sont les deux compartiments du marché des émissions internationales qui retiennent l'attention au troisième chapitre.

L'émergence et le développement des marchés financiers de l'écu sont l'un des phénomènes les plus intéressants de la décennie 1980. Lors de la création de cette devise, en décembre 1978, personne ne pouvait imaginer le succès qu'elle allait obtenir sur les marchés internationaux, que ce soit le marché des changes, le marché bancaire, le marché des bons du Trésor ou le marché obligataire. Ceci explique qu'un chapitre spécifique est consacré à la présentation et à l'analyse des différents compartiments du marché de l'écu.

Des euro-crédits supérieurs à 500 millions de dollars ne sont pas véritablement exceptionnels. Des émissions euro-obligataires à taux fixe supérieures à 200 millions de dollars ayant 10 ans d'échéance sont courantes. Obtenir de telles sommes en quelques semaines exige une compétence et un savoir-faire qui justifient la présentation faite, au quatrième et dernier chapitre, des techniques utilisées dans le montage des opérations financières internationales.

Les marchés financiers internationaux ont connu un remarquable essor et constituent en tant que tels un vaste domaine d'étude. Cette troisième partie n'est donc qu'une simple introduction. Pour de plus amples développements sur le sujet, il est conseillé au lecteur de se référer à l'excellent ouvrage en deux tomes rédigé par Hubert de La Bruslerie et intitulé *Gestion obligataire internationale*, Paris, Economica, 1990, 1 394 pages, et au très bon livre, mais de taille plus modeste, de F. Leroux, *Marchés internationaux des capitaux*. Nous nous permettons d'ajouter quatre autres références, excellentes elles aussi, mais plus anciennes : C. Dufloux et L. Margulici : *Les euro-crédits. Pourquoi ? Comment ?*, Paris, La revue Banque, 1984, 447 pages ; Institut de relations internationales de l'université de Dijon : *Les euro-obligations*, Paris, Librairies Techniques, 1972, 408 pages ; A. Jacquemont : *L'émission des emprunts euro-obligataires*, Paris, Librairies Techniques, 1976, 509 pages ; J.P. Blaise, Ph. Fouchard, Ph. Kahn : *Les euro-crédits. Un instrument du système bancaire pour le financement international*, Paris, Librairies Techniques, 1981, 764 pages.

Chapitre 9

L'ÉMERGENCE ET LE DÉVELOPPEMENT DU MARCHÉ DES EURO-DEVISES ET DES MARCHÉS FINANCIERS INTERNATIONAUX*

Le marché des euro-devises est un réservoir de capitaux liquides à court terme en devises convertibles. Il s'est développé du fait que certains déposants ont pu recevoir un rendement supérieur à celui qu'ils obtenaient sur les marchés internes et que certains emprunteurs ont pu payer un intérêt inférieur à celui qu'ils auraient versé sur les marchés nationaux. La marge bénéficiaire des euro-banques, représentée par l'écart entre les taux débiteur et créditeur, est très réduite. Les euro-banques compensent la faiblesse de leurs marges par un accroissement du volume unitaire des transactions.

Certains auteurs font remonter l'origine du marché des euro-devises aux années 1920, mais son véritable développement date du début des années 1950. Le marché international des capitaux s'est beaucoup développé depuis 1963. Trois séries d'événements ont contribué à son succès :

- l'interdiction faite par le gouvernement britannique aux banques de ce pays de financer, avec des livres sterling, les relations commerciales entre non-résidents ;

---

* Pour approfondir le contenu de ce chapitre, le lecteur peut se reporter au livre d'exercices corrigés de Yves Simon : *Finance Internationale*, Paris, Economica, 1992, et plus spécialement au chapitre 10 intitulé : Les marchés internationaux de capitaux.

- la restauration de la convertibilité des différentes devises européennes en 1958 ;
- l'émergence de certains contrôles gouvernementaux sur les mouvements de capitaux et plus spécialement les mesures prises le 10 juillet 1963 par l'Administration américaine pour remédier au déficit de la balance des paiements et freiner les sorties de capitaux.

Ces différents événements et la réglementation restreignant les sorties de dollars des Etats-Unis entraînèrent une forte demande de fonds à l'extérieur de ce pays et provoquèrent le développement du marché des euro-dollars.

Section I — L'émergence et le développement du marché des euro-devises

L'origine du marché des euro-devises ne relève pas du mystère. A condition d'accepter que l'offre et la demande ne sont pas des concepts creux et qu'elles se concrétisent par un prix, il est facile de comprendre l'émergence de ce marché. Il est cependant vrai — c'est une belle revanche du marché sur la bureaucratie — que le développement de ce marché fut, dans un premier temps, favorisé par plusieurs décisions réglementaires dont personne ne pouvait imaginer qu'elles permettraient l'essor du plus important phénomène financier des 40 dernières années[1].

§ 1. L'émergence du marché des euro-devises

Au début de la décennie 1950, le système monétaire et financier international était réduit à sa plus simple expression. Les agents économiques français ayant des besoins de financement (les entreprises pour l'essentiel) ne pouvaient s'adresser qu'au système monétaire et financier national. De leur côté, les agents disposant d'une capacité de financement ne pouvaient que déposer leur épargne en banque et à la caisse d'épargne ou souscrire à des émissions d'actions ou d'obligations (schéma 1). Le système monétaire et financier français était très rudimentaire. Il regroupait des banques, des institutions financières spécialisées et quelques marchés de capitaux peu dynamiques. L'allocation des ressources s'effectuait selon des critères répondant à des normes administratives ou politiques. Les marchés de capitaux et les flux financiers étaient segmentés. Ce qui était vrai en France l'était également dans la plupart des autres pays. A l'exception des Etats-Unis et de la Grande-Bretagne, les différents systèmes monétaires et financiers nationaux n'étaient guère mieux lotis que le système français.

Avec le développement économique, la reconstruction des différents systèmes financiers, et la progressive libéralisation des changes et des mouve-

1. C'est une leçon qui devrait être méditée par tous ceux qui pensent que les phénomènes économiques sont facilement domesticables par une loi, un décret ou une circulaire administrative.

ments de capitaux, les différents agents ayant des besoins de financement eurent la possibilité de s'adresser à d'autres systèmes monétaires et financiers. Les entreprises et les épargnants nationaux purent emprunter et prêter sur des systèmes financiers étrangers. Une entreprise française pouvait, à condition de respecter les règles de contrôle des changes, effectuer une émission obligataire en Suisse ou émettre des billets de trésorerie sur le marché américain. De la même façon, un épargnant allemand et une société d'assurance belge pouvaient acheter des actions de sociétés anglaises cotées à la bourse des valeurs de Londres (schéma 2).

Schéma 1

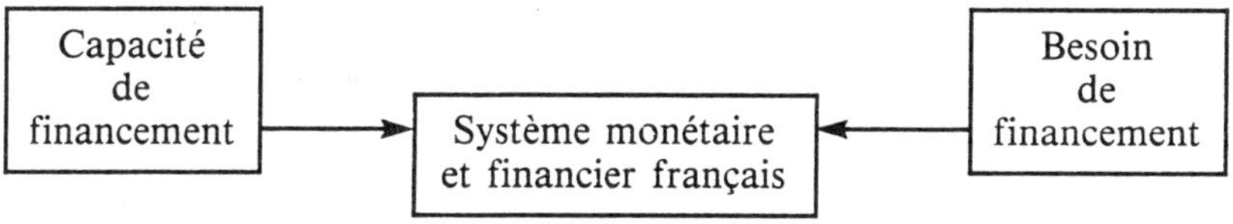

Schéma 2

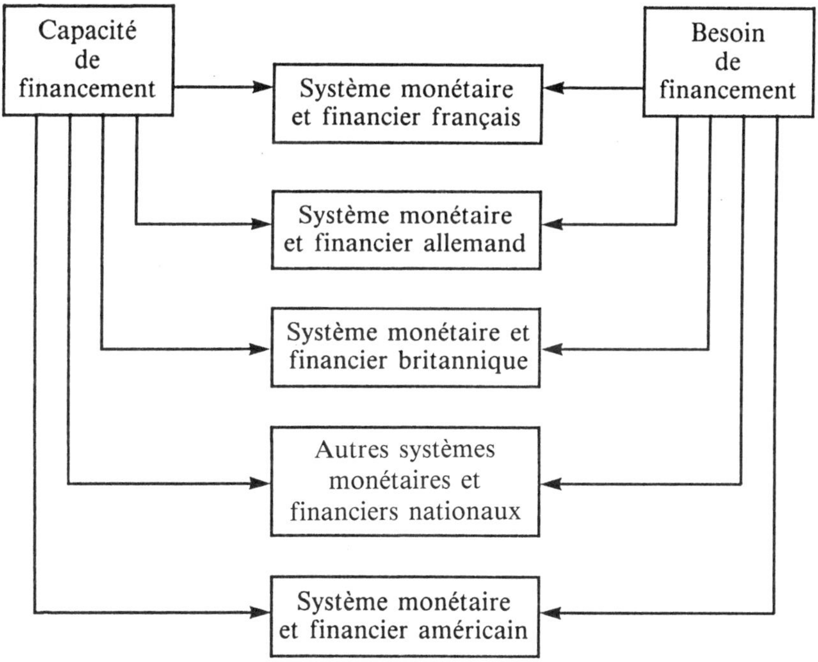

Bien évidemment, si les résidents d'un pays pouvaient prêter et emprunter sur d'autres systèmes financiers, ils devaient nécessairement recourir au marché des changes pour échanger les devises contre leur monnaie nationale et réciproquement (schéma 3).

Le marché des euro-devises est apparu à partir du moment où les emprunteurs — généralement européens — ont trouvé qu'il était moins coûteux, ou plus facile, d'emprunter du dollar à Londres plutôt que de le faire à New York ou de s'endetter en monnaie nationale. La possibilité d'emprunter du dollar à Londres s'expliquait par la présence d'excédents dans la même devise que des institutions financières ou des entreprises avaient trouvés plus rentable de déposer à Londres plutôt qu'à New York ou sur leurs propres marchés nationaux, après les avoir échangés en monnaie locale sur le marché des changes (schéma 4). Certaines mesures réglementaires prises de manière plus ou moins inconsidérée par les responsables politiques américains — nous pensons à la taxe de péréquation des taux d'intérêt et aux diverses restrictions imposées aux emprunteurs de capitaux aux Etats-Unis et dans d'autres pays — ont favorisé l'émergence du marché des euro-devises. Ce dernier s'est beaucoup développé à partir de 1973-1974, car il y avait à l'époque une abondance de ressources financières disponibles (les excédents des balances commerciales des pays producteurs de pétrole, pour prendre un exemple). Des facteurs tenant à la demande ont également joué un rôle. Nous pouvons, par exemple, mentionner l'ampleur des besoins de financement des entreprises du secteur public de plusieurs pays européens : l'ENEL en Italie, l'EDF en France, etc... Les déficits des balances commerciales de nombreux pays occidentaux dus au renchérissement du prix du pétrole furent en grande partie comblés par des emprunts sur les marchés des euro-devises. De nombreux grands projets industriels furent financés par le marché des euro-devises. Tel fut, par exemple, le cas de l'exploitation des champs pétroliers de la mer du Nord.

Depuis le début de la décennie 1980 et la progressive déréglementation qui a touché tous les marchés de capitaux, le système monétaire et financier international est devenu un énorme puzzle dont les différentes pièces sont reliées entre elles par les variations de taux d'intérêt et les opérations d'arbitrage que ne manquent pas d'entreprendre les différents acteurs opérant sur le marché international (schéma 5). Une hausse des taux sur le marché monétaire américain se transmet immédiatement sur la composante dollar du marché des euro-devises et, par extension, aux autres compartiments du marché. Par arbitrage, toute hausse sur le marché des euro-devises, pour prendre un exemple précis, se transmet sur les marchés nationaux de la monnaie concernée. L'ajustement se fait également par l'intermédiaire du marché des changes[2]. Ce qui est vrai de la hausse des taux l'est également de la baisse. Le dollar exerce un rôle déterminant, mais celui du deutsche mark et du yen est de plus en plus important.

---

2. Pour approfondir ce point, le lecteur peut se reporter aux développements des chapitres 4 et 5.

Schéma 3

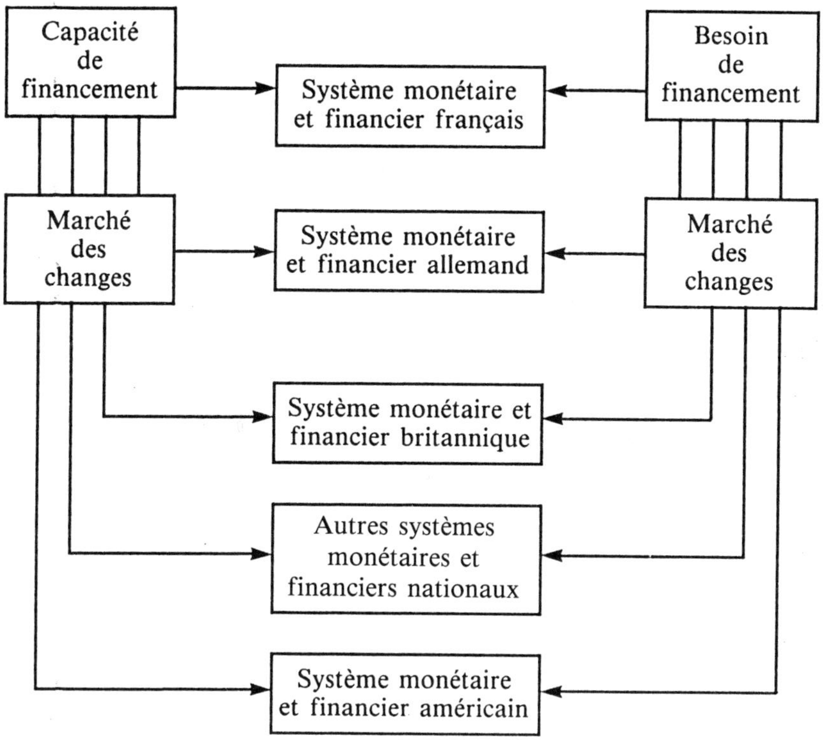

Schéma 4

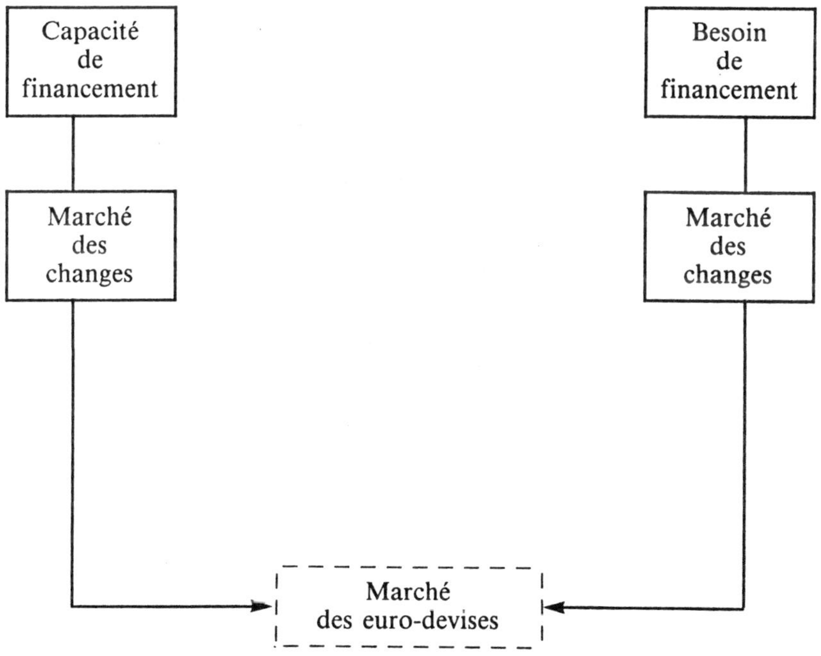

Schéma 5

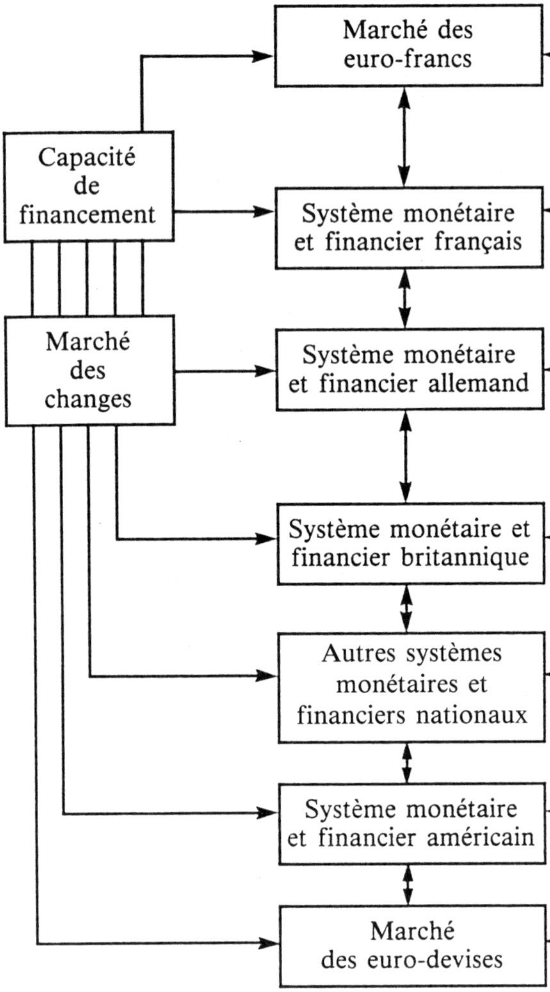

Par les prêts et les placements qu'il autorise, le marché des euro-devises est un marché de financement. La prédominance des positions interbancaires est cependant l'une des caractéristiques les plus évidentes de la croissance du marché des euro-devises. Comme le précise R. Larre, ancien directeur général de la Banque des Règlements Internationaux : « La composante la plus importante du marché des euro-monnaies consiste dans les opérations entre banques commerciales. En d'autres termes, le marché des euro-monnaies sert surtout de marché monétaire inter-bancaire ».

Les réglementations qui permirent l'essor du marché ont désormais disparu, mais leur abandon n'a pas entravé le développement des marchés. Les fonds constituant les euro-marchés représentent aujourd'hui un équivalent de 2 600 milliards de dollars[3]. Ces marchés, devenus indispensables, assurent une fonction essentielle dans le financement des entreprises et des Etats.

Plusieurs centaines de banques interviennent aujourd'hui sur le marché des euro-devises, mais la plus grande partie des transactions est effectuée par quelques dizaines d'entre elles. Londres est la plus grande place financière pour les transactions en euro-devises. Elle surpasse très largement les autres places européennes.

§ 2. Le développement du marché des euro-devises

Les ressources du marché des euro-devises ont pour origine des placements effectués par des investisseurs internationaux. Ces opérateurs placent leurs excédents en euro-devises sous forme de dépôts à terme ou de certificats de dépôt.

A. — Les dépôts à terme

Le marché des euro-devises est pour l'essentiel alimenté par des dépôts dont l'échéance varie de quelques jours (il peut même y avoir des dépôts pour 24 heures) à cinq ans. L'échéance de la quasi-totalité de ces dépôts est inférieure à six mois. Pour la moitié d'entre eux, elle est inférieure ou égale à trois mois et supérieure ou égale à une semaine.

La technique des dépôts à terme, à la fois simple et traditionnelle, est très utilisée par les euro-banques pour recueillir des fonds. Elle est très flexible et permet à l'investisseur de retenir une échéance correspondant parfaitement à ses propres besoins.

Le taux d'intérêt et l'échéance du dépôt sont librement déterminés par le déposant et la banque. Les montants sont divers, mais ne sont pas en pratique inférieurs à 25 000 dollars. Ils peuvent atteindre plusieurs dizaines de millions de dollars. La norme est cependant comprise entre 100 000 et un million de dollars. Le taux est fonction des conditions du marché. A Londres, il est indexé sur le LIBOR, mais sans y être égal. Pour les dépôts supérieurs à 5 millions de dollars, le taux peut atteindre LIBOR – 1/8 % ; pour les dépôts de moindre importance la rémunération tombe à LIBOR – 1/2 %.

L'absence de liquidité est le principal inconvénient des dépôts à terme. C'est pour y remédier que les certificats de dépôt ont été développés.

B. — Les certificats de dépôt

L'importance des certificats de dépôt dans le marché des euro-devises ne cesse de s'affirmer. Ils représentent plus de 30 % des ressources. Sur

3. De 1974 à septembre 1985, la taille du marché, évaluée à partir des données brutes, est passée de 395 à 2 600 milliards de dollars. En raisonnant à partir de données nettes, le marché est passé de 220 à 1 600 milliards de dollars. La différence entre les données brutes et nettes représente l'ensemble des positions interbancaires.

la place de Londres, près de 50 % des ressources de certaines banques proviennent des certificats de dépôt.

Le certificat de dépôt est un titre certifiant qu'un investisseur a effectué un dépôt en devise, d'un certain montant, pour une durée déterminée, à un taux d'intérêt librement négocié.

Cette définition suggère que les certificats de dépôt sont très proches des dépôts à terme. Ils n'en diffèrent que par une caractéristique, mais elle est essentielle : la négociabilité.

La première émission de certificats de dépôt sur le marché des euro-devises fut réalisée en 1966 par la First National City Bank par l'intermédiaire de White Weld. Vu les avantages offerts par ces titres financiers, cette émission fut suivie de nombreuses autres. Ces premiers succès ont incité les banques émettrices à diversifier les certificats utilisés, ce qui a conduit de plus en plus d'opérateurs à y investir leurs fonds et à accroître ainsi les ressources du marché des euro-devises.

Les certificats de dépôt présentent quatre avantages.

Ils stabilisent, en premier lieu, les ressources des euro-banques qui sont assurées, lorsqu'un certificat de dépôt est émis, de disposer d'une certaine quantité de devise pendant une période bien définie.

Cette stabilisation ne se fait pas au détriment des investisseurs qui bénéficient de titres financiers liquides. Le marché secondaire est en effet bien développé et la négociabilité y est excellente, tout au moins dans sa composante dollar. Cette négociabilité permet aux investisseurs d'allonger l'échéance de leurs dépôts, car ils sont assurés de pouvoir retrouver, en cas de nécessité, leurs liquidités sans attendre l'échéance de leurs dépôts.

L'allongement de la disponibilité des ressources pour les banques est le troisième avantage offert par les certificats de dépôt.

Dernier avantage : les conditions de taux sont satisfaisantes pour l'investisseur et la banque. Le premier obtient une bonne rentabilité vu l'avantage de liquidité dont il dispose. L'euro-banque supporte un coût d'endettement réduit étant donné l'allongement et la stabilisation des ressources dont elle bénéficie.

Les premiers certificats émis par les euro-banques confrontées à une insuffisance de ressources stables étaient « au robinet » (*on tap*, en anglais). Ces titres, dont l'échéance pouvait atteindre cinq ans, avaient en fait une maturité beaucoup plus courte, généralement inférieure à trois mois. Leur valeur nominale minimale était de 25 000 dollars et ils étaient vendus par l'intermédiaire de *dealers*. Elle est aujourd'hui de l'ordre de 200 000 dollars. Il n'y a pas de limite maximale, mais la valeur moyenne d'un certificat de dépôt est de l'ordre de 5 millions de dollars. Toutes les conditions de l'émission sont librement négociées entre la banque et le déposant. Il est très vite apparu que ces émissions n'étaient pas capables d'attirer vers le marché des euro-devises de nouveaux fonds. Les acheteurs de certificats de dépôt émis au robinet permettaient une meilleure allocation des ressources sans augmenter pour autant leur volume et leur stabilité.

Pour remédier à cet inconvénient, les émetteurs eurent recours à des émissions « en tranche ». Les premiers certificats émis selon cette procédure portaient sur des sommes variant de 15 à 30 millions de dollars sous forme de petites coupures de 10 000 dollars. Les sommes correspondantes aujourd'hui sont de 15 à 50 millions de dollars avec des coupures de 20 000 à 50 000 dollars. Ces titres, présentant certaines caractéristiques des émissions euro-obligataires, sont vendus selon des procédures identiques à celles utilisées sur le marché financier international et par les mêmes spécialistes. La tradition veut que la première véritable émission de certificats en tranche ait été effectuée par le Crédit Lyonnais.

L'instabilité des taux d'intérêt pouvant être néfaste aux détenteurs de certificats de dépôt souhaitant liquider leurs titres sur le marché secondaire[4], les émetteurs recourent de plus en plus à des taux flottants : la rémunération des investisseurs est alors fonction de l'évolution du LIBOR ou de tout autre indice pris comme référence sur une base trimestrielle ou semestrielle. Les certificats de dépôt à taux d'intérêt flottant sont apparus au début des années 1980 et furent une réponse à l'augmentation de la volatilité des taux.

Le marché secondaire des certificats de dépôt offre une bonne liquidité. Le volume mensuel des transactions sur le marché de Londres varie de 50 à 100 milliards de dollars. La transaction unitaire est de l'ordre de plusieurs millions de dollars avec un *spread* entre le taux acheteur et le taux vendeur inférieur à 0,1 %. La liquidité du marché est facilitée par la fonction de compensation assurée par la First Chicago.

Section II — Le développement des marchés financiers internationaux

Les marchés financiers internationaux connaissent depuis le début de la décennie 1960 un développement prodigieux et spectaculaire, car ils ont apporté une réponse de qualité aux besoins manifestés par les emprunteurs et les investisseurs. Les banques internationales ont joué un rôle central dans cette évolution. Elles sont à l'origine du dynamisme et des innovations dont le marché financier international a fait preuve depuis le début de la décennie 1960.

La réalité des marchés internationaux est apparemment complexe. Il existe de nombreux compartiments qui se distinguent les uns des autres par des procédures d'émission particulières ou des actifs de nature différente. Les développements de cette section ont pour objectif de présenter un bref panorama permettant de définir les différents compartiments dont l'ensemble constitue le marché international des capitaux[5].

---

4. Une hausse des taux d'intérêt induisant une baisse de la valeur des titres à revenu fixe, les détenteurs de certificats de dépôt pouvaient être confrontés à d'importantes moins-values en capital lors de la négociation des titres détenus en portefeuille.
5. Cette section reprend le contenu de l'article intitulé Marchés financiers internationaux, publié par Hubert de LA BRUSLERIE dans L'*Encyclopédie de gestion*, JOFFRE P., SIMON Y. (eds), Paris, Economica, 1989, pp. 1658-1685.

§ 1. Le marché euro-obligataire

Une euro-obligation est un titre de créance doté d'un statut fiscal privilégié, émis par un syndicat de banques internationales et placé dans d'autres pays que celui dont la monnaie est utilisée pour libeller l'emprunt. Cette dernière caractéristique est toutefois bien théorique, car de nombreux titres sont finalement placés auprès d'investisseurs dont la nationalité correspond à celle de la devise utilisée par l'emprunteur.

La présence d'un syndicat d'émission international et l'exemption de la retenue à la source de la part du pays émetteur sont deux éléments essentiels pour définir une émission euro-obligataire et la distinguer d'une simple émission nationale. Le syndicat permet d'assurer une diffusion des titres à travers le monde. Le statut fiscal dérogatoire est une condition nécessaire à l'existence d'euro-obligations, car dans tous les pays du monde une partie des intérêts contractuels est retenue à la source par le fisc national.

Dans une émission euro-obligataire, la devise de libellé des titres peut être celle du pays de l'emprunteur ou une devise tierce. Il doit s'agir d'une monnaie disponible et négociée en dehors de son pays d'origine[6].

§ 2. Les marchés des émissions étrangères

Ces marchés ne doivent pas être confondus avec le marché euro-obligataire. Une émission étrangère est une émission effectuée par un emprunteur non-résident sur un marché national. Souscrite par un syndicat de banques et d'institutions financières du pays où s'effectue l'émission, cette dernière est généralement libellée dans la devise du pays. Ce type d'émission doit respecter les procédures utilisées dans le pays et les emprunteurs sont soumis à la réglementation locale. Les obligations étrangères partagent avec les euro-obligations l'exemption de retenue à la source de la part du fisc du pays de l'émetteur.

Les obligations étrangères ne doivent pas être confondues avec les euro-obligations, mais elles en sont le prolongement. La distinction entre les deux types d'émission est particulièrement floue. Il arrive en effet que des non-résidents souscrivent à une émission étrangère. La proportion des titres placés en dehors du pays d'émission peut dépasser 20 %. Par ailleurs, une fois émis, ces titres ont des caractéristiques très proches de celles des euro-obligations. Pour bien les distinguer des émissions nationales et des émissions euro-obligataires, les émissions étrangères effectuées sur le marché américain sont dénommées *yankee bonds* ; celles effectuées sur le marché japonais sont appelées *samurai bonds*[7].

---

6. De plus amples développements sur le marché euro-obligataire sont rassemblés au chapitre 11.
7. De plus amples développements sur le marché des émissions étrangères sont rassemblés au chapitre 11.

§ 3. Le marché des émissions internationales d'actions

Les émissions internationales d'actions sont des placements d'actions effectués par une entreprise sur des marchés autres que son marché national, par l'intermédiaire d'un syndicat international de banques et de maisons de courtage. Le rôle de ce syndicat est d'assurer le placement et la diffusion internationale des actions émises. L'émission se fait selon des modalités qui empruntent à la fois aux émissions d'actions sur le marché américain et au placement d'emprunts euro-obligataires.

Ce marché est apparu durant la première moitié de la décennie 1980, mais on peut lui trouver quelques antécédents dans certaines émissions internationales effectuées au cours des années 1970. Le premier véritable placement international d'actions s'est produit en 1976, lorsque cinq millions d'actions d'Alcan Aluminium furent simultanément placés sur les marchés financiers américain, canadien et européens. Le marché des émissions internationales d'actions s'est beaucoup développé depuis sa création. Sa croissance fut même remarquable jusqu'en 1987, favorisée, il est vrai, par l'excellente tenue des marchés boursiers américains et japonais. Six émissions internationales d'actions furent réalisées en 1983. Il y en eut 10 en 1984, 24 en 1983 et 120 en 1986. La taille moyenne des émissions est d'environ 100 millions de dollars américains, mais des cas extrêmes de 2 millions et 1,5 milliard de dollars furent enregistrés. La majeure partie des titres placés sur le marché sont des actions ordinaires, mais des titres à droit de vote limité ou sans droit de vote furent également introduites.

Le placement des actions se fait principalement au Royaume-Uni, au Japon, en Suisse et en Allemagne. Dans les deux premiers pays, la demande émane en majorité des compagnies d'assurance, des fonds de pensions et des autres investisseurs institutionnels. En Suisse et en Allemagne, en revanche, les particuliers assurent un volume important de la demande, même si elle s'exerce par le biais de banques et d'institutions financières gérant des portefeuilles.

§ 4. Le marché des euro-crédits

Ce marché est celui des crédits financiers à moyen ou long terme accordés à l'emprunteur par un ensemble de banques internationales réunies dans le cadre d'un syndicat. Ces crédits sont souvent libellés en dollar, mais les emprunteurs peuvent avoir recours à d'autres devises. Ces crédits ne sont pas garantis et les banques assument de ce fait le risque d'un défaut de l'emprunteur[8].

§ 5. Le marché des prêts bancaires étrangers

Les prêts bancaires étrangers sont aux euro-crédits ce que les émissions étrangères sont aux euro-obligations. Ce sont des prêts de nature commer-

---

8. De plus amples développements sur le marché des euro-crédits sont rassemblés au chapitre 10.

ciale accordés par une banque ou un syndicat bancaire à un emprunteur étranger pour assurer, par exemple, le financement des exportations ou des importations. Ces prêts sont généralement libellés dans la devise du pays auquel appartiennent les banques du syndicat. Tel est par exemple le cas des crédits en franc accordés par les banques françaises à des entreprises étrangères important des biens d'équipement français. L'unicité de la devise et de la nationalité des banques n'est pas obligatoire. Il est en effet possible pour une banque française d'accorder un crédit en devise.

§ 6. Le marché des facilités d'émission des euro-billets de trésorerie et des euro-notes à moyen terme

Les marchés internationaux de capitaux ont connu des évolutions très importantes durant la première moitié des années 1980. Elles se sont concrétisées par l'apparition d'instruments hybrides dont les caractéristiques empruntent simultanément au marché des euro-crédits et au marché euro-obligataire : les euro-notes garanties par une facilité de soutien à l'émission. Une euro-note est un titre à court terme émis dans le cadre d'un programme avec la garantie d'un syndicat bancaire. Grâce à cet instrument, l'emprunteur bénéficie d'une source de financement stable fondée sur le recours assuré au marché euro-monétaire à court terme.

Une deuxième évolution a consisté à émettre directement des effets à court terme sans bénéficier d'une garantie ou d'une facilité de soutien. Ces effets sont des euro-billets de trésorerie (*euro-commercial paper*). Ils permettent à l'emprunteur d'émettre des titres à intervalles plus ou moins réguliers et d'obtenir ainsi un financement à court terme parfaitement adapté à ses besoins.

La troisième évolution a consisté à prolonger l'échéance des effets, et à émettre, sans le soutien d'un syndicat de garantie, des notes à moyen terme (*medium term notes*).

Section III — Les capitaux empruntés sur les marchés financiers internationaux

Les statistiques rassemblées et publiées par l'OCDE soulignent que les capitaux empruntés chaque année sur les marchés financiers internationaux atteignent des sommes considérables (tableau 1), que ce soit au titre des émissions obligataires (euro-obligations et émissions étrangères) ou au titre des prêts bancaires (euro-crédits, prêts bancaires étrangers et autres facilités internationales). En 1992, près de 460 milliards de dollars furent empruntés contre 120 (seulement) en 1979 et 1980[9].

9. Les statistiques reprises dans ce chapitre et les suivants sont systématiquement extraites de *Statistiques financières mensuelles de l'OCDE*. Il existe d'autres sources d'informations d'aussi bonne qualité. Du fait qu'elles ne reposent pas sur des concepts identiques, elles fournissent des chiffres sensiblement différents. Les grandes évolutions des marchés financiers internationaux sont cependant reflétées de manière identique par toutes les sources statistiques disponibles. Le lecteur peut s'en assurer en consultant *World Financial Markets*, la publication mensuelle de Morgan Guaranty Trust et le *Rapport annuel* de la Banque des Règlements Internationaux.

Tableau 1
Capitaux empruntés sur les marchés internationaux

Année	*Emissions obligataires*	*Prêts bancaires*	*Total*
1979	38,9	79,1	118,0
1980	39,4	79,9	119,4
1981	48,8	146,4	195,2
1982	75,5	103,6	179,1
1983	77,1	80,7	157,8
1984	111,5	117,3	228,8
1985	169,1	110,1	279,1
1986	228,1	93,3	321,4
1987	180,8	122,9	303,7
1988	229,7	142,2	371,9
1989	255,8	129,5	385,3
1990	229,9	131,5	361,4
1991	297,6	123,8	421,4
1992	333,7	124,6	458,3

Unité : Milliards de dollars.
Source : OCDE, *Statistiques financières mensuelles.*

Une statistique plus générale prenant en compte les émissions internationales d'actions et les facilités non garanties fournit une image plus complète de l'activité financière internationale (tableau 3). Il en ressort que 610 milliards de dollars furent empruntés en 1992 contre 120 en 1979 et 1980. (Durant la décennie 1970, l'activité financière internationale se limitait aux émissions obligataires et aux prêts bancaires).

Une profonde évolution s'est toutefois produite qu'il importe de souligner. Alors que les prêts bancaires représentaient plus des 2/3 des capitaux empruntés sur les marchés financiers internationaux durant la décennie 1970, le pourcentage était légèrement supérieur à 25 % en 1992. Symétriquement, les émissions obligataires se sont considérablement développées, passant du 1/3 aux 3/4 des capitaux empruntés (tableau 2).

La ventilation par groupe de pays emprunteurs révèle la très forte prédominance des pays de l'OCDE. Depuis 1986, en effet, les pays industrialisés obtiennent près de 90 % des capitaux empruntés sur les marchés financiers internationaux. De ce fait, la part des pays de l'Europe centrale et orientale et des pays en développement est dérisoire (tableaux 5 et 6).

Dans ce domaine également, une profonde évolution doit être mentionnée. Elle concerne la décroissance de la part relative des pays en développement. Alors qu'ils obtenaient durant la décennie 1970 près de 50 % des capitaux empruntés sur les marchés internationaux (essentiellement par l'intermédiaire des euro-crédits), les pays en développement n'en obtiennent plus en 1992 qu'environ 7 % (tableau 6).

Le marché international des capitaux recouvre des familles d'actifs financiers jamais parfaitement identiques et toujours substituables. Les acteurs intervenant sur ces marchés donnent à cet ensemble une unité effective :

- les banques internationales jouent un rôle irremplaçable lors de l'émission des différents titres ou crédits internationaux,
- les investisseurs et les emprunteurs comparent à tout instant les différents actifs et n'hésitent pas à arbitrer en permanence le risque et la rentabilité (ou le coût) de ces titres parfaitement substituables les uns aux autres.

Tableau 2
Capitaux empruntés sur les marchés internationaux

Année	*Emissions obligataires*	*Prêts bancaires*	*Total*
1979	33,0	67,0	100,0
1980	33,0	67,0	100,0
1981	25,0	75,0	100,0
1982	42,2	57,8	100,0
1983	48,9	51,1	100,0
1984	48,7	51,3	100,0
1985	60,6	39,4	100,0
1986	71,0	29,0	100,0
1987	59,5	40,5	100,0
1988	61,8	38,2	100,0
1989	66,4	33,6	100,0
1990	63,6	36,4	100,0
1991	70,6	29,4	100,0
1992	72,8	27,2	100,0

Unité : Pourcentages.
Source : OCDE, *Statistiques financières mensuelles.*

Tableau 3
Capitaux empruntés sur les marchés internationaux

Année	*Émissions obligataires*	*Émissions internationales d'actions*	*Prêts bancaires*	*Facilités d'émissions non garanties*	*Total*
1988	229,7	5,1	142,2	76,6	453,5
1989	255,8	8,0	129,5	73,2	466,5
1990	229,9	7,3	131,5	66,2	434,9
1991	297,6	23,4	123,8	80,2	524,9
1992	333,7	23,5	124,6	127,9	609,7

Unité : Milliards de dollars.
Source : OCDE, *Tendance des marchés de capitaux.*

Tableau 4
Capitaux empruntés sur les marchés internationaux

Année	*Émissions obligataires*	*Émissions internationales d'actions*	*Prêts bancaires*	*Facilités d'émissions non garanties*	*Total*
1988	50,7	1,1	31,4	16,9	100,0
1989	54,8	1,7	27,8	15,7	100,0
1990	52,9	1,7	30,2	15,2	100,0
1991	56,7	4,5	23,6	15,3	100,0
1992	54,7	3,9	20,4	21,0	100,0

Unité : Pourcentages.
Source : OCDE, *Tendance des marchés de capitaux.*

Tableau 5
Ventilation des capitaux empruntés sur les marchés internationaux

Année	*Pays de l'OCDE*	*Pays en développement*	*Europe centrale et orientale*	*Institutions financières internationales*	*Autres pays et divers*	*Total*
1979	60,5	47,9	3,8	5,4	0,5	118,0
1980	73,2	36,7	2,7	5,9	0,9	119,4
1981	136,7	50,4	1,5	6,1	0,5	195,2
1982	121,8	46,4	0,7	8,5	1,7	179,1
1983	111,6	35,5	1,1	7,7	2,0	157,8
1984	180,9	32,6	3,4	9,8	2,0	228,8
1985	230,0	27,6	5,3	13,2	3,0	279,1
1986	286,2	19,5	3,9	10,1	1,7	321,4
1987	265,6	25,7	3,7	11,9	0,5	307,4
1988	332,3	23,6	4,3	10,5	1,2	371,9
1989	347,5	19,6	4,7	12,9	0,6	385,3
1990	314,3	26,4	4,7	15,4	0,7	361,4
1991	362,9	39,6	1,7	14,7	2,5	421,4
1992	401,0	32,1	1,5	20,9	2,7	458,3

Unité : Milliards de dollars.
Source : OCDE, *Statistiques financières mensuelles.*

Tableau 6
Ventilation des capitaux empruntés sur les marchés internationaux

Année	*Pays de l'OCDE*	*Pays en développement*	*Europe centrale et orientale*	*Institutions financières internationales*	*Autres pays et divers*	*Total*
1979	51,3	40,6	3,2	4,6	0,4	100,0
1980	61,3	30,7	2,3	4,9	0,8	100,0
1981	70,0	25,8	0,8	3,1	0,3	100,0
1982	68,0	25,9	0,4	4,7	0,9	100,0
1983	70,7	22,5	0,7	4,9	1,3	100,0
1984	79,1	14,2	1,5	4,3	0,9	100,0
1985	82,4	9,9	1,9	4,7	1,1	100,0
1986	89,0	6,1	1,2	3,1	0,6	100,0
1987	86,4	8,4	1,2	3,9	0,2	100,0
1988	89,4	6,3	1,2	2,8	0,3	100,0
1989	90,2	5,1	1,2	3,3	0,2	100,0
1990	87,0	7,3	1,3	4,3	0,2	100,0
1991	86,1	9,4	0,4	3,5	0,6	100,0
1992	87,5	7,0	0,3	4,6	0,6	100,0

Unité : Pourcentages.
Source : OCDE, *Statistiques financières mensuelles*.

Références

A. — OUVRAGES

BELL G. : *Les marchés d'euro-devises,* Paris, PUF, 1973.

BEKERMAN G. : *Les euro-dollars,* Paris, PUF, 1977.

BITO Ch., FONTAINE P. : *Les marchés financiers internationaux*, Paris, PUF, 1989.

CHALMERS E.B. (ed) : *Readings in the Euro-Dollar,* Londres, W.P. Griffith and Sons, 1969.

CHAMPION P.F., TRAUMAN J. : *Mécanismes de change et marché des euro-dollars,* 3e éd., Paris, Economica, 1982.

EINZIG P. : *Le système des euro-dollars,* Paris, Mame, 1971.

FEIGER G., JACQUILLAT B. : *Finance Internationale,* Paris, Dalloz, 1982, pp. 197-226.

GRABBE J.O. : *International Financial Markets*, New York, Elsevier, 1986.

HEWSON J. : *Liquidity Creation and Distribution in the Euro Currency Markets,* Lexington, Mass, DC Heath, 1975.

LEES F.A., ENG M. : *International Financial Markets,* New York, Praeger Publishers, 1975, pp. 433-445.

LEROUX F. : *Marchés internationaux des capitaux*, Paris, Eska, 1988.

METAIS J. : *Le marché des euro-dollars et des euro-obligations,* Paris, La Documentation française, 1975.

MORGAN GUARANTY TRUST : *The Financing of Business with Euro Dollars,* New York, Morgan Guaranty Trust, 1969.

QUINN B.S. : *The New Euro Markets,* Londres, Macmillan, 1975.

SIMON Y. : *Marchés des capitaux et taux d'intérêt,* Paris, Economica, 1975, pp. 67-81.

B. — ARTICLES

AUBANEL G. : Le mécanisme des euro-marchés, *Bulletin trimestriel de la Banque de France,* mai 1975, pp. 33-45.

BANK OF ENGLAND QUARTERLY BULLETIN : Developments in International Capital and Banking, *Bank of England Quarterly Bulletin*, mai 1988, pp. 209-219.

DUFLOUX C. : Les euro-actions : mythe ou réalité, *Banque*, février 1985, pp. 165-167, octobre 1985, pp. 934-941.

DUFLOUX C. : Connaissez-vous l'euro-marché ? *Banque,* juillet-août 1980, pp. 812-818.

GILIBERT P.L., LYGUM B., OTTOLENGHI D. : International Capital Market in 1987, *Cahiers BEI*, Banque Européenne d'Investissement, avril 1988 ; une analyse des marchés internationaux de capitaux est publiée chaque année par cette revue.

HERRENSCHMIDT J.L. : Déréglementation et innovations financières internationales, *in* JOFFRE P., SIMON Y. (eds) : *Encylopédie de gestion*, Paris, Economica, 1989, pp. 791-812.

KERTUDO J.M. : Les marchés internationaux de capitaux : vers la globalisation totale, *Banque*, novembre 1984, pp. 1175-1178.

LA BRUSLERIE H. de : Les marchés financiers internationaux ; article publié dans *Encyclopédie de gestion*, JOFFRE P., SIMON Y. (eds), Paris, Economica, 1989.

SARMET M. : Rôle des diverses places financières dans les euro-marchés, *Banque,* janvier 1976, pp. 17-24.

WARREN G. : Euroequity Offerings : a Preliminary Note on World-Wide Regulatory Harmony, *Gestion 2000*, avril/mai 1989, pp. 17-28.

WATSON M., KINCAID R., ATKINSON C., KALTER E., FOLKERTS-LANDAU D. : International Capital Markets : Developments and Prospects, *World Economic and Financial Surveys*, International Monetary Fund, décembre 1986.

Pour suivre le développement du marché des euro-devises, le lecteur est invité à lire les articles publiés dans les revues et journaux suivants :

Bank of England Quarterly Bulletin
Banque
Bulletin trimestriel de la Banque de France
Euromoney
Financial Times
International Herald Tribune
Le Monde
Statistiques financières mensuelles de l'OCDE
Tendances des marchés des capitaux
The Banker
World Financial Markets.

C. — AUTRES PUBLICATIONS

BANQUE DES REGLEMENTS INTERNATIONAUX : *Rapport annuel.*

CNUCED : *Les emprunts en euro-devises : état de la question,* Note du secrétariat de la CNUCED, TD/B/C3/150, 22 septembre 1978.

CNUCED : *La dette extérieure des pays en développement : note statistique,* Note du secrétariat de la CNUCED, TD/B/C.3/148, 23 octobre 1978.

LEROUX F., GHZALA A. : *Le marché des euro-actions*, Les cahiers du CETAI, Ecole des HEC, Montréal, n° 87-10, juillet 1987.

QUESTIONS

1. Quels événements ont plus particulièrement contribué au développement du marché des euro-devises ?
2. Qu'est-ce qu'un certificat de dépôt ?

3. Quelles sont les caractéristiques d'un certificat de dépôt ?
4. Quels sont les avantages des certificats de dépôt ?
5. Quels sont les principaux types de certificat de dépôt ?
6. Quelles sont les différences entre un certificat de dépôt *on tap* et un certificat de dépôt en tranche ?
7. Quelles sont les caractéristiques d'une euro-obligation ?
8. Quel est le rôle assumé par les syndicats bancaires dans les différents compartiments du marché international des capitaux ?
9. Quelles sont les principales différences entre le marché euro-obligataire et celui des émissions étrangères ?
10. Quelles sont les caractéristiques d'une émission internationale d'actions ?
11. Qu'est-ce qu'un euro-crédit ?
12. Quelles sont les caractéristiques d'un prêt bancaire étranger ?
13. Qu'est-ce qu'une euro-note ?
14. Qu'est-ce qu'un euro-billet de trésorerie ?
15. Quelle est la différence essentielle entre une euro-obligation à taux fixe et une *floating rate note* ?

QUESTIONS A CHOIX MULTIPLES

Question 1

La place financière où est localisé le plus important centre d'euro-devises est :

— Paris .... ☐
— New York .... ☐
— Singapour .... ☐
— Zurich .... ☐
— Londres .... ☐
— Francfort .... ☐
— Luxembourg .... ☐
— Les Bahamas .... ☐
— Bahrein .... ☐

Question 2

La première émission de certificats de dépôt sur le marché des euro-devises fut réalisée :

— par le Crédit Lyonnais en 1961 avec l'aide de White Weld .. ☐
— par la First National City Bank en 1961 avec l'aide de Goldman Sachs .... ☐

— par la First National City Bank en 1966 avec l'aide de White Weld ☐
— par la First National City Bank en 1961 avec l'aide de White Weld ☐
— par la First National City Bank en 1966 avec l'aide de Goldman Sachs .... ☐
— par le Crédit Lyonnais en 1966 avec l'aide de White Weld .. ☐
— par Chase Manhattan en 1966 avec l'aide de Merrill Lynch.. ☐
— par la First Chicago en 1961 avec l'aide de Conti Commodity ☐
— par la First Chicago en 1966 avec l'aide de White Weld..... ☐

Question 3

La première émission de certificats de dépôt en tranche sur le marché des euro-devises fut réalisée :
— par le Crédit Lyonnais en 1972 .... ☐
— par le Crédit Lyonnais en 1966 .... ☐
— par la First National City Bank en 1972 .... ☐
— par la Chase Manhattan en 1966 .... ☐
— par la Chemical Bank en 1956 .... ☐
— par Chase Manhattan en 1978 .... ☐
— par Midland Bank en 1968 .... ☐
— par Dresdner Bank en 1980................................ ☐
— par le Crédit Suisse en 1972 .... ☐
— par la Banque Commerciale pour l'Europe du Nord en 1971 ☐

Question 4

Les ressources collectées sur le marché des euro-devises le sont, pour la quasi-totalité d'entre elles, sous forme de dépôts à vue.
— vrai... ☐
— faux .... ☐

Question 5

En accordant un crédit *roll-over*, une banque est toujours assurée de conserver une marge bénéficiaire représentée par le *spread*.
— vrai... ☐
— faux .... ☐

EXERCICE

Exercice 1*

Parce qu'il est égal à la somme de certaines quantités fixes de monnaies des Etats membres de la Communauté Economique Européenne, l'écu présente l'avantage de permettre aux entreprises qui effectuent des emprunts dans ce panier de devises de réduire considérablement leur risque de change.

Munie de cette conviction, la direction financière d'une entreprise française dont l'activité internationale représente plus de 40 % de son chiffre d'affaires décide le 3 décembre d'emprunter 20 millions d'écu à 6 mois pour financer ses exportations.

Les quantités fixes de monnaies composant l'écu sont reproduites à la première colonne du tableau 1.

Les valeurs des différentes devises par rapport au franc français à la date du 3 décembre sont reprises à la deuxième colonne du tableau 1.

Le 3 décembre, les taux prêteurs à 6 mois sur les devises composant l'écu sont indiqués à la troisième colonne du tableau 1.

Le *spread* entre les taux prêteur et emprunteur est systématiquement égal à 2/16 %.

A partir de ces données, déterminez le taux emprunteur à 6 mois que la direction financière internationale de l'entreprise devra payer pour son emprunt de 20 millions d'écu.

Tableau 1

Composition de l'Ecu		*Cours des devises par rapport au francs français*	*Taux prêteur à six mois*
0,828	deutsche mark	2,8370	7,625
1,15	franc français	1	17,50
0,0885	livre sterling	11,3840	10,25
109	lires	0,0052	23,50
0,286	florin	2,5460	6,75
3,66	francs belges	0,1445	13,75
0,217	couronne danoise	0,8124	19,625
0,00759	livre irlandaise	9,5241	21,50
0,14	franc luxembourgeois	0,1445	13,25

* Cet exercice a été rédigé en août 1984 avant l'introduction de la drachme, de l'escudo et de la peseta dans l'écu. La prise en compte de ces monnaies modifierait les résultats chiffrés, mais ne changerait pas la logique des calculs. Cet exercice ignore également les différents ajustements monétaires qui se sont produits depuis septembre 1984. Là également, leur prise en considération ne modifierait pas la logique des calculs.

QUESTIONNAIRE D'AUTO-EVALUATION

Les développements du marché des euro-devises ont provoqué quelques sujets d'inquiétude.

Question 1 : Quels sont les principaux motifs d'inquiétude suscités par le développement du marché des euro-devises ?

Les craintes que suscite la liquidité du système financier international sont souvent évoquées. Elles concernent le système financier dans son ensemble et les banques prises individuellement.

Question 2 : Quels sont les composantes et les déterminants de la liquidité du système financier international ?

Question 3 : Quels sont les problèmes de liquidité auxquels peut être confrontée une banque sur le marché financier international ?

Dans la mesure où les euro-banques détiennent peu de réserves sous forme de titres négociables, un problème de liquidité non anticipé ne peut être que difficilement combattu.

Question 4 : Quels sont les moyens à la disposition des euro-banques pour remédier à une telle difficulté ?

Question 5 : Un problème de liquidité peut-il se poser au niveau du système des euro-devises dans son ensemble ?

Pour certains observateurs l'absence de prêteur en dernier ressort est une source de défiance à l'égard du système des euro-marchés.

Question 6 : Est-il possible d'envisager l'existence d'un prêteur en dernier ressort sur le marché des euro-devises ? Qui pourrait jouer ce rôle ? Quels seraient les difficultés et les inconvénients ?

Les problèmes que soulève le niveau d'endettement de certains pays emprunteurs est la seconde série de problèmes qui se posent sur le marché des euro-devises.

Question 7 : Quelles sont les inquiétudes relatives au niveau de l'endettement de certains pays emprunteurs ?

Question 8 : Quelle est l'attitude des banques face au problème de l'endettement des pays de l'Est ?

Question 9 : Quelle est l'attitude des banques face au problème de l'endettement des pays en voie de développement ?

Question 10 : Quels sont les véritables problèmes que pose le fonctionnement actuel du marché des euro-devises et des euro-crédits ?

Chapitre 10

LE MARCHÉ DES EURO-CRÉDITS, DES EURO-NOTES ET DES EURO-BILLETS DE TRÉSORERIE*

Les prêts à court terme financés à partir des ressources du marché des euro-devises se sont développés de façon systématique au début de la décennie 1960. Ces prêts, financés à l'époque par des dépôts de même échéance, étaient accordés par des établissements bancaires agissant individuellement. Les prêts à moyen terme ont pris une certaine ampleur à partir de 1965. Au début de la décennie 1970, leur volume et leur durée ont atteint des montants d'une telle importance qu'il fut nécessaire de recourir à des syndicats bancaires. Le marché des euro-crédits a connu une profonde modification depuis le début de la décennie 1980. Il a beaucoup souffert, en effet, de la crise d'insolvabilité des années 1981-1982. Conséquence directe de cette crise, le marché des euro-notes et celui des euro-billets de trésorerie sont venus prolonger et développer celui des euro-crédits et s'y substituer en partie. Il semble toutefois que le marché des euro-crédits ait réussi depuis 1987 à surmonter la crise qui l'avait frappé en 1982 (tableaux 1 et 2). Le volume des nouveaux crédits a retrouvé, en effet, le niveau qui était le sien entre 1980 et 1982 et, fait essentiel que nous développerons ultérieurement, la qualité des emprunteurs est aujourd'hui bien supérieure à ce qu'elle était durant la décennie 1970.

---

* Pour approfondir le contenu de ce chapitre, le lecteur peut se reporter au livre d'exercices corrigés de Yves Simon : *Finance Internationale,* Paris, Economica, 1992, et plus spécialement au chapitre 10 intitulé : Les marchés internationaux de capitaux.

Tableau 1
Prêts bancaires réalisés sur les marchés financiers internationaux

Année	*Euro-crédits*	*Prêts bancaires étrangers*	*Autres facilités bancaires internationales*	*Total*
1979	79,1	—	—	79,1
1980	79,9	—	—	79,9
1981	146,4	—	—	146,4
1982	90,8	7,4	5,4	103,6
1983	60,2	7,0	13,5	80,7
1984	53,2	8,8	55,3	117,3
1985	54,2	7,0	48,9	110,1
1986	54,2	9,1	30,0	93,3
1987	80,3	11,3	31,2	122,9
1988	116,2	9,4	16,6	142,2
1989	114,5	6,6	8,4	129,5
1990	122,4	2,2	7,0	131,6
1991	114,5	1,6	7,7	123,8
1992	116,2	1,7	6,7	124,6

Unité : Milliards de dollars.
Source : OCDE, *Statistiques financières mensuelles.*

Tableau 2
Prêts bancaires réalisés sur les marchés financiers internationaux

Année	*Euro-crédits*	*Prêts bancaires étrangers*	*Autres facilités bancaires internationales*	*Total*
1979	100,0	—	—	100,0
1980	100,0	—	—	100,0
1981	100,0	—	—	100,0
1982	87,6	7,1	5,2	100,0
1983	74,6	8,7	16,7	100,0
1984	45,4	7,5	47,1	100,0
1985	49,2	6,4	44,4	100,0
1986	58,1	9,8	32,2	100,0
1987	65,3	9,2	25,4	100,0
1988	81,7	6,6	11,7	100,0
1989	88,4	5,1	6,5	100,0
1990	93,0	1,7	5,3	100,0
1991	92,5	1,3	6,2	100,0
1992	93,3	1,4	5,4	100,0

Unité : Pourcentages.
Source : OCDE, *Statistiques financières mensuelles.*

Section I — Les emprunteurs sur le marché des euro-crédits

Les emprunteurs sur le marché des euro-crédits peuvent être regroupés selon deux critères complémentaires : celui de la personnalité juridique, d'une part, celui de l'origine géographique des emprunteurs, d'autre part.

§ 1. Le marché des euro-crédits et la personnalité juridique des emprunteurs

Il est habituel de distinguer les emprunteurs du secteur public et ceux du secteur privé.

Les emprunteurs publics sont, d'une part, les Etats ou les Trésorerie publiques, d'autre part, les entreprises nationalisées. Les emprunteurs privés sont les banques, les autres institutions financières et les organismes privés non financiers, essentiellement les entreprises.

§ 2. Le marché des euro-crédits et les pays emprunteurs

Trois catégories de pays emprunteurs sont habituellement distingués : les pays de l'OCDE, les pays en développement et les pays de l'Europe centrale et orientale (tableaux 3 et 4).

Les pays de l'OCDE sont devenus — ce qui n'était pas le cas dans la deuxième moitié de la décennie 1970 — les plus importants emprunteurs sur le marché des euro-crédits.

Les pays en développement empruntent depuis 1980 des sommes beaucoup moins importantes que celles obtenues par les pays de l'OCDE.

Les pays de l'Europe centrale et orientale n'ont jamais été des emprunteurs importants sur le marché des euro-crédits.

Tableau 3
Ventilation des euro-crédits par groupe de pays emprunteurs

Année	*Pays de l'OCDE*	*Pays en développement*	*Pays de l'Europe centrale et orientale*	*Autres pays*	*Total*
1979	30,1	44,8	3,7	0,5	79,1
1980	41,2	35,0	2,7	1,0	79,9
1981	97,5	47,1	1,5	0,3	146,4
1982	50,8	37,9	0,5	1,6	90,8
1983	28,2	30,2	0,9	0,9	60,2
1984	28,3	21,4	2,7	0,8	53,2
1985	32,1	17,1	4,3	0,7	54,2
1986	40,8	10,2	2,5	0,7	54,2
1987	60,0	18,0	2,1	0,2	80,3
1988	99,8	14,4	1,0	1,0	116,2
989	96,9	15,4	2,0	0,1	114,5
990	100,0	19,1	3,0	0,3	122,4
991	87,1	26,5	0,1	0,8	114,5
992	98,7	16,2	0,2	1,0	116,2

Milliards de dollars.
: OCDE, *Statistiques financières mensuelles.*

Tableau 4
Ventilation des euro-crédits par groupe de pays emprunteurs

Année	*Pays de l'OCDE*	*Pays en développement*	*Pays de l'Europe centrale et orientale*	*Autres pays*	*Total*
1979	38,1	56,6	4,7	0,6	100,0
1980	51,6	43,8	3,4	1,3	100,0
1981	66,6	32,2	1,0	0,2	100,0
1982	55,9	41,7	0,6	1,8	100,0
1983	46,8	50,2	1,5	1,5	100,0
1984	53,2	40,2	5,1	1,5	100,0
1985	59,2	31,5	7,9	1,3	100,0
1986	75,3	18,8	4,6	1,3	100,0
1987	74,7	22,4	2,6	0,2	100,0
1988	85,9	12,4	0,9	0,9	100,0
1989	84,6	13,4	1,7	0,1	100,0
1990	81,7	15,6	2,5	0,2	100,0
1991	76,1	23,1	0,1	0,7	100,0
1992	84,9	13,9	0,2	0,9	100,0

Unité : Milliards de dollars.
Source : OCDE, *Statistiques financières mensuelles.*

§ 3. L'évolution de la qualité des emprunteurs

Lors de ses premières années de fonctionnement, le marché des euro-crédits était ouvert aux emprunteurs de premier ordre. A partir du milieu de la décennie 1970, des entités privées, et surtout publiques, de certains pays en développement, qui devaient se révéler insolvables, ont obtenu des sommes très importantes sur le marché des euro-crédits.

A partir de 1982, l'insolvabilité de nombreux pays d'Afrique, d'Europe centrale et orientale et surtout d'Amérique latine a contraint les banques internationales à accepter des rééchelonnements de dettes qui eurent pour conséquence de réduire considérablement l'activité du marché des euro-crédits alors que dans le même temps le marché euro-obligataire (*cf.* le chapitre 11) connaissait un essor fabuleux. Pour illustrer ce propos, mentionnons qu'en 1981 plus de 97 milliards de dollars furent empruntés sous forme d'euro-crédits, ce qui représentait approximativement 3,5 fois le montant des émissions euro-obligataires. En 1986, 54 milliards de dollars furent empruntés, soit beaucoup moins du tiers du montant des émissions euro-obligataires. Cette année marque par ailleurs le retour à la prépondérance des pays de l'OCDE dans le marché des euro-crédits.

En 1991 et 1992, plus de 80 % des euro-crédits ont été accordés à des entités localisées dans les pays de l'OCDE. Ces chiffres traduisent mieux qu'un long discours la nouvelle sélectivité du marché des euro-crédits. La plupart des emprunteurs sont désormais des entités implantées dans les pays développés. La relative faiblesse du volume des euro-crédits traduit le traumatisme laissé par la crise de 1981-1982 et la faiblesse de la demande émanant d'emprunteurs de bonne qualité.

Section II — Pourquoi recourir au marché des euro-crédits ?

Plusieurs raisons ont conduit les emprunteurs à se porter sur le marché des euro-crédits. Elles peuvent être regroupées en deux rubriques.

§ 1. Le recours au marché des euro-crédits et les restrictions aux sorties de capitaux

Les marchés internationaux ont permis aux sociétés installées dans des pays ayant érigé des restrictions aux sorties de capitaux de pouvoir emprunter pour investir à l'étranger. Certains pays (Etats-Unis) confrontés à des déficits de leur balance des paiements ont empêché les sorties de capitaux qui auraient aggravé leurs difficultés. Les sociétés de ces pays souhaitant investir à l'étranger n'avaient plus que trois solutions :

- autofinancer le développement des filiales,
- emprunter sur les marchés nationaux des pays où elles voulaient investir,
- emprunter sur les marchés internationaux.

La première solution exigeait une présence déjà ancienne dans le pays pour pouvoir dégager des profits et n'était pas, de toute manière, suffisante pour assurer un développement rapide de l'entreprise. La deuxième ne permettait pas à la société de trouver les fonds suffisants. Seule la troisième a permis d'obtenir des financements en quantité significative à des taux d'intérêt concurrentiels.

§ 2. Le recours au marché des euro-crédits et les restrictions aux possibilités d'emprunt sur les marchés nationaux

Certains pays européens ont contrôlé et restreint les possibilités d'emprunt des filiales de sociétés étrangères (en fait américaines) sur leurs marchés nationaux. La seule possibilité offerte à ces firmes était alors d'emprunter dans le pays de la société-mère, mais ce n'était pas toujours possible comme l'a montré le paragraphe précédent, ou d'emprunter sur les marchés internationaux.

Les restrictions aux sorties de capitaux et aux possibilités d'emprunt sont des raisons permissives, mais le développement du marché des euro-crédits ne s'est réellement produit qu'en raison de sa parfaite adaptation aux besoins des emprunteurs.

Section III — Les principaux crédits

On distingue deux grands types d'euro-crédits selon que les taux d'intérêt sont fixes ou variables. Avant de les étudier, nous présentons dans un premier paragraphe quelques généralités sur l'ensemble des euro-crédits.

§ 1. Les caractéristiques communes aux euro-crédits

Qu'ils soient à taux fixes ou à taux variables, les euro-crédits présentent certains traits communs.

A. — La fonction économique des euro-crédits

Les euro-crédits à court terme remplissent différentes fonctions économiques. Ils peuvent assurer le financement des besoins en fonds de roulement des entreprises ; ils permettent le financement des exportations et des importations ; ils peuvent être utilisés comme financement relais[1].

Les euro-crédits à moyen terme permettent d'assurer le financement des investissements et l'accroissement des capacités de production.

Cette typologie est assez théorique, car, dans le passé, et aujourd'hui dans une certaine mesure, l'objectif de nombreux emprunts a été de financer le déficit des balances des paiements ou de faciliter le refinancement de dettes anciennes.

B. — L'échéance

L'échéance des euro-crédits est très variable. Elle va de 24 heures à 12 ans. Il faut cependant noter qu'il est devenu très difficile aujourd'hui d'emprunter à plus de 10 ans sur le marché des euro-crédits.

C. — La disponibilité des fonds

Dans la plupart des systèmes financiers nationaux, les fonds ne sont pas disponibles en quantité suffisante, quel que soit le taux d'intérêt que l'on est prêt à payer. Il n'est pas facile de trouver l'équivalent de 100 ou 200 millions de dollars sur un marché national ; il n'est pas facile de trouver 500 millions de dollars sur le marché américain alors que ces sommes sont facilement levées sur le marché des euro-crédits. La progression du volume unitaire des emprunts, traduite par les quelques exemples ci-joints, est impressionnante :

- 1 milliard de dollars pour l'emprunt ENEL de 1974,
- 1,5 milliard de dollars pour la ligne de crédit (au demeurant jamais utilisée) obtenue par le gouvernement français en 1974,
- 2,5 milliards de dollars pour l'emprunt de la Trésorerie britannique en 1974,
- 3 milliards de dollars pour l'emprunt de la société canadienne Seagram en 1980,
- 6 milliards de dollars pour une ligne de crédit obtenue par une société pétrolière américaine lors de la bataille boursière en vue d'acquérir le contrôle de la société Conoco en juillet 1981,
- 14 milliards de dollars pour la Standard Oil of California en mars 1984 pour financer l'OPA sur Gulf Oil.

Ces chiffres suggèrent que le montant unitaire des euro-crédits ne connaît pas de limite supérieure. Pour ce qui est du montant minimum, il est difficile d'imaginer qu'un emprunteur puisse se présenter sur le marché et sous sa propre signature à moins de un million de dollars.

1. Quand les taux d'intérêt sont élevés, les entreprises préfèrent attendre des conditions plus propices pour obtenir des fonds à long terme. En attendant cette époque, elles satisfont leurs besoins immédiats par un crédit à court terme appelé crédit relais.

D. — La disponibilité des devises

Il est pratiquement toujours possible pour un emprunteur d'obtenir la devise qui correspond à ses besoins sur le marché des euro-crédits. Le dollar est la principale monnaie utilisée. Le deutsche mark fait également l'objet d'un usage fréquent. Les autres monnaies sont utilisées de façon plus sporadique. Elles ne peuvent être obtenues qu'en petite quantité et avec un certain délai.

E. — Le délai d'obtention des fonds

Sur le marché des euro-crédits, en particulier dans sa composante dollar, quelques semaines suffisent pour obtenir les sommes aussi élevées que celles précédemment mentionnées. Lors de l'affaire Conoco, les lignes de crédit demandées par plusieurs sociétés pétrolières américaines furent obtenues en moins de deux semaines.

F. — Le rôle des différentes places financières

La place de Londres joue un rôle important sur le marché des euro-crédits, mais il est loin d'être exclusif. Les différentes considérations qui interviennent dans le choix des banquiers chefs-de-file (nationalité de l'emprunteur souvent identique à celle de la banque, taille de la banque, etc...) conduisent à donner un rôle important aux places financières continentales.

Les banques japonaises et américaines occupent une place essentielle sur le marché des euro-crédits, directement ou indirectement par le biais de leurs filiales britanniques.

G. — Le taux d'intérêt

Le taux d'intérêt est établi par négociation directe entre le prêteur et l'emprunteur. Il est librement déterminé par confrontation de l'offre et de la demande. Le taux de l'euro-crédit peut être fixé pour toute la durée du crédit, mais il est le plus souvent indexé dès que l'échéance dépasse 6 mois. Le taux de l'emprunt varie en fonction du risque de l'emprunteur, de la conjoncture internationale et de la situation de la devise utilisée au moment de l'emprunt.

Le coût des emprunts sur le marché international est sensiblement différent de leur coût sur les marchés nationaux. Plusieurs facteurs concourent à cette situation :

- la finalité des emprunts est différente ;
- les taux sont librement déterminés sur le marché des euro-crédits alors qu'ils sont, dans une certaine mesure, administrés sur les marchés nationaux ;
- le marché des euro-crédits prend en compte la qualité des emprunteurs et réduit plus sensiblement la prime de risque sur les bons emprunteurs que ne le font les marchés nationaux ;
- les banques ne sont pas soumises aux réserves obligatoires sur le marché des euro-crédits, ce qui atténue sensiblement le coût des crédits distribués ;
- les emprunts atteignent des montants très élevés sur le marché des euro-

crédits, ce qui permet de mieux répartir les frais fixes et de réduire leur coût par rapport à celui des marchés nationaux.

§ 2. Les crédits à taux d'intérêt fixe

Dans ces crédits, le montant, la devise, l'échéance et le taux d'intérêt sont fixés une fois pour toutes.

Les prêts à moyen terme avaient eu tendance à s'accroître avec le développement des certificats de dépôt. Ces instruments assurent en effet une certaine stabilité aux ressources bancaires et ne contraignent pas les banques à financer ces prêts avec des dépôts à vue ou à très court terme. L'instabilité des taux d'intérêt qui prévaut sur l'ensemble des marchés financiers internationaux depuis 1979 a eu pour conséquence de réduire sensiblement l'échéance des crédits à taux d'intérêt fixe.

Les prêts à court terme se prêtent particulièrement bien au financement des transactions commerciales internationales. Ils prennent trois formes différentes :

- la ligne de crédit,
- l'avance,
- le découvert.

A. — La ligne de crédit

C'est une facilité par laquelle une banque se déclare disposée à prêter pour une période donnée des fonds dont le montant ne peut excéder un niveau établi d'avance. Le taux est fixé en fonction des conditions prévalant sur le marché au moment du tirage.

La ligne de crédit est ouverte pour un temps déterminé. Son échéance ne dépasse pas en général 12 mois. Cette ligne est sujette à révision périodique ou à annulation en fonction des changements des conditions du marché et du crédit.

B. — Les avances en devise

Les ressources obtenues par les banques sur le marché des euro-devises sont utilisées pour assurer le financement du commerce international. Les euro-banques financent les importations et les exportations par des avances en devise.

Les banques peuvent accorder des avances et des crédits de trésorerie à des emprunteurs résidents ou non-résidents. Ces prêts sont matérialisés par un contrat précisant la durée et le montant de l'emprunt, les modalités d'amortissement et de remboursement, et le taux de l'endettement.

C. — Le découvert en devise

Ce crédit permet au client d'une banque d'utiliser à son gré une certaine quantité de devises pour un montant et une durée déterminés. Ce découvert peut être ou non confirmé.

§ 3. Les crédits à taux d'intérêt flottant

Les crédits à taux d'intérêt flottant sont essentiellement représentés par les *roll-over*. Après une présentation des principales caractéristiques de ces crédits, nous analysons leurs avantages et leurs inconvénients.

A. — Les caractéristiques des crédits roll-over

Le crédit *roll-over* est un engagement pris par une banque de prêter une certaine quantité de devises pour une période de deux à douze ans. Cet emprunt est matérialisé par des billets de 3, 6, ou 12 mois renouvelés pendant toute la période durant laquelle la banque s'est engagée.

Le crédit *roll-over* est une avance en devise à court terme, renouvelable, et à taux d'intérêt variable. Le roll-over est toutefois un engagement définitif. L'emprunteur possède de ce fait une assurance sur la disponibilité des fonds. Les intérêts sont en général payables sur une base trimestrielle ou semestrielle. Quatre caractéristiques fondamentales sont successivement examinées.

- L'échéance minimale des crédits *roll-over* est rarement inférieure à 2 ans. A l'origine du marché, l'échéance maximale était d'environ 7 ans. Elle s'est progressivement allongée pour atteindre 10 puis 15 ans dans certaines circonstances, il est vrai exceptionnelles. Depuis 1979, l'échéance des crédits *roll-over* a tendance à se réduire. Elle est aujourd'hui comprise entre 7 et 10 ans.
- Les crédits *roll-over* sont matérialisés par des billets à court terme renouvelables ayant une échéance de 3, 6 ou 12 mois.
- Le taux de cet emprunt n'est pas déterminé de manière définitive au moment de la signature de l'engagement. Il est fixé à chaque renouvellement en fonction des taux sur le marché. Le taux de référence est très souvent le LIBOR.
- Le *spread* est une marge qui s'ajoute au LIBOR et dont le montant est variable. Elle peut atteindre 2,50 % et descendre à 0,25 %. Différents facteurs interviennent pour en déterminer le montant : risque de l'émetteur, concurrence plus ou moins importante, situation du marché, volume de l'emprunt, etc...

B. — Les avantages des crédits roll-over

Les crédits *roll-over* évitent les inconvénients des emprunts à taux fixes et présentent une certaine flexibilité.

1. — Le principal avantage pour le banquier est de supprimer le risque de variation des taux et de le reporter sur l'emprunteur. Il est vrai qu'il perd en contrepartie les avantages d'une évolution qui lui serait profitable.

2. — La flexibilité est le second avantage des crédits *roll-over*[2]. Quelques exemples permettent d'en mieux cerner les contours.

---

2. Cette flexibilité n'est pas spécifique aux crédits *roll-over*, mais elle se manifeste avec le plus d'éclat dans le cadre de ces euro-emprunts.

- Il est possible pour un emprunteur de rembourser par anticipation et sans difficulté un euro-crédit.
- L'emprunteur peut cesser de recourir momentanément au crédit à condition de prévenir les banques avec un préavis raisonnable. Ces dernières exigent souvent une commission variable, de l'ordre de 0,5 %, payable par trimestre, sur les fonds qu'elles s'étaient engagées à fournir et que l'emprunteur n'utilise pas.
- Le crédit peut être réalisé en multi-devises ce qui permet à l'emprunteur de changer de monnaie, lors de chaque renouvellement, à condition de prévenir les banques avec un préavis raisonnable.

La flexibilité n'est pas à sens unique. Elle peut jouer au profit du prêteur. Le banquier peut à cet égard prévoir une clause de sauvegarde contre toute indisponibilité des fonds. Cette clause lui permet de se couvrir contre l'impossibilité dans laquelle il pourrait se trouver de mettre à la disposition de son client les devises spécifiées au contrat ou exigées par l'emprunteur lors d'un tirage dans le cas d'un crédit multi-devises.

Quels que soient leurs avantages, les euro-crédits ne sont pas dépourvus de certains inconvénients.

C. — Les inconvénients des crédits roll-over

Les inconvénients peuvent être réunis sous quatre rubriques.

1. — La variabilité des taux d'intérêt crée une incertitude quant au calcul des charges financières et au montant des intérêts à payer, ce qui ne facilite pas les prévisions de trésorerie de l'emprunteur.

2. — Le crédit *roll-over* est un prêt à court terme renouvelé pendant plusieurs années. Cette technique permet d'obtenir des fonds pendant une longue période à des taux d'intérêt faibles dans la mesure où le taux à court terme est généralement inférieur aux taux à moyen et long terme. L'expérience des années 1978-1992 a cependant montré que le taux à court terme peut être durablement supérieur au taux à moyen terme. Pour l'emprunteur utilisant la technique du *roll-over,* la conséquence d'une telle inversion de la structure des taux d'intérêt est de renchérir le coût d'endettement par rapport à celui qu'il aurait dû consentir pour un endettement à moyen terme à taux fixe.

3. — En accordant un crédit *roll-over*, la banque est en général assurée de conserver une marge bénéficiaire représentée par le *spread.* Cette règle générale peut subir certaines exceptions en particulier lorsque la banque ayant accordé des crédits avec une marge très faible est obligée, pour des raisons conjoncturelles ou de concurrence exacerbée sur le marché des euro-devises, d'accroître les taux d'intérêt qu'elle sert aux déposants pour obtenir les ressources indispensables au financement de crédits déjà accordés[3].

---

3. Les suites de l'affaire Herstatt ont contraint pendant plusieurs mois certaines banques peu connues ou de taille modeste à emprunter sur le marché des euro-devises à un taux d'intérêt supérieur au taux auquel elles s'étaient engagées à prêter. Le taux de leurs prêts était en effet indexé sur le coût des ressources de banques très solides ou jouissant d'une excellente réputation qui avaient, de ce fait, moins besoin d'élever le taux d'intérêt qu'elles servaient à leurs déposants. Cette situation entraîna de lourdes pertes dont pâtirent, entre autres, les banques italiennes et japonaises.

4. — Pour l'emprunteur, le principal inconvénient du crédit *roll-over* est le risque de non-renouvellement aux différentes échéances intermédiaires, du fait d'une indisponibilité de fonds des banques ou d'une crise de liquidité. Cet inconvénient ne s'est pour l'instant jamais produit. C'est bien au contraire le risque de défaut de remboursement des emprunteurs qui menace les banques.

Malgré leurs inconvénients, les *roll-over* restent une forme de crédit tout à fait acceptable. Ils sont fréquemment utilisés et rendent d'indéniables services aux emprunteurs tout en limitant certains risques des prêteurs. Les craintes de difficultés majeures et d'un effondrement du marché, régulièrement formulées par certains observateurs, ne semblent finalement pas très réalistes.

Section IV — Les facilités d'émission, les euro-billets de trésorerie et les notes à moyen terme

Suite à la crise d'insolvabilité du début des années 1980, les banques internationales sont devenues beaucoup plus sévères dans l'attribution de nouveaux crédits. Pour éviter, par ailleurs, d'être « piégées » avec des actifs qu'elles ne pouvaient renégocier, les euro-banques ont cherché à accorder des crédits susceptibles d'être revendus sur un marché secondaire. Cette recherche se place dans le contexte plus général de la sécuritisation qui touche tous les systèmes financiers.

Ceci explique l'émergence et le développement des facilités d'émission d'euro-notes, garanties ou non par un syndicat bancaire, des euro-billets de trésorerie et des notes à moyen terme.

§ 1. Les facilités d'émission d'euro-notes garanties par un syndicat bancaire

Ces instruments ont été créés durant la première partie de la décennie 1980.

Les notes sont des billets à ordre de un à six mois, émis par un emprunteur dans le cadre d'un programme. Ces titres sont négociables sur un marché secondaire, et renouvelables pendant une durée pouvant atteindre plusieurs années.

Le montage d'une émission d'euro-notes est généralement le fait d'une banque qui met en place un syndicat de garantie et procède au placement des titres. Si la demande des investisseurs est insuffisante ou si le placement des notes est difficile, le syndicat assure la souscription des billets qui n'ont pu être placés sur le marché. La garantie du syndicat est matérialisée la plupart du temps par une ligne de crédit bancaire *(back up line* ou *back stop)*.

Le placement des euro-notes s'effectue selon deux grandes modalités : par recours à un panel de banques qui soumissionnent lors de chaque émission et replacent ensuite les papiers auprès des investisseurs, ou par recours à un seul *dealer* qui a le monopole du placement des notes auprès des investisseurs.

Les banques commerciales ont très rapidement acclimaté ce nouveau mode de financement. Le marché des euro-notes s'est de ce fait beaucoup développé, mais le volume effectif des tirages effectués par les emprunteurs est 4 à 5 fois inférieur aux programmes mis en place. Les emprunteurs adaptent en effet le volume des émissions à leurs propres besoins. Il est parfaitement concevable, en effet, qu'une entreprise mette en place un programme de 100 millions, mais module les tirages effectifs, chaque fois qu'elle procède à une émission. Les notes généralement émises en dollar ont très souvent une échéance de 3 ou 6 mois ; des échéances supérieures ou inférieures ont toutefois été utilisées.

La liquidité du marché secondaire des euro-notes est satisfaisante. Un investisseur n'éprouve pas de difficultés à se débarrasser avec une seule offre d'une ligne de plusieurs millions de dollars et l'écart entre le cours acheteur et le cours vendeur est relativement faible.

En dehors de l'échéance, qui est très courte, les notes sont des titres qui empruntent aux euro-obligations plusieurs de leurs caractéristiques. Par ailleurs, dans la mesure où elles sont renouvelables sur une longue période et bénéficient d'une garantie par un syndicat bancaire, ces notes assurent à l'émetteur un financement à moyen ou long terme. Elles présentent, de ce fait, certaines caractéristiques comparables à celles d'un euro-crédit.

La liquidité et la flexibilité offertes à l'émetteur, aux banques et aux entreprises sont les principaux avantages des facilités d'émission garanties par un syndicat bancaire.

En fait, il est rapidement apparu que les garanties étaient très rarement mises en jeu. L'idée s'est donc fait jour de procéder à des émissions de notes non garanties par un syndicat bancaire.

§ 2. Les facilités d'émission d'euro-notes non garanties par un syndicat bancaire

A l'exception de l'absence de garantie, ces facilités sont strictement identiques à celles qui ont été présentées au premier paragraphe. Le principal avantage de ces instruments est de réduire le coût d'émission du fait de la suppression de la commission de garantie versée au syndicat bancaire. Ces nouvelles facilités se sont concrétisées par des émissions d'euro-billets de trésorerie *(euro commercial paper)* et de notes à moyen terme *(medium term notes)*.

A. — Les euro-billets de trésorerie

Les billets de trésorerie sont des titres à court terme émis par des entreprises industrielles et commerciales et souscrits par des investisseurs disposant de ressources à court terme.

Le marché américain des billets de trésorerie *(commercial paper)* existe depuis très longtemps et c'est par référence à ce marché que furent réalisées au début de l'année 1984 les premières euro-émissions de billets de trésorerie. Ces titres sont des billets au porteur librement transférables. Leur échéance va de quelques jours à un maximum d'un an, mais elle dépasse en fait rarement six mois. Ils sont fondamentalement identiques, dans leur objet et leur modalité d'émission, aux billets de trésorerie émis dans le cadre du système monétaire et français[4].

Les grands emprunteurs internationaux, qu'il s'agisse des Etats, des entreprises publiques ou des firmes multinationales, ont recours à cette modalité de financement mise en place, dans un premier temps, par les grandes banques d'investissement anglo-saxonnes. Ce marché a connu un succès immédiat, en grande partie dû à la souplesse des conditions d'émission.

B — Les notes à moyen terme

Cet instrument est apparu en 1986 sur le marché financier international. Les notes à moyen terme *(medium term notes)* sont un simple prolongement des euro-billets de trésorerie dont elles conservent toutes les caractéristiques à l'exception de l'échéance.

Le succès des euro-billets de trésorerie a conduit des emprunteurs et des banques à mettre en place des émissions dont l'échéance était supérieure ou égale à 18 mois. Pratiquement, l'échéance s'est allongée et il est possible de procéder aujourd'hui à des émissions ayant une échéance égale à 5 ans. Les modalités d'émission sont tout à fait comparables à celles retenues dans les émissions d'euro-billets de trésorerie.

§ 3. Quelques données statistiques

Le tableau 5 reproduit l'évolution du montant des facilités d'émission d'euro-billets de trésorerie et des programmes d'émission d'effets à moyen terme. Les informations rassemblées permettent de tirer trois conclusions.

- Les programmes d'émission d'effets à moyen terme *(medium term notes)* ont connu une très forte progression en 1991 et 1992. Ils sont d'ailleurs à l'origine de la progression de l'activité sur le marché international des facilités.
- Les programmes d'émission d'euro-billets de trésorerie ont décru régulièrement sur toute la période étudiée. La concurrence accrue des marchés nationaux de billets de trésorerie explique cette évolution.
- Les facilités d'émission assorties d'une garantie bancaire n'ont atteint que 6,7 milliards de dollars. L'importance de ce compartiment du marché est devenue globalement négligeable.

*
* *

Les banquiers effectuant des prêts en euro-devises sont soumis à des risques généraux et à des risques spécifiques.

Les risques généraux sont de nature politique et économique.

Le risque politique peut se concrétiser à l'occasion d'un changement de

4. Il faut noter que le marché français des billets de trésorerie ouvert en 1985 avait lui aussi pris pour modèle le marché américain.

régime politique du pays de l'emprunteur, d'une modification de la réglementation ayant des incidences dans les relations financières internationales ou d'une modification de la législation fiscale.

Le risque économique est de même nature que celui auquel le banquier doit faire face sur les marchés nationaux.

Tableau 5
Facilités d'emprunt à moyen terme

	1988	*1989*	*1990*	*1991*	*1992*
A - Facilités d'émission d'effets	14,4	5,5	4,3	1,9	1,5
• Facilités d'émission à utilisations multiples	*8,3*	*1,3*	*2,3*	*1,3*	*0,7*
• Lignes de support aux émissions d'euro-notes	*5,1*	*2,3*	*1,7*	*0,5*	*0,8*
• Autres facilités	*1,0*	*1,9*	*0,3*	*0,1*	—
B - Autres facilités d'émission cautionnées	2,2	2,9	2,7	5,8	5,2
• Acceptations bancaires	*1,1*	—	*0,6*	*2,8*	*0,1*
• Lignes de substitution appuyant l'émission de billets de trésorerie	—	*0,6*	*0,4*	—	*0,3*
• Autres instruments	*1,1*	*2,3*	*1,7*	*3,0*	*4,8*
C - Programmes d'émission d'euro-billets de trésorerie	57,1	54,1	48,3	35,9	28,9
D - Autres facilités cautionnées	19,5	19,1	17,9	44,3	99,0
• Programmes d'émission d'effets à moyen terme	*12,6*	*15,5*	*16,0*	*43,2*	*97,[illegible]*
• Autres facilités	*6,9*	*3,6*	*1,9*	*1,1*	*1,[illegible]*
E - Total des facilités de support à l'émission de titres bénéficiant d'une garantie = A + B	16,6	8,4	7,0	7,7	6,7
F - Total des facilités = A + B + C + D	93,2	81,6	73,2	87,9	134,6

Unité : Milliards de dollars.
Source : Financial Market Trends, février 1993, pp. 124-125.

L'importance des risques politiques et économiques oblige la banque à être prudente lorsqu'elle accorde ses prêts et la contraint à mettre en place un service d'évaluation des risques bien outillé et compétent.

Les risques spécifiques attachés aux prêts en euro-devises concernent le risque de taux et le risque de liquidité.

Le risque de taux est présent sur tous les marchés de capitaux, mais il est accentué dans le cas des prêts en euro-devises, car les euro-banques sont conduites à réaliser des opérations de transformation. Les trois quarts de leurs ressources sont constitués en effet de devises placées à court terme pour une échéance inférieure ou égale à trois mois. Près de 50 % de leurs prêts ont, en revanche, une échéance supérieure à trois mois. C'est pour remédier à ce risque que les banques ont développé le mécanisme des crédits *roll-over*.

Par risque de liquidité, il faut entendre l'impossibilité pour une banque d'obtenir les devises qu'elle s'est engagée à prêter. Ce risque n'est pas théorique. Les banques sont de plus en plus conscientes des risques associés au financement des prêts en euro-devises et des crédits *roll-over*. Ces capitaux considérables, empruntés à court terme, sont souvent investis sous forme d'immobilisations à long terme ou utilisés pour le financement de déficits commerciaux. Cette transformation n'est pas sans présenter certains risques, bien supérieurs à ceux qu'implique une transformation de même nature sur les marchés domestiques. Les risques d'une crise de liquidité y sont en effet plus importants, car le marché international est caractérisé par la présence de gros prêteurs qui peuvent, pour une raison ou pour une autre, se retirer momentanément du marché. Le risque de liquidité se manifeste également par l'absence de prêteur en dernier ressort. Il est légèrement atténué depuis la décision prise par les Gouverneurs des banques centrales, réunis à Bâle les 9 et 10 septembre 1974, d'autoriser les instituts d'émission à intervenir sous certaines conditions et de prêter temporairement des devises aux banques qui seraient confrontées à une crise de liquidité sur le marché des euro-devises.

Références

A. — OUVRAGES

BANKSON L., LEE M. : *Euronotes : RUFs, TRUFs, NIFs, SNIFs and BONUSes,* Londres, Euromoney Publications, 1985.

BANQUE DES REGLEMENTS INTERNATIONAUX : *Recent Innovations in International Banking*, Bâle, Banque des règlements internationaux, avril 1986.

BLAISE J.B., FOUCHARD Ph., KAHN Ph. (eds) : *Les euro-crédits : un instrument du système bancaire pour le financement international,* Paris, Librairies Techniques, 1981.

BULLOCK G. : *Euronotes and Eurocommercial Paper*, Londres, Butterworths, 1987.

DUFLOUX C., MARGULICI L. : *Les euro-crédits. Pourquoi ? Comment ?* Paris, La revue Banque, 1984.

LEROUX F. : *Marchés internationaux des capitaux*, Paris, Eska, 1988.

B. — ARTICLES

CRABBE M. : The Euronote Explosion, *Euromoney*, novembre 1985, pp. 40-55.

EUROMONEY. : Syndicated Loans : A Competitive Business, *Euromoney*, mai 1988, supplément.

HERNANDEZ R. : La MOF : un outil souple et puissant de financement des entreprises, *Banque*, juin 1988, pp. 628-634.

HERRENSCHMIDT J.L. : Présentation des euro-crédits. Article publié dans l'ouvrage collectif : *Les euro-crédits ; un instrument du système bancaire pour le financement international,* BLAISE J.B., FOUCHARD Ph., KAHN Ph. (eds) Paris, Librairies Techniques, 1981, pp. 19-61.

MALLARD J. : Regard sur le marché de l'euro-commercial paper, *Banque*, avril 1989, pp. 384-388.

PRE de SAINT-MAUR, J. du : Les euro-crédits financiers, le point de vue du banquier, *Banque,* juillet-août 1974, pp. 667-683.

ROSS M.-G. : Euronote Issuance Facilities : un tout nouveau type de crédit, *Banque*, février 1985, pp. 149-153.

WILSON N. : Products for all Players, *The Banker*, septembre 1989, pp. 17-21.

Pour suivre le développement du marché des euro-crédits, le lecteur est invité à lire les articles publiés dans les revues et journaux suivants :

Bank of England Quarterly Bulletin
Banque
Bulletin trimestriel de la Banque de France
Euromoney
Financial Times
International Herald Tribune
Le Monde
Statistiques financières mensuelles de l'OCDE
Tendances des marchés des capitaux
The Banker
World Financial Markets.

C. — AUTRES PUBLICATIONS

BANQUE DES REGLEMENTS INTERNATIONAUX : *Rapport annuel.*

FEIGER G., JACQUILLAT B. : *Les prêts bancaires internationaux : analyse du risque de pays,* Cahiers de recherche du CESA, n° 136, 1980.

LEROUX F. : *Front - End Fees, Witholding Tax, Tax - Sparing Agreements and their Influence on Eurocredit Cost and Return,* Les cahiers du CETAI, Ecole des HEC, Montréal, n° 83-14, 1983.

QUESTIONS

1. Quels sont les emprunteurs sur le marché des euro-crédits ?
2. Quels sont les avantages offerts par le marché des euro-crédits ?
3. Quelles sont les fonctions économiques remplies par les euro-crédits ?
4. Quels sont les principaux types d'euro-crédits à taux d'intérêt fixe ?
5. Quelles sont les principales caractéristiques d'un crédit *roll-over* ?

6. Qu'est-ce que le LIBOR ?
7. Qu'est-ce que le *spread* ?
8. Quels sont les avantages d'un crédit *roll-over* ?
9. Quels sont les inconvénients d'un crédit *roll-over* ?
10. Quelles sont les caractéristiques d'un euro-billet de trésorerie ?
11. Quelles sont les caractéristiques d'une euro-note ?

QUESTIONS A CHOIX MULTIPLES

Question 1

Le LIBOR :

— est un organisme de compensation qui facilite les transactions sur le marché des euro-devises de Londres .... ☐

— est un regroupement de grandes banques opérant sur le marché des euro-devises de Londres .... ☐

— est une instance juridique qui a pour objectif de régler les conflits apparaissant sur le marché des euro-devises de Londres . ☐

— est un taux d'intérêt moyen établi à partir des taux d'intérêt des grandes banques opérant sur le marché des euro-devises de Londres .... ☐

Question 2

Depuis 1985, les principaux emprunteurs sur le marché des euro-crédits sont des entités localisées dans les pays économiquement développés.

— vrai.. ☐

— faux .... ☐

Question 3

Une euro-note est un billet à ordre de un à six mois, émis par l'emprunteur, négociable sur le marché euro-monétaire et renouvelable pendant une durée pouvant atteindre plusieurs années.

— vrai.. ☐

— faux .... ☐

Chapitre 11

LE MARCHÉ DES ÉMISSIONS INTERNATIONALES*

Le marché des émissions internationales regroupe deux compartiments : celui des émissions euro-obligataires, d'une part, celui des émissions étrangères, d'autre part. Les euro-émissions se sont développées avec une telle rapidité que le marché secondaire s'est considérablement renforcé depuis 1970. Les particularités de son fonctionnement nous conduisent à l'étudier avec un certain détail.

Section I — Les composantes du marché des émissions internationales

Les emprunts obligataires internationaux sont l'une des caractéristiques les plus anciennes du système financier international. De tout temps, des non-résidents ont emprunté des sommes importantes sur certains marchés nationaux en se conformant à la réglementation du pays où se réalisait l'émission. Ces emprunts sont dénommés émissions étrangères.

---

* Pour approfondir le contenu de ce chapitre, le lecteur peut se reporter au livre d'exercices corrigés de Yves Simon : *Finance Internationale*, Paris, Economica, 1992, et plus spécialement au chapitre 10 intitulé : Les marchés internationaux de capitaux.

Au XIXe siècle, Londres était la principale, sinon l'unique, place financière où s'effectuaient des émissions étrangères. Après la seconde guerre mondiale, ces émissions se concentrèrent aux Etats-Unis. Avant la création de la taxe de péréquation des taux d'intérêt[1], New York était le plus important marché pour les emprunteurs étrangers. Entre 1955 et 1962, les emprunts étrangers sur cette place ont atteint 4,2 milliards de dollars contre 2,9 milliards sur les places européennes (Zurich et Londres pour l'essentiel). L'importance de New York s'expliquait par la facilité d'accès, la taille du marché et la faiblesse des coûts d'émission. Une étude de l'OCDE indiquait qu'à cette époque les coûts de souscription représentaient 1,7 % de la valeur de l'emprunt et que les autres frais intervenaient pour 0,65 %. A Londres, l'ensemble des frais atteignaient 3,65 %. Sur les marchés suisses et allemands, ils étaient respectivement de 3,15 % et de 2,7 %.

L'instauration de la taxe de péréquation des taux d'intérêt favorisa le développement du marché euro-obligataire sur lequel les émissions sont effectuées en dehors de toute réglementation édictée par les pouvoirs publics.

La taxe de péréquation devait être une mesure temporaire. Elle dura en fait plus de 10 ans. Sa suppression, le 1er janvier 1974, n'a pas freiné le dynamisme du marché euro-obligataire. Ce dernier a, bien au contraire, poursuivi un développement parallèle au renouveau des émissions étrangères à New York et à leur essor sur les places de Zurich, de Francfort et de Tokyo.

La suppression en juin 1984 de la retenue à la source sur les titres émis sur le marché obligataire américain est une décision qui aurait pu freiner le développement du marché euro-obligataire. En fait, ce ne fut pas le cas, puisque le volume des émissions a littéralement explosé, passant de 50 milliards de dollars en 1983 à 188 milliards en 1986 et 276 milliards en 1992. Ces chiffres prouvent que le marché euro-obligataire a acquis en quelques années une autonomie complète et qu'il apporte désormais des services spécifiques aux emprunteurs.

Les tableaux 1 et 2 retracent le développement du marché des émissions internationales sur la période récente.

Section II — Le marché des émissions euro-obligataires

Le marché des émissions euro-obligataires a connu un développement important avec la mise en place aux Etats-Unis, en juillet 1963, de la taxe de péréquation des taux d'intérêt. Cette taxe instaurée pour freiner les sorties de capitaux induites par les émissions effectuées par des non-résidents sur le marché de New York eut pour conséquence de renchérir le coût de ces emprunts. La modification simultanée de la taxation des revenus procurés par ces emprunts a dissuadé les résidents américains de souscrire à ces émissions.

La taxe de péréquation fut l'un des facteurs importants de la croissance du marché euro-obligataire, car cette réglementation écartait, de fait, un

1. *Interest Egalisation Tax,* en anglais.

Tableau 1
Emissions obligataires internationales

Année	*Euro-obligations*	*Obligations étrangères*	*Obligations avec conditions de placement spécifiques*	*Total*
1979	17,4	20,0	1,6	38,9
1980	20,0	18,0	1,4	39,4
1981	26,5	21,3	1,0	48,8
1982	50,3	25,2	—	75,5
1983	50,1	27,0	—	77,1
1984	81,7	27,8	2,0	111,5
1985	136,5	31,2	1,3	169,1
1986	187,7	39,4	1,0	228,1
1987	140,5	40,3	—	180,8
1988	178,9	48,3	2,6	229,7
1989	212,9	42,9	—	255,8
1990	180,1	49,8	—	229,9
1991	248,5	49,1	—	297,6
1992	276,1	57,6	—	333,7

Unité : Milliards de dollars.
Source : OCDE, *Statistiques financières mensuelles.*

Tableau 2
Emissions obligataires internationales

Année	*Euro-obligations*	*Obligations étrangères*	*Obligations avec conditions de placement spécifiques*	*Total*
1979	44,7	51,4	4,1	100,0
1980	50,8	45,7	3,6	100,0
1981	54,3	43,6	2,0	100,0
1982	66,6	33,4	—	100,0
1983	65,0	35,0	—	100,0
1984	73,3	24,9	1,8	100,0
1985	80,7	18,5	0,8	100,0
1986	82,3	17,3	0,4	100,0
1987	77,7	22,3	—	100,0
1988	77,9	21,0	1,1	100,0
1989	83,2	16,8	—	100,0
1990	78,3	21,7	—	100,0
1991	83,5	16,5	—	100,0
1992	82,7	17,3	—	100,0

Unité : Pourcentages.
Source : OCDE, *Statistiques financières mensuelles.*

grand nombre d'émetteurs traditionnels du marché de New York. Elle a contraint les emprunteurs non américains à chercher des sources de financement en dehors des Etats-Unis et à se reporter sur le marché euro-obligataire qui faisait alors une timide apparition. L'exclusion des non-résidents américains ne fut pas totale, car les emprunts des entités canadiennes, des organisations internationales (Banque mondiale, Banque inter-américaine de développement, etc...) et de certains pays en voie de développement étaient exemptés de la taxe de péréquation.

A l'époque où les autorités américaines mettaient en place cette taxe, les filiales européennes des entreprises américaines étaient également conduites à se tourner vers le marché des euro-obligations pour financer leurs investissements, vu l'étroitesse des marchés financiers européens et les entraves administratives érigées par certains gouvernements locaux. De ce fait, les firmes américaines accentuèrent leurs interventions sur le marché euro-obligataire[2].

La taxe de péréquation des taux d'intérêt ne fut supprimée qu'au 1er janvier 1974. Pendant ces dix ans, plus de 30 milliards de dollars furent empruntés sur le marché euro-obligataire. Le volume des émissions dépassa largement celui des émissions étrangères réalisées à New York. Entre 1970 et 1973, la moyenne annuelle des émissions étrangères à New York atteignait un milliard de dollars contre 4,7 milliards sur le marché euro-obligataire.

Beaucoup d'observateurs pensaient que la suppression des mesures restreignant l'accès des non-résidents au marché de New York allait poser une menace immédiate au marché des euro-obligations, et plus spécialement à sa composante dollar. Ils pensaient que ce marché ne pourrait pas survivre à la suppression de la taxe de péréquation. En fait, depuis 1974, le marché de New York et le marché euro-obligataire se sont considérablement développés. Les emprunteurs étrangers (et plus spécialement ceux disposant des meilleures signatures) ont diversifié leurs sources de financement en utilisant conjointement la place de New York et le marché des euro-obligations. Cette croissance simultanée, mais non identique, des deux marchés reflète l'intégration croissante des marchés internationaux de capitaux.

---

2. Les entreprises françaises ont, elles aussi, massivement emprunté sur le marché euro-obligataire, car ce marché complète la gamme de leurs sources de financement. Sa nature *off-shore* a par ailleurs séduit les emprunteurs qui pouvaient, grâce à l'exemption de la retenue à la source, servir un intérêt inférieur à celui du marché domestique. Les entreprises du secteur public ou semi-public font appel au marché euro-obligataire de façon régulière. Elles y furent d'ailleurs poussées à certaines époques par le Trésor public qui bénéficiait ainsi d'un surcroît de devises et d'une meilleure tenue du franc. Parmi les plus gros emprunteurs figurent la Banque Française du Commerce Extérieur, la Caisse Nationale des Télécommunications, l'EDF, la SNCF, le Crédit national, la Caisse nationale des autoroutes, etc... Les entreprises privées ou publiques du secteur concurrentiel qui interviennent sur ce marché le font pour des sommes plus modestes. Figurent parmi ces emprunteurs Rhône-Poulenc, Peugeot, Saint-Gobain-Pont-à-Mousson, Paribas, Ciment Lafarge. Il faut cependant noter l'ampleur des emprunts effectués par certaines entreprises, comme Michelin et Renault.

§ 1. Les devises utilisées dans les euro-émissions

Le dollar a été la première monnaie à servir de support aux émissions internationales. Jusqu'en 1982, plus de 80 % des émissions euro-obligataires étaient réalisées en dollar. Depuis cette date, l'importance relative de cette devise s'est très sensiblement réduite (tableaux 3 et 4). Il n'en demeure pas moins qu'entre 1990 et 1992 plus de 35 % des nouvelles émissions étaient encore libellées en dollar. Cette primauté s'explique par l'absence de contrôle des autorités publiques américaines sur l'utilisation de leur monnaie par les non-résidents, l'importance de cette devise et le volume des fonds disponibles en dollar sur le marché des euro-devises.

Le yen a fait son apparition sur le marché euro-obligataire en 1977. Son rôle n'a cessé de se développer, au point qu'il occupe aujourd'hui le deuxième rang parmi les devises retenues pour libeller les nouvelles émissions.

Le deutsche mark joue un rôle important depuis 1969. C'est la troisième monnaie support utilisée sur le marché euro-obligataire.

Les autres monnaies des pays développés : dollar canadien, livre sterling, florin, franc français, dollar australien, sont utilisées de manière plus ou moins épisodique en fonction de leur situation conjoncturelle respective sur les marchés internationaux et de la rigueur des autorités monétaires. De manière générale, leur importance ne cesse de croître depuis 1985, au détriment des émissions en dollar.

Depuis la fin des années 1970, de nombreuses devises de moindre importance furent utilisées : le dollar de Hong-Kong, le dinar de Bahrein, le rial saoudien. Signalons enfin le développement, depuis le début de la décennie 1980, des émissions en écu. De plus en plus fréquemment utilisée, cette devise est devenue le quatrième support aux émissions euro-obligataires après le dollar, le deutsche mark et le yen[3].

En résumé, toutes les monnaies internationales, à l'exception du franc suisse, soit 25 devises différentes ont été utilisées depuis la naissance du marché euro-obligataire. L'exception du franc suisse s'explique par le refus des autorités helvétiques de permettre aux emprunteurs d'utiliser leur monnaie sur les marchés internationaux. L'émission de titres libellés en franc suisse doit impérativement se faire dans le cadre du marché domestique, au titre des émissions étrangères.

§ 2. L'origine géographique des emprunteurs sur le marché euro-obligataire

La ventilation des émissions euro-obligataires par groupe de pays emprunteurs fait apparaître que les pays de l'OCDE occupent une place prépondérante, sinon exclusive (tableau 5). De 1983 à 1993, près de 95 % des émissions euro-obligataires furent, en effet, le fait des pays développés, la moitié du solde étant celui d'institutions financières internationales comme la Banque Mondiale. De 1979 à 1989, l'importance relative des pays en développement s'est progressivement réduite, passant de 11 % à moins de 1 %

3. Pour de plus amples développements, le lecteur peut se reporter au chapitre 12, p. 291-297.

Tableau 3
Ventilation des émissions euro-obligataires par devise

Année	*AUD*	*CAD*	*DEM*	*ECU*	*FRF*	*JPY*	*NLG*	*GBP*	*USD*	*Autres devises*	*Total*
1979											
1980	0,1	0,3	3,5	—	0,9	0,3	0,5	1,0	13,3	0,1	20,0
1981	—	0,7	1,4	0,3	0,5	0,4	0,4	0,5	21,3	1,0	26,5
1982	—	1,2	3,3	0,8	—	0,6	0,6	0,8	42,2	0,8	50,3
1983	0,2	1,1	4,0	2,2	—	0,2	0,7	2,2	39,2	0,3	50,1
1984	0,3	2,1	4,3	2,9	—	1,2	1,0	4,0	65,3	0,6	81,7
1985	3,1	2,9	9,6	6,9	1,1	6,6	0,6	6,1	96,8	2,8	136,5
1986	3,4	5,1	17,1	7,1	3,5	18,5	1,0	10,6	118,1	3,4	187,8
1987	8,8	6,0	15,0	7,4	1,8	22,6	1,1	15,1	58,1	4,6	140,5
1988	8,4	13,1	23,7	11,2	2,3	15,9	2,1	23,6	74,6	4,0	178,9
1989	6,7	12,5	16,4	12,6	4,5	15,5	2,3	18,5	117,5	6,4	212,9
1990	5,2	6,4	18,3	17,9	9,4	22,8	0,8	20,9	70,0	8,4	180,1
1991	4,4	22,5	19,9	31,6	17,0	35,7	2,9	25,7	76,9	11,9	248,5
1992	4,9	15,6	33,8	21,3	24,3	33,7	6,6	23,3	103,2	9,4	276,1

Unité : Milliards de dollars.
Source : OCDE, *Statistiques financières mensuelles.*

Tableau 4
Ventilation des émissions euro-obligataires par devise

Année	*AUD*	*CAD*	*DEM*	*ECU*	*FRF*	*JPY*	*NLG*	*GBP*	*USD*	*Autres devises*	*Total*
1980	0,5	1,5	17,5	—	4,5	1,5	2,5	5,0	66,5	0,5	100,0
1981	—	2,6	5,3	1,1	1,9	1,5	1,5	1,9	80,4	3,8	100,0
1982	—	2,4	6,6	1,6	—	1,2	1,2	1,6	83,9	1,6	100,0
1983	0,4	2,2	8,0	4,4	—	0,4	1,4	4,4	78,2	0,6	100,0
1984	0,4	2,6	5,3	3,5	—	1,5	1,2	4,9	79,9	0,7	100,0
1985	2,3	2,1	7,0	5,1	0,8	4,8	0,4	4,5	70,9	2,1	100,0
1986	1,8	2,7	9,1	3,8	1,9	9,9	0,5	5,6	62,9	1,8	100,0
1987	6,3	4,3	10,7	5,3	1,3	16,1	0,8	10,7	41,4	3,3	100,0
1988	4,7	7,3	13,2	6,3	1,3	8,9	1,2	13,2	41,7	2,2	100,0
1989	3,1	5,9	7,7	5,9	2,1	7,3	1,1	8,7	55,2	3,0	100,0
1990	2,9	3,6	10,2	9,9	5,2	12,7	0,4	11,6	38,9	4,7	100,0
1991	1,8	9,1	8,0	12,7	6,8	14,4	1,2	10,3	30,9	4,8	100,0
1992	1,8	5,7	12,2	7,7	8,8	12,2	2,4	8,4	37,4	3,4	100,0

Unité : Pourcentages.
Scurce : OCDE, *Statistiques financières annuelles.*

du total des émissions (tableau 6). Il faut toutefois noter une assez nette reprise des émissions réalisées depuis 1990 par des entités localisées dans les pays en développement.

Tableau 5
Ventilation des émissions euro-obligataires par groupe de pays emprunteurs

Année	*Pays de l'OCDE*	*Pays en développement*	*Pays de l'Europe centrale et orientale*	*Institutions financières internationales*	*Autres pays et divers*	*Total*
1979	15,2	1,9	0,1	0,2	0,1	17,4
1980	18,2	1,2	0,1	0,5	—	20,[illegible]
1981	22,6	2,2	—	1,6	0,1	26,[illegible]
1982	44,1	3,6	—	2,3	0,3	50,[illegible]
1983	45,6	2,0	—	1,9	0,6	50,[illegible]
1984	75,8	2,7	—	2,5	0,8	81,[illegible]
1985	124,6	5,5	0,4	3,9	2,0	136,[illegible]
1986	179,8	2,7	0,3	4,0	1,0	187,[illegible]
1987	132,6	2,2	0,1	5,5	0,2	140,[illegible]
1988	172,2	2,8	0,6	3,2	—	178,[illegible]
1989	203,9	1,4	1,3	6,2	0,1	212,[illegible]
1990	164,6	3,4	1,4	10,4	0,4	180,[illegible]
1991	228,8	6,5	1,0	10,9	1,3	248,[illegible]
1992	247,4	10,3	0,8	16,1	1,4	276,[illegible]

Unité : Milliards de dollars.
Source : OCDE, *Statistiques financières mensuelles.*

Tableau 6
Ventilation des émissions euro-obligataires par groupe de pays emprunteurs

Année	*Pays de l'OCDE*	*Pays en développement*	*Pays de l'Europe centrale et orientale*	*Institutions financières internationales*	*Autres pays et divers*	*To[illegible]*
1979	87,4	10,9	0,6	1,1	0,6	10[illegible]
1980	91,0	6,0	0,5	2,5	—	10[illegible]
1981	85,3	8,3	—	6,0	0,4	10[illegible]
1982	87,7	7,2	—	4,6	0,6	10[illegible]
1983	91,0	4,0	—	3,8	1,2	10[illegible]
1984	92,8	3,3	—	3,1	1,0	10[illegible]
1985	91,3	4,0	0,3	2,9	1,5	10[illegible]
1986	95,7	1,4	0,2	2,1	0,5	10[illegible]
1987	94,4	1,6	0,1	3,9	0,1	10[illegible]
1988	96,3	1,6	0,3	1,8	—	1[illegible]
1989	95,8	0,7	0,6	2,9	ε	1[illegible]
1990	91,4	1,9	0,8	5,8	0,2	1[illegible]
1991	92,1	2,6	0,4	4,4	0,5	1[illegible]
1992	89,6	3,7	0,3	5,8	0,5	1[illegible]

Unité : Pourcentages.
Source : OCDE, *Statistiques financières mensuelles.*

§ 3. Les emprunteurs

La répartition des émissions d'obligations internationales par type d'emprunteurs est reproduite aux tableaux 7 et 8. Il en ressort que les entreprises privées sont les plus importants opérateurs, malgré la baisse enregistrée en 1992. Il faut également noter la croissance des émissions réalisées par les gouvernements puisque le pourcentage des émissions du Trésor public est passé de 7,9 % à 19,1 % entre 1989 et 1992.

§ 4. Les actifs financiers utilisés dans les euro-émissions

La majorité des euro-émissions est effectuée sous la forme d'obligations classiques dont les caractéristiques sont identiques à celles des émissions réalisées sur les marchés internes. Ces émissions peuvent se faire à taux fixe ou à taux variable. De 5 à 30 % des emprunts, selon les années, sont émis sous forme d'obligations convertibles ou d'obligations à bon de souscription d'actions ou d'obligations (*warrant*), comme le soulignent les tableaux 9 et 10.

Tableau 7
Ventilation des émissions obligataires internationales par type d'emprunteurs

Année	*Trésor public (1)*	*Entreprises publiques*	*Banques*	*Entreprises privées*	*Organisations internationales*	*Total*
1988	24,7	32,1	61,8	88,8	19,7	227,1
1989	20,2	32,8	61,8	119,3	21,6	255,7
1990	24,5	41,7	54,9	79,4	29,4	229,9
1991	42,7	48,6	51,5	119,2	36,0	297,6
1992	63,6	54,2	65,9	108,7	41,3	333,7

(1) Y compris les émissions des banques centrales et des collectivités locales.
Unité : Milliards de dollars.
Source : Financial Market Trends, février 1993, p. 99.

Tableau 8
Ventilation des émissions obligataires internationales par type d'emprunteurs

Année	*Trésor public (1)*	*Entreprises publiques*	*Banques*	*Entreprises privées*	*Organisations internationales*	*Total*
1988	10,9	14,1	27,2	39,1	8,7	100,0
1989	7,9	12,8	24,2	46,6	8,4	100,0
1990	10,7	18,1	23,9	34,5	12,8	100,0
1991	14,3	16,3	17,2	40,1	12,1	100,0
1992	19,1	16,2	19,7	32,6	12,4	100,0

(1) Y compris les émissions des banques centrales et des collectivités locales.
Unité : Pourcentage.
Source : Financial Market Trends, février 1993, p. 99.

Tableau 9
Ventilation des émissions obligataires internationales par type d'actifs utilisés

Année	*Obligations à taux fixe*	*Obligations à taux flottant*	*Obligations convertibles*	*Obligations avec bon de souscription d'actions*	*Obligations à coupon zéro*	*Autres types d'obligations*	*Tota*
1988	160,2	22,3	11,3	29,7	1,1	2,5	227,
1989	154,6	17,8	14,1	66,2	2,3	0,7	255,
1990	158,9	37,1	10,6	21,2	1,5	0,6	229,
1991	234,1	17,1	9,7	31,6	3,8	1,3	297,
1992	265,4	43,6	5,2	15,7	3,2	0,6	333,

Unité : Milliards de dollars.
Source : Financial Market Trends, février 1993, p. 96.

Tableau 10
Ventilation des émissions obligataires internationales par type d'actifs utilisés

Année	*Obligations à taux fixe*	*Obligations à taux flottant*	*Obligations convertibles*	*Obligations avec bon de souscription d'actions*	*Obligations à coupon zéro*	*Autres types d'obligations*	*To*
1988	70,5	9,8	5,0	13,1	0,5	1,1	10
1989	60,5	6,9	5,5	25,9	0,9	0,3	10
1990	69,1	16,1	4,6	9,2	0,7	0,3	10
1991	78,7	5,7	3,3	10,6	1,3	0,4	10
1992	79,5	13,1	1,6	4,7	1,0	0,2	10

Unité : Pourcentage.
Source : Financial Market Trends, février 1993, p. 96.

A. — Les obligations ordinaires à taux fixe

Les obligations ordinaires (*straight bonds*) sont les titres les plus utilisés sur le marché euro-obligataire. Ce sont des titres au porteur et négociables, représentatifs d'une créance sur l'émetteur. Trois raisons expliquent cette prépondérance.

• De nombreuses émissions euro-obligataires sont effectuées par des gouvernements, des entreprises publiques ou des organisations internationales. Il est donc impossible pour ces emprunteurs d'émettre des titres présentant certaines caractéristiques des valeurs mobilières à revenu variable.

• Les entreprises privées européennes émettent traditionnellement plus d'obligations ordinaires que d'obligations convertibles. Elles ont poursuivi au niveau international leurs pratiques du marché domestique.

• Les investisseurs exigent des informations détaillées sur la situation de l'entreprise avant d'acheter des actions ou des obligations convertibles, car ils sont exposés à des risques supérieurs à ceux qu'ils assument avec des obligations ordinaires. Pour éviter de publier des informations trop précises, certaines entreprises préfèrent émettre des titres ordinaires.

Les obligations ordinaires présentent les caractéristiques habituelles des titres négociés sur les marchés internes. Les seules différences tiennent à la valeur nominale qui n'est pas, en règle générale, inférieure à 5 000 dollars, 1 000 deutsche marks, 1 000 écu, 10 000 francs ou un million de yen, et au volume global de l'emprunt qui est compris entre 50 et 500 millions de dollars, mais certaines émissions ont dépassé ce montant. La taille moyenne d'une émission euro-obligataire est de l'ordre de 250 à 300 millions de dollars, et elle ne cesse de s'accroître. Le montant du coupon est variable selon les conditions du marché au moment de l'émission ; il peut même être nul pour les émissions à coupon zéro. La maturité des émissions tend de nouveau à s'accroître depuis le milieu des années 1980, ce qui permet de renouer avec des échéances comparables à celles qui prévalaient sur le marché avant 1974, et même d'obtenir des échéances supérieures, comme en témoignent les émissions à 30 et 40 ans réalisées en 1986 par la Banque Mondiale et un émetteur public suédois. Précisons enfin que si les titres peuvent être émis avec une prime à l'émission, leur remboursement s'effectue en général au pair.

Le taux de rendement est déterminé par les conditions économiques et financières prévalant sur le marché au moment de l'émission. Est également pris en compte par les investisseurs le risque de l'émetteur tel qu'il peut être évalué à partir des notations des grandes agences de *rating* américaines (voir la section 8 du chapitre 15). Il faut cependant noter l'absence presque totale de défaut sur le marché euro-obligataire, même de la part d'entités publiques localisées dans des pays à risque politique (Iran) ou à risque économique (Brésil, Mexique et autres pays de l'Amérique latine) élevés.

Les émissions peuvent être amorties selon trois modalités différentes. L'emprunt peut être remboursé, *in fine,* à l'échéance. Il peut l'être par annuités constantes, le nombre d'annuités étant égal à la durée de vie de l'emprunt. Il peut l'être enfin en deux, trois ou quatre annuités et bénéficie souvent dans cette hypothèse d'un différé d'amortissement. Des modalités plus sophistiquées peuvent être envisagées, dans le détail desquelles il est inutile d'entrer.

Des clauses de remboursement anticipé peuvent être prévues dans le contrat d'émission. Leur intérêt est évident en cas, par exemple, de menace de réévaluation d'une monnaie : elles permettent en effet de rembourser les titres non amortis d'une émission obligataire effectuée dans cette devise contre le paiement d'une prime variant entre 2 et 5 % de la valeur nominale des titres. Il est généralement prévu que cette clause ne joue pas durant les premières années de vie de l'emprunt. Une clause de rachat peut également figurer dans le contrat d'émission. En autorisant le rachat des titres sur le marché secondaire, cette clause permet à l'émetteur de profiter d'une baisse des cours et de réduire ainsi les sommes consacrées à l'amortissement de l'émission.

A partir du schéma qui vient d'être présenté, quelques modifications ont permis d'adapter les obligations à taux fixe aux besoins spécifiques de certains émetteurs. C'est ainsi que furent introduites des obligations extensibles ou rétractables (voir la section 2 du chapitre 16), des émissions en multidevises et des émissions avec une option de change.

B. — Les obligations à taux variable

Les émissions euro-obligataires à taux variable sont plus connues sous leur dénomination anglo-saxonne de *floating rate notes* (FRN). Introduites en 1974, elles présentent cinq caractéristiques.

- Les obligations à taux flottant sont, pour la plupart d'entre elles, libellées en dollar américain, mais d'autres devises sont utilisées : livre sterling, deutsche mark, écu, yen.
- Les FRN se développent en période de forte variation des taux d'intérêt, les investisseurs étant particulièrement attirés par ce type d'obligations en période de hausse des taux.
- La rémunération des investisseurs est calculée tous les semestres — elle peut se faire tous les mois ou tous les trimestres — en fonction d'un taux de référence qui est le plus souvent le LIBOR, c'est-à-dire le taux des euro-dépôts en dollar à six mois (à un mois ou trois mois si la rémunération est calculée tous les mois ou tous les trimestres), mais d'autres taux de référence peuvent être utilisés. Au LIBOR, est ajoutée une marge plus ou moins importante, variable avec le risque de l'émetteur. De nombreuses émissions de FRN prévoient cependant un taux d'intérêt minimum.
- Par certaines de leurs modalités, les FRN présentent quelques similitudes avec les euro-crédits. L'assimilation pourrait être d'autant plus justifiée que les banques conservent souvent en portefeuille une fraction significative des obligations à taux flottant qu'elles ont achetées lors d'une émission. Il est cependant impossible de confondre ces deux titres, car, à l'inverse des euro-crédits, les euro-obligations à taux d'intérêt flottant bénéficient d'un marché secondaire sur lequel il est possible de liquider de grandes quantités de titres.
- Le calcul mensuel, trimestriel ou semestriel des taux permet d'assimiler, dans une certaine mesure, les FRN à des titres du marché monétaire.

Les institutions bancaires et financières furent dans un premier temps les principaux émetteurs de FRN, mais progressivement d'autres emprunteurs se sont intéressés à ce nouveau compartiment du marché international. Leur caractéristique commune est d'avoir des signatures de première qualité. Le volume moyen des émissions est supérieur à celui des emprunts à taux fixe : le chiffre de 4 milliards de dollars a même été atteint lors d'une émission effectuée par le Royaume-Uni. Les coupures sont d'un montant très élevé ; elles peuvent atteindre 500 000 dollars et ne sont pratiquement jamais inférieures à 100 000 dollars. Lors des premières émissions, l'échéance des titres obligataires à taux flottant variait entre 10 et 15 ans ; elle a eu tendance à se réduire à 7-10 ans au début de la décennie 1980, pour retrouver et même dépasser depuis 1985 des durées de 15 ans. Ces émissions peuvent comporter des clauses de remboursement au gré de l'émetteur ou de l'investisseur.

C. — Les obligations convertibles

Ces titres sont apparus sur le marché international au troisième trimestre 1965. La possibilité de conversion, qui est à la seule discrétion de l'investisseur, débute généralement six mois ou un an après l'émission. Les obligations émises peuvent être converties à tout moment ou à date fixe contre les actions de la société émettrice ou de la société-mère. La parité de conversion, fixée lors de l'émission, est fondée sur la valeur boursière de l'action à la date de l'émission, augmentée d'une prime dont le montant représente 5 à 15 % de la valeur du titre obligataire.

Les obligations convertibles sont émises en quantité significative quand les perspectives boursières sont bonnes sur les places financières et spécialement au New York Stock Exchange. Ceci explique que les émissions d'obligations convertibles sont fréquemment le fait de très grandes entreprises privées américaines et sont presque exclusivement libellées en dollar. L'accroissement du volume des émissions s'explique également par la hausse des taux d'intérêt.

Toutes choses égales par ailleurs, un emprunt convertible est d'un montant généralement supérieur à celui d'une émission réalisée sous forme de titres ordinaires. Le coupon est inférieur à celui qu'offrirait une obligation ordinaire. La réduction peut aller de 1 à 4 %. La clause de conversion permet donc à l'émetteur de réduire sensiblement le coût nominal de l'emprunt. La maturité des convertibles varie de 10 à 15 ans. Elle est légèrement supérieure à celle des obligations ordinaires. Les émissions d'obligations convertibles comportent souvent une clause de remboursement anticipé au gré de l'émetteur. Les frais et les commissions qu'implique une émission d'obligations convertibles sont identiques à ceux d'un emprunt obligataire ordinaire.

Les euro-obligations convertibles permettent à l'émetteur de réduire son coût d'endettement — c'est le principal avantage de ces titres — et de ne pas avoir à rembourser les obligations émises si, comme il l'espère et comme cela se produit très souvent, la conversion est un succès. De son côté, l'investisseur accepte un coupon réduit dans l'espoir de bénéficier d'une plus-value lors de la conversion.

Au schéma général qui vient d'être présenté ont été apportées plusieurs modifications qui ont constitué autant d'innovations. Des entreprises ont, par exemple, émis des obligations convertibles avec une option de change. Dans ces conditions, le contrat d'émission doit prévoir un taux de change en cas de conversion ; celui qui est naturellement retenu est le taux de change du jour de l'émission. Mentionnons également l'émission d'euro-obligations à taux flottant convertibles en obligations à taux fixe et, inversement, l'émission d'euro-obligations à taux fixe convertibles en obligations à taux flottant.

D. — Les obligations à bon de souscription d'action ou d'obligation

Ces obligations furent introduites sur le marché international à la fin des années 1960.

L'obligation à warrant « est une obligation classique assortie d'un ou de plusieurs droits d'option (warrants) permettant d'acquérir ou de souscrire pendant une période donnée et dans une proportion et à un prix fixé à l'avance, des actions de la société émettrice, d'une filiale ou de la société-mère »[4]. Des formules différentes et plus complexes ont été proposées par certains émetteurs, mais le principe général demeure le même.

A côté des warrants d'actions sont en effet apparus des warrants d'obligations permettant l'achat ultérieur de titres financiers à revenu fixe. Ces instruments donnent le droit d'acquérir des obligations à un prix fixé lors de l'émission du warrant. Ils ont fait leur apparition au milieu de la décennie 1980 et concernent presque exclusivement l'achat d'obligations à taux fixe libellées en dollar. Certaines de ces émissions comportent également une option de change.

Les warrants d'actions ne se sont véritablement développés qu'au début de la décennie 1980, parallèlement à la hausse des marchés boursiers. Plus récemment encore, des warrants d'actions avec option de change ont été émis par des entreprises japonaises.

La présence de warrants facilite la souscription de certaines émissions dont le placement aurait été rendu plus difficile en l'absence de cet avantage offert aux investisseurs. Le warrant peut être détachable et faire l'objet d'une offre et d'une demande spécifiques. Il existe dans ce cas un marché secondaire des warrants. Pour d'autres émissions, en revanche, les warrants ne sont pas détachables des titres obligataires. Selon les conditions prévues par le contrat d'émission, le warrant peut être exercé à date fixe ou à n'importe quel moment jusqu'à l'échéance de l'obligation.

La faculté de s'adapter aux bouleversements économiques et la capacité de créer de nouveaux titres financiers répondant aux besoins des émetteurs et des souscripteurs sont deux qualités du marché euro-obligataire. Depuis la fin de l'année 1979, les fluctuations des taux d'intérêt ont sérieusement perturbé l'ensemble des marchés financiers internationaux. Pour remédier à leurs conséquences néfastes, les émetteurs et les banques ont mis au point des techniques originales. Certaines formules intermédiaires entre les taux fixes et les taux variables ont pour objectif de convaincre les emprunteurs d'accepter momentanément des émissions à taux variables, les seules à pouvoir se placer correctement en période d'instabilité, en leur réservant la possibilité de transformer ultérieurement les taux variables en taux fixes. D'autres formules offrent des taux reflétant très fidèlement ceux du marché monétaire international afin d'inciter les investisseurs à acheter et à détenir des titres obligataires à une époque où les taux à court terme sont supérieurs aux taux à long terme.

§ 5. Les investisseurs sur le marché euro-obligataire

Il est difficile, voire impossible, de recueillir des informations précises sur les investisseurs qui opèrent sur le marché euro-obligataire, car l'information est rare et peu fiable.

Il faut distinguer deux types d'investisseurs dont l'importance relative s'est beaucoup modifiée depuis l'ouverture du marché euro-obligataire :

---

4. CARNOT S., L'obligation à warrant. Intérêt et caractéristiques, *Analyse financière,* 3e trimestre 1974, p. 33. Des formules différentes et plus sophistiquées ont été proposées par certains émetteurs, mais le principe général demeure le même.

les individuels et les institutionnels. Les premiers exerçaient un rôle déterminant, voire exclusif, durant les premières années du marché euro-obligataire, en achetant lors des émissions plus de 80 % des titres offerts par les emprunteurs. Les investisseurs institutionnels, en revanche, ne souscrivaient pratiquement pas de titres sur le marché primaire, car l'absence de marché secondaire, ou la très faible liquidité qui le caractérisait, leur interdisait de revendre des lignes importantes dans de bonnes conditions.

Depuis le début des années 1980, les investisseurs institutionnels sont devenus de plus en plus actifs sur le marché primaire, parallèlement au développement des transactions sur le marché secondaire. Aujourd'hui, plus de 80 % des titres à l'émission sont placés auprès des investisseurs institutionnels qui sont par ailleurs devenus les animateurs exclusifs du marché secondaire.

Au sein des investisseurs individuels, les grandes fortunes privées ont progressivement supplanté les petits investisseurs immortalisés dans l'imagerie des marchés financiers internationaux sous le sobriquet de « dentiste belge ». Ces derniers, et les autres investisseurs européens, n'ont pourtant pas disparu. Leurs achats sont motivés par des raisons fiscales tenant à l'absence de retenue à la source sur les titres euro-obligataires, par l'anonymat qui est de règle sur les marchés financiers internationaux et par la volonté de protéger des fonds contre le risque de change. Le portefeuille de ces investisseurs dépasse rarement 500 000 dollars et représente souvent un montant moyen de 100 à 200 000 dollars. La gestion de ces portefeuilles est caractérisée par une très grande passivité : l'anonymat et la tranquillité sont beaucoup plus recherchés que la rentabilité, d'où une faible rotation des portefeuilles.

A mi-chemin entre les investisseurs individuels et les investisseurs institutionnels, les sociétés privées peuvent acheter des titres obligataires pour utiliser des fonds momentanément sans emploi et protéger des ressources contre le risque de change (en fait, ces sociétés disposent de titres beaucoup plus adaptés à leurs besoins dans d'autres compartiments du marché financier international : ceux des titres à court terme de nature euro-monétaire).

Au début des années 1980, les investisseurs institutionnels sont devenus les plus importants acheteurs de titres euro-obligataires, car le marché secondaire qu'ils contribuaient d'ailleurs à animer leur a permis d'envisager une gestion dynamique de leurs portefeuilles. Ces investisseurs ont des visages différents. En font partie les grandes banques internationales et plus précisément les banques commerciales et les banques d'investissement qui interviennent pour leur propre compte ou en tant que gestionnaire de fonds pour le compte de tiers. Les banques centrales qui souhaitent gérer dans les meilleures conditions de sécurité et de rentabilité leurs réserves de change constituent un deuxième type d'investisseurs institutionnels d'origine bancaire. Les fonds d'investissement collectif sont des opérateurs de premier ordre sur les deux compartiments du marché euro-obligataire. A l'origine créés par les grandes banques suisses, ces premiers fonds ont été rejoints par les *mutual funds* américains, les SICAV et autres FCP français, les *units trusts* britanniques et tous les investisseurs de même nature des autres pays industrialisés. Les fonds de pension et les caisses de retraite sont probablement les opérateurs les plus actifs et les plus importants quant au montant des investissements sur le marché primaire. Enfin, et il ne faut pas négliger leur poids, il importe de mentionner les grandes compagnies d'assurance-vie et de réassurance qui gèrent des sommes colossales et placent une partie de leurs réserves techniques sur le marché des euro-obligations.

Aujourd'hui, le marché primaire et le marché secondaire sont dominés par quelque 2 000 institutionnels dont le professionnalisme et la rigueur font du marché euro-obligataire un modèle d'efficacité, à l'égal du marché de la dette publique américaine.

§ 6. Les motivations des émetteurs

La possibilité d'emprunter des capitaux à long terme est la motivation principale qui pousse les entreprises publiques et privées à intervenir sur le marché euro-obligataire, mais ce n'est pas la seule.

Sur ce marché, l'emprunteur obtient des ressources permanentes pour satisfaire des besoins à long terme qui ne pourraient l'être par les marchés nationaux. Dans le cas des firmes privées, l'emprunteur peut centraliser les besoins de financement du groupe et les redistribuer entre les différentes filiales en fonction de leurs besoins spécifiques. Au-delà du financement des investissements, l'émission de titres euro-obligataires peut être justifiée par la nécessité de financer des exportations de grands ensembles ou d'équipements industriels représentant une fraction significative et permanente du chiffre d'affaires de l'entreprise. Dans le cas de firmes publiques, les émissions euro-obligataires sont motivées par la nécessité de trouver un financement, mais les besoins en devises des pouvoirs publics ont été dans le passé, et sont parfois encore, une incitation non négligeable qui pousse les emprunteurs sur le marché international. Comment expliquer autrement l'ampleur de la dette en devises de certaines sociétés publiques européennes qui par définition ne peuvent exporter une proportion très importante de leur chiffre d'affaires ?

Une motivation de nature plus politique peut s'ajouter aux objectifs purement financiers. L'accès au marché euro-obligataire accroît sensiblement la notoriété de l'emprunteur et, dans le cas d'une entreprise privée, renforce son assise internationale.

Section III — Le marché euro-obligataire secondaire

Le marché euro-obligataire secondaire est un marché de gré à gré (*over the counter*) totalement délocalisé. Il n'existe pas en effet de marché officiel où sont cotés les titres euro-obligataires. Toutefois, pour des raisons de publicité, de nombreux titres sont cotés sur une place financière, comme Francfort, New York ou Luxembourg. Cette dernière est souvent retenue, vu la modicité des frais exigés. Les cours affichés dans ces bourses reflètent plus ou moins fidèlement les prix des transactions sur le marché hors-cote.

Les transactions se font par téléphone et télex entre les courtiers et les grandes banques internationales des principales places financières américaines, européennes et asiatiques. Avec la croissance des émissions, le marché secondaire a connu un développement qui ne s'est pas fait sans problèmes.

Le marché secondaire permet aux investisseurs de revendre leurs titres dans les meilleures conditions. Il joue également un rôle de soupape de sécurité pour le marché primaire en permettant aux établissements associés dans les syndicats de garantie de liquider les titres qui n'ont pu être classés auprès d'investisseurs.

La qualité d'un marché secondaire s'apprécie par le professionnalisme des opérateurs et la liquidité que favorise la présence d'organismes de compensation.

§ 1. Les opérateurs sur le marché euro-obligataire secondaire

La quasi-totalité des transactions est effectuée par des *market makers* et des *dealers*.

Les *market makers* sont des teneurs de marché. Ils assurent la fonction de contrepartie et sont en quelque sorte la pierre d'angle du marché secondaire. Ils s'engagent à faire des transactions à l'achat et à la vente, de manière continue, aux cours qu'ils annoncent, pour un montant minimal de l'ordre de 500 000 dollars (ce minimum fixé par l'*Association of International Bond Dealers* (AIBD) varie avec la nature des actifs négociés et la devise de libellé des titres). Les teneurs de marché sont rémunérés par le *spread* entre le cours acheteur et le cours vendeur. Dans la terminologie de l'AIBD, ils sont dénommés *reporting dealers*. Au nombre d'une centaine, les *market makers* sont généralement des grandes banques internationales. Leur liste est régulièrement mise à jour par l'AIBD. Les trois quarts d'entre eux sont localisés à Londres.

Au nombre d'environ 800, les *dealers* remplissent une fonction d'intermédiaire entre les teneurs de marché et les investisseurs. Ils sont rémunérés par des commissions et des frais de courtage. Certains d'entre eux peuvent exercer une activité de contrepartie sans avoir souscrit pour autant aux engagements exigés par l'AIBD pour bénéficier de la qualification de *reporting dealers* (ils ne s'engagent pas, entre autres, à réaliser la fonction de contrepartie de manière continue pour des montants *minima* prédéterminés).

L'*Association of International Bond Dealers* (AIBD) a été créée en 1969 par quelques *dealers* importants qui recherchaient une auto-régulation du marché secondaire. Aujourd'hui, l'AIBD comprend plus de 1 000 membres et regroupe la quasi-totalité des négociants en titres internationaux. Son conseil de direction est élu tous les deux ans et travaille grâce à un comité exécutif et plusieurs comités spécialisés. Il dispose d'un secrétariat permanent. L'AIBD s'est donné pour mission d'organiser le marché secondaire. Elle a fait, et continue de faire beaucoup d'efforts pour en régulariser le fonctionnement, mais elle a toujours refusé d'imposer des restrictions ou des mesures administratives qui pourraient directement ou indirectement contrer les forces du marché.

Certains de ses membres pensent que l'AIBD devrait s'intéresser au fonctionnement du marché primaire et persuader les chefs de file d'établir un calendrier d'émissions. Cette tâche est en réalité en dehors de la compétence et des possibilités de l'AIBD qui n'a jamais, au demeurant, essayé d'organiser un système de file d'attente.

Certains investisseurs ont souhaité que l'AIBD intervienne activement pour surveiller le marché secondaire et s'assurer que tous les *market makers* sont effectivement en mesure de fixer un prix d'achat et un prix de vente avec une fourchette convenable sur les titres dont ils sont les teneurs de marché. L'AIBD a répondu qu'il n'est pas souhaitable d'intervenir de manière réglementaire. Il suffit de faire confiance aux mécanismes du marché. Si un investisseur ou un *dealer* contacte un *market maker* incapable de fixer un prix et de lui rendre les services qu'il est en droit d'espérer, il ne s'adressera plus à lui pour ses prochaines opérations, ce qui conduira à une rapide élimination du teneur de marché.

Pendant longtemps, le problème essentiel du marché secondaire fut celui de sa liquidité. Les investisseurs institutionnels étaient concernés par les difficultés qu'ils pouvaient rencontrer lorsqu'ils voulaient négocier de gros paquets de titres. Cette crainte expliquait leur faible participation au marché primaire. En fait, le marché secondaire s'est progressivement développé sur le double plan de la liquidité des transactions et de la profondeur du marché, comme le prouve l'apparition régulière de nouveaux opérateurs : investisseurs, courtiers et contrepartistes. La qualité du marché euro-obligataire n'a aujourd'hui rien à envier à celle de nombreux marchés nationaux opérationnels depuis une période beaucoup plus ancienne.

Le marché secondaire euro-obligataire est aujourd'hui considéré comme une donnée permanente de l'activité financière internationale. Vingt ans après sa création, la plupart de ceux qui le critiquaient à l'origine reconnaissent la qualité de son fonctionnement.

Le marché secondaire demeure sensible à toute crise sur le dollar. Cette sensibilité a pour conséquence de piéger certains opérateurs ayant de fortes positions dans la devise concernée. Les répercussions sont également importantes pour les *dealers* étant donné leur relative spécialisation dans la négociation de certains titres. La réputation du marché secondaire des titres libellés en dollar est cependant très bonne dans la mesure où il a réussi à traverser toutes les crises sans difficultés réelles.

Plusieurs centaines de banques et d'institutions financières interviennent sur le marché, mais la majorité des transactions provient d'une centaine d'organismes financiers. Parmi les plus importants peuvent être cités (par ordre alphabétique) : Banque Nationale de Paris, Citicorp, Crédit Commercial de France, Crédit Suisse-First Boston, Daïwa, Deutsche Bank, Goldman Sachs, Hambros, J.P. Morgan, Kredietbank, Merrill Lynch, Morgan Stanley, Nikko, Nomura, Orion Bank, Paribas, Salomon Brothers, Security Pacific, SG Warburg, Shearson Lehman, Société de Banque Suisse, Société Générale - Strauss Turnbull, Union de Banque Suisse, White Weld, Wood Gundy.

Londres est la principale place financière pour les transactions sur les euro-obligations. Ce rôle prééminent est renforcé par la présence des plus importants participants du marché. Le *leadership* de Londres fut confirmé par le déplacement, en septembre 1971, de White Weld, qui a quitté Zurich pour s'installer dans la *City*. Autre preuve plus récente : le déplacement à Londres, début 1986, des spécialistes de la négociation des titres euro-obligataires de la BNP, précédemment localisés à Paris. Après Londres, les principales places financières sont Bruxelles, Luxembourg et Genève.

Les transactions sur le marché secondaire portent essentiellement sur les obligations ordinaires. Les obligations convertibles sont également négociées, mais l'étroitesse du marché rend ce dernier très instable.

§ 2. Les organismes de compensation

La dispersion géographique des offreurs et des demandeurs a conduit à la création d'un organisme de compensation remplissant au niveau du marché des euro-obligations le rôle assumé par la SICOVAM sur les marchés financiers français. La présence d'un tel organisme favorise le développement d'un marché secondaire, car elle apporte une solution aux problèmes de règlement et de livraison des titres qui ont entravé le fonctionnement du marché pendant de nombreuses années et réduit les gains des opérateurs.

La présence d'un organisme de compensation est indispensable pour assurer le fonctionnement régulier et harmonieux du marché euro-obligataire qui n'est pas localisé dans un endroit déterminé. Les opérateurs de nationalités fort diverses et géographiquement très éloignés les uns des autres intervenant directement entre eux et en dehors d'une bourse, il est nécessaire de prévoir un mécanisme pour assurer la sécurité des transactions. Cette nécessité est renforcée par les problèmes de transfert, de douane et d'assurance qu'imposeraient des mouvements effectifs de titres d'un pays à l'autre[5].

Morgan Guaranty Trust fut la première institution à répondre aux besoins du marché en créant en 1968 un département de *clearing* international à l'intérieur de sa succursale de Bruxelles. Elle jetait les bases de ce qui allait devenir en 1972 Euro-Clearance System Ltd.

Redoutant le monopole de Morgan, certaines institutions financières européennes animées par la Kredietbank créèrent un second organisme de compensation dénommé Cedel SA : Centrale de livraison de valeurs mobilières SA.

Jusqu'en 1987, Euro-Clear était une société de droit anglais au capital de 2,5 millions de dollars dont le siège social était à Londres, le siège administratif à Zurich et le centre d'activité à Bruxelles. 121 banques en étaient actionnaires. Pour assurer l'indépendance d'Euro-Clear, aucun actionnaire ne pouvait détenir plus de 3,5 % du capital. Cette société a été constituée pour acquérir et exploiter le système créé en 1968 par Morgan Guaranty Trust. La gestion d'Euro-Clear a cependant été rétrocédée à Morgan. En

5. BOLUSSET I., Euro-clear et Cedel : deux organismes de clearing internationaux, *Banque,* mars 1981, pp. 313-319.

1987, Euro-Clear est devenu une société coopérative de droit belge, sans que cette évolution des structures juridiques entraîne la moindre modification de ses fonctions économiques et financières.

Cedel est une société anonyme de droit luxembourgeois au capital de 3 millions de dollars créée en 1970 par 69 institutions financières. Elle regroupe aujourd'hui 109 actionnaires localisés dans près de 20 pays différents. Aucun d'eux ne peut détenir plus de 5 % du capital pour les raisons d'indépendance précédemment évoquées.

Euro-Clear et Cedel offrent les mêmes services : gestion et conservation des titres, compensation, prêt de titres. L'un et l'autre acceptent tous les titres activement négociés sur les marchés internationaux : euro-obligations à taux fixe et à taux flottant pour l'essentiel, mais également obligations étrangères (*yankee bonds, samurai bonds*, obligations en franc suisse, etc...), notes à taux flottant, certificats de dépôt et titres représentatifs de placements privés. Les titres acceptés sont libellés dans près de 25 devises différentes, y compris les monnaies composites. En fait, tous les actifs ayant une vocation internationale (y compris ceux des marchés nationaux et même des actions) sont enregistrés auprès de l'un et/ou l'autre des organismes de compensation.

Le tableau 11 souligne que les émissions enregistrées chez Euro-Clear sont plus nombreuses que celles enregistrées chez Cedel. Par ailleurs, on estime que la grande majorité des titres libellés en dollar américain sont enregistrés chez Euro-Clear. Ces inscriptions plus nombreuses expliquent que le chiffre d'affaires de cet organisme est supérieur à celui de Cedel.

Au 31 décembre 1988, les dépôts de titres représentaient 610 milliards de dollars pour Euro-Clear et 279 milliards de dollars pour Cedel. Ils n'atteignaient que 41,7 et 27 milliards de dollars au 31 décembre 1980 (tableau 12).

Tableau 11
Nombre d'émissions enregistrées dans les organismes de compensation

Année	*Cedel*	*Euro-Clear*
1974	1 326	1 947
1977	2 410	3 969
1980	3 528	5 738
1983	7 000	8 000
1988	22 000	27 000

Tableau 12
Montant des dépôts de titres effectués auprès de Cedel et Euro-Clear

Année	*Cedel*	*Euro-Clear*
1980	27	42
1985	106	274
1988	279	610

Unité : Milliards de dollars.

Le rapprochement de ces données chiffrées souligne que :

- l'importance d'Euro-Clear, lorsqu'elle est appréciée par ce critère, est deux fois supérieure à celle de Cedel,
- la croissance d'Euro-Clear est supérieure à celle de Cedel.

Le nombre des adhérents à Euro-Clear et à Cedel n'a cessé de s'accroître (tableau 13). En décembre 1988, Euro-Clear comptait 2 456 adhérents contre 423 en 1972. Cedel regroupait 2 251 membres contre 414 en 1972. Ce sont pour l'essentiel des banques, des *dealers* et des investisseurs institutionnels. A l'origine, la majorité des membres d'Euro-Clear était anglo-saxonne, tandis que celle de Cedel était plus européenne qu'américaine. Aujourd'hui, il n'est plus possible de procéder à cette distinction, car tous les grands opérateurs sont membres de l'un et de l'autre.

Tableau 13
Nombre d'adhérents à Cedel et Euro-Clear

Année	*Cedel*	*Euro-Clear*
1974	605	520
1977	847	770
1980	1 028	1 056
1983	1 334	1 425
1988	2 251	2 456

Une chambre de compensation était la bienvenue, mais il est évident que la rivalité de deux organismes ne facilitait pas la tâche des opérateurs. Les tentatives pour développer une plus grande coopération n'avaient pas donné de résultats très encourageants jusqu'au début des années 1970. En 1972, un accord a cependant été signé entre Euro-Clear et Cedel et un « pont » a été établi entre les deux organismes. Ce premier accord a été complété par la création en 1980 d'une liaison électronique qui simplifie, facilite et accélère le travail des adhérents en supprimant de fait l'inconvénient que représente la présence de deux organismes de compensation. Après une période de sombre rivalité, les deux institutions travaillent désormais en meilleure harmonie. Elles n'en continuent pas moins à se livrer une concurrence redoutable, se traduisant par une baisse des tarifs, dont profitent les opérateurs. Les perspectives de fusion, parfois évoquées, demeurent des vœux pieux.

Section IV — Le marché des émissions étrangères

Une émission étrangère est un emprunt obligataire effectué sur un marché domestique par un non-résident. A titre d'exemple, une émission effectuée par un emprunteur public français sur le marché de Zurich présente les caractéristiques d'une émission étrangère. Il en est de même pour un emprunt effectué par une entreprise allemande sur le marché de New York.

Les émissions étrangères diffèrent des émissions euro-obligataires, car l'emprunteur doit respecter la réglementation locale et se soumettre à toutes les exigences imposées par les autorités financières du pays où se fait l'émission.

Comme nous l'avons déjà précisé, le marché des émissions étrangères s'est redéveloppé sur la place de New York à la suite de la suppression, le 1er janvier 1974, de la taxe de péréquation des taux d'intérêt. Par la suite les emprunteurs se sont également présentés à Zurich et à Francfort. Plus récemment, ce fut au tour de Tokyo de s'ouvrir aux emprunteurs non-résidents. Le développement des émissions étrangères est favorisé par l'engouement des investisseurs à l'égard de titres généralement de très bonne qualité et souvent cotés AAA ou AA. Le succès s'explique également par les avantages offerts par certains marchés nationaux. Les emprunteurs peuvent lever des montants très élevés pour des échéances supérieures à celles du marché euro-obligataire.

Les tableaux 14 et 15 soulignent que de 1980 à 1992 plus de 85 % des émissions étrangères étaient effectuées sur les marchés de Zurich, de New York et de Tokyo. Les émissions en franc suisse représentent à elles seules plus de 46 % des émissions étrangères. Cette importance s'explique par l'interdiction notifiée par les autorités monétaires suisses aux banques helvétiques d'utiliser le franc suisse comme monnaie de libellé d'éventuelles euro-émissions. Il ne restait plus, dans ces conditions, aux emprunteurs que la possibilité de se présenter sur le marché national suisse en respectant les procédures locales. Comme le note Hubert de La Bruslerie, « Le caractère national des émissions n'est cependant qu'une apparence. Le marché suisse ne fait que prêter sa structure à des émissions qui sont en réalité placées auprès d'investisseurs étrangers. La grande majorité des souscriptions ne provient pas des résidents suisses mais de capitaux internationaux gérés par les banques suisses »[6].

La ventilation des émissions étrangères par catégorie de pays emprunteurs (tableaux 16 et 17) fait apparaître le rôle prépondérant des pays de l'OCDE. Les pays industrialisés sont à l'origine de 85 % des émissions étrangères et leur part relative dans l'ensemble ne cesse de s'accroître, puisqu'elle n'était que légèrement supérieure à 75 % en 1979. Les institutions financières internationales sont l'autre catégorie d'emprunteurs, mais il faut noter que leur poids relatif décroît sensiblement depuis 1980.

6. H. de LA BRUSLERIE, « Les marchés financiers internationaux », *Encyclopédie de gestion*, Paris, Economica, 1989.

Tableau 14
Ventilation des émissions étrangères selon la place d'émission

Année	*Tokyo*	*Luxembourg*	*Londres*	*Zurich*	*New York*	*Autres places financières*	*Francfort*	*Total*
1980	1,5	0,2	0,2	7,5	2,7	0,9	5,0	18,0
1981	2,7	0,1	0,9	8,1	7,6	0,7	1,2	21,3
1982	3,3	0,1	1,1	11,3	6,0	1,3	2,1	25,2
1983	3,9	0,1	0,9	13,5	4,7	1,3	2,6	27,0
1984	4,9	0,2	1,6	13,1	4,3	1,3	2,4	27,8
1985	6,3	0,4	0,9	14,9	4,9	2,1	1,7	31,2
1986	5,2	0,8	0,4	23,2	6,8	3,0		39,4
1987	4,1	1,4	—	24,3	7,4	3,1		40,3
1988	6,7	1,8	0,4	26,3	10,1	3,0		48,3
1989	8,2	1,7	1,2	18,6	9,4	3,8		42,9
1990	7,9	4,4	0,3	23,2	9,9	4,1		49,8
1991	5,2	5,6	0,1	20,2	12,9	5,1		49,1
1992	7,4	5,6	—	18,1	23,2	3,3		57,6

Unité : Milliards de dollars.
Source : OCDE, *Statistiques financières mensuelles.*

Tableau 15
Ventilation des émissions étrangères selon la place d'émission

Année	*Tokyo*	*Luxembourg*	*Londres*	*Zurich*	*New York*	*Autres places financières*	*Francfort*	*Total*
1980	8,3	1,1	1,1	41,7	15,0	5,0	27,8	100,0
1981	12,7	0,5	4,2	38,0	35,7	3,3	5,6	100,0
1982	13,1	0,4	4,4	44,8	23,8	5,2	8,3	100,0
1983	14,4	0,4	3,3	50,0	17,4	4,8	9,6	100,0
1984	17,6	0,7	5,8	47,1	15,5	4,7	8,6	100,0
1985	20,2	1,3	2,9	47,8	15,7	6,7	5,4	100,0
1986	13,2	2,0	1,0	58,9	17,3	7,6		100,0
1987	10,2	3,5	—	60,3	18,4	7,7		100,0
1988	13,9	3,7	0,8	54,5	20,9	6,2		100,0
1989	19,1	4,0	2,8	43,4	21,9	9,1		100,0
1990	15,9	8,8	0,6	46,6	19,9	8,2		100,0
1991	10,6	11,4	0,2	41,1	26,3	10,4		100,0
1992	12,8	9,7	—	31,4	40,3	5,7		100,0

Unité : Pourcentages.
Source : OCDE, *Statistiques financières mensuelles*.

Tableau 16
Ventilation des émissions obligataires étrangères par catégorie de pays emprunteurs

Année	*Pays de l'OCDE*	*Institutions financières internationales*	*Autres pays*	*Total*
1979	15,2	3,3	1,5	20,0
1980	13,8	3,4	0,8	18,0
1981	16,6	3,4	1,3	21,3
1982	19,6	5,0	0,6	25,2
1983	21,4	4,7	0,9	27,0
1984	21,0	5,4	1,4	27,8
1985	22,6	6,8	1,8	31,2
1986	32,4	5,2	1,8	39,4
1987	34,0	4,8	1,5	40,3
1988	41,2	4,9	2,2	48,3
1989	36,6	4,1	2,2	42,9
1990	43,8	4,6	1,4	49,8
1991	43,1	3,3	2,7	49,1
1992	49,4	3,7	4,5	57,6

Unité : Milliards de dollars.
Source : OCDE, *Statistiques financières mensuelles.*

Tableau 17
Ventilation des émissions obligataires étrangères par catégorie de pays emprunteurs

Année	*Pays de l'OCDE*	*Institutions financières internationales*	*Autres pays*	*Total*
1979	76,0	16,5	7,5	100,0
1980	76,7	18,9	4,4	100,0
1981	77,9	16,0	6,1	100,0
1982	77,8	19,8	2,4	100,0
1983	79,3	17,4	3,3	100,0
1984	75,5	19,4	5,0	100,0
1985	72,4	21,8	5,8	100,0
1986	82,2	13,2	4,6	100,0
1987	84,4	11,9	3,7	100,0
1988	85,3	10,1	4,6	100,0
1989	85,3	9,6	5,1	100,0
1990	88,0	9,2	2,8	100,0
1991	87,8	6,7	5,5	100,0
1992	85,8	6,4	7,8	100,0

Unité : Pourcentages.
Source : OCDE, *Statistiques financières mensuelles.*

Références

A. — OUVRAGES

EINZIG P. : *The Euro Bond Market,* Londres, Macmillan, 1969.

GALLANT P. : *The Eurobond Market*, Cambridge, Woodhead-Faulkner, 1988.

INSTITUT DE RELATIONS INTERNATIONALES DE L'UNIVERSITE DE DIJON : *Les Euro-Obligations,* Paris, Librairies Techniques, 1972.

JACQUEMONT A. : *L'émission des emprunts euro-obligataires,* Paris, Librairies Techniques, 1976.

LA BRUSLERIE H. de : *Gestion obligataire internationale*, tomes 1 et 2, Paris, Economica, 1990.

LEES F.A., ENG M. : *International Financial Markets,* New York, Praeger, 1975.

LEROUX F. : *Marchés internationaux des capitaux*, Paris, Eska, 1988.

METAIS J. : *Le marché des euro-dollars et des euro-obligations,* Paris, Documentation française, 1975.

QUINN B.S. : *The New Euro Markets,* Londres, Macmillan, 1975.

SIMON Y. : *Marchés de capitaux et taux d'intérêt,* Paris, Economica, 1975, pp. 67-81.

B. — ARTICLES

ANDERSON T. : The Growing War Between Cedel and Euro Clear, *Euromoney,* mai 1981, pp. 35-42.

BOLUSSET I. : Euro-Clear et Cedel : deux organismes de clearing internationaux, *Banque,* mars 1981, pp. 313-319.

CARNOT S. : L'obligation à warrants ; intérêt et caractéristiques, *Analyse financière,* 3e trimestre 1974, pp. 33-40.

DUFLOUX C., KARLIN M. : Le marché euro-obligataire : marché unique ou marché par devises ?, *Banque*, octobre 1989, pp. 950-955.

DUFLOUX C., KARLIN M. : Le marché euro-obligataire : un cercle étroit d'intervenants, *Banque*, juin 1989, pp. 641-645.

DUFLOUX C., KARLIN M. : Le marché financier international et la domination du marché euro-obligataire, *Banque*, avril 1989, pp. 407-411.

DUFLOUX C., KARLIN M. : Marché euro-obligataire : le temps des bouleversements, *Banque*, mars 1988, pp. 333-336, avril 1988, pp. 453-458.

EUROMONEY : How to Stop the Eurobond Market Committing Suicide, *Euromoney*, mai 1988, pp. 44-58.

Pour suivre les développements du marché des émissions internationales, le lecteur est invité à lire les articles publiés dans les revues et journaux suivants :

Banque
Cahiers de la Banque Européenne d'Investissement

Euromoney
Financial Times
International Herald Tribune
Le Monde
Statistiques financières mensuelles de l'OCDE
Tendances des marchés des capitaux
The Banker
World Financial Markets.

C. — AUTRES PUBLICATIONS

BANQUE DES RÈGLEMENTS INTERNATIONAUX : *Rapport annuel.*

OCDE : *Le marché des émissions internationales : rapport du comité des marchés financiers et recommandations du conseil de l'OCDE,* Paris, OCDE, 1972.

CEDEL : *Rules and Regulations,* Luxembourg, 1979.

MORGAN GUARANTY TRUST : *Euroclear Clearance System,* Bruxelles.

QUESTIONS

1. Quelles sont les composantes du marché des émissions obligataires internationales ?
2. Quelles sont les principales différences entre les compartiments du marché des émissions internationales ?
3. Quelles sont les principales devises utilisées dans les émissions euro-obligataires ?
4. Quels sont les avantages de la clause de remboursement anticipé ?
5. Qu'est-ce qu'un warrant ?
6. Quels sont les avantages offerts par les organismes de compensation sur le marché euro-obligataire ?
7. Quelle est la finalité de l'*Association of International Bond Dealers* ?
8. Quelles sont les principales places financières où s'effectuent des émissions étrangères ?
9. Quelles sont les caractéristiques des euro-obligations à taux flottant ?
10. Comment peut-on expliquer l'importance des émissions étrangères libellées en franc suisse ?

QUESTIONS A CHOIX MULTIPLES

Question 1

Les principaux emprunteurs sur le marché des émissions internationales sont :

— les entités localisées dans les pays en voie de développement membres de l'OPEP . . . . ☐
— les entités localisées dans les pays socialistes . . . . ☐
— les organisations internationales . . . . ☐
— les entités localisées dans les pays industrialisés . . . . ☐
— les entités localisées dans les pays en voie de développement non membres de l'OPEP . . . . ☐

Question 2

Pour la période 1979-1989, les émissions effectuées par les emprunteurs localisés dans les pays industrialisés représentaient :
— plus de 75 % des émissions internationales . . . . ☐
— entre 50 et 75 % des émissions internationales . . . . ☐
— entre 25 et 50 % des émissions internationales . . . . ☐
— moins de 25 % des émissions internationales . . . . ☐

Question 3

La taxe de péréquation des taux d'intérêt fut instaurée en :
— juillet 1963 . . . . ☐
— janvier 1974 . . . . ☐
— juin 1984 . . . . ☐
— aucune des dates précédentes . . . . ☐

Question 4

Le premier organisme de compensation opérationnel sur le marché euro-obligataire fut :
— Cedel . . . . ☐
— Sicovam . . . . ☐
— Euro-Clear . . . . ☐
— Bond Clearance System . . . . ☐
— aucun des quatre organismes précédents . . . . ☐

Question 5

Le coût d'une émission euro-obligataire (indépendamment du taux d'intérêt) est :
— sensiblement égal à 5 % . . . . ☐
— sensiblement égal à 2 % . . . . ☐
— nettement inférieur à 1 % . . . . ☐

QUESTIONNAIRE D'AUTO-EVALUATION

Le marché financier international comprend deux compartiments : celui des émissions étrangères et celui des euro-émissions.

Question 1 : Quelle différence essentielle distingue ces deux compartiments du marché financier international ?

Question 2 : Quels sont les principaux groupes d'emprunteurs sur le marché financier international ?

Les émissions étrangères effectuées sur les marchés domestiques constituent aujourd'hui une composante importante du marché financier international.

Question 3 : Quelle est l'évolution récente du volume des émissions étrangères ?

Question 4 : Quelles sont les principales places financières sur lesquelles s'effectuent des émissions étrangères ?

New York est la place financière où s'effectue une partie substantielle des émissions internationales. Depuis 1955, l'importance de cette place a beaucoup varié.

Question 5 : Quels facteurs expliquent la variation de l'importance relative des émissions financières étrangères effectuées à New York ?

Le marché des euro-obligations a connu un important développement depuis la mise en place de la taxe de péréquation des taux d'intérêt par les autorités américaines.

Question 6 : Quelle est l'évolution du volume des émissions euro-obligataires entre 1963 et 1988 ?

Question 7 : Quelles sont les principales devises utilisées dans les émissions euro-obligataires ?

Question 8 : Quelles sont les caractéristiques générales des émissions euro-obligataires ?

Question 9 : Quels sont les principaux actifs financiers utilisés dans les émissions euro-obligataires ?

Les émissions euro-obligataires sont effectuées au moyen de syndicats bancaires.

Question 10 : Quel est le rôle des différents syndicats intervenant dans les euro-émissions ?

Question 11 : Quelles sont les principales banques intervenant dans les émissions internationales ?

L'obligation ordinaire est le titre financier le plus utilisé dans les émissions euro-obligataires.

Question 12 : Quelles sont les raisons de cette prépondérance des obligations ordinaires ?

Question 13 : Quelles sont les caractéristiques des émissions prenant la forme d'obligations ordinaires ?

Question 14 : Quelles sont les caractéristiques des émissions prenant la forme d'obligations convertibles ?

Question 15 : Quelles sont les caractéristiques des émissions prenant la forme d'obligations avec warrant ?

Il est beaucoup plus facile d'avoir une information de bonne qualité sur les émissions que sur les souscriptions de titres euro-obligataires.

Question 16 : Quels sont les principaux traits distinctifs des souscripteurs de titres euro-obligataires ?

Comme sur tout marché financier, il existe sur le marché euro-obligataire un marché secondaire.

Question 17 : Quelles sont les fonctions remplies par le marché secondaire ?

Question 18 : Quelles sont les caractéristiques institutionnelles du marché euro-obligataire secondaire ?

Question 19 : Quel est le rôle des organismes de compensation dans le fonctionnement du marché euro-obligataire secondaire ?

Question 20 : Quel est le rôle des *dealers* et de l'*Association of International Bond Dealers* dans le fonctionnement du marché euro-obligataire secondaire ?

Question 21 : Quel jugement d'ensemble peut-on porter sur le fonctionnement du marché euro-obligataire secondaire ?

A côté des euro-émissions sont apparues depuis 1966 des *notes* sur le marché financier international.

Question 22 : Quelles sont les principales caractéristiques du marché des *notes* à moyen terme ?

Chapitre 12

LE MARCHÉ DE L'ÉCU*

L'European Currency Unit, plus connu sous l'abréviation d'écu, est l'unité de compte européenne. Il a été officiellement créé le 5 décembre 1978 lorsque le Conseil des Communautés Européennes réuni à cette date a décidé de mettre en place le système monétaire européen (SME) dans le but d'instaurer une zone de stabilité monétaire au sein de la Communauté Économique Européenne.

Un règlement en date du 18 décembre 1978 a défini l'écu comme un panier de quantités fixes de monnaie de chacun des pays membres. Les devises concernées étaient alors le deutsche mark, la livre sterling, le franc français, la lire italienne, le florin, le franc belge, le franc luxembourgeois et la livre irlandaise. Par la suite furent ajoutés la drachme grecque, la peseta et l'escudo.

La peseta participe au mécanisme de change du SME depuis le 19 juin 1989 avec une marge de fluctuation de ±6 % de part et d'autre de son cours pivot par rapport aux autres monnaies participant au mécanisme de change. L'escudo est dans la même situation depuis le 6 avril 1992. La marge de ±6 % est identique à celle dont bénéficiait l'Italie jusqu'au 12 janvier 1990. Le 8 octobre 1990, la livre sterling a rejoint le mécanisme de change en bénéficiant elle aussi d'une marge de fluctuation de ±6 %, mais cette participation a été suspendue le 16 septembre 1992. L'Italie a pris une décision similaire le 17 septembre 1992 pour la lire. La drachme grecque ne participe pas encore au mécanisme de change, bien que cette devise soit inclue dans l'écu.

---

* Pour approfondir le contenu de ce chapitre, le lecteur peut se reporter au livre d'exercices corrigés de Yves Simon : *Finance Internationale,* Paris, Economica, 1992, et plus spécialement au chapitre 10 intitulé : Les marchés internationaux de capitaux.

Lors de la création de l'écu, en décembre 1978, personne ne pouvait imaginer le succès que cette devise allait obtenir sur les marchés internationaux, que ce soit le marché des changes, le marché bancaire, le marché des titres négociables à court terme ou le marché obligataire. En septembre 1991, douze ans après sa création, l'écu :

- est la quatrième monnaie de réserve internationale, avant la livre sterling,
- assure 2 % du volume des transactions sur le marché des changes de Londres, légèrement derrière le franc français, alors qu'il était pratiquement absent du marché cinq ans plus tôt,
- est le quatrième plus important compartiment du marché obligataire international.

Il est vrai que ce succès est celui de l'écu privé et non pas celui de l'écu officiel[1]. Il importe en effet de distinguer clairement le premier du second. Ils ont en commun d'être déterminés par le même panier de monnaies des pays de la Communauté Économique Européenne. Ils diffèrent cependant l'un de l'autre sous plusieurs aspects : ils ne sont pas créés selon les mêmes mécanismes ; les entités qui les émettent ne présentent pas le même risque ; ils n'offrent pas le même rendement ; ils n'ont pas la même utilité.

Dans l'esprit des concepteurs du système monétaire européen, l'écu devait uniquement remplir une fonction d'instrument financier international. Son rôle se limitait aux transactions entre les banques des pays membres de la Communauté Économique Européenne. C'est « par hasard » que certaines banques ont décidé de créer des écu privés dont la composition était strictement identique à celle de l'écu officiel, mais le hasard faisant bien les choses, l'écu privé a connu un remarquable développement et son importance est aujourd'hui sans commune mesure avec celle de l'écu public.

L'écu officiel est un instrument financier international, mais il n'en possède pas tous les attributs. Lors de sa création il avait été, en effet, décidé que son rôle se limiterait aux transactions entre les banques centrales des pays membres de la Communauté Économique Européenne. En 1985, toutefois, certaines institutions comme la Banque des Règlements Internationaux se sont vues accorder le statut de « Tiers détenteur » et ont eu, en conséquence, la possibilité de détenir et de négocier des écu officiels.

Les interventions sur le marché de l'écu officiel concernent les transactions entre les banques centrales au titre :

- du financement à très court terme : financement non plafonné, automatiquement disponible aux limites des marges de fluctuation de 2,25 %. Il s'agit d'un financement de 45 jours fin de mois, plus un délai supplémentaire de 3 mois renouvelable une fois,
- du financement à court terme d'une durée de 3 mois renouvelable deux fois. Le plafond de mobilisation entre les banques centrales est de 14 milliards d'écu,
- du financement à moyen terme, à hauteur de 11 milliards d'écu.

L'écu officiel est créé par les banques centrales des pays de la Commu-

---

1. Pour de plus amples développements sur l'écu officiel et l'écu privé, le lecteur peut se reporter au chapitre 6, pp. 152-157.

nauté Économique Européenne. Chacune d'elles doit déposer 20 % de ses réserves en or et en devises auprès du FECOM. En contrepartie de ces dépôts, le FECOM crée des écu et les alloue aux banques centrales. Le « transfert » contre écu prend la forme d'un crédit croisé renouvelé de 3 mois en 3 mois (swap). Chaque renouvellement trimestriel donne lieu à des ajustements du montant en écu pour tenir compte des variations des réserves en or et en dollar des banques commerciales et des variations de cours de ces actifs.

A l'inverse de l'écu privé, l'écu officiel n'est pas convertible dans les monnaies qui le composent. Par ailleurs les réserves des banques centrales en écu officiel n'ont pas accès au marché des changes et ne peuvent être utilisées comme monnaie d'intervention sur le marché des changes. La conséquence en est que les banques centrales n'ont aucun intérêt à acquérir des écu publics, par définition non négociables... et ceci explique qu'elles ne s'en sont pas servies.

L'écu privé est fondamentalement une euro-devise qui s'est progressivement construite un statut de monnaie internationale. Sa composition est strictement identique à celle de l'écu officiel, mais sa création résulte « d'une simple clause contractuelle entre les banques commerciales et les agents non bancaires ». Pour garantir sa valeur, les banques se sont engagées à ce que l'écu puisse être converti dans les monnaies composantes.

Lorsque les premiers écu privés ont commencé à circuler, les banques centrales des pays membres de la Communauté Économique Européenne ne se sont pas opposées à leur essor, mais bien évidemment elles n'ont pas joué (elles ne pouvaient pas le faire d'ailleurs) le rôle de prêteur en dernier ressort, ce qui voulait dire que le système bancaire privé devait boucler lui-même son propre circuit, sans l'aide d'une autorité monétaire de premier rang. Par voie de conséquence, le marché de l'écu privé devait être « auto-suffisant » et ne pas nécessiter l'intervention des banques centrales... ce qui fut réalisé. L'écu est la seule monnaie privée dans le monde dont le rôle économique est significatif et dont l'offre et la demande sont très largement déterminées en dehors de toute interférence avec les secteurs publics et les autorités monétaires.

Section I — L'écu et le marché des changes

L'écu fait l'objet de transactions significatives sur le marché des changes interbancaire. A l'époque où la procédure du *fixing* était utilisée, l'écu était officiellement coté sur plusieurs places financières : Amsterdam, Athènes, Bruxelles, Copenhague, Lisbonne, Milan, Oslo, Paris et Rome.

L'écu existe en tant que devise autonome, indépendante des monnaies constitutives du panier. Il est coté sur la plupart des marchés de change et son cours est déterminé en fonction d'une offre et d'une demande spécifique. Sa valeur est, dans une certaine mesure, devenue indépendante de celle des devises constitutives du panier. Le graphique 1 montre que la divergence entre le cours théorique (celui du panier de devises constituant l'écu) et le cours réel enregistré sur le marché peut atteindre 60 points de base.

Ce qui est vrai du taux de change l'est également des taux d'intérêt à court terme (la divergence entre le taux théorique et le taux réel a atteint 80 points de base à la fin du premier trimestre 1991 pour des titres à trois mois, ce qui est énorme) et encore plus des taux d'intérêt à long terme sur le marché obligataire.

Graphique 1
Divergence entre les taux sur le marché de l'écu (taux de change et taux d'intérêt à 3 mois) et les taux théoriques du panier de devises constitutif de l'écu sur la période janvier 1990 - juillet 1991

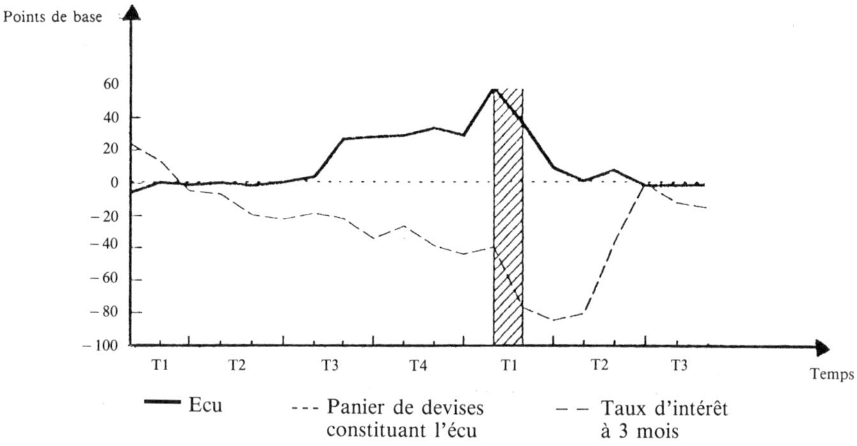

Sources : Commission Économique Européenne et Salomon Brothers Inc.
Unité : Point de base : 0,01 %.
La zone hachurée signale le volume record des émissions obligataires (9,5 milliards d'écu) du mois de février 1991.

Le cours de l'écu sur le marché des changes ne peut cependant pas s'écarter durablement du cours théorique. En effet, n'importe quel opérateur bancaire peut fabriquer de l'écu en se procurant les différentes devises constitutives dans les proportions définies par le panier et arbitrer de ce fait le cours théorique et le cours réel.

Si le cours théorique est 1 ÉCU = USD 1,2254 et si, à la suite d'une forte demande, le cours sur le marché des changes est 1 ECU = USD 1,2640, un arbitragiste va fabriquer de l'écu à 1,2254 et le vendre à 1,2640, ce qui aura pour conséquence de rétablir l'égalité entre le cours réel et le cours du panier. L'arbitrage serait identique, mais inverse, si le cours sur le marché des changes était inférieur au cours théorique. L'écu ne peut donc pas avoir une grande autonomie par rapport à ses composantes. Théoriquement, cette autonomie est déterminée par l'ampleur et l'importance des coûts de transaction.

Les banques offrent une gamme complète de services pour les opérations de change en écu sur le marché au comptant, le marché à terme ou le marché des options.

Sur le marché au comptant, le volume d'une transaction varie de 1 à 5 millions d'écu avec un *spread* entre le taux acheteur et le taux vendeur évoluant entre 0,010 et 0,015 écu, ce qui est comparable aux *spreads* enregistrés dans des transactions contre le dollar.

Les transactions sur le marché interbancaire à terme sont moins liquides que sur le marché au comptant. Il est cependant possible de trouver des contreparties jusqu'à 12 mois quand les transactions concernent le dollar et le deutsche mark. Pour les autres devises, la liquidité ne va guère au-delà de six mois, voire trois mois ou un mois pour certaines devises comme la drachme ou l'escudo.

En 1985, le volume quotidien moyen des transactions en écu sur le marché des changes était estimé à 2,5 - 3 milliards de dollars se répartissant entre les différentes places financières de la manière suivante : Bruxelles, Londres : 0,8 - 1 milliard, Rome, Milan, Turin : 0,5 milliard, Copenhague, Paris, Amsterdam, Rotterdam : 0,2 - 0,4 milliard[2].

En septembre 1991, le volume quotidien moyen des transactions était de 5 milliards de dollars sur la seule place financière de Londres. Il est raisonnable de penser qu'un montant identique, sinon supérieur, était négocié sur l'ensemble des places financières de l'Europe continentale.

Le tableau 1 reprend le classement des banques les plus actives sur le marché des changes de l'écu, d'après les compilations effectuées par la revue *Euromoney* pour les années 1989, 1990 et 1991.

Tableau 1
Les banques les plus actives sur le marché des changes de l'écu

Banques	*1989*	*1990*	*1991*
Kredietbank	1	1	3
Lloyds	2	2	4
Ulster Bank	—	4	2
Westpac	—	—	1
Allied Irish Bank	—	3	—
Crédit Lyonnais	5	5	—
Banque Bruxelles Lambert	—	—	5

Source : Euromoney.

Les banques centrales des pays membres de la Communauté Économique Européenne disposent d'avoirs en écu privé. Elles se sont constituées ces réserves en achetant, pour l'essentiel, des titres publics à court terme libellés en écu. Tels sont plus particulièrement les cas de la Banque d'Angleterre et de la Banque d'Italie. Cette politique n'est pas nouvelle. En décembre 1985, les banques centrales des pays membres de la Communauté Économique Européenne détenaient déjà 1,7 milliard d'écu, ce qui représentait 2 % de leurs réserves de change. Le tiers de ces réserves était à l'époque

2. MASERA R.S. : An Increasing Role for the Ecu : a Character in Search of a Script. *Essays in International Finance*, n° 167, juin 1987.

détenu par la Banque d'Italie, ce qui représentait environ 5 % de ses réserves de change[3].

Grâce à ces réserves, certaines banques centrales sont intervenues, dès avant 1985, sur le marché des changes pour acheter et vendre de l'écu contre leurs monnaies domestiques. L'objectif de ces interventions était de stabiliser la valeur de leur monnaie sur le marché des changes. Depuis septembre 1989, la Banque d'Angleterre et la Banque d'Italie sont intervenues à plusieurs reprises pour soutenir la livre sterling et la lire en vendant des bons du Trésor en écu. Ces interventions, quoique significatives, demeurent malgré tout réduites en volume.

Le développement des transactions en écu sur le marché des changes s'explique en partie par le fait que cette devise est devenue une monnaie de réserve internationale. Selon les évaluations faites à la fin de l'année 1990 par la Bundesbank, il apparaissait que :

- 50 % de l'ensemble des réserves internationales étaient libellées en dollar,
- 20 % étaient libellées en deutsche mark,
- 8 % étaient libellées en yen,
- 4 % étaient libellées en écu.

Cette évaluation souligne que l'écu serait devenu la quatrième monnaie de réserve internationale, avant la livre sterling, le franc français ou le franc suisse.

Section II — Le marché bancaire de l'écu

Ce marché est celui des actifs et des passifs des banques libellés en écu. Nous présentons dans un premier paragraphe une analyse du marché bancaire de l'écu. Nous évoquons dans un deuxième paragraphe le problème du bouclage du circuit bancaire en l'absence de banque centrale.

§ 1. L'analyse du marché bancaire de l'écu

Plusieurs centaines d'institutions financières sont aujourd'hui actives sur le marché de l'écu, alors qu'elles n'étaient qu'une poignée en 1982. Cette implication croissante des banques a pour conséquence une augmentation des dépôts et des avoirs bancaires en écu, ce qui facilite par ailleurs les transactions sur le marché des changes.

A. — L'évolution sur longue période du marché bancaire de l'écu

On assiste depuis 1982 à une augmentation des dépôts et des avoirs bancaires en écu. Ce développement est parallèle à celui des transactions sur le marché des changes. Le tableau 2 retrace l'évolution de 1983 à 1990 du total des actifs bancaires en écu recensés par la Banque des Règlements Internationaux. L'analyse de ce tableau permet de tirer cinq conclusions.

3. MASERA R.S. : *op. cit.*

- Le total des positions des banques s'est fortement accru, passant de 14,4 milliards d'écu en décembre 1983 à 144,9 milliards en septembre 1990.
- Le secteur non bancaire bénéficie d'une part relativement modeste des prêts en écu accordés par les banques. Cette constatation illustre la très faible utilisation de l'écu dans les transactions commerciales et non financières. Le corollaire de cette conclusion est que le marché de l'écu est pour l'essentiel un marché interbancaire.
- La prédominance du marché interbancaire s'est accrue dans le temps, passant de 67,4 % en décembre 1983 à 76,5 % en septembre 1990.
- L'activité bancaire est concentrée sur les places financières du Royaume Uni, de France, de Belgique, d'Italie et du Luxembourg, mais on enregistre malgré tout une légère diversification géographique dans la mesure où le poids relatif de ces cinq places est passé de 96 % en décembre 1983 à 81 % en septembre 1990.
- L'analyse des informations chiffrées disponibles fait apparaître que Londres est devenu, depuis la fin de l'année 1988, le principal centre d'activité pour le marché bancaire de l'écu, au détriment des places de Bruxelles, de Paris, de Rome, de Milan et de Turin. L'importance de Londres n'a cessé de croître depuis 1983. Cette suprématie est indiscutable pour le marché interbancaire. Elle est moins nette pour le secteur non bancaire, mais la faiblesse des chiffres interdit, en fait, tout classement stable.

L'analyse du tableau 3 permet d'apporter deux conclusions qui confirment et précisent l'analyse du tableau 2.

- La prédominance du secteur bancaire est encore plus nette lorsque le raisonnement porte sur les engagements et non pas sur les avoirs. En effet, si au niveau des actifs, la part du secteur non bancaire est légèrement inférieure à 25 %, elle n'est que de 12 % au niveau des passifs.
- Pour les agents non bancaires, le marché de l'écu est largement dominé par les emprunteurs. Les banques accordent en effet beaucoup plus de crédits en écu qu'elles n'ont de ressources dans cette devise. Ceci s'explique, entre autre raison, par le fait que le rôle de l'écu commercial est insignifiant. Pour combler le solde entre les avoirs et les engagements, les banques doivent :
  - soit émettre des certificats de dépôt en écu pour obtenir directement des ressources auprès des agents non bancaires,
  - soit emprunter de l'écu privé aux banques centrales qui en détiennent au titre des réserves de change,
  - soit emprunter des devises du panier pour fabriquer de l'écu.

B. — L'analyse des ressources et des emplois en écu des banques

Les ressources en écu des banques ont différentes origines :

- les comptes à vue des particuliers, des entreprises et des agents non bancaires,
- les comptes courants des entreprises,
- les comptes à terme, ayant une échéance généralement inférieure à 6 mois, détenus par les particuliers, les entreprises et les agents non bancaires.

Tableau 2
Le marché bancaire de l'écu

	1982	*1983*	*1984*	*1985*	*1986*	*1987*	*1988*	*1989*	*1990*
Prêts bancaires en écu	7	14,4	39,8	63,1	70,7	82,4	100,9	124,5	114,9
dont :									
- à l'égard du secteur bancaire		9,7	28,6	49,1	54,9	62,1	74,4	93,5	110,9
- à l'égard du secteur non bancaire		4,7	11,1	14,0	15,8	20,3	26,5	31,0	34,1
dont :									
- Royaume Uni		*14*	*17*	*19*	*19*	*20*	*28*	*29*	*30*
- France		*27*	*32*	*28*	*29*	*26*	*24*	*20*	*17*
- Belgique		*21*	*17*	*16*	*18*	*20*	*14*	*13*	*11*
- Italie		*24*	*20*	*13*	*13*	*11*	*12*	*15*	*13*
- Luxembourg		*10*	*8*	*11*	*10*	*11*	*9*	*9*	*10*
- Total des cinq pays		*96*	*94*	*87*	*89*	*88*	*87*	*86*	*81*

Sources : Rapport de la Banque des Règlements Internationaux et *Bank of England Quarterly Bulletin.*
Unités : Milliards d'écu ; montant des encours en fin de période pour les chiffres romains ; pourcentages pour les chiffres en italique.

Tableau 3
Position en écu des banques

Position sur les résidents et les non-résidents	*Fin 1987*	*Fin 1988*	*Fin 1989*	*Fin 1990*
. l'égard du secteur bancaire et du secteur non ancaire				
• Actif	105,1	118,0	147,5	194,6
• Passif	86,6	103,3	133,6	192,8
l'égard du secteur bancaire				
• Actif	77,0	87,2	110,8	148,1
• Passif	77,2	92,5	117,1	170,0
l'égard du secteur non bancaire				
• Actif	28,1	30,8	36,7	46,5
• Passif	9,4	10,8	16,5	22,8
l'égard du secteur bancaire en pourcentage du total				
• Actif	73,26	73,90	75,12	76,10
• Passif	89,15	89,55	87,65	88,17
l'égard du secteur non bancaire en pourcentage du :al				
• Actif	26,74	26,10	24,88	23,90
• Passif	10,85	10,45	12,35	11,83

: Milliards de dollars et pourcentage.
: Crédit Lyonnais International, septembre 1991 d'après les chiffres de la Banque des Règlements ıtionaux.

Les dépôts en écu des agents non financiers ont pour origine la conversion d'avoirs préexistants en devises et la distribution de crédits libellés en écu.

Les emplois des banques sont constitués des crédits en écu accordés à des résidents ou à des non-résidents. Ces crédits destinés à des États et à des entreprises privées ou publiques sont des avances et des crédits commerciaux à court terme destinés au financement du commerce international et des crédits syndiqués à moyen terme.

Apparu en 1983, le marché des euro-crédits syndiqués a connu un développement significatif que reproduit le tableau 4.

Tableau 4
Le marché des euro-crédits syndiqués en écu

Année	*Montant des euro-crédits*
1983	812
1984	2 780
1985	2 525
1986	1 853
1987	5 091
1988	4 078
1989	4 383
1990	4 314
1991 (1er trimestre)	565

Unité : Millions d'écu.
Source : Ecu Newsletter.

Les euro-crédits syndiqués ont une échéance variant de 18 mois à 10 ans. Le taux d'intérêt est en général indexé sur le taux à 6 mois du marché interbancaire de Londres, mais il arrive parfois de retenir le taux du marché interbancaire de Paris. La taille moyenne d'un emprunt est de l'ordre de 100 millions d'écu, mais ce chiffre cache une très grande dispersion. Une statistique établie à la fin de l'année 1989, portant sur les années 1984 à 1989, indiquait que 274 emprunts avaient été effectués. Sur ces emprunts, 238 avaient été réalisés par des entités de la Communauté Économique Européenne. Sur ces 238 opérations, 153 avaient été réalisées par des entités italiennes, 35 par des entités françaises et 18 par des entités espagnoles.

§ 2. Le bouclage du circuit bancaire

L'examen plus attentif des chiffres présentés aux tableaux 2 et 3 fait apparaître un double déséquilibre : entre les emplois et les ressources d'origine non bancaire, d'une part, entre les emplois et les ressources au niveau de l'ensemble du circuit bancaire, d'autre part.

A. — Le déséquilibre entre les emplois et les ressources du secteur non bancaire

Les tableaux précédents font apparaître que les crédits en écu accordés aux agents non bancaires excèdent de beaucoup les dépôts en écu effectués par le secteur non bancaire. Ce problème n'est pas nouveau. Il est en fait inhérent au marché de l'écu et s'explique en grande partie par la faiblesse de l'écu commercial. A la fin décembre 1986, pour prendre un autre exemple plus spécifique, les crédits en écu accordés par les banques françaises à des résidents atteignaient l'équivalent de 9 milliards de francs alors que le montant des dépôts en écu effectués par des résidents n'était que de 0,6 milliard de francs.

Ce déséquilibre entre les emplois et les ressources et cette fuite très importante subie par les établissements qui accordent des crédits en écu obligent les banques à emprunter les devises constitutives du panier pour fabriquer de l'écu et financer ainsi une partie significative des crédits qu'elles accordent.

B. — Le déséquilibre entre les emplois et les ressources au niveau de l'ensemble du circuit bancaire

Dès les premières années de fonctionnement, le marché bancaire de l'écu a été profondément déséquilibré entre les emplois et les ressources. A la fin de l'année 1984, par exemple, les créances en écu des banques européennes s'élevaient à 28 milliards de dollars alors que le montant global des engagements atteignait 22,3 milliards, ce qui représentait un écart de 6 milliards entre les avoirs et les engagements. Les chiffres en valeur absolue sont demeurés importants jusqu'en 1989 inclus. Ceci voulait dire que les banques ne réussissaient pas à attirer suffisamment de dépôts (en particulier d'origine non bancaire) pour équilibrer leurs comptes. Elles devaient de ce fait créer elles-mêmes les écu qui faisaient défaut. Il faut cependant noter qu'exprimé en pourcentage des engagements — ce qui est plus significatif que la seule constatation des chiffres bruts — le déséquilibre tendait à se réduire pour devenir très faible en 1990. Il faut très probablement voir là l'influence positive du mécanisme de compensation mis en place par l'Association bancaire pour l'écu.

Section III — Le marché des titres à court terme en écu

Le marché des titres à court terme négociables libellés en écu comprend trois compartiments : celui des billets de trésorerie, celui des certificats de dépôt et celui des bons du Trésor.

§ 1. Le marché des billets de trésorerie

Les billets de trésorerie *(commercial paper)* sont des billets à ordre à court terme, négociables et au porteur, émis par une entreprise. Ce marché est très étroit et les émetteurs sont en nombre réduit. Parmi les emprunteurs, on peut mentionner les noms de Saint-Gobain et Renault. Certaines de ces émissions ont nécessité l'obtention de « facilités renouvelables à prix ferme » (*revolving underwriting facilities*, RUF). Du fait de la faiblesse des émissions, le marché secondaire est en réalité inexistant.

§ 2. Le marché des certificats de dépôt

Les certificats de dépôt sont des titres à court terme, négociables et au porteur, émis par une banque. Ces émissions peuvent se faire à taux fixe ou à taux flottant. Dans la première hypothèse, l'échéance est inférieure ou égale à 6 mois. Dans la deuxième, l'échéance peut atteindre 3 à 5 ans. Dans une émission à taux flottant, l'indexation est généralement semestrielle, mais elle peut être trimestrielle et le taux de référence est le PIBOR *(Paris Interbank Offered Rate)* à 3 ou 6 mois ou plus généralement le LIBOR *(London Interbank Offered Rate)* à 3 ou 6 mois.

Le marché des certificats de dépôt est très étroit, à l'exemple du marché des billets de trésorerie. Parmi les émetteurs, on peut mentionner les noms de deux grandes banques particulièrement actives sur le marché de l'écu : Crédit Lyonnais et Lloyds, laquelle procéda en 1981 à la première émission de certificats de dépôt. Le marché secondaire est lui aussi inexistant.

§ 3. Le marché des bons du Trésor

Le développement des titres négociables à court terme en écu n'est pas dû aux certificats de dépôt ou aux billets de trésorerie, mais aux bons du Trésor et plus spécialement à ceux régulièrement émis par le Trésor britannique. Ce dernier n'est cependant pas à l'origine du marché. Les premières émissions ont en effet été réalisées par le Trésor italien.

A. — Les bons du Trésor émis par l'Italie

Ces bons ont une échéance d'un an. En octobre 1990, l'encours atteignait 4,75 milliards d'écu. Les émissions les plus récentes portaient sur des montants colossaux. Au quatrième trimestre 1989, il y a eu, par exemple, deux émissions d'un milliard d'écu chacune.

B. — Les bons du Trésor émis par la Grande-Bretagne

Pour le gouvernement britannique, la décision d'émettre des bons du Trésor libellés en écu était officiellement destinée à assurer la promotion de la monnaie européenne. Sans mettre en doute la bonne foi du gouvernement de Sa Majesté, il est malgré tout curieux d'exprimer une telle volonté et de combattre simultanément avec autant de volonté et d'efficacité toute politique monétaire commune. En fait, cette décision était surtout destinée à renforcer le rôle de la place financière de Londres, ce qui est un objectif qui se suffit à lui-même.

Le programme d'émission a été annoncé par le Chancelier de l'Échiquier le 2 août 1988. Les bons sont identiques aux autres titres émis par la Trésorerie britannique à une exception près : ils sont libellés, payables et remboursables en écu. Le programme initial prévoyait un volume global d'émissions de 1 à 2 milliards d'écu sous la forme de six appels d'offre mensuels débutant en octobre 1988 pour des émissions dont la maturité serait de 1, 3 et 6 mois. Les bons du Trésor avaient une valeur faciale de 100 000, 500 000, un million, cinq millions et dix millions d'écu.

Le succès fut acquis dès la première émission et s'est concrétisé par une demande très largement supérieure à l'offre, dans un rapport de 3 pour 1. Ultérieurement, certaines émissions furent sur-souscrites dans un rapport de 10 pour 1. Cette ampleur de la demande a conduit les autorités britanniques à accroître de 900 millions à un milliard le volume des émissions mensuelles, dont 400 millions pour l'échéance à 6 mois.

Le succès rencontré a conduit les autorités britanniques à annoncer, après 6 mois de fonctionnement, qu'elles poursuivraient les émissions sur les mêmes bases, précisant toutefois qu'elles allaient simultanément abaisser à 10 000 écu (au lieu de 100 000) le nominal minimum des nouveaux bons du Trésor, cette décision devant permettre de mieux toucher les investisseurs privés. Les autorités britanniques annoncèrent également qu'elles envisageaient de procéder ultérieurement à des émissions ayant une échéance supérieure à 6 mois.

Parallèlement à la première émission de bons du Trésor, et afin de promouvoir le marché secondaire, 29 banques et institutions financières du Royaume-Uni, des autres pays de la Communauté Économique Européenne, de la Suisse et des États-Unis ont signé un accord avec la Banque d'Angleterre en vertu duquel elles s'engageaient à jouer le rôle de teneur de marché et à participer activement aux premières émissions. En contre-partie, la Banque d'Angleterre s'engageait à faciliter la tâche des *market makers* en acceptant de les refinancer en dernier ressort, si le besoin s'en faisait sentir, au tir, au cas où ils seraient eux-mêmes confrontés à un problème de liquidité.

Ce mécanisme n'a pas eu besoin d'être mis en œuvre, car la liquidité sur le marché secondaire a toujours été excellente.

Section IV — Le marché des émissions obligataires en écu

Le marché des émissions obligataires en écu a été ouvert en mars 1981 lorsqu'une firme italienne : la Société Financière pour les Télécommunications et l'Électronique a procédé à la première émission pour un montant initial de 25 millions d'écu, porté à 35 millions vu le succès de l'opération et l'importance de la demande. De simple marché régional destiné à des investisseurs individuels qu'il était entre 1981 et 1983, le marché obligataire en écu est devenu un marché d'envergure internationale dominé par les investisseurs institutionnels.

§ 1. Le marché primaire

L'analyse du marché primaire requiert une présentation de la structure du marché, des différents types de titres émis, des investisseurs, du volume des émissions et des syndicats d'émission.

A. — La structure du marché

Il existe deux types d'emprunts : les émissions internationales, d'une part, les émissions domestiques libellées en écu, d'autre part. Le segment des émissions internationales s'est développé dans un premier temps.

a) Les émissions internationales

Au sein des émissions internationales, il est traditionnnel de distinguer le marché des émissions euro-obligataires et celui des émissions étrangères. Le premier emprunt effectué sur un marché étranger a été réalisé en novembre 1984. D'un montant de 200 millions d'écu, il fut réalisé par la Communauté Économique Européenne sur le marché américain. Il s'agissait de ce que l'on appelle habituellement un *yankee bond.* Il est à noter que c'était la première émission non libellée en dollar émise sur le marché de New York. Il devait par la suite y en avoir d'autres, comme l'émission de *floating rate notes* en écu effectuée par le Royaume du Danemark en mai 1985.

b) Les émissions domestiques

Ces émissions sont réalisées sur les marchés nationaux des pays de la CEE, mais elles ne sont pas réservées pour autant aux seuls investisseurs résidents. Elles bénéficient en effet, généralement, d'un placement international. Il faut cependant distinguer les émissions directement libellées en écu de celles qui sont indexées sur la devise européenne. Ces dernières sont beaucoup plus destinées, du fait de leurs caractéristiques, aux investisseurs résidents qu'aux investisseurs internationaux.

Pour la plupart d'entre elles, les émissions domestiques libellées en écu ont été réalisées par les trésoreries publiques des pays de la Communauté Économique Européenne.

L'Italie fut le premier pays à émettre régulièrement des obligations à moyen terme (5 ans d'échéance). Ces émissions sont très importantes et atteignent un milliard d'écu. En septembre 1990, le montant des encours s'élevait à 23,9 milliards d'écu.

En France, la loi de finance pour 1989 stipulait que le ministère de l'Économie, des Finances et du Budget était autorisé à procéder, à partir de 1989, à des emprunts à long, moyen et court terme libellés en écu pour couvrir l'ensemble des charges de la trésorerie ou pour renforcer les réserves de change. Le Trésor public a largement utilisé les possibilités qui lui étaient ainsi offertes en émettant plusieurs lignes d'obligations assimilables du Trésor (OAT) pour des montants supérieurs au milliard d'écu. La première émission, en date du 17 avril 1989, prévoyait que le paiement par les souscripteurs et le remboursement par l'État pouvaient être effectués soit en franc français, soit en écu. Ces OAT se sont beaucoup développées et l'une des plus remarquables a été la première émission à 30 ans d'échéance effectuée sur le marché de l'écu au quatrième trimestre 1991.

Le premier emprunt obligataire en écu du gouvernement belge, d'un montant de 150 millions d'écu, fut réalisé en janvier 1989.

La première émission domestique espagnole fut montée en avril 1990. Elle portait sur des titres ayant 5 ans d'échéance.

Le gouvernement britannique a procédé à une première émission de 2 750 millions d'écu (dont 250 réservés à la Banque d'Angleterre en vue d'assurer la liquidité du marché secondaire) le 13 février 1991. Cette émission ayant une échéance de 10 ans avait pour objectif de consolider la position de Londres sur le marché de l'écu. Elle est devenue l'une des références les plus significatives sur le marché secondaire.

Les caractéristiques juridiques et fiscales des émissions domestiques sont comparables à celles des émissions réalisées sur le marché euro-obligataire. Pour l'investisseur international, il n'y a pas de différence entre les deux types d'émission. Les emprunts obligataires domestiques sont d'ailleurs de plus en plus souscrits par des investisseurs internationaux. Depuis 1988, plus de 50 % de leur montant sont achetés à l'émission par des investisseurs internationaux (ceci est également vrai pour les émissions de bons du Trésor britannique et du Trésor italien).

B. — Les titres émis

Tous les types de titres émis sur le marché euro-obligataire ont été, à un moment ou l'autre, utilisés sur le compartiment de l'écu.

- Les émissions à taux fixe dominent très largement le marché et sont très souvent utilisées pour réaliser des swaps. Dans le secteur des taux fixes, l'écu occupe aujourd'hui le troisième rang sur le plan international après le dollar et le yen.
- Les emprunts obligataires à taux flottant *(floating rate notes)* en écu sont apparus en septembre 1982, mais ils ne se sont véritablement développés que depuis 1990. En témoigne l'émission d'un milliard d'écu du gouvernement italien en octobre 1990. Certaines émissions ont été réalisées avec une clause prévoyant une possibilité de conversion en taux fixe.

- Les obligations convertibles ont fait leur apparition en 1983, avec une émission réalisée par la société belge Côte d'or.
- Des emprunts à taux révisable (*retractable* en anglais) ont également été proposés. Ces titres à longue échéance bénéficient d'un taux d'intérêt fixe pour une première période, mais ce taux est révisé au début de la seconde, de durée généralement égale à la première, en fonction des taux alors pratiqués sur le marché.
- Des émissions à coupon zéro ont été émises pour la première fois en 1984.
- Certaines émissions se sont faites avec des warrants offrant ainsi la possibilité d'acheter, sous certaines conditions, d'autres titres.
- Plusieurs émissions ont prévu des options de change (généralement dollar/écu) pour le remboursement du capital, à un taux fixé lors de l'émission.
- Beaucoup d'émetteurs ont introduit une clause de remboursement au gré de l'émetteur *(call option)* et parfois une clause de remboursement au gré du porteur *(put option)*.
- Certaines émissions ont été réalisées par tranches. Le schéma le plus fréquemment retenu prévoit une première tranche réservée aux institutionnels et une seconde destinée aux investisseurs individuels. Chacune d'elles présente des caractéristiques adaptées aux besoins propres des deux catégories d'investisseurs et offre un taux d'intérêt spécifique.
- Certaines émissions ont pris la forme de dettes subordonnées à perpétuité.
- Des obligations perpétuelles à taux variable furent introduites sur le marché par Saint Gobain.
- Certains emprunts obligataires ont été liés à l'évolution du marché des actions. Tel fut le cas d'une émission du Crédit Local de France effectuée en deux tranches. La première était à coupon zéro avec une valeur de remboursement calculée sur la base de l'évolution de l'indice DAX (indice représentatif du marché boursier allemand) et du taux de change écu/deutsche mark. La deuxième tranche prévoyait un coupon de 4,75 %, mais ne prenait en compte que 50 % de la hausse de l'indice DAX.

C. — Les investisseurs

Il existe deux grandes catégories d'investisseurs : les individuels et les institutionnels. Les premiers, popularisés dans la mythologie des marchés internationaux sous le sobriquet de « dentistes belges », tendent à conserver les obligations qu'ils achètent jusqu'à leur échéance. Ils ont dominé le marché jusqu'en 1985. Les institutionnels sont apparus à cette époque, suite aux premiers développements du marché secondaire. Dans un premier temps ces investisseurs étaient européens, mais ils furent rejoints, dès le milieu de l'année 1986, par les institutionnels japonais et, quelque temps plus tard, par certains institutionnels américains. Les plus importants investisseurs sont les banques centrales, les institutions supranationales, les fonds de pension, les compagnies d'assurance, les fonds mutuels anglo-saxons et les SICAV françaises.

A côté de ces deux grandes catégories d'investisseurs il faut mentionner les achats effectués par les *market makers* qui détiennent en permanence un portefeuille de titres pour mener à bien leur activité de contrepartie. La quatrième catégorie d'investisseurs est constituée des arbitragistes qui achètent des obligations en écu pour les arbitrer contre des titres à revenu fixe de différentes maturités libellés en devises européennes ou pour réaliser des gains d'arbitrage sur le marché des swaps.

D. — Les émetteurs sur le marché obligataire

Sur le marché primaire on distingue quatre catégories d'émetteurs : les États souverains, les institutions supranationales, les entreprises publiques et les entreprises privées.

Les grands émetteurs souverains sont la France, l'Italie, la Belgique, l'Espagne et le Royaume-Uni. Certains d'entre eux, comme la France et l'Italie, procèdent à des émissions massives qui représentent une part substantielle de leur dette publique. Le gouvernement français s'est d'ailleurs engagé à émettre chaque année au moins 15 % de sa dette en écu. Les entreprises publiques et privées interviennent sur le marché des émissions en écu pour entreprendre des swaps et obtenir ainsi des fonds à un coût de financement réduit. Elles procèdent de cette façon car, pour l'instant, il n'y a pas d'utilisation commerciale possible de l'écu.

Le poids des emprunteurs souverains et des institutions supranationales est très important. Les emprunteurs privés sont eux aussi de très bonne qualité de sorte qu'au total, plus de 60 % des titres en écu bénéficient d'une cotation AAA contre une moyenne de 33 % pour les autres compartiments du marché euro-obligataire. Le secteur de l'écu est le meilleur compartiment du marché international. Une étude effectuée en 1991 sur les 54 émissions obligataires les plus liquides du marché secondaire révélait que 45 d'entre elles avaient pour *rating* explicite la note AAA et que les 9 autres étaient des émissions souveraines ou bénéficiaient d'une garantie gouvernementale.

E. — Le volume des émissions

L'écu est devenu la quatrième devise sur le marché obligataire international au niveau des encours et la deuxième, après le dollar, au niveau des émissions réalisées pendant les années 1990 et 1991, comme l'indiquent les tableaux 5 et 6.

Le volume unitaire moyen des émissions s'est considérablement accru pour atteindre 185 millions d'écu en 1990. On enregistre parallèlement l'apparition d'énormes emprunts qui permettent d'avoir des cours de référence sur le marché secondaire. La première de ces très grandes émissions — elle devait être suivie de nombreuses autres — fut celle d'un milliard d'écu réalisée le 17 avril 1989 par le Trésor français.

Toutes les échéances ont été utilisées (et sont désormais cotées sur le marché secondaire), depuis les très courtes, inférieures à 4 ans, jusqu'aux plus longues, égales ou supérieures à 20 ans. Il existe désormais des émissions de référence pour toutes les échéances significatives de la courbe représentative de la structure des taux d'intérêt, comme l'indique le tableau 7.

Tableau 5
Émissions euro-obligataires selon les devises

Devises	*Montant des émissions pour les neuf premiers mois de 1991*	*Montant des émissions pour les neuf premiers mois de 1990*
Dollar américain	55,60	48,91
Écu	28,36	13,33
Livre sterling	21,80	15,15
Yen	20,92	12,72
Dollar canadien	13,90	4,22
Deutsche mark	12,31	13,96
Franc français	10,32	5,09
Lire italienne	7,38	3,50
Dollar australien	3,11	4,00
Florin	0,83	0,59

Unité : Milliards de dollars.
Source : International Financing Review.

Tableau 6
Ventilation par devises des émissions obligataires internationales

Devises	*1981*	*1982*	*1983*	*1984*	*1985*	*1986*	*1987*	*1988*	*1989*	*1990*	*Quatrième trimestre 1990*	*Premier trimestre 1991*
Dollar américain	60,4	62,9	55,5	63,5	60,4	55,0	35,8	36,8	49,5	33,2	27,4	29,5
Franc suisse	17,7	15,5	19,0	12,1	9,1	10,5	13,6	11,8	7,3	9,0	9,2	6,4
Livre sterling	2,9	2,7	3,9	5,1	4,0	4,9	8,5	10,8	8,2	8,5	8,8	9,0
Deutsche mark	5,3	7,5	8,7	6,4	6,9	7,3	8,5	10,4	6,1	12,5	12,5	4,4
Yen	6,4	5,2	5,5	5,4	7,5	10,2	14,1	9,1	9,2	12,4	17,7	10,3
Dollar canadien	1,4	1,6	1,6	2,1	1,9	2,7	3,4	5,8	4,8	2,5	3,4	8,8
Ecu	0,5	1,3	2,2	2,6	4,5	3,1	4,2	4,9	4,7	7,8	10,6	18,2
Autres devises							11,9	10,4	10,2	14,2	19,4	13,4

Unité : Pourcentages.
Source : Bank of England Quarterly Bulletin.

Tableau 7
Les émissions de référence sur le marché secondaire

Maturité	*Encours*	*Émetteur*	*Coupon*	*Échéance*
1 mois	300	Royaume-Uni	Bons du Trésor	
3 mois	900	Royaume-Uni	Bons du Trésor	
3 mois	1 000	Italie	Obligations à taux flottant	10/2005
6 mois	2 400	Royaume-Uni	Bons du Trésor	
1 an	≈ 5 000	Italie	Bons du Trésor	
4 ans	500	Espagne	10 3/4 %	
5 ans	1 000	Espagne	9 %	5/1996
5 ans	1 250	Belgique	9 1/8 %	3/1996
6 ans	928	France	8 1/2 %	5/1997
6 ans	1 125	BEI	10 %	2/1997
6 ans	1 000	Italie	10 3/8 %	7/1997
9 ans	2 707	France	9 1/2 %	4/2000
9 ans	1 000	Italie	10 3/4 %	4/2000
10 ans	1 150	BEI	10 %	1/2001
10 ans	1 500	France	10 %	2/2001
10 ans	2 500	Royaume-Uni	9 1/8 %	2/2001
11 ans	1 000	France	8 1/2 %	3/2002
20 ans	3 000	Italie	9 1/4 %	3/2011

…au établi en 1991.

F. — Les syndicats d'émission

Jusqu'en 1988, les chefs de file, les teneurs de livres et les membres des syndicats d'émission étaient quasi exclusivement des institutions financières de la Communauté Économique Européenne. Les plus importants étaient Paribas et le Crédit Lyonnais, et dans une moindre mesure, Kredietbank, le CCF et la BNP. A partir de 1989 sont arrivées des banques helvétiques : l'Union de Banque Suisse et la Société de Banque Suisse, des banques d'investissement américaines : Crédit Suisse First Boston, Merrill Lynch, Banker Trust, Salomon Brothers, Morgan Guaranty et Morgan Stanley, et des maisons de titres japonaises : Daiwa et Mitsubishi Finance.

§ 2. Le marché secondaire

Sur le marché secondaire des obligations internationales libellées en écu, les procédures, les intervenants, les cotations et les modalités de livraison sont identiques à ce que l'on trouve sur les autres compartiments du marché international, ceux où sont négociés les titres libellés en dollar, en yen, en deutsche mark ou dans n'importe quelle autre devise.

Les premiers *market makers* sont apparus dès 1981 et 1982 sur les places de Luxembourg et de Bruxelles. En 1983 sont intervenues les banques françaises qui étaient fortement impliquées dans les syndicats d'émission sur le marché primaire. En 1985, des grandes institutions localisées sur la place financière de Londres : banques d'investissement américaines, maisons de titres japonaises et filiales de banques suisses entrèrent sur le marché secondaire. A la fin de l'année 1990, on dénombrait une trentaine de *market makers* actifs sur le marché secondaire des obligations internationales libellées en écu. Parmi les premières institutions qui se sont manifestées comme de très importants teneurs de marché, et qui le sont demeurées, on peut retenir les noms de Paribas, du Crédit Lyonnais, de Kredietbank et de San Paolo di Turino.

Comparée à la liquidité des autres compartiments du marché international, celle du marché des obligations libellées en écu est excellente. En témoigne le montant des encours sur les plus importantes émissions du marché (tableau 8). En témoigne également le volume des transactions enregistrées par Cedel et Euroclear (tableau 9). La prédominance de Cedel, comparativement à ce qui se produit dans les autres compartiments du marché international, s'explique par la forte présence des banques françaises, belges et luxembourgeoises lors de la création du marché.

Tableau 8
Les émissions obligataires en écu les plus liquides

Émissions	*Coupon*	*Échéance*	*Montant de l'émission*
Obligation du Trésor britannique	9 1/8 %	2001	2 750
OAT du Trésor français	9 1/2 %	2000	2 707
OAT du Trésor français	10	2001	1 500
OAT du Trésor français	8 1/2 %	2002	1 000
Obligation du Trésor italien	10 3/8 %	1997	1 000
Obligation du Trésor italien	10 3/4 %	2000	1 000
Obligation du Trésor italien	9 1/4 %	2011	3 000
Obligation du Royaume de Belgique	9 1/8 %	1996	1 250
Obligation du Trésor espagnol	10 3/4 %	1995	500

Unité : Millions d'écu.
Source : Ecu Newsletter, 1991.

Tableau 9
Volume des transactions enregistrées par les organismes de compensation sur le marché secondaire des obligations internationales libellées en écu

Année	*Cedel*	*Euroclear*
1985	53 736	
1986	123 950	28 302
1987	194 110	44 158
1990	≈ 300 000	≈ 180 000

Unité : Millions d'écu.

L'analyse des données chiffrées publiées par la Banque d'Angleterre et reproduites au tableau 10 permet de tirer deux conclusions.

- Le volume d'activité sur le marché secondaire a plus que doublé au premier trimestre 1991 par rapport à la moyenne de l'année 1990, année au cours de laquelle il avait lui-même doublé par rapport à 1989.

- Les titres en écu représentaient à la fin du premier trimestre 1991 environ 5 % de l'encours des obligations internationales, mais ces émissions assuraient à elles seules près de 22 % de l'activité du marché secondaire.

Tableau 10
Activité du marché secondaire des obligations internationales

Période	*Transactions sur les obligations libellées en écu*	*Transactions sur l'ensemble des obligations internationales*	*Part des obligations en écu sur l'ensemble des obligations internationales*
remier trimestre 1989	53,2	528,9	10,1
euxième trimestre 1989	46,3	638,0	7,3
:oisième trimestre 1989	44,7	586,5	7,6
uatrième trimestre 1989	52,7	587,4	9,0
'emier trimestre 1990	79,3	632,0	12,5
:uxième trimestre 1990	88,5	625,2	14,0
oisième trimestre 1990	109,9	686,2	16,0
ıatrième trimestre 1990	84,4	782,7	10,8
emier trimestre 1991	199,0	919,4	21,6

té : Milliards de dollars et pourcentages.
rce : Bank of England Quarterly Bulletin, d'après les chiffres de Cedel et Euroclear.

§ 3. Les swaps en écu

Les swaps sont l'un des compartiments les plus actifs du marché international des capitaux. L'écu commercial n'ayant qu'un rôle extrêmement réduit, la quasi-totalité des émissions en écu réalisées par des émetteurs privés non bancaires est systématiquement « swappée ». Tel fut en particulier le cas d'émissions effectuées par des emprunteurs comme Exxon, IBM, General Motors et General Electric qui ont pu, de ce fait, obtenir un financement en dollar à taux réduit.

Il est globalement estimé qu'au moins 50 % de l'ensemble des émissions obligataires en écu sont combinées avec :

- des swaps de taux : taux fixe en écu/taux flottant en écu,
- des swaps de devises : taux fixe en écu/taux fixe en devise,
- des swaps de devises et de taux : taux fixe en écu/taux flottant en devise.

Les swaps se font surtout en dollar américain, mais il y a eu des montages en livre sterling, en franc suisse, en franc français, en franc belge et en dollar canadien.

Références

A. — OUVRAGES

GALAVIELLE C. : *L'écu, une monnaie en or*, Paris, Cujas, 1987.

JURGENSEN Ph. : *Ecu, naissance d'une monnaie*, Paris, Edition Lattès. 1991.

LEVICH R.M., SOMMARIVA A. : *The Ecu Market*, Lexington Mass., Lexington Books, DC Heath and Company, 1987.

B. — ARTICLES

ALLEN P.R. : Birth of a New Euro-Currency : The Ecu, *Occasional Paper* n° 20, New York, Group of Thirty, 1986.

BANK OF ENGLAND : Ecu Banking and Bond Market Activity, *Bank of England Quarterly Bulletin*, août 1990, pp. 345-351.

BANK OF ENGLAND : Ecu Financial Activity, *Bank of England Quarterly Bulletin*, novembre 1988, pp. 509-516.

BANQUE FRANÇAISE DU COMMERCE EXTERIEUR : L'écu, une assurance variable contre le risque de change, *BFCE Actualités*, mars 1989, pp. 19-32.

BEKERMAN G. : L'écu, une créance douteuse, *Eurépargne*, août-septembre 1988, pp. 2-12.

COUSSIEU Th. : L'écu dans le commerce des dépôts entre banques, *Eurépargne*, janvier 1988, pp. 34-37.

DEWOLFS J., WENSELAERS M. : The Secondary Market in Ecu Bonds, *Ecu*, n° 3, pp. 7-16.

GUIMBRETIERE P. : Les trois marchés financiers de l'écu, *Eurépargne*, février 1988, pp. 28-31.

INSTITUTO BANCARIO SAN PAOLO DI TURINO : The Ecu Eurobond Primary Market, *Ecu Newsletter*, octobre 1990.

INSTITUTO BANCARIO SAN PAOLO DI TURINO : The Commercial Use of the Ecu : Invoicing and Import-Export Practices, *Ecu Newsletter*, janvier 1990, pp. 16-20.

INSTITUTO BANCARIO SAN PAOLO DI TURINO : UK Government Ecu Treasury Bills, *Ecu Newsletter*, octobre 1988, pp. 16-22.

INSTITUTO BANCARIO SAN PAOLO DI TURINO : European Firms and Ecu Invoicing, *Ecu Newsletter*, janvier 1986, pp. 3-33.

KERREBIJN K.J.A. : A Survey of the Ecu Banking Market, *Ecu*, n° 8, pp. 14-25.

LELART M. : Les opérations des banques en écu privé, *Eurépargne*, novembre 1989, pp. 19-23.

MASERA R.S. : An Increasing Role for the Ecu : a Character in Search of a Script. *Essays in International Finance*, n° 167, juin 1987.

PEZET J.L., HERAUD P. : L'écu, une monnaie pour l'Europe, *Crédit Lyonnais International*, septembre 1991, pp. 19-20.

Pour suivre le développement du marché de l'écu, le lecteur est invité à lire les articles publiés dans les revues suivantes :

Bank of England Quarterly Bulletin
Banque
Ecu
Ecu Newsletter
Eurépargne
The Ecu for European Business.

C. — AUTRES PUBLICATIONS

ASSOCIATION BELGE DES BANQUES : *L'écu et les banques*, Association belge des banques, mars 1985.

BADYNA S. : *International Bond Manual. European Currency Unit.* Salomon Brothers Inc.

BANQUE DES REGLEMENTS INTERNATIONAUX : *Rapport annuel.*

BISHOP G. : *1992 and Beyond. Visits to Eculand. Reflections Upon its Financial System*, Salomon Brothers, septembre 1991.

QUESTIONS PONCTUELLES

1. Quelles sont les différences entre l'écu officiel et l'écu privé ?
2. Comment est créé l'écu officiel ?
3. Quelles sont les fonctions de l'écu officiel ?
4. Le cours de l'écu sur le marché des changes peut-il s'écarter durablement de son cours théorique déterminé à partir des différentes devises composant le panier ? Pourquoi ?
5. Quelles sont les principales caractéristiques du marché des changes de l'écu ?
6. Comment peut-on caractériser l'évolution du marché bancaire de l'écu de 1982 à 1992 ?
7. Sur quelles places financières est concentré le marché bancaire de l'écu ?
8. Quelles sont les caractéristiques du marché des euro-crédits syndiqués en écu ?
9. Comment se pose le problème du bouclage du circuit bancaire de l'écu ?
10. Comment les banques peuvent-elles régler le problème du bouclage du circuit bancaire de l'écu ?
11. Quelles sont les caractéristiques des billets de trésorerie en écu ?
12. Quelles sont les caractéristiques des certificats de dépôt en écu ?
13. Quelles sont les caractéristiques des bons du Trésor en écu ?
14. Quels sont les principaux titres utilisés sur le marché des émissions obligataires en écu ?

15. Quels sont les différents types d'investisseurs sur le marché des émissions obligataires en écu ?
16. Quelles sont les grandes catégories d'émetteurs sur le marché obligataire en écu ?
17. Quelles sont les principales institutions financières remplissant une fonction de chef de file ou de teneur de marché sur le marché des émissions obligataires en écu ?
18. Quelles sont les caractéristiques du marché secondaire des émissions obligataires en écu ?

QUESTIONS DE SYNTHESE

1. Le marché bancaire de l'écu.
2. Le marché des changes de l'écu.
3. Le marché des titres à court terme en écu.
4. Le marché des émissions obligataires en écu.

Chapitre 13

LE MONTAGE DES OPÉRATIONS FINANCIÈRES INTERNATIONALES*

Les chapitres précédents ont fait apparaître que des sommes considérables peuvent être obtenues sur le marché euro-obligataire et sur celui des euro-crédits. Les montants en jeu sont tellement importants qu'ils dépassent — et de très loin — les possibilités d'une banque ou d'un prêteur. Pour répondre au défi qui leur était lancé, les institutions financières opérant sur les marchés internationaux de capitaux ont mis en place des procédures de syndication.

Nous présentons dans une première section celles qui ont été développées sur le marché des euro-crédits. Le montage et la syndication des émissions euro-obligataires sont exposés dans une deuxième section[1].

Section I — Le montage des euro-crédits

Le montant des prêts accordés par les euro-banques est très variable. Quand il est inférieur à cinq millions de dollars[2], une banque, seule, peut en assurer le financement. Au-delà, le prêt dépasse les capacités d'une institution et le risque qu'elle peut supporter. Il est alors nécessaire de recou-

---

* Pour approfondir le contenu de ce chapitre, le lecteur peut se reporter au livre d'exercices corrigés de Yves Simon : *Finance Internationale*, Paris, Economica, 1992, et plus spécialement au chapitre 10 intitulé : Les marchés internationaux de capitaux.

1. La rédaction de ce chapitre doit beaucoup aux travaux réalisés par N. BENBOUALI : *La syndication bancaire internationale relative aux euro-crédits*, Université Paris-Dauphine, mémoire de DEA, juin 1980 et F. PERETTI : *L'emprunt euro-obligataire*, Université Paris-Dauphine, mémoire de DESS, septembre 1980.
2. Ce chiffre est un ordre de grandeur.

rir à la syndication bancaire. Cette technique consiste, pour une banque chef de file, à rechercher d'autres établissements financiers susceptibles de participer à l'opération projetée. Cette procédure permet de lever des sommes très importantes et de répartir le risque sur un grand nombre d'institutions financières. L'importance des sommes en jeu sur le marché des euro-crédits et la tendance à recourir à des emprunts de plus en plus volumineux expliquent le recours à des procédures de syndication réellement sophistiquées[3].

Le crédit syndiqué est en tout point identique au crédit à moyen terme accordé par une banque. La seule différence tient à ce que l'engagement contractuel de fournir un crédit en devises n'est pas assuré par une banque mais par un groupe d'organismes financiers. L'emprunteur utilise les services d'un banquier chef de file responsable de la négociation des conditions du prêt, du montage du syndicat et de l'obtention des fonds.

La plupart des syndications sont de nature publique et font appel à un grand nombre de banques. Il existe cependant des procédures moins lourdes dans lesquelles n'interviennent que quelques institutions financières. Ces montages sont parfois qualifiés de « privés » ou de « syndication sous forme de club ».

Les développements de cette section sont consacrés à la syndication publique.

Le montage d'un euro-crédit est une opération assez complexe qui peut être scindée en trois phases distinctes : l'étape préliminaire, la syndication bancaire et la rédaction de la convention de prêt.

§ 1. L'étape préliminaire

L'étape préliminaire a pour objectif d'apprécier l'opportunité pour la banque d'assurer la direction d'un euro-crédit.

Cette appréciation est effectuée aux différents niveaux hiérarchiques de la banque en fonction d'un certain nombre de critères. La décision finale dépend de la rentabilité de l'opération, de la disponibilité des fonds, du montant de l'opération, de l'engagement antérieur de la banque à l'égard du client, du risque politique associé au pays de l'emprunteur et du respect par l'organisme bancaire de certains ratios[4].

Quand la banque décide de prendre une affaire, elle présente une offre à l'emprunteur. Ce dernier la compare à celles des autres banques qui essaient de la même manière d'obtenir un mandat de l'emprunteur pour monter une telle opération. Cette offre se fait sur la base d'un document donnant les principales caractéristiques de l'offre : montant de l'emprunt, durée du prêt, taux d'intérêt, marge et commissions. Cette proposition peut être ferme ou conditionnelle : *at the best effort*. Bien évidemment cette offre est faite après de nombreuses discussions avec l'emprunteur.

---

3. Pour illustrer cette affirmation, en 1977, année déjà ancienne, sept crédits égaux ou supérieurs à un milliard de dollars et 29 crédits égaux ou supérieurs à 300 millions de dollars furent syndiqués. Cette tendance s'est bien évidemment renforcée depuis 1977.
4. L'un des plus connus est celui qui rapporte les fonds propres de la banque au montant de ses engagements en euro-crédits.

Pour formuler des offres et obtenir la direction d'un euro-crédit, la banque doit être en mesure de connaître à tout instant les besoins des différents emprunteurs potentiels. Ceci suppose un suivi constant des clients potentiels par les commerciaux de la banque afin de connaître leurs besoins de financement et les projets de développement pouvant faire l'objet d'un financement par euro-crédit. Il arrive que la banque soit sollicitée par un emprunteur potentiel, mais le cas le plus fréquent est celui où la banque contacte l'emprunteur potentiel.

Sur la base des offres faites par de nombreuses banques, l'emprunteur retient la proposition la plus intéressante ou celle qui correspond le mieux à ses besoins. Avant de se décider, l'emprunteur fait jouer la concurrence entre les différents prêteurs pour obtenir les meilleures conditions possibles. Commence alors pour la banque retenue la deuxième phase du montage d'un euro-crédit.

§ 2. La syndication bancaire

Dès qu'une banque reçoit mandat de monter un euro-crédit, elle doit constituer un syndicat de direction dont elle assure le chef de filat.

Les membres du syndicat de direction déterminent le montant du prêt que chacun d'eux est prêt à couvrir. Pour le solde, ils invitent un certain nombre de banques à participer à l'emprunt. Le nombre d'établissements sollicités varie avec le volume du prêt. Il peut aller de 10 à 150. Le temps requis pour obtenir l'accord définitif des différentes banques est d'environ 15 jours, mais il peut atteindre plusieurs semaines. Les invitations à participer au financement de l'euro-crédit, lancées par le syndicat de direction, peuvent être faites en une ou plusieurs phases. La première modalité est retenue lorsque le syndicat de direction estime que l'accueil par le marché sera favorable et qu'il est sûr d'être suivi par les autres banques en raison de la notoriété de l'emprunteur, du chef de file ou du syndicat de direction.

La préparation du mémorandum établi à partir des informations fournies par l'emprunteur est l'une des tâches qui incombe au chef de file. Ce document permet aux banques participant à l'opération d'apprécier la situation économique et financière de l'emprunteur. La banque chef de file réclame généralement une lettre la déchargeant de toute responsabilité quant aux informations qui lui ont été fournies par l'emprunteur pour établir ce document. Les frais de confection du mémorandum incombent à l'emprunteur.

La dernière tâche du chef de file est de procéder à l'établissement du *tombstone*, sorte d'épitaphe qui révèle le montage financier. La rédaction du *tombstone* est un usage destiné à doter l'opération d'un caractère publicitaire considéré comme très important dans le milieu des euro-banques.

La gestion de l'emprunt est assurée par l'agent financier, le dernier maillon intervenant dans le montage d'un euro-crédit. Dans la quasi-totalité des cas, c'est le chef de file qui remplit, contre rémunération, cette fonction.

§ 3. La rédaction de la convention de prêt

La rédaction de la convention de prêt n'est pas à proprement parler postérieure à la syndication bancaire. Elle lui serait plutôt concomitante. Nous l'abordons maintenant pour des raisons pédagogiques et de clarté dans l'exposition.

La convention de prêt représente le support juridique et contractuel des relations entre l'emprunteur et le prêteur. Ce document dont le volume peut dépasser cent pages comprend certaines rubriques juridiques, techniques et financières fort importantes.

A. — Les clauses juridiques

Les conditions juridiques prévues par le contrat d'euro-crédit sont nombreuses et variées. Il n'est pas question d'en faire ici un panorama exhaustif. Nous voudrions simplement insister sur trois clauses particulièrement importantes que l'on retrouve généralement dans tous les contrats.

La clause *pari passu* précise que la dette contractée par l'emprunteur à l'égard du syndicat occupe le même rang que les dettes antérieurement contractées par cet emprunteur.

La clause *negative pledge* oblige l'emprunteur à faire bénéficier le prêteur de toutes les garanties ou sûretés susceptibles d'être ultérieurement accordées à un autre prêteur. Elle est de même nature que la clause *pari passu*. Elles diffèrent l'une de l'autre en ce sens que la clause *pari passu* concerne le passé et la clause *negative pledge* le futur. De ce fait, ces deux clauses sont complémentaires.

La clause *cross default* stipule que si l'emprunteur est en défaut sur un engagement pris ou sur un emprunt précédemment contracté, la déchéance du terme s'applique automatiquement au prêt consenti par le syndicat bancaire.

Quand l'emprunteur et la banque chef de file ont la même nationalité, la convention de prêt prévoit généralement de se référer, en cas de difficulté, au système juridique commun à l'emprunteur et au chef de file. Quand les nationalités sont différentes, l'emprunteur peut demander que la convention de prêt se réfère à un système juridique spécifique : droit anglais, droit de la ville de Genève ou de l'Etat de New York, etc... La convention de prêt peut enfin prévoir le recours à une juridiction arbitrale.

B. — Les conditions techniques et financières

Le contrat de prêt précise avec un luxe de détails les conditions techniques de l'emprunt : montant et durée du prêt, nombre de tirages et modalités d'amortissement. Les conditions financières permettent de déterminer avec précision le coût du financement. Quatre éléments sont à prendre en considération.

1 — Dans les euro-crédits à taux variable, les taux d'intérêt de référence peuvent être très divers. Jusqu'en 1980, pratiquement tous les emprunts étaient indexés sur le LIBOR. Depuis quelques années beaucoup d'autres références ont été utilisées.

2 — La marge est un pourcentage fixe ou variable qui s'ajoute au taux de référence pour déterminer le coût de l'emprunt. Si ce taux est le taux interbancaire de Londres et si la marge est égale à 0,75 %, le coût de l'emprunt sera 12,75 % pour un LIBOR égal à 12 %. Cette marge n'est pas nécessairement constante pour toute la durée de l'emprunt.

La marge représente la rémunération des banques du syndicat. La marge retenue dans un euro-crédit syndiqué est généralement celle du chef de file principal, car elle est l'une des conditions essentielles prises en considération par l'emprunteur pour attribuer à ce banquier le mandat de monter un euro-crédit.

La marge varie selon l'emprunteur. Trois grandes catégories de facteurs en déterminent le montant : la qualité de l'emprunteur, la politique de la banque et la conjoncture internationale au moment du montage de l'euro-crédit.

La qualité de l'emprunteur, on parle également de son risque, s'apprécie selon différents critères. Dans le cas d'un emprunt effectué par le Trésor, d'un emprunt réalisé par une entreprise publique ou d'un emprunt privé garanti par la puissance publique, les éléments pris en compte sont le risque politique[5], les recettes courantes en devises du pays, le niveau et la structure de la dette extérieure de ce pays à l'égard des fournisseurs et des organismes de financement, l'échéancier de remboursement de la dette et tout autre élément permettant d'apprécier un risque politique ou commercial affectant l'emprunteur. Si l'emprunteur privé n'est pas garanti par l'Etat, l'accent est mis sur sa capacité de remboursement, la rentabilité de l'entreprise et la structure de sa dette.

Le montant de la marge est également fonction de la politique de la banque. Parmi les facteurs pris en considération figurent la plus ou moins grande volonté de réaliser une opération susceptible d'avoir ou non des retombées dans l'avenir, la durée du prêt, le montant de l'opération et l'engagement de la banque à l'égard de cette opération, de cet emprunteur ou de ce pays.

La conjoncture internationale lors du montage de l'euro-crédit, l'état de la concurrence entre les banques et la situation relative de l'offre et de la demande de liquidités sur le marché des euro-devises sont les derniers déterminants de la marge.

3 — La rémunération des banques participant à une syndication est pour l'essentiel assurée par une commission de direction. Trois autres commissions de moindre importance complètent la rémunération des euro-banques.

La commission de direction est payable en totalité à la signature du contrat. Son montant varie selon les crédits, les emprunteurs et le montage, entre 0,5 et 2 % des sommes empruntées. Elle se scinde généralement en plusieurs sous-commissions : le *preciput* versé au chef de file « teneur de plume », la commission de garantie, la commission de participation versée à l'ensemble des banques selon un barême variable en fonction de

---

5. L'appréciation de ce risque demeure assez intuitive. Il faut essayer d'évaluer la probabilité que des événements politiques ou administratifs dans le pays emprunteur affectent la capacité de remboursement du prêteur.

l'ampleur de leur participation au montage financier et le *pool* exclusivement versé au syndicat de direction.

Les trois rémunérations accessoires sont la commission d'engagement, la commission d'agent et la commission de renonciation.

La commission d'engagement est perçue à chaque terme échu sur la partie du prêt qui n'est pas effectivement utilisée.

La commission d'agent rémunère la banque qui remplit le rôle d'agent financier et assure le travail administratif associé au suivi de l'emprunt jusqu'à son échéance. Elle représente un montant fixe perçu chaque année à terme échu.

La commission de renonciation n'est pas prévue dans tous les montages financiers. Elle est perçue lorsque l'emprunteur renonce à utiliser son crédit. Il s'agit beaucoup plus, en fait, d'une pénalité que d'une commission.

4 — Différents frais à la charge de l'emprunteur viennent accroître le coût de l'emprunt. Ils recouvrent le paiement des taxes locales, les frais induits par la confection du *memorandum* et le paiement des services du cabinet d'avocat.

Section II — Le montage d'une émission euro-obligataire

Les modalités utilisées pour effectuer des émissions euro-obligataires sont identiques à celles en vigueur sur les marchés anglo-saxons et reprises en France à partir de 1968. Différents intermédiaires participent à la préparation et au lancement d'une émission euro-obligataire. Il est intéressant de préciser leur rôle et de présenter les grandes étapes de la mise en place d'une euro-émission. Ce montage comprend trois périodes : la préparation de l'émission, la constitution des syndicats de garantie et de placement et le lancement de l'émission.

§ 1. La préparation de l'émission

Cette première phase se déroule pour l'essentiel entre l'emprunteur et le syndicat de direction.

Elle débute par le mandat donné par un emprunteur à une banque de mettre au point une euro-émission. Si l'emprunt projeté est d'un montant réduit, le banquier n'éprouve pas le besoin de constituer un syndicat de direction. Si, en revanche, l'émission est importante et dépasse les capacités du banquier ou si elle implique des risques qui ne peuvent être assumés par un seul établissement, cette banque est contrainte de mettre sur pied un syndicat de direction. Un tel syndicat peut comprendre plusieurs chefs de file : de 2 à 10, assistés de co-chefs de file. Leur nombre respectif est fonction du volume de l'émission. Quand le syndicat de direction comprend plusieurs chefs de file, la banque qui a obtenu le mandat de monter l'émission est généralement considérée comme le chef de file principal.

Les rapports entre les différents membres du syndicat de direction sont aménagés par un protocole. Ce document donne au chef de file principal l'autorisation d'agir au nom du syndicat de direction pour toutes les formalités associées à l'émission et à la garantie du placement. Le protocole précise la répartition des commissions entre les membres du syndicat. Il précise également les conditions dans lesquelles le chef de file principal assure, au nom et pour le compte de l'ensemble des banques du syndicat de direction, la régularisation du marché secondaire pendant les premiers mois de la vie de l'emprunt.

Le rôle du syndicat de direction est de préparer l'émission, de conseiller l'émetteur pour la fixation des conditions de l'emprunt et de constituer les syndicats de garantie et de placement.

La première phase du montage d'une euro-émission permet d'établir les principales caractéristiques de l'émission. Certaines d'entre elles sont définitivement fixées. D'autres sont sujettes à modification. Parmi les caractéristiques définitivement établies figurent le nom de l'émetteur, le support financier retenu et la devise de l'émission.

Quand l'émission est le fait d'une entité publique, la détermination de l'émetteur ne pose aucun problème. Quand l'émission est effectuée par un emprunteur privé ou une entité publique ayant une activité commerciale ou industrielle, il faut savoir si l'emprunt est fait par la société elle-même, une filiale ou une holding. Le choix est fréquemment déterminé par des considérations fiscales. Dans les faits, ce sont assez souvent des sociétés *ad-hoc* localisées dans des paradis fiscaux. Elles bénéficient toutefois de la caution ou de la garantie de la société mère qui effectue réellement l'emprunt.

Le support de l'émission (obligation ordinaire, obligation convertible ou obligation avec warrant) est déterminé en fonction des besoins de l'émetteur et de sa politique financière. Sont également prises en considération la conjoncture internationale et la mode au moment de l'émission.

Le choix de la devise est déterminé par différents critères : le coût financier de l'emprunt dans la monnaie considérée, les conditions d'accès au marché au moment de l'émission, la destination du produit de l'emprunt et l'éventuelle volonté de l'émetteur de réduire son risque de change.

Certaines caractéristiques de l'émission ne sont pas établies de manière définitive. Elles sont proposées aux différentes banques invitées à participer aux syndicats de garantie et de placement. Elles ne sont définitives qu'au moment de la signature du contrat d'émission. Il arrive qu'il y ait des différences sensibles entre les caractéristiques prévues et celles qui sont définitivement retenues. Parmi ces caractéristiques figurent les conditions financières de l'émission : prix de lancement et montant du coupon.

Les obligations peuvent être émises au pair : le prix d'émission est alors égal à la valeur faciale. L'obligation peut être émise en-dessous du pair : le prix d'émission peut être fixé à 99,5 % ou 99 % de la valeur nominale. Pour le coupon, il faut décider s'il est fixe ou variable et, dans cette dernière hypothèse, retenir le taux de référence. La marge est également déterminée.

Les conditions financières dépendent de la personnalité de l'émetteur. Le marché euro-obligataire est beaucoup plus sévère que celui des euro-crédits. La qualité du débiteur est un élément primordial pour la fixation des conditions de l'emprunt.

La préparation de l'émission se termine par la rédaction d'une lettre d'intention, rédigée par les chefs de file au nom du syndicat de direction, dans laquelle ces banques s'engagent à garantir le placement de l'emprunt. Cet engagement est doublement conditionnel. Les conditions financières ne sont pas définitives, d'une part. Les membres du syndicat de direction se réservent toujours la possibilité de mettre fin à leurs engagements si des événements venaient à compromettre le succès de l'opération, d'autre part[6].

Si l'émetteur n'accepte pas les termes de la lettre d'intention, le projet de lancement de l'euro-émission tombe de lui-même. S'il les accepte et renvoie la lettre signée aux banques chefs de file, le syndicat de direction va tout mettre en œuvre pour l'émission et en assurer le succès[7].

§ 2. La constitution des syndicats de garantie et de placement

Cette étape se déroule essentiellement entre banques. Sa durée est brève.

Pour sonder le marché, le syndicat de direction adresse des télex à de très nombreuses banques les invitant à participer à l'émission en tant que membre du syndicat de garantie et/ou du syndicat de placement.

La liste des banques invitées est établie par le syndicat de direction en accord avec l'émetteur. Le nombre d'établissements sollicités varie avec le montant de l'émission. Il est de toute façon très important : de 50 à 100 banques pour le syndicat de garantie, de 100 à 200 banques pour le syndicat de placement.

Les réponses fournies par les différentes banques conduisent le syndicat de direction à conclure l'émission, à la suspendre ou à modifier les conditions financières (qui sont les plus importantes).

Les banques invitées à participer au syndicat de garantie le sont en fonction de leur surface financière. Ce sont de grands établissements opérant sur le marché international et appartenant aux pays les plus divers. Le télex d'invitation qui leur est adressé fournit des indications succinctes sur l'emprunteur. Il fournit, en revanche, toutes les informations détaillées requises pour que le banquier sollicité puisse prendre une décision quant à sa participation à l'émission. Il fixe également la date limite pour l'acceptation de la proposition. Le télex précise également le montant de la commission de garantie proposée.

Le projet de contrat de garantie et le prospectus sont adressés aux différentes banques invitées.

---

6. Ces événements peuvent être politiques, économiques ou financiers.
7. La portée juridique de cette lettre d'intention a donné lieu à des interprétations divergentes. Les différentes thèses ont été résumées par F. PERETTI dans *L'Emprunt euro-obligataire, op. cit.*, pp. 20-21. Le lecteur trouvera des informations complémentaires dans les ouvrages de A. WEILL et F. TERRE, *Droit civil, les obligations* p. 34 et p. 111 ; de Ph. MALINVAUD, *Les mécanismes juridiques des relations économiques*, p. 30 et de A. JACQUEMONT, *L'émission des emprunts euro-obligataires, pouvoir bancaire et souveraineté étatique*, p. 67.

Le prospectus est la principale source d'informations pour les investisseurs et les banques invitées à participer aux syndicats de garantie et de placement. Il est donc indispensable que les renseignements fournis soient exacts et complets.

Il n'y a pas d'exigences légales quant au contenu du prospectus[8]. L'information diffusée par le document doit cependant fournir des renseignements juridiques et financiers précis sur l'émetteur et des informations détaillées sur les entités qui garantissent cet emprunt. Les renseignements concernant l'emprunt lui-même sont très détaillés. Toutes les clauses économiques, financières, juridiques et fiscales sont exposées dans tous leurs détails et leur complexité[9].

La quote-part de garantie offerte à la banque est variable. Elle dépend de sa surface financière et des relations qu'elle entretient avec le chef de file. L'importance de cette quote-part détermine la place de la banque sur le *tombstone*. On distingue à cet effet trois *brackets* : le *minor bracket*, le *major bracket* et le *special bracket*. La banque invitée essaie d'obtenir une quote-part d'autant plus grande qu'elle anticipe un succès de l'emprunt.

En signant le contrat, la banque devient *ipso facto* membre du syndicat. Elle garantit, de ce fait, au syndicat de direction le placement d'une certaine quantité de titres et reçoit, en rémunération du risque pris, une commission de garantie. Cet engagement ne devient cependant définitif qu'avec la fixation des conditions définitives de l'émission et leur acceptation par la banque. Le syndicat de direction se réserve toujours le droit de modifier le montant de la quote-part garantie jusqu'à la fixation définitive des conditions de l'émission.

La garantie des banques membres du syndicat est mise en jeu si les titres ne sont pas totalement placés. La ventilation des invendus se fait selon une clef de répartition plus ou moins proportionnelle à l'importance de la quote-part garantie. Pendant très longtemps, la mise en jeu de la garantie était rarissime de sorte que l'appartenance d'une banque à un syndicat de garantie ne présentait aucun risque. Ce n'est plus tout à fait le cas maintenant.

Les banques invitées à participer au syndicat de placement sont « sélectionnées sur la base de leur capacité à placer les titres chez leurs clients ou dans leur propre portefeuille »[10].

Le télex adressé aux banques, aux établissements financiers et aux agents de change invités à participer au syndicat de placement comprend des informations identiques à celles fournies aux banques invitées à participer au syndicat de garantie. Le télex leur demande d'indiquer le montant qu'ils souhaitent placer et le délai dans lequel ils doivent fournir leur réponse. Le télex précise enfin le montant de la commission de placement.

---

8. Les émetteurs souhaitant que l'emprunt soit coté dans une bourse doivent toutefois se conformer aux exigences et aux conditions de publicité requises par la bourse.
9. A ce stade, le prospectus est un document provisoire dans la mesure où les conditions financières ne sont pas définitives. La version finale de ce prospectus n'est rédigée qu'après signature de l'accord sur les conditions financières de l'emprunt.
10. LEES F.A. et ENG M. *International Financial Markets*, New York, Praeger, 1975, p. 456.

Le projet de contrat de placement et le prospectus sont adressés à tous les établissements financiers, agents de change ou banques sollicités.

En règle générale, les banques invitées à participer au syndicat de garantie sont également invitées à participer au syndicat de placement. Le montant qui leur est attribué ne correspond pas nécessairement à leur quote-part dans la garantie de l'emprunt.

Si la banque accepte les conditions provisoires indiquées dans le télex et signe le contrat provisoire, elle devient *ipso facto* membre du syndicat de placement. Son engagement n'aura toutefois force obligatoire que lorsque les conditions définitives de l'emprunt auront été fixées et qu'elle les aura acceptées.

En participant à un syndicat de placement, la banque s'engage à régler le prix des obligations qui lui sont attribuées diminué de la commission de placement. Si elle ne peut placer le papier ou le garder dans son portefeuille, le syndicat de direction met en jeu l'engagement du syndicat de garantie.

A la fin de la phase de prospection, la réponse du marché peut être positive ou négative. Si elle est négative, le chef de file principal décide d'annuler l'émission, de la suspendre ou d'en modifier les conditions financières. Dans cette dernière hypothèse, il sonde le marché avec de nouvelles propositions, après en avoir discuté avec l'émetteur. Dans les deux premières hypothèses, l'émetteur attend des jours meilleurs. Si la réponse du marché est positive, le syndicat de direction, désormais assuré du succès de l'émission, établit les conditions financières définitives et constitue la liste des membres des syndicats de garantie et de placement.

Tous ces accords demeurent en pointillé en attendant la signature définitive. Pour constituer définitivement les syndicats de garantie et de placement, le chef de file principal communique par télex les conditions financières définitives aux membres de ces syndicats qui avaient donné leur accord sur la base de conditions provisoires. Dès que les membres potentiels confirment leur accord, les contrats deviennent définitifs et les engagements des uns et des autres acquièrent une force obligatoire. Cette confirmation doit être rapide : elle doit être donnée dans les 24 ou 48 heures. Il est rare qu'une banque ayant donné un accord de principe sur la base de conditions provisoires refuse de participer, à moins qu'il n'y ait un écart très sensible entre les conditions initiales et les conditions définitivement proposées.

Dès que le syndicat de direction est assuré du placement de l'emprunt, il signe avec l'émetteur un contrat de prise ferme ou un contrat de garantie. Par la signature de ce contrat, l'émetteur est assuré de recevoir le produit de l'emprunt diminué du montant des commissions. En contrepartie, l'emprunteur doit émettre les titres et rembourser les frais occasionnés par l'émission.

Une partie des risques assumés par cette prise ferme est immédiatement retransmise au syndicat de garantie. La proportion rétrocédée a fait l'objet d'un accord entre les membres du syndicat de direction, préalablement à la constitution du syndicat de garantie. Il en est de même pour la répartition, entre les différents membres du syndicat de direction, des risques associés au montant de l'emprunt directement garanti par ce syndicat. Généralement le chef de file principal garantit une somme supérieure à celle des autres chefs de file qui garantissent eux-mêmes un montant supérieur à celui des co-chefs de file.

§ 3. Le placement de l'émission et la vie de l'emprunt

Dès la signature définitive du contrat, les placeurs vont écouler les titres acquis auprès de leur clientèle.

Si le placement se fait sans difficulté, il suffit au syndicat de direction de suivre la tenue du titre sur le marché secondaire pour éviter des ventes précipitées susceptibles de faire chuter les cours. Si le placement est délicat, le syndicat de direction peut être conduit à solliciter du syndicat de garantie la mise en jeu de ses engagements selon les modalités prévues, précédemment évoquées. La surveillance du marché secondaire doit être étroite, car il faut éviter que les placeurs qui ne peuvent écouler leurs titres les liquident par des ventes massives sur le marché secondaire.

La publication du *tombstone,* l'organisation de la protection des obligataires et la convention relative au service financier de l'emprunt sont les dernières étapes du montage d'une euro-émission.

A. — La publication du tombstone

La publication du *tombstone* suit immédiatement la signature du contrat entre l'emprunteur et le syndicat de direction. Ce placard publicitaire revêt une certaine importance pour l'emprunteur et les banques qui y figurent selon un ordre de préséance correspondant à leur importance relative dans l'émission :

— le chef de file principal, les autres chefs de file et les co-chefs de file ;
— les banques membres du syndicat de garantie ayant obtenu un *special bracket* ;
— les autres membres du syndicat de garantie.

Les membres du syndicat de placement ne figurent pas en tant que tels dans le tombstone.

B. — La protection des obligataires

Dans le cadre des émissions effectuées par des Anglo-Saxons, la protection des obligataires est assurée par un *trustee.* Les relations entre le *trustee* et l'emprunteur sont codifiées par une convention. Cette dernière définit le rôle du *trustee*, les droits des obligataires et les engagements de l'emprunteur. Le *trustee* est chargé de défendre les intérêts des obligataires et de contrôler la régularité de toutes les opérations financières reliées à la vie de l'emprunt : remboursement, paiement des coupons. Il peut engager des actions judiciaires à l'encontre de l'émetteur lorsque ce dernier est en défaut.

Le choix du *trustee* est fait par le chef de file principal et par l'emprunteur. Ce choix doit être effectué avec beaucoup de soin car la certitude pour les obligataires d'être défendus avec vigilance est un élément de sécurité qui facilite le placement d'une euro-émission.

Le *trustee* peut être une banque possédant un excellent département juridique ou un cabinet d'avocats internationaux.

Dans les émissions effectuées par des emprunteurs français, la représentation et la protection des obligataires sont assurées au moyen de formules juridiques différentes. On recourt fréquemment à la formule de la « masse ».

C. — La convention de service financier

Le service financier de l'emprunt consiste à payer les intérêts et à rembourser le capital. Pour ce faire, l'emprunteur rembourse chaque année, éventuellement avec un différé d'amortissement, un nombre déterminé de titres à un prix fixé à l'avance. Les titres remboursés sont généralement tirés au sort. L'emprunteur peut se réserver la possibilité de racheter les titres sur le marché secondaire quand leur cours est inférieur au prix d'émission ou au prix de remboursement. Il peut également se réserver la possibilité de rembourser par anticipation tout ou partie de l'emprunt au prix d'émission accru d'une prime afin de dédommager partiellement les investisseurs.

Le service financier de l'emprunt est assuré par une ou plusieurs banques signant avec l'emprunteur une convention de service financier. C'est généralement le chef de file principal ou l'un des chefs de file qui assure le service financier de l'emprunt.

Références

A. — OUVRAGES

BLAISE J.B., FOUCHARD Ph., KAHN Ph. (eds) : *Les euro-crédits : un instrument du système bancaire pour le financement international,* Paris, Librairies Techniques, 1981, pp. 105-263.

DUFLOUX C., MARGULICI L. : *Les Euro-crédits, Pourquoi ? Comment ?* Paris, La revue Banque, 1984.

INSTITUT DE RELATIONS INTERNATIONALES DE L'UNIVERSITÉ DE DIJON : *Les Euro-obligations*, Paris, Librairies Techniques, 1972.

JACQUEMONT A. : *L'émission des emprunts euro-obligataires*, Paris, Librairies Techniques, 1976.

LA BRUSLERIE H. de : *Gestion obligataire internationale,* tomes 1 et 2, Paris, Economica, 1990.

B. — ARTICLES

De nombreux articles traitant directement ou indirectement du montage des euro-crédits et des euro-émissions sont publiés dans les revues et journaux suivants :

Euromoney
Financial Times
International Herald Tribune
Le Monde
Tendances des marchés des capitaux
The Banker
World Financial Markets

C. — AUTRES PUBLICATIONS

BENBOUALI N. : *La syndication bancaire internationale relative aux euro-crédits*, Université Paris-Dauphine, Mémoire de DEA, juin 1980.

PERETTI F. : *L'emprunt euro-obligataire*, Université Paris-Dauphine, Mémoire de DESS, septembre 1980.

AMMARA A. : *Les comportements de syndication des banques canadiennes dans le marché des euro-crédits*, Les Cahiers du CETAI, Ecole des HEC, Montréal, n° 84-03, 1984.

QUESTIONS

1. Quel est le principe de la syndication bancaire ?
2. Quel est le rôle du *memorandum ?*
3. Qu'est-ce que le *tombstone* ?
4. Que représente la marge dans le montage d'un euro-crédit ?
5. Quels sont les déterminants de la marge ?
6. Quels sont les critères pris en compte pour apprécier la qualité d'un emprunteur ?
7. Quel est le rôle du syndicat de direction dans une émission euro-obligataire ?
8. Quel est le rôle des banques membres du syndicat de garantie dans une émission euro-obligataire ?
9. Quel est le rôle des banques membres du syndicat de placement dans une émission euro-obligataire ?
10. Selon quelles modalités est assurée la protection des investisseurs dans une émission euro-obligataire ?
11. Quels sont les fonctions et le rôle des *market makers* sur le marché secondaire des euro-obligations ?

QUESTIONS A CHOIX MULTIPLES

Question 1

Le *memorandum* est un document :

— permettant aux banques participant à l'emprunt d'apprécier la situation économique et financière de l'emprunteur .... ☐
— destiné à la direction générale des impôts et demandant une exonération de la retenue à la source .... ☐
— révélant le classement hiérarchique des banques et leur position dans le montage financier .... ☐
— confirmant l'appartenance d'une banque à un syndicat de direction .... ☐

Question 2

Le *tombstone* est un document :

— permettant aux banques participant à l'emprunt d'apprécier la situation économique et financière de l'emprunteur .... ☐
— destiné à la direction générale des impôts et demandant une exonération de la retenue à la source .... ☐
— révélant le classement hiérarchique des banques et leur position dans le montage financier .... ☐
— confirmant l'appartenance d'une banque à un syndicat de direction .... ☐

Question 3

L'agent financier :

— est, la plupart du temps, un établissement financier chargé de la gestion administrative d'un euro-crédit ou d'une euro-émission .... ☐
— est une banque chargée de convaincre ses confrères de participer à un syndicat de direction .... ☐
— est une banque chargée de convaincre ses confrères de participer au financement d'un euro-crédit .... ☐
— sert d'intermédiaire entre l'emprunteur et le syndicat de direction ☐

Question 4

Dans le montage d'un euro-crédit, le taux d'intérêt de référence est nécessairement le LIBOR.

— vrai.. ☐
— faux .... ☐

Question 5

La clause *pari passu* :
- — précise que la dette contractée par l'emprunteur à l'égard du syndicat occupe le même rang que les dettes antérieurement contractées par cet emprunteur .... ☐
- — oblige l'emprunteur à faire bénéficier le prêteur de toutes les garanties ou sûretés susceptibles d'être ultérieurement accordées à un autre prêteur .... ☐
- — stipule que si l'emprunteur est en défaut sur un emprunt précédemment contracté, la déchéance du terme s'applique automatiquement au prêt consenti par le syndicat bancaire .... ☐

Question 6

La clause *negative pledge* :
- — précise que la dette contractée par l'emprunteur à l'égard du syndicat occupe le même rang que les dettes antérieurement contractées par cet emprunteur .... ☐
- — oblige l'emprunteur à faire bénéficier le prêteur de toutes les garanties ou sûretés susceptibles d'être ultérieurement accordées à un autre prêteur .... ☐
- — stipule que si l'emprunteur est en défaut sur un emprunt précédemment contracté, la déchéance du terme s'applique automatiquement au prêt consenti par le syndicat bancaire .... ☐

Question 7

La clause *cross default* :
- — précise que la dette contractée par l'emprunteur à l'égard du syndicat occupe le même rang que les dettes antérieurement contractées par cet emprunteur .... ☐
- — oblige l'emprunteur à faire bénéficier le prêteur de toutes les garanties ou sûretés susceptibles d'être ultérieurement accordées à un autre prêteur .... ☐
- — stipule que si l'emprunteur est en défaut sur un emprunt précédemment contracté, la déchéance du terme s'applique automatiquement au prêt consenti par le syndicat bancaire .... ☐

Question 8

Dans une émission euro-obligataire, tous les titres doivent être émis au pair.
- — vrai.. ☐
- — faux .... ☐

Question 9

Dans les émissions euro-obligataires effectuées par des émetteurs anglo-saxons, la protection des obligataires est en règle générale assurée par :

— l'emprunteur ☐
— le banquier chef de file ☐
— le syndicat de direction ☐
— le *trustee* ☐

Question 10

Pour procéder à une émission euro-obligataire en dollar, un emprunteur doit obligatoirement avoir comme chef de file une banque américaine.

— vrai ☐
— faux ☐

Question 11

Dans une émission euro-obligataire, les banques membres du syndicat de garantie ne peuvent être simultanément membres du syndicat de placement.

— vrai ☐
— faux ☐

Question 12

Avant de procéder à une émission euro-obligataire en dollar, un emprunteur européen doit obtenir l'autorisation :

— de la Banque de réserve fédérale de New York ☐
— de la Securities and Exchange Commission ☐
— du Trésor public américain ☐
— des trois organismes précédents ☐
— d'aucun des organismes précédents ☐
— de la Securities and Exchange Commission et de la Banque de réserve fédérale de New York ☐

EXERCICES

Exercice 1

John McCormick est l'assistant du responsable du département des euro-crédits de l'Anglo-Continental-American-Bank, une très importante institution financière du Moyen-Orient localisée à Paris, particulièrement active sur le marché international des capitaux. Son patron, monsieur Kiglisanski, un Polonais qui avait réussi à émigrer au début des années 1970, après avoir été condamné pour activité antinationale, lui demande d'établir le montant des commissions perçues par chacune des banques qui ont participé à la garantie et au placement du dernier euro-crédit de la République populaire et démocratique de Bordurie.

Cet emprunt d'un montant de 250 millions de dollars avait pour chef de file principal l'Anglo-Continental-American-Bank (ACAB). Le syndicat de direction comprenait, outre l'ACAB, 10 chefs de file et 15 co-chefs de file. Les différents membres de ce syndicat avaient garanti à l'emprunteur les 250 millions de dollars selon le schéma suivant :

ACAB : engagement de 30 millions de dollars,
10 chefs de file : engagement de 10 millions de dollars chacun,
15 co-chefs de file : engagement de 8 millions de dollars chacun.

Pour alléger la contribution financière des membres du syndicat de direction, l'ACAB avait fait appel à 50 banques. L'opération de placement s'était déroulée dans les meilleures conditions et les demandes de participation avaient dépassé 350 millions de dollars. Après discussion entre les membres du syndicat de direction et réduction plus ou moins proportionnelle des offres initiales des différentes banques souhaitant participer au financement de cet emprunt, l'ACAB avait décidé de procéder à la répartition suivante :

ACAB : 10 millions de dollars,
10 chefs de file : 5 millions de dollars chacun,
15 co-chefs de file : 4 millions de dollars chacun,
10 banques participantes : 4 millions de dollars chacune,
15 banques participantes : 3 millions de dollars chacune,
20 banques participantes : 2 millions de dollars chacune,
5 banques participantes : 1 million de dollars chacune.

La commission de direction (parfois appelée commission de montage, *management fee* en anglais), payée par la République populaire et démocratique de Bordurie, atteignait $1^{1/4}$ %.

Sur cette commission, l'ACAB se réservait 1/8 % au titre du *preciput*. Le contrat de syndication signé entre les différentes banques participant à l'emprunt prévoyait que le syndicat de direction serait rémunéré par une commission de 1/8 %. Les sommes ainsi versées correspondaient à ce que certaines euro-banques appelaient le *skim*.

La commission de participation versée aux différentes banques ayant apporté des dollars variait en fonction de leur contribution respective. La structure des commissions était la suivante :

ACAB : 1 %
Chefs de file : 1 %
Co-chefs de file : 6/8 %

Banques participantes pour 4 millions de dollars : 5/8 %
Banques participantes pour 3 millions de dollars : 4/8 %
Banques participantes pour 2 millions de dollars : 3/8 %
Banques participantes pour 1 million de dollars : 1/8 %

Le *pool,* c'est-à-dire le solde de la commission de direction, était réservé aux banques du syndicat de direction.

Le *skim* et le *pool* sont ventilés proportionnellement à la garantie initiale apportée par chacune des banques membres du syndicat de direction.

CONCLUSION DE LA TROISIÈME PARTIE

Les différentes composantes du marché financier international ont connu depuis 25 ans un développement tout à fait remarquable. En 1960, seul le marché des émissions étrangères de New York était réellement significatif et procurait chaque année 1 à 3 milliards de dollars. En 1963 sont apparues les premières émissions euro-obligataires. Les notes à moyen terme se sont développées à partir de 1965. A la même époque, les euro-crédits prenaient leur véritable essor. A partir des années 1975, les marchés des émissions étrangères de New York, de Zurich et de Tokyo prenaient une importance qui n'allait plus se démentir. Aujourd'hui, ces différentes composantes du marché international, au sens large du terme, permettent aux emprunteurs d'obtenir chaque année un minimum de 600 milliards de dollars à long ou moyen terme. Le marché financier international est devenu une composante essentielle de la vie économique internationale, car il assure le financement des besoins d'emprunts de nombreuses entités publiques et privées. Son utilité ne se réduit pas à cet aspect. Le marché financier international permet également d'améliorer la gestion de nombreux risques comme l'établit la quatrième partie de ce livre.

QUATRIÈME PARTIE

La gestion des risques internationaux

Une entreprise est naturellement confrontée à certains risques qu'elle assume et dont elle est normalement rémunérée par un profit. Dès qu'elle intervient sur les marchés extérieurs, pour exporter, pour importer, pour investir ou pour se financer, cette entreprise est confrontée à de nouveaux risques, spécifiques, nombreux et multiformes. Il n'est pas question de tous les analyser. Nous concentrons nos efforts sur les plus importants. Le risque de change d'une part, le risque de crédit et le risque politique d'autre part, sont considérés depuis très longtemps comme les principaux risques auxquels sont confrontées les entreprises dans leurs relations internationales.

Depuis le début de la décennie 1970, les fluctuations des taux d'intérêt accentuent et compliquent la gestion du risque de change. L'insertion internationale des entités publiques et privées françaises conduit de nombreuses entreprises et institutions financières à gérer un risque de taux d'intérêt sur les placements et les endettements en devises qu'elles réalisent sur les marchés financiers internationaux. Ce qui est vrai des fluctuations de taux d'intérêt l'est également des variations du prix des matières premières auxquelles sont confrontés les exportateurs, les importateurs et les négociants.

La gestion de ces différents risques a donné naissance à des techniques originales qui sont analysées dans les quatre chapitres de cette quatrième partie.

Chapitre 14

LA GESTION DU RISQUE DE CHANGE*

Les entreprises sont confrontées au risque de change car elles effectuent des opérations d'exportation et d'importation facturées dans une devise différente de celle utilisée pour l'établissement de leurs bilans et de leurs comptes de résultat. Dans la mesure où les taux de change varient, ces fluctuations peuvent être à l'origine de gains ou de pertes très importants. Quand le dollar passe, en effet, de 3,80 FRF à 5,20 FRF en 6 mois et chute de 9,75 FRF à 9,25 FRF en deux jours, l'entreprise doit se poser le problème de la gestion du risque de change.

Pour un exportateur, il existe un risque de change lorsque le cours de la devise dans laquelle est libellée la créance baisse entre la date de signature du contrat commercial et la date de paiement. Un exemple permet d'illustrer la nature des risques auxquels est exposé l'exportateur.

Une entreprise française vend aux Etats-Unis, avec un crédit de 6 mois, une machine-outil valant 250 000 dollars à une époque où la devise américaine vaut 7,20 francs. Si, lors du paiement, six mois plus tard, le dollar vaut 7,20 francs, l'exportateur reçoit 1 800 000 francs ; si le cours du dollar s'établit à 6,50 francs, l'exportateur ne perçoit plus que 1 625 000 francs ce qui représente une perte de 175 000 francs.

Pour un importateur, il existe un risque de change lorsque le cours de la devise dans laquelle est libellée sa dette s'accroît entre la date de signature du contrat commercial et la date du paiement.

---

* Pour approfondir le contenu de ce chapitre, le lecteur peut se reporter au livre d'exercices corrigés de Yves Simon : *Finance Internationale,* Paris, Economica, 1992, et plus spécialement au chapitre 10 intitulé : Les marchés internationaux de capitaux.

Dans les deux hypothèses qui viennent d'être évoquées, la variation du taux de change était défavorable à l'exportateur et à l'importateur. Tel n'est pas toujours le cas. L'évolution inverse se rencontre : le cours de la devise dans laquelle est libellée la créance peut s'accroître et le cours de la devise dans laquelle est libellée la dette peut baisser. Dans ces conditions, la variation du taux de change entraîne un profit.

L'existence au bilan d'une entreprise de créances et de dettes libellées en devises, et ultérieurement traduites en francs français à un cours qui est susceptible de varier, est à l'origine du risque de change de transaction. Ce dernier doit être distingué du risque de consolidation, spécifique aux sociétés qui consolident dans leurs comptes les bilans des filiales étrangères.

Les risques de consolidation et de transaction sont la conséquence d'un enregistrement comptable, mais ils n'épuisent pas toute la réalité du risque de change. En fait, et théoriquement, il serait préférable de s'intéresser au risque de change économique. Ce dernier existe dès que les résultats d'une entreprise sont susceptibles d'être affectés par une variation des taux de change. Ce risque apparaît dès la passation d'une commande, bien avant le moindre enregistrement comptable.

Dans la suite de ce chapitre, nous nous intéressons uniquement au risque de transaction.

C'est à la suite des pertes de change importantes subies par certaines entreprises multinationales lors des événements monétaires de 1967-69 : dévaluation de la livre sterling et du franc français, réévaluation du deutsche mark, flottement du dollar canadien, qu'il est apparu nécessaire de remplacer les méthodes empiriques de couverture par un corps de techniques financières appropriées, en un mot de mettre en œuvre une gestion rigoureuse et intégrée du risque de change. Cette nécessité s'est renforcée avec la généralisation des changes flottants. Il n'est pas rare de voir depuis 1979 les grandes devises varier de plus ou moins 1 % en une seule journée et cette variation se répéter plusieurs jours consécutifs.

Section I — La problématique de la gestion du risque de change

Face au risque de change, deux attitudes sont concevables. Soit l'entreprise s'en protège en le gérant, soit elle reporte l'ensemble des conséquences financières de ce risque à l'époque où il se concrétise. Si le risque est géré, un coût relativement modeste est supporté chaque année par l'entreprise. S'il ne l'est pas, il y a toujours une possibilité pour que se produise, tôt ou tard, une perte importante susceptible d'induire de graves difficultés financières.

Dans le contexte d'une économie internationale caractérisée par le flottement des devises et des fluctuations de grande ampleur des cours des monnaies, la gestion du risque de change est une nécessité.

Cette gestion a pour objet de minimiser, au moindre coût, les pertes susceptibles d'affecter, du fait des variations des parités ou des cours de change, le patrimoine ou les revenus de l'entreprise libellés en monnaies étrangères.

La gestion du risque de change a un double objectif. A court terme, le coût pour éviter les pertes de change doit être inférieur aux pertes qui se seraient produites en l'absence de protection. A long terme, les coûts ne doivent représenter qu'une fraction des pertes de change potentielles.

La gestion du risque de change comporte deux volets distincts[1]. Le premier concerne la détermination et la surveillance permanente de la position de change.

La position de change est une variable objectivement quantifiable, mais l'analyse de ses éléments constitutifs et leur évaluation effective laissent apparaître un certain nombre de difficultés.

Théoriquement, la position de change est constituée par la présence, dans le patrimoine d'une unité économique, de l'ensemble des avoirs et engagements libellés en monnaies différentes de la monnaie de référence de l'agent économique considéré[2].

La monnaie de référence se trouve être automatiquement et sans hésitation celle du pays dans lequel est implantée l'entreprise, ou la société mère lorsqu'il s'agit d'un groupe multinational. La notion de monnaie de référence fait appel au principe de la consolidation des bilans des groupes multinationaux. La monnaie de référence semble devoir être celle dans laquelle est établi le bilan consolidé du groupe. Faute de consolidation et de centralisation des positions de change, deux filiales (ou une filiale et la société-mère) pourraient être amenées à couvrir deux positions de même montant et de sens inverse alors que la position globale est nulle et n'appelle aucune diligence particulière.

La détermination précise des actifs et des passifs exposés au risque de change pose de nombreux problèmes théoriques et pratiques à l'entreprise. Tous les actifs et passifs ne sont pas exposés de la même manière et leur inclusion dans la position de change doit être décidée cas par cas. C'est à ce niveau que se trouve la difficulté de tracer une ligne précise de démarcation entre la couverture et la spéculation.

Le risque de change s'entend souvent dans un sens étroit et ne s'applique qu'aux créances et dettes à court terme. Cette vision est trop restrictive. Il faut également prendre en compte le risque associé aux dettes à long terme en devises et aux actifs investis à l'étranger.

Pour surveiller en permanence la position de change, il est indispensable d'établir un tableau de la position de change de l'entreprise[3].

Son élaboration est relativement simple. Elle consiste à enregistrer toutes les opérations en devises susceptibles d'influencer la position de change de l'entreprise. Par convention, une dette (position courte) est affectée du signe − et une créance (position longue) est affectée du signe +. Sont ainsi prises en compte :

- les commandes enregistrées, mais non encore facturées,
- les facturations,

1. P. PRISSERT, La gestion du risque de change par les entreprises, *Banque,* octobre 1973, p. 852.
2. P. PRISSERT, *op. cit.*
3. Voir *Marchés*, Crédit Lyonnais, novembre 1987.

- les autres opérations en devises,
- les activités de négoce.

Le recueil de toutes les créances et dettes permet de déterminer la position de change nette qui fera l'objet d'une éventuelle décision de couverture.

La position de change de l'entreprise doit être établie devise par devise et prendre en compte, dans la mesure du possible, la répartition dans le temps des positions de change, car toutes les créances et dettes n'ont pas la même échéance. Une commande peut sembler couverte par une dette de montant identique dans la même devise, mais si la dette est immédiate et si la commande est payable dans un an, la position de change n'est plus vraiment nulle.

Le tableau de la position de change doit donc être établi, devise par devise, sur une base journalière, hebdomadaire ou mensuelle, en fonction des caractéristiques et des besoins spécifiques de chaque entreprise. Idéalement un tableau de la position de change doit être un état des flux prévisionnels par devise et par échéance qui met en évidence les positions de change successives jusqu'à l'échéance la plus éloignée.

La construction d'un tel tableau permet d'avoir une approche active en matière de gestion du risque de change. Elle requiert une excellente circulation de l'information au sein de l'entreprise et de ses différentes entités.

Le deuxième volet de la gestion du risque de change présente un caractère plus actif. Il comporte l'évaluation du degré de probabilité de la réalisation effective d'une perte découlant du risque de change, la détermination de coefficients de risque et la mise en œuvre, quand elle paraît justifiée, des techniques adéquates en vue de se protéger effectivement contre ce risque.

La détermination précise de la position de change de l'entreprise est un préalable à une gestion intelligente du risque de change. Cette dernière étant toujours coûteuse, il est indispensable de réduire au minimum l'exposition de change de l'entreprise pour n'avoir à couvrir qu'un risque résiduel. Ceci justifie l'existence de techniques spécifiques, développées dans la prochaine section.

Section II — Les techniques de réduction de l'exposition de l'entreprise au risque de change

Le choix de la monnaie de facturation, le recours aux clauses monétaires, le termaillage et le *netting* sont quatre procédures utilisées par les entreprises pour réduire leur exposition au risque de change.

§ 1. Le choix de la monnaie de facturation et la réduction de l'exposition au risque de change

Pour éviter de subir le risque de change, la solution la plus simple est de procéder à une facturation en monnaie nationale.

Pour une entreprise française, une facturation en franc élimine toute incertitude : l'exportateur (l'importateur) qui a contracté dans sa devise connaît parfaitement la somme reçue (versée) à l'échéance du crédit qu'il accorde (dont il profite). Encore faut-il, pour éviter tout risque, qu'il n'y ait pas de clause de correction de prix indexée sur une devise de référence. En effet, si le client ou le fournisseur prévoit une telle clause, l'opération, bien que libellée en franc français, sera liée aux fluctuations du cours de la devise de référence.

La facturation en monnaie nationale n'est pas toujours possible, car les intérêts de l'exportateur et de l'importateur sont diamétralement opposés.

- L'importateur est intéressé par une facturation dans une devise faible, susceptible de se déprécier par rapport à sa propre monnaie.
- L'exportateur, en revanche, est intéressé par une facturation dans une devise forte, susceptible de s'apprécier par rapport à sa propre monnaie.

Par ailleurs, la dissymétrie dans les relations contractuelles, les habitudes commerciales et la nature des produits exportés ou importés suppriment, dans certains cas, toute possibilité de choix (Le commerce international de la quasi-totalité des matières premières est effectué par exemple en dollar ou en livre sterling).

Les entreprises françaises, comme le montre le tableau 1, recourent fréquemment à une facturation en franc que ce soit à l'exportation ou à l'importation. Une facturation en franc français comporte des inconvénients :

- elle empêche les entreprises françaises de se financer en euro-devises à taux réduit,
- le coût de ces financements peut être élevé pour le Trésor public, car les financements en franc à destination des pays de la catégorie III du Consensus font l'objet de taux bonifiés subventionnés par le Trésor,
- les entreprises ne peuvent bénéficier des reports qui existent sur certaines devises fortes et qui réduisent artificiellement les prix à l'exportation des produits français.

A défaut d'une facturation en franc, l'entreprise peut recourir à une devise dont la relative stabilité par rapport au franc ne supprime pas le risque de change, mais l'atténue en partie. Tel est le cas d'une facturation en écu. Une société comme Saint-Gobain impose à ses filiales européennes, depuis le début de la décennie 1980, de fixer les prix de cession, de facturer et de payer en écu. Malgré la volonté des dirigeants, cette facturation et ce paiement sont difficiles à imposer pour les relations commerciales extérieures au groupe lui-même.

§ 2. Le recours aux clauses monétaires et la réduction de l'exposition au risque de change

Les clauses monétaires permettent d'adapter le prix d'achat ou le prix de vente à l'évolution du cours des devises, ce qui permet à l'importateur et à l'exportateur de couvrir, au moins partiellement, le risque de change auquel ils sont exposés. Quatre clauses monétaires différentes sont analysées dans les développements qui suivent.

Tableau 1
Principales monnaies utilisées par les entreprises françaises pour la facturation du commerce extérieur en 1988

IMPORTATIONS			*EXPORTATIONS*		
Pays d'origine de la devise utilisée pour la facturation des importations	*Pourcentage*	*Pourcentage cumulé*	*Pays d'origine de la devise utilisée pour la facturation des exportations*	*Pourcentage*	*Pourcentage cumulé*
France	48,0		France	58,8	
Etats-Unis	17,2	65,3	Etats-Unis	11,6	70,4
République Fédérale d'Allemagne	14,8	80,1	République Fédérale d'Allemagne	10,1	80,6
Italie	4,7	84,7	Grande-Bretagne	5,0	85,6
Grande-Bretagne	3,3	88,0	Italie	4,3	89,8
Belgique et Luxembourg	2,9	90,9	Belgique et Luxembourg	2,7	92,5
Pays-Bas	1,9	92,8	Pays-Bas	1,9	94,4
Suisse	1,6	94,4	Suisse	1,5	95,9
Japon	1,5	95,9	Espagne	0,9	96,8
Espagne	1,3	97,2	Japon	0,7	97,4
Ecu	0,5	97,8	Ecu	0,5	97,9
Suède	0,4	98,1	Suède	0,4	98,3
Autriche	0,3	98,4	Autriche	0,4	98,7
Danemark	0,3	98,7	Canada	0,3	99,0
Hong-Kong	0,2	99,0	Danemark	0,3	99,3
Norvège	0,2	99,2	Norvège	0,1	99,4
Canada	0,2	99,3	Finlande	0,1	99,5
Australie	0,1	99,5	Irlande	0,1	99,6
Irlande	0,1	99,5	Australie	0,1	99,7
Finlande	0,1	99,6	Grèce	0,1	99,8

A. — La clause d'adaptation des prix proportionnelle aux fluctuations de change

En application de cette clause, l'exportateur et l'importateur acceptent que les fluctuations du cours de la devise de facturation se répercutent sur les prix. Si le cours de la monnaie de facturation s'élève, le prix de l'exportation ou de l'importation est réduit. Si le cours de la monnaie de facturation baisse, le prix de l'exportation ou de l'importation est augmenté.

Un exemple simplifié permet de comprendre l'intérêt et le fonctionnement de cette clause.

Un exportateur français conclut un contrat commercial de 100 000 dollars sur la base de USD 1 = 5,00 FRF, prévoyant une clause d'adaptation des prix strictement proportionnelle aux fluctuations de change. Si le cours du dollar s'élève par exemple à USD 1 = 6,00 FRF, le prix va être réduit à :

$$100\,000 \times \frac{5}{6} = 83\,000 \text{ dollars}$$

Inversement, si le cours du dollar baisse à USD 1 = 4,00 FRF, le prix va devenir :

$$100\,000 \times \frac{5}{4} = 125\,000 \text{ dollars}$$

Grâce à cette clause monétaire, l'exportateur français est toujours assuré d'obtenir une somme de 500 000 F.

B. — La clause d'adaptation des prix proportionnelle aux fluctuations de change avec franchise

Avec cette clause, l'exportateur et l'importateur acceptent que la hausse et la baisse du cours de la devise de facturation se répercutent sur les prix, mais uniquement au-delà d'une franchise librement déterminée par les cocontractants. Cette franchise peut être, par exemple, de 2 %, 5 %, etc.

En reprenant l'exemple précédent et en y ajoutant une franchise de 4 %, on en déduit que les ajustements de prix débutent quand le cours du dollar est supérieur à 5,20 F ou inférieur à 4,80 F.

C. — La clause de risque partagé

En présence d'une telle clause, l'exportateur et l'importateur s'engagent à supporter chacun une partie de la variation du taux de change susceptible de se produire entre la date de facturation (mais il est possible de retenir la date de l'offre ou la date d'acceptation) et la date de paiement (ou les dates, en cas de paiements échelonnés). Généralement le partage se fait par moitié, mais toute autre répartition est envisageable.

Un exemple permet de mieux comprendre l'intérêt de cette clause. Un importateur français conclut un contrat commercial payable en dollar sur la base de USD 1 = 6,00 FRF, mais prévoit toutefois une clause de risque de change partagé avec l'exportateur sur une base de 50 % chacun. Le paiement se fait en 5 versements. Les taux de change lors des différents paiements sont respectivement USD 1 = 6,20 FRF, USD 1 = 6,40 FRF, USD 1 = 6,60 FRF, USD 1 = 6,80 FRF, USD 1 = 7,00 FRF.

Le taux de change moyen ressort à USD 1 = 6,60 FRF. La perte de change pour l'importateur est égale à 0,60 franc par dollar. Elle est répartie par moitié, soit 0,30 franc par dollar, entre l'importateur et l'exportateur. Du fait de cette clause, le gain de l'exportateur est lui aussi réparti par moitié entre l'exportateur et l'importateur.

D. — La clause d'option

Cette clause permet à l'exportateur ou à l'importateur d'utiliser, sous certaines conditions, une devise différente de la devise de facturation. Un contrat commercial à l'exportation effectué par une entreprise française peut être, par exemple, libellé en dollar sur la base de USD 1 = 6,00 FRF avec une option en deutsche mark, au cas où le dollar deviendrait inférieur à 5,50 F.

Dans le même ordre d'idées, une clause multi-devises peut prévoir un prix libellé en plusieurs monnaies avec possibilité pour le créancier ou le débiteur de choisir à l'échéance la monnaie de facturation.

Les clauses monétaires reposent en règle générale sur une devise, mais il n'est pas impossible de retenir un panier de monnaies afin d'atténuer les fluctuations erratiques et de grande ampleur de certaines devises. Les paniers les plus utilisés sont l'écu et le DTS.

§ 3. Le termaillage et la réduction de l'exposition au risque de change

Le termaillage est une méthode relativement artisanale consistant à modifier, cas par cas, en les accélérant ou en les retardant, les délais de règlement des importations et des exportations.

1. L'exportateur ayant des créances en devises fortes — celles dont la valeur tend à s'accroître par rapport à sa monnaie nationale — tend à allonger le crédit qu'il a accordé et à repousser le paiement de son client.

2. L'exportateur ayant des créances en devises faibles — celles dont la valeur a tendance à baisser par rapport à sa monnaie nationale — cherche à raccourcir le crédit qu'il a consenti et donc à accélérer le paiement de ses clients étrangers.

3. L'importateur ayant des dettes en devises fortes accélère le paiement de ses fournisseurs et réduit le crédit qui lui avait été initialement accordé.

4. L'importateur ayant des dettes en devises faibles retarde le paiement de ses fournisseurs et cherche à obtenir de nouveaux délais de paiement.

L'utilisateur du termaillage doit prendre en compte et comparer le gain de change anticipé et le coût de financement induit par les modifications des délais de règlement et supporté par le créancier ou le débiteur.

La réglementation des changes limite souvent les possibilités de recours au termaillage en interdisant le paiement anticipé des importations et en imposant une date limite au paiement des exportations.

§ 4. Le netting et la réduction de l'exposition au risque de change

Le principe du netting est de procéder à une compensation multilatérale des positions débitrices ou créditrices réciproques des différentes filiales d'un groupe multinational au moyen d'un centre de compensation localisé dans un pays acceptant ce type de procédure.

Le système de la compensation évite les doubles achats et ventes de devises. Il réduit considérablement les montants à couvrir et, par le fait même, l'importance des frais.

Le fonctionnement d'un système de *netting* multilatéral suppose :

— une étroite coordination entre les différentes sociétés et le centre de compensation,

— des dates de règlement identiques entre les différentes filiales intervenant dans la procédure de compensation, et si possible une date unique par mois,

— une centralisation des opérations sur un petit nombre de banques internationales ayant des filiales dans tous les pays, et si possible une seule.

Au même titre que le termaillage, le système de la compensation peut être interdit, ou à tout le moins limité, par le contrôle des changes.

Après avoir réduit à son minimum la position de change de l'entreprise, les responsables doivent gérer et couvrir le risque résiduel. Ils le font en ayant recours à différentes procédures qui sont évoquées dans les paragraphes de la prochaine section.

Section III — La gestion du risque de change sur les créances et les dettes à court terme en devises de l'entreprise

Les exportateurs et les importateurs, les entreprises nationales impliquées dans le commerce international, les entreprises multinationales ont des avoirs ou des dettes en devises. Les uns et les autres sont soumis à un risque de change dont ils peuvent se protéger par des opérations de couverture.

De nombreuses opérations sur le marché des changes ne sont pas de nature spéculative, mais résultent d'un souci de « saine gestion financière » en vue de protéger les entreprises contre les risques qu'entraînent des activités économiques internationales. La différence entre la spéculation et la bonne gestion est parfois difficile à préciser, mais elle correspond à une indéniable réalité financière.

La protection contre les risques de change comporte un élément d'asymétrie lourdement préjudiciable à la stabilité monétaire internationale, dans la mesure où les opérateurs couvrent les risques de perte, mais ne couvrent pas systématiquement les possibilités de gains.

L'opération de couverture ne cherche pas à réaliser un gain, mais à annuler les conséquences des variations du taux de change. Dans certaines circonstances, les autorités monétaires limitent les possibilités de couverture. Ces restrictions sont inopportunes et renchérissent artificiellement le prix des importations et des exportations. Avant décembre 1971, seules les très grosses entreprises devaient se protéger contre le risque de change. Avec la généralisation du flottement des devises et le développement des échanges internationaux, toutes les entreprises effectuant des transactions avec l'étranger sont affectées par le risque de change.

Le nombre et le volume des opérations de couverture s'accroissent quand apparaissent des possibilités de modification de parité, car elles constituent une assurance contre les risques de change. De telles précautions font partie de la gestion normale des affaires et ne peuvent être qualifiées de spéculation. Elles en sont, au contraire, l'inverse car elles ne cherchent pas à réaliser un gain mais à annuler les conséquences des variations de prix résultant de mouvements spéculatifs.

Le marché des changes interbancaire est l'endroit privilégié pour se couvrir contre le risque de change. Toute couverture sur le marché interbancaire se traduit par une livraison ou une réception de devises. Cette livraison est immédiate quand la couverture se fait sur le marché au comptant. Elle est différée quand la couverture se fait sur le marché à terme. Les caractéristiques du commerce international et les délais de règlement qu'il implique font que les opérations de couverture contre le risque de change sont effectuées, pour leur grande majorité, sur le marché interbancaire à terme. Jusqu'en 1985, les avances en devises et les transactions sur le marché interbancaire à terme étaient quasiment les seules méthodes retenues par les entreprises. Elles demeurent aujourd'hui très importantes, mais de nouvelles techniques sont venues les compléter : les contrats à terme et les options sur devises offrent en effet aux entreprises de nouvelles opportunités.

§ 1. La COFACE et la gestion du risque de change

La COFACE propose des garanties de change depuis 1948, mais elles n'ont connu jusqu'en 1970 qu'un succès d'estime.

En octobre 1971, au lendemain de la première dévaluation du dollar, la Compagnie française d'assurance pour le commerce extérieur (COFACE) décidait, sur la demande du ministre de l'Economie, de réactiver la garantie contre le risque de change qu'elle n'avait plus délivrée depuis plusieurs années[4].

Les procédures mises en place à la fin de l'année 1971 furent améliorées et complétées en avril 1973, en septembre 1975 et en juillet 1979 afin d'offrir aux exportateurs une gamme de services aussi complète que possible[5].

Ces garanties connaissent un véritable essor depuis le 14 août 1985, date à laquelle la COFACE a reçu l'autorisation de couvrir le risque de change de ses assurés. Cette possibilité s'est traduite par la mise en place de nouveaux produits destinés à couvrir le risque de change... et par l'instauration d'une salle de marché au sein même de la COFACE.

---

4. Le lecteur trouvera au chapitre 15 des informations plus complètes sur la COFACE et les services qu'elle rend aux exportateurs français.
5. Des informations complémentaires sont rassemblées dans la brochure publiée par la COFACE et intitulée *La garantie des risques de change.*

Avant le 14 août 1985, la COFACE offrait, pour le compte de l'Etat, plusieurs garanties de change. La gestion de ces garanties était tout à fait passive et pouvait induire des gains de change lorsque le cours des devises (essentiellement le dollar) s'élevait par rapport au franc ou provoquer des pertes aussi considérables en période de baisse des cours. Cette gestion se concrétisait par une prise en charge tout aussi passive des gains et des pertes par le budget de l'Etat.

Les craintes d'importantes moins-values inspirées par les perspectives de baisse du dollar, après qu'il eut atteint en février 1985 le niveau de 10,50 F, incitèrent les pouvoirs publics à substituer à cette passivité une gestion plus active, mise en œuvre à partir du 14 août 1985. Ce dynamisme s'est concrétisé par la couverture systématique des nouveaux engagements et garanties pris par la COFACE pour le compte de l'Etat. La compagnie d'assurance n'a pas hésité, pour ce faire, à opérer systématiquement sur le marché interbancaire à terme et sur celui des options de change dont elle est devenue l'un des opérateurs les plus importants et les mieux aguerris. La finalité (pour l'instant atteinte, et il n'y a pas de raison qu'il n'en soit pas de même dans l'avenir) de cette nouvelle politique de la COFACE est d'arriver à une parfaite neutralité budgétaire : la garantie de change ne doit plus, en d'autres termes, peser sur les finances publiques.

Les garanties de change fonctionnent comme des assurances, en ce sens que la COFACE indemnise l'exportateur de toutes ses pertes si le prix de cession des devises est inférieur au taux garanti. En revanche, l'exportateur reverse à la COFACE les bénéfices provenant d'une vente des devises à un prix supérieur au taux garanti.

En 1988, la COFACE offrait dix produits de change différents pour répondre à la diversité des situations dans lesquelles se trouvent les exportateurs. Elle proposait de les assurer sur des cours de change fermes et définitifs (au comptant ou à terme) ou sur les taux évolutifs pour permettre aux exportateurs de bénéficier (en totalité ou en partie) de la hausse du cours des devises. Ces procédures furent simplifiées et améliorées. Elles sont regroupées depuis 1992 pour constituer l'assurance change import-export CIME et l'assurance change négociation NEGO.

A. — L'assurance change import-export : CIME

Cette assurance couvre les risques de change sur un courant d'affaires à l'exportation et à l'importation. Elle permet aux entreprises exportant régulièrement des produits ou des services de facturer leurs clients en devises sans devoir supporter le risque de variation du cours de la devise par rapport au franc. Elle permet de la même façon aux entreprises qui importent régulièrement des produits ou des services payables en devises d'éviter tout risque de change.

En couvrant 100 % de la perte de change, la COFACE assure aux entreprises la stabilité de leurs revenus (pour les exportateurs) et de leurs dépenses (pour les importateurs) quelle que soit l'évolution du cours de la devise.

Le fonctionnement de cette assurance est simple. Il se résume en huit points :

- Le cours garanti est égal au taux de change du jour où débute la garantie.
- La durée de la garantie est déterminée par le client et s'étend de trois mois à dix-huit mois. Elle peut débuter le lendemain de la formulation de la demande.
- La garantie de la COFACE porte sur un montant fixé par le client en fonction de ses prévisions de vente ou d'achat.
- Chaque trimestre, les prévisions sont comparées aux montants réellement facturés à l'exportation et à l'importation. Si les prévisions trimestrielles ne sont pas atteintes, seuls les achats et les ventes réels sont garantis. En revanche, si les factures sont supérieures aux prévisions, la COFACE ne garantit que les montants qui avaient été prévus.
- Lors de la souscription de cette police d'assurance, il peut être prévu une participation de l'assuré aux bénéfices de change résultant de la hausse du cours de la devise à l'exportation ou de la baisse du cours de la devise à l'importation. Le taux d'intéressement peut atteindre 75 % à l'exportation et 25 % à l'importation.
- Il peut être prévu lors de la souscription de cette police d'assurance de modifier le cours garanti. Un exportateur confronté à une hausse du cours de la devise peut, de ce fait, demander à la COFACE d'augmenter le cours garanti. Le taux de cette modification est prévu lors de la souscription. Il peut atteindre 50 % de la hausse. La modification du cours garanti ne peut se faire qu'une seule fois.
- Treize devises peuvent bénéficier de cette garantie de change : le dollar américain, le dollar canadien, le yen, l'écu, la couronne danoise, le deutsche mark, le florin néerlandais, le franc belge, le franc suisse, la lire italienne, la livre sterling, la peseta et le schilling autrichien.
- Le coût de l'assurance varie en fonction de la devise concernée, de la durée de la garantie, du taux d'intéressement aux bénéfices de change et de l'éventuelle possibilité de modifier le cours garanti.

B. — L'assurance change négociation : NEGO

Cette assurance est destinée aux entreprises qui doivent remettre des offres en devises aux acheteurs étrangers. Elle permet aux exportateurs de ne pas avoir à supporter le risque de variation du cours de la devise par rapport au franc. Elle permet donc à l'exportateur de recevoir un montant fixe en franc, quelle que soit la variation du cours de la devise.

La COFACE couvre 100 % de la perte de change, mais l'exportateur doit reverser à la compagnie d'assurance l'éventuel bénéfice qu'il pourrait réaliser.

Le fonctionnement de cette assurance est simple. Il se résume en sept points.

- Le cours garanti est égal au taux de change du jour où débute la garantie.
- La durée de la garantie est déterminée par le client. C'est la période de temps qu'il juge utile et nécessaire pour obtenir le contrat à l'exportation. Elle est toutefois limitée à 18 mois. La garantie peut débuter le lendemain de la formulation de la demande.

- Si la date de signature ne coïncide pas avec la date d'entrée en vigueur du contrat commercial, la COFACE peut accorder sa garantie pendant une durée supplémentaire pouvant atteindre 18 mois.
- L'exportateur est automatiquement couvert contre le risque de change, de l'entrée en vigueur du contrat commercial jusqu'au dernier paiement.
- Le coût de l'assurance comprend deux éléments : une prime fixe et proportionnelle au montant garanti, payable à la date de démarrage du contrat d'assurance, et une prime payable uniquement si le contrat commercial est signé. Les taux de prime varient de 0,04 % à 0,77 % du montant garanti selon la devise et la durée de validité à garantir.
- Dix-sept devises peuvent bénéficier de cette garantie de change : le dollar américain, le dollar canadien, le dollar de Hong-Kong, le dollar de Singapour, le yen, le deutsche mark, l'écu, le franc suisse, le florin néerlandais, le schilling autrichien, le franc belge, la livre sterling, la lire italienne, la couronne danoise, la couronne suédoise, la couronne norvégienne et la peseta.
- Lors de la souscription de cette police d'assurance, il peut être prévu une participation de l'assuré aux bénéfices résultant de la hausse du cours de la devise. Le taux d'intéressement peut aller jusqu'à 75 % du gain de change, étant entendu que la hausse maximale retenue par la COFACE est égale à 20 % du cours minimum garanti. Cette modalité d'intéressement ne concerne que 13 devises : le dollar américain, le dollar canadien, le yen, le deutsche mark, l'écu, le franc suisse, le florin néerlandais, le schilling autrichien, le franc belge, la livre sterling, la lire italienne, la couronne danoise et la peseta.

Le succès des garanties offertes par la COFACE est incontestable. A la fin de l'année 1985, la compagnie d'assurance avait environ 200 clients. En 1989, elle en comptait plus d'un millier. Au 31 décembre 1991, le nombre d'entreprises clientes était de 1 200. A la même date, l'encours total des risques de change gérés par la COFACE atteignait 55 milliards de francs. La répartition de cet encours faisait apparaître l'importance tout à fait prépondérante du dollar américain (80 % du total) loin devant le yen (8 %), la livre sterling (5 %), le deutsche mark (2 %) et l'ensemble des autres devises (5 %). Ces opérations avaient généré en 1991 un solde excédentaire de 123 millions de francs.

Jusqu'en avril 1992, toutes les garanties de change étaient gérées par la COFACE pour le compte de l'Etat. Depuis cette date, les garanties à l'importation et à l'exportation, commercialisées sous le nom de CIME, font partie des services gérés par la COFACE pour son propre compte. Seules, les garanties négociation conservent leur caractère public. Elles sont, certes, gérées par la COFACE, mais pour le compte et avec la garantie de l'Etat.

§ 2. L'avance en devise et la gestion du risque de change

L'avance en devise est une technique de financement du commerce international, mais elle peut être également utilisée comme méthode de protection contre le risque de change[6].

Pour se couvrir contre le risque de change au moyen d'une avance en devise, l'exportateur emprunte auprès de son banquier le montant de devise correspondant à la créance qu'il possède sur son client étranger[7]. La devise dans laquelle se fait l'avance est identique à celle de la créance. La durée de l'avance correspond à l'échéance de la créance détenue sur l'importateur.

Par cet emprunt, l'exportateur modifie sa position de change. Si la position initiale est constituée par une créance de 300 000 florins, l'exportateur, en empruntant cette somme, se constitue un passif qui supprime sa position nette. Dans ces conditions, une hausse ou une baisse de la devise néerlandaise le laisse dans la plus parfaite indifférence.

L'avance en devise étant une couverture de change, il est interdit à l'exportateur de se couvrir une deuxième fois en vendant à terme le montant de la créance.

§ 3. Le marché interbancaire au comptant et la gestion du risque de change

Pour se couvrir, l'importateur possédant une dette en devises doit acheter, dès maintenant, sur le marché au comptant les devises dont il aura besoin plus tard. Si sa trésorerie franc ne l'autorise pas à procéder à cet achat, l'importateur doit emprunter des francs pour les vendre sur le marché au comptant afin d'obtenir de la devise.

Cette procédure a pour inconvénient de faire perdre le crédit consenti par le fournisseur. Pour l'atténuer, l'importateur peut replacer les devises obtenues sur le marché des euro-devises, à condition que ce marché soit opérationnel. A défaut, l'importateur replace les devises sur le marché monétaire national.

Pour l'exportateur possédant une créance en devises, la couverture la plus simple consiste à emprunter le montant des devises et à les vendre immédiatement sur le marché au comptant pour obtenir des francs.

L'inconvénient de cette procédure est de contraindre l'exportateur à immobiliser des sommes dont il peut avoir besoin par ailleurs, ce qui entraîne un coût d'opportunité élevé. Cet inconvénient peut être atténué par la possibilité de replacer les francs sur le marché monétaire national ou sur le marché de l'euro-franc.

La couverture contre le risque de change par recours au marché interbancaire au comptant est, en fait, assimilable à la couverture par une avance en devise.

---

6. La présentation de l'avance en devise comme technique de financement est faite au chapitre 17, section 1.
7. En réalité, pour être parfaitement couvert, l'exportateur emprunte une somme inférieure au montant de la créance. *Cf.* l'exercice 7 de ce chapitre.

§ 4. Le marché interbancaire à terme et la gestion du risque de change

Le besoin de couverture contre le risque de change explique le développement des opérations sur le marché à terme. Les opérations d'exportation et d'importation comportent en effet des délais de règlement qui rendent incertain le montant de monnaie nationale reçu ou payé dans l'avenir pour une certaine quantité de devises étrangères. Toute fluctuation du taux de change entre l'opération d'exportation ou d'importation et son règlement peut entraîner des pertes ou des bénéfices sans rapport avec le profit résultant de l'activité d'exportation et d'importation. Tout détenteur d'une créance ou d'une dette en devise risque de subir des pertes dont il peut vouloir se protéger par une opération de couverture.

A. — La couverture contre le risque de baisse des cours

L'exportateur qui contracte dans sa monnaie connaît parfaitement le montant de francs qu'il recevra à l'échéance du crédit qu'il a accordé. Tel n'est pas le cas si le contrat est signé dans la monnaie de l'importateur ou dans une devise tierce. Pour remédier à cet inconvénient, l'exportateur qui redoute une baisse du cours de la devise vend à terme le montant de sa créance et détermine, de cette manière, avec précision, la somme en franc, qu'il recevra ultérieurement.

B. — La couverture contre le risque de hausse des cours

L'importateur qui contracte dans sa monnaie connaît la somme qu'il devra verser à l'échéance du crédit qu'on lui accorde. Tel n'est plus le cas s'il contracte en devises étrangères. Pour éviter cet inconvénient, sans devoir pour autant immobiliser sous forme d'un achat au comptant la somme à payer à l'échéance du crédit, l'importateur qui redoute une hausse du taux de change achète à terme des devises correspondant au montant de sa dette.

Si l'exportateur et l'importateur ne peuvent trouver une couverture pour un terme donné (car cette échéance est très longue ou n'est pas cotée) ou ne la trouver qu'à la condition de payer un coût prohibitif, il leur est possible de se couvrir pour un terme de 1, 3, ou 6 mois et de reporter plusieurs fois leur position.

Sur le marché interbancaire, l'acheteur (le vendeur) détermine la quantité de devises qu'il souhaite obtenir (livrer) pour une époque déterminée. Les besoins des exportateurs et des importateurs conduisent les banques à leur construire des contrats sur mesure et personnalisés correspondant parfaitement à leurs exigences. Le taux est fixé par négociation entre le banquier et l'entrepreneur. Le marché interbancaire est un marché hors cote où la formation et la négociation des prix sont décentralisées au niveau d'un grand nombre de banquiers qui se font une plus ou moins grande concurrence.

C. — Le coût de la couverture contre le risque de change

Dans la mesure où le taux de change à terme n'est jamais identique (sauf par hasard) au taux de change au comptant, la couverture contre le risque de change peut induire des coûts qui, dans certaines situations, sont loin d'être négligeables. Quand le taux de change à terme est supérieur au taux de change au comptant, le marché est en report ; quand il lui est inférieur, le marché est en déport. Le coût de la couverture n'est absolument pas identique dans les deux situations.

En présence d'un report, l'importateur qui se couvre contre le risque de change achète à terme des devises à un prix supérieur à leur cours sur le marché au comptant. Ce coût supplémentaire ne peut que renchérir le prix des produits importés. L'exportateur, en revanche, en vendant à terme des devises à un cours supérieur à leur prix au comptant, est en mesure de bénéficier d'un gain (et non pas de subir un coût) qu'il peut conserver par devers lui ou répercuter (en totalité ou en partie) sur son client étranger, ce qui, dans cette deuxième hypothèse, facilite sérieusement sa politique commerciale.

En présence d'un déport, la situation est inversée. L'importateur qui se couvre contre le risque de change en achetant à terme des devises enregistre un gain, alors que l'exportateur subit une perte en vendant à terme des devises en déport.

Le marché interbancaire est très efficace et les possibilités de couverture sont satisfaisantes, mais il n'est pas le seul à offrir la possibilité de se couvrir contre le risque de change.

§ 5. Le marché des contrats à terme de devises et la gestion du risque de change

L'exportateur et l'importateur voulant se protéger contre le risque de change sur le marché des contrats de devises ne s'adressent plus à un banquier. Ils prennent directement contact avec un courtier de l'International Monetary Market (IMM) de Chicago pour vendre et acheter des contrats de devises.

Si les fluctuations affectent de la même manière le marché au comptant et celui des contrats, l'exportateur et l'importateur sont protégés contre toute variation du taux de change.

A. — Le principe de la couverture contre le risque de change

La couverture contre le risque de change par recours au marché des contrats à terme de devises de l'IMM ne présente, dans ses principes, aucune spécificité par rapport à la couverture sur le marché interbancaire.

L'importateur redoutant une hausse du cours de la devise dans laquelle est libellée sa dette s'en protège en achetant des contrats à terme. L'exportateur craignant, en revanche, une baisse du cours de la devise dans laquelle est libellée sa créance s'en protège en vendant des contrats à terme.

Si les principes sont identiques à ceux du marché interbancaire, les modalités de la couverture sur le marché des contrats présentent cependant trois spécificités.

- La standardisation de la valeur nominale des contrats à terme de devises et de leurs échéances fait que la couverture sur le marché des contrats est toujours imparfaite, contrairement à ce qui se passe sur le marché interbancaire. L'imperfection est d'abord au niveau du montant de la couverture : il est *rarissime* que le montant à couvrir sur le marché au comptant soit un multiple exact de la valeur nominale du contrat à terme. L'imperfection est ensuite au niveau de l'échéance : il est presque aussi rare que l'échéance de la couverture corresponde au jour près à l'échéance du contrat à terme. Une couverture sur le marché des contrats implique, en conséquence, un « risque de base » lors du dénouement de l'opération de couverture.
- Sur le marché des contrats à terme de devises, l'exportateur et l'importateur ne sont jamais obligés de livrer ou de prendre livraison des devises, ce qui est, en revanche, pratiquement toujours le cas sur le marché interbancaire.
- Le marché interbancaire étant un marché de gré à gré, les transactions se font *principal to principal*, ce qui implique un risque de contrepartie, lequel disparaît sur le marché des contrats du fait de la présence d'une chambre de compensation.

Comme sur le marché interbancaire, et pour les mêmes raisons, les prix des contrats à terme de devises sont en report ou en déport par rapport au prix au comptant. S'ils ne l'étaient pas, des opérateurs arbitreraient les cours à terme du marché des contrats et ceux du marché interbancaire. Ils arbitreraient de la même façon les cours à terme et ceux du marché au comptant. La présence d'un report ou d'un déport renchérit ou réduit le prix d'achat ou le prix de vente des devises par rapport à leur cours sur le marché au comptant. Ceci est donc strictement identique à ce qui se passe sur le marché interbancaire.

B. — Les avantages d'une couverture sur le marché des contrats à terme de devises

Les contrats de devises présentent plusieurs avantages.

1. Les coûts de transaction sont faibles et peuvent être inférieurs à ceux du marché interbancaire, du moins pour les entreprises de taille moyenne. (Cet avantage concerne plus les exportateurs et les importateurs américains car, dans l'environnement européen, les coûts de couverture sur le marché interbancaire sont très réduits).

2. La chambre de compensation offre aux intervenants une garantie moins coûteuse que celle exigée par les banques sur le marché interbancaire. (Là également, cet avantage est plus net dans le contexte américain que dans l'environnement européen, pour des raisons identiques à celles exposées dans le point précédent).

3. L'importateur et l'exportateur peuvent se couvrir contre le risque de change avec une plus grande flexibilité sur le marché des contrats à terme de devises car :

- la couverture peut être obtenue instantanément et liquidée à tout moment,
- l'exportateur et l'importateur ne sont pas obligés de prendre livraison ou de livrer les devises à l'échéance,
- la durée de la couverture peut être allongée ou réduite sans difficulté, et de toute façon plus facilement que sur le marché interbancaire.

§ 6. Le marché des options de devises et la gestion du risque de change

La protection contre la hausse et la baisse du cours des devises sont abordées dans les deux premiers points de ce paragraphe. Nous présentons dans un troisième les avantages offerts par les options dans la couverture du risque de change induit par un appel d'offre international.

A. — La protection contre le risque de hausse du cours des devises

La technique traditionnellement utilisée pour se protéger contre le risque de hausse du cours d'une devise est l'achat d'options d'achat. Cette méthode est bien adaptée à l'hypothèse d'une hausse *importante* du cours de la devise. En revanche, dans le cas d'une hausse modérée du cours de la devise, il peut être envisagé de se couvrir par la vente d'une option de vente.

a) La protection contre le risque de hausse du cours des devises par l'achat d'une option d'achat

Un importateur américain contracte une dette à 6 mois de 500 000 deutsche marks à une époque où 1 DEM = USD 0,26. Il redoute une hausse du deutsche mark par rapport au dollar et craint que dans 6 mois le taux de change soit 1 DEM = USD 0,32.

Pour se protéger, cet importateur achète une option d'achat de deutsche mark avec un prix d'exercice de 1 DEM = USD 0,26. Il verse au vendeur de l'option un premium de 2 cents par deutsche mark[8].

1 — Si le cours du deutsche mark s'élève par rapport au dollar et s'établit à 1 DEM = USD 0,32, lorsqu'il doit se procurer les deutsche marks, l'importateur exerce son option d'achat de 500 000 deutsche marks sur la base de 1 DEM = USD 0,26.

Le prix de revient des deutsche marks s'établit à 500 000 × (0,26 + 0,02) = USD 140 000. Faute de couverture, le prix d'achat aurait été de 500 000 × 0,32 = USD 160 000. L'importateur aurait donc subi une perte de USD 20 000. La couverture n'est cependant pas gratuite. Le coût de la protection ressort à 500 000 × 0,02 = USD 10 000.

8. Les exemples développés dans ce paragraphe sont extrêmement schématiques et simplifiés. Les valeurs des primes, en particulier, n'ont pas de rapport avec les valeurs réelles qu'impliqueraient les cours au comptant du deutsche mark qui ont été retenues.

Une deuxième possibilité est offerte à l'importateur. Au lieu d'exercer son option d'achat, il peut très bien se procurer les 500 000 deutsche marks sur le marché au comptant, sur la base de 1 DEM = USD 0,32 et revendre son option d'achat. Le profit dégagé par la revente de l'option compense la perte enregistrée sur le marché au comptant. La valeur de l'option est en effet au moins égale à 6 cents par deutsche mark, puisqu'elle donne la possibilité d'acheter un deutsche mark sur la base de 1 DEM = USD 0,26 à un moment où il vaut 1 DEM = USD 0,32. Il est même tout à fait probable que la valeur de l'option sera supérieure à 6 cents, car la valeur temps (ou valeur speculative) s'ajoute à la valeur intrinsèque. Si le cours de l'option est supérieur à 6 cents, l'importateur ne doit pas lever son option mais il doit la revendre et se procurer des deutsche marks sur le marché au comptant, car il réduit d'autant le coût de sa couverture.

Supposons que l'option soit égale à 7 cents au moment où elle est revendue. Le prix de revient des 500 000 deutsche marks est égal à 500 000 × [0,32 – 0,07 + 0,02] = USD 135 000, ce qui représente une économie de USD 5 000 sur le coût de couverture.

2. — Si, au lieu de monter, le deutsche mark baisse par rapport au dollar et si le cours est inférieur au prix d'exercice, l'importateur abandonne son option d'achat et achète du deutsche mark à un cours favorable.

Supposons que le taux de change s'établisse à 1 DEM = USD 0,20. L'importateur achète 500 000 deutsche marks pour un prix de 500 000 × 0,20 = USD 100 000, auquel il faut ajouter le premium de USD 10 000.

Au total, en versant un premium de 2 cents par deutsche mark, l'importateur est protégé contre une hausse du deutsche mark et tire profit d'une baisse de la devise allemande en dessous de 1 DEM = USD 0,24. Il ne se prive donc pas, à l'inverse de ce qui se produit avec une couverture à terme sur le marché interbancaire, d'une évolution favorable du taux de change.

b) La protection contre le risque de hausse du cours des devises par la vente d'options de vente

En vendant une option de vente, l'importateur est protégé contre la hausse du cours de la devise à hauteur du montant de la prime qu'il encaisse.

Un importateur américain contracte une dette à 6 mois de 500 000 DEM à une époque ou 1 DEM = USD 0,26. Il redoute une hausse du deutsche mark par rapport au dollar, mais il pense que cette hausse sera modérée. Il craint que dans 6 mois le taux de change soit 1 DEM = USD 0,28.

Pour se protéger, cet importateur vend une option de vente de deutsche mark avec un prix d'exercice de 1 DEM = USD 0,26. Il reçoit de l'acheteur de l'option un premium de 2 cents par deutsche mark.

1. Tant que la hausse du deutsche mark demeure inférieure à 2 cents, l'importateur est parfaitement protégé contre cette hausse.

2. Pour une hausse supérieure à 2 cents, la protection de l'importateur n'est plus assurée au-delà de 2 cents.

3. Si, au lieu de monter, le deutsche mark baisse en-dessous de 24 cents, l'importateur doit racheter son option de vente afin de profiter de la baisse des cours sur le marché au comptant. S'il ne liquidait pas sa position, il serait exercé par l'acheteur de l'option de vente.

B. — La protection contre le risque de baisse du cours des devises

La technique traditionnellement utilisée pour se protéger contre le risque de baisse du cours d'une devise est l'achat d'une option de vente. Cette méthode est bien adaptée à l'hypothèse d'une baisse *importante* du cours de la devise. En revanche, dans le cas d'une baisse modérée du cours de la devise, il peut être envisagé de recourir à la vente d'options d'achat.

a) La protection contre le risque de baisse du cours d'une devise par l'achat d'une option de vente

Un exportateur américain contracte une créance à 6 mois de 500 000 deutsche marks à une époque ou 1 DEM = USD 0,32. Il redoute une baisse de la devise allemande par rapport au dollar et craint que dans 6 mois le taux de change soit 1 DEM = USD 0,26.

Pour se protéger, cet exportateur achète des options de vente de deutsche marks avec un prix d'exercice de 1 DEM = USD 0,32. Il verse au vendeur d'options un premium de 2 cents par deutsche mark.

1. Si le cours du deutsche mark baisse par rapport au dollar et s'établit à 1 DEM = USD 0,26, l'exportateur exerce son option de vente de 500 000 deutsche mark au cours de 1 DEM = USD 0,32.

Le prix de revient des deutsche marks s'établit à 500 000 × (0,32 – 0,02) = USD 150 000. Faute de couverture, le prix de vente des 500 000 deutsche marks aurait été de 500 000 × 0,26 = USD 130 000. L'exportateur aurait donc subi une perte de USD 20 000. La couverture n'est cependant pas gratuite. Le coût de la protection contre le risque de baisse du deutsche mark ressort à 500 000 × 0,02 = USD 10 000.

Une deuxième possibilité est offerte à l'exportateur. Elle consiste à vendre les 500 000 deutsche marks sur la base de 1 DEM = USD 0,26 et à revendre son option de vente. Le profit sur la revente de l'option compense la perte enregistrée sur le marché au comptant. La valeur de l'option est au moins égale à 6 cents par deutsche mark, puisqu'elle donne le droit de vendre un deutsche mark sur la base de 1 DEM = USD 0,32 à un moment où il vaut 1 DEM = USD 0,26. Il est même tout à fait probable que la valeur de l'option sera supérieure à 6 cents, car à la valeur intrinsèque s'ajoute la valeur temps. Si le cours de l'option est supérieur à 6 cents, l'exportateur ne doit pas lever son option, mais il doit la revendre, car il réduit d'autant le coût de sa couverture.

Si la valeur de l'option est égale, au moment où elle est revendue, à 7 cents, les 500 000 deutsche marks rapportent 500 000 × [0,26 + 0,07 – 0,02] = USD 155 000 ce qui représente un gain supplémentaire, ou une réduction du coût de la couverture, de USD 5 000.

2. Si le deutsche mark s'élève au lieu de baisser par rapport au dollar et si le cours est supérieur au prix d'exercice, l'exportateur abandonne son option et vend ses deutsche marks à un cours favorable.

Supposons que le taux de change s'établisse à 1 DEM = 0,36. L'exportateur vend 500 000 deutsche marks pour un prix de 500 000 × 0,36 = USD 180 000, duquel il faut retrancher le premium de USD 10 000.

Au total et pour conclure, en versant un premium de 2 cents par deutsche mark, l'exportateur est protégé contre une baisse de la devise allemande et tire profit d'une hausse au-dessus de 1 DEM = USD 0,34. Il ne se prive donc pas, à l'inverse de ce qui se produit avec une couverture à terme sur le marché interbancaire, d'une évolution favorable du taux de change.

b) La protection contre le risque de baisse du cours d'une devise par la vente d'une option d'achat

En vendant une option d'achat, l'exportateur est protégé contre la baisse du cours de la devise à hauteur du montant de la prime qu'il encaisse.

Un exportateur américain enregistre une créance à 6 mois de 500 000 DEM à une époque où 1 DEM = USD 0,32. Il redoute une baisse du deutsche mark par rapport au dollar, mais il pense que cette baisse sera modérée. Il craint que dans 6 mois le taux de change soit 1 DEM = USD 0,30.

Pour se protéger, cet exportateur vend une option d'achat de deutsche mark avec un prix d'exercice de 1 DEM = USD 0,32. Il reçoit de l'acheteur de l'option un premium de 2 cents par deutsche mark.

1. Tant que la baisse du deutsche mark demeure inférieure à 2 cents, l'exportateur est parfaitement protégé contre cette baisse.
2. Pour une baisse supérieure à 2 cents, la protection de l'exportateur n'est plus assurée en-deça de 2 cents.
3. Si, au lieu de baisser, le deutsche mark s'élève au-dessus de 34 cents, l'exportateur doit racheter son option d'achat afin de profiter de la hausse des cours sur le marché au comptant. Par ailleurs, s'il ne liquidait pas sa position, il pourrait être exercé par l'acheteur de l'option d'achat.

C. — La protection contre le risque de change induit par un appel d'offre international

Dès qu'une entreprise répond à un appel d'offre international et soumet un prix en devise, elle est exposée à un risque de change. En l'absence d'un marché d'options, l'entreprise n'a que deux solutions :

- soit elle se couvre immédiatement en vendant à terme le montant de la créance potentielle ;
- soit elle attend la réponse de l'appel d'offre international, mais elle demeure dans ce cas exposée à un risque de change.

Lors de la réponse de l'appel d'offre, deux hypothèses doivent être envisagées : soit l'entreprise est retenue, soit elle est éliminée.

En cas d'appel d'offre favorable à l'entreprise, deux situations doivent être considérées. Si l'entreprise est couverte contre le risque de change, la situation est parfaite : elle n'a rien à faire. Si, en revanche, elle ne s'est pas couverte, elle doit désormais le faire, mais elle risque de subir une perte de change considérable en cas de baisse du taux de change.

Si la réponse à l'appel d'offre est défavorable à l'entreprise, les deux mêmes cas de figure doivent être considérés. Si l'entreprise ne s'est pas couverte contre le risque de change, la situation est parfaite : elle n'a rien à faire. Si, en revanche, l'entreprise s'est couverte, elle doit racheter les devises qu'elle avait vendues, mais elle peut subir une perte de change considérable en cas de hausse du taux de change.

En présence d'un marché d'options, l'exportateur répondant à un appel d'offre international est beaucoup mieux protégé. Pour se couvrir contre le risque de change, il achète des options de vente au moment de la soumission. Lors de la réponse à l'appel d'offre, deux hypothèses doivent être envisagées ; soit l'entreprise est retenue, soit elle est éliminée.

Si l'appel d'offre est favorable, l'exportateur est protégé contre le risque de change : la situation est parfaite ; il n'a rien de supplémentaire à faire. Si l'appel d'offre est, en revanche, défavorable, l'exportateur abandonne les options de vente qu'il avait achetées et limite ses pertes au montant du premium. Cette perte peut même être atténuée par la vente des options, dans la mesure où ces dernières présentent encore une certaine valeur.

Malgré l'intérêt qu'ils présentent, les marchés d'options ne sont pas utilisés autant qu'ils pourraient l'être. Deux raisons peuvent expliquer un tel état de fait.

La première tient au coût de la couverture. Celui-ci atteint parfois 3 à 4 % du montant à couvrir. Or, pour de nombreuses entreprises, seul un coût avoisinant 1 % serait acceptable.

La deuxième raison tient à la relative complexité des choix qu'implique l'utilisation des options. Pour chaque échéance, l'acheteur a le choix entre plusieurs prix d'exercice. Cet avantage est considérable mais coûteux. Il est considérable, car l'opérateur peut, dans une certaine mesure, adapter la couverture à ses besoins spécifiques. Mais il est également coûteux, car plus la protection contre le risque de change est grande, plus le prix de l'option est élevé. L'acheteur d'une option de vente (pour prendre un exemple) doit arbitrer entre, d'une part, un prix d'exercice élevé assurant une excellente protection de son opération d'exportation, mais accompagnée d'un coût de protection élevé (car, toutes choses égales par ailleurs, la prime de l'option de vente augmente avec le prix d'exercice) et, d'autre part, un prix d'exercice faible assurant une moindre protection, mais accompagné d'un coût de protection réduit (car, toutes choses égales par ailleurs, la prime de l'option de vente diminue avec le prix d'exercice).

§ 7. Les opérations de couverture systématiques et les opérations de couverture sélectives

Faut-il toujours se protéger contre le risque de change ? La réponse est fonction du type d'entreprise et du risque accepté par les décideurs. Poser la question de savoir si la couverture doit être systématique ou non conduit à s'interroger sur les techniques de prévision du taux de change. Si l'exportateur possède une créance en dollar et s'il anticipe une hausse de cette devise, il n'est pas sûr qu'il doive se protéger contre un risque susceptible d'induire un gain.

Les exportateurs et les importateurs ne se couvrent pas systématiquement[9]. Ils pratiquent des couvertures sélectives. Nous pensons, ce fai-

9. G. NANCY, *La lettre des changes,* 18 mai 1981.

sant, qu'ils spéculent de manière sélective avec tous les risques associés à cette activité si leurs anticipations ne sont pas confirmées. Pour certaines entreprises, dans certaines situations particulières, une gestion dynamique du risque de change implique de ne pas se couvrir systématiquement. Si les exportateurs et les importateurs ne sont soumis à aucune contrainte réglementaire et s'il n'y a pas de contrôle des changes, sur quels critères vont-ils se baser pour décider de couvrir ou non leur risque ?

Les exportateurs se couvrent chaque fois qu'ils anticipent une dépréciation de la monnaie de règlement de leurs créances. Symétriquement, les importateurs se couvrent chaque fois qu'ils anticipent une appréciation de la monnaie de règlement de leurs dettes. Cette position de principe relativement simple est cependant insuffisante, car elle ne prend en compte que le marché au comptant. L'exportateur doit considérer simultanément le marché au comptant et le marché à terme. Le calcul économique conduit à prendre la décision de couverture sur la base d'une comparaison entre le taux d'appréciation ou de dépréciation anticipé de la devise et le taux de report ou de déport. Commençons par analyser une situation de report sur le marché à terme de la devise de règlement pour exposer dans un deuxième temps une situation de déport.

A. — Couverture sélective et report

Si l'exportateur estime que la devise de règlement de sa créance doit connaître une appréciation supérieure au report constaté sur le marché à terme, il n'a pas intérêt à couvrir le montant de sa créance en le vendant à terme.

A l'inverse, le même exportateur se couvre si le taux d'appréciation anticipé de la devise est inférieur au report enregistré sur le marché à terme.

A fortiori, si l'exportateur anticipe une dépréciation de la devise de règlement, que le taux de dépréciation soit supérieur ou inférieur au taux de report, il doit nécessairement se couvrir.

En conclusion, dans l'hypothèse d'un report, l'exportateur doit se couvrir, dans la plupart des cas, car il profite du report sans prendre de risque de change (tableau 2).

Tableau 2
Décision de couverture de l'exportateur et report sur la devise

Hypothèse d'une appréciation future de la devise	Taux d'appréciation prévu supérieur au taux de report	pas de couverture
	Taux d'appréciation prévu inférieur au taux de report	couverture
Hypothèse d'une dépréciation future de la devise	Taux de dépréciation prévu supérieur au taux de report	couverture
	Taux de dépréciation prévu inférieur au taux de report	couverture

Les décisions de l'importateur sont différentes de celles de l'exportateur (tableau 3). Si l'importateur anticipe une appréciation de la devise de règlement de sa dette supérieure au report, il doit se couvrir par un achat à terme. Si, en revanche, le taux d'appréciation anticipé de la devise de règlement est inférieur au report, l'importateur ne doit pas se couvrir. S'il anticipe une dépréciation de la devise de règlement, que le taux de dépréciation soit supérieur ou inférieur au taux de report, l'importateur ne doit pas se couvrir.

Tableau 3
Décision de couverture de l'importateur et report sur la devise

Hypothèse d'une appréciation future de la devise	Taux d'appréciation prévu supérieur au taux de report	couverture
	Taux d'appréciation prévu inférieur au taux de report	pas de couverture
Hypothèse d'une dépréciation future de la devise	Taux de dépréciation prévu supérieur au taux de report	pas de couverture
	Taux de dépréciation prévu inférieur au taux de report	pas de couverture

Considérons maintenant une situation de déport sur le marché à terme de la devise de règlement.

B. — Couverture sélective et déport

Si l'exportateur anticipe une dépréciation de la devise de règlement supérieure au déport, il doit se couvrir en vendant à terme le montant de la créance.

Si, par contre, si le taux de dépréciation anticipé est inférieur au déport, l'exportateur peut prendre le risque de change et ne pas se couvrir.

S'il anticipe une appréciation de la devise, que cette appréciation soit supérieure ou inférieure au taux de déport, il ne doit pas se couvrir (tableau 4).

Tableau 4
Décision de couverture de l'exportateur et déport sur la devise

Hypothèse d'une appréciation future de la devise	Taux d'appréciation prévu supérieur au taux de déport	pas de couverture
	Taux d'appréciation prévu inférieur au taux de déport	pas de couverture
Hypothèse d'une dépréciation future de la devise	Taux de dépréciation prévu supérieur au taux de déport	couverture
	Taux de dépréciation prévu inférieur au taux de déport	pas de couverture

Cette dernière situation s'est rencontrée sur le dollar. La hausse des taux d'intérêt américains impliquait un déport sur la devise américaine et permettait simultanément au dollar de s'apprécier sur le marché au comptant. Dans une telle situation, la décision de couvrir une créance en dollar induisait une double perte. La première correspondait au montant du déport, la seconde au manque à gagner provenant de l'appréciation du dollar sur le marché au comptant.

En conclusion, dans l'hypothèse d'un déport, l'exportateur, dans la majorité des cas, n'a pas intérêt à se couvrir. Rappelons toutefois qu'il prend ce faisant un risque de change avec toutes les conséquences qui peuvent s'en déduire.

Dans une situation de déport, l'importateur prend des décisions strictement inverses à celles de l'exportateur (tableau 5). S'il anticipe une appréciation du cours de la devise de règlement, il doit se couvrir. Il en est de même lorsqu'il anticipe un taux de dépréciation inférieur au taux du déport.

Tableau 5
Décision de couverture de l'importateur et déport sur la devise

Hypothèse d'une appréciation future de la devise	Taux d'appréciation prévu supérieur au taux de déport	couverture
	Taux d'appréciation prévu inférieur au taux de déport	couverture
Hypothèse d'une dépréciation future de la devise	Taux de dépréciation prévu supérieur au taux de déport	pas de couverture
	Taux de dépréciation prévu inférieur au taux de déport	couverture

La seule hypothèse dans laquelle il ne doit pas se couvrir est celle d'une anticipation d'une dépréciation de la devise dont le taux serait supérieur au taux actuel du déport.

Les différents cas de figure envisagés aux tableaux 2 à 5 ne sont pas tous équi-probables. Compte-tenu de l'expérience passée, une règle de prudence voudrait que l'exportateur ne se couvre pas sur des devises considérées comme des monnaies fortes, même si elles sont momentanément en déport, alors qu'il devrait systématiquement se couvrir sur les devises faibles qui sont généralement en situation de déport. L'importateur, de son côté, devrait systématiquement se couvrir sur les monnaies fortes et éviter de le faire sur les devises faibles.

Section IV — La comparaison des techniques de gestion du risque de change

Les principales techniques de couverture utilisées par les entreprises pour se protéger contre le risque de change sont la vente ou l'achat à terme sur le marché interbancaire, l'avance en devise, la vente ou l'achat de contrats à terme et l'achat ou la vente d'options.

La comparaison des techniques de gestion du risque de change conduit à opposer :

- la couverture sur le marché interbancaire à la couverture par avance en devise,
- la couverture sur le marché interbancaire à la couverture sur le marché des contrats,
- la couverture avec des options à la couverture par des transactions fermes (sur le marché interbancaire ou celui des contrats).

§ 1. La couverture sur le marché interbancaire et la couverture par avance en devise

Deux points doivent être mentionnés.

1. L'avance en devise permet de réaliser simultanément une couverture contre le risque de change et un financement d'exportations, ce que n'autorise pas la transaction sur le marché interbancaire. La vente à terme protège contre le risque de change, mais si l'exportateur veut financer ses exportations, il doit procéder en même temps à une mobilisation des créances à l'exportation.

2. Toutes choses égales par ailleurs, le choix entre la vente à terme sur le marché interbancaire accompagnée d'une mobilisation des créances à l'exportation et l'avance en devise dépend uniquement de la comparaison de deux taux d'intérêt : celui du marché monétaire français et le taux de la mobilisation des créances à l'exportation.

- Si le taux du marché monétaire est supérieur au taux de mobilisation des créances à l'exportation, l'exportateur doit recourir à une couverture à terme accompagnée d'une mobilisation des créances à l'exportation.
- Si le taux du marché monétaire est inférieur au taux de mobilisation des créances à l'exportation, il doit recourir à une avance en devise.

§ 2. La couverture à terme ferme sur le marché interbancaire et la couverture sur les marchés de contrats

Six points doivent être mentionnés.

1. Le montant et l'échéance des transactions sont rigoureusement standardisés sur les marchés de contrats. Ils ne peuvent donc pas être parfaitement adaptés aux besoins des entreprises, alors qu'ils le sont sur le marché interbancaire.

2. Les transactions interbancaires se font par téléphone entre les cambistes des différentes banques avec un prix offert et un prix demandé qui peuvent être modulés en fonction de la personnalité de l'acheteur et du ven-

deur et du risque qu'ils représentent. Sur les marchés de contrats, en revanche, les transactions se font à la criée à un cours identique pour les achats et les ventes, quel que soit le risque de l'acheteur et du vendeur.

3. La structure des coûts diffère sur les deux marchés. Il n'existe pas de commissions sur le marché interbancaire. Les banques sont rémunérées par l'écart entre les cours acheteur et vendeur. Sur les marchés de contrats, en revanche, des commissions sont versées à des courtiers.

4. Sur les marchés de contrats, les transactions sont totalement anonymes, ce qui ne peut être le cas sur le marché interbancaire.

5. Les marchés de contrats offrent une flexibilité qui n'existe pas sur le marché interbancaire. C'est de très loin son principal avantage. A tout moment, une couverture peut y être obtenue (si le marché est liquide) et revendue aussi facilement, ce qui n'est pas le cas du marché interbancaire. Il n'y a, par ailleurs, aucune difficulté pour interrompre une opération de couverture si l'évolution du taux de change devient favorable à l'entreprise : il suffit d'annuler la position à terme par un simple appel téléphonique à un courtier. Il est, en revanche, pratiquement impossible, une fois couvert sur le marché interbancaire, d'annuler cette couverture.

6. Les marchés de contrats présentent un inconvénient inconnu du marché interbancaire : il faut parfois répondre à des appels de marge, ce qui peut induire des problèmes de trésorerie.

Sans être un élément de comparaison ou un avantage différentiel, il faut cependant mentionner que les contrats à terme permettent aux entreprises de négocier dans de meilleures conditions sur le marché interbancaire, car elles disposent avec les cours de l'IMM d'un prix public, ce qui leur permet d'éviter une situation d'asymétrie dont les banques pourraient abuser. Ce sont les entreprises de taille moyenne, et plus spécialement dans le contexte américain, qui bénéficient de cet avantage car les grandes entreprises sont protégées de ce risque d'asymétrie par la concurrence qu'elles peuvent faire jouer plus facilement entre les banques.

§ 3. La couverture avec des options et la couverture par des transactions fermes

Quatre points doivent être mentionnés.

1. Les options présentent, à l'égard du marché interbancaire, les avantages de flexibilité et les inconvénients de standardisation du marché des contrats.

2. Quand elles sont négociées sur des marchés organisés, les options offrent les avantages d'anonymat du marché des contrats.

3. Par rapport au marché des contrats à terme ferme, celui des options a l'avantage d'éviter aux acheteurs de *calls* et de *puts* les contraintes des déposits et des appels de marge.

4. Comparé au marché des contrats à terme et au marché interbancaire, celui des options permet aux exportateurs et aux importateurs d'être protégés contre une évolution défavorable du taux de change, tout en leur permettant de tirer profit d'une évolution favorable des taux. C'est de très loin

le principal intérêt du marché des options. L'avantage est surtout sensible à l'égard du marché interbancaire car, en cas d'évolution favorable du taux de change, il est très facile de liquider une position sur le marché des contrats à terme (quitte à la reprendre si l'évolution ultérieure des taux de change se révèle défavorable), ce qui n'est pas le cas du marché interbancaire.

Vu les avantages mentionnés dans ce paragraphe, et compte tenu du fait qu'elles sont plus proches du marché interbancaire, ce qui sécurise les banques et les entreprises, les options sur devises au comptant sont plus utilisées que les contrats à terme en tant que moyen de couverture. Contrepartie logique de ces avantages, le coût des options achetées par les exportateurs et les importateurs pour se couvrir est relativement élevé. L'option est probablement le plus coûteux instrument de couverture contre le risque de change.

*

* *

L'entreprise n'est pas démunie face au risque de change. De nombreuses méthodes lui permettent de le gérer dans des conditions satisfaisantes. Le choix de la bonne méthode est conditionné par la réglementation en vigueur et le coût comparé des diverses techniques de couverture.

La mise en place au sein d'une entreprise d'une véritable gestion du risque de change requiert une certaine expertise et exige un travail continu. Il n'est pas question de consacrer quinze minutes par jour ou une heure toutes les semaines pour prendre des décisions sur le choix des devises de facturation, le type de financement retenu, la décision de se couvrir ou non. La mise en place d'une véritable gestion du risque de change exige un investissement en temps très important qui ne porte ses fruits que lentement et avec un long décalage.

Section IV — La gestion du risque de change de la société multinationale

Nous avons jusqu'ici considéré la couverture de créances et de dettes commerciales dans le cadre des opérations d'exportation et d'importation. Le risque de change est en réalité plus général et concerne l'entreprise dans son ensemble. Le problème du risque de change est crucial pour les entreprises qui ont des filiales à l'étranger (il n'est pas nécessaire d'en avoir beaucoup) ou qui sont endettées en devises.

Sans entrer dans le détail de techniques relativement complexes et souvent spécifiques à chaque entreprise, nous voudrions présenter le principe général des opérations de couverture utilisées par les firmes multinationales pour couvrir le risque de change auquel elles sont exposées du fait que leurs filiales travaillent dans des devises différentes de celle de la maison mère (on suppose que le bilan consolidé est établi dans la devise de la maison mère)[10].

Le plus simple est de procéder à l'aide d'un exemple (schéma 1). Une entreprise américaine possède deux filiales à 100 %, l'une en France, l'autre en Allemagne. Chacune de ces sociétés établit son bilan et la société-mère cherche à réduire le risque de change pour l'ensemble du groupe.

Schéma 1
Position de change des filiales d'un groupe multinational

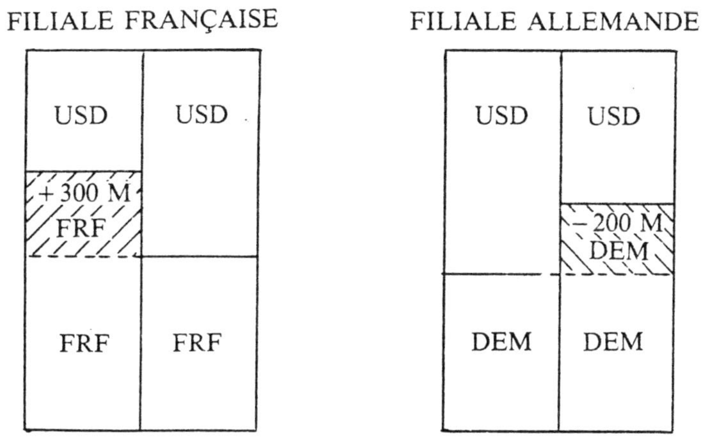

Après calcul de l'exposition au risque de change, nous supposons que la filiale française dégage une position longue de + 300 millions de francs et la filiale allemande une position courte de − 200 millions de deutsche marks, à une époque où les responsables de la maison mère anticipent une baisse du franc et une hausse du deutsche mark par rapport au dollar.

Pour réduire le risque, il faut modifier l'importance des différents postes d'actif et de passif de manière à obtenir une position nette dans chacune des filiales ou, à tout le moins, au niveau du bilan consolidé.

Pour ce faire, les responsables de la filiale française doivent réduire les emplois en franc ou accroître leurs ressources en monnaie locale. Ils peuvent évidemment réduire leurs ressources en devise et accroître les emplois payés en dollar. Les dirigeants allemands doivent, au contraire, accroître leurs emplois et diminuer leurs ressources en deutsche mark.

Pour réduire les emplois en franc, les responsables de la filiale française doivent diminuer les stocks de produits finis, le montant des créances et des effets à recevoir et le volume des placements liquides et de l'encaisse.

10. Pour de plus amples informations sur ce point, le lecteur doit se reporter à l'article de J. KLEIN et B. MAROIS, Eviter le risque de change : les nouvelles stratégies, *Banque*, juin 1976, pp. 628-642.

La réduction de la position de change de la filiale française peut être obtenue par un accroissement des immobilisations et des actifs non exposés au risque de change comme les stocks de matières premières payées en dollar. La réduction des actifs libellés en franc pourrait induire une réduction de l'endettement en dollar, autre élément favorable à la réduction du risque de change. Pour obtenir une position nette équilibrée, la filiale française peut s'endetter à court, moyen ou long terme en monnaie locale. Avec les sommes ainsi empruntées, les responsables peuvent accroître les actifs non exposés au risque de change (achat de matières premières payées en dollar) ou réduire les ressources en dollar.

Les responsables de la filiale allemande procéderont selon les mêmes principes mais de manière inverse puisqu'il s'agit pour eux de réduire une position courte en deutsche mark.

Pour des raisons réglementaires, il est parfois difficile de réaliser certaines opérations financières suggérées dans les lignes précédentes (les difficultés peuvent également provenir des réticences des responsables des sociétés française et allemande à modifier la structure de leurs bilans pour respecter une logique plus globale que celle qui préside à la gestion de la filiale dont ils sont responsables). C'est la maison mère qui doit, en conséquence, procéder à des emprunts, pour prendre un exemple précis. Ces emprunts sont effectués sur le marché national ou celui des euro-devises, le choix étant fonction du coût d'endettement.

Pour se protéger du risque de change, les sociétés effectuant des investissements à l'étranger ont tendance à ajuster le montant de leur participation au capital de leur filiale à la valeur des actifs non exposés au risque de change, le solde des ressources étant fourni par l'endettement en monnaie locale et la participation d'investisseurs locaux. Cette prescription implique que l'investissement de la société-mère dans sa filiale varie avec l'activité de la filiale (schéma 2).

Pour les filiales à vocation industrielle, la participation de la société-mère au capital (ou la part de la société-mère dans le total des ressources de la filiale) peut être importante, car le risque de change est relativement faible vu l'importance des immobilisations et des stocks susceptibles de connaître des hausses de prix dans le total du bilan[11].

Pour les filiales commerciales, la participation est moins importante dans la mesure où la part des actifs exposés au risque de change est proportionnellement plus importante.

Pour les filiales financières, la participation est encore plus réduite car l'essentiel de leurs actifs est exposé au risque de change.

Ces recommandations ne peuvent être appliquées au centime près. Elles doivent être modulées en fonction de considérations spécifiques. Elles n'en fournissent pas moins une indication générale du sens dans lequel les responsables de la société-mère doivent agir.

11. N.H. Jr. HOYT The Management of Currency Exchange Risk by the Singer Company, *Financial Management,* Printemps 1972, pp. 13-20.

Schéma 2
Importance relative des investissements d'une maison mère américaine selon la nature des filiales

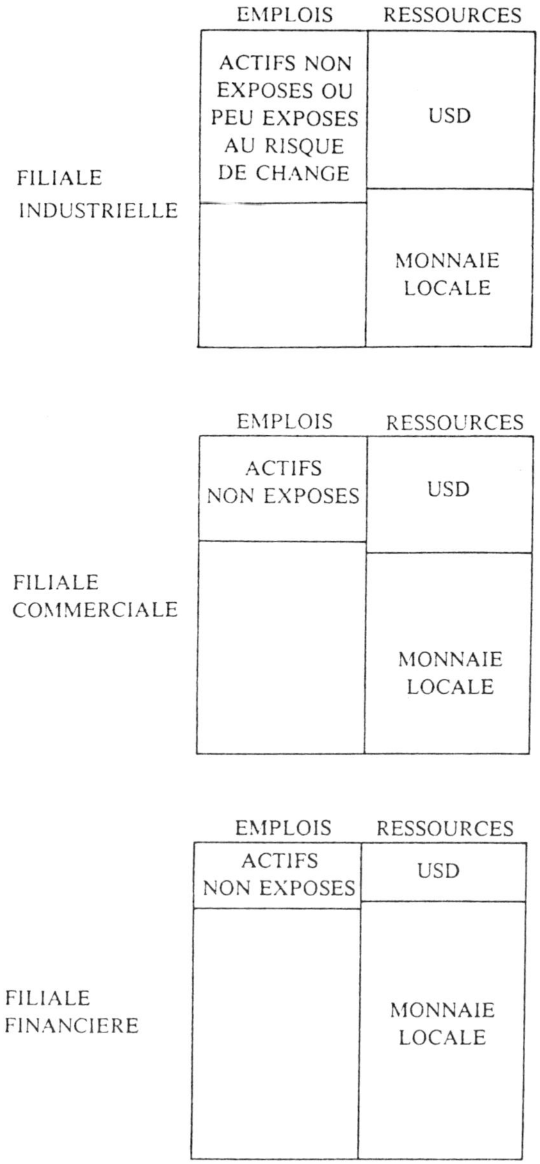

Les investissements de la société-mère ne sont pas limités à une participation définitive au capital social de la filiale. Ils prennent des modalités diverses et plus subtiles accroissant d'autant la flexibilité dont peuvent bénéficier les dirigeants pour s'adapter aux évolutions des positions de change des filiales.

A côté de la participation au capital social, on peut retenir la constitution de comptes courants, les prêts à court, moyen et long terme, les créances de diverses natures et le montant des réserves dont l'accroissement annuel peut être modulé en fonction des besoins de couverture spécifiques.

Ces modalités d'investissement ne sont pas uniquement le fait de la société-mère. Elles peuvent être initiées par d'autres filiales, ce qui accroît d'autant la flexibilité du groupe.

Quand une filiale d'un groupe multinational possède des actifs pleinement exposés au risque de change (effets à recevoir, actifs financiers à court terme, liquidités), la couverture la plus rapide et la plus facile à mettre en œuvre, en cas de variation du taux de change, est de procéder à un emprunt en monnaie locale, même si les taux d'intérêt sont élevés, ou de rembourser des emprunts en devises antérieurement contractés.

Si, en revanche, la probabilité de variation du taux de change est faible, il peut être décidé de moins emprunter en monnaie locale pour éviter des taux d'intérêt élevés et de financer, en conséquence, les actifs exposés au risque de change par des monnaies fortes. Les responsables financiers du groupe multinational préfèrent alors assumer le risque de change plutôt que de supporter des taux d'intérêt très élevés.

Pour le financement des stocks, le problème est plus complexe. Si les prix sont stabilisés de manière artificielle par les autorités locales, une partie substantielle des stocks doit être financée par des emprunts en monnaie locale. Si, en revanche, leur valeur peut s'ajuster à la hausse des prix, il est souhaitable de les financer par des devises fortes. Dans cette dernière hypothèse, les emprunts en monnaie locale ne sont recommandés que si les taux d'intérêt sont faibles.

Pour se prémunir contre le risque de change, il est souhaitable que les fonds propres, représentant les investissements effectués dans les filiales à l'étranger, soient en permanence égaux à la somme des actifs non exposés au risque de change.

Il est donc indispensable, pour se protéger contre le risque de change, d'assurer une certaine fluidité dans la circulation des profits et des flux financiers entre les filiales et la société-mère. Les dividendes ne sont pas le seul transfert utilisable. D'autres modalités sont envisageables : prêts et avances à court terme, versements des intérêts sur des prêts, redevances relatives à l'utilisation de brevets, de marques ou d'un *know-how* technologique, cessions de produits intermédiaires etc... L'ajustement des comptes à l'intérieur d'une multinationale permet également de protéger la position de change de l'ensemble du groupe.

Cette politique de transferts et les différentes modalités de couverture du risque de change évoquées dans cette section demeurent, malgré tout, très délicates car elles se heurtent aux contraintes réglementaires établies par les autorités locales et au désir d'autonomie financière des différentes filiales. Avant de les entreprendre, les responsables de la société-mère doivent en apprécier les conséquences financières, car les filiales ne sont pas soumises aux mêmes règles fiscales.

*

*   *

La maîtrise du risque de change affectant les fonds propres et les dettes de la société multinationale n'est qu'une composante d'une stratégie plus complète. En fait, l'objectif à long terme de la gestion du risque de change est de préserver la capacité bénéficiaire de l'entreprise exprimée en monnaie de référence. Ceci implique que la gestion du risque de change soit intégrée dans la stratégie de l'entreprise tant au niveau industriel : choix des implantations à l'étranger et de la structure des coûts de production qu'au niveau commercial : choix des gammes de produits et de leurs lieux de vente.

Références

A. — OUVRAGES

AGGARWAL R. : *Financial Policies for the Multinational Company : The Management of Foreign Exchange*, New York, Praeger Publishers, 1976.

ALIBER R.Z. : *Exchange Risk and Corporate International Finance,* Londres, Macmillan, 1978.

BODINAT H. de, KLEIN J., MAROIS B. : *Gestion financière internationale,* Paris, Dunod, 1978, pp. 75-101.

BODINAT H. de, DE LEERSNYDER J.M., GHERTMAN M., KLEIN J. MAROIS B. : *Gestion internationale de l'entreprise,* Paris, Dalloz, 1978, pp. 287-318.

BOUSSARD D., SLEZIAK J.-C. : *La comptabilité des opérations en devises*, Paris, Eska, 1990.

DAGONNET G., LOUVET M. : *Gestion de la trésorerie en devises,* Paris, Clet, 1981.

DONALDSON J.A. : *Corporate Currency Risk*, Londres, Financial Times Business Information, 1980.

FEIGER G., JACQUILLAT B. : *Finance internationale,* Paris, Dalloz, 1982, pp. 177-195.

GAUTHIER N. : *Les nouveaux marchés financiers et leurs instruments : sources de profit pour les entreprises*, Paris, Publi-Union, 1988.

GEORGE A.M. : *Foreign Exchange Management and the Multinational Corporation : A Manager's Guide,* New York, Praeger Publishers, 1978.

GILLOT P., PION D. : *Le nouveau cambisme*, Paris, Eska, 1987, pp. 51-109.

JACQUE L.L. : *Management of Foreign Exchange Risk,* Lexington, Mass., DC Heath, 1978.

LEVICH R., WIHLBORG C. : *Exchange Risk and Exposure : Current Developments in International Financial Management,* Lexington Mass., DC Heath, 1980.

LIETAER B.A. : *Financial Management of Foreign Exchange, an Optimal Technique to Reduce Risk,* Cambridge, Mass., the MIT Press, 1971.

MAROIS B., SEIGNEUR O. : *Risque de change et gestion de trésorerie internationale,* 2e ed., Paris, Dunod, 1982.

NANCY G. : *Gestion du risque de change et mouvements de capitaux,* Paris, Economica, 1976.

PERRIOT Ch., RAMBURE D. : *Le risque de change et la consolidation des comptes de groupes multinationaux*, Paris, PUF, 1983.

PEYRARD J., SOULARUE G. : *Risque de change et gestion de l'entreprise*, Paris, Vuibert, 1986.

PRINDL A.R. : *Foreign Exchange Risk,* New York, John Wiley, 1976.

ROUMILHAC J.P. : *Trésorerie à court terme,* Paris, Dalloz, 1980, pp. 153-167.

SHAPIRO A.C. : *Foreign Exchange Risk Management*, New York, American Management Association, 1978.

SOLNIK B., ROLL R. : *Système monétaire international et risque de change,* Paris, Economica, 1978.

B. — ARTICLES

ADLER M., DUMAS B. : Should Exposure Management Depend on Translation Accounting Methods ? *Euromoney,* juin 1981, pp. 132-138.

BANQUE FRANÇAISE DU COMMERCE EXTERIEUR : Change à terme, options de change et produits composites : comment choisir, *BFCE Actualités*, juillet 1987, pp. 4-10.

BOIZETTE J.P. : Pertes de change et myopie financière, *Analyse Financière,* 3e trimestre 1977, pp. 56-64.

BRIYS E., CROUHY M. : Les options de change à prime zéro, *Banque*, novembre 1987, pp. 1046-1050, février 1988.

BRUCKERT X., RIGAL L. : Option de change et gestion de portefeuille, *Banque*, juin 1988, pp. 654-662.

COVILLE B., PHELIPPEAU J. : Les entreprises françaises face au risque de change, *Echanges*, 1er trimestre 1985, pp. 23-29

DUMAS B. : Minimiser les risques de change, *Revue française de gestion,* novembre - décembre 1979, pp. 40-49.

DUNIS Ch., DETERCK-SPILLEBOUDT M. : Contrats à terme standardisés sur devises et sur taux d'intérêt : outils de gestion des risques de change et d'intérêt, *Gestion 2000*, n° 1, 1988, pp. 39-53.

DUQUESNE P. : L'option de devises et le change, *Banque*, février 1988, pp. 153-159.

ECHANGES : Gestion du risque de change, *Echanges*, 4e trimestre 1985, pp. 9-42.

GALAMBERT P. : L'évaluation du risque de change, une théorie simple mais une pratique complexe, *Banque,* septembre 1981, pp. 939-943.

GHERTMAN M. : Choix d'une monnaie de facturation et gestion du risque de change, *Banque,* mai 1978, pp. 595-604, juin 1978, pp. 739-749.

HAGEMANN H. : Anticipate your Long-Term Foreign Exchange Risks, *Harvard Business Review,* mars-avril 1977, pp. 81-88.

HOYT N.H., Jr. : The Management of Currency Exchange Risk by the Singer Company, *Financial Management*, Printemps 1972, pp. 13-20.

JOHNSON L.J., WALTHER C.H. : New Evidence of the Effectiveness of Portfolio Hedges in Currency Forward Markets, *Management International Review*, 1984, n° 2, pp. 15-23.

KEMP L. : Living with Exchange Rate Volatility, *Multinational Business,* 1984, n° 1, pp. 21-30.

KLEIN J., MAROIS B. : Eviter le risque de change : les nouvelles stratégies, *Banque,* juin 1976, pp. 628-642.

LEDDET J. : Pratiques des options de change, *Banque*, novembre 1988, pp. 1109-1114.

LEPETIT J.F. : L'entreprise, le cambiste et le risque de change, *Analyse Financière,* 1er trimestre 1977, pp. 5-8.

LESSARD D.R., LIGHTSTONE J.B. : Volatile Exchange Rates Can Put Operations at Risk, *Harvard Business Review*, juillet-août 1986, pp. 107-114.

LEVICH R.M. : Exchange Rates and Currency Exposure ; article publié dans l'ouvrage collectif *Handbook of Financial Markets and Institutions*, 6e éd., ALTMAN E.I. (ed.), New York, John Willey, 1987.

MACKO E., CAHEN Ph. : Risque de change et contrat écu-dollar, *Banque*, juillet/août 1988, pp. 749-759.

MOULLÉ A. : Les variations de taux de change et l'analyse des comptes, *Analyse Financière,* 1er trimestre 1977, pp. 27-32.

MADURA J. : The Real Costs of Hedging in the Forward Exchange Market : An Empirical Investigation, *Management International Review*, 1984, n° 2, pp. 23-27.

MADURA J., NOSARI E.J. : Utilizing Currency Portfolios to Mitigate Exchange Rate Risk, *The Columbia Journal of World Business*, printemps 1984, pp. 96-99.

PRISSERT P., MASSIERA A., TELLER R. : Monnaie de facturation, monnaie de financement et risque de change, *Banque,* mai 1976, pp. 519-534.

REVUE FRANCAISE DE COMPTABILITE : Créances et dettes libellées en devises étrangères : les opérations de couverture, *Revue Française de Comptabilité*, septembre 1988, pp. 50-54.

RODRIGUEZ R.M. : Measuring and Controlling Multinational's Exchange Risk, *Financial Analysts Journal,* novembre 1979, pp. 49-55.

SHAPIRO A.C. : Defining Exchange Risk, *Journal of Business,* janvier 1977, pp. 37-39.

SWEENY H.W.A. : Protective Measures Against Devaluation, *Financial Executive,* janvier 1968.

TIROUFLET J.P. : Comment maîtriser le risque financier, *Politique industrielle*, hiver 1988, pp. 107-120.

USUNIER J. : Evaluation des dettes et créances en monnaies étrangères, *Revue Française de Comptabilité*, mars 1984, pp. 102-108.

VAILHEN Ch. A. : Risque de change, *in* JOFFRE P., SIMON Y. (eds), *Encyclopédie de gestion*, Paris, Economica, 1989, pp. 2 567-2 589.

VALIN G. : Fluctuation des cours de change et valorisation des stocks d'importation, *Economie et comptabilité,* mars 1975, pp. 3-8.

YANG J. : Managing Multinational Exchange Risks, *Management Accounting*, février 1986, pp. 45-52.

Pour suivre l'évolution des techniques et procédures associées à la gestion du risque de change, le lecteur est invité à se reporter aux articles publiés dans les revues suivantes :

Banque
Corporate Finance
Crédit Lyonnais International
Euromoney
La lettre des changes
Marchés et techniques financières
Marchés/Crédit Lyonnais
MOCI
Option Finance
Revue du financier
Revue française de gestion
The Banker

C. — AUTRES PUBLICATIONS

BANQUE FRANÇAISE DU COMMERCE EXTERIEUR : *Instruments de gestion du risque de taux et de change : les mécanismes de base*, Paris, BFCE, 1987.

BOIZETTE J.P. : *Le comportement des entreprises confrontées aux écarts de change : analyse empirique et essai de reformulation de la gestion du risque de change,* Thèse complémentaire, Université Paris-Dauphine, 1978.

CARLSON R.S., REMMERS H.C., HEKMAN C.R., EITEMAN D.K., STONEHILL A.I. : *International Finance Cases and Simulation,* Reading Mass, Addison-Wesley Publishing Company, 1980, pp. 1-81.

CENTRE FRANÇAIS DU COMMERCE EXTERIEUR : *Trésorerie internationale : Gestion des risques de change et de taux*, Paris, CFCE, 1987.

CHAMBRE DE COMMERCE INTERNATIONALE : *La gestion des risques de change*, Paris, CCI, 1985.

FASB : *Accounting for the Translation of Foreign Currency Transactions and Foreign Currency Financial Statements,* 1975.

LERUSTE C., MATTLINGER G. : *Les entreprises françaises face au risque de change*, Mémoire de recherche, HEC, 1989.

MAROIS B., SEIGNEUR O. : *Quelques éléments de clarification sur le concept de position de change,* Cahiers de recherche du CESA, n° 167, 1981.

ROLL R., SOLNIK B. : *Une étude empirique du risque de change sous les régimes de change fixe et flexible,* Cahiers de recherche du CESA, n° 90, 1977.

SECK D. : *Le risque de change et la valeur de la firme exportatrice,* Les Cahiers du CETAI, Ecole des HEC, Montréal, n° 83-05, avril 1983.

THIRY B. : *Théorie manageriale de la gestion du risque de change,* Thèse d'Etat, Université Paris-Dauphine, 1979.

QUESTIONS

1. Dans quelles circonstances un exportateur et un importateur sont-ils exposés à un risque de change ?
2. Une entreprise française importe des lingots de cuivre produits par une entreprise allemande. Les importations sont facturées en franc français sur la base d'un prix en deutsche mark lié au prix du cuivre du London Metal Exchange. Cette entreprise est-elle exposée à un risque de change ? Pourquoi ?
3. Quels sont, pour un exportateur et un importateur, les inconvénients d'une couverture de change par une opération sur le marché interbancaire au comptant ? Comment peuvent-ils y remédier ?
4. Que doit faire un exportateur pour se couvrir contre le risque de change en opérant sur le marché interbancaire à terme ?
5. Que doit faire un importateur pour se couvrir contre le risque de change en opérant sur le marché interbancaire à terme ?
6. Pourquoi l'avance en devise est-elle un moyen de se couvrir contre le risque de change ?
7. Comment le termaillage peut-il être utilisé par un exportateur pour gérer son risque de change ?
8. Comment le termaillage peut-il être utilisé par un importateur pour gérer son risque de change ?
9. Quelles sont les composantes d'une politique de transfert de fonds à l'intérieur d'un groupe multinational ?
10. Quel est le principe général des opérations utilisées par les firmes multinationales pour couvrir le risque de change auquel elles sont exposées du fait de leurs filiales travaillant dans des devises différentes de celle utilisée par la maison mère pour établir son bilan ?
11. Tous les emplois et ressources d'une entreprise sont-ils exposés de la même manière au risque de change ?
12. Que doivent faire un importateur et un exportateur qui souhaitent se couvrir contre le risque de change en opérant sur les marchés de contrats à terme de devises de l'International Monetary Market (IMM) de Chicago ?
13. Que doivent faire un importateur et un exportateur qui souhaitent se couvrir contre le risque de change en opérant sur le marché des options de change ?
14. Comparez les avantages et les inconvénients respectifs d'une protection contre le risque de change par recours au marché interbancaire et par recours à une avance en devises.
15. Comparez les avantages et les inconvénients respectifs d'une protection contre le risque de change par recours à une opération sur le marché à terme interbancaire et par recours à une opération sur le marché des contrats de l'IMM.
16. Comparez les avantages et les inconvénients respectifs d'une protection contre le risque de change par recours au marché des options et par recours à des transactions fermes.

QUESTIONS A CHOIX MULTIPLES

Question 1

Quand on évalue la position de change d'un groupe multinational, la monnaie de référence utilisée pour établir cette position est :

- le dollar de manière systématique .... ☐
- la devise du pays dans lequel est implantée la société-mère du groupe multinational.. ☐
- la devise du pays où le taux d'inflation est le plus faible ..... ☐
- la devise du pays où le taux d'inflation est le plus fort....... ☐
- la devise la plus exposée au risque de dévaluation .... ☐
- la devise du pays où les taux d'intérêt sont les plus faibles ... ☐
- la devise du pays où les taux d'intérêt sont les plus élevés .... ☐
- la devise la plus exposée au risque de réévaluation .... ☐

Question 2

Pour se protéger efficacement contre le risque d'une hausse très importante du DEM, un importateur américain ayant une dette en DEM doit :

- acheter une option d'achat de DEM .... ☐
- acheter une option d'achat de USD......................... ☐
- acheter une option de vente de DEM .... ☐
- acheter une option d'achat de CHF .... ☐
- vendre une option d'achat de DEM .... ☐
- vendre une option de vente de DEM........................ ☐
- vendre une option de vente de USD .... ☐
- vendre une option d'achat de USD .... ☐

Question 3

Pour se protéger efficacement contre le risque d'une baisse très importante du DEM, un exportateur américain ayant une créance en DEM doit :

- acheter une option d'achat de DEM .... ☐
- acheter une option d'achat de USD......................... ☐
- acheter une option de vente de DEM .... ☐
- acheter une option d'achat de CHF .... ☐
- vendre une option d'achat de DEM .... ☐
- vendre une option de vente de DEM........................ ☐
- vendre une option de vente de USD .... ☐
- vendre une option d'achat de USD .... ☐

QUESTIONNAIRE D'AUTO-EVALUATION

Le marché des changes est un marché régulateur des échanges internationaux. Il résulte de la présence de différents systèmes monétaires nationaux et du fait que, seul, un moyen de règlement libellé en monnaie nationale peut circuler à l'intérieur d'un système monétaire déterminé. C'est pourquoi les devises sont échangées contre de la monnaie nationale sur toutes les places financières du monde.

Question 1 : Quels sont les participants au marché des changes ?

Question 2 : Quel est le rôle de la Banque de France sur le marché des changes ?

Il existe deux compartiments sur lesquels s'effectuent des opérations de change : le marché au comptant et le marché à terme.

Question 3 : Décrivez le fonctionnement du marché des changes au comptant.

Question 4 : Comment fonctionne la séance de cotation sur le marché de Paris ?

Question 5 : Quels facteurs interviennent dans la formation des cours sur le marché au comptant ?

Question 6 : Quelles transactions s'effectuent sur le marché des changes au comptant ?

Question 7 : Décrivez le fonctionnement du marché des changes à terme.

La cotation des cours sur le marché de Londres est effectuée au certain alors que la cotation sur toutes les autres places financières est faite à l'incertain.

Question 8 : Quelle est la signification des expressions cotation au certain et cotation à l'incertain ?

Les opérations commerciales internationales comportent des délais de règlement plus ou moins longs. Par conséquent, le montant de monnaie nationale reçu au payé dans l'avenir pour la quantité de devises correspondant aux créances et dettes n'est pas connu avec certitude au moment où s'effectue l'exportation ou l'importation. Toute fluctuation du taux de change entre l'opération commerciale et son règlement entraîne des pertes ou profits exceptionnels sans rapport avec les bénéfices d'exploitation de l'entreprise.

Question 9 : Comment peut-on éviter les conséquences des fluctuations du prix du change ?

Question 10 : Décrivez le mécanisme des opérations de couverture sur le marché au comptant.

Question 11 : Décrivez le mécanisme des opérations de couverture sur le marché à terme.

Question 12 : Quels facteurs interviennent dans la formation des cours sur le marché des changes à terme ?

Question 13 : Présentez les conclusions de la théorie de la parité des taux d'intérêt.

Les spéculateurs sont des intervenants sur le marché des changes mais, à l'inverse des exportateurs et des importateurs, leur objectif n'est pas de se prémunir contre le risque de change.

Question 14 : Décrivez le mécanisme des opérations de spéculation.

On a pu dire que les opérations de *leads and lags* avaient rendu inévitable la dévaluation de la livre sterling en 1967.

Question 15 : Quel est le mécanisme économique décrit par l'expression : spéculation par *leads and lags* ?

EXERCICES*

Exercice 1

La société Troctout, dont l'activité commerciale internationale s'est développée avec les Etats-Unis, exporte des hélices d'avion en matériaux composites et importe des radars météorologiques.

Les hélices comme les radars sont facturés en dollar américain. Les délais de règlement sont d'un mois à l'exportation et de deux mois à l'importation.

Le directeur financier de Troctout décide de se couvrir contre le risque de change par un achat et une vente à terme de devises.

1 - Décrivez les mécanismes de couverture et chiffrez-les à l'aide des informations figurant dans les tableaux 1 et 2, pour un contrat de 200 000 dollars à l'exportation et un contrat de 150 000 dollars à l'importation.

2 - Les deux contrats d'importation et d'exportation prenant naissance le même jour, que conseilleriez-vous au directeur financier de Troctout ?

* Les exercices 1, 2 et 3 ont été rédigés par Charles de La Baume. L'exercice 4 a été rédigé par Paul Gagey. L'exercice 7 est directement inspiré d'un article publié par R. Cazenave : Financement d'une exportation, couverture et risque de change.

Tableau 1
Marché des changes

	Fixing	Cours acheteur	Cours vendeur
USD 1	7,4085	7,4030	7,4140
100 CHF	363,6900	363,3700	364,0100
100 DEM	301,3000	301,0100	301,5900

Tableau 2
Marché des euro-devises

	USD	*CHF*	*DEM*	*FRF*
48 heures	8 7/8 – 9	2 3/4 – 3 1/4	4 3/4 – 4 7/8	12 3/8
1 mois	8 7/8 – 9	4 1/8 – 4 1/4	4 3/4 – 4 7/8	12 3/4
3 mois	8 7/8 – 9	4 3/16 – 4 5/16	4 7/8 – 5	13 7/8
6 mois	8 15/16 – 9 1/16	4 1/4 – 4 3/8	4 15/16 – 5 1/16	16 1/4

Source : Les Echos, 17 mai 1983.

Exercice 2

Une entreprise française possède trois filiales en République Fédérale d'Allemagne, en Belgique et aux Etats-Unis. Celles-ci s'achètent et se vendent mutuellement des produits et des services.

Les échanges entre filiales recensés pendant le dernier trimestre de l'année précédente sont reproduits ci-joint.

Filiale allemande

Achat à la filiale belge pour 150 000 deutsche marks
Achat à la filiale américaine pour 90 000 dollars
Vente à la filiale belge pour 195 000 deutsche marks
Vente à la filiale américaine pour 75 000 dollars

Filiale belge

Achat à la filiale allemande pour 195 000 deutsche marks
Achat à la filiale américaine pour 45 000 francs belges
Vente à la filiale allemande pour 150 000 deutsche marks
Vente à la filiale américaine pour 105 000 francs belges

Filiale américaine

Achat à la filiale allemande pour 75 000 dollars
Achat à la filiale belge pour 105 000 francs belges
Vente à la filiale allemande pour 90 000 dollars
Vente à la filiale belge pour 45 000 francs belges

1. Si la maison mère française avait mis en place un système de *netting* à caractère multilatéral rayonnant à partir d'un centre financier spécialisé siégeant à Bruxelles, quels auraient été les résultats de la compensation bilatérale et de la compensation centralisée auxquelles elle aurait pu procéder ?

2. Quelles conclusions tirez-vous de cet exemple ?

Exercice 3

Vos compétences acquises par de solides études universitaires vous ont permis d'être intégré comme assistant à la direction financière internationale de la filiale française d'une très grande banque américaine. Le responsable de cette direction décide de vous tester et vous demande de résoudre le problème suivant.

Suite à un voyage officiel aux Etats-Unis, en présence du ministre du commerce extérieur, une PME française a obtenu un contrat d'un montant de USD 500 000. La dimension de l'entreprise ne lui permet pas de faire face au besoin de trésorerie et au risque de change qui résultent de la créance à six mois inhérente à cette exportation. Etant données les conditions particulières d'obtention du contrat, destiné au ministère américain de la défense, il n'y aura aucun problème pour obtenir toutes les autorisations nécessaires vis-à-vis du contrôle des changes.

1 — Vous devez imaginer une opération financière résolvant les problèmes du client de la banque. Vous expliquez le mécanisme et chiffrez le résultat pour le client. Vous calculez le gain pour la banque sachant qu'elle perçoit une commission de 1,75 ‰ du montant en franc français perçu par le client. Vous disposez pour vos calculs des informations regroupées dans les tableaux 1 et 2.

Tableau 1
Marché des changes

	Séance du 29 mai 1984		
	Fixing	Cours acheteur	Cours vendeur
USD 1	8,4250	8,4195	8,4305
100 CHF	372,5500	372,2300	372,8700
100 DEM	307,6900	307,4000	307,9800

Source : Les Echos, 30 mai 1984.

Tableau 2
Marché des euro-devises

	USD	*CHF*	*DEM*	*FRF*
48 heures	$10^{11/16}$ – $10^{13/16}$	1 7/8 – 2 1/8	5 3/8 – 5 1/2	$12^{1/2}$
1 mois	10 7/8 – 11	$3^{13/16}$ – $3^{15/16}$	5 1/2 – $5^{5/8}$	12
3 mois	11 3/4 – $11^{7/8}$	4 – 4 1/8	$5^{15/16}$ – $6^{1/16}$	$13^{1/4}$
6 mois	12 7/16 – $12^{9/16}$	4 3/16 – $4^{7/16}$	6 5/16 – $6^{7/16}$	$14^{1/4}$

Source : Les Echos, 30 mai 1984.

2 — Quelle autre opération proposeriez-vous si vous appreniez qu'un deuxième client de la banque possède une dette de USD 500 000 payable dans six mois ?

3 — Refaites les calculs dans l'hypothèse où la créance aurait été à trois mois. Que remarquez-vous ? Comment pouvez-vous expliquer ce phénomène ?

Exercice 4

Dans 90 jours, la société Ventaletranger recevra un million de livres sterling, suite à des exportations effectuées au Royaumc-Uni. La direction envisage de procéder à une avance en devise en livre plutôt qu'à une mobilisation de créance export (MCE) sur la base de 1 GBP = 11,85 FRF, car le loyer de l'argent est peu élevé en Grande-Bretagne.

1. L'argument développé par la société Ventaletranger est-il judicieux ?

La direction envisage la possibilité d'effectuer une avance en franc suisse.

2. Cette avance en franc suisse destinée à financer des exportations libellées en livre sterling à destination du Royaume-Uni est-elle autorisée par le contrôle des changes ?

3. En supposant que les avances en franc suisse et en livre sont autorisées par le contrôle des changes, comparez les résultats financiers obtenus dans les différentes hypothèses envisagées par la direction de la société.

Les données nécessaires aux calculs sont les suivantes :

- sur le marché des changes au comptant :

— 1 GBP = 11,70 FRF

— 1 CHF = 3,70 FRF

- les cours de change dans trois mois, connus avec une précision satisfaisante, s'établissent à :

— 1 GBP = 11,85 FRF

— 1 CHF = 3,70 FRF

- le taux de la MCE : 12 %
- le taux de l'avance en devise en livre sterling = 8,5 %
- le taux de l'avance en devise en franc suisse = 3,5 %
- les intérêts sont précomptés, c'est-à-dire débités en début de période.

Exercice 5

Une entreprise française recevra des deutsche marks dans 6 mois. La direction financière veut fixer dès maintenant leur cours.

Quelles solutions chiffrées s'offrent à cette entreprise en fonction des données ci-jointes :

- Euro-deutsche mark à 6 mois : 6 1/8 - 6 1/2
- Euro-dollar à 6 mois : 12 1/4 - 12 5/8

- Marché monétaire français à 6 mois : 13 1/4 - 13 1/2
- Marché des changes au comptant
  USD/FRF : 8,3975 - 00
  USD/DEM : 2,7225 - 50
- Taux marginal de financement de l'entreprise : 15 %
- Marge bancaire pour un emprunt de l'entreprise sur le marché des euro-devises : 1/4 %

Exercice 6

Le 10 février, à 10 heures du matin, une entreprise française est sollicitée par un importateur américain en vue de formuler une offre concernant la vente aux Etats-Unis de 20 000 petits moteurs électriques. Deux conditions sont expressément formulées par l'importateur : le prix unitaire d'un moteur doit être au plus égal à USD 15 ; il est indispensable d'offrir un crédit de 6 mois.

L'importateur souhaite connaître, le jour même, avant 11 heures, les propositions financières de l'entreprise française et l'ensemble des conditions qui accompagneraient cette vente éventuelle. La même demande est formulée auprès d'un exportateur anglais et d'une entreprise allemande. Après échange téléphonique, l'entreprise française obtient l'engagement de l'importateur américain de lui fournir une réponse définitive avant 12 heures.

Le 10 février, le marché des changes était particulièrement calme. A 10 h 50 du matin, la banque de l'entreprise française vendait le dollar au comptant au taux de USD 1 = 7,1580 FRF et achetait la devise américaine au comptant sur la base de USD 1 = 7,1520 FRF. Le taux d'intérêt à 6 mois sur le marché de l'euro-dollar était 8,25 %. Le taux d'intérêt à 6 mois sur le marché monétaire français était 15,75 %.

Les données de la comptabilité analytique indiquent que les coûts de fabrication d'un moteur sont égaux à 60 francs, que les frais généraux et les frais financiers affectés à la production de 20 000 moteurs électriques sont respectivement égaux à 800 000 et 120 000 francs. L'exportateur estime enfin que le profit dégagé de la vente ne peut en aucun cas être inférieur à 30 000 francs.

Les frais divers entraînés par cette sollicitation de l'importateur américain sont évalués à USD 250,4 (ce sont pour l'essentiel des frais de téléphone et de telex).

Vous êtes responsable de la direction internationale de l'entreprise française. Quelle proposition financière êtes-vous conduit à formuler pour vous donner le maximum d'atouts en vue de décrocher ce contrat d'exportation ?

Exercice 7

Le 30 janvier, un exportateur français vend à un client italien des produits pour une valeur de 135 000 dollars. Cet exportateur reçoit une créance à 3 mois en dollar d'un montant identique à la valeur de ses exportations.

Cet exportateur est confronté à un double problème de financement et de change. Il vous consulte sur différentes possibilités qu'il a envisagées :

- se financer en établissant une lettre de change sans se couvrir contre le risque de change,
- se financer en établissant une lettre de change et se couvrir simultanément contre le risque de change par une vente à terme de devises,
- se financer et se couvrir simultanément contre le risque de change en procédant à une avance de 135 000 dollars,
- se financer et se couvrir simultanément contre le risque de change en procédant à une avance d'un montant tel que la somme à rembourser soit égale à 135 000 dollars,
- se financer en procédant à une avance en deutsche mark.

1. Vous établissez les résultats chiffrés des cinq hypothèses envisagées en vous aidant des informations de l'annexe dont certaines sont établies par un organisme de prévision particulièrement fiable.

2. Quels conseils êtes-vous conduit à formuler à cet exportateur ?

Annexe

Les informations regroupées dans cette annexe sont valables à la date du 30 janvier.

1. Le taux de financement des créances à court terme exportation est 12,80 %.

2. Les taux des avances en devises sont

	1 mois	*3 mois*	*6 mois*
Dollar américain	21 %	20 %	19 %
Deutsche mark	10,5 %	10,25 %	9,75 %
Lire italienne	19 %	18,50 %	17,75 %

3. Les cours de change au comptant des différentes devises par rapport au franc français sont

	30 – 1	*30 – 4*	*30 – 7*
Dollar américain	5,7420	5,8645	5,8130
Deutsche mark	2,3382	2,3179	2,3250
Lire italienne	0,0050185	0,0050330	0,0050220

Les cours pour le 30 avril et le 30 juillet sont des cours anticipés dont on peut raisonnablement penser qu'ils seront effectivement réalisés.

4. Le déport sur le dollar à 3 mois est 0,1148 ; le déport sur le dollar à 6 mois est 0,1525.

5. Le déport sur la lire à 3 mois est 0,00010 ; le déport sur la lire à 6 mois est 0,00015.

6. Le report sur le deutsche mark à 3 mois est 0,0984 ; le report sur le deutsche mark à 6 mois est 0,1256.

Chapitre 15

LA GESTION DU RISQUE COMMERCIAL ET DU RISQUE POLITIQUE

Le développement des échanges internationaux soumet les entreprises françaises à une sévère concurrence. La recherche de débouchés extérieurs est cependant une nécessité vitale pour la plupart d'entre elles, mais la pénétration et le maintien sur les marchés étrangers exigent des efforts très coûteux dont la rentabilité peut être hypothétique.

C'est la raison pour laquelle la Compagnie française d'assurance pour le commerce extérieur (COFACE) propose aux entreprises un système de garanties qui les couvre en partie des pertes pouvant résulter de la réalisation des risques commerciaux ou politiques inhérents à leur activité exportatrice. Par ce moyen, l'Etat incite les entreprises françaises à exporter et tente d'améliorer l'équilibre de la balance commerciale.

Quelles que soient l'importance de l'entreprise exportatrice et sa spécialité, la COFACE a pour fonction de la garantir contre certains risques. Elle le fait au stade de la prospection, d'une part, au stade de la vente, d'autre part. Elle offre par ailleurs des garanties annexes qui sont autant de services utiles aux exportateurs. Les services offerts par la COFACE sont analysés aux sections 2, 3 et 4. Cette étude est précédée d'une présentation de cette institution et complétée d'une analyse de ses résultats financiers. La section 6 présente brièvement les organismes d'assurance remplissant dans les principaux pays développés des fonctions identiques à celles de la COFACE. Même si elle dispose d'un monopole de fait, la COFACE n'est pas, cependant, le seul organisme à garantir les exportateurs contre le risque de crédit et le risque politique. Par ailleurs, les techniques de l'assurance ne sont pas les seules à être utilisées pour se protéger contre de tels risques. Ces deux points sont abordés dans la septième section de ce chapitre. Les risques commerciaux et politiques auxquels sont confrontés les exportateurs sont extrêmement difficiles à évaluer et à mesurer. En revanche, dans le domaine des marchés financiers, la mesure des risques auxquels s'exposent les investisseurs en achetant des titres est beaucoup moins aléatoire. La huitième et dernière section de ce chapitre évoque ce problème de l'évaluation des risques par les agences de rating.

Section I — La COFACE : présentation et fonction économique

La première initiative visant à offrir des garanties aux entreprises françaises dans le domaine de l'assurance crédit à l'exportation date de 1928. Elle s'est traduite par la création d'une compagnie d'assurance privée dénommée Société Française d'Assurances pour Favoriser le Crédit (SFAC). Elle avait pour objectif de garantir les exportateurs français contre le risque d'insolvabilité des acheteurs privés étrangers. Avant la seconde Guerre Mondiale, l'intervention de l'État se limitait à l'assurance des risques qui ne pouvaient être pris en charge par l'assurance privée.

Au lendemain de cette guerre, le système d'assurance crédit à l'exportation fit l'objet d'une réforme en profondeur qui se concrétisa par la création de la COFACE à qui fut confiée la gestion de l'assurance crédit à l'exportation. La SFAC fut contrainte d'apporter à la COFACE son portefeuille étranger et dut renoncer « à toute opération directe d'assurance crédit portant sur des opérations du commerce extérieur ». Les activités de la SFAC furent confinées à l'assurance crédit sur le marché intérieur.

Toutefois, en 1991, pour respecter la réglementation européenne, la SFAC et la COFACE ont créé un groupement d'intérêt économique dénommé Eurexel qui offre aux entreprises une couverture simultanée contre les risques de crédit sur le marché national et sur le marché international. Ceci permet à une entreprise de couvrir tous ses risques en recourant à une seule entité au moyen d'une seule assurance.

§ 1. La présentation de la COFACE

La COFACE est une société anonyme de droit privé créée par un décret du 1er juin 1946. Elle est dotée d'un statut de société nationale. Elle « assume pour le compte de l'Etat, la gestion du service public de l'assurance crédit et garantit la bonne fin des opérations d'exportation et d'importation ». La COFACE a débuté ses opérations le 2 septembre 1947 et ses statuts ont été homologués par un décret du 20 janvier 1948.

Son capital de 10 millions de francs, porté à 30 millions en 1987, est détenu par des actionnaires publics, des banques et des compagnies d'assurance. Au 31 décembre 1991, les actionnaires détenant plus de 10 % du capital de la COFACE étaient la Caisse des Dépôts et Consignations : 16,67 %, le Crédit National : 16,67 %, la Banque Française du Commerce Extérieur : 20 % et la Société Française d'Assurance Crédit : 16,67 %. La relative faiblesse du capital était compensée par l'ampleur des capitaux propres et des réserves qui atteignaient au 31 décembre 1991 le montant de 1 753 millions de francs.

Un décret paru au *Journal officiel* du 10 août 1984 a modifié les statuts de la COFACE afin de les mettre en harmonie avec les dispositions de la loi du 26 juillet 1983 relative à la démocratisation du secteur public et avec celles du décret d'application du 7 mai 1984.

Conformément aux termes de cette loi, le conseil d'administration de la COFACE comprend dix-huit administrateurs : six représentants des salariés, six représentants des actionnaires et six personnalités ayant une vaste expérience du commerce extérieur, nommés par l'Etat[1].

Au 31 décembre 1991, la Compagnie regroupait 1 179 personnes travaillant au siège de la Défense, dans vingt-deux délégations régionales : Amiens, Bordeaux, Cergy-Pontoise, Clermont-Ferrand, CNIT La Défense, Dijon, Grenoble, Le Havre, Lille, Lyon, Marne-la-Vallée, Marseille, Montpellier, Nancy, Nantes, Nice, Orléans, Paris, Poitiers, Rennes, Strasbourg, Toulouse, et dans cinq bureaux à l'étranger : Francfort, Londres, Madrid, Milan et Singapour. Les antennes régionales ont reçu d'importantes délégations et peuvent désormais instruire et délivrer directement des polices d'assurance court terme, moyen terme, ou de prospection.

La COFACE utilise également les services des conseillers commerciaux à l'étranger. Ils sont consultés sur les débouchés du marché, la concurrence locale et étrangère et ils donnent un avis sur les projets d'exportation présentés par les entreprises françaises sollicitant une garantie COFACE.

§ 2. La fonction économique de la COFACE

Près de 20 000 entreprises exportatrices utilisent l'une ou l'autre des garanties offertes par la COFACE.

En 1988, 23 % des exportations françaises ont été assurés à un titre ou à un autre par la COFACE. Ce taux était de 30 % en 1981 et de 33 % en 1984. Il serait plus important si on comparait les assurances souscrites à la masse des exportations comportant un risque susceptible d'être garanti. L'assurance crédit est en effet sans objet dans le cas des ventes payées comptant ou par crédits documentaires irrévocables et confirmés et dans celui des ventes aux filiales établies dans des pays politiquement sûrs.

En couvrant près du quart des exportations françaises, la COFACE se place au premier rang des grands assureurs crédit mondiaux devant le MITI

1. La compétence de ce conseil est limitée aux activités propres de la COFACE : celles qu'elle assure en tant que compagnie d'assurance privée. Elles représentent une part croissante des activités de la COFACE. Pour le reste, les décisions sont prises par l'Etat.

pour le Japon, l'Export Credit Guarantee Department pour la Grande-Bretagne, Hermes pour l'Allemagne, l'Eximbank et la Foreign Credit Insurance Association pour les Etats-Unis.

L'assurance crédit est peu utilisée dans le commerce courant de biens de consommation. Le recours à la COFACE croît à mesure que l'on pénètre le domaine des ventes de biens d'équipement. Jusqu'au 8 octobre 1985, il était automatique pour les exportations assorties de crédits de longue durée, car la garantie COFACE était une condition nécessaire à la mobilisation des créances nées sur l'étranger. Depuis cette date, les banques sont libres d'octroyer des crédits en franc ne bénéficiant pas de la garantie de la COFACE.

En 1984, 21 % des exportations françaises de biens de consommation et 50 % des exportations de biens d'équipement bénéficiaient d'une garantie COFACE[2].

La part des exportations françaises couvertes par la COFACE varie selon la destination des biens exportés. En 1983, elle atteignait 78 % pour les exportations à destination des pays en voie de développement et 48 % pour les exportations à destination des pays à économie d'Etat contre 16 % pour les exportations à destination des pays développés.

Le coût de l'assurance varie suivant la nature de l'acheteur (public ou privé), le risque pays tel qu'il est évalué par la COFACE et la police d'assurance retenue.

Toutes les garanties COFACE sont régies par le principe du partage des risques. Il existe toujours un ticket modérateur à la charge de l'exportateur. Bien évidemment, la garantie ne s'applique pas en cas de faute de l'exportateur.

La COFACE exerce deux fonctions distinctes sous une identité unique. Elle joue le rôle d'une compagnie d'assurance privée ; elle est simultanément une émanation de l'administration publique. Cette dualité correspond à celle des risques qu'elle doit supporter pour offrir une garantie complète aux exportateurs. Certains risques sont couverts par la COFACE pour son propre compte, les autres le sont pour celui de l'Etat.

A. — La COFACE en tant que compagnie d'assurance

Jusqu'au 31 décembre 1989, en tant que société privée, la COFACE assurait pour son propre compte tout risque commercial jusqu'à une limite de 7 millions de francs pour un même assuré sur un même acheteur. Cette limite, auparavant de 2,5 millions de francs, avait été portée à 3 millions puis relevée de 3 à 4 millions de francs en juillet 1980. Elle avait été à nouveau augmentée à compter du 1er juillet 1981 pour atteindre le seuil de 7 millions de francs en 1989. Parallèlement à cette décision, la COFACE avait fixé un plafond de risque par acheteur égal au double de cette limite.

Depuis le 1er janvier 1990, la COFACE, en tant que société privée, assure tout risque commercial et tout risque politique, quel qu'en soit le montant,

2. COFACE, *Activité 1984*, p. 5.

relatif à des exportations à destination des pays de la Communauté Economique Européenne (CEE) pour lesquelles la durée du crédit est inférieure à 3 ans. Elle assure également le risque commercial relatif à des exportations bénéficiant d'un crédit inférieur à 3 ans, à destination des pays localisés en dehors de la CEE.

Quand la COFACE garantit un risque commercial, elle évalue le degré de probabilité de voir un débiteur étranger privé s'acquitter normalement de ses engagements. Cette évaluation prend en considération trois facteurs spécifiques à l'entreprise : la surface financière, la capacité de paiement et la moralité de l'acheteur étranger, et deux facteurs généraux : la conjoncture de la branche d'activité considérée et la zone géographique. Cette fonction d'assurance est d'autant plus supportable que les risques acceptés recouvrent l'ensemble des branches d'activité, se répartissent sur plusieurs milliers d'acheteurs et sont domiciliés dans de nombreux pays étrangers.

Quand la COFACE agit pour son propre compte, elle se comporte comme une société privée. Elle doit équilibrer les primes reçues et les indemnités versées.

Le montant des exportations assurées progresse régulièrement (tableau 1). Il a atteint 152,8 milliards de francs en 1991. Il faut toutefois noter que les fortes augmentations de 1989 et 1990 résultent pour l'essentiel de la reprise par la COFACE de risques précédemment garantis pour le compte de l'État. Les primes émises pendant l'exercice 1991 se sont élevées à 748,5 millions de francs.

La répartition géographique des risques commerciaux pris en charge par la COFACE pour son propre compte en 1991 reflète la prépondérance des pays d'Europe occidentale qui représentent 71,4 % du total. L'Afrique conserve la deuxième place (11,2 %) devant l'Extrême-Orient (5,7 %) et l'Amérique du Nord (3,7 %). Le phénomène de concentration sur l'Europe occidentale, déjà observé les années précédentes, s'est encore accentué, puisque la part de cette zone était égale à 70 % en 1988 et atteignait seulement 61,2 % en 1986.

La ventilation par branches d'activité pour l'année 1991 souligne l'importance du secteur agro-alimentaire (20,1 % du total des exportations garanties) du secteur de la sidérurgie, de la métallurgie et de la ferraille (14 %), du secteur textile (13,7 %) et du secteur de la chimie pharmacie (11,8 %).

Tableau 1
Evolution de la valeur des exportations garanties par la COFACE pour son propre compte

Année	*Exportations*
1980	42,0
1981	48,8
1982	51,7
1983	60,3
1984	73,0
1985	75,9
1986	80,9
1987	88,8
1988	105,8
1989	123,1
1990	136,0
1991	152,8

Unité : Milliards de francs.
Source : COFACE, *Rapport financier,* 1991.

B. — La COFACE en tant qu'émanation de l'administration

En tant que service public, la COFACE assure, pour le compte de l'Etat, tout risque politique sur des exportations à l'exception de celles bénéficiant d'un crédit inférieur à 3 ans et destinées à des pays de la CEE. Quand la COFACE garantit ces risques, elle apporte, en fait, une aide ou un soutien aux exportateurs.

Les risques politiques recouvrent quatre faits générateurs de sinistres :

- le risque politique proprement dit : guerre, révolution, émeute, acte ou décision gouvernementale faisant obstacle à l'exécution du contrat,
- le risque catastrophique : cyclone, inondation, tremblement de terre, éruption volcanique ou raz-de-marée,
- le risque de non-transfert résultant d'une décision des autorités étrangères et empêchant ou retardant le transfert des fonds versés par le débiteur dans sa monnaie nationale,
- le risque de non-paiement d'un débiteur de statut public[3].

Ces risques, indépendants de la personnalité de l'acheteur à l'exception partielle du quatrième, ont en commun trois particularités :

- leur réalisation présente un caractère massif allant jusqu'à la suspension totale des paiements attendus d'un pays considéré,
- aucun recours judiciaire n'est possible sauf négociation avec la puissance publique,
- ils ne sont pas prévisibles.

Ces risques difficiles à apprécier ne sont pas, en règle générale, suppor-

3. COFACE, *L'assurance des crédits à l'exportation : biens d'équipement lourds ou sur devis, grands ensembles industriels, marchés de travaux ou d'études,* COFACE, Paris, 1978, pp. 8-10.

tables par un assureur privé. A quelques rares exceptions près, seule la puissance publique peut les prendre en charge. Tous les pays industrialisés offrent un service identique dont l'Etat supporte la charge, quel que soit l'habillage juridique mis en place.

Cette deuxième activité de la COFACE est gérée en fonction de l'intérêt général du pays. Les décisions sont prises par le directeur de la Direction des relations économiques extérieures (DREE) du ministère de l'Economie et des Finances après avis de la Commission des garanties et du crédit du commerce extérieur (CGCCE)[4].

Cette instance comprend des représentants du ministère de l'Economie et des Finances (DREE, direction du budget et direction du Trésor), du ministère des Affaires étrangères et des ministères techniques concernés : industrie, équipement, transports, agriculture, coopération... ainsi que des représentants des grandes institutions financières publiques : Banque de France, Crédit national, Caisse centrale de coopération économique et BFCE. La COFACE participe à cette Commission en tant que rapporteur des dossiers.

La Commission examine tous les contrats à l'exportation pour évaluer les risques quant à l'acheteur, au fournisseur et à l'opération elle-même. Les parties prenantes sont nombreuses et diverses dans le souci d'avoir un avis autorisé sur les plans technique, économique ou politique.

Les risques gérés par la COFACE pour le compte de l'État sont garantis par la souscription de polices individuelles. En 1991, les garanties délivrées ont porté sur un montant de 69,9 milliards de francs (tableau 2).

Tableau 2
Évolution du montant des garanties délivrées par l'État

Année	*Montant des garanties*
1985	90,0
1986	76,0
1987	57,0
1988	63,8
1989	63,0
1990	66,3
1991	69,9

Unité : Milliards de francs.
Source : COFACE, *Rapport d'activité.*

La COFACE gère, enfin, pour le compte de l'Etat, plusieurs procédures d'accompagnement ou de soutien au commerce extérieur : l'assurance prospection, l'assurance foire, la garantie du risque économique, la garantie de change et la garantie des investissements à l'étranger.

4. Les décisions peuvent être prises directement par la COFACE si la demande entre dans le cadre de la déléguation donnée par le directeur de la DREE à la COFACE.

Section II — La garantie des exportations au niveau de la prospection

En prenant en charge une partie des dépenses associées à la prospection des marchés à l'exportation, la COFACE aide les entreprises à développer des courants d'affaires durables à destination de pays à forte potentialité. Pour répondre aux besoins des entreprises et offrir une gamme de services aussi étendue que possible, la COFACE a mis en place plusieurs procédures bien adaptées aux besoins des exportateurs[5].

§ 1. L'assurance prospection

Deux procédures furent mises en place : l'assurance normale et l'assurance simplifiée.

A. — L'assurance prospection normale

Cette assurance inspirée d'une procédure anglaise a été créée par une loi du 27 janvier 1950.

Elle s'adresse aux entreprises qui effectuent un effort pour présenter et diffuser leurs produits sur les marchés extérieurs. Elle est destinée à favoriser une action de promotion commerciale en indemnisant partiellement l'exportateur si les frais résultant de cette prospection ne sont pas amortis par les ventes.

L'assurance prospection n'a pas connu un grand succès lors de sa création puisque 4 à 5 contrats seulement étaient souscrits chaque année. Après quelques modifications apportées par la COFACE, le succès s'est progressivement confirmé : 60 contrats furent souscrits en 1958. Succès précaire puisque la direction du Trésor écarte en 1958 les grandes firmes du bénéfice de l'assurance prospection. Nouveau déboire en 1963, car la Commission de Bruxelles impose à son tour de sévères restrictions quant à la possibilité de bénéficier de cette assurance pour effectuer des prospections commerciales dans les pays de la CEE. Cette assurance ne redémarre réellement qu'en 1971, grâce à un important contrat signé avec la société informatique CII. Depuis cette date, le nombre des demandes augmente chaque année malgré de nouvelles limitations introduites à la fin de l'année 1985 pour l'octroi de la garantie aux grandes entreprises et à leurs filiales majoritaires.

Les bénéficiaires de l'assurance prospection normale sont les entreprises industrielles, commerciales et de services ou les groupements d'entreprises dont le chiffre d'affaires annuel est inférieur ou égal à trois milliards de francs. Les entreprises bénéficiaires ne doivent pas appartenir, par ailleurs, à une société, un groupe ou une holding dont le chiffre d'affaires est supérieur à trois milliards de francs.

---

5. Il est difficile d'être très original lorsque l'on expose les différents services rendus par la COFACE. Cette remarque explique que les développements des sections 2 et 3 empruntent largement aux différentes publications et aux rapports annuels de cet organisme.

Pour bénéficier d'une assurance prospection normale, l'exportateur soumet à la COFACE un projet dans lequel sont évaluées, poste par poste, les dépenses de prospection qu'il estime devoir engager. Les dépenses dont il est tenu compte sont tous les frais fixes en relation directe avec la prospection commerciale : déplacements et séjours à l'étranger, frais de personnel d'un service exportation créé pour les besoins de la prospection, adaptation des produits aux normes du pays prospecté, frais fixes d'agents locaux à l'étranger, entretien des délégués permanents, de bureaux ou de filiales commerciales chargés de la prospection, frais financiers liés à la constitution de stocks locaux, dépenses de publicité, participation à des expositions et salons spécialisés à l'étranger, conseils juridiques et fiscaux concernant les pays couverts, frais de dépôt de marques ou de brevets, frais de financement de l'action de prospection, études de marchés etc...

La mise en jeu de la garantie résulte de la comparaison, à l'issue de chaque exercice annuel de la période de garantie, du total des dépenses effectivement exposées et du montant des ventes réalisées, affecté d'un pourcentage appelé « taux d'amortissement » déterminé en fonction de la marge brute usuelle du secteur d'activité de l'entreprise assurée.

Si le total des dépenses exposées dépasse le montant des ventes affecté du taux d'amortissement, la perte est indemnisée à hauteur de la quotité de base généralement fixée à 65 %. Des bonifications destinées à encourager certaines catégories d'entreprises ou certaines formes d'actions peuvent être accordées aux exportateurs. Elles sont cumulables avec la quotité de base sans pouvoir toutefois dépasser le chiffre de 75 %.

Au cours de la période de garantie, dont la durée est comprise entre 1 et 5 ans, mais qui peut être prorogée jusqu'à 7 ans sur certains pays difficiles, les pertes constatées à la fin de chaque exercice entraînent le versement d'une indemnité provisoire calculée en appliquant au solde du compte de liquidation provisionnelle la quotité prévue dans la police. Les sommes ainsi versées sont restituées, en tout ou en partie, à la fin des exercices suivants si, après s'être soldé par un déficit, le compte annuel de liquidation fait ressortir un bénéfice.

La période de garantie est suivie d'une période d'amortissement complémentaire d'une durée égale à la première, au cours de laquelle l'assuré ne reçoit plus d'indemnité et peut, en revanche, être amené à effectuer des reversements si le compte annuel de liquidation fait apparaître un bénéfice.

Les polices peuvent être délivrées à une entreprise agissant isolément ou à plusieurs sociétés effectuant une action de prospection commune. Cette police collective bénéficie alors de quotités garanties plus élevées.

La garantie peut être accordée pour un pays, un groupe de pays ou tous les pays étrangers. Elle ne peut toutefois être accordée exclusivement sur des pays de la Communauté Economique Européenne ou de la zone franc. L'assuré ne peut bénéficier deux fois de suite d'une garantie sur une même zone géographique.

La prime perçue chaque année en début d'exercice est payable pendant toute la période de garantie. Elle cst égale à 3 % du budget agréé par la COFACE.

A la fin de l'année 1990, la COFACE gérait 1 843 contrats d'assurance prospection normale[6] (tableau 3).

B. — L'assurance prospection simplifiée

C'est une procédure créée en septembre 1975 dans le cadre de l'opération « Nouveaux exportateurs » initiée par le gouvernement de l'époque. Elle s'adresse aux entreprises industrielles ou commerciales réalisant un chiffre d'affaires global inférieur à 300 millions de francs et dont le budget annuel de prospection n'excède pas un million de francs. Cette procédure est destinée aux entreprises ne disposant pas de moyens de gestion commerciale développés et ayant peu d'expérience dans le domaine international.

L'obtention de cette garantie est beaucoup plus simple et automatique que celle de l'assurance prospection normale. Elle peut être par la suite prolongée par une garantie normale dont l'accès est facilité grâce à l'expérience acquise.

La période de garantie dure un an. Elle peut être renouvelée deux fois. Elle est suivie d'une période d'amortissement complémentaire de 2 ans (3 ans en cas de renouvellement). Il est par ailleurs possible de souscrire un deuxième contrat, un an après la fin de la période de garantie du premier.

Les dépenses garanties sont identiques à celles admises pour l'assurance prospection normale, mais le budget annuel doit être inférieur à un million de francs.

La quotité garantie est de 65 %.

La prime versée par l'assuré est égale à 3 % du budget annuel des dépenses garanties par la COFACE.

A l'issue de chaque exercice annuel de la période de garantie, la COFACE établit un compte d'amortissement qui fait apparaître :

- au débit, les dépenses garanties engagées,
- au crédit, 5 % ou 7 % du chiffre d'affaires à l'exportation réalisé sur les pays couverts (ce pourcentage est déterminé en fonction de la marge brute usuelle du secteur d'activité de l'entreprise assurée).

Si le solde de ce compte est négatif, la COFACE verse à l'entreprise assurée une indemnité correspondant à 65 % de son montant.

La période de garantie est suivie d'une période d'amortissement complémentaire durant laquelle l'entreprise assurée peut être conduite à reverser tout ou partie des indemnités précédemment reçues. Ce reversement est fonction de l'importance du chiffre d'affaires réalisé pendant la période d'amortissement complémentaire. Si le chiffre d'affaires est insuffisant pour générer un reversement total, le solde des avances reçues est conservé par l'entreprise assurée à titre d'indemnité définitive.

A la fin de l'année 1990, la COFACE gérait 3 742 contrats d'assurance prospection simplifiée (tableau 3).

---

6. COFACE, *Rapport d'activité 1990.*

Tableau 3
Statistiques concernant l'assurance prospection

Année	*Assurance prospection normale*	*Assurance prospection simplifiée*	*Assurance foire et mission individuelle cofacée*
1981	976	999	1 722
1982	1 111	1 359	1 820
1983	1 363	1 996	2 543
1984	1 564	2 800	2 968
1985	1 758	3 056	3 238
1986	1 808	3 268	2 638
1987	1 844	3 445	1 866
1988	1 897	3 717	1 421
1989	1 843	3 905	1 141
1990	1 843	3 742	1 036

Unités : Nombre de contrats en cours.
Source : COFACE, *Rapport annuel.*

§ 2. Les autres assurances prospection

Nous présentons brièvement l'assurance foire, l'aide complémentaire de l'ANVAR (Agence nationale pour la valorisation de la recherche) pour les entreprises initiant des études de marché pour exporter des produits nouveaux ou innovants, et la mission individuelle cofacée.

A. — L'assurance foire

L'assurance foire est destinée à favoriser une action de promotion commerciale. Elle permet aux entreprises françaises qui participent à certaines foires et expositions tenues dans un pays situé en dehors de la Communauté Économique Européenne de bénéficier d'une indemnité si les frais induits par cette participation ne sont pas amortis par les ventes. La liste limitative de ces manifestations commerciales est arrêtée par les pouvoirs publics en fonction de leur intérêt économique.

La quotité garantie est normalement égale à 50 % des frais garantis. Elle atteint 60 % pour des manifestations commerciales situées au Japon.

L'assurance foire couvre la location et l'aménagement du stand, le transport des articles exposés, les voyages et les frais de séjour et d'assurance du personnel de l'entreprise, et les dépenses de publicité associées à la manifestation commerciale.

A la signature du contrat, l'entreprise assurée verse une prime égale à 2 % du budget garanti par la COFACE.

Dans les deux mois qui suivent la fin de la manifestation, l'entreprise adresse à la COFACE un état de ses frais. Cette dernière lui verse alors une indemnité « provisionnelle » qui est fonction de la quotité garantie. Cette indemnité sera éventuellement remboursée par l'entreprise si l'application aux exportations réalisées pendant la durée d'amortissement (2 ou 3 ans) du taux d'amortissement décidé lors de la signature du contrat (il varie de 3 % à 7 %) dégage une somme supérieure à l'indemnité provisionnelle, sinon cette dernière, ou son reliquat, reste définitivement acquise à l'assuré.

Les grandes manifestations commerciales tendant à se raréfier, le nombre de contrats signés au titre de l'assurance foire baisse de manière significative depuis 1985 (tableau 3).

B. — L'aide complémentaire de l'ANVAR

Les entreprises initiant des études de marché pour exporter des produits nouveaux ou innovants, et qui bénéficient d'une assurance prospection de la COFACE, peuvent obtenir un complément d'indemnité. Ce complément s'ajoute aux indemnités provisionnelles versées au titre de l'assurance prospection de manière à porter à 75 % la quotité garantie pour la première année du contrat (la quotité peut être supérieure dans le cas d'études de marché effectuées au Japon et aux Etats-Unis).

Pour bénéficier de cette aide, il est obligatoire d'avoir préalablement obtenu un financement de l'ANVAR ou une aide de l'Etat destinée à favoriser l'innovation.

C. — La mission individuelle cofacée

Cette assurance aboutit à faire prendre en charge par la COFACE une fraction des dépenses liées à la participation à une mission individuelle de prospection à l'étranger organisée par le Centre français du commerce extérieur.

Seules les PME dont le chiffre d'affaires ne dépasse pas 300 millions de francs peuvent en bénéficier. Les dépenses couvertes sont celles engagées pour réaliser deux voyages à l'étranger. Immédiatement après chacun d'eux, la COFACE indemnise 50 % des frais engagés. La prime, égale à 2 % du budget prévisionnel, est défalquée du montant de la première indemnité versée. Deux ans après le premier voyage, en cas de succès, l'assuré rembourse à la COFACE 6 % du chiffre d'affaires réalisé à l'exportation dans la limite de l'indemnité reçue.

La mission individuelle cofacée est naturellement complétée par une assurance prospection normale ou simplifiée dès que les premiers contacts noués font apparaître la possibilité de nouveaux débouchés.

A la fin de l'année 1990 la COFACE gérait 1 036 contrats d'assurance-foire et de missions individuelles cofacées[7] (tableau 3).

*

*   *

Pour conclure, notons que les indemnités versées par la COFACE au titre des différentes procédures évoquées dans cette section exercent un important effet de levier sur les exportations françaises. En 1991, le chiffre d'affaires à l'exportation généré par les garanties a atteint en effet 17,9 milliards

---

7. COFACE, *Rapport d'activité 1990.*

de francs. Par ailleurs, le coût de ces procédures pour les finances publiques se réduit nettement puisque le taux de couverture des indemnités par les primes et les versements s'est établi à 77 % en 1991.

Section III — L'assurance crédit à l'exportation

Dans un contrat exportation, l'entreprise est soumise à un risque de fabrication et à un risque de crédit.

Le risque de fabrication correspond à une interruption de marché laissant à la charge de l'exportateur les frais déjà engagés pour l'exécution de son contrat. Ce risque concerne la période allant de la date de conclusion du contrat à celle de la livraison.

Le risque de crédit correspond à un non-règlement de la créance, après la livraison des fournitures ou l'exécution des prestations contractuelles. Ce risque concerne la période s'écoulant entre la livraison et la fin des paiements[8].

Pour se protéger contre les risques de fabrication et de crédit, l'exportateur doit souscrire une police d'assurance auprès de la COFACE. Il en existe, en fait, trois types : la police individuelle, la police d'abonnement et la police globale.

La police individuelle est délivrée affaire par affaire, chacune ne couvrant qu'une seule opération. Elle est toujours choisie dans le cas de biens d'équipement lourds et d'ingénierie.

La police d'abonnement constitue un cadre définissant les conditions générales de la garantie, mais elle laisse aux exportateurs le choix des opérations à assurer. Cette police permet de simplifier l'octroi des garanties. Elle est destinée aux entreprises qui vendent des matériels industriels de série ou de demi-série.

La police globale couvre l'intégralité du chiffre d'affaires traité à l'exportation par un assuré. Elle s'applique à la couverture des biens de consommation et des biens d'équipement légers.

La garantie concerne, selon les polices souscrites, le risque politique ou le risque commercial.

Le premier résulte d'un fait politique proprement dit, d'un fait catastrophique ou d'un événement survenu hors de France empêchant ou retardant le transfert des fonds versés par le débiteur.

Le risque commercial résulte de la détérioration de la situation financière de l'acheteur. La conception de la COFACE est très extensive puisque la garantie déborde la seule insolvabilité du débiteur pour s'étendre à sa carence, c'est-à-dire à son défaut de paiement prolongé pendant un certain délai.

La distinction risque politique-risque commercial prend toute sa valeur lorsqu'il s'agit d'un acheteur privé. Elle perd son sens lorsqu'on est en pré-

---

8. COFACE, *L'assurance des crédits à l'exportation : biens d'équipement lourds, op.cit.*, pp. 10-11.

sence d'opérations conclues avec un acheteur public. Dans ce dernier cas, l'exécution de l'obligation contractuelle est garantie par une extension de la couverture du risque politique.

Nous présentons dans un premier paragraphe les principes généraux qui s'appliquent à tous les contrats de la COFACE. Nous étudions dans un deuxième paragraphe les principales formules d'assurance offertes par la COFACE.

§ 1. Les principes généraux de l'assurance crédit à l'exportation

Les principes généraux communs aux différentes formules d'assurance offertes par la COFACE concernent les conditions des garanties, l'octroi des garanties, les procédures d'indemnisation et le coût des garanties.

A. — Les conditions d'obtention des garanties

La garantie de la COFACE est en principe réservée aux exportations de produits français. Elle n'est acquise que si les clauses et conditions du contrat de vente ont été respectées par l'exportateur et si les formalités administratives prévues ont été accomplies.

En cas de défaillance de l'acheteur, la garantie de la COFACE ne peut être mise en jeu que si l'acheteur ne soulève aucune contestation quant au bien-fondé de la créance dont le paiement est réclamé. En cas de litige, la prise en charge est différée jusqu'au jugement de la contestation soulevée.

B. — L'octroi des garanties

S'il s'agit de garanties délivrées affaire par affaire, l'exportateur doit établir pour chaque commande, au plus tard dans les 30 jours de conclusion de son marché, une demande de garantie qui est le cas échéant soumise à la Commission des garanties et du crédit du commerce extérieur. Si la demande est agréée, l'exportateur reçoit de la COFACE une promesse de garantie généralement valable 6 mois.

Si la garantie doit couvrir un courant d'affaires traitées avec un même client, l'exportateur bénéficiant d'une police globale n'a pas à établir une demande pour chaque commande. La demande doit porter sur un découvert renouvelable, c'est-à-dire le solde débiteur maximum que l'exportateur peut avoir dans ses livres sur l'acheteur considéré.

C. — Les procédures d'indemnisation

L'indemnisation est calculée en appliquant au montant des pertes un pourcentage appelé quotité garantie qui varie en fonction du type de police et de la nature du risque couvert.

Lorsque le risque se réalise, l'indemnisation intervient à l'issue d'un délai constitutif du sinistre qui varie selon la nature du risque et le type de police. Ce délai est justifié par la nécessité de ne pas assimiler à un sinistre ce qui n'est qu'un ajournement de l'exécution du marché, un défaut de ponctualité de la part d'un acheteur ou un retard dans l'accomplissement des formalités administratives de transfert.

L'expérience montre que les sinistres qui restent à régler au terme des délais constitutifs représentent une minorité par rapport à ceux qui sont déclarés par les assurés à l'origine de ces délais.

Les indemnités sont calculées au vu d'un compte de pertes. En cas de sinistre de fabrication, ce compte fait apparaître la perte sur le prix de revient des fabrications. En cas de sinistre de crédit, ce compte fait apparaître la perte sur le prix de vente stipulé au contrat.

Les éventuelles récupérations sont partagées entre l'assuré et la COFACE au *prorata* des fractions garanties et non garanties de la créance.

D. — Le coût des garanties

La contrepartie de la garantie est le paiement d'une prime par l'assuré à laquelle s'ajoutent des droits d'ouverture de dossier et dans certains cas des frais d'étude et de surveillance de la clientèle.

Dans le cas d'une vente avec crédit à moyen ou long terme, le coût de la garantie est calculé cas par cas en fonction des caractéristiques et de la nature des risques couverts.

Dans le cas d'une vente de biens de consommation avec crédit à court terme, le montant de la prime varie avec l'importance des exportations, la répartition et la qualité de la clientèle.

Pour chaque risque couvert, qu'il s'agisse du risque de fabrication ou du risque de crédit, le coût comprend deux éléments :

— la prime de base, indépendante de la durée du risque,

— la prime *prorata temporis* proportionnelle à la durée du risque.

Ces primes varient selon le type de police, la nature des risques couverts, le statut du débiteur et le risque du pays importateur.

§ 2. Les formules d'assurance offertes par la COFACE

Les formules offertes par la COFACE sont relativement souples. Elles concernent les biens de consommation, les biens d'équipement légers ou produits en série, les marchés d'étude et d'assistance technique, et les biens d'équipement lourds ou sur devis, les grands ensembles industriels ou les marchés de travaux.

A. — Les biens de consommation

Deux polices d'assurance concernent cette catégorie de biens bénéficiant d'un crédit d'une durée au plus égale à six mois.

1. *La police GCP*

La police GCP (globale, commercial et politique) permet d'assurer le risque de crédit, qu'il soit de nature commerciale ou politique, sur des acheteurs privés et sur des acheteurs publics.

Cette police globale, valable un an et renouvelable par tacite reconduction, couvre le risque commercial sur des acheteurs privés pour l'ensemble du chiffre d'affaires à l'exportation de l'assuré, déduction faite des ventes réglées par chèque et par virement avant l'expédition ou par crédit documentaire irrévocable. Pour le risque politique sur des acheteurs privés, l'entreprise conserve le choix des pays sur lesquels elle entend faire couvrir ses risques. La garantie des risques sur les acheteurs publics peut être exclue à la demande de l'assuré sur certains pays ou sur tous les pays. La garantie GCP ne couvre que le risque de crédit ; il est toutefois possible d'étendre par avenant la couverture pour garantir le risque de fabrication.

La quotité garantie est de 85 % en risque commercial, mais elle peut atteindre 90 % si l'entreprise bénéficie de la garantie d'une banque agréée par la COFACE. La quotité atteint 90 % en risque politique.

2. *La police GCP SUPER S*

La police GCP SUPER S, la plus simple de toutes les polices de la COFACE, a été lancée en 1989. Elle est réservée aux entreprises réalisant un chiffre d'affaires annuel à l'exportation inférieur à 3 millions de francs. Elle offre quasiment les mêmes garanties que la police GCP, mais les procédures administratives pour en bénéficier sont très simplifiées.

Cette police globale, valable un an et renouvelable par tacite reconduction, garantit exclusivement le risque de crédit. Elle couvre tous les clients de l'entreprise, qu'ils aient un statut privé ou public, localisés dans tous les pays où l'assuré exporte, sans exclusion d'acheteurs ou de pays.

La quotité garantie est de 85 % pour le risque commercial sur les acheteurs privés et de 90 % pour le risque politique sur les acheteurs privés et les acheteurs publics.

B. — Les biens d'équipement légers ou produits en série

Les exportations susceptibles de bénéficier des garanties offertes par les polices BE et EA (ex BI) sont les biens d'équipement légers, les machines de série et de demi-série vendues sur catalogues ou les matériels montés à partir d'éléments construits en série : machines outils, machines textiles, à bois ou à imprimer, matériel électrique.

Ces polices permettent de garantir le risque de crédit et éventuellement le risque de fabrication. En fonction des polices et des avenants souscrits, l'exportateur peut se couvrir contre le risque commercial, le risque politique ou les deux simultanément.

Peuvent bénéficier d'une garantie BE et EA les exportations financées par crédit acheteur ou crédit fournisseur dont les délais de paiement sont inférieurs à 3 ans, quelle que soit par ailleurs leur durée de fabrication. En risque commercial la quotité garantie est de 85 %, mais elle peut atteindre 90 % si l'opération bénéficie de la garantie d'une banque agréée par la COFACE. En risque politique, la quotité garantie est de 90 %, qu'il s'agisse d'acheteurs publics ou d'acheteurs privés.

La police BE est une police globale en ce qui concerne le risque commercial de crédit. Pour le risque politique de crédit, en revanche, l'entreprise a le choix des pays sur lesquels elle fait couvrir ses risques. Il est possible de couvrir par avenant le risque de fabrication.

La police EA est une police d'abonnement qui donne à l'assuré le choix des risques à couvrir (risque politique et/ou commercial, risque de crédit complété ou non par le risque de fabrication) et des affaires qu'il souhaite assurer. De ce fait, son coût est supérieur à celui de la police BE.

C. — La garantie des marchés d'étude et d'assistance technique

La garantie des marchés d'étude et d'assistance technique de durée inférieure à 1 an et dont les délais de paiement sont inférieurs à 3 ans, réalisés pour le compte d'acheteurs publics et privés, est assurée par la police PGS (police globale services).

Cette garantie concerne à la fois le risque de crédit et le risque d'interruption de marché. L'entreprise peut choisir :

- la garantie des risques commerciaux : l'entreprise couvre tous les contrats conclus avec des acheteurs privés ;
- la garantie des risques politiques sur des acheteurs publics et privés : l'entreprise a le choix des pays sur lesquels elle désire couvrir le risque politique.

Le risque commercial est couvert à hauteur de 85 %, mais la quotité garantie peut atteindre 90 % si l'opération bénéficie de la garantie d'une banque agréée par la COFACE. Le risque politique sur acheteur privé ou public est couvert à hauteur de 90 %.

D. — Les biens d'équipement lourds ou sur devis, les grands ensembles industriels et les marchés de travaux ou d'études

Ces garanties concernent des exportations généralement assorties d'un crédit à moyen ou long terme[9].

Elles revêtent plusieurs formes et donnent lieu à la délivrance de différentes polices suivant que les risques :

- sont supportés par des exportateurs (crédit fournisseur) ou des banques (crédit acheteur),
- sont de nature commerciale ou de nature politique,
- sont encourus sur des débiteurs publics ou des débiteurs privés,
- se situent en cours d'exécution des prestations contractuelles (risque de fabrication) ou au stade du paiement après l'exécution de ces prestations (risque de crédit).

La combinaison de ces différents éléments a conduit la COFACE à délivrer des polices qui sont toutes des polices individuelles (tableau 4).

En crédit fournisseur, deux polices sont délivrées :

- l'une pour les acheteurs publics,
- l'autre pour les acheteurs privés ; cette police garantit :

— le risque politique seul,

9. COFACE, *L'assurance crédit. Biens d'équipement lourds ou sur devis - Grands ensembles industriels - Marchés de travaux ou d'études*, mars 1988.

— le risque commercial seul,
— le risque politique et le risque commercial.

Les différentes polices accordées en crédit fournisseur peuvent couvrir :
— le risque de fabrication seul,
— le risque de crédit seul,
— le risque de fabrication et le risque de crédit.

Tableau 4
Les différents risques couverts par les polices individuelles de la COFACE

CREDIT FOURNISSEUR		
Acheteur public...........	Risque politique	- Risque de fabrication - Risque de crédit - Risque de fabrication et risque de crédit
Acheteur privé............	Risque politique	- Risque de fabrication - Risque de crédit - Risque de fabrication et risque de crédit
	Risque commercial	- Risque de fabrication - Risque de crédit - Risque de fabrication et risque de crédit
	Risque politique et risque commercial...........	- Risque de fabrication - Risque de crédit - Risque de fabrication et risque de crédit
CREDIT ACHETEUR		
Acheteur public...........	Risque politique	Risque de crédit
Acheteur privé............	Risque politique	Risque de crédit
	Risque commercial	Risque de crédit
	Risque politique et risque commercial...........	Risque de crédit

En crédit acheteur, deux polices sont également délivrées :
• l'une pour les acheteurs publics,
• l'autre pour les acheteurs privés ; cette police garantit :
— le risque politique seul,
— le risque commercial seul,
— le risque politique et le risque commercial.

Les différentes polices accordées en crédit acheteur ne couvrent que le risque de crédit.

La quotité garantie varie selon la police souscrite. En crédit fournisseur, elle est au plus égale à 90 % pour la couverture du risque politique et à

Tableau 5
Nombre de polices en vigueur au 31 décembre

Année	*Police GCP*	*Police ACS*	*Police BE*	*Police EA (ex BI)*	*Autres assurances à court terme*	*Total*
1982	5 433	557	1 198	1 004	1 170	9 362
1983	5 803	952	1 250	982	1 189	10 176
1984	6 311	1 349	1 281	1 009	1 223	11 173
1985	6 911	1 748	1 256	1 001	1 253	12 169
1986	7 486	2 002	1 215	977	1 272	12 952
1987	8 117	2 052	1 006	862	1 180	13 217
1988	8 705	2 069	745	600	1 163	13 282

Unité : Nombre de contrats.
Source : COFACE, *Rapports annuels*.

85 % pour la couverture du risque commercial, mais elle peut atteindre 90 % si le contrat commercial bénéficie de la garantie d'une banque agréée par la COFACE. En crédit acheteur, la quotité est fixée à 95 %, qu'il s'agisse de la couverture d'un risque commercial ou d'un risque politique.

A côté de ces garanties traditionnelles, la COFACE propose depuis plusieurs années, trois nouvelles polices plus spécifiques. La première garantit les banques non résidentes qui accordent des crédits acheteurs à des exportateurs français (ou participent à un pool bancaire accordant un crédit acheteur). La deuxième garantit le remboursement des emprunts obligataires destinés à financer les exportations françaises. La troisième garantit les banques qui escomptent sans recours des crédits fournisseurs.

E. — Quelques données chiffrées

Au 31 décembre 1988, le nombre total de polices court terme (celles relatives aux biens de consommation, aux biens d'équipement légers ou produits en série et aux marchés d'études et d'assistance technique) gérées par la COFACE était de 13 282. Le tableau 5 reproduit l'évolution du nombre de polices en vigueur au 31 décembre de chaque année depuis 1982.

Il est beaucoup plus difficile d'obtenir des informations sur les polices relatives aux biens d'équipement lourds ou sur devis, aux grands ensembles industriels et aux marchés de travaux ou d'études. La COFACE indiquait toutefois dans son rapport d'activité relatif à l'année 1988 que 400 entreprises assurées lui avaient notifié la conclusion de grands contrats.

Section IV — La garantie risque économique

L'ampleur de l'inflation au cours des années 1950 avait créé une situation délicate pour les exportateurs français. La réalisation de contrats sur longue période induisait un risque que les industriels ne pouvaient prendre à leur charge. Par ailleurs, le niveau de l'inflation ne permettait pas aux exportateurs d'obtenir des acheteurs étrangers des clauses de révision indexées sur les prix français.

Pour remédier à ces difficultés, l'Etat a élaboré une procédure dite de garantie de prix. Elle avait pour objectif d'affranchir l'exportateur de l'incidence de la hausse des prix intérieurs pendant l'exécution du contrat. Cette garantie prenait la forme d'une subvention égale à la différence entre les prix mondiaux et français afin de permettre aux exportateurs de conserver leur compétitivité.

La progressive réduction du taux d'inflation et l'obligation faite à la France de respecter les engagements qu'elle avait souscrits dans le cadre du traité de Rome ont amené le gouvernement à modifier la forme et le fond de cette aide. Par décision ministérielle du 24 avril 1960 fut donc créée l'assurance risque économique. La garantie de prix cessait d'être une aide de l'Etat pour devenir une assurance limitée à la couverture des variations des prix français supérieures à l'évolution des prix mondiaux. Cette couverture garantit aux exportateurs français, moyennant le paiement d'une prime, une situation comparable à celle de l'ensemble de leurs concurrents étrangers.

L'assurance risque économique est accordée sur décision de la Commission des garanties et du crédit du commerce extérieur. Son objectif est de couvrir l'exportateur, au-delà d'un certain seuil, contre la hausse de certaines composantes de son prix de revient pendant l'exécution des contrats d'exportation de biens d'équipement si ces derniers sont conclus à prix ferme ou avec une clause de révision plafonnée[10]. Le seuil ou la franchise constitue la partie de la hausse des coûts supportée par l'entreprise.

Cette procédure est conçue comme un mécanisme correcteur permettant aux exportateurs français de rester compétitifs face à leurs concurrents étrangers. Elle couvre les contrats d'exportation de biens d'équipement civils et les matériels militaires à longue durée de fabrication.

Ne sont éligibles à cette garantie que les contrats à l'exportation de biens d'équipement professionnels ou les prestations de services dont la durée d'exécution est supérieure à 12 mois et le montant supérieur à 2 millions de francs. Ce seuil est ramené à 1 million pour les PME lorsque le marché représente plus de 2 % du chiffre d'affaires hors taxes moyen des trois derniers exercices.

La durée maximale, initialement fixée à 72 mois, a été portée à 120 mois pour tenir compte de l'existence, tout à fait exceptionnelle au demeurant, de contrats à très longue durée d'exécution.

Cette garantie n'est délivrée qu'aux exportateurs effectuant des ventes à destination des pays situés en dehors de la CEE. Par ailleurs les ventes de matériels militaires à destination des pays riches de l'OCDE et de l'OPEP sont exclues du champ d'application de la garantie.

Du fait de ces exclusions, la garantie risque économique ne peut couvrir qu'environ 40 % des exportations françaises de biens d'équipement.

La garantie risque économique est une procédure originale, pratiquement sans équivalent à l'étranger. Une garantie de même nature est bien prévue en Italie et en Grande-Bretagne. Elle n'a cependant jamais fonctionné effectivement dans le premier pays et son champ d'application est demeuré très modeste dans le second.

Les attaques n'ont jamais manqué contre cette procédure tant en France qu'à l'étranger.

En France on lui a reproché son coût et ses bénéficiaires. Cette procédure est largement déficitaire, mais il est impossible d'avoir des chiffres précis. L'assurance risque économique a toujours la réputation, parfaitement fondée au demeurant, de ne profiter qu'aux grands exportateurs.

Les critiques de l'étranger ont été aussi vigoureuses. Elles provenaient des pays industrialisés concurrents de la France sur les grands marchés à l'exportation. Ces critiques ont abouti à mettre en accusation cette procédure auprès de la Cour de justice européenne le 11 novembre 1975. L'assurance risque économique était une aide trop voyante à l'exportation tombant sous le coup de l'article 92 du traité de Rome. La France fut condam-

10. Cette section reprend certains développements du mémoire de maîtrise de gestion de Thierry FREYCHE, *La garantie du risque économique,* Université Paris-Dauphine, juin 1982.

née. Ce jugement eut pour conséquence de conduire les pouvoirs publics à modifier cette assurance pour aboutir à la forme qu'elle connaît actuellement. Cette procédure qui a pu constituer à certaines époques une aide ou une subvention, n'est plus aujourd'hui un avantage illicite car elle ne représente que la compensation d'un désavantage relatif.

En fait, avec la baisse du taux d'inflation français depuis 1985, cette garantie a perdu beaucoup de son actualité et de son intérêt, ce que traduit la baisse des nouvelles demandes ; elles n'étaient qu'au nombre de 339 en 1985, 186 en 1986 et 155 en 1987.

Section V — Les résultats financiers de la COFACE

Les résultats financiers de la COFACE doivent être examinés sous deux angles complémentaires. Cette institution est en effet une compagnie d'assurance privée assurant des risques commerciaux. Elle est simultanément une émanation de l'administration assurant des risques politiques ou des risques commerciaux extraordinaires.

§ 1. Les résultats financiers de la COFACE en tant que société d'assurance

Quand elle assure les risques commerciaux pour son propre compte, la COFACE doit équilibrer les primes reçues et les indemnités versées.

Tel est toujours le cas. Durant l'exercice 1991, pour prendre un exemple récent, le montant des primes émises s'est élevé à 670,7 millions de francs. Les indemnités brutes versées aux assurés ont atteint 399 millions de francs. Au total, les sinistres nets de récupérations et de provisions se sont établis à 223,8 millions de francs. Après réassurance, les sinistres nets sont de 161,2 millions de francs.

§ 2. Les résultats financiers de la COFACE en tant qu'émanation de l'administration

Quand la COFACE agit au nom et pour le compte de l'Etat, elle n'est plus contrainte d'équilibrer ses résultats financiers.

Le tableau 6 reproduit les résultats financiers induits par les opérations effectuées par la COFACE pour le compte et avec la garantie de l'Etat. Alors que les résultats étaient bénéficiaires de 1970 à 1977, une nette dégradation s'est produite depuis 1978 malgré un redressement de la situation en 1984 et 1985. Le risque de non-transfert, associé à l'insolvabilité des pays débiteurs représente à lui seul près de 90 % des indemnisations de la COFACE.

En 1991, les primes émises pour l'assurance crédit et les garanties annexes gérées pour le compte de l'Etat ont atteint 1,97 milliard de francs (tableau 7). En contrepartie, le montant total des indemnités versées s'est élevé à 18,35 milliards de francs, chiffre colossal, mais cependant en léger recul par rapport à l'exercice 1990. En revanche, les récupérations ont augmenté de 19 % pour s'établir à 7,73 milliards de francs. Au total, le résultat final de l'activité de la COFACE pour le compte de l'Etat dégage en 1991 un solde négatif de 8,66 milliards de francs.

Dans la mesure où ce déficit est comblé par une dotation budgétaire, il existe un transfert de ressources à destination des entreprises et des pays étrangers insolvables. Ce transfert est loin d'être négligeable, puisqu'il atteint 56,8 milliards de francs entre 1978 et 1991. Cet état de fait (et sa poursuite pour les prochaines années due à l'effet des garanties encore en stock) a conduit à une sélectivité accrue de la politique d'assurance crédit. C'est ainsi qu'en 1989 les nouveaux engagements étaient plafonnés sur plus de 30 pays et 60 autres n'étaient plus éligibles à l'assurance-crédit et aux financements privilégiés qu'ils induisent[11]. L'ampleur des pertes subies par la COFACE au titre des garanties contre le risque politique conduit les responsables de cet organisme et les pouvoirs publics à devenir extrêmement prudents dans l'accord de nouvelles garanties.

Tableau 6
Résultats financiers des opérations effectuées par la COFACE pour le compte et avec la garantie de l'État

Année	*Résultats nets*
1970	+ 119 329 398
1971	+ 237 834 300
1972	+ 166 607 637
1973	+ 272 920 437
1974	+ 263 424 275
1975	+ 125 540 025
1976	+ 339 803 883
1977	+ 586 448 954
1978	− 171 745 001
1979	− 1 508 090 618
1980	− 1 017 258 272
1981	− 76 210 678
1982	− 2 370 777 774
1983	− 3 752 177 958
1984	+ 1 164 192 468
1985	+ 2 859 358 202
1986	− 3 697 270 281
1987	− 5 877 051 633
1988	− 11 671 647 655
1989	− 10 262 738 538
1990	− 11 400 647 021
1991	− 8 963 600 000

Source : COFACE, *Rapport annuel.*

11. Ph. SERAIN, Financements et garanties des grands contrats à l'exportation. *Notes bleues du ministère de l'Economie, des Finances et du Budget*, 5 février 1990.

Tableau 7
Résultats financiers des opérations d'assurance crédit effectuées pour le compte et avec la garantie de l'État

Primes émises	1 971,3
Sinistres	
indemnités réglées	– 18 346,6
récupérations	+ 7 803,7
indemnités nettes	– 10 542,9
résultat de la garantie change	+ 119,8
Résultat brut	– 8 451,8
Autres charges	– 511,8
Résultat net	– 8 963,6

Unité : Millions de francs.
Source : COFACE, *Rapport financier,* 1991.

Section VI — Les organismes d'assurance crédit à l'étranger

Quel que soit le pays considéré, la plus grande partie des risques liés à l'octroi de fonds à des acheteurs étrangers est directement ou indirectement supportée par les pouvoirs publics. Plus de quarante organismes ayant des statuts très divers mais rendant des services identiques à ceux de la COFACE assistent les exportateurs de tous les pays développés. Chacun d'eux est soit une émanation de l'Etat soit un organisme agissant en son nom. Ces différents organismes sont membres de l'Union de Berne. Cette association privée de droit suisse, dont le siège est à Berne et le secrétariat à Londres, a été créée en 1934 par la Société Française d'Assurance pour Favoriser le Crédit, l'Export Credit Guarantee Department de Londres, une société d'assurance espagnole et une société italienne. Elle regroupe aujourd'hui les institutions qui garantissent les risques des crédits à l'exportation, à savoir :

- les organismes publics,
- les sociétés d'assurance agissant pour le compte ou avec la garantie ou la réassurance de l'État,
- certaines sociétés d'assurance crédit privées agissant pour leur propre compte.

L'Union de Berne a pour finalité :

- la coopération des membres de l'Union,
- l'échange d'informations sur les problèmes techniques de l'assurance crédit à l'exportation,
- l'harmonisation des politiques en matière d'assurance crédit et d'assurance des investissements,
- le maintien d'une auto-discipline dans l'octroi des garanties.

Une autre instance de concertation est le Comité technique des assureurs-crédit de la Communauté Economique Européenne (CEE). Ce comité réunit les représentants des organismes chargés d'assurer avec le concours de l'Etat la gestion des garanties à l'exportation dans les pays membres de la

Communauté. Ce comité assiste le Groupe de coordination des politiques d'assurance crédit, des garanties et des crédits financiers créé par une décision des 27 septembre 1960 « afin de promouvoir au sein de la CEE une coopération active et de dégager des solutions communes aux problèmes particuliers que posent l'assurance crédit à l'exportation ainsi que la politique du crédit envers les pays en voie de développement et en vue de faciliter leur progrès économique ».

L'étendue et le degré de l'assurance crédit offerte aux exportateurs sont à peu près uniformes dans tous les pays. Cette assurance couvre les risques politiques et de crédit. Elle offre également une garantie aux établissements financiers qui financent les crédits à l'exportation[12].

Les développements qui suivent se limitent à une brève présentation des organismes d'assurance des plus importants pays industrialisés[13].

§ 1. La Grande-Bretagne

La gestion de l'assurance crédit à l'exportation est assurée en Grande-Bretagne par l'Export Credit Guarantee Department (ECGD). Ce service spécialisé, créé en 1919, réalise un chiffre d'affaires qui dépasse celui de tous ses homologues européens. Les polices délivrées par l'ECGD concernent des opérations individuelles. Elles peuvent également couvrir l'intégralité du chiffre d'affaires à l'exportation réalisé par une entreprise.

§ 2. La Belgique

L'Office National du Ducroire est un établissement public qui couvre les risques politiques, catastrophiques et monétaires ainsi que les risques commerciaux afférents à des opérations à destination de pays non européens. Il réassure d'autre part la moitié des risques commerciaux pris en charge par une société privée : la Compagnie belge d'assurance crédit.

§ 3. L'Italie

L'Istituto Nazionale delle Assicurazioni est un établissement public. Il intervient dans la gestion de l'assurance crédit à l'exportation en délivrant directement des garanties et en réassurant des compagnies privées.

---

12. Pour une présentation rigoureuse et approfondie de l'assurance crédit à l'exportation dans les principaux pays européens, le lecteur doit se reporter à l'excellent ouvrage de H. LOUBERGE et P. MAURER : *Financement et assurance des crédits à l'exportation*, Genève, Droz, 1985.
13. Cette section emprunte largement au document de J. BLOCH, *La Compagnie française d'assurance pour le commerce extérieur*, Paris 1980 et à l'analyse d'une note de l'OCDE intitulée Les systèmes de financement des crédits à l'exportation dans les pays membres de l'OCDE, publiée par le *Crédit Lyonnais International*, février 1983, pp. 11-14.

§ 4. Le Japon

Au Japon, les activités d'assurance relèvent directement de la division des assurances à l'exportation du MITI.

§ 5. Les États-Unis

L'Eximbank est un organisme public autonome qui agit en collaboration avec la Foreign Credit Insurance Association.

L'Eximbank intervient en qualité d'assureur ou de réassureur pour la couverture des risques politiques ou commerciaux afférents à des contrats d'exportation à long terme.

L'action de l'Eximbank est complétée par celle de la Foreign Credit Insurance Association. Cet organisme regroupe 65 sociétés d'assurance privées. Il assure les risques commerciaux et/ou politiques relatifs à des ventes bénéficiant de crédits à court terme inférieurs à six mois et de crédits à moyen terme inférieurs à cinq ans.

§ 6. L'Allemagne

La gestion des garanties est exercée en Allemagne fédérale par une compagnie privée : Hermes-Kredit-Versicherungs-Aktiongesellschaft (Hermes). En association avec une autre société, elle assure, pour le compte du gouvernement fédéral, aussi bien les risques politiques, catastrophiques et monétaires que les risques commerciaux.

§ 7. Les Pays-Bas

La Nederlandsche Credietverzekering Maatschappij assure pour son compte — avec la possibilité de se faire assurer par l'Etat — les risques commerciaux à court terme. Elle couvre, pour le compte de l'Etat, les risques politiques, monétaires et catastrophiques ainsi que les risques commerciaux afférents à des opérations à moyen terme qu'elle refuse de garantir pour son compte.

Section VII — La couverture des risques de crédit et des risques politiques par l'assurance privée et le recours à des techniques différentes de l'assurance

Deux points vont retenir l'attention. Dans un premier paragraphe sont présentés les organismes en mesure d'offrir, parallèlement à la COFACE, une assurance contre les risques de crédit et les risques politiques. Dans un deuxième paragraphe sont évoquées les procédures de gestion des risques ne recourant pas aux techniques de l'assurance[14].

14. Les développements de cette section reprennent le contenu d'un article publié par J.M. DE LEERSNYDER dans *Banque* n° 1043, Spécial Export.

§ 1. Les services rendus par les organismes d'assurance privés

La COFACE dispose en France d'un monopole de fait dans la délivrance des assurances pour la couverture des risques associés au commerce extérieur, car l'Etat est, par l'intermédiaire de la COFACE, pratiquement le seul à accepter de prendre en charge le risque politique[15].

La fraction du marché de l'assurance en dehors de la zone d'influence de la COFACE est donc faible. Elle concerne le risque de non-paiement des débiteurs privés bénéficiaires de créances ayant une échéance inférieure à 180 jours. Les compagnies privées pratiquant sur le territoire français la couverture des risques de crédit à l'exportation sont peu nombreuses. Quatre noms peuvent être mentionnés : la compagnie suisse Winterthur, les Assurances de crédit SA, la DAS du groupe des Mutuelles du Mans et le Groupement d'intérêt pour promouvoir l'assurance crédit (GIPAC), une émanation des Mutuelles agricoles et de la Société d'assurance moderne des agriculteurs.

Les sociétés privées interviennent également depuis plusieurs années pour assurer certains risques politiques complémentaires à ceux pris en charge par la COFACE. Trois domaines sont plus spécialement concernés : les exportations de biens et services, les cautions et les matériels admis temporairement dans un pays étranger pour les besoins de travaux effectués dans le pays.

Les garanties offertes par les assureurs privés concernent le risque de rupture unilatérale du contrat, y compris le défaut de paiement, le risque d'embargo, y compris le retrait ou le non-renouvellement d'une licence d'exportation et/ou d'importation, le risque d'arrêt d'un contrat par suite d'un cas de force majeure tenant à la survenance dans le pays de l'acheteur d'une guerre ou à la remise en vigueur dans le pays de l'importateur d'une réglementation empêchant l'acheteur ou le vendeur de poursuivre l'exécution de leurs obligations contractuelles, et le risque de non-transfert par la banque centrale, ou l'administration des changes du pays de l'acheteur, du montant dû à l'exportateur. Sont en revanche exclus le risque de change, le risque économique, et les sinistres découlant d'une guerre survenant entre la France et le pays de l'acheteur ou d'une guerre entre les cinq grandes puissances disposant d'un droit de veto à l'ONU.

La tarification est différente de celle pratiquée par la COFACE. Les assureurs privés appliquent leurs taux sur le risque maximum supporté par l'exportateur pendant la durée du contrat.

Les exportateurs recourent aux assurances privées lorsqu'ils ne peuvent obtenir des garanties ou des conditions satisfaisantes auprès de la COFACE. Tel est le cas lorsque la part étrangère est supérieure à 10 ou 20 % de la valeur totale d'un contrat commercial ou lorsque l'exportateur français est le sous-traitant d'un maître d'œuvre étranger. Le recours aux assureurs privés est également intéressant lorsque le contrat est sujet à des conditions

15. Ce qui est vrai de la France l'est également des autres pays développés.

de paiement non acceptables par les autorités publiques du fait d'un acompte insuffisant ou du non-respect des règles du Consensus.

Le Lloyd's de Londres est l'un des plus importants assureurs privés prenant en charge certains risques politiques[16]. En France la société Assurance des Investissements Internationaux SA propose aux exportateurs les garanties du Lloyd's. Elle établit les propositions d'assurance et délivre les polices pour le compte du Lloyd's.

§ 2. La gestion du risque de crédit à l'exportation par des techniques ne relevant pas de l'assurance

Trois techniques différentes de l'assurance peuvent être utilisées pour la gestion du risque de crédit à l'exportation.

La première est celle du crédit documentaire[17]. Si le crédit est irrévocable, il garantit le risque client. S'il est irrévocable et confirmé, il couvre le risque pays. Le crédit documentaire a l'avantage de pouvoir être utilisé cas par cas, ce qui évite le caractère global des polices d'assurance.

La deuxième technique est celle de l'affacturage. Le *factoring* est une technique de financement, mais, en rachetant à l'exportateur la totalité de ses créances à court terme sur l'étranger, le *factor*, qui est souvent une société financière, libère ce faisant l'entreprise de tous les risques de non-paiement. C'est lui qui supporte intégralement ce risque si toutes les conditions du contrat de *factoring* ont bien évidemment été respectées par l'exportateur. Le *factor* exclut toutefois du champ de sa couverture les risques économiques, les risques de crédit d'origine politique et les créances sur lesquelles il existe un litige entre l'exportateur et l'importateur.

La troisième technique est celle du forfaitage. Cette procédure consiste en un rachat, par une société spécialisée, le plus souvent une filiale d'une grande banque internationale, de créances à moyen terme à l'exportation. Ces créances sont financées par la société de forfaitage sur le marché des euro-devises ou renégociées sur le marché secondaire. Le forfaitage procure à l'exportateur des garanties étendues :

---

16. Cette institution originale fonctionne selon des principes différents de tous les autres assureurs du monde. Ce n'est ni une compagnie ni une société au sens juridique du terme, mais un club de personnes physiques régi par des règles propres.

 Les membres du Lloyd's sont des particuliers qui engagent la totalité de leur fortune personnelle pour couvrir des risques pris pour leur propre compte et sans solidarité entre eux. Pour cette raison, le Comité du Lloyd's et le Parlement britannique ont instauré des règles de solvabilité et de gestion très strictes qui s'imposent à tous les membres :
 - obligation de se soumettre à un audit financier annuel déterminant le volume d'affaires que le membre est autorisé à traiter,
 - dépôt, entre les mains du Comité, d'un cautionnement en espèces ou en valeur proportionnel aux primes,
 - versement dans un compte bloqué des primes perçues, le bénéfice d'une année civile n'étant disponible que trois ans après l'extinction des risques assurés,
 - obligation de traiter exclusivement par l'intermédiaire de courtiers agissant comme mandataires des assurés et agréés par le Comité du Lloyd's après une enquête approfondie.
17. Pour de plus amples informations sur le crédit documentaire, le lecteur peut se reporter au chapitre 18.

- il bénéficie, en effet, d'une couverture contre le risque de crédit, qu'il soit d'origine commerciale ou politique, sur la totalité de la créance,
- il est couvert contre le risque de non transfert,
- il est protégé contre le risque de change.

Section VIII — L'évaluation des risques : le rating des titres financiers

L'activité de rating consiste à attribuer des notes à des titres représentatifs de dettes ou à des signatures pour qualifier le risque attaché aux uns et aux autres[18].

Ces notes sont données par des agences de rating qui sont des sociétés privées spécialisées dans la production de services financiers. Les plus importantes agences sont deux firmes américaines : Standard and Poor's et Moody. Leur fonction précise est de formuler un jugement sur la mesure du risque de non remboursement partiel ou total couru par un investisseur qui détient des titres financiers émis par des emprunteurs.

Selon l'agence Standard and Poor's — ADEF « la notation d'une créance fournit une appréciation indépendante et professionnelle de la capacité d'un débiteur à assurer le service de sa dette, capital et intérêt, aux échéances prévues. Elle ne représente pas une évaluation générale de la qualité de l'émetteur. Elle ne constitue pas non plus une recommandation d'achat ou de vente ».

Les notes permettent d'appréhender le risque de façon très synthétique. Elles sont élaborées à partir de l'analyse approfondie de documents comptables, mais cette activité ne constitue qu'une partie du travail. Les agences de rating évaluent également la cohérence des choix stratégiques des entreprises afin de déterminer leurs capacités de remboursement. Elles s'attachent enfin à évaluer le niveau des fonds propres, la qualité des actifs, la qualité du management, la rentabilité, la liquidité et l'évolution du taux d'endettement de l'entreprise.

Les agences de rating procèdent à l'analyse de tous les émetteurs, qu'ils appartiennent au secteur public ou au secteur privé :
- entreprises industrielles et commerciales,
- banques,
- institutions financières non bancaires,
- compagnies d'assurances,
- collectivités locales,
- agences publiques,
- pays,
- organisations internationales.

---

18. Le contenu de cette section s'inspire de l'article de B. THIRY intitulé Le rating, *in* JOFFRE P., SIMON Y. : *Encyclopédie de Gestion*, Paris, Economica, 1989. Le lecteur peut également se reporter à l'ouvrage de Ph. RAIMBOURG *Les agences de rating*, Paris, Economica, 1990.

Les agences utilisent deux catégories de symboles. La première concerne les dettes à long terme que sont les émissions obligataires ; la seconde les titres à court terme que sont les billets de trésorerie et les certificats de dépôt.

Les symboles relatifs aux titres obligataires sont reproduits au tableau 8. Pour augmenter le nombre des notations et améliorer la qualité des informations diffusées, Standard and Poor's ajoute à ses classements des + et des − à partir de la note AA. Moody, de son côté, place des 1, 2 et 3 auprès de ses différents ratings. Ces qualifications permettent d'aboutir à une vingtaine de classes. Il n'y a pas *a priori* concordance ligne à ligne entre les évaluations de Standard and Poor's et celles de Moody. Par ailleurs, les émetteurs ne sont pas nécessairement évalués de la même manière par les deux agences. Il est cependant rare qu'apparaissent des différences significatives dans les évaluations d'une même entité par les deux grandes agences américaines.

Tableau 8
Les symboles de rating relatifs aux titres obligataires

Standard and Poor	*Moody*
AAA	Aaa
AA	Aa
A	A
BBB	Baa
BB	Ba
B	B
CCC	Caa
CC	Ca
C	C
D	

Les symboles de rating portant sur les titres à court terme sont reproduits au tableau 9.

Tableau 9
Les symboles de rating relatifs aux titres à court terme

Standard and Poor	*Moody*
A − 1 +	P − 1
A − 1	P − 2
A − 2	P − 3
A − 3	P − 4
B	
C	
D	

Pour les titres à court terme, comme pour les titres à long terme, il n'y a pas *a priori* concordance entre les lignes de Standard and Poor's et celles de Moody. Il est par ailleurs possible d'enregistrer des différences d'évaluation d'un même émetteur par les deux agences. Il est possible, enfin, qu'un emprunteur possède des ratings différents pour ses dettes à long terme et ses dettes à court terme.

En dehors de Standard and Poor's et Moody, il existe d'autres agences de rating :

- aux Etats-Unis : Duff and Phelps, Inc.,
- au Canada : Canadian Bond Rating Service ; Dominion Bond Rating Service,
- en Australie : Australian Ratings,
- au Japon : Mikuni's and Co ; Japan Credit Rating Agency, Nippon Investors Service, Japan Bond Research Institute,
- en Grande-Bretagne : IBCA Banking Analysis Ltd,
- en France : Standard and Poor's-Agence d'Évaluation Financière (SP-ADEF) et Euronotation France.

L'ADEF a été créée en 1986. A la fin de l'année 1989, elle avait procédé à la notation de 363 programmes d'émission en franc ou en devise (billets de trésorerie, certificats de dépôt négociables, bons des sociétés financières et des institutions financières spécialisées, emprunts obligataires) répartis entre 77 émetteurs.

Malgré ces résultats satisfaisants, les perspectives de croissance de l'ADEF étaient limitées, car les grandes entreprises françaises attirées par les marchés financiers internationaux préféraient obtenir des notations des agences américaines, notations présentant une plus grande notoriété et par ailleurs indispensables pour pouvoir emprunter sur les marchés américains. Cette situation explique l'entrée en 1990 de Standard and Poor's, à hauteur de 50 %, dans le capital de l'ADEF.

En France, le marché de la notation est resté atone malgré l'impulsion donnée par les pouvoirs publics à travers une réglementation qui oblige les émetteurs de titres de fonds communs de créances, les émetteurs de titres de créances négociables à plus de 2 ans d'échéance et les nouveaux émetteurs sur le marché financier français à obtenir une note avant de procéder à leurs émissions.

De nouveaux champs d'application concernant les OPCVM, en particulier les SICAV monétaires, et les collectivités locales devraient toutefois pouvoir élargir l'activité des agences de notation.

*

* *

Pour mener à bien sa mission, la COFACE doit en permanence recueillir des informations sur les acheteurs étrangers qui sont les clients de ses assurés. Elle dispose à cet effet de 400 000 dossiers sur des acheteurs de tous les pays. Ces renseignements doivent être de bonne qualité et obtenus rapidement afin de ne pas entraver la marche des affaires.

Une part significative de l'activité de la COFACE consiste à collecter à travers le monde une masse importante de renseignements grâce à un réseau étendu de sources d'informations et aux voyages effectués par les arbitres de la COFACE dans les pays étrangers.

Les renseignements sont d'autant plus faciles à obtenir, précis et détaillés qu'ils concernent des grandes sociétés résidant dans les pays industriels développés. Au fur et à mesure que l'on descend dans l'importance des sociétés et que l'on aborde des pays non comparables au nôtre par leurs structures financières, les informations sont plus longues et plus difficiles à obtenir.

Pour aider les entreprises, la COFACE cherche toujours à étendre la panoplie des garanties offertes aux exportateurs, à simplifier les procédures et à réduire le coût de l'assurance.

La COFACE propose aux exportateurs et à leurs banquiers des garanties variées et leur offre des avantages annexes particulièrement appréciés. Ces garanties se comparent favorablement, tant par leur variété que par leur étendue, à celles dont bénéficient les exportateurs étrangers.

Les entreprises bénéficient de trois avantages :

- La garantie de la COFACE est accordée pour des sommes considérables que les sociétés d'assurance privées ne pourraient pas assumer. Cette garantie concerne plus spécialement le risque politique relatif aux biens d'équipement lourds, aux grands ensembles industriels et aux marchés de travaux.
- Certaines garanties de la COFACE sont en fait des subventions déguisées.
- Le nantissement du contrat COFACE permet aux entreprises d'obtenir facilement des prêts bancaires.

L'Etat tire lui aussi des avantages de l'action de la COFACE.

- Les pouvoirs publics peuvent dans une certaine mesure orienter par son intermédiaire les opérations d'exportation.
- En incitant les entreprises à exporter et à engager des dépenses supérieures à celles qui seraient mises en jeu en l'absence des garanties offertes par la COFACE, cette dernière favorise le développement du commerce extérieur.

La COFACE rend de nombreux services. Il ne faudrait pas en déduire que les risques de l'exportateur se limitent à ceux qu'elle garantit. Une protection bien comprise porte également sur les risques humains et les biens matériels. Il ne faut pas oublier non plus que la responsabilité de l'exportateur est susceptible d'être engagée à tous les stades de ses activités même après la livraison des produits exportés.

Références

A. — OUVRAGES

BARRAL G. : *L'assurance des crédits à l'exportation*, Paris, Nathan, 1987.

BODINAT H. de, DE LEERSNYDER J.-M., GHERTMAN M., KLEIN J., MAROIS B. : *Gestion internationale de l'entreprise*, 2e éd., Paris, Dalloz, 1984.

BECK M. : *Pour rentabiliser l'exportation,* 2e éd., Paris, Hommes et Techniques, 1975, pp. 61-80.

BREWER Th. L. (ed) : *Political Risk in International Business : New Directions for Research, Management and Public Policy*, New York, Praeger, 1985.

CENTRE FRANÇAIS DU COMMERCE EXTERIEUR, MAROIS B., BEHAR M. : *Comment traiter vos problèmes d'assurance à l'exportation (risques de crédit exceptés)* Paris, CFCE, 1981.

FREI D., RULOFF D. : *Les risques politiques internationaux*, Paris, Ed. S.A., 1988.

GISCARD D'ESTAING F. : *Financement et garanties du commerce international,* Paris, PUF, 1977.

HAENDEL D. : *Foreign Investments and the Management of Political Risk*, Boulder, Westview-Press, 1979.

HAWKINS D.F., BROWN B.A., CAMPBELL W.J. : *Rating Industrial Bonds*, Morristown NJ, Financial Executives Research Foundation, 1983.

HEFFERNAN S.A. : *Sovereign Risk Analysis*, Londres, Unwin, 1986.

KRAYENBUEHL Th. E. : *Country Risk : Assessment and Monitoring,* Cambridge, Woodheard-Faulkner, 1985.

LAMBERT J.P. : *Opérations internationales et risque politique*, Paris, L'Argus, 1984.

LOUBERGE H., MAURER P. : *Financement et assurance des crédits à l'exportation*, Genève, Libraire Droz, 1985.

OVERHOLT W.H. : *Political Risk*, Londres, Euromoney Publications, 1982.

SCHMOLL G.A. : *Vendre à l'étranger*, Paris, Jupiter, 1987, chapitre 8.

B. — ARTICLES

CASTRE J.M., FULPIN A. : Le rating français, *La revue du financier*, mars 1988, pp. 33-39.

CLARK E.A. : L'analyse du risque pays, *Banque*, novembre 1987, pp. 1 006-1 010.

CREDIT LYONNAIS INTERNATIONAL : Le système de financement et de garantie des exportations des Etats-Unis, *Crédit Lyonnais International*, octobre 1987, pp. T 159-T 166.

EDERINGTON L.H. : The Bond Rating Process ; article publié dans l'ouvrage collectif *Handbook of Financial Markets and Institutions*, 6e ed., ALTMAN E.I. (ed.), New York, John Wiley, 1987.

JEANNIN Ph. : La maîtrise des risques politiques en commerce international, *Gestion 2000*, n° 3, 1988, pp. 45-57.

RIVES-LANGE J.L., CHARTIER F., BARRAL G. : Garanties internationales et cautions, *Banque*, janvier 1987, pp. 11-18.

SERAIN Ph. : Financements et garanties des grands contrats à l'exportation, *Les notes bleues*, 5 février 1990.

TRADE FINANCE : Private Insurance, *Trade Finance*, juin 1988, pp. 21-27.

Pour suivre l'évolution des techniques de gestion des risques de crédit et du risque politique, le lecteur est invité à lire les articles publiés sur le sujet dans les revues suivantes :

Actualités de la BFCE
Assurance française
Banque
Crédit Lyonnais International
Euromoney
MOCI
Trade and Project Finance

C. — AUTRES PUBLICATIONS

BLOCH J. : *La compagnie française d'assurance pour le commerce extérieur,* Paris, 1980.

CENTRE DE DOCUMENTATION ET D'INFORMATION DE L'ASSURANCE : *Dossier exportation,* Paris.

COFACE : *Rapport annuel.*

COFACE : *L'assurance des crédits à l'exportation : biens d'équipement lourds ou sur devis, grands ensembles industriels, marchés de travaux ou d'études,* Paris.

COFACE : *L'assurance des crédits à l'exportation : biens de consommation, biens d'équipement légers ou produits en série,* Paris.

COFACE : *La garantie des risques de change,* Paris.

DEBLAZY J., JOSEPH DEZAIZE G., PRADO L. : COFACE, *Moniteur du commerce international*, 25 septembre 1989.

FREYCHE Th. : *La garantie du risque économique,* Mémoire de maîtrise de gestion, Université Paris-Dauphine, 1982.

QUESTIONS

1. Quel est le statut juridique de la COFACE ?
2. Quelles sont les fonctions assumées par la COFACE ?
3. Quels sont les critères retenus par la COFACE pour distinguer le risque politique du risque commercial ?
4. Quels sont les faits générateurs de sinistres dans le domaine du risque politique ?
5. Quels sont le rôle et la composition de la Commission des garanties et du crédit du commerce extérieur ?
6. Quelles sont les formules d'assurance offertes par la COFACE dans le secteur des biens de consommation ?
7. Quelles sont les formules d'assurance offertes par la COFACE dans le secteur des biens d'équipement légers ou produits en série ?
8. Quelles sont les formules d'assurance offertes par la COFACE dans le secteur des biens d'équipement lourds ou vendus sur devis ?
9. Quelles sont les caractéristiques de l'assurance prospection normale ?

10. Quelles sont les caractéristiques de l'assurance prospection simplifiée ?
11. Quel est l'objet de l'assurance foire ?
12. Quelles sont les caractéristiques distinctives d'une police individuelle, d'une police d'abonnement et d'une police globale ?
13. Quels services sont susceptibles d'être rendus par les organismes d'assurance privés dans la couverture des risques associés au commerce extérieur ?
14. En dehors de l'assurance, quelles techniques peuvent être utilisées pour gérer le risque de crédit à l'exportation ?
15. Quelles sont les deux plus importantes agences de rating américaines ?
16. Quelles sont les principales agences de rating non américaines ?

QUESTIONS A CHOIX MULTIPLES

Question 1

La COFACE est une société anonyme de droit privé créée par décret en 1946. Son capital est détenu :
— uniquement par des actionnaires publics .... ☐
— uniquement par des actionnaires privés .... ☐
— par des actionnaires publics et privés .... ☐
— par la BFCE.. ☐
— par l'Etat .... ☐
— par un consortium de compagnies d'assurance publiques et privées ☐

Question 2

La COFACE est un organisme qui garantit au titre de l'assurance crédit environ :
— 20 % des exportations françaises .... ☐
— 30 % des exportations françaises .... ☐
— 40 % des exportations françaises .... ☐
— 50 % des exportations françaises .... ☐
— 60 % des exportations françaises .... ☐
— 70 % des exportations françaises .... ☐
— 80 % des exportations françaises .... ☐

Question 3

Lorsqu'une entreprise a bénéficié d'une assurance prospection simplifiée, il lui est impossible de bénéficier l'année suivante d'une assurance pros-

pection normale. Il est nécessaire d'attendre un minimum de deux ans.
— vrai .... ☐
— faux .... ☐

Question 4

En Grande-Bretagne, la gestion de l'assurance à l'exportation est assurée par :
— le Lloyd's de Londres .... ☐
— le Trésor public .... ☐
— la Banque d'Angleterre .... ☐
— l'Export Credit Guarantee Department .... ☐
— le syndicat professionnel des assureurs privés .... ☐

Question 5

Le nombre d'entreprises françaises utilisant l'une ou l'autre des garanties offertes par la COFACE est très élevé. Pour l'année 1990, il peut être estimé comme étant de l'ordre de :
— 20 000 .... ☐
— 50 000 .... ☐
— 75 000 .... ☐
— 100 000 .... ☐
— 150 000 .... ☐
— 175 000 .... ☐
— 200 000 .... ☐

EXERCICE

Exercice 1*

La société Bradetout produit des biens de consommation courante. Alarmé par l'évolution du chiffre d'affaires, le PDG désire se lancer dans l'exportation. Il envisage de mettre en œuvre un vaste programme de prospection commerciale à l'étranger.

Technicien de formation et peu au fait des questions financières, ce dirigeant de PME a besoin d'assistance.

Vous êtes chargé de lui expliquer les principes de certaines procédures financières et d'assurance relatives aux activités de prospection commerciale à l'étranger et de le convaincre de l'intérêt qu'il peut en tirer.

* Cet exercice a été rédigé par P. Gagey.

Chapitre 16

LA GESTION DU RISQUE DE TAUX D'INTÉRÊT*

Depuis 1978, les taux d'intérêt connaissent de très fortes fluctuations. Elles sont d'une ampleur particulièrement importante sur la devise américaine. Dans la mesure où de nombreuses banques et entreprises françaises sont endettées en dollar, ces fluctuations induisent un risque contre lequel elles doivent essayer de se prémunir.

Le risque de taux d'intérêt n'est pas spécifique aux entités qui empruntent. Il concerne également les investisseurs et les opérateurs qui détiennent des titres à revenu fixe et les intermédiaires qui opèrent sur les marchés financiers.

Le risque de variation des taux d'intérêt n'est pas propre au dollar. Il est général à l'ensemble des devises et à tous les marchés financiers.

Section I — La nature et l'étendue du risque de taux d'intérêt

Entre 1960 et 1979, les taux d'intérêt américains ont connu des fluctuations relativement importantes. En fait, ces variations étaient sans commune mesure avec celles qu'allaient connaître l'économie américaine, et par contagion les économies de tous les autres pays industrialisés, à la fin des années 1970. Ces fluctuations furent induites par la modification de la poli-

---

* Pour approfondir le contenu de ce chapitre, le lecteur peut se reporter au livre d'exercices corrigés de Yves Simon : *Finance Internationale*, Paris, Economica, 1992, et plus spécialement au chapitre 7 intitulé : La gestion du risque de taux d'intérêt.

tique monétaire américaine qui s'inspira, sous l'impulsion de Paul Volker, des recommandations de la théorie monétariste.

La volonté des autorités monétaires américaines de contrôler l'offre de monnaie eut pour conséquence d'induire de très violentes fluctuations des taux d'intérêt comme l'indique le tableau 1.

Tableau 1
Fluctuations du prime rate américain

Date		
Juin	1979	10 %
Mars	1980	20 %
Juin	1980	9 %
Janvier	1981	22 %

§ 1. Le risque de taux d'intérêt

Les institutions financières sont extrêmement sensibles à toute fluctuation des taux d'intérêt et par conséquent à toute variation du prix des actifs financiers qu'elles ont pour vocation de négocier. Un simple exemple suffit pour s'en convaincre.

En 1964, le taux d'intérêt à long terme sur le marché obligataire étant égal à 5 %, une société d'assurance avait souscrit à l'émission des titres obligataires ayant une échéance de 25 ans, un coupon de 5 % pour une valeur nominale de 1 million de dollars. En 1974, le taux d'intérêt pour les titres obligataires ayant une échéance de 15 ans atteignait 12 %. La valeur marchande des titres détenus était passée de 1 million à 523 550 dollars. Si cette compagnie d'assurance avait dû les vendre, elle aurait subi une moins-value de 48 %. Si elle avait été rachetée, cet actif aurait été évalué à 52 % de sa valeur nominale.

Ce qui est vrai d'une banque ou d'une compagnie d'assurance l'est également d'une entreprise industrielle ou commerciale, voire d'un particulier ou du Trésor public.

Pour définir correctement le risque de taux d'intérêt, le plus simple est de partir de la relation d'équilibre s'établissant entre le taux d'intérêt et le prix d'un actif financier.

Le prix d'un titre financier à revenu fixe — comme le prix de tout actif d'ailleurs — est égal à la somme actualisée des *cash-flows* générés par ce titre financier.

Si l'on appelle :

n : l'échéance du titre financier,

R_j : le coupon de l'année j,

F : la valeur de remboursement,

r_j : le taux d'intérêt à court terme pour l'année j,

le prix P_n de ce titre est théoriquement égal à :

$$P_n = \frac{R_1}{(1+r_1)} + \frac{R_2}{(1+r_1)(1+r_2)} + \cdots\cdots + \frac{R_n+F}{(1+r_1)(1+r_2).....(1+r_n)} \quad [1]$$

De cette relation d'équilibre, on déduit le rendement à l'échéance « r ». Il est tel que :

$$P_n = \frac{R_1}{(1+r)} + \frac{R_2}{(1+r)^2} + \cdots\cdots\cdots + \frac{R_n + F}{(1+r)^n} \qquad [2]$$

Ce rendement à l'échéance r est le taux d'intérêt correspondant à l'année n. Il est présenté dans la littérature anglo-saxonne sous le nom de *yield to maturity*. Il correspond au taux de rendement interne de la théorie des choix d'investissement.

Quand le taux d'intérêt r s'élève, le prix de l'obligation P_n diminue. Inversement, quand le taux d'intérêt baisse, le prix de l'obligation s'élève. Le risque de taux d'intérêt est la conséquence des variations des taux d'intérêt sur le cours des titres financiers à revenu fixe. Il se matérialise par des plus-values ou des moins-values en capital.

§ 2. La sensibilité du prix des titres financiers à revenu fixe

La sensibilité du prix d'un titre financier à revenu fixe aux variations des taux d'intérêt se mesure de deux façons différentes :

- soit en rapportant le pourcentage de variation du cours du titre : dP/P à une variation donnée en pourcentage du facteur d'actualisation d (1 + r)/(1 + r) ;
- soit en rapportant le pourcentage de variation du cours du titre : dP/P à une variation du taux d'intérêt : dr.

De nombreux éléments interviennent pour déterminer la sensibilité du cours d'un titre financier à revenu fixe. Les plus importants sont la maturité, le montant du coupon et le niveau à partir duquel s'effectue la variation du taux d'intérêt. Ces différents éléments sont synthétisés par la duration.

A. — La sensibilité et le sens de variation des taux d'intérêt

Contrairement à ce que le « bon sens » pourrait laisser croire, la sensibilité du prix d'une obligation n'est pas indifférente, toutes choses égales par ailleurs, à la hausse ou à la baisse des taux d'intérêt (tableau 2).

Considérons une obligation A de valeur nominale égale à 100, dont le coupon est 10, et l'échéance 10 ans. A l'époque t_0, le rendement de cette obligation est égal à 4 %. Son cours est alors égal à :

$$P_A = \frac{10}{1{,}04} + \frac{10}{(1{,}04)^2} + \cdots\cdots\cdots\cdots + \frac{110}{(1{,}04)^{10}} = 148{,}69$$

Tableau 2
Sensibilité et sens de la variation des taux

	Titre A	*Titre A*
Valeur nominale	100	100
Coupon	10	10
Maturité	10	10
Taux d'intérêt = Yield	4 %	4 %
Cours	148,69	148,69
Taux d'intérêt = Yield	2 %	6 %
Cours	171,85	129,43
Pourcentage de variation du taux	– 50 %	+ 50 %
Pourcentage de variation du cours	+ 15,58 %	– 12,95 %

Si le taux d'intérêt baisse à 2 %, le prix de l'obligation se fixe à 171,85, comme l'établit la formule donnant l'évaluation du cours d'un titre financier à revenu fixe :

$$P_A = \frac{10}{1{,}02} + \frac{10}{(1{,}02)^2} + \cdots\cdots + \frac{110}{(1{,}02)^{10}} = 171{,}85$$

Pour une baisse du taux d'intérêt de 50 %, la valeur de l'obligation s'élève de 15,58 %.

Si, au lieu de baisser, le taux d'intérêt s'élève à 6 %, le prix de l'obligation s'établit à 129,43. Dans ce cas, une hausse du taux d'intérêt de 50 % induit une baisse du prix de l'obligation de 12,95 %, inférieure par conséquent à la variation des cours enregistrée dans le cas d'une baisse de 50 % des taux d'intérêt.

Conclusion. Pour une variation en pourcentage identique du taux d'intérêt, et toutes choses égales par ailleurs, la sensibilité du prix des titres financiers à revenu fixe est plus importante dans le cas d'une baisse des taux que dans celui d'une hausse des taux.

B. — La sensibilité et la maturité des titres financiers à revenu fixe

Considérons deux obligations identiques dans toutes leurs caractéristiques, à l'exception de la maturité. Leur valeur nominale est de 100 ; leur coupon procure un revenu égal à 10 ; elles ont le même statut fiscal et des modalités d'amortissement comparables. La maturité du titre A est de 10 ans ; celle du titre B est de 5 ans (tableau 3).

Tableau 3
Sensibilité et maturité

	Titre A	*Titre B*
Valeur nominale	100	100
Coupon	10	10
Maturité	10	5
Taux d'intérêt = Yield	10 %	10 %
Cours	100	100
Taux d'intérêt = Yield	4 %	4 %
Cours	148,69	126,72
Pourcentage de baisse du taux	60 %	60 %
Pourcentage de hausse du cours	48,69 %	26,72 %

A l'époque t_0, le rendement des obligations A et B est de 10 %[1], de sorte que le prix des titres A et B se fixe à 100, comme l'établit la formule donnant l'évaluation du cours d'un titre financier.

$$P_A = \frac{10}{1,1} + \frac{10}{(1,1)^2} + \cdots\cdots\cdots + \frac{110}{(1,1)^{10}} = 100$$

$$P_B = \frac{10}{1,1} + \frac{10}{(1,1)^2} + \cdots\cdots\cdots + \frac{100}{(1,1)^5} = 100$$

Si le taux d'intérêt baisse à 4 %, les prix des obligations A et B sont alors respectiveent égaux à 148,69 et 126,72 :

$$P_A = \frac{10}{1,04} + \frac{10}{(1,04)^2} + \cdots\cdots\cdots + \frac{110}{(1,04)^{10}} = 148,69$$

$$P_B = \frac{10}{1,04} + \frac{10}{(1,04)^2} + \cdots\cdots\cdots + \frac{110}{(1,04)^5} = 126,72$$

Pour une baisse identique du taux d'intérêt de 60 %, la valeur du titre long s'élève de 48,69 %, celle du titre court de 26,72 %.

Des conclusions similaires sont obtenues dans l'hypothèse d'une hausse des taux d'intérêt. Si, toutes choses égales par ailleurs, le rendement des titres sur le marché passe de 10 % à 11 %, le prix des obligations baisse, mais la chute n'est pas identique. Le cours de A passe à 94,11, celui de B à 96,30. Pour une hausse identique du taux d'intérêt, le cours du titre long baisse de 5,89 %, celui du titre court de 3,7 %.

Conclusion. Pour un pourcentage donné de hausse ou de baisse des taux d'intérêt, et toutes choses égales par ailleurs, la sensibilité du prix des titres financiers à revenu fixe est d'autant plus forte que leur maturité est longue.

---

1. Il s'agit là d'une hypothèse simplificatrice, car les deux titres n'ayant pas la même maturité, il est improbable, comme l'explique la théoric de la structure des taux d'intérêt, que les rendements soient identiques. Pour que tel soit le cas, il faudrait que la structure des taux soit plate, ce qui est très rare.

C. — La sensibilité et le montant du coupon des titres financiers à revenu fixe

Considérons toujours deux obligations A et B, identiques dans toutes leurs caractéristiques à l'exception du coupon. Leur valeur nominale est égale à 100 ; leur maturité est de 10 ans ; elles ont le même statut fiscal et des modalités d'amortissement comparables. Seul, le montant du coupon est différent ; il est de 5 pour le titre A et de 10 pour le titre B (tableau 4).

Pour un taux d'intérêt de 4 %, les prix des obligations A et B sont respectivement égaux à 108,12 et 148,69.

Si le taux d'intérêt passe de 4 % à 6 %, le prix des obligations baisse instantanément, mais le pourcentage n'est pas identique pour les deux titres, dans la mesure où les prix des obligations A et B se fixent respectivement à 92,63 et 129,43. Pour un même pourcentage de hausse des taux d'intérêt, le prix du titre A baisse de 14,33 %, celui du titre B de 12,95 %.

Des conclusions identiques seraient obtenues dans l'hypothèse d'une baisse des taux d'intérêt.

Conclusion. Pour un pourcentage donné de hausse ou de baisse des taux d'intérêt, et toutes choses égales par ailleurs, la sensibilité du prix des titres financiers à revenu fixe est d'autant plus forte que le coupon est faible.

Tableau 4
Sensibilité et montant du coupon

	Titre A	*Titre B*
Valeur nominale	100	100
Maturité	10	10
Coupon	5	10
Taux d'intérêt = Yield	4 %	4 %
Cours	108,12	148,69
Taux d'intérêt = Yield	6 %	6 %
Cours	92,63	129,43
Pourcentage de hausse du taux	50 %	50 %
Pourcentage de baisse du cours	14,33 %	12,95 %

D. — La sensibilité et le niveau initial des taux d'intérêt

Considérons une obligation A, de valeur nominale égale à 100, dont le coupon est 10 et l'échéance 10 ans. A l'époque t_0, deux cas de figure sont envisagés. Dans le premier, on suppose que le rendement du titre A est de 2 %, ce qui implique que le cours s'établit à 171, 85 ; dans le second, le rendement du titre A est de 4 %, ce qui implique que le cours de l'obligation est de 148,69 (tableau 5).

Supposons que le taux d'intérêt s'élève de 50 %. Dans le premier cas de figure, le taux d'intérêt atteint 3 % et le cours de l'obligation passe de 171,85 à 159,70, ce qui représente une baisse de 7,07 %. Dans le second, le taux d'intérêt passe à 6 % et le prix de l'obligation se fixe à 129,43, ce qui représente une baisse de 12,95 %.

Tableau 5
Sensibilité et niveau initial des taux

	Titre A	*Titre B*
Valeur nominale	100	100
Coupon	10	10
Maturité	10	10
Taux d'intérêt = Yield	2 %	4 %
Cours	171,85	148,69
Taux d'intérêt = Yield	3 %	6 %
Cours	159,70	129,43
Pourcentage de hausse du taux	50 %	50 %
Pourcentage de baisse du cours	7,07 %	12,95 %

Il semblerait donc, pour un pourcentage donné de hausse ou de baisse des taux d'intérêt, et toutes choses égales par ailleurs, que la sensibilité du prix des titres financiers à revenu fixe est d'autant plus forte que le niveau des taux à partir duquel s'effectue cette variation est élevé.

En fait, cette conclusion doit être reçue avec prudence, car, dans les trois premiers sous-paragraphes, le pourcentage de hausse ou de baisse des taux retenu (10 % ou 50 %) impliquait une variation absolue identique des taux d'intérêt. Tel n'est plus le cas dorénavant. Quand le niveau initial des taux d'intérêt est de 2 %, une variation de 50 % implique une hausse de 1 % ; quand le niveau initial des taux est en revanche de 4 %, une variation de 50 % implique une hausse de 2 % des taux d'intérêt ; la variation du niveau absolu n'est plus identique.

Examinons en conséquence ce qu'implique une hausse identique des taux d'intérêt sur le cours des obligations, lorsque cette variation s'applique à des niveaux initiaux différents. Le tableau 6 indique qu'une hausse de 2 % des taux d'intérêt à partir d'un niveau initial de 2 % implique une baisse des cours de 13,48 %, ce qui est supérieur à la baisse de 12,95 % induite par une hausse des taux de 2 % à partir d'un niveau initial de 4 %.

Conclusion. Pour une variation absolue identique des taux d'intérêt, et toutes choses égales par ailleurs, la sensibilité du prix des titres financiers à revenu fixe est d'autant plus forte que la variation se fait à partir de niveaux bas.

Tableau 6
Sensibilité et niveau initial des taux

	Titre A	*Titre B*
Valeur nominale	100	100
Coupon	10	10
Maturité	10	10
Taux d'intérêt = Yield	2 %	4 %
Cours	171,85	148,69
Taux d'intérêt = Yield	4 %	6 %
Cours	148,69	129,43
Pourcentage de baisse du cours	13,48 %	12,95 %

E. — La duration et la sensibilité du prix des titres financiers à revenu fixe

La sensibilité du prix d'un titre financier à revenu fixe aux variations des taux d'intérêt dépend de très nombreux facteurs : maturité, coupon, niveau initial des taux d'intérêt, sens de la variation etc... Dans la mesure où les différents facteurs peuvent avoir des effets qui s'annulent ou se compensent en partie, il n'est pas toujours évident de connaître *a priori* l'ampleur de la variation des cours, suite à une variation donnée des taux d'intérêt. Il est de ce fait difficile de comparer *a priori* la sensibilité des différents titres financiers à revenu fixe. Ceci pose d'autant plus de problèmes que les titres diffèrent tous les uns des autres.

C'est pour remédier à cette difficulté que fut élaboré un indicateur synthétique de la sensibilité du prix d'un titre financier aux variations des taux d'intérêt. Cet indicateur est la duration[2].

La duration d'un titre financier est la somme des valeurs actuelles des *cash-flows* de ce titre exprimées en pourcentage de la valeur actuelle du titre, pondérées par leur année de perception.

De manière plus générale, la duration d'un titre financier à revenu fixe est définie par la relation :

$$D = \frac{\sum_{j=1}^{n} \frac{R_j}{(1+r)^j} \cdot j}{\sum_{j=1}^{n} \frac{R_j}{(1+r)^j}} = \frac{\sum_{j=1}^{n} \frac{R_j}{(1+r)^j} \cdot j}{P} \qquad [3]$$

Au début de ce paragraphe, nous indiquions qu'il existait deux façons différentes d'apprécier la sensibilité du prix d'un titre financier à revenu fixe. Examinons comment chacune d'elles se relie à la duration.

2. R. FERRANDIER, V. KOEN : *Marchés de capitaux et techniques financières*, 2e édition, Paris, Economica, 1991, pp. 391-396.

Le rapport de la variation relative du cours d'un titre financier à revenu fixe à une variation du taux d'intérêt : $\frac{dP/P}{dr}$ détermine la volatilité de ce titre.

A partir de la relation [2], il est possible de déterminer la conséquence d'une variation infiniment faible du taux d'intérêt sur le prix d'un titre financier. Le rapport dP/dr est en effet la dérivée de l'équation [2].

$$\frac{dP}{dr} = -\frac{R_1}{(1+r)^2} - \frac{2R_2}{(1+r)^3} - \frac{3R_3}{(1+r)^4} - \cdots\cdots\cdots - \frac{nR_n}{(1+r)^{n+1}}$$

$$\frac{dP}{dr} = -\frac{1}{1+r} \sum_{j=1}^{n} \frac{R_j}{(1+r)^j} . j \qquad [4]$$

La volatilité d'un titre financier à revenu fixe est alors égale à :

$$V = \frac{dP/P}{dr}$$

$$V = -\frac{1}{1+r} \cdot \frac{\sum_{j=1}^{n} \frac{R_j}{(1+r)^j} . j}{\sum_{j=1}^{n} \frac{R_j}{(1+r)^j}}$$

$$V = -\frac{1}{1+r} . D \qquad [5]$$

Le rapport de la variation relative du prix du titre : dP/P à la variation relative du facteur d'actualisation $d(1+r)/(1+r)$ détermine l'élasticité du prix d'un titre financier.

$$E = \frac{dP/P}{d(1+r)/(1+r)}$$

Dans la mesure où $d(1+r) = dr$, nous pouvons écrire :

$$E = \frac{dP/P}{dr(1+r)}$$

$\frac{dP/P}{dr}$ étant égal à la volatilité V, l'expression de l'élasticité devient égale à :

$$E = -\frac{1}{(1+r)} . D . (1+r)$$

$$E = -D$$

§ 3. Les manifestations du risque de taux d'intérêt

L'étude du risque de taux d'intérêt conduit à distinguer le risque de revenu et le risque de capital. Il s'agit, en fait, des deux faces d'une même réalité.

A. — Le risque de revenu

L'émetteur d'un titre financier à revenu fixe distribue un revenu qui n'est pas modifié par les changements des conditions du marché. Si les taux d'intérêt baissent une fois l'émission faite, l'emprunteur subit une perte par rapport à ses concurrents qui ont su ou pu attendre quelques mois. Inversement, dans l'hypothèse d'une hausse des taux d'intérêt, l'emprunteur réalise un gain par rapport à ses concurrents.

La situation est identique pour l'investisseur qui détient des titres à revenu fixe. Si les taux s'élèvent une fois l'achat réalisé, l'investisseur subit une perte par rapport aux autres opérateurs qui ont attendu la hausse des taux. Il est toujours possible pour l'investisseur, constatant une hausse des taux, de vendre les titres, mais cette vente se fait avec une moins-value en capital qui annule le gain provenant d'un placement sur des titres à taux d'intérêt nominaux plus élevés. Si les taux baissent, une fois l'achat de titres réalisé, l'investisseur obtient un gain en revenu par rapport aux autres opérateurs qui n'ont pas su ou pu acheter des titres au moment opportun.

B. — Le risque de capital

Tout porteur de titres financiers à revenu fixe encourt un risque en capital s'il ne détient pas les titres jusqu'à leur échéance.

Quand le rendement sur le marché s'élève, des arbitrages se produisent. Ils ont pour conséquence d'abaisser le prix des titres financiers à revenu fixe jusqu'à ce que leur rendement égale celui prévalant à ce moment sur le marché. Si l'investisseur est alors contraint de liquider ses titres, il subit des moins-values en capital.

En sens inverse, une baisse des taux de rendement induit une hausse des cours à l'origine de plus-values en capital pour l'investisseur qui liquide son portefeuille.

§ 4. Les opérateurs exposés au risque de taux d'intérêt

Différents opérateurs sont confrontés au risque de taux d'intérêt. Leur situation varie avec la place qu'ils occupent sur le marché financier.

A. — L'emprunteur

L'emprunteur est le premier agent à subir un risque de taux d'intérêt. Il s'agit essentiellement d'un risque de revenu. Deux niveaux peuvent être distingués.

Le risque encouru résulte, en premier lieu, du délai séparant la décision d'emprunter de la réalisation effective de l'émission. Une hausse des taux d'intérêt durant cet intervalle conduit l'emprunteur à subir un coût d'opportunité. Une baisse induit, au contraire, un gain d'opportunité.

Le risque encouru résulte, en deuxième lieu, de la variation des taux pendant l'époque durant laquelle l'emprunteur s'est endetté. Si les taux baissent, l'emprunteur subit une perte par rapport à ses concurrents qui ne se sont pas endettés. Inversement, si les taux s'élèvent, il enregistre un gain par rapport à ces mêmes concurrents contraints d'emprunter à un taux plus élevé.

B. — L'investisseur

L'investisseur est surtout concerné par le risque en capital. Il est confronté au risque de plus-value ou de moins-value lors des cessions de certaines lignes de son portefeuille. S'il conserve ses titres jusqu'à leur échéance, l'investisseur n'est pas concerné par ce risque en capital.

C. — Les intermédiaires

Sur tous les marchés de titres financiers à revenu fixe, quelle que soit l'échéance des titres négociés, des intermédiaires sont présents sur le marché primaire et le marché secondaire. Pour ce qui est des émissions, seuls les membres du syndicat de garantie et, dans une très faible mesure, ceux du syndicat de placement sont exposés à un risque de variation de taux d'intérêt[3]. Sur le marché secondaire, les *brokers* et les *market makers* sont des intermédiaires particulièrement actifs. Les premiers se contentent de répercuter les ordres d'achat et de vente de leur clientèle sans prendre de position. Ils ne sont donc pas exposés au risque de taux d'intérêt. Les *market makers*, en revanche, doivent conserver un portefeuille de titres dans la mesure où ils se portent contrepartie à des cours acheteur et vendeur annoncés aux investisseurs cherchant à vendre ou à acheter des titres. Un *market maker* actif est donc exposé à un risque de taux qui peut être considérable.

Le risque de taux d'intérêt fait courir de trop grandes incertitudes aux opérateurs pour que certains correctifs ne soient pas envisagés. La protection contre ce risque recourt à plusieurs démarches différentes.

Section II — La protection contre le risque de taux d'intérêt et les modifications des caractéristiques des instruments utilisés sur les marchés financiers

Les premières manifestations du risque de taux d'intérêt se sont fait sentir sur les marchés financiers et plus spécialement sur les marchés obligataires. L'instrument traditionnellement utilisé sur les marchés de capitaux à long terme étant l'obligation à taux d'intérêt fixe, ceci explique que les premières techniques utilisées, au demeurant fort artisanales, ont consisté

3. Pour de plus amples informations, le lecteur peut se reporter au chapitre 13 de ce livre.

à modifier certaines caractéristiques des obligations à taux fixe afin de réduire leur sensibilité à toute variation des taux d'intérêt. Cinq modifications peuvent être mentionnées.

1. La première fut de réduire l'échéance des titres afin d'atténuer l'incertitude des investisseurs et des emprunteurs quant à la stabilité des taux d'intérêt.

2. Le lancement d'obligations extensibles ou rétractables est la deuxième modification mise en place pour amortir en partie les variations des taux d'intérêt. Ces obligations mettent l'accent sur la modification de l'échéance des titres. Les titres extensibles sont des émissions qui peuvent être prolongées aux mêmes conditions de taux. Dans l'hypothèse d'une anticipation de baisse des taux, l'investisseur peut, grâce à ces titres, se prémunir contre un risque de revenu. L'emprunteur peut, de son côté, rééchelonner sa dette sans subir une hausse des taux d'intérêt. Les titres rétractables permettent au contraire d'avancer les échéances d'amortissement des titres.

3. L'émission d'obligations à taux variable : les *floating rate notes*, représente une modification substantielle. Ces titres ont un coupon indexé sur l'évolution d'un taux de référence : LIBOR, LIBID, PIBOR, SIBOR, etc... accru d'un *spread* variant entre 1/8 % et 1 % selon la qualité de l'émetteur[4]. Les obligations à taux variable sont apparues à la fin des années 1970. Pendant des années, cet instrument a constitué la réponse la plus utilisée et la plus adéquate pour se protéger contre les variations de grande ampleur des taux d'intérêt.

4. Malgré l'attrait des obligations à taux flottant, les entreprises et les investisseurs institutionnels ont manifesté une certaine réticence à l'idée de ne pouvoir calculer le coût de leur emprunt ou la rentabilité de leur placement. Les obligations à taux flottant sont bien adaptées à des périodes de hausse, mais en phase de baisse, les investisseurs rejettent ces titres et exigent des obligations à taux fixe. Ceci explique l'apparition d'obligations à taux variable convertibles en taux fixe à l'échéance ou à des termes prédéterminés. Cette technique privilégie les investisseurs même si le retour à des taux fixes permet à l'emprunteur de mieux cerner la charge de sa dette.

5. La derniere innovation susceptible d'être mentionnée prévoit la modification simultanée du taux et de l'échéance. Cette modalité permet d'offrir, si les anticipations sont à la baisse des taux, un revenu constant sur une période plus longue. Un exemple permet d'illustrer cette affirmation : une émission à taux flottant ayant 6 ans d'échéance est susceptible d'être convertie en une émission à taux fixe de 11 % pour une échéance de 12 ans, deux ans après son émission.

Les obligations à taux variable et les modifications qui les ont accompagnées sont une formule intéressante, mais elles ne constituent pas pour autant une panacée. D'autres techniques ont dû être mises au point.

---

4. Le lecteur trouvera des informations complémentaires sur les obligations à taux variable en se reportant à la page 260 de cet ouvrage.

Section III — La protection contre le risque de taux d'intérêt et le recours aux marchés à terme d'instruments financiers

Les marchés de contrats à terme sont en mesure d'offrir une protection efficace contre le risque de taux d'intérêt.

Les principes généraux des marchés à terme de titres financiers à revenu fixe sont strictement identiques à ceux qui président au fonctionnement de n'importe quel autre marché à terme, qu'il s'agisse des matières premières agricoles ou minérales ou des devises tels qu'ils ont été présentés au deuxième chapitre de ce livre.

Les contrats standardisés négociés sur ces marchés sont des engagements de livrer (pour le vendeur de contrats) ou de recevoir (pour l'acheteur de contrats), à une date bien définie, des titres financiers à revenu fixe présentant des caractéristiques rigoureusement spécifiées par le contrat lui-même, à un prix fixé le jour où le contrat a été négocié. Comme pour les devises, la très grande majorité des contrats ne donne pas lieu à une livraison effective des titres sous-jacents au contrat. Ces engagements de livrer ou de recevoir sont en fait compensés avant l'échéance par une transaction inverse à celle initialement entreprise.

C'est le contrat introduit le 22 août 1977 par le Chicago Board of Trade qui allait servir de référence à tous les marchés de taux d'intérêt à long terme. Ce contrat portait sur des obligations du Trésor américain. Son succès n'allait jamais se démentir et il devait servir de modèle aux nombreux contrats portant sur des obligations publiques introduits en Grande-Bretagne, en France, au Japon, au Canada, en Australie, en Nouvelle-Zélande, en Allemagne, en Espagne, en Suisse et en Belgique.

Le marché qui sert de référence pour les taux d'intérêt à court terme s'est ouvert le 9 décembre 1981 au Chicago Mercantile Exchange. Il porte sur des dépôts à trois mois en euro-dollar. Le succès de ce marché ne s'est jamais démenti et il a servi de modèle à de nombreux contrats ouverts sur les différentes places financières internationales.

Les marchés à terme de titres financiers à revenu fixe présentent une certaine spécificité dans le domaine de la cotation, spécificité qu'il faut expliciter pour faciliter la compréhension des exemples développés ci-après.

Tous les marchés à terme de taux d'intérêt à long terme sont cotés en pourcentage du pair. Aux Etats-Unis, les cours varient par 1/32 de 1 %. Ainsi, quand on lit dans un journal financier, ou quand on annonce sur une table de marché, que le cours des contrats sur les obligations du Trésor américain s'établit à 96-12, il faut comprendre $96^{12/32}$ de la valeur nominale du contrat soit :

$$\frac{96{,}375 \times 100\ 000}{100} = 96\ 375 \text{ dollars.}$$

Les opérateurs, et tous les observateurs des marchés, se contentent en fait du chiffre 96-12.

Lorsque le cours des contrats est égal à 96-31, une variation de 1/32 porte le cours du contrat à 97-00.

Dans le jargon des marchés financiers, la fluctuation minimale des cours de 1/32 de 1 % s'appelle un *tick*. Exprimée par référence à la valeur nominale du contrat, elle est égale à :

$$100\,000 \times \frac{1}{100} \times \frac{1}{32} = 31{,}25 \text{ dollars.}$$

Le *tick* est fonction des caractéristiques de chaque marché. Pour le contrat notionnel négocié au Marché à Terme International de France, les cours ne varient pas en 1/32 de 1 % comme sur le marché de Chicago, mais en 1/50 de 1 %, ce qui implique que la valeur du *tick* est égale à :

$$500\,000 \times \frac{1}{100} \times \frac{1}{50} = 100 \text{ francs.}$$

Par convention, tous les marchés à terme de taux d'intérêt à court terme dans le monde sont cotés sous la forme d'un indice égal à :

$$100 - \text{Taux d'intérêt}$$

Ainsi, quand on lit dans un journal financier, ou quand on annonce sur une table de marché, que le cours du contrat euro-dollar est 90-20, ce cours implique que le taux d'intérêt est égal à 9,80 %.

Dans le cadre des marchés de taux d'intérêt à court terme, le *tick* est égal à 0,01 % de la valeur nominale du contrat. Pour le marché à terme des dépôts à 90 jours en euro-dollar qui est pris comme exemple dans les développements à venir, la valeur du *tick* correspond à :

$$1\,000\,000 \times \frac{90}{360} \times \frac{1}{100} \times \frac{1}{100} = 25 \text{ dollars.}$$

Le *tick* est fonction des caractéristiques du contrat. Pour le PIBOR à trois mois négocié au Marché à Terme International de France, la valeur du *tick* est égale à :

$$5\,000\,000 \times \frac{90}{360} \times \frac{1}{100} \times \frac{1}{100} = 125 \text{ francs.}$$

§ 1. Les opérations de couverture et la protection contre la hausse des taux d'intérêt

Le principe général des opérations de couverture est de prendre sur le marché des contrats une position inverse à celle tenue sur le marché au comptant des actifs financiers. Si le principe est simple, la mise en œuvre mérite quelques explications complémentaires.

Les principes de protection contre la hausse des taux d'intérêt sont identiques, quel que soit le cadre institutionnel des marchés à terme. Cet ouvrage ayant pour objet l'étude des techniques financières internationales, nous allons toutefois privilégier des exemples tirés du contexte institutionnel américain.

A. — La protection contre la hausse des taux d'intérêt à long terme

Au tout début du mois de janvier, le gérant d'un fonds de pension constate que les 5 millions de dollars d'obligations du Trésor américain, à taux nominal de 10 %, ayant 20 ans d'échéanche, qu'il s'est procuré il y a 24 mois sont en décote par rapport à leur valeur nominale, car les taux d'intérêt se sont légèrement tendus. Au 31 décembre, les obligations furent en effet enregistrées comptablement au cours de $99^{4/32}$. Le gérant du fonds redoute désormais une forte hausse des taux d'intérêt pour les 12 mois à venir. Il décide en conséquence de se couvrir sur le marché à terme des obligations du Trésor américain en vendant 50 contrats (la valeur nominale de chaque contrat est de 100 000 dollars) à un cours de $97^{6/32}$.

Le gérant est désormais protégé contre une évolution défavorable des taux d'intérêt[5]. Neuf mois plus tard, le gérant vend les obligations qu'il détenait en portefeuille. Deux cas de figure peuvent se produire.

1. *Hausse des taux d'intérêt*

Les taux d'intérêt s'étant fortement accrus, supposons que la vente des titres s'effectue au cours de $86^{2/32}$.

Le gérant achète immédiatement 50 contrats à un cours de $84^{4/32}$.

Sur le marché au comptant, et par rapport au cours du début de l'année, le gérant enregistre une perte de 278 125 dollars.

- valeur du portefeuille au début du mois de janvier :
  $99^{4/32}\ \% \times 5\,000\,000 = 4\,956\,250$ dollars.
- valeur du portefeuille au début du mois d'octobre :

$$86^{2/32} \times 5\,000\,000 + \left[\frac{270 \times 10}{360 \times 100} \times 5\,000\,000 \right] = 4\,678\,125 \text{ dollars.}$$

- variation de la valeur du portefeuille :

$$5\,000\,000 \times \left[\frac{-99^{4/32} + 86^{2/32}}{100} \right] + \left[\frac{270 \times 10}{360 \times 100} \times 5\,000\,000 \right] = 278\,125 \text{ dollars}$$

Sur le marché des contrats, en revanche, il enregistre un gain de :

$$\left[\frac{97^{6/32} - 84^{4/32}}{100} \right] \times 100\,000 \times 50 = 653\,125 \text{ dollars.}$$

5. Par rapport à l'exemple développé dans le contexte français, on remarque que les cours à terme différent des cours sur le marché au comptant. Les différences entre les caractéristiques de l'emprunt notionnel et celles de l'emprunt détenu en portefeuille expliquent un tel écart.

Le résultat net des transactions sur le marché au comptant et le marché des contrats fait ressortir un gain de :

653 125 − 278 125 = 375 000 dollars.

Ce gain correspond au rendement sur 9 mois d'un portefeuille de 5 000 000 de dollars de titres obligataires ayant un taux nominal de 10 %.

En résumé, la hausse des taux d'intérêt n'a pas eu de conséquence, vu l'opération de couverture, sur la rentabilité du placement effectué par le gérant du fonds de pension.

La valeur du portefeuille au début du mois d'octobre sur le marché au comptant inclut le montant des coupons courus, ce qui n'est pas le cas des cours à terme puisque le notionnel est coté au pied de coupon. Ceci explique l'apparente faible chute des cours sur le marché au comptant qu'une lecture rapide des prix pourrait faire croire.

2. *Baisse des taux d'intérêt*

Si, lors de la vente des obligations, au début du mois d'octobre, les taux d'intérêt ont fortement baissé, le gérant du fonds de pension dégage toujours une rentabilité de 10 %.

Supposons en effet que le gérant vend ses obligations au cours de $116^{24/32}$ (coupons courus inclus). Il enregistre une importante plus-value, mais cette dernière est en partie compensée par la perte enregistrée sur le marché des contrats. Ces derniers se négocient, en effet, au cours de $107^{10/32}$.

Sur le marché obligataire, et par rapport au cours du début de l'année, le gérant enregistre un gain de 881 250 dollars :

- valeur du portefeuille au début du mois de janvier : $99^{4/32}$ % × 5 000 000 = 4 956 250 dollars,
- valeur du portefeuille au début du mois d'octobre : $116^{24/32}$ % × 5 000 000 = 5 837 500 dollars,
- variation de la valeur du portefeuille :

$$\frac{-99^{4/32} + 116^{24/32}}{100} \times 5\,000\,000 = 881\,250 \text{ dollars.}$$

Sur le marché des contrats, par contre, il enregistre une perte de :

$$\frac{97^{6/32} - 107^{10/32}}{100} \times 100\,000 \times 50 = 506\,250 \text{ dollars.}$$

Le résultat net des transactions sur le marché au comptant et le marché des contrats fait ressortir un gain de :

881 250 − 506 250 = 375 000 dollars,

correspondant au rendement pendant 9 mois d'un portefeuille de 5 000 000 de dollars de titres obligataires ayant un taux nominal de 10 %.

B. — La protection contre la hausse des taux d'intérêt à court terme

Le 1er mars, une entreprise contacte une banque afin d'obtenir pour le 15 juin un prêt de 10 millions de dollars d'une durée de trois mois. Son objectif est d'assurer un financement d'exportation et de connaître dès maintenant le taux d'intérêt afin de proposer à l'importateur une offre ferme et définitive.

Le 1er mars, le taux d'intérêt à 90 jours sur le marché de l'euro-dollar étant égal à 8,5 %, le banquier s'engage à prêter, le 15 juin, 10 millions de dollars à un taux de 8,5 %, somme qu'il empruntera à cette date sur le marché au comptant des euro-dollars pour les prêter à l'exportateur. En fait, le banquier craint une hausse des taux d'intérêt qui pourrait le contraindre à emprunter 10 millions de dollars le 15 juin à un taux supérieur à 8,5 %. Pour se protéger contre une telle éventualité, il décide de se couvrir en vendant 10 contrats euro-dollar (la valeur nominale d'un contrat est de un million de dollars) pour l'échéance juin. Admettons que la vente s'effectue au cours de 91-50 (ce qui implique que le taux d'intérêt sur le marché des contrats est égal à 8,50 %).

Le 15 juin, lorsque le banquier emprunte 10 millions de dollars sur le marché des euro-devises pour les prêter à l'exportateur, le taux d'intérêt est égal à 13 %. Il enregistre donc une perte égale à :

$$10\,000\,000\ [13\ \% - 8{,}5\ \%] \times \frac{90}{360} = 112\,500 \text{ dollars.}$$

Cette perte est heureusement pour lui compensée par un gain sur le marché des contrats. Le 15 juin, il achète en effet à un cours de 87-00 les 10 contrats qu'il avait vendus le 1er mars à un cours de 91-50. Le montant de ce gain est égal à :

$$10 \times [91\text{-}50 - 87\text{-}00] \times 2\,500 = 112\,500 \text{ dollars.}$$

Les données volontairement simplifiées retenues dans cet exemple aboutissent à ce que l'opération de couverture est parfaite. Bien évidemment, il s'agit là d'une situation tout à fait exceptionnelle.

Si, au lieu de s'élever, les taux d'intérêt avaient chuté, le banquier aurait enregistré un gain sur le marché au comptant qui aurait été contrebalancé par une perte sur le marché des contrats.

§ 2. Les opérations de couverture et la protection contre la baisse des taux d'intérêt

Techniquement parlant, la protection contre le risque de baisse des taux d'intérêt induit des opérations identiques, mais inverses, à celles mises en place pour la protection contre la hausse des taux d'intérêt. Ceci implique que l'opérateur achète des contrats au lieu d'en vendre.

La situation peut être illustrée par l'exemple d'une entreprise française anticipant le paiement dans six mois d'un gros contrat à l'exportation libellé en dollar. Dans l'attente d'une affectation à venir, elle souhaiterait placer les fonds qu'elle recevra dans six mois sous forme d'un dépôt en euro-dollar. Redoutant une baisse des taux d'intérêt, le trésorier de cette entreprise achète dès maintenant des contrats à terme de dépôt à 90 jours en euro-dollar. De ce fait, toute baisse des taux sur le marché au comptant est contrebalancée par un gain sur le marché des contrats. En revanche, une éventuelle hausse des taux sur le marché de l'euro-dollar, alors qu'une baisse était anticipée, ne profite pas à l'entreprise, sauf à compenser sa position à terme avant l'échéance du contrat, car ce gain est contrebalancé par une perte sur le marché des contrats. Cette perte est consécutive à la vente des contrats à un prix inférieur à leur cours d'achat.

§ 3. Le coût d'une opération de couverture

Une opération de couverture n'est jamais gratuite. Il existe toujours un coût. Deux éléments sont à l'origine de ce coût : les anticipations, d'une part, le coût de portage, d'autre part.

A. — Les anticipations et le coût de la couverture

Lorsqu'un opérateur souhaite acheter ou vendre des contrats à terme de titres financiers à revenu fixe pour se protéger contre le risque de baisse ou de hausse des taux d'intérêt, il serait naïf de croire qu'il est le seul à anticiper cette variation des taux. D'autres opérateurs anticipant les mêmes évolutions ont très probablement acheté ou vendu des contrats avant qu'il intervienne sur le marché.

Dans le cas d'une anticipation de baisse des taux, des spéculateurs achètent des contrats avec l'espoir de les revendre ultérieurement (si leurs anticipations sont vérifiées) à un prix supérieur. De la même façon, des investisseurs institutionnels, pour se protéger contre le risque de baisse des taux, vont eux aussi acheter des contrats. Ces achats ont pour conséquence, toutes choses égales par ailleurs, d'élever le prix des contrats.

Reprenons l'exemple ayant pour cadre le marché des contrats à terme de dépôt en euro-dollar à 90 jours développé au B du paragraphe 1. Supposons que le 1er mars le banquier vend 10 contrats à terme pour l'échéance juin à un cours de 91-20 (et non pas 91-50 comme il avait été supposé dans l'exemple initial). Ce prix de 91-20 implique que le 1er mars le taux d'intérêt pour l'échéance juin sur le marché des contrats euro-dollar ressort à 8,80 %. Cette hausse des taux (cette baisse des cours) est consécutive à des ventes de contrats effectuées par des opérateurs qui avaient des anticipations de hausse des cours... et qui ont vendu avant que le banquier se présente sur le marché.

Le 15 juin, lorsque le banquier emprunte 10 millions de dollars, le taux d'intérêt sur le marché au comptant doit être sensiblement égal à celui qui prévaut sur le marché des contrats, du fait que la transaction se produit pratiquement à l'échéance du contrat à terme. Ceci résulte du phénomène bien connu de « convergence de la base ». Par souci de simplification, il est supposé, dans cet exemple, que la convergence est parfaite et que les taux d'intérêt sont tous les deux égaux à 13 %. Dans ces conditions, le banquier enregistre toujours une perte de 112 500 dollars sur le marché au comptant, à savoir :

$$10\,000\,000\ [13\ \% - 8{,}5\ \%] \times \frac{90}{360} = 112\,500 \text{ dollars.}$$

Sur le marché des contrats, en revanche, le gain est égal à :

$$10\ [91\text{-}20 - 87\text{-}00] \times 2\,500 = 105\,000 \text{ dollars.}$$

La couverture est donc imparfaite et ceci provoque une perte de 7 500 dollars. L'imperfection s'explique par l'existence au 1er mars d'un déport (le cours à terme pour l'échéance juin est inférieur au cours au comptant ou, ce qui revient au même, le taux d'intérêt sur le marché à terme est supérieur au taux d'intérêt sur le marché au comptant). Ce déport est consécutif aux anticipations des opérateurs. En se couvrant sur le marché des contrats à la date du 1er mars, le banquier n'a pu se garantir qu'un taux de 8,80 %.

La différence entre le prix à terme pour l'échéance septembre et le prix au comptant est due aux anticipations des opérateurs quant à l'évolution des taux d'intérêt. Ces anticipations ont pour conséquence de réduire l'efficacité des opérations de couverture et d'induire un coût de couverture.

Cette analyse est satisfaisante, mais elle n'explique pas tout. Un autre facteur, différent des anticipations, peut avoir pour conséquence d'induire un coût de couverture. Ce second facteur est le coût de portage.

B. — Le portage et le coût de couverture

D'une manière générale et quel que soit l'actif sous-jacent : matière première, devise, titre financier à revenu fixe ou indice boursier, le prix d'un contrat à terme est toujours égal au prix au comptant de l'actif sous-jacent augmenté du coût de financement. Dans le cas des titres à revenu fixe, le coût net de financement est égal au taux d'intérêt à court terme nécessaire au financement des obligations sur le marché au comptant (pendant un mois si on considère le prix à terme à un mois, pendant trois mois si on considère le prix à terme à trois mois etc...) diminué des intérêts courus obtenus sur les titres obligataires détenus (c'est-à-dire le taux d'intérêt à long terme).

Si le taux d'intérêt à court terme (6 mois) est égal à 8 %, si le taux d'intérêt à long terme est égal à 10 %, et si le prix au comptant des obligations est égal à 100, le prix à terme (6 mois) d'un contrat de titres obligataires est égal à $100-4+5$, soit 99.

En admettant que le taux à trois mois soit lui aussi égal à 8 %, et en supposant que les autres données ne varient pas, le prix à terme à 3 mois d'un contrat de titres obligataires est égal à $100+2-2{,}5$, soit 99,5.

En revanche, si le taux à court terme (6 mois) est supérieur au taux d'intérêt à long terme et s'établit à 12 %, le prix à terme à 6 mois d'un contrat de titres obligataires ressort à : $100+6-5$, soit 101.

Le coût net de portage étant égal à la différence entre le taux d'intérêt à court terme et le taux d'intérêt à long terme, on constate qu'il peut avoir pour conséquence d'induire un déport, ce qui est à l'origine d'un coût de couverture pour le vendeur de contrats, ou un report, ce qui est à l'origine d'un coût pour l'acheteur de contrats.

Dans la réalité, les anticipations et le coût de portage ne sont pas exclusifs l'un de l'autre, bien au contraire : leurs effets peuvent se cumuler ou se compenser. Un déport sur le marché à terme (tenant au fait que les taux à court terme sur le marché monétaire sont inférieurs aux taux à long terme sur le marché obligataire) peut être accentué par les anticipations de hausse des taux sur le marché des contrats. Le même déport peut être, en revanche, partiellement compensé si les anticipations sont à la baisse des taux.

§ 4. Le développement des marchés à terme de taux d'intérêt

Les marchés à terme de titres financiers à revenu fixe sont apparus sur les places financières où étaient déjà négociés des contrats de matières premières et en tout premier lieu à Chicago. Le succès qu'ils ont rencontré aux Etats-Unis leur a permis d'essaimer sur de très nombreuses places financières européennes et asiatiques.

A. Le développement des marchés à terme de taux d'intérêt aux Etats-Unis

Depuis l'ouverture du premier marché à terme de taux d'intérêt le 20 octobre 1975, près de 50 contrats à terme de titres financiers à revenu fixe ont été introduits aux Etats-Unis. Beaucoup parmi eux se sont soldés par un échec. Seuls, quelques marchés fonctionnent aujourd'hui de manière satisfaisante.

Les tentatives initiées par les bourses de commerce américaines ont porté sur tous les types de titres financiers susceptibles de servir de support à des contrats à terme : billets de trésorerie, certificats de dépôt, titres publics, titres hypothécaires, dépôts en euro-dollar, obligations municipales. Ce sont les contrats reposant sur des signatures publiques qui obtiennent les meilleurs résultats.

Toutes les maturités disponibles sur le marché au comptant ont été utilisées : 30 jours, 90 jours, 1 an, 2 ans, 4 ans, 5 ans, 6 à 10 ans, 12 ans, 15 ans et 20 ans. Jusqu'en mai 1982, seuls les marchés à terme portant sur des titres à 90 jours et à 15 ans d'échéance avaient réussi à se développer. Les échéances à moyen terme ne faisaient pas l'objet de transactions à terme. Le Chicago Board of Trade est la première bourse à avoir ouvert avec succès, le 3 mai 1982, un marché sur des notes du Trésor, avec une échéance comprise entre 6,5 et 10 ans.

Le succès des marchés à terme de taux d'intérêt de Chicago a incité d'autres bourses à tenter leur chance. L'American Stock Exchange et le New York Stock Exchange ont ainsi créé plusieurs marchés par l'intermédiaire de filiales spécialisées dans les marchés à terme financiers. Le Commodity Exchange de New York et le New York Cotton Exchange se sont eux aussi lancés dans le domaine des marchés à terme de taux d'intérêt, mais ces tentatives ont toutes échoué. Le marché était pris, et jamais les bourses de commerce de New York n'ont réussi à développer le moindre contrat à terme de taux d'intérêt.

De tous les marchés à terme de taux d'intérêt introduits aux Etats-Unis et dans le reste du monde, ceux qui ont rencontré le plus grand succès sont ceux du Chicago Board of Trade et du Chicago Mercantile Exchange (tableau 7).

Tableau 7
Les principaux marchés américains de contrats à terme de taux d'intérêt

	Bourse	*Volume du contrat*	*Volume des transactions en 1992*	*Montant de la position ouverte le 31-12-1992*
gations du Trésor américain	CBOT	100 000 dollars	70 003 894	304 740
es de 6,5 à 10 ans du Trésor éricain	CBOT	100 000 dollars	11 217 938	176 644
s à 5 ans du Trésor américain	CBOT	100 000 dollars	6 441 193	129 061
s à 2 ans du Trésor américain	CBOT	200 000 dollars	445 394	15 680
d'intérêt à 30 jours	CBOT	5 000 000 dollars	233 727	11 513
ôts à 3 mois en euro-dollar	CME	1 000 000 dollars	60 531 066	1 325 487
du Trésor à 3 mois	CME	1 000 000 dollars	1 337 061	28 228
d'intérêt LIBOR à 1 mois	CME	3 000 000 dollars	918 593	32 584
gations du Trésor américain	MACE	50 000 dollars	1 342 251	9 851
du Trésor américain	MACE	500 000 dollars	2 017	44
s à 5 ans du Trésor américain	NYCE	100 000 dollars	80 186	50
e des obligations municipales	CBOT	1 000 fois en dollar la valeur de l'indice	776 205	22 110
-dollar	MACE	500 000 dollars	2 885	143

: Nombre de contrats.
: Futures Industry Association.

B. — Le développement des marchés à terme de taux d'intérêt en dehors des Etats-Unis

Londres, grâce à l'ouverture le 30 septembre 1982 du London International Financial Futures Exchange, fut la première place financière européenne sur laquelle furent introduits des contrats à terme de taux d'intérêt. De nombreux contrats libellés en livre sterling et dans les principales devises internationales : deutsche mark, lire, dollar américain, yen, écu, franc suisse, peseta furent introduits avec succès. Par la suite, d'autres marchés furent ouverts à Paris par le Marché à Terme International de France en février 1986, à Dublin par l'Irish Futures and Options Exchange en mai

1989, à Barcelone par le Mercados Financieros de Futuros en mars 1990, en Suisse par le Swiss Options and Financial Futures Exchange en novembre 1990, à Francfort par la Deutsche Terminbörse en novembre 1990, en Suède par le Stockholm Options Exchange en janvier 1991 et à Bruxelles par le Belgian Futures and Options Exchange en décembre 1991. Appréhendés par le volume des transactions et le montant de la position ouverte, les résultats obtenus sont excellents et pratiquement toujours largement supérieurs à ceux qui avaient été espérés par les promoteurs de ces différents marchés.

En fait, ce ne sont pas les places financières européennes qui ont les premières, après les Etats-Unis, introduit des contrats à terme de taux d'intérêt. L'innovation dans ce domaine fut réalisée par le Sydney Futures Exchange en 1979. Par la suite, de nombreux autres marchés furent ouverts à Singapour par le Singapore International Monetary Exchange en septembre 1984, au Japon par le Tokyo Stock Exchange en octobre 1985 et le Tokyo International Financial Futures Exchange en juin 1989, à Auckland par le New Zealand Futures Exchange en 1985. Des marchés à terme de taux d'intérêt furent également ouverts à Toronto en 1980, à Montréal, à Rio de Janeiro, en 1985 et à Sao Paulo en 1986.

Tableau 8
Les principaux marchés de taux d'intérêt à long et à moyen terme en dehors des Etat

Titre financier	*Volume du contrat*	*Bourse*	*Volume des transactions en 1992*	*Monta la pos ouve le 31-1*
Obligations du Trésor américain	100 000 USD	LIFFE	272 077	[illegible]
Obligations du Trésor britannique	50 000 GBP	LIFFE	8 804 639	53
Obligations à 10 ans du Trésor australien	100 000 AUD	SFE	4 253 374	31
Obligations à 10 ans du Trésor japonais	100 000 000 JPY	BVT	11 868 414	132
Obligations du Trésor français	500 000 FRF	MATIF	31 062 844	231
Obligations gouvernementales à 5 ans	100 000 NZD	NZFE	209 232	6
Obligations du Trésor japonais	100 000 000 JPY	LIFFE	221 370	
Obligations du Trésor brésilien		BMF	14 072 749	374
Obligations du Trésor allemand	250 000 DEM	LIFFE	13 604 523	139
Obligations du Trésor allemand	250 000 DEM	DTB	5 327 846	39
Obligations du gouvernement canadien	100 000 CAD	BM	515 732	3
Obligations à 3 ans du Trésor australien	100 000 AUD	SFE	5 434 795	40
Obligations à 20 ans du Trésor japonais	100 000 000 JPY	BVT	3 972	
Obligations du Trésor américain	100 000 USD	BVT	118 491	[illegible]
Obligations du gouvenement italien	200 000 000 ITL	LIFFE	3 773 105	1[illegible]
Obligations du gouvernement belge	2 500 000 BEF	BELFOX	263 832	[illegible]

Tableau 8 (suite)
s principaux marchés de taux d'intérêt à long et à moyen terme en dehors des Etats-Unis

Titre financier	*Volume du contrat*	*Bourse*	*Volume des transactions en 1992*	*Montant de la position ouverte le 31-12-1992*
igations à moyen terme du uvernement allemand	250 000 DEM	DTB	1 667 799	42 186
igations à long terme du ıvernement irlandais	50 000 IEP	IFOX	3 900	230
gations en écu	100 000 XEU	MATIF	1 354 012	12 189
gations publiques à 10 ans	10 000 000 PTA	MEFF	770 480	10 052
gations du gouvernement suisse	100 000 CHF	SOFFEX	233 761	4 153
gations à 5 ans du gouvernement sse	100 000 CHF	SOFFEX	199 829	5 821

E : London International Financial Futures Exchane ; SFE : Sydney Futures Exchange ; BM : Bourse de réal ; BVT : Bourse des valeurs de Tokyo ; MATIF : Marché à Terme International de France ; NZFE : Zealand Futures Exchange ; BMF : Bolsa Mercantil & de Futuros ; DTB : Deutsche Terminbörse ; BEL- : Belgian Futures and Options Exchange ; IFOX : Irish Futures and Options Exchange ; MEFF : Merca- inancieros de Futuros ; SOFFEX : Swiss Options and Financial Futures Exchange.

: Nombre de contrats.

e : Futures Industry Association.

Le tableau 9 reproduit le volume des transactions pour l'année 1992 et le montant de la position ouverte au 31 décembre 1992 pour les principaux marchés de taux d'intérêt à court terme localisés sur les bourses non américaines.

Tableau 9
s principaux marchés à terme non américains de taux d'intérêt à court terme

Titre financier	*Bourse*	*Volume du contrat*	*Volume des transactions en 1992*	*Montant de la position ouverte le 31-12-1992*
en euro-dollar à 90 jours	LIFFE	1 000 000 USD	709 305	18 668
en euro-dollar à 90 jours	SIMEX	1 000 000 USD	5 617 972	45 385
en livre sterling à 90 jours	LIFFE	500 000 GBP	11 296 327	211 626
rivés à 90 jours garantis par ınque	SFE	500 000 AUD	5 697 786	176 556
en euro-deutschemark à rs	LIFFE	1 000 000 DEM	12 173 431	369 878
en franc à 90 jours	MATIF	5 000 000 FRF	6 436 765	145 884
en euro-yen à 90 jours	TIFFEX	100 000 000 JPY	14 959 373	439 263
en écu à 90 jours	LIFFE	1 000 000 XEU	316 781	10 349
en franc suisse à 90 jours	LIFFE	1 000 000 CHF	1 970 438	37 890
en euro-lire à 90 jours	LIFFE	1 000 000 000 ITL	375 514	14 738
à 90 jours	BELFOX	25 000 000 BEF	51 547	1 888
à 90 jours	IFOX	100 000 IEP	28 405	115
à 90 jours	MEFF	10 000 000 PTA	747 191	20 561

Tableau 9 (suite)
Les principaux marchés à terme non américains de taux d'intérêt à court terme

Titre financier	*Bourse*	*Volume du contrat*	*Volume des transactions en 1992*	*Montant la posit ouvert le 31-12-*
Dépôt en franc suisse à 90 jours	SOFFEX	1 000 000 CHF	184 084	65
Acceptations bancaires à 3 mois	BM	1 000 000 CAD	419 765	27 98
Acceptations bancaires à 1 mois	BM	3 000 000 CAD	23 502	59
90 Day Bank Accepted Bill	NZFE	500 000 NZD	393 172	19 84
Dépôt en euro-yen à 90 jours	SIMEX	100 000 000 JPY	2 472 931	99 38
Dépôt en euro-yen à 1 an	TIFFEX	100 000 000 JPY	9 379	58

1. Situation au 31/11/92.

SFE : Sydney Futures Exchange ; MATIF : Marché à Terme International de France ; LIFFE : London In tional Financial Futures Exchange ; SIMEX : Singapore International Monetary Exchange ; TIFFEX : International Financial Futures Exchange ; BELFOX : Belgian Futures and Options Echange ; IFOX : Irish F and Options Exchange ; MEFF : Mercados Financieros de Futuros ; SOFFEX : Swiss Options and Fin Futures Exchange ; NZFE : New Zealand Futures Exchange ; BM : Bourse de Montréal.

Unité : Nombre de contrats.
Source : Futures Industry Association.

Section IV — La protection contre le risque de taux d'intérêt et les instruments fermes sur le marché du gré à gré

Le *forward-forward* et le *forward rate agreement* (FRA) sont deux instruments de gestion du risque de taux d'intérêt développés par les institutions financières sur le marché du gré à gré. Ils offrent tous les deux une excellente protection, mais ils diffèrent l'un de l'autre sur un point essentiel. Le *forward rate agreement* dissocie l'opération de garantie de taux de l'opération de prêt ou d'emprunt, ce que ne fait pas le *forward-forward.*

§ 1. Le forward-forward

Le *forward-forward* (on dit en français, une opération terme-terme) permet à une entreprise ou un investisseur qui désire emprunter ou prêter à une date future et sur une période déterminée de fixer dès maintenant le coût d'un emprunt ou le rendement d'un placement grâce à une transaction réalisée auprès d'une banque ou d'une institution financière avec laquelle cette opération a été initiée.

Il existe deux types d'opération terme-terme. Le premier porte sur un emprunt futur. Le second concerne un placement futur.

Dans le cadre d'un *forward-forward* emprunt, la banque ou l'institution financière prend l'engagement de réaliser un prêt à une entreprise ou à un emprunteur pour un montant et une période déterminés, à un taux préalablement garanti.

Dans le cadre d'un *forward-forward* placement, l'investisseur prend l'engagement d'effectuer auprès de la banque ou de l'institution financière un placement pour un montant et une période déterminés à un taux préalablement garanti.

§ 2. Le forward rate agreement

Le *forward rate agreement* est un instrument de gestion du risque de taux d'intérêt. Il permet à une entreprise ou un investisseur qui désire emprunter ou prêter à une date et sur une période déterminée de couvrir sa future position de taux auprès d'une banque ou d'une institution financière. Dans un *forward rate agreement* (FRA), l'opérateur n'est pas contraint de réaliser l'opération d'emprunt ou de prêt avec la banque ou l'institution financière auprès de laquelle il s'est couvert. Il garde la possibilité de réaliser son emprunt ou son prêt auprès de n'importe quelle banque ou institution financière, voire sur un marché de capitaux.

Le FRA permet de fixer dès aujourd'hui le taux d'un emprunt ou le rendement d'un placement sans le moindre engagement sur les liquidités. Ceci permet à l'opérateur de rechercher la meilleure opportunité sur le marché. Contrairement au *forward-forward*, le FRA dissocie la garantie de taux de l'opération d'emprunt ou de prêt. Le *forward rate agreement* se conclut par le versement d'un différentiel de taux. Contrairement au *forward-forward*, il ne génère aucun autre mouvement de capitaux. Il n'oblige pas les opérateurs à procéder à un emprunt ou à un placement. Le *forward rate agreement* est donc un simple instrument de couverture contre le risque de taux d'intérêt.

Acheter un FRA revient à fixer un taux d'emprunt. Vendre un FRA consiste à fixer un taux de placement. Dans un FRA, il est indispensable de définir :

- le montant notionnel sur lequel porte la garantie de taux : il s'agit du montant qui sera placé ou emprunté au terme du FRA,
- la date de règlement : il s'agit de l'époque précise à laquelle s'effectue le versement du différentiel de taux ; elle correspond également à la date à laquelle s'effectue l'opération d'emprunt ou de prêt (si cette opération se fait),
- la période de référence allant de la date de règlement à la date d'échéance de l'emprunt ou du dépôt prévu,
- le taux de garantie, parfois dénommé taux de référence ; la méthode de détermination de ce taux est identique à celle retenue pour le *forward-forward*.

A la date de règlement, l'une des parties règle à l'autre une somme égale à la différence entre le taux garanti et le taux constaté sur le marché pour la période de référence.

Section V — Les swaps de taux d'intérêt

L'utilisation des swaps pour se protéger contre le risque de variation des taux d'intérêt est l'un des faits marquants de ces dernières années[6].

Un swap est fondamentalement un échange ou un troc de taux d'intérêt. Cette technique à laquelle recourent de plus en plus souvent les prêteurs et les emprunteurs opérant sur les marchés de capitaux est particulièrement performante. Il existe quatre types de swap. Leurs caractéristiques essentielles peuvent être brièvement schématisées.

- Les deux opérateurs intervenant dans la même devise échangent un taux fixe contre un taux variable.
- Les deux opérateurs intervenant dans deux devises différentes échangent un taux fixe dans une devise contre un taux fixe dans une autre devise.
- Les deux opérateurs intervenant dans deux devises différentes échangent un taux variable dans une devise contre un taux variable dans une autre devise.
- Les deux opérateurs intervenant dans deux devises différentes échangent un taux fixe dans une devise contre un taux variable dans une autre devise.

Dans ce chapitre consacré à la gestion du risque de taux d'intérêt, seuls les swaps du premier type retiendront notre attention. Il s'agit d'opérations dans lesquelles deux emprunteurs, dont le premier est engagé à taux fixe et le second à taux flottant, échangent le service de leurs dettes. Leur objectif, ce faisant, est de modifier leur position et leur risque de taux. Il est également de réduire le coût de leur endettement.

§ 1. Les techniques de gestion du risque de taux d'intérêt par les swaps

Trois cas de figure sont successivement examinés. Dans le premier, nous retenons l'hypothèse la plus simple, dans laquelle les deux entreprises procèdant à un swap sont déjà endettées, l'une à taux fixe, la seconde à taux flottant. Dans la deuxième hypothèse, nous abordons une situation plus complexe : pour des raisons de coût, les deux entreprises s'endettent, l'une à taux fixe, l'autre à taux flottant, mais elles procèdent immédiatement à un swap pour annuler leur risque de taux. La troisième hypothèse présente la situation la plus réaliste : celle où une banque s'interpose et sert de contrepartie à chacune des deux entreprises qui entreprennent une opération de swap.

A. — Deux entreprises endettées à taux fixe et à taux variable procèdent à un swap

Une entreprise X est endettée en dollar à taux fixe : 10 %, pour les cinq années à venir, sur le marché euro-obligataire (schéma 1). Elle anticipe une baisse des taux. Elle souhaiterait transformer son endettement à taux fixe en endettement à taux flottant pour éviter le risque de taux et tirer profit de l'évolution qu'elle anticipe.

6. Cette technique est également utilisée pour se protéger contre le risque de change.

Une entreprise Y est endettée en dollar sur le marché des euro-crédits, à taux variable LIBOR + 1 %, révisable tous les six mois, pour les cinq années à venir (schéma 1). Elle anticipe une hausse des taux et souhaiterait être endettée à taux fixe pour éviter le risque de taux et tirer profit de l'évolution qu'elle anticipe. (Un autre cas envisageable serait celui où l'entreprise Y souhaiterait transformer un endettement à taux variable en endettement à taux fixe pour réaménager la structure de son bilan).

Schéma 1
L'endettement des sociétés X et Y avant l'opération de swap

Pour se protéger contre les risques de taux, les deux entreprises X et Y vont procéder à un swap. Elles vont, pour ce faire, échanger pendant cinq ans le service de leurs dettes sans modifier pour autant leurs engagements contractuels à l'égard de leurs débiteurs d'origine. L'entreprise X reste endettée à taux fixe à l'égard du marché euro-obligataire, mais elle verse chaque année à l'entreprise Y des intérêts égaux à LIBOR + 1 %. De son côté, l'entreprise Y reste endettée à taux flottant à l'égard des banques, mais elle verse chaque année un taux fixe de 10 % à l'entreprise X (schéma 2).

Schéma 2
L'endettement des sociétés X et Y après l'opération de swap

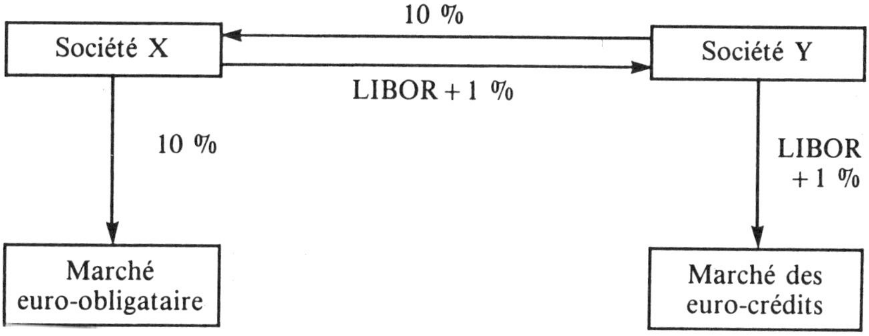

Après avoir initié l'opération de swap, la société X :
- verse 10 % au marché euro-obligataire,
- reçoit 10 % de la société Y,
- verse LIBOR + 1 % à la société Y.

Son endettement ressort donc à LIBOR + 1 %, révisable tous les six mois.

Après avoir initié l'opération de swap, la société Y :
- verse LIBOR + 1 % au marché des euro-crédits,
- reçoit LIBOR + 1 % de la société X,
- verse 10 % à la société X.

Le coût de son endettement est devenu fixe et ressort à 10 %.

Par cette opération, les entreprises X et Y se retrouvent respectivement endettées à taux flottant et à taux fixe, ce qui était leur souhait. La cinquième année, l'entreprise X rembourse son emprunt obligataire. L'entreprise Y, de son côté, rembourse l'emprunt contracté auprès d'un syndicat d'euro-banques.

B. — Deux entreprises s'endettent à taux fixe et à taux variable et procèdent à un swap

L'entreprise X souhaite s'endetter en dollar, à taux variable, pour 10 ans, sur le marché des euro-crédits. Dans le même temps, l'entreprise Y souhaite s'endetter en dollar, à taux fixe, pour 10 ans sur le marché euro-obligataire.

Le plus simple, apparemment, serait pour l'entreprise X de procéder à un emprunt *roll over* sur 10 ans à taux révisable tous les 6 mois, et pour l'entreprise Y de réaliser une émission euro-obligataire en dollar à taux fixe ayant 10 ans d'échéance. En fait, cette situation n'est pas optimale, car la notation de ces deux entreprises n'est pas identique. La société X est excellemment bien cotée par les agences de rating et sa notation est AAA. La société Y l'est, en revanche, beaucoup moins bien et sa notation ressort à BBB[7]. Du fait des différences de risque, les sociétés X et Y obtiennent des conditions de taux très différentes sur le marché obligataire et le marché bancaire, comme le révèle le tableau 10.

Tableau 10
Taux d'emprunt des sociétés X et Y

	Marché euro-obligataire à taux d'intérêt fixe	*Marché des euro-crédits à taux d'intérêt variable*
Société X	T + 0,50 %*	LIBOR
Société Y	T + 2 %	LIBOR + 0,50 %
Avantage de X sur Y	1,50 %	0,50 %

* T représente le rendement des obligations à 15 ans du Trésor américain.

7. Pour de plus amples informations sur les notations des agences de rating, le lecteur peut se reporter à la section 8 du chapitre 15.

La société X obtient de meilleures conditions que la société Y sur le marché obligataire et sur celui des euro-crédits, mais les conditions du marché euro-obligataire sont relativement supérieures à celles du marché bancaire. L'avantage est de 1,5 % sur le marché obligataire, alors qu'il n'est que de 0,5 % sur le marché bancaire. Chacun des deux emprunteurs a intérêt à s'endetter sur le marché où il obtient les meilleures conditions relatives. Ceci conduit X à se porter sur le marché obligataire et Y à s'endetter sur le marché des euro-crédits. Les deux sociétés doivent cependant réaliser immédiatement un swap pour annuler le risque de taux auquel l'une et l'autre sont confrontées. (N'oublions pas, en effet, que les sociétés X et Y désirent s'endetter respectivement à taux flottant et à taux fixe).

Par ce contrat de swap, les deux entreprises échangent le service de leurs dettes respectives sur la base de deux taux mutuellement acceptés, après négociation, que nous supposons être ici égaux à T + 1,25 % et LIBOR. Les flux annuels d'intérêt versés pendant 10 ans sont reproduits au schéma 3.

Schéma 3
Flux annuel des intérêts

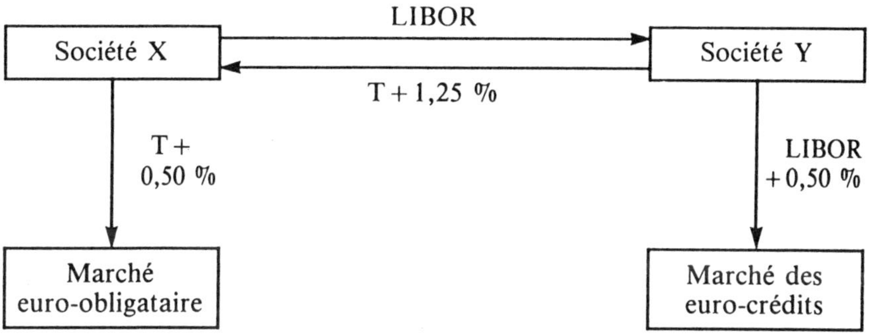

Grâce à cette opération de swap, la société X endettée à taux fixe sur le marché obligataire se retrouve en taux flottant. Quant à la société Y, endettée à taux variable sur le marché des euro-crédits, elle se retrouve en taux fixe. Cette situation correspond aux souhaits initiaux des entreprises X et Y, mais elles sont désormais l'une et l'autre endettées à des conditions inférieures à celles qu'elles auraient obtenues en intervenant directement sur le marché des euro-crédits, pour X, et sur le marché euro-obligataire, pour Y.

Après avoir initié une opération de swap, la société X :

- verse T + 0,50 % au marché obligataire,
- verse LIBOR à la société Y,
- reçoit T + 1,25 % de la société Y.

Son coût d'endettement ressort donc à :

$$[T + 1{,}25\ \%] - [\text{LIBOR}] - [T + 0{,}50\ \%]$$

soit :

$$\text{LIBOR} - 0{,}75\ \%$$

En intervenant directement sur le marché bancaire, elle aurait dû payer LIBOR (tableau 10). Le swap lui évite d'être en risque de taux et lui permet d'économiser chaque année 0,75 %.

Après avoir initié un swap, la société Y :

- verse LIBOR + 0,50 % au marché bancaire,
- reçoit LIBOR de la société X,
- verse T + 1,25 % à la société X.

Son coût d'endettement ressort donc à :

[LIBOR] – [LIBOR + 0,50 %] – [T + 1,25 %]

Soit :

T + 1,75 %

En intervenant directement sur le marché euro-obligataire, elle aurait dû payer T + 2 % (tableau 10). Le swap lui permet d'économiser chaque année 0,25 % et de ne pas être en risque de taux.

Le mécanisme qui vient d'être décrit est théoriquement juste, mais il est en réalité difficile aux deux sociétés X et Y de se rencontrer. En règle générale, X ignore que Y souhaite s'endetter à taux fixe et, réciproquement, Y ignore que X souhaite s'endetter à taux variable. Même s'il arrivait, par hasard, qu'elles aient connaissance de leurs projets, il est improbable que les besoins des sociétés X et Y soient identiques, à un moment donné du temps, en ce qui concerne le montant, la durée, les conditions et les taux du swap. C'est la raison pour laquelle les sociétés X et Y vont s'adresser à une banque.

C. — L'intervention d'une banque servant de contrepartie aux deux entreprises impliquées dans un swap

Les banques jouent un rôle important dans les opérations de swap, car elles remplissent une fonction d'intermédiaire.

Quand la société X s'adresse à une banque pour envisager le montage d'un swap, l'étendue des relations d'affaire de cette institution financière lui permet de contacter instantanément la société Y qui a, par exemple, récemment manifesté la volonté de réaliser un swap inverse à celui proposé par la société X. Si les caractéristiques du swap envisagé par Y n'étaient pas compatibles avec celles proposées par X, la banque B contacterait une autre société : Z, ou W qui souhaiterait, elle aussi, réaliser un swap.

Le rôle de la banque va bien au-delà d'une simple fonction d'intermédiaire. Elle définit, en effet, avec précision, les besoins des sociétés et peut, dans certains cas, servir de contrepartie momentanée à l'une des deux si les caractéristiques du swap envisagé ne correspondent pas parfaitement aux besoins de l'autre société.

En fait, dans de très nombreuses situations, la banque négocie séparément avec chacune des deux sociétés et conclut deux contrats distincts. Elle devient, ce faisant, la contrepartie de ses deux clients. Chacune des deux sociétés X et Y n'a plus à craindre le risque d'un défaut de celle avec laquelle elle fait un swap et donc le risque de crédit qui en découle.

Pour le service offert, le rôle d'intermédiaire rempli et le risque assumé, la banque est rémunérée par l'une ou l'autre des sociétés participant au swap (généralement celle qui est demandeur). Il arrive fréquemment que la rémunération soit partagée par les deux sociétés. Illustrons ces développements en reprenant l'exemple présenté au sous-paragraphe B.

L'entreprise X souhaite s'endetter en dollar, à taux variable, pour 10 ans, sur le marché des euro-crédits. Dans le même temps, l'entreprise Y souhaite s'endetter en dollar, à taux fixe, pour 10 ans, sur le marché euro-obligataire. Pour réduire leur taux d'endettement, les sociétés X et Y décident, indépendamment l'une de l'autre, de s'endetter sur le marché euro-obligataire pour la société X et sur le marché des euro-crédits pour la société Y et demandent à la banque B, toujours indépendamment l'une de l'autre, de leur monter un swap. Les besoins des sociétés étant symétriques, la banque B pourrait se contenter de mettre en rapport X et Y. En fait, pour leur éviter d'avoir à supporter un risque de défaut et pour obtenir un profit plus élevé, la banque B signe un contrat de swap avec chacune des sociétés X et Y.

Dans ce nouveau cas de figure, la société X, qui s'est endettée à taux fixe sur le marché euro-obligataire, verse à la banque B (et non plus directement à la société Y) un flux annuel d'intérêt représenté par le LIBOR. La banque B reverse à la société Y un flux égal à LIBOR – 0,10 %. Elle dégage donc un bénéfice de 0,10 % (schéma 4). Pendant le même temps, la société Y, qui s'est endettée sur le marché des euro-crédits, transforme son endettement à taux variable en endettement à taux fixe en versant chaque année à la banque B (et non plus directement à la société X) un flux d'intérêt égal à T + 1,25 %. Cette dernière rétrocède un flux égal à T + 1,15 %. Elle se constitue ainsi une seconde source de profit égal à 0,10 % (schéma 4).

Schéma 4
Flux annuel des intérêts

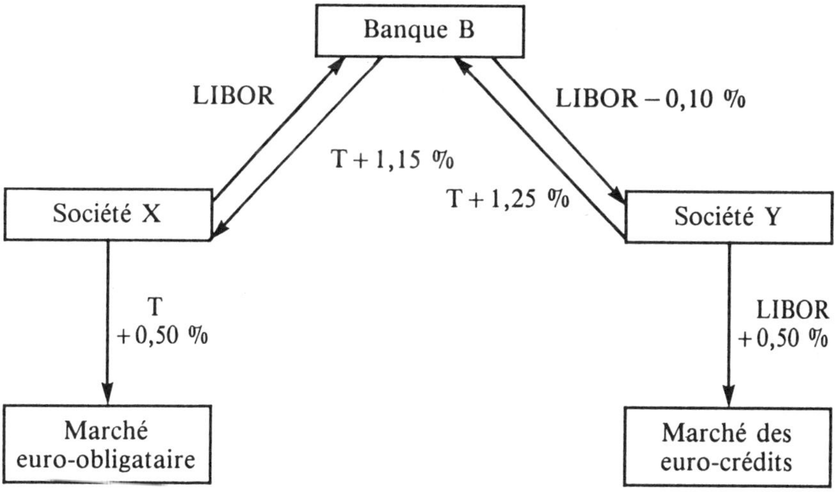

Du fait de cette opération de swap, la société X :

- verse T + 0,50 % au marché obligataire,
- verse LIBOR à la banque B,
- reçoit T + 1,15 % de la banque B.

Son coût d'endettement ressort donc à :

[T + 1,15 %] – [LIBOR] – [T + 0,50 %]

soit :

LIBOR – 0,65 %

Du fait de l'opération de swap, la société Y :

- verse LIBOR + 0,50 % au marché des euro-crédits,
- verse T + 1,25 % à la banque B,
- reçoit LIBOR – 0,10 % de la banque B.

Son coût d'endettement ressort donc à :

[LIBOR – 0,10 %] – [LIBOR + 0,50 %] – [T + 1,25 %],

soit :

T + 1,85 %

En jouant le rôle d'intermédiaire dans l'opération de swap, la banque B :

- reçoit LIBOR de la société X,
- reçoit T + 1,25 % de la société Y,
- verse LIBOR – 0,10 % à la société Y,
- verse T + 1,15 % à la société X.

Le profit de la banque B ressort donc à :

[LIBOR] + [T + 1,25 %] – [LIBOR – 0,10 %] – [T + 1,15 %],

soit :

0,20 %

En définitive et en résumé, grâce à une opération de swap, la société X n'est pas en risque de taux et elle économise 0,65 % par an ; la société Y n'est pas en risque de taux et elle économise 0,15 % par an ; quant à la banque B, elle gagne 0,20 % par an.

Les caractéristiques des swaps sont très diverses, mais on peut néanmoins déterminer quelques constantes.

- Le montant minimal est de cinq millions de francs, d'un million de dollars ou d'une somme équivalente en terme des autres monnaies nationales.
- La durée va de quelques mois à plusieurs années et peut atteindre 10 ans.
- Toutes les devises disposant d'un marché obligataire national bien développé peuvent être utilisées dans le montage d'un swap. Tel est en particulier le cas du dollar, du yen, de la livre sterling, du franc suisse, de l'écu, du deutsche mark, du franc français, du florin et du dollar australien. En fait, beaucoup d'autres devises ont été ponctuellement utilisées quand les considérations de marché se prêtaient à leur emploi.

§ 2. Les risques associés aux swaps de taux d'intérêt

Depuis 1985, les risques associés au marché des swaps sont devenus un sujet de préoccupation pour la communauté financière internationale. Il en existe trois types : le risque de défaut, le risque de transaction et le risque de taux.

A. Le risque de défaut

Par risque de défaut, il faut entendre la faillite de l'une des contreparties à un swap. Ce risque est le principal souci des intervenants opérant sur le marché des swaps. Depuis 1985, une conscience plus claire de ce risque a progressivement émergé au sein de la communauté financière internationale. Toutes les parties, qu'il s'agisse des autorités monétaires ou des banques, ont établi des systèmes préventifs afin de mieux assurer la sécurité du marché.

Du côté des autorités publiques, les banques centrales, sous la direction de la Banque d'Angleterre et de la Réserve fédérale de New York, ont imposé aux banques commerciales le respect de ratios prudentiels prenant explicitement en compte le montant nominal des swaps.

Du côté des intervenants sur le marché des swaps, les banques ont élaboré des systèmes d'évaluation des risques. Les analyses établissent que le coefficient de risque représentant les pertes moyennes sur un swap de taux d'intérêt serait de l'ordre de 5 %. (Pour les swaps sur devises, opérations plus risquées car impliquant un échange des montants nominaux, ce qui n'est pas le cas pour les swaps de taux d'intérêt, le coefficient de risque varierait entre 15 % et 20 %).

B. Le risque de transaction

Ce risque est beaucoup moins important que le précédent, mais il n'est pas négligeable pour autant. Il est associé au retard dans le paiement des intérêts. Etant donné l'ampleur des sommes en jeu, tout retard dans ce domaine induit des pertes financières significatives.

C. Le risque de taux

Les swaps permettent de gérer le risque de taux d'intérêt, mais ils ne le suppriment pas. Quand une entreprise initie un swap avec une banque qui lui sert de contrepartie, elle lui transfère son risque. La banque se trouve par conséquent confrontée au risque dont l'entreprise s'est débarrassée. Pour s'en protéger, plusieurs méthodes peuvent être utilisées.

- La première consiste pour la banque à trouver un autre opérateur souhaitant réaliser un swap inverse à celui qui vient d'être effectué. L'idéal serait de trouver un swap miroir du premier (au niveau du montant, de l'échéance et des taux). Tel n'est bien évidemment jamais le cas, mais en servant de contrepartie à de nombreux opérateurs, la banque réduit son risque global. Elle est alors conduite à gérer un risque résiduel.
- La deuxième méthode consiste à acheter ou à vendre des swaps. Au fil des années, grâce à la relative standardisation des contrats et de la documentation, les swaps sont devenus des instruments relativement négociables. Pour les swaps de taux en dollar, il existe un marché secondaire relativement actif, connaissant un développement significatif. Il n'est donc pas impossible pour une banque, dont le livre de swap n'est pas équilibré, de vendre à d'autres institutions financières des swaps qu'elle a conclus ou de leur acheter des swaps afin de supprimer le risque induit par les opérations qu'elle a réalisées.

- La troisième méthode utilisée par une banque consiste à acheter ou à vendre des obligations publiques à taux fixe libellées dans la même devise que le swap. Un exemple simplifié permet de mieux comprendre l'intérêt de cette procédure. Une banque servant de contrepartie à un opérateur lui verse un taux fixe et reçoit un taux variable, en l'occurrence du LIBOR. Cette banque qui n'a pu refuser, pour des raisons commerciales, de servir de contrepartie à cette entreprise, craint une baisse des taux d'intérêt. Pour s'en protéger, elle achète des obligations du Trésor américain. Si les taux d'intérêt baissent effectivement, la banque est protégée contre cette évolution par la vente ultérieure, à un prix supérieur à leur cours d'achat, des obligations du Trésor. Si la même banque versant un taux variable et recevant un taux fixe craint une hausse des taux d'intérêt, elle doit vendre dès maintenant des obligations à taux fixe. Si la hausse est effective, la banque enregistre une perte sur son swap, mais cette dernière est compensée par le gain provenant du rachat d'obligations à un cours inférieur au prix auquel elles avaient été initialement vendues.
- La quatrième méthode, de plus en plus souvent utilisée par les banques pour gérer le risque de taux auquel elles sont confrontées du fait des swaps qu'elles initient, consiste à acheter ou à vendre des contrats à terme de titres financiers à revenu fixe ou des options de taux d'intérêt. Si une banque s'est engagée à recevoir du taux fixe et à donner du taux variable, et si cette banque craint une hausse des taux d'intérêt, elle peut se protéger en vendant des contrats à terme de titres financiers à revenu fixe ou en achetant des options de vente sur contrats à terme de taux d'intérêt. Inversement, une banque qui s'est engagée à recevoir des taux flottants et à verser des taux fixes et qui redoute une baisse des taux se couvre en achetant des contrats à terme de titres financiers ou en achetant des options d'achat sur contrats à terme de taux d'intérêt.

§ 3. Les intervenants sur le marché des swaps de taux d'intérêt

Le marché des swaps est réservé à de grandes entités économiques et financières du fait de l'importance des sommes en jeu et de la qualification exigée des opérateurs pour y intervenir efficacement. Ces entités peuvent être regroupées en quatre ensembles.

A. Les organisations supranationales

Les organisations supranationales sont des intervenants particulièrement actifs sur le marché des swaps. Trois raisons expliquent un tel état de fait.

- Elles présentent un risque minimum.
- Elles bénéficient sur leurs emprunts initiaux de taux particulièrement bas qui peuvent se répercuter en partie sur l'entité qui initie un swap avec elles.
- Vu l'ampleur de leurs besoins de financement, les supranationales doivent emprunter sur de très nombreux marchés en de nombreuses devises. Disposant de ressources d'origine multiple, elles peuvent ultérieurement procéder à des swaps, arbitrer les différents marchés financiers et réduire d'autant leur coût de financement.

Parmi les organisations supranationales les plus actives, il faut mentionner la Communauté Economique Européenne, la Banque Européenne d'Investissement et la Banque Mondiale. Cette dernière, qui fut à l'origine du premier swap, a assuré certaines années entre 5 % et 10 % du marché mondial des swaps et a réussi à réduire son coût de financement d'au moins 1 %. C'est probablement l'institution qui a le plus fait pour le développement du marché des swaps.

La Banque Mondiale a pour politique d'emprunter sur les marchés où les taux d'intérêt sont faibles, mais ses besoins de financement sont largement supérieurs aux capacités des marchés nationaux à taux d'intérêt faible. Pour éviter d'avoir à supporter une hausse de ses taux d'emprunt (du fait d'une trop forte présence sur certains marchés nationaux), la Banque Mondiale préfère emprunter sur le marché du dollar où elle ne risque pas de devoir payer une surprime et procéder à des swaps pour obtenir finalement des financements à taux d'intérêt réduit.

B. Les Etats

Certains pays développés utilisent la qualité de leur signature pour effectuer des swaps qui leur permettent de réduire le coût de leur endettement. La Suède et le Danemark sont deux pays qui se sont illustrés dans ce type d'opération. L'Etat français s'est juridiquement donné la possibilité, à la fin des années 1980, de procéder à des opérations de ce type.

C. Les entreprises

Les opérations de swap sont particulièrement appréciées des entreprises. De grandes sociétés industrielles comme IBM, ITT, Gaz de France sont des opérateurs permanents sur le marché des swaps. Leur objectif est triple :
— procéder à des restructurations de dettes,
— réduire le coût de leur endettement,
— bénéficier de gains par des opérations sur le marché secondaire.

A titre d'exemple, Gaz de France a été, et demeure, l'un des opérateurs les plus actifs sur le marché des swaps. Cette entreprise a commencé à swaper ses dettes en 1982. Les opérations étaient à la fois des swaps de taux et des swaps de devises. De 1982 à 1986, plus de 100 opérations furent réalisées par Gaz de France. En conséquence, les dettes en dollar qui représentaient 60 % de l'endettement de Gaz de France en 1982, n'en représentaient plus que 25 % en 1986, alors qu'à cette dernière date les dettes en écu représentaient 40 % de l'endettement de Gaz de France contre un pourcentage égal à zéro en 1982.

Une autre raison ayant conduit les entreprises à entreprendre des swaps fut leur progressive élimination du marché primaire des émissions à taux fixe du fait de l'ampleur des besoins de financement des Etats. Contraintes de se reporter sur le marché des émissions à taux flottant, les entreprises ont retrouvé un endettement à taux fixe par des opérations de swap.

D. Les banques

Les plus importantes banques internationales offrent aujourd'hui, et sur une grande échelle, des services diversifiés et adaptés aux besoins des autres opérateurs :

- conseil sur la structuration des swaps,
- assistance durant la phase de négociation entre les sociétés engagées dans un swap,
- mise en place de la documentation fiscale et juridique adéquate,
- obtention des autorisations réglementaires et administratives nécessaires.

La banque peut agir comme :

- simple agent en mettant en relation les sociétés qui vont s'engager dans le swap et en participant à son montage ; cette activité se ramène en quelque sorte à une activité de courtage,
- intermédiaire entre les deux parties en leur permettant d'éliminer ainsi le risque de contrepartie,
- contrepartie directe à une société voulant entreprendre un swap ; les banques sont ainsi devenues à ce titre, et en agissant pour leur propre compte, l'un des principaux participants au marché des swaps.

Les banques ont opéré une extraordinaire pénétration sur ce marché du fait que la majorité de ces opérations s'effectue par leur intermédiaire. Deux facteurs essentiels expliquent une telle situation.

- La surface financière des grandes banques commerciales et des grandes banques d'investissement, d'une part, leur professionnalisme, d'autre part, incitent les utilisateurs finaux à conclure des swaps avec des banques plutôt qu'avec d'autres utilisateurs finaux.
- La volonté des banques de compenser les pertes afférentes aux activités classiques de prêt dues au phénomène de désintermédiation les conduit à se réorienter vers des opérations hors bilan.

Les bénéfices enregistrés par les banques sur leurs activités de swap ont chuté depuis 1985 suite à l'intense concurrence qui caractérise ce segment du marché financier international. Il faut par ailleurs mentionner que l'instauration par les différentes autorités de contrôle étatiques de ratios prudentiels et de réserves spéciales est un second élément qui a conduit à une baisse de la rentabilité enregistrée sur les opérations de swap.

§ 4. Le développement du marché des swaps de taux d'intérêt

L'essor du marché des swaps est d'abord et avant tout celui du marché primaire, mais il faut noter l'apparition et le développement, depuis 1985, d'un marché secondaire.

A. Le marché primaire

Le marché des swaps a connu un essor considérable au début des années 1980. L'une des premières opérations de grande ampleur fut le swap de 290 millions de dollars américains négocié entre la Banque Mondiale et IBM en août 1981.

Il n'existe pas, malheureusement, de statistiques homogènes sur la taille du marché. L'information précise quant au volume des transactions est par ailleurs incertaine, car de nombreuses opérations ne sont pas rendues publiques. Le volume des encours était évalué aux environs de 25 milliards en 1986. Le chiffre de 3 000 milliards est aujourd'hui fréquemment avancé. Ces chiffres sont fournis pour donner une estimation, car, faute de publicité, il est difficile d'avoir des données précises et fiables.

Cet extraordinaire développement du marché des swaps trouve son origine dans les *back to back loans* et les *parallel loans* consécutifs à la politique de contrôle des changes instituée par le gouvernement britannique. Grâce à ces crédits, deux firmes multinationales pouvaient financer leurs filiales réciproques sans entraver le contrôle des changes. Le principe était simple. Une multinationale américaine fournissait un crédit en dollar à la filiale d'une société britannique installée aux Etats-Unis et, simultanément, la maison-mère de la filiale britannique prêtait des livres sterling à la filiale américaine localisée en Grande-Bretagne. Les montants des deux crédits étaient équivalents (selon un taux de change déterminé et agréé par les deux maisons-mères) et les échéances des prêts étaient identiques.

Ces crédits soulevèrent de sérieux problèmes. Dans le cadre de ces crédits, deux contrats juridiques étaient signés séparément. Si une des parties ne pouvait tenir ses engagements, l'autre se trouvait dans l'obligation de continuer son prêt jusqu'à l'échéance des contrats. Cette difficulté peut être évitée par le recours à un swap, car dans ce cas un seul contrat juridique relie les deux parties : si l'une d'elles manque à son engagement, l'autre peut juridiquement cesser le sien.

Cinq facteurs spécifiques ont favorisé le développement du marché des swaps :

- la nécessité pour les emprunteurs de trouver des financements dans certaines devises au coût le plus faible possible ; ne pouvant accéder directement à ces marchés dans les meilleures conditions, les opérateurs ont emprunté dans une devise tierce et procédé à des swaps,
- le souhait d'éliminer l'exposition au risque de taux d'intérêt en réaménageant la structure des actifs et des passifs en terme d'échéances,
- la volonté de couvrir des engagements ou des actifs à long terme libellés en devises étrangères,
- la nécessité de remédier à l'étroitesse ou à l'absence du marché des changes à terme interbancaire au-delà d'une année,
- le désir de mobiliser des liquidités en devises convertibles et non convertibles à l'intérieur d'un groupe multinational.

B. Le marché secondaire

Parallèlement à l'évolution du marché primaire est apparu un marché secondaire permettant aux différents acteurs — et en particulier aux banques — de vendre ou d'acheter des swaps. Bien qu'il se soit considérablement développé, ce marché présente deux insuffisances notoires :

- la liquidité, en particulier pour les swaps libellés dans certaines devises secondaires est assez faible,

- la documentation souffre d'une absence de standardisation et d'uniformisation.

Par ailleurs, l'étroitesse du marché des obligations publiques et l'insuffisante liquidité (voire l'absence) de marchés dérivés (contrats à terme et options) sur les taux d'intérêt à long terme dans certaines devises freinent le développement des transactions sur le marché secondaire, car les opérateurs ne peuvent pas couvrir dans les meilleures conditions les risques de taux inhérents à la gestion d'un livre de swaps.

Des efforts importants ont été entrepris pour accélérer le développement du marché secondaire. Au printemps 1984, les principales banques ont entamé des discussions visant à faciliter la liquidité du marché secondaire. Ces discussions ont abouti à la création en mars 1985 par dix banques américaines de l'International Swap Dealers Association (ISDA) dont les objectifs sont de garantir la liquidité du marché, d'en assurer la sécurité, de standardiser les procédures et d'homogénéiser la documentation.

Bien que le marché ne soit pas encore unifié, l'ISDA regroupe désormais la quasi-totalité des opérateurs actifs sur le marché secondaire et impose chaque jour davantage ses recommandations.

Conclusion sur les swaps

Dans un swap — c'est un point fondamental et caractéristique de cette opération financière — les co-contractants exploitent leurs avantages comparatifs en empruntant sur les marchés financiers sur lesquels ils bénéficient des meilleures conditions. En procédant, dans un deuxième temps, à un échange du service de leurs dettes, ils profitent d'un avantage supérieur à celui dont ils auraient bénéficié en l'absence d'échange.

Sur le plan pratique, le swap est une innovation financière très importante, mais d'un point de vue théorique, il n'est qu'une application de la théorie des avantages comparatifs formulée par Ricardo en 1817.

Le swap est fondamentalement différent des autres innovations financières que sont les marchés à terme et les options. La raison principale de l'existence de ces marchés est la volatilité des taux d'intérêt et des taux de change. L'avenir de ces produits serait en grand danger si les taux d'intérêt et les taux de change se stabilisaient. Pour les swaps, en revanche, leur développement est étroitement lié à l'imperfection des marchés financiers et aux différences de rating des emprunteurs, deux éléments appelés à durer, même en période de stabilité des taux de change et des taux d'intérêt.

Section VI — La protection contre le risque de taux d'intérêt et le recours aux marchés organisés d'options sur taux d'intérêt

Les contrats à terme de titres financiers à revenu fixe offrent aux opérateurs une excellente couverture contre le risque de taux d'intérêt, mais ils les privent, bien évidemment, d'une évolution favorable qu'ils auraient mal anticipée.

Avec les options, les opérateurs peuvent se protéger contre une évolution défavorable des taux d'intérêt, tout en ménageant leur capacité de gain dans le cas où l'évolution leur serait favorable.

Comme nous le savons déjà, il existe des options d'achat et des options de vente. Une option d'achat confère à son détenteur le droit, mais pas l'obligation, d'acheter un contrat à terme de titres financiers à revenu fixe (ou des titres financiers à revenu fixe s'il s'agit d'options négociées dans une bourse de valeurs) à une échéance et à un prix déterminés, pendant une période allant jusqu'à la date d'expiration de l'option. Une option de vente confère à son détenteur le droit, mais pas l'obligation, de vendre un contrat à terme de titres financiers à revenu fixe (ou des titres financiers à revenu fixe s'il s'agit d'options négociées dans une bourse de valeurs) à une échéance et à un prix déterminés, pendant une période allant jusqu'à la date d'expiration de l'option.

Le droit d'acheter ou de vendre est acquis contre le paiement d'une prime par l'acheteur au vendeur de l'option.

§ 1. Les opérations de couverture et la protection contre le risque de taux d'intérêt

Le risque de taux d'intérêt est d'une double nature. Ceci conduit l'opérateur à se protéger contre la hausse et contre la baisse des taux d'intérêt.

A. La protection contre la hausse des taux d'intérêt

L'opérateur qui veut se protéger contre une hausse des taux d'intérêt (le gérant de portefeuille détenant des titres obligataires qu'il doit vendre dans les prochaines semaines ou l'entreprise qui doit émettre dans les prochains mois des titres obligataires pour financer ses investissements) achète des options de vente. Cette stratégie est parfaitement adaptée à l'hypothèse d'une forte hausse des taux d'intérêt. Dans le cas d'une anticipation d'une variation de faible ampleur, l'opérateur peut recourir à une vente d'options d'achat.

1. *La protection contre la hausse des taux d'intérêt et l'achat d'options de vente*

Un exemple didactique permet d'expliciter le mécanisme de la couverture.

Les taux d'intérêt à long terme sont égaux à 8 % et un gérant de portefeuille doit prochainement liquider certaines lignes de titres obligataires. Il craint une hausse des taux d'intérêt qui, si elle se concrétisait, abaisserait le cours des obligations.

En achetant dès maintenant des options de vente, le gérant est protégé, en contrepartie du paiement d'un *premium*, contre toute hausse des taux d'intérêt.

Si la hausse des taux d'intérêt est effective lors de la vente des titres obligataires, le gérant de portefeuille se voit proposer deux actions. La première est l'exercice de ses options. Dans cette hypothèse, le gérant est assuré d'obtenir un rendement correspondant au prix d'exercice. La deuxième action possible est la revente des options. La hausse du *premium* consécutive à la hausse des taux d'intérêt compense dans ce cas la perte en capital enregistrée sur la valeur des titres obligataires. Dans la mesure où l'option inclut une valeur temps, l'opérateur bénéficie d'un gain supplémentaire qui augmente d'autant le rendement correspondant au prix d'exercice.

Bien évidemment, s'il est confronté à une baisse des taux, le gérant abandonne son option et vend ses titres obligataires avec une plus-value en capital. Dans la mesure où les options ont une valeur supérieure au coût de transaction qu'implique leur revente, le gérant peut liquider sa position en option et bénéficier ainsi d'un gain supplémentaire.

2. *La position contre la hausse des taux d'intérêt et la vente d'options d'achat*

En vendant des options d'achat, l'opérateur perçoit le montant de la prime. Il est de ce fait protégé dans une certaine mesure contre la baisse des cours des obligations qu'implique la hausse des taux d'intérêt. La qualité de la protection dépend de l'évolution des taux d'intérêt.

1. Si la baisse des cours est inférieure ou égale au montant de la prime, la protection de l'opérateur est parfaite.
2. Si la baisse des cours est supérieure au montant de la prime, l'opérateur ne bénéficie d'aucune protection au-delà du montant de la prime.
3. S'il est confronté à une baisse des taux d'intérêt qui implique une hausse des cours des obligations, le gérant est dans une situation favorable tant que cette hausse demeure inférieure à la valeur de la prime qu'il a encaissée. Dès que la hausse des cours devient égale à la valeur de la prime, le gérant doit compenser sa position par un achat de contrats, sinon il risquerait de se faire exercer par l'acheteur des options d'achat.

B. La protection contre la baisse des taux d'intérêt

De manière symétrique à ce qui vient d'être développé, l'opérateur qui redoute une forte baisse des taux d'intérêt (la société d'assurances qui doit se procurer dans les prochains mois des obligations) peut se couvrir par l'achat d'options d'achat. Quand il prévoit une faible variation des taux d'intérêt, l'opérateur peut se couvrir par une vente d'options de vente.

1. *La protection contre la baisse des taux d'intérêt et l'achat d'options d'achat*

Un investisseur institutionnel envisage de se procurer des OAT lors de la prochaine émission du Trésor public. Il craint cependant une baisse des taux d'intérêt qui, si elle se concrétisait, augmenterait le cours des obligations.

En achetant dès maintenant des options d'achat, cet investisseur est protégé, en contrepartie du paiement d'un *premium*, contre cette baisse.

Si, lors de l'émission des OAT, l'investisseur institutionnel est confronté à une baisse importante des taux d'intérêt, deux actions différentes peuvent être initiées. La première est d'exercer son option. Dans cette hypothèse, l'investisseur est assuré d'obtenir les OAT au taux d'intérêt d'exercice qu'il avait fixé en achetant son option. Cette action n'est probablement pas optimale. Il est sans doute préférable de revendre l'option et de se procurer les OAT à leur prix d'émission. La hausse du premium consécutive à la baisse des taux d'intérêt compense dans ce cas la perte en capital enregistrée sur la valeur des titres obligataires. Dans la mesure où l'option inclut une valeur temps, l'opérateur bénéficie d'un gain supplémentaire qui accroît d'autant le taux d'intérêt correspondant au prix d'exercice.

Bien évidemment, s'il est confronté à une hausse des taux d'intérêt, l'investisseur abandonne son option et bénéficie d'un gain en opportunité sur l'achat des OAT. Dans la mesure où les options ont une valeur supérieure au coût de transaction qu'implique leur revente, l'investisseur peut liquider sa position en option et bénéficier ainsi d'un gain supplémentaire.

2. *La protection contre la baisse des taux d'intérêt et la vente d'options de vente*

En vendant des options de vente, l'investisseur institutionnel encaisse le montant de la prime. Il est de ce fait protégé, dans une certaine mesure, contre la baisse des taux d'intérêt.

1. Si la hausse du cours des obligations qu'implique la baisse des taux d'intérêt est inférieure ou égale au montant de la prime, la protection de l'investisseur est parfaite.

2. Si la hausse du cours des obligations est supérieure au montant de la prime, l'investisseur ne bénéficie d'aucune protection au-delà du montant de la prime.

3. S'il est confronté à une hausse des taux d'intérêt qui induit une baisse des cours des OAT, l'investisseur est dans une situation favorable tant que cette baisse demeure inférieure à la valeur de la prime encaissée. Dès que cette baisse devient égale, et *a fortiori* supérieure, à la valeur de la prime, l'investisseur doit compenser sa position par un achat d'options de vente, sinon il risquerait de se faire exercer par l'acheteur d'options de vente.

§ 2. Le développement des marchés d'options sur taux d'intérêt

Les premières options sur taux d'intérêt négociées sur des marchés organisés furent introduites par l'European Options Exchange d'Amsterdam (tableau 11). Elles avaient pour support des titres financiers à revenu fixe. De nombreux marchés furent ouverts aux Etats-Unis et sur différentes places financières internationales, mais aucun d'entre eux n'a connu un succès comparable à celui des options sur contrats négociées dans les bourses de commerce.

Les premières options sur contrats à terme de titres financiers à revenu fixe ont été négociées au Chicago Board of Trade le 1er octobre 1982. Elles avaient pour support les contrats d'obligations du Trésor américain. Ces options ont connu, et connaissent toujours, un très grand succès. De nombreuses autres options furent ultérieurement introduites par différentes bourses de commerce américaines (tableau 12). Parmi ces marchés, il faut spécialement mentionner l'option sur le contrat à terme de dépôt à 90 jours en euro-dollar, ouvert le 20 mars 1985 par le Chicago Mercantile Exchange.

En dehors des Etats-Unis, des options sur contrats à terme de titres financiers à revenu fixe ont été introduites dès le 10 mai 1985 au Sydney Futures Exchange. Des produits similaires ont été par la suite proposés avec succès aux opérateurs à Londres, à Singapour et à Paris (tableau 13). Parmi ces marchés, il faut mentionner celui ouvert par le MATIF le 14 janvier 1988 dont le développement est tout à fait impressionnant.

Tableau 11
Les premières options sur titres financiers à revenu fixe négociées sur les bourses de valeurs

Actif sous-jacent	*Bourse*	*Date d'ouverture*
Obligations publiques	EOE	24 novembre 1981
Titres publics à court terme	LTOM	10 janvier 1985
Titres publics à long terme	LTOM	25 janvier 1985
Obligations du Trésor	CBOE	22 octobre 1982
Notes du Trésor à 10 ans	AMEX	22 octobre 1982
Bons du Trésor à 90 jours	AMEX	5 novembre 1983
Dépôts à 90 jours en euro-dollar	PBOT	10 mai 1985
Obligations publiques	Bourse de Montréal	novembre 1982
Bons du Trésor canadien à 90 jours	Bourse de Montréal	août 1986
Obligations publiques	Toronto Stock Exchange	décembre 1983
Obligations publiques à 5 ans	OM	mars 1986
Obligations publiques danoises	FUTOP	22 septembre 1988

Tableau 12
Les principaux marchés d'options sur contrats à terme de taux d'intérêt ouverts dans les bourses de commerce américaines

Actif sous-jacent	*Bourse*	*Date d'ouverture*	*Volume des transactions en 1992*	*Mont[illegible] la po[illegible] ouv[illegible] le 31-[illegible]*
Obligations du Trésor américain	CBOT	1er octobre 1982	20 258 740	368
Dépôts à 90 jours en euro-dollar	CME	20 mars 1985	13 762 628	788
Notes à 10 ans du Trésor américain	CBOT	1er mai 1985	2 564 191	119
Bons du Trésor américain	CME	10 avril 1986	29 670	1
Indice des obligations municipales	CBOT	11 juin 1987	38 200	6
Notes à 5 ans du Trésor américain	CBOT	mai 1990	665 587	28
Obligations du Trésor américain	MACE	mars 1991	3 657	
Dépôt à 1 mois en euro-dollar	CME	juin 1991	98 839	5
Notes à 2 ans du Trésor américain	CBOT	1992	6 677	

Tableau 13
Les principaux marchés d'options sur contrats à terme de taux d'intérêt ouverts dans les bourses non américaines

Actif sous-jacent	*Bourse*	*Date d'ouverture*	*Volume des transactions en 1992*	*Montant de la position ouverte le 31-12-1992*
:res privés à 90 jours	SFE	10 mai 1985	610 458	91 896
pôts à 90 jours en euro-dollar	LIFFE	27 juin 1985	72 906	5 757
ligations à 10 ans du Trésor ıstralien	SFE	6 novembre 1985	745 994	11 236
ligations du Trésor britannique	LIFFE	13 mars 1986	1 812 576	24 004
ligations du Trésor américain	LIFFE	13 mars 1986	68 369	153
pôts à 90 jours en euro-dollar	SIMEX	25 septembre 1987	11 534	936
pôts en livre sterling	LIFFE	5 novembre 1987	2 648 009	90 542
ligations du Trésor français	MATIF	14 janvier 1988	10 047 391	381 503
igations du Trésor allemand	LIFFE	1989	2 749 670	92 281
igations à 3 ans du Trésor stralien	SFE	1988	317 356	8 661
igations à 5 ans du Trésor ɔ-zélandais	NZFE	Décembre 1988	28 048	500
k bill à 90 jours	NZFE	1989	38 258	4 243
ôts à 90 jours en euro-yen	SIMEX	1990	80 815	9 977
OR à 3 mois	MATIF	1990	2 659 534	201 994
gations du gouvernement ıadien	Bourse de Montréal	1991	ND	ND
gations en écu	MATIF	1991	82 820	500
gations du gouvernement italien	LIFFE	1991	395 354	7 501
OR	MEFF	1992	8 300	2 200
gation notionnelle à 10 ans	MEFF	1992	339 877	4 345

Section VII — Les instruments conditionnels sur le marché du gré à gré

Le développement des marchés dérivés organisés (contrats à terme et options sur contrats à terme) et les possibilités de gestion du risque de taux d'intérêt qu'ils autorisent n'ont pas laissé les banques indifférentes. Ces dernières ont à leur tour proposé des services de couverture aux opérateurs qui cherchent à se protéger contre le risque de taux d'intérêt. Les instruments offerts par les institutions financières sur le marché du gré à gré (on utilise parfois l'expression *over the counter market,* ou marché OTC) présentent trois différences essentielles avec ceux qui sont négociés sur les marchés organisés. Ils ne sont pas standardisés ; ils ne sont pas négociables ; ils ne bénéficient pas de la présence d'une chambre de compensation.

Les principaux instruments conditionnels sont par ordre de complexité croissante : les options, les caps et les floors, les collars et les options sur les swaps de taux d'intérêt.

§ 1. Les options sur taux d'intérêt

Les opérateurs qui veulent se protéger contre le risque de taux d'intérêt et s'assurer un taux maximum d'emprunt ou un taux minimum de placement, tout en profitant d'une éventuelle évolution favorable, peuvent recourir aux options négociées sur le marché du gré à gré. L'opérateur qui veut s'assurer un taux maximum achète une option de taux emprunteur. Celui qui veut s'assurer un taux minimum de placement achète une option de taux prêteur.

A. La définition et les caractéristiques des options sur taux d'intérêt

Une option négociée sur le marché du gré à gré est un contrat par lequel l'acheteur de cette option obtient le droit, mais pas l'obligation, d'emprunter (ou de prêter) à un taux garanti, à une date fixée et pour une période déterminée. En contrepartie du droit ainsi obtenu, l'acheteur de l'option verse au vendeur une prime qui lui est définitivement acquise.

Si les options négociées sur le marché du gré à gré ont des caractéristiques générales identiques à celles des options négociées sur les marchés organisés, elles présentent cependant certaines spécificités.

1. Les options négociées sur le marché OTC peuvent être des options américaines ou des options européennes. Avec les premières, l'acheteur peut exercer son droit à tout moment jusqu'à l'échéance. Avec les secondes, l'acheteur ne peut exercer son droit qu'à l'échéance de l'option.

2. Le support de l'option est constitué par un taux d'intérêt. Cette caractéristique différencie profondément les options du marché OTC des options négociées sur les marchés organisés pour lesquelles le sous-jacent est constitué de titres financiers ou de contrats à terme de titres financiers. Par ailleurs, il n'y a pas de standardisation quant au support, ce qui est différent des marchés organisés.

3. Le prix d'exercice est le taux garanti par l'option.
4. L'échéance est la date à laquelle l'option perd toute valeur. Sur le marché du gré à gré et contrairement à ce qui se passe sur les marchés organisés, l'échéance n'est pas standardisée.
5. La valeur nominale de l'option représente le montant de l'opération. Sur le marché OTC, il n'y a pas de standardisation de cette valeur nominale.
6. La prime est exprimée en pourcentage de la valeur nominale de l'option.

B. L'option sur taux prêteur

L'option sur taux prêteur permet à l'opérateur de s'assurer un taux de placement garanti, mais elle ne le prive pas d'une évolution favorable, en l'occurrence une hausse supérieure au taux minimum garanti. Un exemple permet de mieux appréhender l'utilité de cet instrument.

Un trésorier envisage de placer un million de dollars dans trois mois pour une durée de six mois, mais il craint une chute des taux d'intérêt. Pour se protéger contre cette baisse tout en conservant l'opportunité de tirer profit d'une éventuelle hausse des taux, il achète à une banque une option lui donnant le droit, mais pas l'obligation, de placer un million de dollars dans trois mois à un taux garanti de 8 % (le taux d'exercice de l'option) pour une période de 6 mois.

C. L'option sur taux emprunteur

Cet instrument permet à l'opérateur de s'assurer un taux d'emprunt garanti sans le priver pour autant d'une évolution favorable, en l'occurrence une baisse en deçà du taux minimum garanti. Un exemple permet d'appréhender l'utilité de cette option.

Un trésorier envisage d'emprunter un million de dollars dans deux mois pour une durée de 30 jours, mais il craint une hausse des taux d'intérêt. Pour se protéger contre cette évolution tout en conservant l'opportunité de tirer profit d'une éventuelle baisse des taux, il achète à une banque une option lui donnant le droit, mais pas l'obligation, d'emprunter un million de dollars dans deux mois pour une durée de un mois, à un taux de 9 %.

Les options sur taux d'intérêt sont des instruments de couverture très satisfaisants, mais ils ne permettent pas de répondre à tous les besoins des opérateurs.

De plus en plus fréquemment, les entreprises et les institutions financières procèdent à des emprunts à taux variable. Il en est de même des investisseurs. La rémunération de leurs placements est de plus en plus souvent réactualisée sur une base semestrielle, trimestrielle, voire mensuelle. Il est dans ces conditions impossible de se couvrir contre le risque de taux avec une seule option. C'est la raison pour laquelle les banques et les institutions financières ont élaboré de nouveaux instruments de couverture que sont les *caps* et les *floors*.

§ 2. Le cap

Le *cap* est un instrument de protection de nature optionnelle. Il permet aux emprunteurs à taux variable de se protéger contre une évolution défavorable des taux d'intérêt, sans les priver pour autant d'une évolution favorable.

Le *cap* garantit à celui qui l'achète un taux d'emprunt maximal, c'est-à-dire un taux plafond, pour un montant et une durée parfaitement déterminés. Si les taux d'intérêt évoluent au-delà du taux garanti, le vendeur du *cap* doit verser à l'acheteur la différence entre le taux du marché et le taux garanti. En contrepartie de la garantie qui lui est accordée, l'acheteur du *cap* verse au vendeur une prime qui lui est définitivement acquise.

§ 3. Le floor

Le *floor* est un instrument de protection de nature optionnelle. Il permet aux investisseurs qui réalisent des placements à taux variable de se protéger contre une évolution défavorable des taux d'intérêt sans les priver pour autant d'une évolution favorable.

Le *floor* garantit à celui qui l'achète un taux de placement minimal, c'est-à-dire un taux plancher, pour un montant et une durée parfaitement déterminés. Si le taux d'intérêt évolue en deçà du taux garanti, le vendeur du *floor* verse à l'acheteur la différence entre le taux du marché et le taux garanti. En contrepartie de la garantie qui lui est accordée, l'acheteur du *floor* verse au vendeur une prime qui lui est définitivement acquise.

§ 4. Le collar

Le coût d'un *cap* ou d'un *floor* est représenté par le montant de la prime versée par l'acheteur. Ce coût peut être élevé, surtout si le taux garanti est identique ou très proche du taux d'intérêt sur le marché au moment de l'achat du *cap* ou du *floor*. C'est pour l'atténuer ou le réduire que fut créé le *collar*.

Le *collar* est un instrument résultant de la combinaison d'un *cap* et d'un *floor*. Acheter un *collar* consiste à acheter un *cap* et à vendre simultanément un *floor*. Vendre un *collar* consiste à vendre un *cap* et à acheter simultanément un *floor*.

Par l'achat d'un *cap*, l'opérateur se protège contre une hausse des taux au-delà d'un niveau fixé par le prix d'exercice du *cap*, mais en vendant un *floor* il renonce *ipso facto* au bénéfice d'une baisse des taux en deçà du taux fixé par le prix d'exercice du *floor*. En contrepartie de la renonciation au bénéfice d'une baisse des taux, l'opérateur perçoit la prime correspondant à la vente du *floor* ce qui réduit d'autant le coût d'achat du *cap*. Un exemple schématique permet d'illustrer le mécanisme et les principes du *collar*.

Un emprunteur craint une hausse des taux d'intérêt, mais il estime trop coûteux l'achat d'un *cap* au taux de 10 % impliquant le versement d'une prime de 0,8 %. Pour réduire ce coût, il achète un *collar* et réalise en fait une double opération :

- il achète un *cap* au taux de 10 % et verse une prime de 0,80 %,
- il vend simultanément un *floor* au prix de 8 % et reçoit une prime de 0,50 %.

Au total, le coût d'achat du *collar* ressort à 0,30 % et pour l'emprunteur le coût de l'emprunt évoluera entre 8 % et 10 %.

- Si le taux d'intérêt est supérieur à 10 % (12 %, par exemple), l'emprunteur exerce son option d'achat à 10 % et reçoit de la banque une différence de 2 % sur le montant qu'il emprunte.
- Si le taux d'intérêt est inférieur à 8 % (7 %, par exemple), la banque exerce son option de vente à 8 % et l'emprunteur doit lui verser 1 % sur le montant qu'il emprunte.
- Si le taux d'intérêt est inférieur à 10 % mais supérieur à 8 %, l'emprunteur emprunte au taux du marché.

§ 5. Les options sur swap de taux d'intérêt

Un swap est fondamentalement un échange de taux d'intérêt. Dans ce type d'opération, deux emprunteurs, dont le premier est engagé à taux fixe et le second à taux flottant, échangent le service de leurs dettes.

Il est parfaitement concevable que deux institutions s'engagent *aujourd'hui* à procéder à un swap de taux d'intérêt dans un proche avenir. Leur objectif, ce faisant, est de modifier dans trois mois, dans six mois ou dans un an leur position et leur risque de taux.

Il peut fort bien se faire également qu'une institution engagée à taux fixe et anticipant une baisse des taux souhaite procéder à un swap dans trois mois, mais qu'elle ne soit pas pleinement assurée de cette baisse. Si, dans trois mois, les taux d'intérêt s'élevaient au lieu de baisser, le passage d'un endettement à taux fixe à un endettement à taux variable pourrait être catastrophique. Pour éviter cet inconvénient, il est tout à fait concevable que cette institution achète une option lui donnant le droit, mais pas l'obligation de procéder à un swap.

Contre le paiement d'une prime (immédiatement acquise par le vendeur de l'option), l'acheteur se réserve le droit de procéder à un swap, mais sans être contraint de le faire si l'évolution des taux lui est défavorable. La matérialisation du swap peut se faire à l'échéance de l'option (s'il s'agit d'une option européenne) ou à tout moment d'ici l'échéance de l'option (s'il s'agit d'une option américaine).

Références

A. — OUVRAGES

AFTALION F., PONCET P. : *Le MATIF*, 2e éd., Paris, PUF, 1988

ANASTASSIADES M., PARANT Ph. : *Les swaps*, Paris, Eska, 1990.

ANTL B. *Swap Financing Techniques*, Londres, Euromoney Publications, 1983.

ASSOCIATION FINANCE FUTURES : *Les marchés à terme d'instruments financiers*, Paris, Economica, 1987.

AUGROS J.C. : *Les options sur taux d'intérêt ; dynamique des taux et évaluation*, Paris, Economica, 1989.

BABY J., MENTHON P.H. de, RICHARD B., SIMONNET P. : *Le MATIF, mode d'emploi*, Paris, Ed. d'Organisation, 1988.

BEAUFILS B., GUIMBERT J.P., PY G., RICHARD B., TAUFFLIEB Ch. H. : *Les nouveaux instruments financiers : la pratique bancaire des marchés*, 2e ed., Paris, La revue Banque éditeur, 1989.

COX J., RUBINSTEIN M. : *Options Markets,* Englewood Cliffs, NJ, Prentice-Hall, 1985.

EMARD G. : *Gestion du risque de taux d'intérêt*, Paris, PUF, 1989.

FABOZZI F.J., ZARB, F.G. : *Handbook of Financial Markets : Securities, Options and Futures*, 2e ed., Dow Jones-Irwin, Homewood Ill., 1986.

GAUTHIER N. : *Les nouveaux marchés financiers et leurs instruments : sources de profit pour les entreprises*, Paris, Publi-Union, 1988.

GILLOT P., PIOND D. : *Le nouveau cambisme*, Paris, Eska, 1987, pp. 111-196.

LA BAUME C. de : *Gestion du risque de taux d'intérêt*, Paris, Economica, 1988.

LEVASSEUR M., SIMON Y. : *Marchés de capitaux : options et nouveaux contrats à terme*, Paris, Dalloz, 1980.

LOMBARD O., MARTEAU D., de BONTIN J. : *Les options de change,* Paris, Eska, 1986.

MARQUET Y. : *Les marchés d'options négociables sur contrat à terme*, Paris, Economica, 1988.

PLATT R.B. : *Controling Interest Rate Risk : New Techniques and Applications for Money Management*, New York, John Wiley, 1986.

ROURE F. : *Les mécanismes du MATIF*, Paris, Ed. d'Organisation, 1988.

SCHWARZ E.W., HILL J.M., SCHNEEWEIS Th. : *Financial Futures : Fundamentals, Strategies and Applications*, Homewood, Irwin, 1986.

B. — ARTICLES

ALEXANDRE J.L. : Marchés à terme de taux d'intérêt, *in* JOFFRE P., SIMON Y. (eds) : *Encyclopédie de gestion*, Paris, Economica, 1989, pp. 1686-1723.

BANK OF ENGLAND QUARTERLY BULLETIN : Recent Developments in the Swap Market, *Bank of England Quarterly Bulletin*, février 1987, pp. 66-79.

BANQUE FRANÇAISE DU COMMERCE EXTERIEUR : Swap, cap, floor, comment gérer un risque de taux d'intérêt sur l'ensemble de la durée de vie d'un emprunt ou d'un placement, *BFCE Actualités*, mars 1987, pp. 6-8.

CAILLOT J.P. : Le fonctionnement du marché à terme d'instruments financiers depuis sa création, *Bulletin trimestriel de la Banque de France*, décembre 1986-janvier 1987, pp. 55-58

CASTINEAU G.L., FINN K.M. : Options Markets and Instruments ; article publié dans l'ouvrage collectif *Handbook of Financial Markets and Institutions*, 6e éd., ALTMAN E.I. (ed), New York, John Wiley, 1987.

DERMINE J. : Les banques et le risque d'intérêt, *Analyse financière*, deuxième trimestre 1987, pp. 34-39.

DUNIS Ch., DETERCK-SPILLEBOUDT M. : Contrats à terme standardisés sur devises et sur taux d'intérêt : outils de gestion des risques de change et d'intérêt, *Gestion 2000*, n° 1, 1988, pp. 39-53.

KEULENEER E. de : Assessing and Monitoring the Risks of New Financial Instruments, *Gestion 2000*, avril/mai 1989, pp. 171-179.

KOMARNICKI R., GIL G. : Gestion du risque de taux d'intérêt par des opérations de marché, *Analyse financière*, deuxième trimestre 1987, pp. 40-54.

LA CLAVIERE B. : Se protéger contre une remontée des taux d'intérêt : swaps et futures, *Banque*, mars 1989, pp. 301-310.

PLATT R.B. : Options and Insurance Strategies for Fixed Income Portfolios ; article publié dans l'ouvrage collectif *Handbook of Financial Markets and Institutions*, 6e ed., ALTMAN E.I., (ed.), New York, John Wiley, 1987.

SANDOR R.L., MAINS N.E. : Futures Markets ; article publié dans l'ouvrage collectif *Handbook of Financial Markets and Institutions*, 6e éd., ALTMAN E.I. (ed.), New York, John Wiley, 1987.

SCHLURAFF M. : Le contrat PIBOR et la couverture du risque de taux, *Banque*, mai 1988, pp. 525-532.

SIMON Y. : Les marchés à terme de taux d'intérêt, *in* BOISSIEU C., GUGLIELMI M. (eds) : *La politique des taux d'intérêt*, Paris, Economica, 1982, pp. 77-124.

WERREN J. : Nouveau contrat sur le MATIF : une option sur le contrat à terme de l'emprunt d'Etat notionel, *Banque*, mai 1987, pp. 475-478.

XIE H. : Le swap : une innovation financière fondamentale, *Marchés à terme et options*, janvier 1987, pp. 35-58.

Pour suivre le développement des techniques de gestion du risque de taux d'intérêt, le lecteur est invité à lire les très nombreux articles publiés dans les revues suivantes :

Analyse financière
Banque

Corporate Finance
Crédit Lyonnais International
Euromoney
Futures
Futures and Options World
Intermarket
International Financing Review
Journal of Finance
Journal of Futures Market
La Synthèse financière
Marchés et techniques financières
Marchés/Crédit Lyonnais
Option Finance
The Banker

C. — AUTRES PUBLICATIONS

BANQUE FRANÇAISE DU COMMERCE EXTERIEUR : *Instruments de gestion du risque de taux et du risque de change : les mécanismes de base*, Paris, BFCE, 1987.

CENTRE FRANÇAIS DU COMMERCE EXTERIEUR : *Trésorerie internationale : Gestion des risques de change et de taux*, Paris, CFCE, 1987.

COMMISSION DEGUEN : *Rapport général de la commission de réflexion sur les nouveaux instruments financiers et les marchés financiers à terme*, Paris, Documentation française, 1988.

COMMISSION DEGUEN : *Les nouveaux instruments financiers et les marchés financiers à terme*, Paris, Documentation française, 1988.

MINISTERE DE L'ECONOMIE DES FINANCES ET DU BUDGET : *Guide des valeurs mobilières*, tome 4, Paris, Direction des journaux officiels, 1989.

QUESTIONS

1. Qu'est-ce que le risque de variation des taux d'intérêt ?
2. Définir et mesurer la volatilité du prix d'une obligation ?
3. Quels sont les différents types d'opérateurs exposés à un risque de taux d'intérêt ?
4. Quelle est la différence entre un *broker* et un *market maker* ?
5. Quelles sont les caractéristiques des *floating rate notes* ?
6. Qu'est-ce qu'un swap de taux d'intérêt ?
7. Qu'est-ce qu'un contrat à terme de titres financiers à revenu fixe ?
8. Quelle est la source essentielle de l'imperfection des opérations de couverture ?
9. Quelle est la date d'ouverture du premier marché à terme de taux d'intérêt ?
10. Quels sont les principaux titres financiers à revenu fixe servant de support aux contrats à terme de taux d'intérêt ?

11. Citez les grandes bourses où se négocient des contrats à terme de taux d'intérêt.
12. Quelles bourses ont introduit des options sur taux d'intérêt ?
13. Quelles bourses ont introduit des options sur contrats à terme de taux d'intérêt ?
14. Quelle est la date d'ouverture du premier marché d'options sur contrats à terme de taux d'intérêt ?

QUESTIONS A CHOIX MULTIPLES

Question 1

Pour se protéger contre le risque de hausse des taux d'intérêt, un opérateur doit acheter des contrats à terme de titres financiers à revenu fixe.

— vrai .... ☐
— faux .... ☐

Question 2

Pour se protéger contre le risque de baisse des taux d'intérêt, un opérateur doit acheter des contrats à terme de titres financiers à revenu fixe.

— vrai .... ☐
— faux .... ☐

Question 3

Le marché à terme de titres financiers à revenu fixe le plus actif est celui portant sur :

— les obligations du Trésor américain .... ☐
— les notes du Trésor américain .... ☐
— les bons du Trésor américain .... ☐
— les dépôts à 90 jours en euro-dollar .... ☐
— les obligations du Trésor français .... ☐
— les obligations du Trésor japonais .... ☐

Question 4

Les premières options sur taux d'intérêt furent négociées dans le cadre :

— des bourses de commerce .... ☐
— des bourses de valeurs .... ☐

Question 5

La première option sur contrat à terme de taux d'intérêt avait pour actif sous-jacent un contrat sur :

— les obligations du Trésor américain .... ☐
— les notes du Trésor américain .... ☐
— les dépôts en euro-dollar .... ☐
— les bons du Trésor américain .... ☐

Question 6

L'opérateur qui veut se protéger contre une hausse très importante des taux d'intérêt :

— achète des options d'achat .... ☐
— achète des options de vente .... ☐
— vend des options d'achat .... ☐
— vend des options de vente .... ☐

Question 7

L'opérateur qui veut se protéger contre une baisse modérée des taux d'intérêt :

— achète des options d'achat .... ☐
— achète des options de vente .... ☐
— vend des options de vente .... ☐
— vend des options d'achat .... ☐

Question 8

Lors de son émission, un titre financier présente les caractéristiques suivantes :

— valeur nominale 1 000 000 de francs
— valeur de remboursement 1 000 000 de francs
— valeur d'émission 1 000 000 de francs
— coupon annuel 80 000 francs
— échéance 15 ans

1 - De ces caractéristiques, on déduit sans difficulté qu'au moment de l'émission le taux d'intérêt sur le marché est :

	Oui	Non
• égal à 8 %	☐	☐
• supérieur à 8 %	☐	☐
• inférieur à 8 %	☐	☐

2 - Trois mois après l'émission, le taux d'intérêt à long terme sur le marché s'élève à 9 % ; la valeur du titre est alors :

	Oui	Non
• égale à 1 000 000 de francs	☐	☐
• supérieure à 1 000 000 de francs	☐	☐
• inférieure à 1 000 000 de francs	☐	☐

3 - Six mois après l'émission, le taux d'intérêt à long terme sur le marché baisse à 7 % ; la valeur du titre est alors :

	Oui	Non
• égale à 1 000 000 de francs	☐	☐
• supérieure à 1 000 000 de francs	☐	☐
• inférieure à 1 000 000 de francs	☐	☐

Question 9

Le gérant d'un portefeuille de titres financiers à revenu fixe, cherchant à maximiser la valeur de son portefeuille, anticipe une très forte hausse des taux d'intérêt. Toutes choses égales par ailleurs, il a tendance :

	Oui	Non
• à vendre des titres longs	☐	☐
• à acheter des titres courts	☐	☐
• à acheter des titres longs	☐	☐
• à vendre des titres courts	☐	☐
• à vendre des titres longs pour acheter des titres courts	☐	☐
• à vendre des titres courts pour acheter des titres longs	☐	☐
• à vendre des titres longs à faibles coupons pour acheter des titres courts à gros coupon	☐	☐
• à ne pas modifier la composition de son portefeuille pour éviter les coûts de transaction et conserver le bénéfice des coupons	☐	☐
• à ne pas modifier la composition de son portefeuille et à acheter des contrats sur un marché à terme de titres obligataires	☐	☐
• à ne pas modifier la composition de son portefeuille et à vendre des contrats sur un marché à terme de titres obligataires	☐	☐
• à ne pas modifier la composition de son portefeuille et à acheter des options d'achat sur contrat à terme de titres obligataires	☐	☐

- à ne pas modifier la composition de son portefeuille et à vendre des options d'achat sur contrat à terme de titres obligataires . . . . ☐ ☐
- à ne pas modifier la composition de son portefeuille et à acheter des options de vente sur contrat à terme de titres obligataires . . . . ☐ ☐
- à ne pas modifier la composition de son portefeuille et à vendre des options de vente sur contrat à terme de titres obligataires . . . . ☐ ☐

EXERCICES

Exercice 1

Si tous les contrats à terme de titres obligataires sont cotés en pourcentage du pair, tel n'est pas le cas des contrats sur les dépôts en euro-dollar, et de l'ensemble des contrats de taux d'intérêt à court terme, de manière plus générale.

1. Quel est le mode de cotation retenu pour les contrats de taux d'intérêt à court terme ?
2. Quelle est, en conséquence, la valeur du *tick*, pour le contrat euro-dollar négocié à l'International Monetary Market (IMM) de Chicago ?
3. Complétez le tableau 1, sachant que le taux d'intérêt sur le marché des contrats à terme euro-dollar initialement égal à 11 % évolue, dans un premier temps, à la hausse pour atteindre 12,5 % et baisse, dans un deuxième temps, pour se stabiliser à 8,8 %.

Tableau 1

Taux d'intérêt	*Prix du contrat euro-dollar ayant une valeur nominale de 1 000 000 de dollars*	*Valeur de l'indice coté à l'IMM*
11,0 %		
12,5 %		
8,8 %		

Exercice 2

Le 15 juin, une SICAV détient en portefeuille une ligne de fonds d'Etat à long terme dont la valeur est égale à 20 millions de francs. A cette date, le taux d'intérêt sur le marché obligataire est égal à 10 % et le contrat à terme échéance décembre cote 100.00.

Le gérant de cette SICAV anticipe une hausse des taux d'intérêt et décide de se couvrir en opérant sur le marché à terme des titres obligataires.

Le 15 décembre, la ligne du portefeuille de la SICAV vaut 19 820 000 francs et le contrat à terme échéance décembre cote 94.10. Le gérant de la SICAV décide de liquider les fonds d'Etat qu'il détient en portefeuille et de clore sa position à terme.

1. Quelle est l'opération à terme effectuée le 15 juin par le gérant de la SICAV ?
2. Quelle est l'opération à terme effectuée le 15 décembre par le gérant de la SICAV ?
3. Quel est le résultat financier de l'opération initiée par le gérant de la SICAV ?
4. Quel aurait été le résultat de cette opération si, le 15 décembre, la ligne de fonds d'Etat détenus en portefeuille avait valu 22 284 000 et si le contrat à terme échéance décembre avait coté 106.42 ?
5. Quel aurait été le résultat de cette opération si, le 15 juin, le contrat à terme échéance décembre avait coté 99.24 ?

Exercice 3

Le 1er juin, une banque s'engage à prêter le 15 septembre 100 millions de francs pour une durée de 3 mois à un taux de 9,25 %. Redoutant une hausse des taux d'intérêt, le banquier, qui a monté ce prêt, décide de se couvrir en opérant sur le Marché à Terme International de France. Le 1er juin, le cours des contrats à terme PIBOR trois mois, échéance septembre, s'établit à 90.35.

Le 15 septembre, le taux d'intérêt à 3 mois est égal à 11,45 %. La banque accorde un prêt de 100 millions à ce taux et déboucle sa position sur le marché à terme à un cours de 88.60.

1. Quel aurait été pour le banquier le résultat financier du prêt de 100 millions s'il ne s'était pas couvert ?
2. Quel est le résultat financier de ce prêt suite à l'opération de couverture initiée par le banquier le 1er juin ?
3. Quelles conclusions pouvez-vous formuler quant à l'efficacité des opérations de couverture ?

Exercice 4

Le 10 juin, un exportateur contacte son banquier pour connaître dès maintenant le coût d'un emprunt destiné à financer des exportations pour un montant de 20 millions de dollars. Cet emprunt d'une durée de 3 mois serait effectué le 15 septembre.

Après quelques instants de réflexion le banquier propose de prêter cette somme au taux de 11,25 %.

Dix minutes plus tard, l'entreprise recontacte le banquier et accepte les conditions proposées.

Le banquier décide de se couvrir immédiatement sur le marché à terme des euro-dollars de Chicago en intervenant sur l'échéance septembre. Au moment de la couverture, les prix à terme sont les suivants :

juin	89.90
septembre	89.04
décembre	88.79
mars	88.54
juin	88.13
septembre	87.86

Le 15 septembre, le banquier emprunte 20 millions de dollars sur le marché des euro-devises à un taux de 13,50 %. A cette date, les cours sur le marché des contrats sont les suivants :

septembre	86.55
décembre	86.18
mars	86.03
juin	85.74
septembre	85.60
décembre	85.35

1. En l'absence de couverture sur le marché à terme quelle aurait été la perte subie par la banque ? Vous l'exprimerez en taux annuel et en dollars.
2. Du fait de la couverture entreprise, quel est, pour la banque, le résultat financier du prêt accordé à l'exportateur ? Vous l'exprimerez en taux annuel et en dollars.
3. *Ex post*, et à la vue des cours au 15 septembre, n'aurait-il pas été souhaitable pour le banquier de choisir une autre échéance que septembre ? Si oui pourquoi ? Quel aurait été dans ce cas, pour la banque, le résultat financier du prêt accordé à l'exportateur ? Vous l'exprimerez en taux annuel et en dollars.

Exercice 5

Les entreprises XYZ et ABC sont deux grandes sociétés qui possèdent le même chef de file bancaire.

La société XYZ est excellemment bien cotée par les agences de rating et sa notation est AAA. La société ABC l'est, en revanche, beaucoup moins bien, et sa notation ressort à BBB. Du fait des différences de risque, les sociétés XYZ et ABC obtiennent des conditions de taux très différentes sur le marché obligataire et le marché bancaire, comme le révèle le tableau 1.

Tableau 1
Taux d'emprunt des sociétés XYZ et ABC

	Marché euro-obligataire à taux d'intérêt fixe	*Marché des euro-crédits à taux d'intérêt variable*
Société XYZ	T + 0,60 %	LIBOR + 0,10 %
Société ABC	T + 2,20 %	LIBOR + 0,70 %

T = le rendement des obligations à 15 ans du Trésor américain.

L'entreprise XYZ souhaite s'endetter en dollar, à taux variable, pour 10 ans, sur le marché des euro-crédits. Dans le même temps, l'entreprise ABC souhaite s'endetter en dollar, à taux fixe, pour 10 ans sur le marché euro-obligataire.

Le plus simple, apparemment, serait pour l'entreprise XYZ de procéder à un emprunt *roll-over* sur 10 ans à taux révisable tous les 6 mois, et pour l'entreprise ABC de réaliser une émission euro-obligataire en dollar à taux fixe ayant 10 ans d'échéance. Etant au courant des besoins de financement des sociétés XYZ et ABC, la banque décèle très rapidement que les décisions d'emprunt des deux sociétés ne sont pas optimales.

Après réflexion et concertation, la banque propose à la société XYZ de s'endetter à taux fixe, à la société ABC de s'endetter à taux variable et de procéder immédiatement entre elles à un swap. Toutefois, pour éviter le moindre risque, la banque s'engage à servir de contrepartie commune.

Après accord des deux sociétés, la banque signe deux contrats de swap : le premier avec XYZ, le second avec ABC. Aux termes du premier contrat, la société XYZ verse à la banque LIBOR + 0,20 %. Aux termes du second, la société ABC verse à la banque T + 1,30 %.

1. Sachant que la banque souhaite obtenir un profit de 0,20 % équitablement réparti entre les deux sociétés, déterminez le coût d'endettement de XYZ et ABC après la réalisation du swap proposé par la banque.
2. Quel aurait été le coût d'endettement des sociétés XYZ et ABC si les 3/4 du profit bancaire, toujours égal à 0,20 %, avaient été versés par la société ABC ?

Chapitre 17

LA GESTION DU RISQUE DE PRIX SUR LES MATIÈRES PREMIÈRES*

Les entreprises françaises importent des quantités importantes de matières premières ou de produits finis : pétrole, métaux non ferreux, café, cacao, oléagineux, tourteaux de soja. Ces produits sont pour partie réexportés après transformation. Certaines matières premières produites en France : céréales, sucre, etc... font également l'objet d'exportations significatives. En plus du risque de change, les exportateurs et les importateurs de ces matières premières sont confrontés à des risques de variation du prix des biens qu'ils négocient. Ce risque, inhérent à toute activité économique, mais particulièrement important dans le domaine des matières premières, n'est pas facile à gérer. Ses conséquences peuvent être dramatiques au niveau des résultats financiers de certaines entreprises.

Pour gérer le risque de prix afférant aux matières premières, les opérateurs peuvent recourir aux techniques développées par les marchés organisés ou aux instruments mis en place sur le marché du gré à gré (marché OTC). Les marchés organisés, et plus spécialement les marchés à terme, furent utilisés dans un premier temps. Les instruments développés par les banques sur les marchés de gré à gré jouent cependant depuis 1989 un rôle de plus en plus important. En fait, ces deux types de marchés ont pu se développer de manière parallèle et concomitante, car ils s'adressent à des catégories différentes d'opérateurs.

---

* Pour approfondir le contenu de ce chapitre, le lecteur peut se reporter au livre d'exercices corrigés de Yves Simon : *Finance Internationale*, Paris, Economica, 1992, et plus spécialement au chapitre 6 intitulé : La gestion du risque de prix des matières premières.

Les marchés organisés sont utilisables, et utilisés, par les professionnels qui interviennent en permanence sur les marchés et qui disposent de l'équipement technique et humain nécessaire pour le faire. En revanche, les marchés de gré à gré répondent mieux aux besoins des opérateurs occasionnels, car ils leur évitent les inconvénients inhérents aux marchés organisés que sont la standardisation du volume des contrats et des échéances, l'immobilisation des fonds au titre des dépôts de garantie et la gestion des appels de marge.

Section I — Les marchés de contrats à terme de matières premières et la gestion du risque de prix[1]

L'industriel, le producteur, le négociant sont en permanence soumis à des risques de prix qui affectent leurs résultats d'exploitation. Les conséquences varient selon la place qu'ils occupent dans le processus économique. Celui qui possède des marchandises pour les revendre transformées ou en l'état ne craint pas une hausse des prix, mais il redoute une baisse. Celui qui s'est engagé à livrer des produits qu'il ne possède pas, redoute, en revanche, une hausse des prix, mais il n'est pas importuné par une baisse. Dans la première hypothèse, l'opérateur protège la valeur d'un stock contre une baisse des prix ; on dit qu'il fait une opération de *short hedging*. Dans la seconde, il protège la valeur d'un stock qu'il ne possède pas encore contre une hausse des cours ; on dit qu'il fait une opération de *long hedging*.

L'opérateur se couvre en prenant sur le marché à terme une position inverse à celle qu'il détient sur le marché au comptant. Il neutralise la baisse des prix par une vente de contrats et se protège contre la hausse des cours par un achat de contrats.

§ 1. La protection contre la hausse des prix

Un négociant-exportateur vend des matières premières : pétrole, aluminium, blé, café, etc... livrables ultérieurement (dans six mois), sans les posséder. Pour remplir ses obligations commerciales, il peut recourir à l'une des trois possibilités suivantes.

- La première est d'acheter dès maintenant, pour les stocker, les produits physiques. L'exportateur supporte dans ces conditions les coûts de stockage, les frais financiers et les frais d'assurance. Il n'est par ailleurs remboursé, au plus tôt, (sauf modalités particulières) de l'achat des marchandises qu'au moment de leur livraison.
- La deuxième possibilité est de repousser l'achat des produits physiques en espérant qu'une baisse se produira d'ici leur livraison. Cette modalité

1. Le mode d'organisation et de fonctionnement des marchés à terme de matières premières est identique à celui des marchés à terme de devises présenté au chapitre 2. (A dire vrai, ce sont les marchés de matières premières qui ont servi de modèle aux marchés à terme financiers). Le lecteur peut donc se reporter à la première section de ce chapitre pour comprendre la logique qui préside au développement et au fonctionnement des marchés à terme de matières premières.

(qui est une opération de spéculation sur le marché des produits physiques) n'est guère pratiquée, car le bénéfice des négociants est faible et par conséquent très sensible à toute modification du prix.

- La troisième possibilité consiste à faire une opération de couverture. Par cette technique, le négociant se protège contre une hausse du prix des marchandises qu'il devra acheter sur le marché au comptant pour les livrer à l'importateur : l'éventuelle perte sur le marché au comptant est alors contrebalancée par un gain sur le marché à terme. Par cette opération, l'exportateur n'immobilise pas ses fonds et il ne risque aucune détérioration des produits physiques. En effectuant une opération de couverture, il fixe dès maintenant et par avance le prix d'achat des marchandises dont il aura besoin plus tard. Un exemple permet de mieux comprendre le mécanisme de l'opération de couverture.

Un négociant-exportateur vend à l'époque t (3 janvier), pour le livrer en t + 6 (30 juin)[2], à un prix de 100, du cuivre en lingot qu'il ne possède pas. Son intention est de se le procurer quelques jours avant la livraison (le 20 juin par exemple) auprès d'une fonderie de cuivre. Pour éviter les conséquences d'une hausse des prix qui entraînerait des pertes, le négociant achète immédiatement un contrat pour le terme t + 6 (30 juin) à un prix que nous supposons être égal à 110[3].

Le 20 juin, lors de l'achat des lingots de cuivre, l'exportateur peut être confronté à une hausse ou à une baisse des prix.

A. — Première hypothèse : les prix se sont élevés

L'exportateur a acheté le 3 janvier (époque t) un contrat pour le terme t + 6 (30 juin) au prix de 110. Le 20 juin, le prix au comptant est égal à 140. L'exportateur achète le cuivre physique et liquide alors sa position à terme en vendant un contrat pour l'échéance t + 6 (30 juin) à un prix que l'on suppose égal à 150. En achetant sur le marché au comptant, à un cours de 140, les lingots qu'il a vendus 100, l'exportateur subit une perte. Mais cette dernière est compensée par un gain identique sur le marché à terme provenant de la vente à 150 d'un contrat précédemment acheté 110 (tableau 1). L'opération de couverture garantit le prix de vente et le profit malgré la hausse des cours. Faute d'avoir entrepris une telle opération, l'exportateur aurait subi une perte de 40.

---

2. Nous admettons que l'exportateur négocie les produits physiques à leur prix sur le marché au comptant et que la quantité et la qualité des marchandises achetées ou vendues sur le marché au comptant correspondent exactement aux spécifications des contrats à terme. Il s'agit là d'une simplification pour faciliter l'exposé. La réalité est sensiblement différente.
3. Pour la simplicité de l'exposé, les coûts de stockage et les anticipations sont supposés être les seuls déterminants des prix à terme.

Tableau 1
Résultats financiers de l'opération de couverture

Transactions sur le marché au comptant	*Transactions sur le marché des contrats*
3 janvier • Un négociant vend du cuivre à un importateur pour livraison fin juin à un cours de 100. • Ce négociant craint une hausse du prix du cuivre.	*3 janvier* • Le négociant achète des contrats à terme de cuivre pour l'échéance juin au prix de 110.
20 juin • Le négociant achète du cuivre sur le marché au comptant pour le livrer à l'importateur à la fin du mois de juin. • Le prix d'achat est 140.	*20 juin* • Le négociant vend des contrats à terme pour l'échéance juin au prix de 150.
Les transactions sur le marché au comptant dégagent une perte de 40.	Les transactions sur le marché des contrats à terme dégagent un gain de 40.

B. — Deuxième hypothèse : les prix ont baissé

Le 20 juin, le prix du cuivre sur le marché au comptant est tombé à 60. L'exportateur achète des lingots et vend simultanément un contrat à terme à un prix égal à 70. Le gain de 40 réalisé sur le marché des produits physiques est compensé par une perte identique sur le marché des contrats (tableau 2).

Tableau 2
Résultats financiers de l'opération de couverture

Transactions sur le marché au comptant	*Transactions sur le marché des contrats à terme*
3 janvier • Un négociant vend du cuivre à un importateur pour livraison fin juin à un cours de 100. • Ce négociant craint une hausse du prix du cuivre.	*3 janvier* • Le négociant achète des contrats à terme de cuivre pour l'échéance juin au prix de 110.
20 juin • Le négociant achète du cuivre sur le marché au comptant pour le livrer à l'importateur à la fin du mois de juin. • Le prix d'achat est 60.	*20 juin* • Le négociant vend des contrats à terme pour l'échéance juin au prix de 70.
Les transactions sur le marché au comptant dégagent un gain de 40.	Les transactions sur le marché des contrats à terme dégagent une perte de 40.

L'opération de couverture prive l'exportateur d'un gain de 40 car, sans intervention à terme, il aurait pu se procurer des lingots à un cours de 60. La couverture protège l'exportateur contre la hausse des prix, mais elle le prive également du bénéfice induit par une évolution favorable des cours.

En fait, l'opérateur n'est pas prisonnier de sa position à terme (c'est la grande différence avec une transaction à livraison différée du marché au comptant). Il n'est donc pas nécessairement totalement privé de cette évolution favorable des cours sur le marché au comptant. Dès qu'il constate, dans le cas présent, que la tendance à la baisse des cours est bien installée, il liquide sa position à terme et profite ainsi de la chute des prix (tableau 3). Il est bien évident que l'exportateur pourrait de nouveau se couvrir si les prix avaient tendance à remonter. Il faut être cependant bien conscient qu'en liquidant la position à terme, l'exportateur adopte une attitude spéculative. Ne pas se couvrir contre le risque de prix, quand on a la possibilité de le faire, revient à spéculer. Il ne s'agit pas là d'une condamnation. Il s'agit simplement d'affirmer très clairement que la non-utilisation des marchés à terme peut révéler un comportement de spéculation.

Tableau 3
Résultats financiers de l'opération de couverture

Transactions sur le marché au comptant	*Transactions sur le marché des contrats à terme*
3 janvier • Un négociant vend du cuivre à un importateur pour livraison fin juin à un cours de 100. • Ce négociant craint une hausse du prix du cuivre.	*3 janvier* • Le négociant achète des contrats à terme de cuivre pour l'échéance juin au prix de 110.
	10 février • Le négociant vend des contrats à terme pour l'échéance juin au prix de 92.
20 juin • Le négociant achète du cuivre sur le marché au comptant pour le livrer à l'importateur à la fin du mois de juin. • Le prix d'achat est 60.	
Les transactions sur le marché au comptant dégagent un gain de 40.	Les transactions sur le marché des contrats à terme dégagent une perte de 18.
Les transactions sur le marché au comptant et celui des contrats à terme dégagent un gain de 22.	

Dans les exemples qui viennent d'être présentés, l'évolution du prix à terme est strictement identique à celle du prix des produits physiques sur le marché au comptant. Théoriquement et pratiquement cette hypothèse n'est pas admissible, car la « base à la fermeture » ne peut être identique à la « base à l'ouverture ».

C. — La base et la couverture contre le risque de prix

A tout moment, il existe un écart entre le prix au comptant et le prix à terme. Pour les praticiens des marchés, cette différence représente « la base ». Les économistes et les financiers parlent plus volontiers de report et de déport. Cet écart entre le cours au comptant et le cours à terme induit un coût pour l'opérateur qui se couvre contre le risque de prix[4].

Quand le prix à terme est supérieur au prix au comptant on parle de report ; quand il lui est inférieur on parle de déport[5]. Si en janvier, au moment où le négociant effectue une opération de couverture, le prix du cuivre en lingot est inférieur de 20 livres au prix à terme pour l'échéance juin du Commodity Exchange de New York, on dit que la base à l'ouverture est de 20 livres. Il existe autant de bases que de qualités de cuivre, de marchés au comptant où sont négociés des produits physiques, et de termes pour lesquels sont achetés et vendus des contrats. A l'époque t (3 janvier), la base entre le prix au comptant et le prix pour le terme $t+6$ (30 juin) est différente de celle reliant le prix au comptant et le prix pour le terme $t+8$ (30 août). De la même manière, les bases sont différentes lorsque deux marchés au comptant ne sont pas situés à une même distance géographique du marché à terme.

La base la plus significative est celle qui mesure la différence entre le prix pour le terme $t+n$ et le prix des produits physiques actuellement disponibles sur le marché au comptant et ayant les spécifications requises pour être livrés en exécution d'un contrat. Dans le cas d'un report, la base est égale au coût de financement d'un stock de matières premières entre aujourd'hui et $t+n$. La valeur de cette base diminue à mesure que le temps s'écoule et que l'on s'approche de la date $t+n$. Lorsque le contrat arrive à échéance, le prix à terme doit être théoriquement égal au prix au comptant.

Reprenons l'exemple de l'exportateur qui se protège contre la hausse des prix et supposons que le 20 juin, lors de la vente des contrats, la base est nulle. Le résultat financier de l'opération de couverture n'est plus alors égal à zéro (tableau 4).

---

4. L'existence d'une base n'implique pas nécessairement un coût. En présence d'un report, le professionnel qui se protège contre la hausse des cours en achetant des contrats à terme enregistre un coût, mais en cas de déport il bénéficie d'un gain. L'opérateur qui se protège contre la baisse des prix en vendant des contrats à terme, comme nous le verrons au prochain paragraphe, subit une perte en présence d'un déport, mais il enregistre un gain avec un report. Ce coût et ce bénéfice peuvent être d'ailleurs accrus ou réduits en fonction de la base existant sur les marchés lors de la liquidation de la couverture. Pour l'instant, nous considérons uniquement des situations dans lesquelles la présence d'une base implique un coût pour l'opérateur. Ceci recouvre d'ailleurs la situation générale prévalant sur les marchés à terme.
5. Sur les marchés de métaux, les opérateurs parlent de *contango* (report) et de *backwardation* (déport).

Tableau 4
Résultats financiers de l'opération de couverture

Transactions sur le marché au comptant	*Transactions sur le marché des contrats à terme*
3 janvier • Un négociant vend du cuivre à un importateur pour livraison fin juin à un cours de 100. • Ce négociant craint une hausse du prix du cuivre.	*3 janvier* • Le négociant achète des contrats à terme de cuivre pour l'échéance juin au prix de 110.
20 juin • Le négociant achète du cuivre sur le marché au comptant pour le livrer à l'importateur à la fin du mois de juin. • Le prix d'achat est 140.	*20 juin* • Le négociant vend des contrats à terme pour l'échéance juin au prix de 140.
Les transactions sur le marché au comptant dégagent une perte de 40.	Les transactions sur le marché des contrats à terme dégagent un gain de 30.
Les transactions sur le marché au comptant et celui des contrats à terme dégagent une perte de 10.	

§ 2. La protection contre la baisse des prix

Le principe et les mécanismes de la protection contre la baisse des prix sont identiques à ceux qui président à la recherche d'une protection contre le risque de hausse. Il s'agit toujours pour l'opérateur de prendre sur le marché des contrats une position inverse à celle qu'il détient sur le marché du physique. Se protéger contre un risque de baisse implique que l'on détienne des stocks (l'opérateur est en « position longue » sur le marché du physique). Pour se couvrir contre le risque de prix, il doit prendre une « position courte » sur le marché à terme, c'est-à-dire vendre des contrats. Un exemple simplifié permet de mieux saisir la réalité d'une opération de *short hedging*.

Le 1er mars, une société pétrolière américaine raffine du pétrole brut, mais ne trouve pas immédiatement d'acheteurs pour le fuel qu'elle produit. Elle décide de le stocker en attendant de le vendre au cours des prochaines semaines. En comptabilité, les stocks sont valorisés au prix de 40 dollars le baril. Elle craint cependant une baisse des prix pour les mois à venir. Pour éviter une éventuelle moins-value, la société de raffinage vend des contrats à terme sur la base d'un cours de 38 dollars le baril.

Trois mois plus tard, le 1er juin très précisément, la société de raffinage trouve un acheteur et vend le fuel domestique qu'elle stockait depuis le 1er mars. Elle est alors confrontée à l'une des deux hypothèses suivantes : soit, comme elle le craignait, les prix ont baissé, soit les prix se sont élevés.

A. — Première hypothèse : les prix ont baissé

1 - La société de raffinage a vendu le 1er mars des contrats pour l'échéance juin au prix de 38 dollars le baril. Trois mois plus tard, le prix du physique et celui des contrats ont l'un et l'autre baissé de 18 dollars. En vendant le fuel domestique, la société pétrolière subit une perte de 18 dollars, mais elle achète immédiatement des contrats à terme au prix de 20 dollars le baril. En achetant à ce prix des contrats qu'elle avait préalablement vendus sur la base de 38 dollars le baril, la société de raffinage réalise une plus-value qui contrebalance la perte enregistrée sur le marché des produits physiques (tableau 5). Par cette couverture, la société de raffinage est protégée contre la baisse des prix. Si elle ne l'avait pas effectuée, elle aurait subi une perte de 18 dollars par baril.

Dans l'exemple qui vient d'être développé, la société de raffinage vend le fuel domestique et compense immédiatement la position ouverte qu'elle détient sur le marché à terme par un achat de contrats pour l'échéance juin. Il peut arriver que la société de raffinage ne trouve pas d'acheteur pour le fuel qu'elle possède sur le marché au comptant. Si elle souhaite se débarrasser de ses stocks de physique, il lui suffit d'avertir la chambre de compensation qu'elle prévoit de remplir les obligations de ses contrats par une livraison de produits physiques. Bien évidemment la qualité des produits livrés doit correspondre exactement à celle qui est mentionnée dans les contrats à terme.

Tableau 5
Résultats financiers de l'opération de couverture

Transactions sur le marché au comptant	*Transactions sur le marché des contrats*
1er mars • Une société de raffinage stocke du fuel domestique valorisé à 40 dollars le baril. • Cette société craint une baisse des cours du fuel.	*1er mars* • La société de raffinage vend des contrats à terme pour l'échéance juin. • Le prix de vente est 38 dollars le baril.
1er juin • La société de raffinage vend le fuel. • Le prix de vente est 22 dollars le baril.	*1er juin* • La société de raffinage achète des contrats à terme pour l'échéance juin. • Le prix des contrats est 20 dollars le baril.
Les transactions sur le marché au comptant dégagent une perte de 18 dollars par baril.	Les transactions sur le marché des contrats à terme dégagent un gain de 18 dollars par baril.

B. — Deuxième hypothèse : les prix se sont élevés

Entre le 1er mars, date à laquelle la société de raffinage vend des contrats, et le 1er juin, date à laquelle elle en achète pour compenser cette position ouverte, le cours du fuel domestique et celui des contrats ont augmenté de 10 dollars le baril, contrairement à ce qu'elle anticipait.

En vendant à 50 dollars le baril du fuel qui était valorisé 40 dollars, la société de raffinage réalise une plus-value de 10 dollars, mais elle doit immédiatement acheter des contrats sur la base d'un cours de 48 dollars le baril. En achetant à ce cours les contrats qu'elle avait précédemment vendus 38 dollars le baril, la société de raffinage enregistre une moins-value qui contrebalance parfaitement le gain obtenu sur le marché des produits physiques (tableau 6). Si elle ne compensait pas sa position à terme par un achat de contrats, la société de raffinage serait obligée de livrer du fuel à l'arrivée du terme..., ce qu'elle ne pourrait faire, car elle a déjà vendu celui qu'elle avait en stock.

L'opération de couverture annule les pertes enregistrées sur le marché des produits physiques par des gains sur le marché à terme, mais les effets de cette opération sont parfaitement symétriques, car ils suppriment les gains qui résultent d'une évolution favorable des prix.

Tableau 6
Résultats financiers de l'opération de couverture

Transactions sur le marché au comptant	*Transactions sur le marché des contrats*
1er mars • Une société de raffinage stocke du fuel domestique valorisé à 40 dollars le baril. • Cette société craint une baisse des cours du fuel.	*1er mars* • La société de raffinage vend des contrats à terme pour l'échéance juin. • Le prix de vente est 38 dollars le baril.
1er juin • La société de raffinage vend le fuel. • Le prix de vente est de 50 dollars le baril.	*1er juin* • La société de raffinage achète des contrats à terme pour l'échéance juin. • Le prix d'achat des contrats est 48 dollars le baril.
Les transactions sur le marché au comptant dégagent un gain de 10 dollars par baril.	Les transactions sur le marché des contrats dégagent une perte de 10 dollars par baril.

C. — La base et la couverture contre le risque de prix

Lorsque les prix au comptant et à terme n'ont pas une évolution strictement parallèle ; lorsqu'il existe, en particulier, une base à l'ouverture d'une position à terme et que cette base est réduite ou annulée lors de la liquidation de cette position, les opérations de couverture n'offrent pas une protection parfaite contre le risque de prix. L'évolution représentée au tableau 7 est beaucoup plus proche de la réalité que celle du tableau 5. La couverture est imparfaite et se conclut par une moins-value de 2 dollars par baril.

Tableau 7
Résultats financiers de l'opération de couverture

Transactions sur le marché au comptant	*Transactions sur le marché des contrats*
1er mars • Une société de raffinage stocke du fuel domestique valorisé à 40 dollars le baril. • Cette société craint une baisse des cours des produits pétroliers.	*1er mars* • La société de raffinage vend des contrats à terme pour l'échéance juin. • Le prix de vente est 38 dollars le baril.
1er juin • La société de raffinage vend le fuel. • Le prix de vente est 22 dollars le baril.	*1er juin* • La société de raffinage achète des contrats à terme pour l'échéance juin. • Le prix d'achat des contrats est 22 dollars le baril.
Les transactions sur le marché au comptant dégagent une perte de 18 dollars par baril.	Les transactions sur le marché des contrats dégagent un gain de 16 dollars par baril.
Les transactions sur le marché au comptant et le marché des contrats dégagent une perte de 2 dollars par baril.	

Tableau 8
Résultats financiers de l'opération de couverture

Transactions sur le marché au comptant	*Transactions sur le marché des contrats*
1er mars • Une société de raffinage stocke du fuel domestique valorisé à 40 dollars le baril. • Cette société craint une baisse des cours des produits pétroliers.	*1er mars* • La société de raffinage vend des contrats à terme pour l'échéance août. • Le prix de vente est 37 dollars le baril.
1er juin • La société de raffinage vend le fuel. • Le prix de vente est 22 dollars le baril.	*1er juin* • La société de raffinage achète des contrats à terme pour l'échéance août. • Le prix d'achat des contrats est 20 dollars le baril.
Les transactions sur le marché au comptant dégagent une perte de 18 dollars par baril.	Les transactions sur le marché des contrats dégagent un gain de 17 dollars par baril.
Les transactions sur le marché au comptant et le marché des contrats dégagent une perte de un dollar par baril.	

D. — Le terme de l'opération de couverture n'est pas identique à celui de la transaction sur le marché au comptant

Dans les exemples précédents, la société de raffinage vendait des contrats pour l'échéance juin. Elle aurait pu opérer sur un terme différent, disons août, ignorant qu'elle pourrait effectivement liquider ses stocks de fuel le 1er juin. Dans ces conditions, le 1er juin, le prix du fuel sur le marché au comptant et le cours des contrats pour l'échéance août ne peuvent être identiques. Le tableau 8 indique que l'opération de couverture se conclut dans l'exemple retenu par une moins-value de un dollar par baril. Dans d'autres situations de marché, l'opération aurait pu se terminer par une plus-value ou une moins-value d'un montant sensiblement différent.

§ 3. La protection contre le risque de prix et les opérations de couverture croisée

Toutes les matières premières ne faisant pas l'objet de transactions à terme, il est fort possible que le négociant d'un produit déterminé A soit dans l'impossibilité de se couvrir contre le risque de prix. Il peut cependant remédier à cet inconvénient en effectuant des opérations de couverture sur le marché à terme d'une autre matière première B, à la condition que les variations de prix de A et B soient étroitement corrélées.

Une société de raffinage pétrolier peut couvrir *directement* les risques de prix qu'elle supporte sur le pétrole brut, l'essence et le fuel léger (gazole), car il existe des marchés à terme sur ces trois produits. En revanche, il n'est pas possible de se protéger contre les risques de prix susceptibles d'affecter la production de kérosène, faute de marché à terme. Pour remédier à cette difficulté, elle doit entreprendre une opération de *cross hedging* en se couvrant sur le marché à terme de fuel léger (voire celui du pétrole brut), car on constate historiquement une assez bonne corrélation entre les variations des prix du kérosène et du fuel (la corrélation est moins bonne avec le pétrole).

Cette opération de couverture croisée, *cross hedging*, n'est pas sans présenter certains risques, car les variations de prix des deux marchandises ne sont jamais strictement parallèles. L'opérateur est donc exposé à un risque de *spread* qu'il ne doit jamais négliger et qui peut, dans certaines circonstances, se révéler fort important. Par ailleurs, la constatation d'une variation sensiblement parallèle des cours de deux marchandises dans le passé ne signifie pas automatiquement que ce parallélisme doit se poursuivre dans l'avenir.

§ 4. Les déterminants des opérations de couverture

Plusieurs facteurs concourent à la plus ou moins grande utilisation des marchés à terme. Ils concernent à la fois l'opérateur et l'organisation institutionnelle des marchés de contrats.

A. — Les facteurs tenant à l'opérateur

Pour l'opérateur, la volonté de neutraliser les risques de prix est d'autant plus forte que :

— l'aversion vis-à-vis de ce risque est grande,
— le volume des stocks ou des engagements de livraison est élevé,
— les anticipations sur les prix sont mal définies et incertaines,
— la variabilité du prix de la matière première est grande, comparée à celle de toutes les autres marchandises intéressant l'opérateur,
— le risque de prix est une composante importante du risque total de l'opérateur,
— la valeur de la matière première représente une part importante de la valeur du produit commercialisé ou transformé.

B. — Les facteurs tenant au fonctionnement institutionnel des marchés à terme

Les opérations de couverture sont d'autant plus nombreuses que les professionnels (et les spéculateurs qui assument le risque de prix) sont assurés d'opérer sur un marché à terme sûr et liquide. Pour que les opérateurs professionnels soient incités à initier des opérations de couverture, il faut éliminer du marché à terme tous les facteurs susceptibles de réduire leur efficacité en tant qu'instrument de gestion du risque de prix. Si les opérations de couverture conduisent les professionnels à assumer des risques qui n'existent pas sur le marché des produits physiques, la protection offerte par le marché à terme ne peut qu'être réduite et cette imperfection écarte du marché certains opérateurs potentiels. L'efficacité des marchés à terme est également réduite si tous les risques de prix du marché au comptant ne peuvent être intégralement contrebalancés par des transactions sur le marché à terme.

§ 5. Les principaux marchés à terme de matières premières

Les matières premières furent les premiers actifs à servir de support à des transactions à terme. Les céréales, les métaux non ferreux et les oléagineux ont été, jusqu'en 1975, les piliers des bourses de commerce. Les animaux sont négociés depuis le début de la décennie 1960. Les produits tropicaux furent, avec les céréales, les premières marchandises à être régulièrement échangées à terme. Ces marchés sont toujours importants. L'or et les métaux précieux se sont développés depuis le milieu de la décennie 1970, mais leur poids relatif se réduit depuis 1985. Les produits énergétiques, introduits au début de la décennie 1980, connaissent, en revanche, une forte croissance.

A. — Les céréales

Le blé, le maïs, le riz, l'avoine, le seigle et l'orge sont les différentes céréales négociées à terme (tableau 9).

Le marché à terme du Chicago Board of Trade est la référence pour le prix du blé sur le marché international. Le volume des transactions et le montant de la position ouverte le placent largement au-dessus des marchés de Kansas City, de Minneapolis et du MidAmerica Commodity Exchange. En dehors des États-Unis, deux marchés sans réelle importance sont localisés à Winnipeg et à Londres.

Le maïs fait l'objet de transactions à terme dans deux bourses américaines localisées à Chicago : le Board of Trade et le MidAmerica Commodity Exchange. L'impact économique de ce dernier marché est toutefois insignifiant, car les transactions représentent en moyenne moins de 1 % de celles enregistrées au Chicago Board of Trade.

B. — Les oléagineux

L'économie mondiale du soja est dominée par les marchés du Chicago Board of Trade. Les transactions portent sur les graines, l'huile et les tourteaux, trois produits qui forment le « complexe soja ». Les autres marchés sont dominés par l'influence des marchés de Chicago (tableau 10).

C. — Les produits tropicaux

Le sucre roux, le sucre blanc, le café et le cacao font l'objet de transactions significatives sur plusieurs places financières (tableau 11).

Le sucre roux est négocié à New York, Londres, Osaka, Tokyo et Hong Kong. C'est le marché new yorkais qui est le plus actif. Le sucre blanc est négocié à Paris, à Londres et dans quatre bourses japonaises. Les marchés à terme de café localisés à New York et à Londres portent respectivement sur de l'arabica et du robusta. Le volume des transactions est sensiblement identique sur les deux places. Les deux principaux marchés à terme de cacao sont localisés à Londres et à New York.

D. — Les animaux

Les marchés à terme sur les animaux sont localisés au Chicago Mercantile Exchange. Leur influence est importante, mais elle n'a toutefois pas dépassé, jusqu'à présent, le cadre américain. Ces marchés concernent le bétail à l'engraissement, le bétail vivant, les carcasses de porc et le porc vivant (tableau 12).

Tous les autres marchés à terme portant sur les animaux, en dehors de ceux qui viennent d'être mentionnés, ont une activité extrêmement réduite ou ont disparu au cours des années récentes.

E. — Les produits agricoles à vocation industrielle

Sont regroupées sous cette dénomination différentes matières premières dont l'impact économique est assez faible : le coton, la laine, le bois et le caoutchouc (tableau 13).

F. — Les métaux précieux

L'or, l'argent, le platine et le palladium sont les métaux servant de support à des contrats à terme (tableau 14).

Tableau 9
Les principaux marchés à terme de céréales

Matière première	*Volume du contrat*	*Bourse de commerce*	*Volume des transactions en 1992*	*Montant de la position ouverte le 31-12-1992*
Blé	5 000 boisseaux	Chicago Board of Trade	3 498 814	45 197
Blé	5 000 boisseaux	Kansas City Board of Trade	1 339 842	27 277
Blé	5 000 boisseaux	Minneapolis Grain Exchange	742 703	15 618
Maïs	5 000 boisseaux	Chicago Board of Trade	10 356 632	248 020
Maïs	1 000 boisseaux	MidAmerica Commodity Exchange	458 772	4 458
Avoine	5 000 boisseaux	Chicago Board of Trade	459 578	7 108

Tableau 10
Les principaux marchés à terme d'oléagineux

Matière première	*Volume du contrat*	*Bourse de commerce*	*Volume des transactions en 1992*	*Montant de la position ouverte le 31-12-1992*
Graines de soja	5 000 boisseaux	Chicago Board of Trade	9 000 169	114 365
Huile de soja	60 000 livres	Chicago Board of Trade	4 282 678	74 347
Tourteaux de soja	100 tonnes	Chicago Board of Trade	4 145 397	73 188
Graines de soja	1 000 boisseaux	MidAmerica Commodity Exchange	1 130 629	10 467
Graines de colza	20/100 tonnes	Winnipeg Commodity Exchange	839 715	35 859
Graines de soja importées	15 tonnes	Osaka Grain Exchange	1 700 958	79 597
Graines de soja américain	15 tonnes	Tokyo Grain Exchange	4 000 410	247 194

Tableau 11
Les principaux marchés à terme de produits tropicaux

Matière première	*Volume du contrat*	*Bourse de commerce*	*Volume des transactions en 1992*	*Montant de la position ouverte le 31-12-1992*
Sucre roux	112 000 livres	Coffee Sugar and Cocoa Exchange	3 667 481	91 660
Sucre roux	10 tonnes	Tokyo Sugar Exchange	1 279 354	122 457
Sucre roux	10 tonnes	Osaka Sugar Exchange	648 833	53 046
Café arabica	37 500 livres	Coffee Sugar and Cocoa Exchange	2 152 383	59 700
Café robusta	5 tonnes	London Futures and Options Exchange	876 687	ND
Cacao	10 tonnes	Coffee Sugar and Cocoa Exchange	1 397 235	61 557
Cacao	10 tonnes	London Futures and Options Exchange	1 397 966	ND

Tableau 12
Les principaux marchés à terme portant sur les animaux

Matière première	*Volume du contrat*	*Bourse de commerce*	*Volume des transactions en 1992*	*Montant de la position ouverte le 31-12-1992*
Bétail vivant	40 000 livres	Chicago Mercantile Exchange	3 319 618	66 165
Bétail à l'engraissement	44 000 livres	Chicago Mercantile Exchange	369 042	8 871
Carcasses de porc	40 000 livres	Chicago Mercantile Exchange	784 152	11 139
Porc vivant	40 000 livres	Chicago Mercantile Exchange	1 556 092	26 790

Tableau 13
Les principaux marchés à terme portant sur les produits agricoles à vocation industrielle

Matière première	*Volume du contrat*	*Bourse de commerce*	*Volume des transactions en 1992*	*Montant de la position ouverte le 31-12-1992*
Coton	50 000 livres	New York Cotton Exchange	1 701 258	37 812
Caoutchouc	5 tonnes	Tokyo Commodity Exchange	1 726 487	63 271

Tableau 14
Les principaux marchés à terme portant sur les métaux précieux

Matière première	*Volume du contrat*	*Bourse de commerce*	*Volume des transactions en 1992*	*Montant de la position ouverte le 31-12-1992*
Or	100 onces	Commodity Exchange	6 002 009	107 697
Or	1 kilo	Tokyo Commodity Exchange	4 193 775	232 384
Argent métal	5 000 onces	Commodity Exchange	3 016 339	76 264
Platine	50 onces	New York Mercantile Exchange	577 253	11 796
Platine	500 grammes	Tokyo Commodity Exchange	4 631 724	237 875

L'or est le métal précieux le plus traité dans le monde. Le centre des transactions est localisé au Commodity Exchange de New York. L'argent est essentiellement négocié au Commodity Exchange. Habituellement classés parmi les métaux précieux malgré leur utilisation au niveau industriel, le platine et le palladium sont négociés au New York Mercantile Exchange. Le platine est également très activement échangé au Tokyo Commodity Exchange.

G. — Les métaux non ferreux

Le cuivre, le plomb, le zinc, l'aluminium, le nickel et l'étain font l'objet d'importantes transactions à terme (tableau 15). Au London Metal Exchange les marchés les plus actifs sont ceux de l'aluminium, du cuivre et du zinc. Au Commodity Exchange de New York, seul le cuivre est négocié à terme.

H. — Les marchés à terme pétroliers

Les marchés à terme pétroliers furent une réponse à l'instabilité des prix qui caractérisait les marchés *spot*. Ils ont été ouverts à New York entre novembre 1978 et mars 1983. Par la suite, de nouveaux contrats ont été introduits à Londres et à Singapour, mais ce sont ceux négociés à New York qui sont les plus actifs (tableau 16).

Les transactions sur le contrat de fuel léger ont débuté au New York Mercantile Exchange (NYMEX) le 14 novembre 1978. Leur véritable essor date du début de l'année 1981 avec l'accélération des mesures de déréglementation prises à l'époque par le président Reagan. A l'International Petroleum Exchange de Londres (IPE), les transactions sur le gazole ont débuté le 6 avril 1981.

Les échanges sur le contrat d'essence ont débuté le 5 octobre 1981. Le contrat avait à l'époque pour actif sous-jacent de l'essence avec plomb. Pour respecter la réglementation américaine, les autorités boursières l'ont remplacé en 1984 par un contrat d'essence sans plomb.

Les transactions sur le pétrole brut ont débuté à New York le 30 mars 1983. Les contrats ont pour actif sous-jacent du West Texas Intermediate. Le marché s'est très rapidement développé et connaît un énorme succès. Après plusieurs tentatives infructueuses, les transactions sur du pétrole brut ont réussi à se développer sur le marché de Londres grâce au contrat introduit le 23 juin 1988 dont l'originalité est d'avoir pour actif sous-jacent un indice représentatif des cours de différentes qualités de Brent.

La volonté du NYMEX de se spécialiser dans les marchés à terme de produits énergétiques s'est concrétisée par l'ouverture avec succès, en avril 1990, du marché à terme sur le gaz naturel (tableau 16).

Section II — Les marchés d'options sur contrats à terme et la gestion du risque de prix

Les bourses de commerce américaines ont obtenu le droit d'introduire des options sur contrats à terme de matières premières à partir du 1er octobre

Tableau 15
Les principaux marchés à terme de métaux non ferreux

Matière première	*Volume du contrat*	*Bourse de commerce*	*Volume des transactions en 1992*	*Montant de la position ouverte le 31-12-1992*
Aluminium	25 tonnes	London Metal Exchange	9 256 740	180 521
Cuivre	25 tonnes	London Metal Exchange	7 945 054	140 600
Cuivre	25 000 livres	Commodity Exchange	1 674 163	45 196
Zinc	25 tonnes	London Metal Exchange	4 527 594	72 840
Plomb	25 tonnes	London Metal Exchange	986 000	23 453
Nickel	6 tonnes	London Metal Exchange	1 485 064	40 778
Étain	5 tonnes	London Metal Exchange	534 074	9 458

Tableau 16
Les principaux marchés à terme de produits énergétiques

Matière première	*Volume du contrat*	*Bourse de commerce*	*Volume des transactions en 1992*	*Montant de la position ouverte le 31-12-1992*
Fuel domestique	1 000 barils	New York Mercantile Exchange	8 005 462	130 832
Gazole	100 tonnes	International Petroleum Exchange	3 452 643	ND
Essence sans plomb	1 000 barils	New York Mercantile Exchange	6 674 757	71 833
Pétrole brut	1 000 barils	New York Mercantile Exchange	21 109 562	331 827
Pétrole brut	1 000 barils	International Petroleum Exchange	6 172 156	ND
Gaz naturel	10 000 MM Btu	New York Mercantile Exchange	1 920 986	68 809

1982. Ce nouvel instrument a démultiplié les possibilités de couverture offertes aux opérateurs qui achètent et vendent des matières premières.

Une option sur contrat à terme de matières premières donne à l'acheteur de cette option le droit, mais pas l'obligation, d'acheter, dans le cas d'une option d'achat, ou de vendre, dans le cas d'une option de vente, le contrat à terme sous-jacent à l'option, à un cours bien spécifié appelé prix d'exercice, à tout moment jusqu'à une échéance parfaitement déterminée. En contrepartie du droit ainsi obtenu, l'acheteur verse au vendeur de l'option une somme dénommée prime ou *premium*.

Les marchés d'options négociables sur contrats à terme de matières premières sont des instruments relativement nouveaux, car ils ont fait leur apparition en octobre 1982 dans le contexte américain. Depuis cette date, les responsables des bourses américaines ont systématiquement associé un marché d'options à tout marché à terme. Les résultats ne sont pas excellents. Seuls, onze marchés ont enregistré en 1992 des volumes de transactions supérieurs à 500 000 contrats (tableau 17). L'option sur le contrat à terme de pétrole brut est l'exception qui confirme la règle.

En dehors des États-Unis, très peu d'options sur contrats à terme de matières premières ont été introduites au sein des bourses de commerce, et le nombre de celles qui sont actives est encore plus réduit. Le London Fox, le London Metal Exchange et l'International Petroleum Exchange, les trois bourses de Londres négociant des contrats à terme de matières premières, sont les seules à avoir introduit des options sur contrats à terme de matières premières. Si les résultats sont encourageants pour les options sur le pétrole et le gazole, ils sont décevants pour toutes les autres options.

Section III — Les marchés de gré à gré et la gestion du risque de prix

Le développement et la qualité des services rendus par les instruments dérivés sur le marché de gré à gré dans le domaine des taux de change et celui des taux d'intérêt ont conduit les opérateurs exposés aux variations des prix des matières premières à reprendre ces instruments et les techniques qu'ils impliquent pour les adapter à leurs propres besoins.

§ 1. Les transactions au comptant avec livraison différée

Pour se protéger contre les risques de prix, l'acheteur et le vendeur de matières premières peuvent conclure des contrats de livraison différée à prix ferme. Cette procédure est assez fruste, mais efficace. Elle présente toutefois quatre inconvénients.

- Elle fige et rigidifie les relations commerciales et financières entre les opérateurs.
- Si le contractant qui initie ces transactions est protégé contre le risque de prix, il est tout à fait évident que ce risque est intégralement transféré au second co-contractant.

Tableau 17
Les principaux marchés d'options sur contrats à terme de matières premières

Contrat à terme sous-jacent	*Bourse*	*Date d'ouverture*	*Volume des transactions en 1992*	*Montant de la position ouverte le 31-12-1992*
Blé	CBOT	17 novembre 1986	1 108 840	47 770
Maïs	CBOT	27 février 1985	1 833 816	105 602
Graines de soja	CBOT	31 octobre 1984	1 930 334	67 224
Bétail vivant	CME	30 octobre 1984	561 058	47 358
Sucre roux	CSCE	1er octobre 1982	848 750	54 202
Café	CSCE	3 octobre 1986	860 943	76 111
Or	COMEX	4 octobre 1982	1 152 854	103 070
Argent métal	COMEX	4 octobre 1984	676 543	61 483
Pétrole brut	NYMEX	14 novembre 1986	6 562 163	268 912
Fuel domestique	NYMEX	26 juin 1987	1 247 891	94 948
Essence sans plomb	NYMEX	13 mars 1989	860 086	31 754

- La mise en place de contrats de livraison différée introduit un risque de contrepartie. Il est d'autant plus important que l'engagement pris est à long terme.
- Cette procédure interdit aux opérateurs de pouvoir tirer profit d'une évolution ultérieure des cours qui se révèlerait favorable.

Pour limiter ces inconvénients, il faut recourir à des techniques qui dissocient la protection contre le risque de prix de la transaction commerciale proprement dite. Ces techniques sont celles des marchés dérivés.

Les transactions au comptant avec livraison différée se sont développées dans de très nombreux marchés de matières premières. Elles ont eu toutefois un prolongement spécifique dans le secteur pétrolier avec le marché à 15 jours sur le Brent (*15 days Brent forward market*). Dans ce marché, des cargos sont achetés et revendus par des opérateurs professionnels qui n'effectuent pas de livraison physique, mais reçoivent ou versent à leurs co-contractants une somme correspondant à la différence entre le cours d'achat et le cours de vente. Cette somme compense la perte ou annule le gain réalisé sur le marché au comptant. Certaines cargaisons peuvent ainsi faire l'objet de 20 à 40 transactions.

Par rapport aux contrats de livraison différée à prix ferme, l'originalité de ce marché tient à l'introduction d'une certaine négociabilité en ce sens que l'acheteur (vendeur) d'un cargo ou d'un pétrolier peut revendre (racheter) sa cargaison et éviter ainsi d'avoir à livrer ou à prendre livraison de produit physique. Bien que présentant une certaine négociabilité, ce marché n'est pas du tout un marché à terme organisé (*futures market*) du fait, entre autres, de l'absence de tout organisme de compensation.

Le marché à terme à 15 jours sur le Brent est le plus célèbre de tous les marchés *forward*, mais il en existe d'autres, moins connus et moins bien organisés, comme ceux portant sur le brut de Dubai et l'essence raffinée sur le Golfe du Mexique. Ces marchés *forward* présentent de sérieux inconvénients.

- Les spécifications des transactions ne sont pas adaptées aux besoins de tous les opérateurs. L'unité de négociation est par exemple de 500 000 barils pour le Brent, ce qui est trop important pour de nombreux opérateurs et ne permet pas de réaliser des couvertures fines.
- La transparence des prix n'est pas assurée.
- La confidentialité des transactions est impossible à réaliser.
- La liquidité du marché n'est pas excellente.
- En l'absence de chambre de compensation, la sécurité laisse beaucoup à désirer. De ce fait, les transactions sur le marché *forward*, mais ceci est vrai de tout marché de gré à gré, peuvent déboucher sur un risque de crédit.

§ 2. Les swaps de matières premières et la gestion du risque de prix

Les premiers swaps sur matières premières furent montés au milieu de la décennie 1980, mais il fallut attendre 1989 pour que le marché se développe réellement, essentiellement dans le secteur du pétrole et des produits pétroliers.

Au premier trimestre 1990, plus de 80 % des swaps de matières premières concernaient les produits pétroliers. Près des trois quarts de ces swaps étaient basés sur les prix à terme du West Texas Intermediate et une partie significative du reste reposait sur les prix à terme du Brent. S'il concerne essentiellement le pétrole brut, le marché des swaps touche aujourd'hui d'autres matières premières comme le fuel léger, le gaz naturel, le kérosène, le fuel lourd, les bruts lourds, les métaux précieux, les métaux non ferreux et même les *soft commodities*.

Les matières premières susceptibles de faire l'objet de swap sont celles qui, à l'exemple du kérosène, connaissent de très fortes fluctuations des cours et qui ne peuvent être couvertes sur des marchés à terme. Il est certes toujours possible d'initier des opérations de couverture croisée (*cross hedging, dirty hedge*), mais ces opérations sont assez risquées, car il y a de fortes fluctuations dans les corrélations reliant les prix du kérosène et ceux du fuel léger ou du pétrole brut. Plutôt que d'avoir à supporter le risque de *spread* associé à une opération de *cross hedging* ou le risque de variation des cours en ne se couvrant pas, il est bien préférable d'initier un swap... même si cette opération se révèle être coûteuse.

Les swaps sont susceptibles d'être mis en œuvre pour toutes les matières premières disposant de prix de référence indiscutés et d'un mécanisme de fixation des cours indépendant des opérateurs intervenant sur le marché. Ces références peuvent être des prix à terme ou des prix au comptant recensés et révélés par des organismes spécialisés et fiables comme Platt's. La préférence des opérateurs est indiscutablement en faveur de cotations à terme sur les marchés organisés, car ces prix sont publics et ne peuvent faire l'objet de manipulation. Par ailleurs, en offrant un mécanisme de couverture, les marchés dérivés organisés permettent aux opérateurs exposés au risque de prix de se protéger dans les meilleures conditions possibles.

Depuis 1987, de nombreuses banques internationales (banques commerciales et banques d'investissement) et certains grands négociants en pétrole se sont engagés avec succès dans le montage de swaps pétroliers.

A. — La définition et le montage d'un swap

Un swap de matière première est un instrument de couverture relativement simple dans son principe. Il permet à un producteur de fixer son prix de vente et à un utilisateur de fixer son prix d'achat pour une période de temps librement déterminée lors de la négociation du swaps, mais qui peut atteindre 10 ans.

Les swaps de matières premières sont directement issus des swaps de taux d'intérêt, opérations dans lesquelles une partie s'engage à verser un taux flottant et à recevoir un taux fixe pendant que l'autre partie s'engage à recevoir le taux flottant et à verser le taux fixe.

Un swap de matière première est fondamentalement identique à un swap de taux d'intérêt en ce sens qu'une partie s'engage à verser pendant une certaine période, et à intervalles réguliers, un prix spot qui est par nature variable, et à recevoir un prix fixe, et que l'autre partie s'engage, elle, à recevoir le prix variable et à verser le prix fixe.

Dans la mesure où un swap de matières premières ne se dénoue jamais par une livraison de physique, mais par des versements monétaires, on peut le définir comme un contrat signé entre deux parties prévoyant le versement de paiements périodiques égaux à la différence nette entre un prix fixe et un prix flottant, pour un volume donné d'une matière première bien spécifiée et ceci durant toute la vie du contrat.

Lors de la conclusion du contrat de swap, le volume sur lequel porte le swap, le prix fixe, le mode de calcul du prix flottant (ou de l'indice de référence servant à la détermination du prix flottant), la périodicité des versements et la durée du swap doivent être négociés avec précision.

B. — L'utilité des swaps

La finalité d'un swap est d'offrir une protection contre le risque de prix comme le montrent les deux illustrations simplifiées suivantes.

a) *La protection contre la baisse des cours*

Un producteur craignant une baisse durable du prix du pétrole négocie avec une banque un swap aux termes duquel il accepte de lui verser chaque mois pendant cinq ans un prix variable mutuellement accepté par les deux parties. En contrepartie, le producteur reçoit de la banque un prix fixe lui aussi mutuellement accepté par les deux parties. Le prix fixe et le prix flottant, exprimés en dollars par baril, portent sur une quantité de 100 000 barils représentant la production mensuelle moyenne prévue pour les cinq années à venir. Le prix flottant accepté par les deux parties ne doit pas prêter à la moindre contestation quant à son mode de calcul. Ce peut être dans le cas le plus simple le prix de vente effectif des 100 000 barils de pétrole sur le marché spot de Rotterdam. C'est plus souvent un prix fourni par un organisme neutre et fiable. Le prix flottant est par exemple la moyenne mensuelle des prix du Brent fournis par Platt's avec éventuellement une décote ou une surcote selon que la qualité du brut extrait par le producteur est inférieure ou supérieure à celle du Brent. Il peut être également prévu que le prix de référence sera par exemple la moyenne des cours de compensation sur le marché à terme du Brent de l'International Petroleum Exchange ou sur le marché à terme du West Texas Intermediate du New York Mercantile Exchange.

Chaque fin de mois est établie la comparaison entre le prix flottant et le prix fixe.

- Si le prix flottant est inférieur au prix fixe, la banque paie la différence au producteur.
- Si le prix flottant est supérieur au prix fixe, c'est le producteur qui paie la différence à la banque.

De ce fait, et quelle que soit l'évolution des prix sur le marché spot, le producteur est assuré d'obtenir le prix fixe établi lors de la négociation du swap.

b) *La protection contre la hausse des cours*

Pour l'utilisateur de matières premières, la couverture fonctionne en sens inverse, comme l'établit l'exemple simplifié suivant.

Une compagnie d'aviation redoutant une hausse du prix du kérosène négocie un swap aux termes duquel une banque accepte de lui verser chaque trimestre pendant trois ans un prix fixe et de recevoir aux mêmes dates un prix flottant.

Le premier jour ouvrable de chaque trimestre, la banque et la compagnie d'aviation comparent le prix fixe et le prix flottant (en l'occurrence, et pour prendre un exemple, la moyenne des cotations publiées chaque jour ouvrable par Platt's sur les trois derniers mois).

- Si le prix flottant (celui auquel la compagnie d'aviation est supposée s'approvisionner) est supérieur au prix fixe, la banque verse à la compagnie d'aviation la différence entre les deux cours multipliée par la quantité faisant l'objet de l'accord de swap.
- Si le prix flottant est inférieur au prix fixe, c'est la compagnie d'aviation qui verse la différence à la banque.

Dans les deux exemples qui viennent d'être exposés, le producteur et la compagnie d'aviation ont l'un et l'autre perdu la possibilité de tirer profit d'une évolution favorable des prix. Avant de signer un contrat de swap l'opérateur doit savoir que cette opération implique un profil de risque spécifique et une anticipation implicite quant à l'évolution des prix.

En acceptant de payer un prix fixe et de recevoir un prix variable, l'utilisateur de matières premières pense que les prix vont s'accroître et il révèle qu'il ne veut pas payer une somme supérieure au prix fixe.

En acceptant de recevoir un prix fixe et de payer un prix variable, le producteur pense que les prix vont baisser et il affirme qu'il ne veut pas que ses revenus soient inférieurs au prix fixe.

Si les swaps de matières premières sont fondamentalement semblables aux swaps de taux d'intérêt, ils en diffèrent cependant sur deux points.

- Dans un swap de matières premières, le prix flottant est très souvent le prix moyen sur une période de temps (un mois, un trimestre, un semestre...) alors que pour les swaps de taux d'intérêt, il s'agit du taux à une date bien précise (le taux à 12 heures à Londres le premier jour ouvrable du trimestre, le taux à 15 heures à Paris le premier jour ouvrable du semestre, etc...). Ceci s'explique par le fait que les acheteurs de matières premières travaillent avec des contrats d'approvisionnement et préfèrent se protéger contre le prix moyen sur une période que se protéger contre le prix à une date bien spécifique. Le raisonnement est identique pour les producteurs qui se sont engagés à livrer des quantités déterminées de matières premières dans le cadre de contrats de livraison.
- Quand il existe des marchés à terme de bonne qualité, les swaps de matières premières sont très souvent établis par référence aux prix des contrats à terme alors que pour les swaps de taux d'intérêt, ce sont les taux au comptant qui sont pratiquement toujours pris comme référence. Dans le domaine des matières premières, les prix à terme sont des cours de référence indiscutables, transparents et d'une fiabilité généralement supérieure à celle des prix au comptant. Par ailleurs la référence au prix à terme facilite la gestion des risques de prix assumés par les banques qui sont les contreparties des producteurs ou des consommateurs de matières premières.

C. — L'inconvénient des swaps

Le swap est un instrument remarquable, mais il présente l'inconvénient de bloquer définitivement les prix pour toute la durée du swap. Il prive ainsi l'opérateur du bénéfice d'une évolution favorable des prix (d'une baisse, s'il verse le prix fixe et reçoit le prix flottant ; d'une hausse, s'il reçoit le prix fixe et verse le prix flottant).

C'est pour permettre aux producteurs de s'assurer un prix de vente minimal sans perdre pour autant la possibilité de tirer profit d'une hausse, et aux utilisateurs de s'assurer un prix d'achat maximal sans perdre la possibilité de bénéficier d'une baisse des cours, que furent développés les instruments optionnels. Ces derniers protègent en effet l'opérateur contre une évolution défavorable des prix sans le priver pour autant d'une évolution favorable des cours.

§ 3. Les instruments optionnels et la gestion du risque de prix

Les options et les instruments optionnels ont été développés pour des opérateurs qui voulaient se protéger contre les risques de prix, mais qui, n'ayant pas de certitude quant à l'évolution future des cours, ne voulaient pas se priver totalement d'une évolution favorable qu'ils auraient mal anticipée.

A. — Les options

Ces options négociées sur le marché de gré à gré n'ont rien d'original, quant à leur finalité, par rapport à celles qui sont négociées dans le cadre des marchés organisés. Elles présentent toutefois certaines caractéristiques spécifiques : elles ne sont pas négociables et ne sont pas standardisées.

Une option d'achat donne à celui qui la détient le droit, mais pas l'obligation, d'acheter pendant une certaine période (lorsqu'il s'agit d'une option américaine) ou à une date parfaitement spécifiée (lorsqu'il s'agit d'une option européenne), une quantité déterminée d'une matière première, à un prix fixé lors de l'achat de l'option.

L'option de vente donne à celui qui la détient le droit, mais pas l'obligation, de vendre, pendant une certaine période, une quantité déterminée d'une matière première, à un prix fixé lors de l'achat de l'option de vente.

Le prix auquel la quantité de matière première peut être achetée (dans le cas d'un *call*) ou vendue (dans le cas d'un *put*) est le prix d'exercice. Ce prix peut être égal, supérieur ou inférieur au prix qui prévaut sur le marché lors de la négociation de l'option.

A l'inverse des contrats à terme échangés sur les marchés organisés, des swaps et des contrats à livraison différée négociés sur les marchés de gré à gré, les options (qu'elles soient négociées sur des marchés organisés ou sur des marchés de gré à gré) sont des actifs asymétriques. L'asymétrie vient du fait que l'acheteur n'exerce son option que s'il y trouve bénéfice. Il n'est jamais contraint de le faire. Le deuxième élément d'asymétrie concerne le vendeur de l'option dans la mesure où il est soumis à la volonté et à la décision de l'acheteur. C'est pour compenser cette asymétrie et rémunérer le vendeur du risque qu'il assume que l'acheteur lui verse une prime.

Pour les options, comme pour les swaps, il n'existe pas, en règle générale, de livraison physique. Tout se solde à l'échéance par un versement monétaire.

Les options sont des instruments de couverture particulièrement flexibles en ce sens qu'elles offrent une protection contre un risque défavorable sans priver pour autant l'opérateur du bénéfice d'une évolution favorable des cours. Elles offrent un autre élément de flexibilité dans la mesure où l'opérateur peut choisir le prix auquel seront vendues ou achetées les matières premières en cas d'exercice de l'option. En choisissant un prix d'exercice proche du prix du marché lors de la négociation de l'option, l'opérateur obtient une protection d'excellente qualité, mais il doit supporter pour ce faire un coût de couverture (le montant de la prime) élevé. En choisissant une option en dehors de la monnaie (c'est-à-dire un prix d'exercice très éloigné du prix du marché au moment de la négociation de l'option), le coût de la couverture est beaucoup plus faible, mais la qualité de la protection est moindre. Entre ces deux cas extrêmes, il existe toute une gamme de situations intermédiaires. Ce qu'il faut retenir, et c'est là tout l'intérêt des options, c'est que ces instruments offrent à celui qui les utilise des possibilités de couverture à différents niveaux de coût et à différents degrés de protection.

Les options permettent aux opérateurs de se protéger contre des risques spécifiques à des opérations ponctuelles, mais l'intérêt de ces instruments est en fait beaucoup plus vaste. C'est sur le principe des options que reposent en effet les instruments dérivés que sont les caps, les floors et les collars.

B. — Le cap

Le cap est un instrument de nature optionnelle qui permet à un opérateur d'être protégé contre une hausse des prix tout en lui permettant de bénéficier d'une éventuelle baisse des cours.

Un raffineur craignant une hausse du prix du pétrole brut, mais ne souhaitant pas être privé d'une baisse éventuelle des cours, peut se couvrir contre cette évolution des cours. Il contacte pour ce faire une banque et lui achète un cap pour une durée de 18 mois portant sur 100 000 barils par mois au prix de 20 dollars le baril. Le cap ainsi acheté assure au raffineur un approvisionnement de 100 000 barils sur la base d'un prix mensuel de 20 dollars le baril pendant une durée de 18 mois.

Chaque mois, à une date parfaitement déterminée, (le dernier jour ouvrable, par exemple) il est procédé à une comparaison entre le coût d'approvisionnement effectif et le prix de 20 dollars.

- Si le coût d'approvisionnement est supérieur à 20 dollars (24 dollars, par exemple) la banque verse au raffineur une somme de :

  $$4 \times 100\ 000 = 400\ 000 \text{ dollars}$$

- Si le coût est inférieur à 20 dollars, la banque ne reçoit rien et le raffineur conserve pour lui le bénéfice résultant d'un approvisionnement inférieur à 20 dollars.

Le raffineur est donc assuré de payer un prix maximum de 20 dollars par baril et de bénéficier d'une éventuelle baisse du prix du brut. Bien évidemment l'avantage ainsi consenti à l'acheteur du cap n'est pas gratuit.

Le coût est représenté par une prime perçue par la banque et payée par le raffineur lors de l'achat du cap. Cette prime indemnise le vendeur contre le risque de prix qu'il assume.

Il est clair que le vendeur du cap va, à son tour, essayer de se couvrir contre le risque de prix qu'il prend en charge.

Dans le cadre d'un cap, comme dans celui d'un swap, il est indispensable d'avoir un prix de référence indiscutable permettant de constater l'évolution du prix du brut et de procéder chaque mois à la comparaison du coût moyen d'approvisionnement et du prix garanti, en l'occurrence 20 dollars.

C. — Le floor

Le floor est un instrument symétrique du cap. C'est un outil de nature optionnelle qui permet à un opérateur d'être protégé contre une baisse des prix, tout en lui permettant de tirer profit d'une éventuelle hausse.

Cet instrument est utilisé par les producteurs de matières premières. Il leur permet de s'assurer un prix de vente minimal.

Une société minière craignant une baisse du prix du cuivre souhaite se couvrir contre ce risque. Elle ne voudrait toutefois pas se priver d'une éventuelle hausse. Pour concilier ces deux objectifs, la société contacte une banque internationale et lui achète un floor pour une durée de 24 mois portant sur 39 000 tonnes par trimestre sur la base d'un prix de 1 500 livres sterling la tonne.

Chaque trimestre, à une date parfaitement spécifiée, (le premier jour ouvrable, par exemple) la banque et la société minière comparent le prix de vente effectif des 39 000 tonnes (600 tonnes par jour ouvrable) et le prix de 1 500 livres sterling la tonne. Lors de la signature du floor, les deux parties ont convenu que le prix de vente effectif est supposé être le prix au comptant publié chaque jour par le London Metal Exchange. Le prix quotidien moyen durant le trimestre est donc égal à la moyenne des 65 cours publiés pendant le trimestre qui vient de s'écouler.

- Si le prix de vente est inférieur à 1 500 livres sterling (1 380 par exemple), la banque verse à la société minière une somme égale à : $[1\ 500-1\ 380]\times 39\ 000=4\ 680\ 000$ livres sterling.
- Si le prix de vente est supérieur à 1 500 livres sterling, la banque ne reçoit rien et la société minière conserve pour elle le bénéfice résultant d'une vente supérieure au prix de 1 500 livres sterling.

Grâce à ce floor, la société minière est assurée d'obtenir un prix de vente minimum de 1 500 livres sterling la tonne et de bénéficier d'une éventuelle hausse du prix du cuivre. Bien évidemment, l'avantage ainsi consenti à l'acheteur du floor n'est pas gratuit. Le coût est représenté par une prime payée par la société minière à la banque. Cette prime indemnise le vendeur du floor contre le risque de prix qu'il assume.

S'il en éprouve le besoin, le vendeur du floor se couvre, à son tour, contre le risque de prix auquel il est confronté. La couverture la plus évidente est de vendre des contrats à terme sur le London Metal Exchange. Si le prix du cuivre baisse en dessous de 1 500 livres la tonne, la banque perd de l'argent sur le floor qu'elle a vendu, mais en compensant à la fin du trimestre sa position à terme par un achat de contrats, elle enregistre un gain sur le London Metal Exchange qui compense la perte enregistrée sur le marché au comptant.

Dans le cadre d'un floor, comme dans celui d'un cap ou d'un swap, il est indispensable d'avoir un prix de référence permettant de constater l'évolution des prix sans la moindre discussion afin de procéder à une comparaison sereine du prix de vente effectif et du prix garanti. Cette raison explique que le plupart des caps, floors et swaps concernent des matières premières bénéficiant d'un marché à terme fournissant des prix de référence indiscutables.

D. — Le collar

Le coût d'un cap ou d'un floor est représenté par le montant de la prime versée par l'acheteur. Il peut être élevé, surtout si le cours garanti est identique ou très proche du prix du marché au moment de l'achat du cap ou du floor. C'est pour l'atténuer ou le réduire que fut créé le collar, parfois dénommé tunnel.

Le collar est un instrument résultant de la combinaison d'un cap et d'un floor. Acheter un collar consiste à acheter un cap et à vendre simultanément un floor. Vendre un collar consiste à vendre un cap et à acheter simultanément un floor.

Par l'achat d'un cap, l'opérateur se protège contre une hausse des cours au-delà d'un niveau fixé par le prix d'exercice du cap, mais en vendant un floor il renonce *ipso facto* au bénéfice d'une baisse des cours en deçà du niveau fixé par le prix d'exercice du floor. En contrepartie de la renonciation au bénéfice d'une baisse des cours, l'opérateur perçoit la prime correspondant à la vente du floor, ce qui réduit d'autant le coût d'achat du cap. Un exemple permet d'illustrer le mécanisme et les principes du collar.

Un raffineur craint une hausse du prix du brut, mais il estime trop coûteux l'achat d'un cap au prix de 20 dollars le baril impliquant le versement d'une prime de 3 dollars par baril. Pour réduire ce coût, il achète un collar et réalise en fait une double opération :

- il achète un cap au prix de 20 dollars le baril et verse une prime de 3 dollars le baril,
- il vend simultanément un floor au prix de 17 dollars le baril et reçoit une prime de 2 dollars par baril.

Au total, le coût du collar ressort à un dollar et pour le raffineur le prix de revient du pétrole évoluera entre 17 et 20 dollars le baril.

- Si le prix du brut est supérieur à 20 dollars (24 dollars, par exemple), le raffineur exerce son option d'achat à 20 dollars et reçoit de la banque 4 dollars par baril.
- Si le prix du brut est inférieur à 17 dollars (15 dollars, par exemple) la banque exerce son option de vente à 17 dollars et le raffineur doit lui verser 2 dollars par baril.
- Si le prix du brut évolue entre 17 et 20 dollars, le raffineur s'approvisionne au prix du marché.

§ 4. Le rôle des banques dans les marchés dérivés de gré à gré de matières premières

Les banques remplissent différentes fonctions.

- Elles ont un rôle technique dans la création et le montage de nouveaux instruments.
- Elles ont un rôle de conseil et d'éducation à l'égard des entreprises.
- Enfin et surtout, elles prennent le risque de crédit et le risque de prix en étant contrepartie dans le cadre des swaps et en vendant des instruments optionnels (option, cap, floor, collar, swaption).

Le risque de prix assumé par les banques est extrêmement important. Il doit être géré avec la plus grande vigilance. Les banques ne peuvent pas, en effet, auto-couvrir ce risque, comme elles le font avec les swaps de taux d'intérêt ou de change du fait qu'elles ne possèdent pas à l'actif ou au passif de leurs bilans des postes représentatifs d'avoirs et d'engagements en matières premières et valorisés aux prix du pétrole, du cuivre, de l'aluminium ou du gazole. Pour couvrir les risques de prix auxquels elles sont exposées, les banques doivent recourir à différentes techniques.

- Elles doivent monter, autant que faire se peut, des swaps miroirs afin de compenser les risques qu'elles assument.
- La méthode la plus rationnelle, et celle qui est la plus utilisée vu la difficulté de monter des swaps miroir, est de recourir à des transactions adéquates sur les marchés organisés. Dans un swap, une banque s'étant engagée à payer un prix fixe et à recevoir un prix variable est bien évidemment exposée à un risque de baisse des cours. Pour s'en protéger, le plus simple est de vendre des contrats à terme. Si les prix baissent, la banque enregistre une perte sur le swap, mais elle le compense par un gain sur le marché organisé en achetant des contrats à un prix inférieur au prix auquel elle les avait précédemment vendus.

Le recours à cette modalité de protection est d'autant plus facile que les marchés à terme de matières premières sont bien développés, ce qui est le cas pour le pétrole, les métaux, les produits pétroliers et de nombreux marchés de *soft commodities*. L'essor des transactions depuis 1988 sur les marchés de métaux non ferreux du London Metal Exchange et les marchés pétroliers de l'International Petroleum Exchange et du New York Mercantile Exchange s'explique en partie par la nécessité pour certaines banques de se couvrir sur les marchés organisés.

Pour certaines matières premières et certains produits pétroliers, il n'existe pas de marchés à terme. Ceci conduit les banques à initier des opérations de couverture croisée qui sont plus complexes à mettre en œuvre et beaucoup plus risquées que les couvertures directes.

§ 5. Le développement des instruments dérivés sur le marché du gré à gré

Le développement des instruments dérivés sur le marché du gré à gré dans le secteur des matières premières a été initié, comme tel est pratiquement toujours le cas pour n'importe quel marché, par l'action des traders, relayés dans un deuxième temps par des opérateurs professionnels, producteurs et utilisateurs de matières premières.

Bien évidemment, le développement des marchés dérivés est la conséquence des très fortes fluctuations des prix qui ont affecté certaines matières premières depuis 1985. Tel fut en particulier le cas des produits pétroliers. Entre août 1990 et février 1991, les fluctuations des cours (ceux du kérosène sont par exemple passés de 190 dollars à 500 dollars la tonne) et les très importantes variations dans les différentiels de prix entre les produits, et pour un produit entre les différentes localisations géographiques, ont conduit à un très important recours aux swaps et aux options ayant une échéance comprise entre 6 mois et un an. Les utilisateurs qui avaient l'habitude d'opérer sur les marchés organisés ont continué à le faire, mais de nombreux nouveaux intervenants ont préféré recourir au marché du gré à gré pour des raisons d'adaptabilité. Durant cette période (août 1990 - février 1991) des producteurs (en général toujours assez réticents à l'égard des marchés dérivés) sont intervenus sur les marchés organisés et sur les marchés de gré à gré pour tirer profit des hausses de cours et se garantir des prix élevés sur des durées les plus longues possibles. Durant cette période des utilisateurs de produits pétroliers et des consommateurs ont appris à leurs dépens ce qu'étaient les inconvénients d'une absence de couverture.

CONCLUSION DE LA QUATRIÈME PARTIE

Les risques internationaux auxquels sont confrontées les entreprises ont toujours existé, mais, depuis le début de la décennie 1970, ils ont pris une ampleur qu'ils n'avaient pas auparavant. Leur intensification a donné naissance à un ensemble de techniques particulièrement complexes.

Cette complexité s'est plus spécialement manifestée dans la gestion des risques de change et de variation des taux d'intérêt. La protection est dans ces deux domaines offerte par des techniques de marché. La gestion du risque politique et administratif utilise des méthodes conventionnelles, fort éloignées des techniques de marché. Le risque est assumé par des institutions publiques et, en dernier recours, par le contribuable. Depuis 1985, une évolution est cependant perceptible en direction de l'emploi de techniques de marché. La COFACE, pour prendre le cas français, recourt par exemple aux options de change et aux marchés à terme d'instruments financiers pour se couvrir de certains risques que les exportateurs ne veulent pas assumer et qu'elle accepte de prendre en charge. Cette évolution est satisfaisante sur le double plan de l'efficacité des services offerts aux exportateurs et de la fiscalité du contribuable. Elle doit être vivement encouragée.

CINQUIÈME PARTIE

Le financement des activités internationales

Les activités internationales des entreprises sont nombreuses et variées. Leur financement a permis l'émergence de techniques spécifiques.

Les exportations et les importations sont des opérations commerciales fréquentes auxquelles se livrent les entreprises. Les caractéristiques de l'économie française sont telles que les importations sont structurellement supérieures aux exportations. Même si les pouvoirs publics conservent l'espoir de réduire les importations, ils estiment qu'un effort considérable à l'exportation est requis pour atteindre l'équilibre extérieur. Cet impératif les a conduit à mettre en place un système de crédits particulièrement compétitifs. Si les exportateurs ont obtenu un régime de faveur, les importateurs ne bénéficient, en revanche, d'aucune condition privilégiée pour financer leurs achats.

L'investissement à l'étranger est une activité moins fréquente que l'exportation et l'importation, mais elle est stratégiquement très importante. Elle représente un moment crucial et un tournant particulièrement dangereux dans la vie de l'entreprise. Ceci explique l'aide apportée par les pouvoirs publics aux entreprises qui investissent à l'étranger.

Au-delà des investissements, sont apparus depuis une dizaine d'années de très grandes opérations industrielles et de très grands projets. Ils empruntent simultanément aux techniques de financement des exportations et des investissements. Ces projets ne sont pas très nombreux, mais les sommes qu'ils mobilisent sont considérables. De ce fait, ils font appel à un savoir-faire et à un ensemble de techniques qu'il est utile de connaître.

Les exportations, les ventes d'usines clefs en main, les importations, les investissements à l'étranger requièrent l'emploi de moyens de paiement internationaux. C'est par leur étude que débute cette cinquième partie.

Chapitre 18

LES MOYENS DE PAIEMENT INTERNATIONAUX

Les instruments de paiement utilisés dans les relations commerciales internationales sont nombreux et diversifiés. L'emploi des uns et des autres est fonction de la nature des échanges et de la confiance réciproque que s'accordent les co-contractants.

Le billet à ordre et la lettre de change remplissent une double fonction. Ils sont simultanément un moyen de paiement et un instrument de crédit. Leur analyse est l'objet de la première section de ce chapitre. A la deuxième section, sont brièvement présentés les autres moyens de paiement utilisés dans les échanges internationaux. Différentes procédures apportent à l'exportateur une plus grande sécurité dans les paiements internationaux. Les plus connues sont le crédit documentaire, la lettre de crédit et la remise documentaire. Leur étude est faite à la troisième section. Le développement de nouvelles technologies a conduit les banques à mettre en place des systèmes qui accélèrent la transmission des ordres et des instructions de paiement. La dernière section du chapitre est consacrée à SWIFT, le plus important d'entre eux.

Section I — Les moyens de paiement et les moyens de crédit

La lettre de change et le billet à ordre sont des moyens de paiement internationaux qui remplissent simultanément une fonction de crédit.

§ 1. La lettre de change

La lettre de change est un écrit par lequel l'exportateur donne l'ordre à l'importateur de payer une certaine somme. Le bénéficiaire de ce paiement est généralement l'exportateur lui-même, mais ce bénéficiaire peut être un tiers mentionné sur la lettre de change. Ce paiement peut être à vue ou à terme. Dans cette dernière hypothèse, la lettre de change est un titre de créance qui devient un ordre de paiement à l'échéance du crédit accordé par l'exportateur.

La lettre de change peut être mobilisée auprès d'une banque commerciale et remobilisée par cette dernière auprès de la Banque de France à condition d'avoir été acceptée par l'importateur. Toutefois, pour les entreprises bénéficiant de la « dispense de référence » cette acceptation n'est pas obligatoire. Elles peuvent mobiliser des créances nées sur simple relevé de factures à l'exportation.

§ 2. Le billet à ordre

Le billet à ordre est un écrit par lequel l'importateur s'engage à payer une somme déterminée à l'ordre de l'exportateur. Ce paiement peut être à vue ou à terme. Le billet à ordre est, dans cette deuxième hypothèse, un titre de créance qui devient un ordre de paiement à l'échéance du crédit consenti par l'exportateur. Ce paiement s'effectue de la même façon que pour une lettre de change.

Le billet à ordre s'endosse et se transmet comme la lettre de change. Il est mobilisable auprès d'une banque. Ce mode de paiement est en fait peu utilisé dans le commerce international.

Section II — Les autres moyens de paiement

Les différents moyens de paiement internationaux regroupés dans cette section forment un ensemble hétérogène. Il n'est pas question d'exposer en détail toutes leurs caractéristiques techniques et leurs modalités de fonctionnement. Nous nous contentons de présenter les plus importants services offerts par ces différents moyens de paiement.

§ 1. Les moyens de paiement à vue

Trois moyens de paiement internationaux peuvent être regroupés dans cet ensemble. Ce sont les espèces, les chèques de voyage et les cartes de crédit.

A. — Les espèces

C'est la modalité de paiement la plus simple et la plus sûre. Elle met obligatoirement en présence l'acheteur et le vendeur lors du règlement, ce qui en limite les possibilités d'utilisation.

Le paiement sous forme d'espèces n'est utilisé que pour de très petits montants. Il est par ailleurs réglementé en raison des possibilités d'évasion fiscale.

La discrétion est le principal intérêt de cette modalité de paiement mais les risques et les inconvénients sont trop importants pour qu'elle soit utilisée de manière significative dans les paiements internationaux. Son emploi est restreint aux dépenses des touristes à l'étranger.

B. — Le chèque de voyage

Le *Traveler's cheque* est un moyen de paiement très proche du règlement en espèces mais plus sûr car, en cas de perte, le chèque de voyage non contresigné ne présente aucune valeur et n'est pas négociable.

C. — La carte de crédit

Ce moyen de paiement apparu aux Etats-Unis se développe rapidement, car il évite le transport d'importantes liquidités. La sécurité est très grande pour le détenteur de la carte et le bénéficiaire du paiement.

Les développements technologiques à venir feront de la carte de crédit le moyen de paiement le plus sûr pour toutes les transactions d'un montant relativement faible.

§ 2. Le chèque

Le chèque est un ordre écrit et inconditionnel de payer une somme déterminée au bénéficiaire. Son utilisation comme moyen de paiement international dépend de la réglementation des changes.

Le chèque est un moyen de paiement peu rapide car, émis par l'importateur, il est envoyé à l'exportateur qui le remet à sa banque. Celle-ci le présente pour règlement à la banque de l'importateur sur laquelle il a été tiré. Le montant du chèque est alors débité du compte de l'importateur et crédité au compte de l'exportateur sous réserve de l'application d'un nombre de jours de valeur[1].

L'utilisation du chèque n'est pas dénuée de tout risque. Le premier est purement matériel : les chèques peuvent être facilement perdus ou volés. Le deuxième est un risque de non-paiement. Le troisième est le risque de change. Il tient aux délais d'acheminement et à la liberté de l'exportateur quant à la date à laquelle il peut présenter le chèque.

1. Le nombre de jours varie en fonction du pays où le chèque est payable.

§ 3. Le virement bancaire international

Le virement bancaire est d'un usage courant au niveau international. C'est certainement le moyen de paiement le plus simple et le plus rapide. Il résulte d'un ordre donné par l'importateur à son banquier de débiter son compte pour créditer celui de l'exportateur.

Le virement bancaire international est un moyen de paiement très rapide s'il est effectué par télex. Il perd une grande partie de ses qualités s'il est transmis par courrier. Deuxième avantage, le virement bancaire est peu coûteux, tout du moins pour les montants importants, car les frais fixes (de télex) pénalisent les petits montants.

S'il est rapide et peu coûteux, le virement bancaire n'offre en contrepartie aucune garantie en cas de non-paiement car il ne repose sur aucun document. Son emploi est de ce fait réservé à des paiements entre partenaires ayant une très grande confiance réciproque. Il est à cet égard significatif que les opérations interbancaires sur le marché des changes sont dans leur quasi-totalité effectuées par virement bancaire.

Les modalités de fonctionnement ne présentent aucune difficulté particulière. Il est seulement nécessaire de connaître la domiciliation exacte du paiement. L'exportateur n'est toutefois informé par la banque que lorsque le virement est parfaitement opéré. Pour éviter tout retard, l'importateur doit aviser l'exportateur de son paiement en lui adressant le double des instructions données au banquier.

Le mandat postal international présente la sécurité et les avantages d'un virement bancaire. Il n'est cependant guère utilisé dans le domaine industriel et commercial étant donné l'inadaptation du système postal aux modalités financières internationales. L'usage du mandat postal international est en pratique limité aux personnes privées et concerne des sommes modestes. Le mandat postal international est, par exemple, très utilisé pour les transferts effectués par les travailleurs immigrés à destination de leur pays d'origine.

Section III — Les moyens de paiement documentaires

Ces moyens de paiement sont la remise documentaire, le crédit documentaire et la lettre de crédit.

§ 1. La remise documentaire

La remise documentaire est une opération par laquelle un exportateur, après avoir expédié les marchandises, confie à une banque un ou plusieurs documents convenus avec l'importateur, accompagnés ou non d'un effet de commerce, destinés à être remis à l'importateur contre paiement ou acceptation de l'effet de commerce[2].

---

2. CHAMBRE DE COMMERCE INTERNATIONALE, *Règles uniformes relatives aux encaissements*. Brochure n° 322.

Ces documents sont de nature très différente.

Il s'agit en premier lieu de documents de transport. Les principaux sont le connaissement, la lettre de voiture, la lettre de transport aérien et le document de transport combiné. Le connaissement est utilisé lorsque les marchandises sont expédiées par mer. Il fait la preuve d'un contrat de transport, constitue un reçu de marchandises et représente le droit sur les marchandises. La lettre de voiture est le document utilisé en cas de transport par chemin de fer. La lettre de transport aérien est le document requis en cas de transport par avion. Lorsque le transport implique l'emploi de plusieurs moyens différents, il est possible de recourir à un document de transport combiné.

Les documents sont en deuxième lieu de nature comptable. Le plus important d'entre eux est la facture commerciale, document par lequel l'exportateur fixe le prix dû par l'importateur.

Dans certaines circonstances, un certificat d'assurance, un certificat d'origine ou un certificat d'inspection peuvent être requis. Le certificat d'origine est un document certifié par un organisme officiel indépendant apportant la preuve de l'origine des marchandises. Le certificat d'inspection est un document présentant les résultats d'un examen qualitatif et analytique effectué par un organisme indépendant ou une société spécialisée et portant sur 2 % au moins du tonnage.

Par cette remise documentaire, l'exportateur est assuré que l'importateur ne disposera des documents lui permettant de récupérer ses marchandises que lorsqu'il aura payé les sommes dues ou accepté l'effet de commerce.

La remise documentaire la plus simple se traduit par un paiement comptant de l'importateur aux guichets de la banque chargée de l'encaissement. La remise documentaire peut se faire contre l'acceptation par l'importateur d'un effet de commerce. Cette procédure laisse à l'importateur un délai de paiement lui permettant d'obtenir, par la revente des marchandises, les fonds nécessaires au paiement de l'exportateur. Si l'importateur ne paie pas ou n'accepte pas l'effet de commerce, la banque conserve les documents et il ne peut, de ce fait, disposer des marchandises.

Les garanties offertes par ce moyen de paiement sont loin d'être parfaites. Dans le cas d'une remise documentaire contre acceptation, l'effet de commerce peut très bien ne jamais être payé. Dans le cas d'une remise documentaire contre paiement, l'importateur peut très bien ne jamais venir lever les documents. Les marchandises demeurent la propriété de l'exportateur, mais celui-ci a de grandes chances de subir de lourdes pertes pour les rapatrier ou les vendre à un autre acheteur.

§ 2. Le crédit documentaire

Le crédit documentaire est un moyen de paiement conditionnel et un instrument de crédit par signature accordé par une banque à son client importateur[3].

A. — La définition et les caractéristiques du crédit documentaire

La technique du crédit documentaire s'est dégagée progressivement de la pratique bancaire en fonction des besoins de sécurité du commerce international. Ce n'est pas, à proprement parler, une opération de crédit, mais une garantie de paiement émise par une banque en faveur d'un exportateur. Les termes de cette garantie, strictement définis par l'importateur, sont exprimés dans un document dénommé « ouverture de crédit documentaire ». Le principe de base du crédit documentaire est le système du troc : l'échange de documents contre un paiement[4].

Le crédit documentaire s'est développé en raison du besoin de sécurité éprouvé simultanément par l'exportateur et l'importateur. Dans le déroulement d'une opération commerciale internationale, l'un et l'autre peuvent être, en toute bonne foi, conduits à se poser un certain nombre de questions.

Pour le vendeur, trois problèmes sont cruciaux :

- comment minimiser le risque de non-paiement de l'acheteur ?
- comment être certain d'être payé selon les prescriptions du contrat une fois la marchandise expédiée ?
- l'importateur a-t-il obtenu de ses autorités publiques et administratives les autorisations nécessaires pour expédier des devises ?

Pour l'acheteur, deux questions sont essentielles :

- comment être assuré que le vendeur livrera effectivement les marchandises selon les prescriptions convenues ?
- comment être sûr que les marchandises présenteront toutes les spécifications prévues lors de la commande ?

Le crédit documentaire est la seule méthode universellement admise qui permette de réaliser un compromis acceptable entre les objectifs du vendeur et ceux de l'acheteur.

Le crédit documentaire est un « engagement écrit pris par une banque (la banque émettrice) et remis au vendeur (le bénéficiaire) à la demande et conformément aux instructions de l'acheteur (le donneur d'ordre) d'opérer ou de faire opérer un règlement, soit en effectuant un paiement, soit en

---

3. Le contenu de ce paragraphe emprunte largement aux différents documents publiés par la Chambre de Commerce Internationale sur le crédit documentaire.
4. Les règles et usances uniformes relatives au crédit documentaire mises en place sous l'égide de la Chambre de Commerce Internationale sont universellement reconnues et constituent un véritable code mondial en la matière. Ces règles et usances sont une unification conventionnelle des coutumes et pratiques bancaires réalisée en 1933. Tous les pays ont adopté cette convention, remaniée à plusieurs reprises pour s'adapter à l'évolution des techniques du commerce international. La dernière version, en vigueur depuis le 1er octobre 1984, a sensiblement modifié sur certains points le contenu des règles et usances mises en place le 1er octobre 1975. Ces modifications n'ont cependant pas altéré les principes généraux présentés dans les développements qui suivent.

acceptant ou en négociant des effets de commerce jusqu'à concurrence d'un montant spécifié, ceci dans un délai déterminé et sur présentation de documents prescrits »[5].

Il existe trois types de crédit documentaire : le crédit révocable, le crédit irrévocable et le crédit irrévocable confirmé.

Le crédit révocable peut être amendé ou annulé à tout moment sans avis ou notification préalable au vendeur. Cette modalité est la moins pratiquée. Elle ne représente qu'un faible pourcentage de la masse des crédits. Elle est surtout utilisée dans les relations commerciales entre les sociétés-mères et leurs filiales.

Le crédit irrévocable ne peut être amendé ou annulé qu'avec l'accord de toutes les parties intéressées y compris le bénéficiaire.

Le crédit irrévocable confirmé est un crédit irrévocable qui a été en plus confirmé par la banque notificatrice. L'exportateur exige cette garantie supplémentaire si la banque émettrice ne lui est pas connue ou s'il veut écarter le risque politique attaché à l'engagement de cette banque. Le crédit irrévocable et confirmé est la forme la plus complète du crédit documentaire comportant en outre la garantie de la banque notificatrice vis-à-vis du bénéficiaire.

B. — Les modalités de fonctionnement du crédit documentaire

Les crédits documentaires diffèrent selon leurs modalités de réalisation. Le règlement peut se faire en effet par paiement, par acceptation ou par négociation.

a) Le règlement par paiement

Pour comprendre les modalités de fonctionnement du crédit documentaire, le plus simple est d'en présenter les différentes phases à partir d'un exemple[6]. Cette présentation est faite en douze points comme le suggère le schéma 1.

1. Un exportateur et un importateur concluent un contrat de vente prévoyant un paiement au moyen d'un crédit documentaire [1]. Les modalités et conditions du crédit doivent être négociées avec précision avant la signature du contrat commercial et intégrées dans les clauses de ce contrat.

2. L'acheteur ordonne à sa banque, appelée banque émettrice, d'émettre un crédit en faveur du vendeur, dénommé le bénéficiaire [2]. La demande d'ouverture de crédit comporte un certain nombre de mentions :

- le nom et l'adresse du bénéficiaire,
- le montant du crédit documentaire,
- le type de crédit : est-il révocable, irrévocable, ou irrévocable et confirmé ?

---

5. CHAMBRE DE COMMERCE INTERNATIONALE, *Guide des opérations de crédit documentaire,* Paris, 1978, p. 6.
6. Il est très difficile d'imaginer une présentation très originale des modalités de fonctionnement du crédit documentaire. Nous pensons même qu'il n'est pas souhaitable de le faire, vu le formalisme qui préside au déroulement d'une telle opération financière. Ceci justifie que nous reprenions le schéma tout à fait classique utilisé, sous une forme ou sous une autre, dans toutes les publications traitant cette question.

- le mode de réalisation du crédit : le crédit sera-t-il réalisé par paiement, acceptation ou négociation ?
- les personnes sur lesquelles les effets doivent être éventuellement tirés et l'échéance à laquelle ils doivent l'être,
- la description détaillée des marchandises mentionnant entre autres la quantité et le prix unitaire,
- les documents exigés,
- le lieu d'embarquement, d'expédition ou de prise en charge de la marchandise et sa destination,
- la date limite d'embarquement, d'expédition ou de prise en charge des marchandises,
- le délai durant lequel les documents doivent être présentés pour le paiement, l'acceptation ou la négociation,
- la date et le lieu de validité du crédit documentaire,
- le mode de transmission du crédit : par avion, télégramme ou telex.

3. La banque émettrice demande à une deuxième banque, habituellement située dans le pays de l'exportateur, de notifier ou de confirmer le crédit [3]. Quand la deuxième banque notifie le crédit, elle n'est en aucun cas engagée à payer le vendeur. Quand elle certifie le crédit, elle s'engage, en revanche, à payer, à accepter ou à négocier sans recours contre le vendeur, à condition que les documents soient en ordre.

Schéma 1
Les modalités de fonctionnement du crédit documentaire dans l'hypothèse d'un règlement par paiement

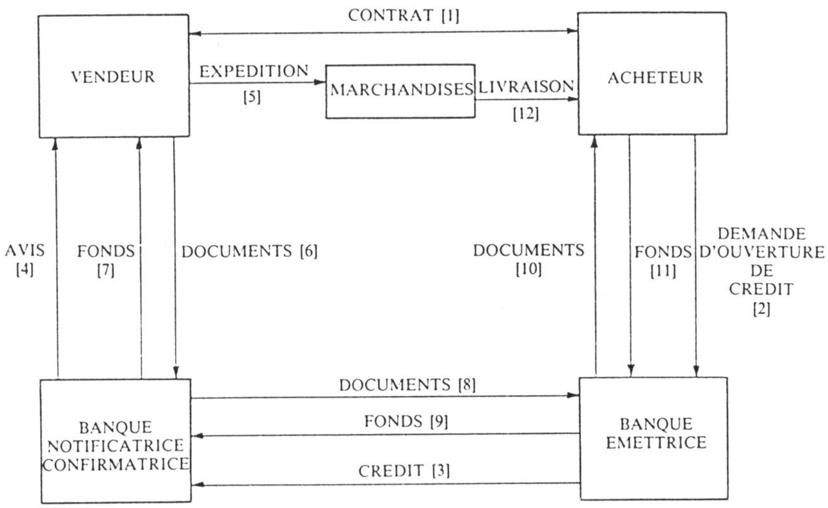

4. Qu'elle soit simplement notificatrice ou notificatrice et confirmatrice, la deuxième banque informe l'exportateur et lui transmet l'émission du crédit [4]. Ce dernier s'assure que les conditions sont en tous points conformes à celles prévues lors de la signature du contrat commercial. Si tel n'est pas le cas, il doit immédiatement réagir auprès de l'acheteur afin de supprimer ces différences, sources d'inévitables difficultés.

5. Dès que l'exportateur reçoit le crédit documentaire et qu'il est assuré de pouvoir satisfaire aux conditions de ce crédit, il procède à l'expédition des marchandises [5].

6. Le vendeur adresse à la banque notificatrice (ou notificatrice et confirmatrice) les documents apportant la preuve de l'expédition des marchandises [6].

7. La banque vérifie la conformité des documents aux stipulations du crédit documentaire. Si les documents satisfont aux conditions prévues, elle paie l'exportateur [7].

8. La banque notificatrice adresse les documents à la banque émettrice [8].

9. La banque émettrice vérifie les documents et, s'ils sont conformes aux conditions du crédit documentaire, elle rembourse la banque confirmatrice qui a effectué le paiement [9].

10. La banque émettrice remet les documents à l'importateur [10].

11. En contrepartie des documents reçus, l'acheteur verse les fonds à la banque émettrice [11].

12. L'importateur adresse le document de transport au transporteur qui procède alors à la livraison des marchandises [12].

Les modalités de fonctionnement qui viennent d'être présentées concernent le cas le plus simple, celui dans lequel le paiement se fait à vue. Il existe en réalité d'autres modalités. Au lieu de se faire par paiement, le règlement peut s'effectuer par acceptation ou par négociation.

b) Le règlement par acceptation

Dans le cadre d'un règlement par acceptation, le schéma général de fonctionnement du crédit documentaire n'est pas fondamentalement modifié à l'exception des phases 6 et 7 (schéma 2). Les points 1 à 5 et 8 à 12 sont identiques à ceux développés dans le cadre d'un paiement à vue. Il est donc inutile de les reprendre. Il nous suffit d'évoquer, ici, les différences.

6. Le vendeur adresse à la banque notificatrice (ou notificatrice et confirmatrice) les documents apportant la preuve de l'expédition des marchandises, accompagnés d'une traite tirée sur cette banque [6].

7. La banque vérifie la conformité des documents aux stipulations du crédit documentaire. Si les documents satisfont aux conditions prévues, elle accepte la traite et la retourne au vendeur [7] qui peut alors la mobiliser auprès de son propre banquier.

8. La banque notificatrice adresse les documents à la banque émettrice [8].

Le règlement par acceptation matérialise un délai de paiement consenti par l'exportateur à l'acheteur étranger jusqu'à l'échéance de la traite. La signature de la banque se substitue alors à celle de l'acheteur étranger.

Les traites tirées par l'exportateur sur la banque notificatrice et acceptées par cette dernière sont facilement escomptées soit auprès de la banque notificatrice elle-même qui ne peut refuser sa propre signature soit auprès d'une autre banque. Une acceptation bancaire finançant une transaction commerciale est en effet toujours considérée comme un risque de premier ordre [13] et [14].

Le crédit documentaire se dénouant par acceptation sert de support à une véritable opération de crédit avec avance de fonds. Cette modalité permet à l'exportateur de financer le délai de paiement consenti à l'importateur étranger.

Schéma 2
Les modalités de fonctionnement du crédit documentaire dans l'hypothèse d'un règlement par acceptation

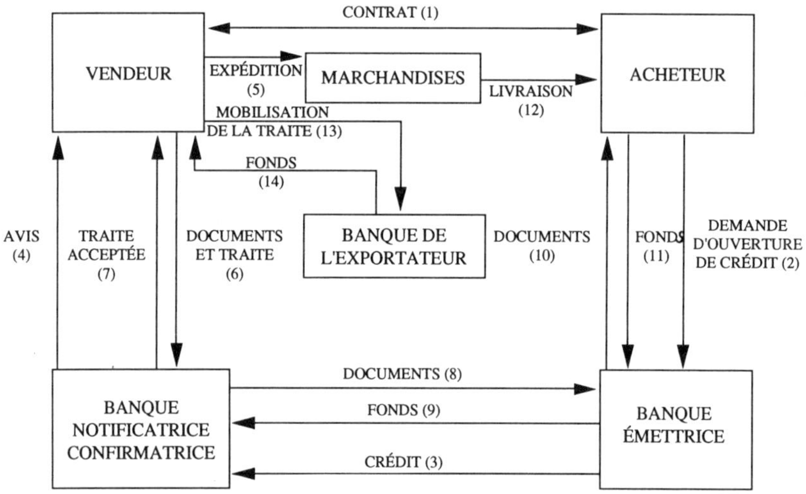

c) Le règlement par négociation

Dans le cadre d'un règlement par négociation, le schéma général de fonctionnement du crédit documentaire n'est pas non plus fondamentalement modifié à l'exception des points 6, 7 et 8 (schéma 3).

6. Le vendeur adresse à la banque notificatrice (ou notificatrice et confirmatrice) les documents apportant la preuve de l'expédition des marchandises, accompagnés d'une traite tirée sur l'acheteur [6].

7. La banque vérifie la conformité des documents aux stipulations du crédit documentaire. Si les documents satisfont aux conditions prévues, elle négocie la traite et en effectue le paiement sous réduction des intérêts et d'une commission [7].

8. La banque notificatrice adresse les documents à la banque émettrice, accompagnés de la traite tirée par le vendeur sur l'acheteur [8].

9. La banque émettrice vérifie les documents et, s'ils sont conformes aux conditions du crédit documentaire, rembourse la banque confirmatrice qui a négocié la traite [9].

Schéma 3
Les modalités de fonctionnement du crédit documentaire dans l'hypothèse d'un règlement par négociation

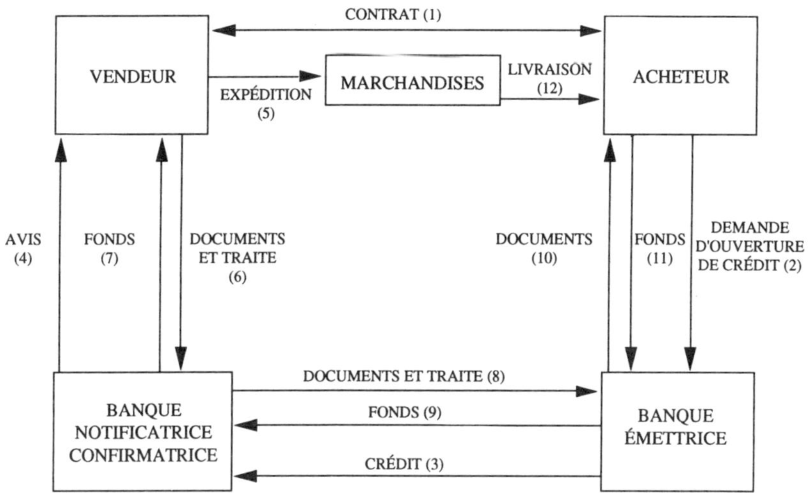

C. — Les avantages et les inconvénients du crédit documentaire

Le crédit documentaire présente deux avantages très importants. Cette technique bancaire facilite, en premier lieu, le recouvrement de créances sur l'étranger. Quand il est irrévocable et confirmé, le crédit documentaire offre, en deuxième lieu, à l'exportateur une très grande sécurité car ce dernier bénéficie de deux garanties bancaires.

Malgré les avantages offerts, le crédit documentaire n'est pas sans présenter quelques inconvénients. La lourdeur et la complexité de la procédure sont les premiers inconvénients. En contrepartie de la sécurité apportée à l'exportateur, le crédit documentaire fait courir aux banques un risque technique résultant d'une erreur dans la vérification des documents, un risque tenant à l'éventuelle insolvabilité de la banque émettrice et un risque politique inhérent à tout engagement pris pour le compte d'une entité étrangère.

§ 3. La lettre de crédit

La lettre de crédit émise en faveur de l'exportateur par la banque d'un importateur autorise cet exportateur à tirer sur elle, ou sur une autre banque désignée, une traite documentaire. Cette lettre de crédit comporte l'engagement de la banque émettrice vis-à-vis de l'exportateur de payer ou d'accepter cette traite si elle est émise en conformité avec les conditions énoncées[7].

La lettre de crédit commerciale ressemble au crédit documentaire, car elle est à la fois un moyen de paiement conditionnel et un instrument de crédit par signature accordé par une banque à son client importateur[8]. Elle présente cependant moins de garanties car le paiement est effectué aux caisses de la banque émettrice, ce qui laisse subsister le risque de non-transfert. Le risque commercial vis-à-vis de la banque émettrice est également total. Pour éviter l'un et l'autre, la lettre de crédit doit être confirmée par la banque de l'exportateur.

Section IV — Le procédé SWIFT

SWIFT est le sigle d'une société coopérative de droit belge à but non lucratif créée le 3 mai 1973 par 239 banques américaines, canadiennes et européennes dont le siège social est à Bruxelles[9]. Les actionnaires sont les adhérents au réseau. SWIFT comprenait au début de l'année 1984 plus de 1 100 membres et son réseau s'étendait à 53 pays.

Cette société a pour objectif d'améliorer les paiements financiers internationaux en introduisant une plus grande normalisation dans les relations bancaires et en permettant la mécanisation et le traitement des opérations par des systèmes informatiques. Elle est opérationnelle depuis le 9 mai 1977.

§ 1. La description technique

SWIFT n'est pas en lui-même un moyen de paiement. C'est un réseau de télétransmission privé, loué aux Administrations qui ont le monopole des télécommunications, géré par ordinateur et dont l'usage est réservé aux banques membres de la société qui en assure la gestion. Le réseau SWIFT est basé sur la commutation de messages qui interdit à deux correspondants de dialoguer en direct.

Ce réseau permet l'acheminement des messages et des ordres de transfert de la clientèle que les banques avaient l'habitude de se transmettre par télex, câble ou courrier.

Le réseau comprend quatre ordinateurs localisés à Bruxelles, Amsterdam et Culpeper, dénommés « centres de commutation »[10]. Ces ordinateurs communiquent entre eux. Pour accroître la sécurité des transactions, chaque liaison est doublée. Une cinquantaine d'ordinateurs de taille plus

---

7. ASSOCIATION FRANÇAISE DES TRESORIERS D'ENTREPRISE, *Les moyens de paiement internationaux,* p. 12.
8. Les documents utilisés sont d'ailleurs identiques.
9. SWIFT est le sigle de Society for Worldwide Interbank Financial Telecommunications, ce qui peut se traduire par Société pour la télécommunication financière interbancaire mondiale.
10. Culpeper est une ville de l'Etat de Virginie aux Etats-Unis. Le centre de communication d'Amsterdam abrite deux commutateurs.

modeste, répartis à raison de un par pays, servent de « concentrateurs nationaux »[11]. Ils sont reliés à l'un ou l'autre des centres de commutation de la manière indiquée au schéma 4. Près de 1 100 petits ordinateurs, à raison de un par banque participante, servent à la surveillance des terminaux installés dans les différentes banques[12]. Plus de 10 000 terminaux dispersés dans les différentes banques participant à SWIFT complètent le dispositif.

Schéma 4
Répartition des pays connectés à SWIFT entre les centres de commutation

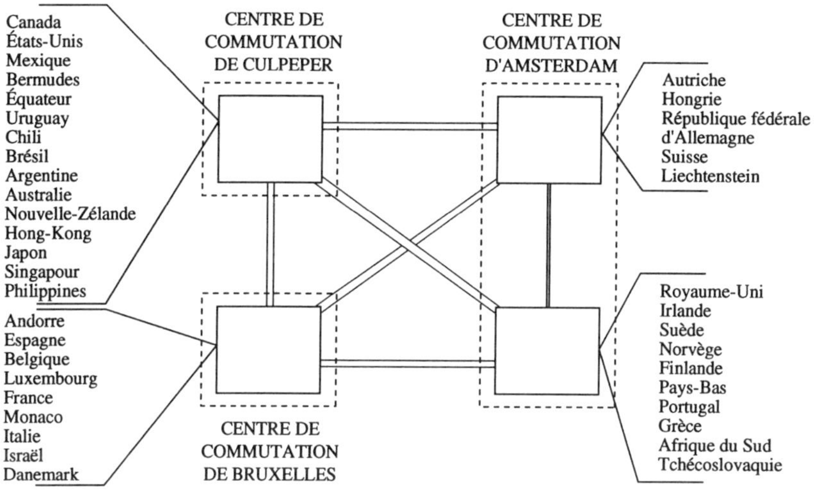

Source : Banque de France. *SWIFT : Réseau de télétransmission interbancaire international.* Note d'information,, n° 61, mars 1984, p. 7.

L'acheminement d'un message comporte quatre phases (*cf.* le schéma 5).

Dans un premier temps, le message est confectionné sur un terminal par une opératrice qui le place dans une file d'attente. Cette opératrice travaille sur un écran pré-formaté selon le type de message et les normes SWIFT.

Le message est, dans un deuxième temps, contrôlé par un vérificateur qui peut seul, après vérification, mettre le message sur une file de départ.

Dès que le message est placé en file de départ, l'ordinateur situé dans la banque émettrice vérifie les normes imposées par le système SWIFT et transmet le message au centre de commutation par l'intermédiaire du concentrateur national.

Le message, stocké au centre de commutation dans l'attente de la recherche du destinataire, est délivré dès que l'identification de ce destinataire est réalisée.

---

11. Les pays à trafic important possèdent plusieurs concentrateurs : quatre aux Etats-Unis, trois en Grande-Bretagne, deux en France, Belgique, Italie, République fédérale d'Allemagne et Japon.
12. Certaines banques possèdent plusieurs ordinateurs.

Schéma 5
Acheminement d'un message par l'intermédiaire de SWIFT

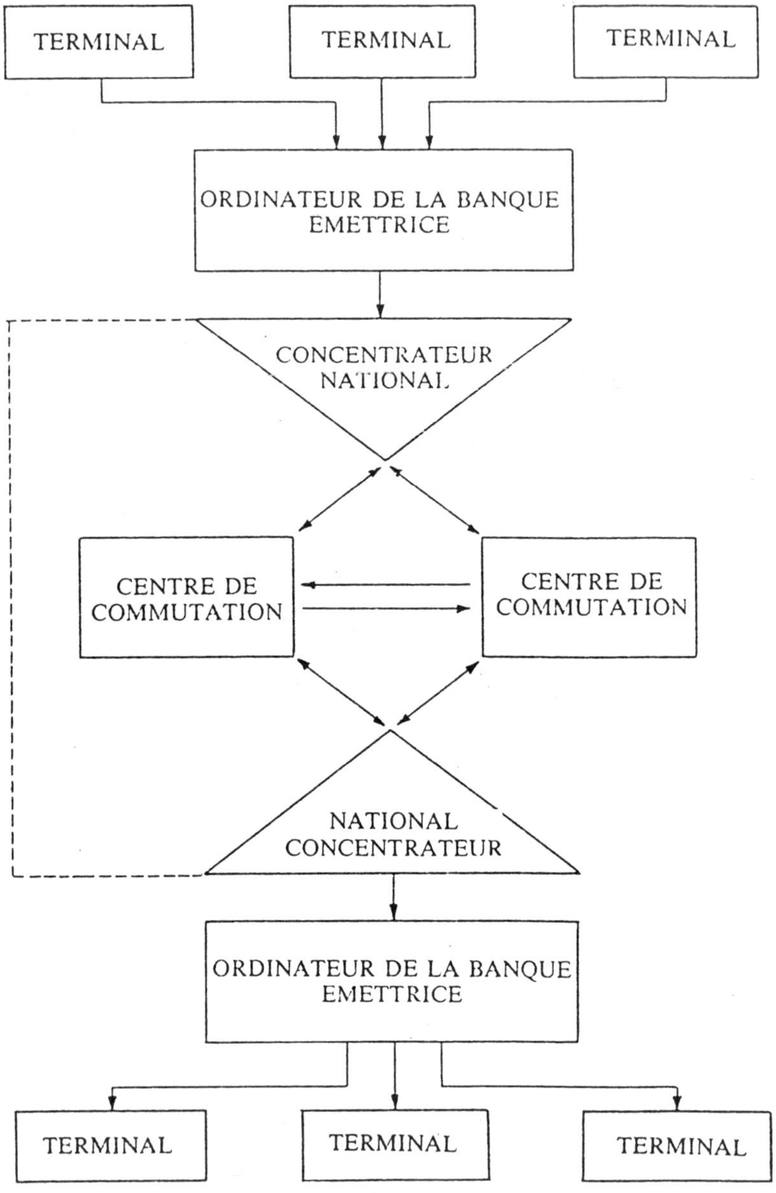

Les messages émis par les banques et reçus par les ordinateurs centraux sont retransmis à leurs destinataires sans intervention humaine et selon des ordres de priorité déterminés *a priori* ou choisis par l'émetteur.

De nombreuses opérations peuvent être effectuées par le réseau SWIFT. Dès mars 1978, les transferts de la clientèle et les transferts de banque à banque étaient acheminés quotidiennement et pratiqués par la totalité des banques adhérentes au réseau SWIFT. En 1981, les opérations de portefeuille et les confirmations de transactions internationales (opérations de change, de prêts, d'emprunts, etc...) pouvaient être réalisées. Les autres opérations susceptibles d'être effectuées sont les encaissements documentaires, les ouvertures de crédit documentaire, les ordres et confirmations d'achat et de vente de titres et tout un ensemble de messages concernant les avis de débit, de crédit et les relevés de compte.

L'étendue du réseau SWIFT n'a cessé de s'accroître depuis 1977 comme en témoigne le tableau 1.

En 1979, la Belgique, le Canada, le Danemark, la Finlande, la France, la Grande-Bretagne, l'Italie, le Luxembourg, la Norvège, les Pays-Bas, la Suède, la Suisse, les Etats-Unis, l'Espagne, l'Australie et certains pays de l'Asie du Sud-Est étaient connectés à SWIFT. L'Amérique latine et l'Extrême-Orient sont reliés depuis 1980 au centre de commutation de Culpeper. La liaison avec le Japon est établie depuis mars 1981. En 1982, il est devenu possible de communiquer avec le Mexique, le Chili, l'Uruguay, l'Argentine et le Venezuela.

Dans chaque pays, le nombre de banques adhérentes ne cesse de s'accroître. SWIFT est particulièrement dense en Italie, en République fédérale d'Allemagne, en Grande-Bretagne, aux Pays-Bas, aux Etats-Unis et connaît un développement rapide au Japon. A la fin de l'année 1983, 82 banques françaises étaient connectées. Aujourd'hui, pratiquement toutes les banques françaises ayant une activité internationale sont reliées à SWIFT[13].

Tableau 1
Quelques données chiffrées relatives à SWIFT

	1978	*1979*	*1980*	*1981*	*1982*	*1983*	*1984*
Pays membres	21	24	29	35	39	44	53
Pays connectés	15	16	17	21	26	32	37
Banques membres	519	586	683	768	900	1 017	1 104
dont banques françaises	48	49	50	52	59	64	69
Banques connectées*	505	619	659	748	917	1 239	1 440
dont banques françaises	46	55	57	60	68	72	82

Unité : Nombre en début d'année.
Source : Banque de France, *op. cit.*

* Les banques connectées comprennent les « banques membres » et les « banques utilisatrices ». Ces dernières sont très souvent les filiales dans un pays des banques étrangères qui sont membres, par leur maison mère, du réseau SWIFT.

---

13. Un établissement comme le Crédit Lyonnais assure plus de 15 % du total des messages émis ou reçus par les banques françaises. 3 000 messages sont émis et 2 800 messages sont reçus quotidiennement par cette banque. Pour améliorer les possibilités offertes par SWIFT, le Crédit Lyonnais a relié les deux ordinateurs mis à sa disposition par SWIFT à ses principales agences par son propre réseau informatique. Grâce à ce système, une agence du Crédit Lyonnais est informée d'un ordre de rapatriement destiné à un de ses clients en moins de 4 heures, dans le cas général, et en une à deux heures, s'il s'agit d'un ordre urgent ou d'un montant important. Dès que l'agence est avertie, le client est immédiatement prévenu par téléphone.

§ 2. Les modalités de fonctionnement pour l'entreprise

Le mécanisme est le même que celui des virements bancaires internationaux demandés par le trésorier d'entreprise à sa banque par courrier ou télex. Les modalités de fonctionnement sont simples.

1. Le trésorier de l'entreprise doit s'assurer que sa banque est reliée au réseau SWIFT.

2. La rédaction de l'ordre de virement est identique à celle d'un virement bancaire international. Pour un ordre ayant une priorité normale, le virement est acheminé par le réseau SWIFT à destination du banquier de l'exportateur étranger, s'il est relié au système, ou d'un correspondant sur la place, s'il ne l'est pas. Cet ordre est en possession du banquier de l'exportateur étranger dans les 20 minutes qui suivent son départ du banquier de l'importateur. Pour un virement urgent, la durée est réduite à quelques minutes.

§ 3. Les avantages de SWIFT

Le procédé SWIFT présente quatre avantages. Il est sûr. Il est rapide. Il est peu coûteux. Il est fiable.

« La sécurité est le premier des avantages que procure le système de communication SWIFT. En effet :

— les moyens de traitement de l'information qui interviennent aux différents niveaux du réseau sont équipés de programmes sophistiqués de détection et de correction des erreurs ;
— les messages échangés entre les concentrateurs et les centres de traitement sont cryptés par ordinateur, le réseau est ainsi protégé contre les écoutes pirates ;
— une clé permet de vérifier l'identité de l'émetteur du message ;
— la normalisation des messages supprime les risques - non négligeables - de mauvaise compréhension.

La rapidité est le deuxième avantage du système SWIFT. Le temps de transmission d'un message est très inférieur au délai d'acheminement d'un courrier postal. Et si les communications par télex sont parfois plus rapides, elles sont onéreuses et réservées aux affaires urgentes ou d'un montant important[14].

Au contraire — et c'est là son troisième avantage — le message SWIFT a un coût réduit. Il peut toujours être utilisé, pour autant que le destinataire soit relié au réseau »[15].

---

14. La transmission elle-même du message dure, généralement, quelques secondes. Cette durée est indépendante de la distance à parcourir. Le temps effectif entre l'émission d'un message et sa réception peut être cependant plus élevé vu la fermeture des installations terminales de chaque banque due aux décalages horaires, les différences dans les congés bancaires, les éventuels incidents à l'un ou l'autre endroit du réseau SWIFT et les files d'attente induites par les phénomènes qui viennent d'être évoqués.
15. CREDIT LYONNAIS INTERNATIONAL : Numéro spécial sur le procédé SWIFT.

La fiabilité est la dernière qualité du réseau SWIFT. En raison de sa vocation, les utilisateurs doivent en avoir la disposition 24 heures sur 24 et 7 jours sur 7. Cet objectif est largement réalisé, puisque le taux de disponibilité effective est sensiblement égal à 99,5 %.

Seul inconvénient du procédé SWIFT : il n'est délivré aucun accusé de réception. Ceci implique que le contrôle de la bonne transmission ne peut se faire qu'au travers du contrôle de l'opération elle-même.

*
* *

Le procédé SWIFT est aujourd'hui largement utilisé par les banques pour effectuer des paiements internationaux. Le trafic ne cesse de s'accroître depuis 1977 comme en témoigne le tableau 2. Près de 105 millions de messages furent échangés entre les banques adhérentes pour l'année 1983 dont 7,3 millions pour les seules banques françaises.

Tableau 2
Croissance du trafic dans le réseau SWIFT

	1977	*1978*	*1979*	*1980*	*1981*	*1982*	*1983*
Nombre de messages transmis	3 373	21 378	34 579	47 176	62 575	79 528	104 075
dont banques françaises	ND	671	2 015	3 160	4 603	6 052	7 327
Nombre de messages transmis pendant le « jour de pointe » de l'année	ND	115	144	203	319	382	491

Unité : En milliers.
Source : Banque de France, *op. cit.*, p. 26.

Références

A. — OUVRAGES

BONTOUX C. : *Le crédit documentaire : moyen de paiement et de financement,* Paris, Dunod, 1970.

BOUDINOT A. : *Pratique du crédit documentaire,* Paris, Sirey, 1979.

CAKIROGLU I.S. : *Crédit documentaire : pratique à l'exportation, à l'importation et dans les opérations de négoce*, Paris, Delmas/Masson, 1990.

CURIEN G. : *Le crédit documentaire*, Paris, Dunod, 1986.

EISEMANN F. : *Le crédit documentaire dans le droit et la pratique,* Paris, J. Delmas et Cie., 1963.

EISEMANN F., BONTOUX C. : *Le crédit documentaire dans le commerce extérieur,* Paris, Ed. Jupiter et Ed. Navarre, 1976.

MUKOÏE-OKITUNUNGU : *Le crédit documentaire, instrument de paiement et de financement du commerce international : une analyse Droit-Economie,* Bruxelles, Oyez, 1976.

STOUFFLET J. : *Le crédit documentaire, étude juridique d'un instrument financier du commerce international,* Paris, Librairies Techniques, 1957.

B. — ARTICLES

JASINSKI P. : Crédit documentaire. Applications aux lettres de crédit stand-by des règles et usances, *Banque*, novembre 1988, pp. 1 116-1 120.

GUYOT J.-Ch. : General Electric Information Services. Une offre intégrée pour gérer et contrôler les grands flux financiers, *Bancatique*, janvier 1989, pp. 17-19.

Le lecteur trouvera des informations sur le développement des techniques et pratiques relatives aux moyens de paiement internationaux dans les revues suivantes :

Actualités de la BFCE
Banque
Crédit Lyonnais International
Euromoney
MOCI

C. — AUTRES PUBLICATIONS

ASSOCIATION FRANÇAISE DES TRESORIERS D'ENTREPRISES : *Les moyens de paiement internationaux,* Paris, 1983.

BANQUE DE FRANCE : *SWIFT : Réseau de télétransmission interbancaire international,* Note d'information n° 61, mars 1984.

BANQUE FRANÇAISE DU COMMERCE EXTERIEUR : *Le crédit documentaire,* Paris, 1980.

CENTRE FRANÇAIS DU COMMERCE EXTERIEUR : *Guide des paiements internationaux*, Paris, CFCE, 1986.

CHAMBRE DE COMMERCE ET D'INDUSTRIE DE PARIS : *Guide des opérations de crédit documentaire comprenant les règles et usances uniformes relatives aux crédits documentaires*, Paris, 1985.

CHAMBRE DE COMMERCE INTERNATIONALE : *Formules normalisées pour l'émission de crédits documentaires,* Publication n° 323, Paris, 1978.

CHAMBRE DE COMMERCE INTERNATIONALE : *Règles et usances uniformes relatives aux crédits documentaires,* Publication n° 400, Paris, 1984.

CHAMBRE DE COMMERCE INTERNATIONALE : *Guide des opérations de crédit documentaire,* Publication n° 305, Paris, 1978.

CHAMBRE DE COMMERCE INTERNATIONALE : *Règles et usances uniformes relatives aux crédits documentaires,* Publication n° 290, Paris.

CREDIT SUISSE : *Crédits documentaires. Encaissements documentaires. Garanties bancaires,* Cahiers du Crédit Suisse, n° 69, Zurich, 1982.

MORPAIN J. : *Moyens de paiement internationaux de biens et services : analyse critique,* Université Paris-Dauphine, Mémoire de DESS, octobre 1984.

PUECH J. : *Aspects juridiques et économiques du crédit documentaire,* Université Paris-Dauphine, Cahiers de recherches du troisième cycle, 1984.

QUESTIONS

1. Quelles raisons expliquent le développement du crédit documentaire ?
2. Que sont les règles et usances relatives au crédit documentaire ?
3. Quels sont les différents types de crédit documentaire ?
4. Quelle est la principale différence entre un crédit documentaire irrévocable et un crédit documentaire irrévocable et confirmé ?
5. Le crédit documentaire est-il un moyen de financement des exportations ?
6. Qu'est-ce qu'un connaissement ?
7. Qu'est-ce qu'un billet à ordre ?
8. Qu'est-ce qu'une lettre de change ?
9. Quelles sont les principales composantes du réseau SWIFT ?
10. Quels sont les avantages de SWIFT ?
11. Qu'est-ce qu'un virement bancaire international ?

QUESTIONS A CHOIX MULTIPLES

Question 1

Le crédit documentaire révocable ne peut être amendé ou annulé sans avis ou notification préalable du vendeur.

— vrai .... ☐
— faux .... ☐

Question 2

Le connaissement est un document qui fait la preuve :

— d'un transport par mer .... ☐
— d'un transport par chemin de fer .... ☐
— d'un transport par avion .... ☐

Question 3

SWIFT est un moyen de paiement créé en 1973 par des grandes banques internationales.

— vrai.. ☐
— faux.. ☐

Question 4

Le chèque est un moyen de paiement international sûr et rapide.

— vrai.. ☐
— faux.. ☐

Chapitre 19

LE FINANCEMENT DES EXPORTATIONS*

Le crédit est indispensable au commerce international, car les délais et les conditions de paiement constituent un élément important pour obtenir des contrats, particulièrement sur les marchés des pays de l'Est ou en voie de développement. Les modalités financières sont devenues un élément fondamental et parfois déterminant de l'opération d'exportation, au même titre que la qualité des produits exportés.

Les modalités de crédit diffèrent suivant la durée et la nature des opérations commerciales. Les crédits à court terme, d'une part, à moyen et long terme, d'autre part, sont les principales modalités de financement des exportations. Leur analyse est présentée dans les deux premières sections de ce chapitre. D'autres procédures, moins conventionnelles mais fort appréciées par de nombreux exportateurs, sont regroupées dans une troisième section. Les derniers développements du chapitre évoquent succinctement, dans la quatrième section, les modalités de financement des exportations auxquelles recourent quelques pays étrangers.

Section I — Les crédits à court terme en franc et en devise et le financement des exportations

Ces crédits ont été progressivement mis en place après la seconde guerre mondiale afin d'adapter le système bancaire français aux exigences du com-

* Pour approfondir le contenu de ce chapitre, le lecteur peut se reporter au livre d'exercices corrigés de Yves Simon : *Finance Internationale,* Paris, Economica, 1992, et plus spécialement au chapitre 9 intitulé : Le financement des activités internationales.

merce extérieur. Les crédits en franc ont été créés et développés avec l'aide de la Banque française pour le commerce extérieur (BFCE) et la Compagnie française d'assurance pour le commerce extérieur (COFACE). Ils ont été ultérieurement complétés par des crédits en devises. Les uns et les autres font l'objet d'une présentation détaillée dans les paragraphes qui suivent.

§ 1. Les crédits de préfinancement

Les crédits de préfinancement sont des crédits de trésorerie mobilisables auprès de la Banque de France. Ils sont consentis par les banques afin de permettre aux industriels de financer les besoins courants ou exceptionnels résultant de leur activité exportatrice. Les préfinancements spécialisés doivent être distingués des préfinancements à taux stabilisé.

A. — Les crédits de préfinancement spécialisés

Les préfinancements spécialisés concernent des gros marchés portant sur des matériels fabriqués sur devis, des ensembles clés en main ou des travaux réalisés à l'étranger dont la durée d'exécution est longue. Ils ont pour objectif de couvrir le décalage de trésorerie dû à l'insuffisance des acomptes reçus par l'exportateur à la signature du contrat, ou pendant la période de fabrication, pour couvrir les dépenses de fabrication.

Ces crédits sont accordés aux entreprises qui exportent directement leurs marchandises, mais les sous-traitants peuvent également en bénéficier à hauteur de leur part dans la réalisation du marché.

Le montant du crédit est fonction de la charge de trésorerie supportée par l'exportateur. Il est évalué par un plan de financement mensuel qui recense les acomptes reçus par l'exportateur à la signature du contrat et pendant la période de fabrication et les dépenses occasionnées par la fabrication du produit exporté. Le crédit de préfinancement peut atteindre 100 % du découvert mensuel ainsi déterminé. La durée du crédit correspond à celle du découvert.

Les crédits de préfinancement sont des découverts mobilisables consentis avec accord préalable de la Banque de France. Leur coût est lié au taux de base bancaire, auquel s'ajoutent des commissions bancaires.

Le crédit de préfinancement est remboursé de deux manières différentes. Si l'exportation est financée par un crédit acheteur, le crédit de préfinancement est dénoué par le règlement au comptant de l'acheteur étranger. Dans le cas d'un crédit fournisseur, le crédit de préfinancement est remboursé par la mise en place d'un crédit de mobilisation de créance née à moyen ou long terme.

La COFACE peut garantir les banques contre le risque de fabrication.

B. — Les crédits de préfinancement à taux stabilisé

Les crédits de préfinancement spécialisés ont pour inconvénient d'induire une incertitude quant au montant des frais financiers, du fait de l'instabilité du taux de base bancaire. Depuis le 1er juillet 1971, les exportateurs peuvent éviter cet inconvénient, car ils bénéficient d'un taux stabilisé pour le préfinancement de leurs contrats. Cette procédure leur permet d'inclure dans leur prix de vente des frais financiers fixes, malgré la variation du taux de base bancaire. Le taux d'intérêt s'applique en effet de manière irrévocable pendant toute la durée du préfinancement, quelles que soient les fluctuations ultérieures du taux de base bancaire.

Depuis le 11 août 1976, le bénéfice du taux stabilisé a été ouvert à de nouveaux exportateurs du fait d'une relaxation des critères initialement prévus. Les entreprises peuvent bénéficier d'un taux stabilisé pour le préfinancement de leurs exportations si les conditions suivantes sont remplies :

- pour les entreprises dont le chiffre d'affaires hors taxes est supérieur à 50 millions de francs, le montant du contrat doit excéder un million de francs et le plan de financement doit faire ressortir un découvert pendant un délai minimum de 12 mois ;
- pour les entreprises dont le chiffre d'affaires hors taxes est inférieur à 50 millions de francs, le montant du contrat doit excéder 500 000 francs et le plan de financement doit faire ressortir un découvert pendant un délai minimum de 6 mois ; par ailleurs le découvert le plus élevé doit représenter au moins 2 % du chiffre d'affaires hors taxes de l'entreprise pour l'exercice écoulé.

L'adoption de ces nouveaux critères a pour objectif de favoriser les exportations des petites et moyennes entreprises produisant des biens d'équipement.

Depuis le 14 janvier 1985, le coût des préfinancements à taux stabilisé est égal au taux de base bancaire de la BFCE à la date de signature du contrat, accru des commissions bancaires habituelles. Toute baisse des taux doit cependant bénéficier à l'exportateur et doit lui être répercutée. Le préfinancement à taux stabilisé des contrats de vente de matériel militaire signés à compter du 26 octobre 1984 bénéficie du même taux de stabilisation que les contrats civils.

Les crédits de préfinancement à taux stabilisé sont des découverts mobilisables avec accord préalable de la Banque de France et de la BFCE. Ils sont distribués et financés par les banques qui bénéficient cependant d'un mécanisme de stabilisation des taux géré par la BFCE pour le compte de l'Etat. Cette dernière prend à sa charge la différence entre le taux du préfinancement et le coût des ressources nécessaires au financement des crédits mesuré par le taux du marché monétaire à un an. Ce mécanisme de stabilisation ne concerne toutefois que les exportations destinées aux pays de la catégorie III du Consensus (*cf.* la prochaine section de ce chapitre).

§ 2. Les crédits de mobilisation de créances nées

Ces crédits permettent aux exportateurs français qui ont accordé à leurs partenaires étrangers des délais de paiement inférieurs à 18 mois de recevoir le montant de leur créance dès qu'elle prend naissance. Il leur suffit de mobiliser cette créance auprès d'une banque. Ce crédit peut porter sur l'intégralité de la créance.

Le crédit étant consenti en franc, il est nécessaire de calculer la contre-valeur en monnaie nationale des créances libellées en devises. Le cours de conversion retenu est le cours au comptant à la date de création de l'effet ou le cours à terme dans le cas où l'exportateur se protège contre le risque de change par une vente à terme.

Le remboursement du crédit a normalement lieu à l'échéance de la créance, grâce au rapatriement des fonds versés par l'importateur.

Les modalités administratives sont assez simples : l'exportateur remet à son banquier les documents commerciaux (traites, billets à ordre...) accompagnés d'un effet financier représentant le montant total ou partiel de la créance. Sur cet effet doivent figurer certaines indications concernant la nature de la marchandise, le nom du client, le pays destinataire, le montant de la facture, la date d'expédition et de paiement. Le banquier escompte l'effet financier en l'avalisant s'il s'agit d'un billet à ordre, ou en l'acceptant s'il s'agit d'une traite.

Ces crédits sont réescomptables à la Banque de France avec, dans certains cas, son accord préalable. Les créances à plus de 6 mois ne sont toutefois pas réescomptables auprès de la Banque de France. La mobilisation est réalisée par l'escompte d'effets portant deux signatures : celle du bénéficiaire et celle de la banque commerciale. Le coût est lié au taux de base bancaire auquel s'ajoutent certaines commissions (environ 1 %).

Les créances peuvent être garanties par la COFACE contre le risque de crédit et le risque politique, mais cette garantie n'est pas obligatoire pour mobiliser le crédit consenti par l'exportateur.

§ 3. L'escompte de créances en devise

L'exportateur qui dispose de créances en devise n'est pas obligé de rechercher un crédit en franc. Il peut escompter ses effets auprès d'une banque et obtenir des devises. Cette décision est particulièrement opportune lorsque l'exportateur dispose de créances libellées dans des devises à taux d'intérêt réduit.

§ 4. L'avance en devise

L'avance en devise est une méthode de protection contre le risque de change, comme nous avons déjà eu l'occasion de le préciser[1], mais elle est également et simultanément une technique de financement du commerce international. C'est à ce titre qu'elle est étudiée dans ce chapitre.

L'avance est un prêt en devise consenti, sans autorisation préalable, aux exportateurs qui ne mobilisent pas en franc, auprès de banques françaises, leurs créances sur l'étranger.

L'avance en devise est une opération qui se déroule en trois phases.

- Dans un premier temps, l'exportateur emprunte auprès de son banquier le montant de devises correspondant à la créance qu'il possède sur son

---

1. *Cf.* les développements du chapitre 14, section 2.

client étranger. L'avance en devise est consentie dans la monnaie prévue au contrat commercial ou dans toute autre devise. Si la devise empruntée diffère de la monnaie utilisée dans le contrat commercial, l'exportateur court un risque de change, sauf à s'en couvrir par une procédure adéquate et autorisée. Le terme de l'avance correspond à l'échéance de la créance. Le taux d'intérêt fixé par le banquier est fonction des taux du marché des euro-devises. Cette avance est accordée sur présentation de pièces justificatives permettant d'établir l'expédition et le passage en douane des exportations. De ce fait, les avances en devises ne permettent pas d'assurer le préfinancement des exportations.

- Les devises devant être mises à la disposition de l'emprunteur français, la banque doit les vendre sur le marché des changes au comptant, ce qui permet à l'exportateur de reconstituer sa trésorerie en franc, ou de créditer un compte en devise.
- Le remboursement de l'avance en devise est assuré par les recettes provenant de l'exportation.

Le coût de l'avance comprend deux éléments : le taux d'intérêt en vigueur sur le marché de l'euro-devise, d'une part, les frais constituant la rémunération de la banque, d'autre part.

En tant que moyen de financement, l'avance en devise présente plusieurs avantages.

- Le prêt accordé peut porter sur 100 % de la créance.
- La mise en place de ce crédit est très simple et se fait avec un minimum de formalisme, car il est lié à une opération de caractère commercial et ne peut être réescompté à la Banque de France.
- L'avance en devises est un crédit facile à obtenir.
- Les frais sont inférieurs à ceux d'une mobilisation de créance à l'exportation.
- Les avances en devises ne sont pas soumises à des formalités et autorisations préalables. La banque doit faire un compte rendu à la direction du Trésor dans les 20 jours qui suivent l'utilisation effective du prêt et lors de son remboursement.

Pour ces différentes raisons, l'avance en devise est une opération financière recherchée par les entreprises.

Dans la mesure où l'opération est autorisée par le contrôle des changes, toute entreprise non exportatrice ou toute entreprise exportatrice facturant en monnaie domestique peut recourir à une avance en devises pour obtenir un financement. Mais, à moins de posséder par ailleurs une créance dans la même devise et pour le même terme, ou de se couvrir par une procédure adéquate et autorisée, cette entreprise prend simultanément un risque de change. Il n'est peut-être pas toujours avantageux de s'endetter à 3 % pendant 6 mois si l'entreprise doit subir une moins-value de 15 % lors du remboursement.

Pour que l'avance en devise soit un outil de couverture contre le risque de change, il faut que l'emprunt soit effectué dans la devise de la créance. Si l'avance est mise en place pour satisfaire un besoin de financement indépendant de la couverture contre le risque de change, et si la réglementation ne l'interdit pas, rien ne s'oppose à ce que la devise empruntée diffère de celle de la créance. L'exportateur est, dans ces conditions, exposé à un double risque de change.

§ 5. L'escompte d'acceptations bancaires

Une acceptation bancaire est un effet tiré par un exportateur sur une banque. C'est un engagement irrévocable, signé par un établissement de crédit, de payer l'effet à son échéance. Le taux d'escompte appliqué aux acceptations bancaires est en général inférieur au taux d'escompte appliqué aux créances du fait de la garantie de paiement apportée par la banque.

§ 6. Les financements spécialisés offerts par les export finance houses et les confirming houses

A Londres ont été développées certaines techniques de financement à court terme des exportations que l'on ne trouve pratiquement sur aucune autre place financière. Ces modalités sont offertes par des institutions financières spécialisées que sont les *export finance houses* et les *confirming houses*. Bien qu'il s'agisse de techniques typiquement britanniques, il est tout à fait possible aux entreprises françaises d'y avoir recours, en particulier si elles effectuent des exportations libellées en livre sterling ou en dollar.

La technique utilisée par les *export finance houses* est dans son principe identique à celle du crédit acheteur retenue par les exportateurs français pour le financement des crédits à moyen et long terme. Elle consiste à payer comptant l'exportateur et à accorder un délai de paiement à court terme à l'importateur. Les *export finance houses* sont généralement des filiales spécialisées des grandes banques britanniques.

Les *confirming houses* sont des institutions chargées de représenter les exportateurs non britanniques pour l'obtention d'un financement délivré par les *export finance houses*. C'est donc à l'une d'entre elles que doit s'adresser un exportateur français souhaitant bénéficier d'un financement offert par une *export finance house*.

§ 7. Les crédits de trésorerie spécialisés

Les exportateurs français peuvent trouver auprès des banques certains crédits spécialisés. Leur objectif est de faciliter la recherche de nouveaux débouchés : ce sont les crédits prospection ; d'améliorer la rapidité des livraisons : ce sont les crédits destinés à financer les stocks à l'étranger ; de pallier une charge de trésorerie en cas de sinistre couvert par l'assurance crédit : ce sont les crédits de mobilisation des indemnités de sinistre dues par la COFACE.

Ces crédits mobilisables auprès de la Banque de France prennent la forme de billets émis par le bénéficiaire à l'ordre de son banquier et escomptés par ce dernier.

Le coût de ces crédits est fonction du taux de base bancaire auquel s'ajoutent des commissions bancaires.

A. — Les crédits prospection

L'exportateur qui souscrit un contrat d'assurance prospection auprès de la COFACE peut bénéficier d'un crédit de trésorerie mobilisable pour l'aider à financer les frais engagés dans le cadre de cette campagne de prospection à l'étranger.

Le crédit peut couvrir l'intégralité du budget de prospection, mais l'accord de mobilisation ne dépasse pas l'indemnité maximum susceptible d'être versée par la COFACE.

La durée du crédit est d'un an renouvelable, dans la limite des exercices couverts par la COFACE. Elle est au plus égale à la période s'étendant jusqu'à la date de liquidation du compte de pertes et profits prévue par le contrat de la COFACE.

B. — Les financements de stocks détenus par les exportateurs à l'étranger

Les stocks de biens d'équipement détenus à l'étranger par une entreprise exportatrice peuvent être financés par un crédit de trésorerie à condition qu'ils demeurent la propriété directe de l'exportateur et qu'ils soient en rapport avec le volume d'activité à l'exportation du bénéficiaire du crédit[2].

Le montant de ces crédits est fonction des besoins financiers de l'entreprise et de la valeur des stocks détenus à l'étranger. La durée du crédit est d'un an renouvelable. Le coût de ce financement est fonction du taux de base bancaire auquel s'ajoutent diverses commissions.

Cette procédure ancienne, puisqu'elle remonte à une décision prise le 12 juin 1967 par la Banque de France, a été complétée pour permettre un financement en devises.

Depuis le 18 août 1976 et après accord préalable, la direction du Trésor autorise les exportateurs « à contracter des avances en devises pour financer des stocks constitués à l'étranger de produits finis, de biens de consommation ou de biens d'équipement légers destinés à être vendus sur les marchés extérieurs »[3]. Le coût de ces avances est fonction du taux sur le marché de l'euro-devise majoré d'un *spread* représentant la rémunération de la banque.

Bien que son intervention ne soit pas obligatoire pour l'obtention de ces crédits, la COFACE peut délivrer une garantie pour la couverture du risque politique ou catastrophique sur les stocks à l'étranger. Cette garantie est concrétisée par des avenants aux polices GCP, BE et EA (ex BI)[4].

Plusieurs banques françaises, sous l'impulsion de la Fédération des industries mécaniques, électriques et transformatrices de métaux, ont créé en février 1978 la Compagnie pour le financement des stocks à l'étranger (COFISE) afin de faciliter le financement en franc français ou en devises des « stocks de biens d'équipement à faible risque d'obsolescence et de biens

---

2. Les développements de ce sous-paragraphe s'inspirent de l'article de C. CAMIZULI, Le financement des stocks à l'étranger, *ACCOMEX*, novembre 1983, pp. 21-27.
3. C. CAMIZULI, *op. cit.*
4. Le lecteur trouvera des informations complémentaires sur ces différences polices offertes par la COFACE au chapitre 15.

de consommation durable se situant hors de France et pouvant faire l'objet de ventes répétitives, vendus à l'unité ou par lots (minimum de 100 000 francs) »[5].

Le financement repose sur le principe du réméré, c'est-à-dire de la vente avec promesse de rachat. La COFISE achète au comptant, en franc ou en devises, au fournisseur français, les matériels préalablement déposés en consignation à l'étranger contre la promesse de l'exportateur initial de racheter les matériels dès qu'un acheteur non résident aura été trouvé. Le Crédit d'équipement des petites et moyennes entreprises (CEPME) couvre le risque que fait courir à la COFISE la défaillance éventuelle du fabricant. Le CEPME bénéficie lui-même de la garantie d'une société de caution mutuelle : la Caisse de garantie des industries mécaniques et transformatrices de métaux.

La durée du financement est de 6 mois renouvelable deux fois. La quotité financée représente au maximum 90 % du prix de facturation CAF. L'exportateur doit assurer la conservation et l'entretien des biens d'équipement pendant la durée du stockage.

Pour les opérations en franc français, le coût du financement est égal au taux des crédits de préfinancement à taux stabilisé auquel s'ajoutent des frais de l'ordre de 3 à 3,5 % représentant les commissions revenant à la COFISE, au CEPME et à la société de caution mutuelle. Pour les opérations en devises, le taux est fonction du taux de l'euro-marché auquel s'ajoutent les frais précédemment évoqués.

C. — Les crédits de mobilisation des indemnités de sinistre dues par la COFACE

Lorsque l'un des risques garantis par la COFACE vient à se produire, l'exportateur doit faire une déclaration de sinistre ou de menace de sinistre à cet établissement. Si ce dernier se reconnaît débiteur, il verse l'indemnité correspondant à l'issue d'une période dont la durée, variable, est décomptée soit de la date de déclaration par l'exportateur, soit de la date du sinistre. Ce délai peut entraîner de lourdes charges de trésorerie. Pour y remédier, la Banque de France accepte de mobiliser l'indemnité due par la COFACE sous la forme d'un crédit de trésorerie, d'une durée généralement calquée sur les délais de règlement de cet organisme, à condition qu'il s'agisse d'un sinistre de crédit afférent à un marché payable à moyen ou long terme pour lequel un crédit de mobilisation de créance née est en cours de validité.

Pour les autres catégories de sinistres, en particulier les sinistres de crédits afférents à un marché payable à court terme, l'intervention de la Banque de France est réservée aux entreprises pour lesquelles les délais de règlement imposés par la COFACE occasionnent une lourde charge de trésorerie, tant en montant relatif qu'en durée.

5. C. CAMIZULI, *op. cit.*

Section II — Les crédits à moyen et long terme en franc et en devise et le financement des exportations

Les exportations de biens d'équipement exigent la délivrance de crédits supérieurs à 18 mois. Il n'est pas rare que certains crédits atteignent plus de 10 ans. Accorder de tels financements est une nécessité pour exporter mais cette pratique pose aux entreprises de délicats problèmes de trésorerie. C'est pourquoi les pouvoirs publics ont mis en place, dès 1951, des mécanismes de financement spécifiques et particulièrement complexes faisant intervenir le banquier de l'exportateur, la COFACE, la BFCE et la Banque de France.

Depuis le 8 octobre 1985 — et contrairement à la pratique antérieure — l'intervention de la COFACE n'est plus obligatoire. Dans les faits, elle continue à jouer le rôle traditionnel qui était le sien avant cette date pour les exportations à destination des pays à risque politique important. La suppression de l'obligation de garantie de la COFACE réduit, en revanche, le coût de financement des exportations à destination des pays solvables et à faible risque politique.

Les décisions prises par le ministre de l'Economie, des Finances et du Budget le 24 décembre 1985 et le 29 janvier 1986 ont conduit à un très net désengagement de la Banque de France et de la BFCE dans le mécanisme de financement et de refinancement des crédits à moyen terme et long terme à l'exportation.

Ces mesures visaient à réduire au maximum le coût budgétaire du financement des exportations[6], à supprimer les anciens mécanismes de financement, trop automatiques et tout imprégnés de lourdeur administrative, et à développer les financements aux conditions du marché.

Ces crédits à moyen et long terme permettent de financer des exportations aussi diverses que des usines clés en main, des chantiers de travaux publics (métro de Caracas, université de Riyadh), des navires, des avions, des équipements intéressant l'industrie automobile ou l'exploration et l'équipement pétrolier.

§ 1. Les caractéristiques des crédits à moyen terme et long terme

Le crédit fournisseur et le crédit acheteur sont les deux modalités de financement retenues.

A. — Le crédit fournisseur

Le crédit fournisseur est un crédit bancaire accordé à l'exportateur français (d'où son nom de crédit fournisseur) qui a consenti un délai de paiement à son partenaire étranger.

---

6. Cet objectif est parfaitement atteint, car les charges de bonification sur les crédits à l'exportation qui atteignaient 13,2 milliards de francs en 1982 ne pesaient plus que 2,3 milliards en 1988. *Cf.* Ph. SERAIN, Financements et garanties des grands contrats à l'exportation, *Les notes bleues du ministère de l'Economie, des Finances et du Budget*, 5 février 1990, p. 11.

Ce crédit permet à l'exportateur d'escompter sa créance et d'encaisser, au moment de la livraison partielle ou totale de l'exportation, le montant des sommes qui lui sont dues par l'acheteur étranger.

La situation est relativement simple à schématiser. Le fournisseur consent lui-même un crédit à son partenaire étranger. Il accepte de ne recevoir qu'une fraction du prix correspondant à son exportation. Il doit en conséquence obtenir de son banquier un crédit en attendant de récupérer les sommes dues par son client étranger.

Pour bénéficier d'un crédit fournisseur, la créance doit être supérieure à 18 mois. Si elle est inférieure à 7 ans, il s'agit d'un crédit à moyen terme. Si elle est supérieure à 7 ans, il s'agit d'un financement à long terme.

Depuis octobre 1975, les crédits fournisseurs peuvent bénéficier de la procédure des paiements progressifs. Grâce à elle, l'exportateur mobilise des créances sans attendre la fin de l'exécution de ses obligations contractuelles. Ces créances, nées du fait de l'exécution partielle du contrat, correspondent à des livraisons partielles.

Il est possible que le contrat commercial prévoit des paiements progressifs sans livraisons partielles. Deux conditions sont requises pour en bénéficier : le contrat doit être supérieur à un million de francs et la durée d'exécution supérieure à 9 mois[7].

B. — Le crédit acheteur

Le crédit acheteur est un financement directement consenti à l'acheteur étranger par une banque française ou un pool bancaire, afin de permettre à l'importateur de payer comptant le fournisseur français.

Les procédures du crédit acheteur ont été instituées en 1965 et mises en place en 1966. Le principe général est de déplacer le crédit du fournisseur vers l'acheteur étranger.

Dans le crédit fournisseur, l'exportateur français consent le crédit à l'acheteur étranger, s'occupe de la mobilisation de la créance auprès de son banquier et supporte le financement d'une fraction du crédit — généralement 10 % — non garantie par la COFACE. La charge de trésorerie qui en résulte peut s'avérer lourde pour les entreprises fortement exportatrices, au point de mettre en cause leur équilibre financier.

Le crédit acheteur, au contraire, permet à l'exportateur de s'exonérer totalement de ces contraintes, puisqu'il est réglé comptant par l'importateur étranger qui utilise lui-même un crédit spécifique accordé par les banques françaises.

En raison des avantages qui lui étaient attachés, le crédit acheteur avait d'abord été réservé aux contrats supérieurs à 25 millions de francs assortis de délais de règlement d'au moins sept ans. Cette restriction fut par la suite supprimée.

---

7. La durée doit être supérieure à 9 mois pour les contrats comportant une seule livraison, et supérieure à 12 mois pour des contrats prévoyant des livraisons échelonnées à condition que la première se produise après un délai supérieur à 6 mois.

Lorsqu'une exportation est financée par un crédit acheteur, deux contrats distincts et autonomes sont signés.

Le contrat commercial définit les obligations du vendeur et de l'acheteur et prévoit précisément les modalités du paiement comptant du vendeur par l'acheteur.

Le contrat de crédit permet aux banques de mettre à la disposition de l'acheteur, en temps utile et sous certaines conditions, les sommes nécessaires au respect des engagements de l'acheteur de payer comptant.

La présence de ces deux contrats a pour corollaire l'existence de deux polices d'assurance[8]. La police risque de fabrication assure, avec une quotité de 90 % maximum, le fournisseur au titre du contrat commercial contre le risque d'interruption du fait de l'acheteur. La police risque de crédit assure, avec une quotité de 95 %, les banques contre les manquements possibles de l'emprunteur à ses engagements de remboursement[9].

Le contrat commercial prévoit expressément les modalités de paiement du vendeur par l'acheteur. Le paiement doit être comptant, mais cette obligation n'implique pas qu'il soit unique.

Les paiements peuvent être progressifs et s'échelonner au fur et à mesure de la réalisation par l'exportateur d'une partie de ses obligations contractuelles (une étape dans l'avancement des travaux). Chaque livraison partielle donne lieu au versement d'une partie du montant total.

Le crédit acheteur n'a atteint son plein développement qu'en 1971. Jusqu'en 1978, l'encours global du crédit acheteur était inférieur à celui du crédit fournisseur. Depuis 1979, le crédit acheteur est plus utilisé que le crédit fournisseur. Ce succès prouve que le mode de financement répond bien aux besoins des exportateurs français.

Il les libère en effet de la négociation et de la charge du crédit, tout en leur permettant d'être au niveau des conditions de la concurrence internationale. Il leur apporte, de plus, une sécurité considérable en les soulageant de tout risque ne naissant pas de leur faute prouvée. Dernier avantage : en supprimant les créances sur l'importateur étranger, le crédit acheteur allège d'autant le bilan de l'exportateur.

En contrepartie de ces avantages, la minutie et la rigueur du montage sont un obstacle qui rebute parfois le vendeur. La double négociation (contrat de crédit et contrat commercial) doit être bien synchronisée et reste plus longue que celle d'une opération montée en crédit fournisseur.

C. — La comparaison du crédit fournisseur et du crédit acheteur

Avec un crédit fournisseur, l'exportateur demeure au centre de l'opération. Cette situation présente des inconvénients et des avantages.

En cas d'impayé, l'exportateur reste débiteur des banques. Il doit, selon les règles habituelles du droit cambiaire, rembourser le banquier à qui il

---

8. Dans le cas, bien évident, où la COFACE intervient dans le montage, ce qui n'est plus obligatoire depuis les réformes de 1985-1986.
9. La COFACE peut délivrer des garanties aux banques et aux établissements financiers non résidents depuis le 5 novembre 1985, ce qui était impossible avant cette date.

a remis sa créance en escompte. S'il est assuré, il peut se retourner vers la COFACE pour obtenir le remboursement de la partie assurée. Ce remboursement n'a cependant lieu qu'après un délai minimum de 6 mois[10].

En revanche, et c'est un avantage, l'exportateur bénéficie avec le crédit fournisseur d'une grande liberté de manœuvre puisqu'il est seul à négocier face à l'acheteur.

La double négociation d'un contrat de crédit et d'un contrat commercial qu'implique un crédit acheteur n'est pas toujours jugée satisfaisante par l'importateur. Ce dernier préfère, parfois, avoir en face de lui un fournisseur avec lequel il peut négocier toutes les conditions de l'opération, plutôt que deux négociateurs.

Pour les banques, le coût de gestion plus élevé du crédit acheteur peut les détourner des petits marchés, inférieurs à quelques millions de francs. Par ailleurs, le fait que 5 % du risque restent à leur charge (sans qu'elles aient le droit de les faire supporter par un tiers ou par l'exportateur) peut les amener à limiter leur participation sur certains acheteurs ou certains pays.

Le crédit fournisseur et le crédit acheteur sont des modalités plus complémentaires que rivales. Le premier est adapté aux opérations de moyenne importance, le plus souvent à moyen terme. Le second s'applique particulièrement bien au financement à long terme de gros contrats d'une durée d'exécution généralement longue. Naturellement, des conditions particulières peuvent modifier cette distinction assez grossière.

En général, les banques préfèrent la formule du crédit acheteur, car elles peuvent collaborer étroitement avec leurs clients et renforcer la position des exportateurs dans leurs négociations avec les acheteurs étrangers. L'intérêt du banquier s'explique également par la plus grande rentabilité du crédit acheteur, sous réserve que le montant financé dépasse un certain seuil, variable au demeurant suivant la durée des négociations, la complexité du contrat, le nombre de déplacements, le montant des frais, etc.

§ 2. Le taux des crédits à moyen et long terme et le Consensus de l'OCDE

La nécessité pour les pays occidentaux, depuis le début de la décennie 1970, d'accroître leurs ventes à l'étranger a conduit à une redoutable et sévère concurrence sur les conditions financières des exportations et les modalités de paiement offertes aux acheteurs étrangers. Cette concurrence explique que les pouvoirs publics ont cherché à favoriser les exportations de leurs pays par tous les moyens et sont intervenus dans les procédures de financement pour en réduire le coût.

Toutefois, pour éviter une escalade des conditions de crédit et un accroissement des subventions publiques, pour freiner une concurrence risquant de déboucher sur des pratiques proches du *dumping* dans le domaine des conditions de crédit et d'assurance, certains pays industrialisés ont signé en juillet 1976 un accord informel relatif aux crédits à l'exportation béné-

10. L'ampleur de ces délais justifie la mise en place des crédits de mobilisation des indemnités de sinistre dues par la COFACE présentés à la section précédente.

ficiant d'un soutien public. Cet accord fixe les taux d'intérêt minima, les délais maxima de remboursement, le montant minimum des versements au comptant et le montant maximum des dépenses locales susceptibles d'être financées par des crédits à l'exportation bénéficiant d'un soutien public. Ce premier accord fut signé par la France, l'Allemagne, le Royaume-Uni, l'Italie, les Etats-Unis et le Japon.

Le 1er avril 1978, ces dispositions ont été officialisées et incorporées dans un « arrangement » relatif à des lignes directrices pour les crédits à l'exportation bénéficiant d'un soutien public, auquel participaient tous les pays membres de l'OCDE, à l'exception de l'Islande et de la Turquie. Cet arrangement est un *gentleman's agreement* et non pas un traité en bonne et due forme. Si un participant a l'intention d'accorder un crédit à des conditions plus favorables que celles prévues, il doit en donner notification préalable aux autres participants, explications à l'appui.

Cet arrangement connu sous le nom de Consensus de l'OCDE s'applique aux entreprises qui utilisent des financements à l'exportation supérieur à deux ans bénéficiant d'un soutien public, et à celles qui contractent une assurance crédit accordée pour le compte de l'Etat ou avec le soutien des pouvoirs publics.

Le Consensus est aujourd'hui beaucoup moins important qu'en 1978, car le soutien public au financement des exportations s'est nettement réduit sous l'action de deux facteurs : la baisse des taux d'intérêt consécutive à la maîtrise de l'inflation, d'une part, l'extension d'une philosophie générale favorable à une régulation des conditions du crédit par les mécanismes du marché, d'autre part. Par ailleurs l'ampleur des déficits budgétaires a contribué à abaisser le montant des subventions destinées à réduire le coût du financement des exportations.

Les signataires du Consensus se sont mis d'accord en 1978 sur quatre points.

- Les versements au comptant au titre des acomptes effectués par l'importateur doivent représenter au moins 15 % de la valeur de l'exportation.
- Le financement des dépenses locales n'est pas autorisé pour les exportations destinées aux pays riches ; pour les pays intermédiaires et les pays pauvres (voir plus loin la signification de ces expressions), le financement des dépenses locales est limité au montant des acomptes versés comptant par l'importateur.
- Les crédits accordés par les exportateurs doivent être inférieurs à 8,5 ans pour les exportations à destination des pays riches et intermédiaires et inférieurs à 10 ans pour les pays pauvres.
- Les taux d'intérêt sur les crédits accordés par les exportateurs doivent respecter des minima variables en fonction du pays destinataire de l'exportation et de la durée du crédit.

La première grille du Consensus reproduite au tableau 2 résume l'ensemble des conditions que les pays signataires s'étaient engagés à respecter.

Tableau 2
Principales dispositions du Consensus à la date d'avril 1978

Catégorie de pays	*Versement au comptant minimum**	*Financement des dépenses locales**	*Durée du crédit*		
			2 à 5 ans	*5 à 8,5 ans*	*8,5 à 10 ans*
Pays riches	15 %	Non autorisé	7,75 %	8,00 %	Non autorisé
Pays intermédiaires	15 %	15 %	7,25 %	7,75 %	Non autorisé
Pays pauvres	15 %	15 %	7,25 %	7,50 %	7,50 %

* Les chiffres se rapportent à la valeur de l'exportation.

Le taux d'intérêt, la durée maximale des crédits et le pourcentage minimum de paiement comptant varient selon la classification des pays bénéficiaires ventilés en trois catégories selon un critère de PNB par habitant. Une quarantaine de pays riches et industrialisés constituent la première catégorie. La deuxième regroupe environ 70 pays intermédiaires. La troisième catégorie regroupe les pays pauvres éligibles aux financements de la Banque Mondiale et de l'Agence Internationale pour le Développement.

Le Consensus a été révisé à plusieurs reprises depuis 1976, chaque fois après de laborieuses négociations. Pour faciliter les révisions, le dernier arrangement négocié, entré en vigueur le 15 octobre 1983, avait prévu un mécanisme automatique de réajustement semestriel des taux. « Cette révision systématique se fait à partir d'un système d'indexation sur la moyenne des taux de rendement des obligations publiques dans cinq monnaies : dollar américain, deutsche mark, yen, livre sterling et franc français, pondérées par leur poids respectif dans les droits de tirages spéciaux. A partir d'une référence de mai 1983, les comparaisons sont faites le 15 janvier et le 15 juillet de chaque année, en fonction des moyennes de décembre et de juin, avec un seuil d'application de 0,50 point »[11].

En mai 1983, le taux de référence s'établissait à 10,1 %. Le 15 janvier 1984, la moyenne des taux de rendement des obligations publiques s'élevait à 10,5 %. La différence avec la moyenne de mai étant inférieure à 0,5 %, les taux du Consensus ne furent pas modifiés. Le 15 juillet 1984, en revanche, la moyenne des taux de rendement des obligations publiques atteignait 11,3 %. La différence de 1,2 % avec la moyenne de mai 1983 fut immédiatement répercutée sur les taux des crédits à l'exportation, quelles que soient la durée du crédit et la catégorie du pays de l'acheteur. C'est le taux de 11,3 % qui a servi de référence au 15 janvier 1985 pour réajuster les taux du Consensus.

En juillet 1988, les pays de l'OCDE décidèrent de supprimer les taux relatifs aux pays de la catégorie 1. Le tableau 3 reproduit la matrice des taux en vigueur au 15 janvier 1990, en fonction de la catégorie de pays bénéficiaires et de la durée des crédits accordés. Comparée à celle d'avril 1978, on constate que la simplification n'est pas un vain mot et que les règles du Consensus ont perdu beaucoup de leur importance et de leur impact.

11. BFCE, *Rapport annuel,* 1983, p. 11.

Tableau 3
Les taux du Consensus au 15 janvier 1990

Catégorie de pays	*Durée*	
	2 à 5 ans	*supérieure à 5 ans*
• Pays intermédiaires : catégorie 2	9,15	9,65
• Pays pauvres : catégorie 3	8,30	8,30

Quel que soit le pays, tous les crédits à moyen et long terme bénéficiant d'un soutien public destiné à favoriser les exportations devraient respecter les taux de la matrice du Consensus. La réalité est en fait légèrement plus complexe.

Du fait de l'évolution divergente des taux d'intérêt dans les différentes devises, certains pays se trouvèrent pénalisés, car les taux qu'ils devaient respecter pour le financement de leurs exportations étaient supérieurs à leurs taux d'intérêt nationaux. Ceci a conduit les experts de l'OCDE à calculer des « taux de référence sur crédits domestiques » plus connus dans la terminologie du Consensus sous leur dénomination anglaise : *Commercial Interest Reference Rates* (CIRR).

Pour chaque devise, le CIRR est défini selon des règles précisées par le Consensus. Il équivaut au taux d'un crédit purement commercial qu'une banque du pays de la monnaie considérée peut offrir pour un crédit libellé dans cette monnaie.

Bien que, pour certains pays, les taux des crédits à l'exportation soient inférieurs à ceux de la matrice du Consensus, l'Etat peut continuer à leur apporter un soutien public. La condition requise pour justifier et perpétuer une telle situation est que les taux de ces crédits ne deviennent pas inférieurs au CIRR de la devise du pays. Cette disposition ne joue, en fait, que pour les monnaies à faible taux d'intérêt.

En résumé, le Consensus de l'OCDE a défini un double système : en premier lieu, un ensemble de taux minima applicable aux crédits à l'exportation dont le financement bénéficie d'un soutien public — ce sont les taux de la matrice ; en deuxième lieu un ensemble de taux de référence sur crédits domestiques — ce sont les CIRR. Précisons, pour conclure ce paragraphe, que les règles du Consensus ne s'appliquent pas aux échanges entre les pays membres de la CEE, car la réglementation européenne interdit toute aide ou subvention de l'Etat dans le financement des exportations destinées à un autre pays de la CEE.

Les règles du Consensus s'appliquent à toutes les exportations à l'exception des équipements militaires et des produits agricoles. Des conditions particulières sont toutefois prévues pour les avions, les centrales nucléaires, les navires et les centrales électriques conventionnelles. Des modalités spécifiques ont été également prévues pour les crédits mixtes (qui associent une aide au développement aux crédits à l'exportation), les crédits supérieurs à 5 ans et ceux qui s'écartent des normes adoptées par les pays membres du Consensus.

A titre d'illustration, sont reproduites dans les lignes qui suivent les principales dispositions de l'accord sur le financement des avions. Cet accord complète le Consensus général de l'OCDE et réglemente le financement et le leasing à l'exportation des avions et des hélicoptères au moyen de crédits subventionnés. Cet accord distingue deux catégories d'avions : les gros aéronefs et les avions de petite ou moyenne dimension, y compris les hélicoptères et les avions à hélice.

L'accord le plus important concerne les gros avions — *large aircraft sector understanding*. Il fut négocié en 1985 entre les Etats-Unis et les pays de la Communauté Economique Européenne et mis en œuvre le 10 mars 1986. Les différents avions sont classés en trois catégories dites A, B, C, déterminées en fonction de la puissance des moteurs, la taille des avions et le nombre de sièges. La réglementation de l'OCDE concerne le versement des acomptes, la durée du crédit et les modalités de financement. Elle ne distingue pas les pays acheteurs en fonction du revenu par habitant. Les principales dispositions de cet accord sont au nombre de six.

- Les acomptes doivent représenter 15 % du prix de l'avion, quelle que soit la catégorie à laquelle est rattaché l'aéronef.
- La durée du crédit varie selon la catégorie à laquelle est rattaché l'avion. Elle était en 1986 de :
  — 10 ans pour les plus gros porteurs, ceux de la catégorie A,
  — 7 ans pour les avions de taille moyenne, ceux de la catégorie B,
  — 5 ans pour les avions de petite taille, ceux de la catégorie C.

Les constructeurs estimaient qu'une durée de crédit limitée à 10 ans était trop courte. Ils ont réussi à l'allonger jusqu'à 12 ans.

- Des conditions de paiement plus avantageuses peuvent être accordées, mais elles doivent être notifiées aux différents pays participant à l'accord.
- Une fois versé l'acompte de 15 %, l'acheteur utilisant des crédits publics subventionnés à taux d'intérêt fixe a le choix entre deux modalités de financement :
  — soit le financement représente au maximum 42,5 % du financement total, le solde étant assuré par des crédits commerciaux au taux du marché,
  — soit le financement par des crédits publics subventionnés à taux fixe représente au maximum 62,5 % de l'ensemble du financement, le solde étant assuré par des crédits commerciaux au taux du marché.

S'il retient la première hypothèse, l'acheteur rembourse dans un premier temps le crédit commercial. S'il retient la deuxième hypothèse, il doit rembourser simultanément le crédit commercial et le crédit public subventionné.

- Les taux d'intérêt de référence pour les crédits publics sont les rendements à 10 ans des titres publics de chacune des devises pouvant être utilisées dans une opération de financement auxquels s'ajoute :
  — une prime de 1,20 % pour les crédits à 10 ans,
  — une prime de 1,75 % pour les crédits à 12 ans,

Ces primes sont susceptibles d'être aménagées.

Les taux des crédits publics sont réexaminés toutes les deux semaines et réajustés dès que les taux de référence (ceux des obligations publiques à

10 ans d'échéance) varient de 0,1 % (le réajustement se fait tous les six mois pour l'accord général du Consensus).

- L'accord sur les gros porteurs *(large aircraft sector understanding)* est réactualisé tous les ans.

§ 3. Les différents crédits à moyen terme et à long terme

Jusqu'au début de l'année 1986, pratiquement tous les crédits à moyen et long terme bénéficiaient d'un soutien public au titre du financement ou des garanties. Tel n'est plus aujourd'hui le cas. Depuis le 15 janvier 1986, les banques ont en effet l'entière responsabilité du financement des crédits destinés à financer les exportations vers les pays de la catégorie 1 du Consensus, quelle que soit la durée, y compris donc pour les crédits à plus de 7 ans. Ces financements peuvent se faire à taux fixe ou variable à l'aide de ressources en franc qu'elles se procurent librement sur le marché. La Banque de France et la BFCE n'interviennent pas dans le financement des crédits à l'exportation. De ce fait, les banques sont conduites à accorder des crédits aux conditions du marché en bénéficiant éventuellement d'une garantie de la COFACE, mais sans aucun soutien des pouvoirs publics en matière de taux. Il est toutefois prévu que la BFCE peut intervenir, avec le soutien de l'Etat, au profit d'un exportateur, lorsqu'une banque ne peut s'engager sur un taux d'intérêt inférieur ou égal aux taux du Consensus.

Les mesures arrêtées le 29 janvier 1986 par le ministre de l'Economie ont modifié les conditions de financement des crédits à moyen terme à l'exportation consentis sur les pays des catégories 2 et 3 du Consensus. Les banques doivent consentir les crédits aux taux du Consensus sans que la Banque de France intervienne dans leur financement. Les banques bénéficient cependant d'un mécanisme de stabilisation des taux géré par la BFCE pour le compte de l'Etat. Cette dernière prend à sa charge la différence entre les taux fixés par le Consensus et le coût des ressources nécessaires au financement des crédits. Ce coût est mesuré forfaitairement par un indicateur composé par tiers du taux du marché monétaire à un an, du taux du marché monétaire à cinq ans et du rendement à l'émission des emprunts du secteur concurrentiel sur le marché obligataire (TMO deuxième catégorie). Pour les prêts à long terme, la BFCE continue à assurer le financement des échéances situées au-delà de la septième année, comme c'était le cas avant les décisions prises en 1986. Pour ce faire, elle refinance les banques dans le cadre d'un crédit fournisseur ou procède par financement direct dans le cadre d'un crédit acheteur.

Il existe dorénavant trois types de crédit à moyen et long terme destinés au financement des exportations françaises :

- des crédits sans garantie COFACE et sans soutien public au financement,
- des crédits avec garantie COFACE et sans soutien public au financement,
- des crédits avec garantie COFACE et avec soutien public au financement.

A. — Les crédits sans garantie COFACE et sans soutien public au financement

Ces crédits — acheteurs ou fournisseurs — sont extrêmement souples : la durée, les conditions de remboursement, la quotité finançable et les autres modalités sont librement déterminées par la banque et l'emprunteur. Le niveau des taux d'intérêt, librement déterminé, lui aussi, par la banque et l'emprunteur, dépend uniquement des conditions du marché. Il peut s'agir de taux fixes, de taux révisables ou de taux variables. Le financement de ces crédits peut se faire en franc ou en devise.

Eu égard à la nature du risque lié à ce type de crédit et à la compétitivité des taux d'intérêt français par rapport à ceux du Consensus, ces crédits sont normalement destinés au financement des exportations vers les pays de la catégorie1 du Consensus et, au cas par cas, vers les pays de la catégorie 2.

B. — Les crédits avec garantie COFACE et sans soutien public au financement

Les caractéristiques de ces crédits, qu'il s'agisse de la durée, des modalités de remboursement, de la quotité finançable, etc... sont définies par la Commission des garanties. Les taux, en revanche, sont librement déterminés par la banque et le bénéficiaire du crédit. Ils peuvent être, suivant les cas et les possibilités offertes par le marché, des taux fixes, des taux révisables ou des taux variables. Tout dépend des formules acceptées par les deux parties. Le niveau de ces taux dépend, dans tous les cas, des conditions du marché.

Ces crédits sont garantis par la COFACE à hauteur de 90 % pour la couverture du risque politique et de 85 % pour la couverture du risque commercial en crédit fournisseur (l'assuré est alors l'exportateur) et à hauteur de 95 % en crédit acheteur (l'assuré est alors la banque).

En théorie, ces crédits à l'exportation en « garantie pure » peuvent être consentis à tout emprunteur, quelle que soit la catégorie du Consensus à laquelle appartient le pays de destination. En pratique, pour les crédits en franc, la comparaison des conditions du marché et des taux du Consensus en limite l'emploi aux pays de la catégorie 1.

C. — Les crédits avec garantie COFACE et avec soutien public au financement

Ces crédits représentaient avant 1986 la quasi-totalité du financement à moyen et long terme des exportations françaises.

Les caractéristiques de ces crédits, qu'il s'agisse de la durée, des modalités de remboursement, de la quotité finançable etc... sont définies par la Commission des garanties en conformité avec les règles internationales et en particulier celles du Consensus.

Ces crédits sont garantis par la COFACE à hauteur de 90 % pour la couverture du risque politique et de 85 % pour la couverture du risque commercial en crédit fournisseur et à hauteur de 95 % en crédit acheteur.

Ces crédits export à moyen et long terme avec soutien public au financement peuvent être des crédits acheteurs ou des crédits fournisseurs. Ils peuvent être financés en franc ou en devise.

Les crédits en franc bénéficient de la procédure publique de stabilisation des taux d'intérêt qui permet de proposer, dès le stade de l'offre, un taux fixe défini par l'Administration. Ces taux administrés sont fixés par un ensemble de règles nationales et internationales. L'Administration retient soit le taux fixé par le Consensus, soit le taux spécifique de l'accord sectoriel concerné (construction navale, aéronautique, centrale nucléaire), soit le taux de base bancaire de la BFCE, soit tout autre taux particulier qui serait supérieur aux taux précédemment mentionnés. Pour la partie long terme, celle qui est supérieure à 7 ans, la BFCE finance directement les banques (crédit acheteur) ou les refinance (crédit fournisseur).

D. — Les crédits à moyen et long terme en devise

Les crédits à moyen et long terme destinés au financement des exportations françaises autorisent tous un financement en devise. Ces crédits, institués en décembre 1981 afin de permettre aux entreprises françaises de renforcer leur position concurrentielle[12], présentent certaines spécificités qui méritent d'être soulignées.

Cette procédure, gérée par la BFCE, reprend les mécanismes des crédits acheteur et fournisseur en franc français. Elle s'en différencie par les conditions de financement et de refinancement qui se font sur le marché international des capitaux. Cette procédure présente cinq caractéristiques[13].

- Toute entreprise française qui exporte peut solliciter un crédit en devise : dollar américain, deutsche mark, franc suisse, yen, écu et livre sterling, etc...
- Les conditions relatives à la créance susceptible d'être financée par un crédit en devise : durée, montant, fournitures éligibles, bénéficiaire du crédit, garanties COFACE, sont identiques à celles qui s'appliquent au crédit acheteur en franc.
- L'acompte et le paiement comptant des dépenses locales sont exclus du financement en devise.
- La demande de crédit est soumise à la Commission des garanties qui fixe les conditions et le coût du crédit sollicité, en fonction des taux internes pratiqués dans le pays de la devise à la date de l'emprunt. Pour respecter les règles du Consensus, ce taux ne peut être inférieur au taux de référence des prêts commerciaux (CIRR).
- Le crédit en devise est directement accordé au client étranger par un pool bancaire (ou à l'exportateur dans le cas d'un crédit fournisseur) après autorisation de la Commission des garanties. Le financement se décompose en deux parties.

La fraction moyen terme est financée par un pool bancaire. Les banques empruntent des devises à court terme sur le marché international. La durée de l'emprunt est normalement de 6 mois, mais elle peut être inférieure. Le coût des ressources est fonction du taux sur le marché lors de l'utilisation du crédit ou lors du renouvellement du financement. Ce taux est établi à

2. Les exportateurs américains, anglais et italiens, entre autres, bénéficiaient déjà, à cette époque, d'une procédure identique.
3. Les crédits à moyen et long terme en devise n'ont pas été affectés par les réformes de 1985-1986 qui ne concernaient que les crédits en franc.

partir de la moyenne des taux interbancaires offerts à Paris pour la devise considérée par trois « banques de référence »[14].

En utilisant des emprunts à 6 mois renouvelables, les banques financent sans difficulté des crédits à long terme sans subir de risque de taux. La BFCE prend en effet en charge (ou reçoit) la différence entre le taux du crédit en devise et le taux des ressources augmenté des commissions bancaires fixées à 1,15 % l'an en crédit acheteur et 1 % en crédit fournisseur.

Si le pool bancaire est dans l'impossibilité de s'approvisionner en devise, l'Etat, par l'intermédiaire du Trésor, décide de changer de devise ou de recourir à un financement en franc français. Le changement de devise peut être également effectué pour une simple raison d'opportunité. Dans ce cas, la BFCE prend en charge ou reçoit les différences de change.

Le pool bancaire peut utiliser les opportunités offertes par le marché pour effectuer des emprunts de consolidation à moyen et long terme, afin de bénéficier de taux favorables ou pour prévenir tout risque d'indisponibilité sur le marché à court terme. Le lancement de cet emprunt est décidé par la direction du Trésor, après examen du Comité de concertation[15]. L'emprunt de consolidation peut être effectué dans une autre devise. Dans ce cas, la BFCE prend en charge ou reçoit la différence de change.

Cet emprunt de consolidation peut être lancé dès l'origine du crédit en devise, si l'opportunité s'en présente. Le produit de cet emprunt est placé sur le marché à court terme en attendant d'être utilisé.

La fraction long terme du crédit en devise est financée par la BFCE à partir de ressources empruntées sur les marchés étrangers ou le marché financier international.

§ 4. Les protocoles financiers

Pour développer les ventes à l'étranger et définir précisément les modalités de financement des contrats à l'exportation, des conventions, dénommées protocoles financiers, sont fréquemment négociées entre la France et les pays étrangers. Ces protocoles peuvent être signés par le gouvernement ou par des institutions bancaires, corollairement ou indépendamment.

A. — Les protocoles gouvernementaux

Pour encourager les exportations, le gouvernement français accorde des crédits à un pays étranger afin de faciliter l'achat de produits et de maté-

---

14. Ces banques sont choisies par roulement et pour une période d'un an à raison d'une dans chacun des trois groupes constitués à cet effet.
 1. BNP, Crédit Lyonnais, Société Générale,
 2. Banque Indosuez, Banque Paribas, Banque de l'union européenne,
 3. Crédit commercial de France, Crédit industriel et commercial, Crédit du nord, Banque Worms.
15. Ce comité regroupe la direction du Trésor, la DREE, la BFCE et les trois banques de référence. Il est présidé par le directeur du Trésor et le secrétariat est assuré par la BFCE. Il se réunit une fois par mois et toutes les fois qu'une urgence particulière le justifie. Il donne son avis à la direction du Trésor sur les opportunités de recourir à des emprunts de consolidation, de changer de devise ou de retourner à un financement classique en franc français.

riels français. Ces aides donnent lieu à la signature d'un protocole financier entre les gouvernements français et étranger qui prévoit la nature des biens exportés et le montant du crédit consenti.

Ces prêts sont avantageux et prévoient une durée exceptionnelle, un financement sous forme de crédit à moyen terme d'exportations normalement payables à court terme ou une réduction du coût des crédits.

Pour les pays en voie de développement, le gouvernement français peut accorder, en plus des crédits prévus par les protocoles financiers, des prêts à très long terme (pouvant atteindre 20 ans) à des taux exceptionnellement bas (pouvant atteindre 4 %).

B. — Les protocoles bancaires

Dès qu'un protocole gouvernemental est signé, une ou plusieurs banques françaises négocient avec une ou plusieurs banques étrangères un protocole interbancaire. Cette convention, souvent dénommée protocole d'application, fixe les modalités de financement indispensables à l'utilisation concrète, par les exportateurs, des crédits prévus dans le protocole gouvernemental.

A côté de ces protocoles d'application, de nombreuses conventions bancaires peuvent être négociées et signées indépendamment de tout protocole gouvernemental préalable.

Les protocoles bancaires précisent le montant des marchés, la durée des crédits, la procédure de financement retenue (la plupart des protocoles prévoient la mise en place de crédits acheteurs), les conditions de règlement, les échéances de remboursement, le coût du crédit, les garanties et cautions exigées, etc.

Le protocole d'application constitue un cadre préétabli auquel l'exportateur peut se référer, ce qui facilite considérablement son travail. Les relations de l'exportateur avec la COFACE se trouvent par ailleurs facilitées et simplifiées. La garantie de la COFACE est en effet accordée automatiquement pour tout contrat passé dans le cadre d'un protocole dès lors que les conditions contractuelles sont conformes aux conditions du protocole.

Chaque année, la BFCE publie la liste des protocoles auxquels elle participe, soit au titre du financement de la fraction moyen terme du crédit, soit au titre du financement de la partie long terme.

Certains protocoles précisent la liste des matériels pouvant faire l'objet de contrats. Tel était le cas du protocole signé le 26 octobre 1981 entre la BFCE associée à la BNP et la Banco Nacional de Comercio Exterior pour un montant global de 50 millions de francs. Cet accord précisait que les exportations étaient le matériel de télécommunication, les machines et équipements électriques, le matériel informatique et péri-informatique, le matériel médical, le matériel ferroviaire, les matériels de travaux publics et sidérurgiques, le matériel pour l'industrie textile, le matériel pour l'industrie agro-alimentaire, les matériels agricoles, les machines-outils et les matériels de transformation de matières plastiques et du caoutchouc.

Certains protocoles peuvent atteindre des sommes considérables. Tel était le cas de l'accord destiné à permettre le financement de 30 milliards de francs de ventes d'équipements et de services français à la République populaire de Chine. Cet accord cadre signé par la Banque de Chine et 18 banques françaises en application de l'accord commercial franco-chinois signé le 4 décembre 1978 prévoyait que les taux de crédit étaient ceux prévus par le Consensus international. Bien évidemment, le fait de signer un accord destiné à financer 30 milliards de francs (l'accord commercial franco-chinois portait sur un montant d'échanges commerciaux entre les deux pays de 60 milliards entre 1979 et 1985) n'implique pas que cette somme soit effectivement utilisée (et que les 60 milliards soient atteints).

La plupart des accords sont beaucoup plus modestes et réalistes. Ainsi le protocole signé le 22 février 1978 qui mettait à la disposition du Soudan des crédits d'un montant global de 100 millions principalement destinés à la passation de contrats relatifs à des équipements pour la Sudan Railways Corporation, de machines pour le ministère de l'irrigation et divers équipements destinés aux autorités régionales.

Section III — Les modalités non conventionnelles de financement des exportations

Les prêts à court, moyen et long terme en franc français et en devise constituent les principales modalités de financement des exportations françaises. Il en existe cependant d'autres. Elles font l'objet d'une présentation simplifiée au cours des sept paragraphes de cette section.

§ 1. Les crédits financiers

Les crédits financiers, souvent dénommés « crédits d'accompagnement » ou « crédits parallèles » sont exigés par les acheteurs pour compléter le financement des exportations, en particulier lorsqu'il s'agit d'usines clés en mains. Dans la mesure où ils ne sont pas harmonisés quant à leurs conditions par les règles du Consensus, ces crédits font l'objet d'une véritable surenchère internationale, car ils sont très souvent un argument de vente déterminant auprès de certains pays.

Les crédits financiers exigés des importateurs ont en général trois objectifs :

- refinancer les acomptes qui représentent 15 à 30 % du montant du contrat,
- financer les fabrications et les dépenses locales qui atteignent dans certains cas plus de 50 % de la valeur du contrat commercial[16],

16. Ainsi, dans le cas d'une sucrerie, pour un investissement total de 600 millions de francs, l'usine elle-même peut représenter seulement 120 millions. Le reste, soit 480 millions, est consacré à un certain nombre d'opérations : acquisition de terrain, irrigation, plantation de cannes à sucre, acquisition du matériel de ramassage, aménagement des voies d'accès, éventuellement le montage lui-même de l'usine... Autre exemple, l'aménagement d'une voie ferrée. Les travaux de génie civil sont susceptibles d'intervenir jusqu'à 35 % du montant de l'investissement, alors que le matériel lui-même constitue à peine 30 % du contrat. A ces travaux, il faut souvent ajouter l'aménagement de logements pour le personnel, la formation de la main-d'œuvre, etc., dépenses qui peuvent représenter 10 à 15 % de l'opération. Ces exemples sont extraits du mémoire de DESS de V. BONNARD et M.C. MERLINI, *Le financement des exportations par les banques et les risques afférents,* Université Paris-Dauphine, 1979.

financer les dépenses étrangères en particulier lorsqu'elles sont supérieures à 10 % des matériels et prestations françaises, car elles ne peuvent, dans ce cas, être financées par des crédits garantis par la COFACE.

Les crédits financiers ne pouvant bénéficier de la garantie COFACE, les anquiers sont exposés à un risque de non-remboursement qui est loin d'être ıéorique, vu l'endettement de certains pays.

Le développement des crédits financiers s'explique par l'endettement des ays en développement et la croissance des dépenses locales liées aux traaux de génie civil et à la réalisation des fournitures sur place. Ces dépenes, exigées par les pays acheteurs pour favoriser le développement de leurs ropres entreprises, ne peuvent être financées au titre des exportations. Elles sont par des crédits financiers.

Dans la quasi-totalité des cas, les crédits financiers sont libellés en euroevises. Le montant du prêt est fonction des besoins de l'importateur et a durée varie de 3 à 12 ans. Le coût est directement rattaché aux taux d'intéèt sur le marché des euro-devises. Généralement organisé par la banque e l'exportateur, le crédit est accordé à la banque de l'importateur ou, plus irectement encore, à l'importateur lui-même.

2. Les crédits mixtes

Les crédits mixtes sont un savant et subtil dosage de crédits commerciaux lassiques et d'aides publiques. Ces dernières sont pour l'essentiel constiuées de dons ou de prêts à très long terme (20 ans et plus) du Trésor, à es taux très faibles (inférieurs à 5 %) avec un différé de remboursement 'au moins 5 ans. Les crédits mixtes permettent aux exportateurs d'offrir n financement à un coût inférieur aux taux du Consensus et à des condiions inférieures à celles du marché. Ils sont donc utilisés en vue de favorier les exportations des pays développés à destination des pays en voie de éveloppement.

Cette modalité de financement des exportations s'est développée de 1975 1985. La France, le Japon, la Grande-Bretagne et l'Italie sont les princiaux pays industrialisés qui recourent à cette modalité de financement.

Selon certaines évaluations, les crédits mixtes représenteraient environ % de l'ensemble des crédits à l'exportation accordés par les pays occientaux. Le chiffre est beaucoup plus important pour la France. Selon ceraines estimations, sur la période 1981-1983, la France aurait accordé 45 % e l'ensemble des crédits mixtes distribués par les pays occidentaux. Ces rédits sont concentrés sur une quinzaine de pays semi-industrialisés dont développement ne fait aucun doute : Chine, Brésil, Malaisie, Turquie tc...

Jusqu'en 1984, le flou le plus complet régnait sur ces crédits. Pour y voir lus clair, les pays de l'OCDE ont organisé, en décembre 1984, une réuion chargée d'étudier ce dossier. La France et le Japon, d'une part, les tats-Unis, d'autre part, avaient des positions diamétralement opposées. our les seconds, les crédits mixtes entraînent des distorsions au niveau des changes internationaux et constituent une pratique déloyale qui favorise rtificiellement les exportations des pays qui y recourent. Pour la France et le Japon, en revanche, les crédits mixtes, en réduisant le coût des importations, augmentent l'efficacité de l'aide au développement et permettent aux pays en voie de développement de financer des investissements qu'ils ne pourraient s'offrir aux conditions du marché.

Des progrès ont été rapidement réalisés sur la transparence des financements mixtes et sur les procédures de notification préalable entre les pays de l'OCDE. Il n'y avait pas d'accord, en revanche, sur la part de l'aide publique dans ce type de crédit. Les Etats-Unis n'accordant pas de crédits mixtes, ils considèrent que cette modalité de financement constitue une source de concurrence déloyale sur les marchés des pays en développement. Aussi souhaitent-ils la réduire en obligeant les pays qui distribuent des crédits mixtes à accroître très sensiblement la part de l'aide publique. Comme celle-ci n'est pas extensible, elle devrait nécessairement se concentrer sur quelques exportations et non pas sur toutes les ventes à l'étranger. Pour décourager les pays prêteurs, les Etats-Unis souhaitaient que l'aide publique atteigne 50 % du montant du crédit. La Communauté Economique Européenne (CEE) proposait quant à elle un taux de 25 %.

Après de longues et difficiles discussions, les Etats-Unis, la CEE et les autres pays de l'OCDE sont parvenus en avril 1985 à un premier accord en fixant la part minimale de l'aide publique à 25 %. La CEE, sous l'impulsion de la France, avait réussi à faire prévaloir son point de vue. En avril 1986, la France s'est rapprochée de la position défendue par les Etats-Unis et elle a accepté de porter la part des aides publiques dans les crédits mixtes destinés aux pays les moins avancés de 25 à 50 %, mais de 25 à 30 % seulement pour les autres pays en voie de développement. En 1987, le Japon s'est rallié à ce compromis qui est appliqué depuis le 1er juillet 1987.

§ 3. L'affacturage

L'affacturage est une technique mise en place dans les pays anglo-saxons où elle est connue sous le nom de *factoring*. Utilisée initialement pour assurer le financement des créances domestiques, cette technique fut par la suite étendue aux créances à l'exportation[17].

Le mécanisme est relativement simple. Contre le paiement d'un coût, l'exportateur cède à un *factor* (une banque, ou plus généralement un établissement financier spécialisé) l'intégralité des créances à l'exportation détenues sur des acheteurs étrangers. En contrepartie, le *factor* procède au recouvrement de ces créances, prend à sa charge le risque de non-paiement et paie comptant le montant des créances[18]. Les créances concernent des ventes dont le délai de règlement ne dépasse pas 180 jours.

Cette modalité de financement est concrétisée par un contrat d'affacturage établi entre l'exportateur et le *factor* pour une durée généralement égale à un an et renouvelable par tacite reconduction.

---

17. B. MOSCHETTO, A. PLAGNOL, *Les activités bancaires internationales,* Paris, PUF, 1976, p. 41.
18. Le paiement anticipé du montant des créances n'est pas obligatoire. Tout dépend du contrat d'affacturage signé par l'exportateur.

Le *factoring* est adapté aux entreprises exportant des biens de consommation ou d'équipement léger et qui ont de très nombreux clients. En recourant à cette procédure de financement, l'exportateur bénéficie de quatre avantages :

- il simplifie la gestion de sa trésorerie ;
- il n'est plus exposé au risque de non-paiement ;
- il supprime les problèmes posés par la gestion administrative et comptable des créances ;
- il améliore la présentation de son bilan en réduisant le poste créance.

Ces avantages ne sont pas sans contreparties. Le coût du *factoring* est relativement élevé. Il comprend deux éléments : une commission d'affacturage, *ad valorem,* calculée sur le montant des créances transférées, de l'ordre de 0,5 à 2,5 %, et une commission de financement calculée *prorata temporis* qui est fonction des taux d'intérêt. La commission d'affacturage varie en fonction du chiffre d'affaires, du nombre et de la qualité des clients, du volume des factures et du risque politique des pays des importateurs ; elle constitue la rémunération des services de gestion comptable, de garantie de bonne fin et de recouvrement des créances. La commission de financement correspond aux intérêts débiteurs sur les règlements anticipés[19]. A ces coûts monétaires s'ajoute un risque indirect de nature commerciale. Durant le processus de recouvrement des créances, et en cas de retard de paiement de l'importateur, le *factor* est parfois plus brutal ou moins diplomate que ne le serait l'exportateur lui-même. Ceci peut avoir pour conséquence une perte de clientèle dont pâtit l'exportateur.

Toutes les grandes banques ont créé des filiales spécialisées dans l'affacturage international pour décharger les exportateurs de la gestion et du recouvrement de leurs créances à court terme sur l'étranger[20].

§ 4. La confirmation de commande

Mise au point en France au début des années 1960, la confirmation de commande offre des avantages similaires à ceux de l'affacturage[21]. Elle permet « aux exportateurs de biens d'équipement ou de semi-équipement de faire bénéficier de crédits leurs acheteurs étrangers, sans avoir à en supporter ni les contraintes administratives ni les risques et les immobilisations »[22]. L'utilisation de cette procédure transforme une vente à crédit en vente au comptant, grâce au paiement par la société de confirmation (qui est un établissement financier) de l'intégralité de la créance et ceci sans recours sauf litige technico-commercial.

La confirmation de commande s'applique de façon courante aux exportations de biens d'équipement ou de semi-équipement de fabrication fran-

---

19. BANQUE DE FRANCE, *Les principaux mécanismes de distribution de crédit,* 8e éd., 1983.
20. La Société Générale a, par exemple, créé une filiale dénommée Soge Factoring. Celle du Crédit Lyonnais s'appelle Slifac.
21. Le lecteur intéressé par cette question trouvera des compléments dans un article intitulé : La confirmation de commande et le rachat de créances d'Interetud, *Crédit Lyonnais International,* mars 1982, pp. 22-25.
22. La confirmation de commande et le rachat de créances d'Interetud, *op. cit.,* p. 22.

çaise, d'un coût relativement élevé, à destination des pays normalement couverts par la COFACE. Elle comporte des crédits égaux ou supérieurs à 6 mois, pouvant atteindre plusieurs années.

§ 5. Le forfaitage

Le forfaitage, également dénommé rachat forfaitaire de créances, *forfaiting*, ou escompte à forfait, offre, à l'exemple de la confirmation de commandes, des avantages similaires à ceux de l'affacturage. Il en diffère cependant en ce qu'il établit une relation bilatérale entre l'exportateur et le forfaiteur sans faire intervenir l'acheteur étranger. Cette procédure n'exige en effet aucun engagement préalable de l'importateur vis-à-vis de la société de forfaitage.

Le forfaitage consiste en l'achat par une banque ou une société financière de créances détenues sur un débiteur étranger. Le prix d'achat est égal à la valeur nominale diminuée d'un escompte qui est fonction de l'échéance de la créance. A l'inverse du *factoring*, il ne concerne pas l'ensemble des créances à l'exportation, mais uniquement des opérations individuelles. Les créances se rapportent généralement à des exportations de biens d'équipement dont le délai de règlement s'étale de 18 mois à 5 ans. Il est cependant possible d'acheter des créances inférieures à 18 mois. Certaines opérations portent sur des créances pouvant atteindre 10 ans. Le forfaiteur n'accepte que les créances libellées en devises pour lesquelles il peut se refinancer immédiatement et sans problème, c'est-à-dire pour l'essentiel le dollar américain, le deutsche mark, le franc suisse et la livre sterling. Le forfaiteur qui achète la traite renonce à tout recours contre l'exportateur en cas de défaut du débiteur étranger.

Cette modalité de financement présente pour l'exportateur plusieurs avantages :

- elle lui permet d'alléger son bilan,
- elle transforme une vente à crédit en une vente au comptant,
- l'exportateur est de ce fait débarrassé des risques liés aux crédits consentis aux acheteurs étrangers : risque de change, risque de taux d'intérêt, risque politique et risque de crédit ; c'est le banquier, escompteur sans recours, qui supporte ces risques,
- le financement de la créance est intégral,
- comme l'affacturage, le rachat forfaitaire de créances allège ou supprime certaines tâches administratives associées à la gestion des créances,
- en résumé, le *forfaiting* cumule les avantages du crédit acheteur et ceux du crédit fournisseur.

Le rachat forfaitaire de créances est une procédure bien adaptée « aux opérations de moyenne importance et s'adresse tout spécialement aux petites et moyennes entreprises (...) dont l'expansion sur les marchés étrangers est difficile à promouvoir en raison de leur taille »[23]. Il s'applique à des

---

23. La confirmation de commande et le rachat de créances d'Interetud, *op. cit.*, p. 25.

opérations individualisées et non pas à l'ensemble des commandes à l'exportation comme dans le cas du factoring.

Le papier négocié dans le cadre du *forfaiting* est en général librement transférable, ce qui a permis le développement d'un marché secondaire. Ce dernier est constitué de banques, d'établissements financiers spécialisés et d'investisseurs institutionnels ou privés souhaitant diversifier leurs portefeuilles. Le marché s'est développé à Zurich, Genève, Luxembourg, Paris, mais surtout à Londres. En juin 1990, sa taille était estimée à 20 milliards de dollars. La présence d'un marché secondaire permet aux banques et aux établissements financiers effectuant du *forfaiting* de mieux gérer leurs risques, en particulier ceux de nature politique.

Le *forfaiting* est une technique de financement du commerce international de plus en plus utilisée. Il représente 40 % des financements à l'exportation en Allemagne et se développe rapidement en Grande-Bretagne, en Italie, en Espagne et en France. Si elle ne cesse de prendre de l'importance, cette technique n'est toutefois pas dénuée d'inconvénients. Les deux plus importants sont le coût pour l'exportateur et l'étendue des risques assumés par les banques qui achètent la créance.

Le coût varie avec les caractéristiques spécifiques à chaque opération, les modalités de paiement, le pays du débiteur et les garanties attachées à la créance. Le coût doit par ailleurs couvrir les risques supportés par la banque : risque de crédit, risque politique, risque de transfert, risque de change et risque de variation des taux d'intérêt. Le coût doit également intégrer le financement de la créance. De ce fait, il n'est pas rare que le coût du *forfaiting* soit de 5 points supérieur à celui supporté pour un crédit acheteur ou fournisseur à moyen ou long terme. Il peut être toutefois réduit si les effets sont déjà assortis d'une garantie bancaire, ce qui est très souvent le cas.

§ 6. Le leasing

Les opérations de crédit-bail international peuvent être effectuées directement par l'exportateur ou l'une de ses filiales financières. Elles sont plus généralement consenties par l'intermédiaire de sociétés de crédit-bail françaises et étrangères.

Pour expliquer l'apport des opérations de *leasing* au financement des exportations, le plus simple est de procéder à l'aide d'un exemple.

A. — Le montage d'une opération de leasing

Une opération de crédit-bail destinée à financer des exportations fait intervenir une relation tripartite entre le preneur, le fournisseur (l'exportateur français) et la société de *leasing* tout à fait similaire à celle qui se noue dans une opération de crédit-bail traditionnelle. Elle est cependant un peu plus compliquée, du fait que le preneur est domicilié à l'étranger.

Avec une opération de crédit-bail, l'exportateur ne vend pas la marchandise directement à un client, mais il la vend à une société de *leasing* qui, à son tour, la loue à l'acheteur étranger comme le souligne le schéma 1.

Le refinancement de la société de crédit-bail prend différentes modalités. Il peut se faire par un crédit acheteur ou un crédit fournisseur auprès d'une banque qui est généralement la maison mère de la société de crédit. Le refinancement peut prendre la forme d'un crédit financier grâce à un emprunt sur le marché international des capitaux.

Pour éviter certaines contraintes réglementaires ou juridiques, et pour répondre aux normes spécifiques du pays concerné, les opérations de crédit-bail peuvent être montées à partir de filiales implantées dans le pays de l'acheteur ou dans un pays tiers.

Schéma 1
Le montage d'une opération de crédit-bail international

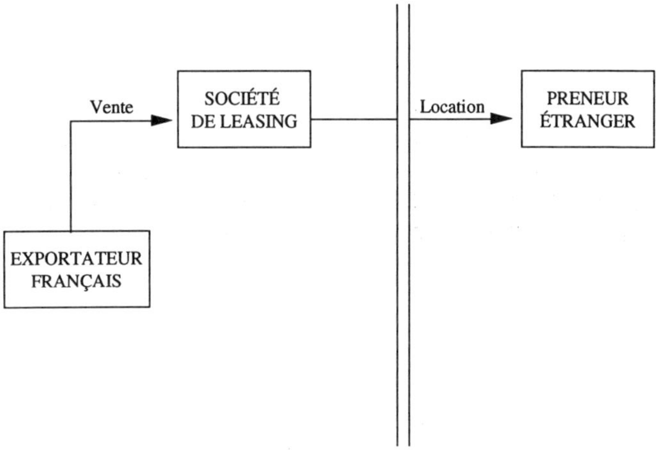

Pour bénéficier de certains avantages fiscaux, de nombreuses opérations de crédit-bail sont effectuées à partir de sociétés *off-shore* situées dans des paradis fiscaux[24].

B. — Les avantages du financement des exportations par crédit-bail

Cette relation tripartite, à première vue compliquée, comporte de nombreux avantages.

Pour l'exportateur, cette opération équivaut à une vente au comptant. Il n'a donc pas à se préoccuper du financement de ses exportations ni à s'inquiéter du risque de change. L'exportateur est également débarrassé du risque tenant au client étranger, car c'est la société de crédit-bail qui achète le bien et assume les difficultés associées au client étranger. Comme la société de crédit-bail peut se refinancer avec des crédits acheteurs et fournisseurs à taux privilégié, elle peut répercuter cet avantage au client étranger par une réduction des barèmes. Le dernier avantage du crédit-bail est d'assurer un financement intégral de l'exportation.

24. Le Crédit Lyonnais a, par exemple, constitué deux filiales ; l'une est installée aux Iles Caïman : European Overseas Leasing, l'autre à Vanuatu : Overseas Equipment Company.

L'importateur, de son côté, n'a pas besoin d'immobiliser des fonds pour payer les biens importés. Il lui suffit de payer un loyer, qui peut, au demeurant, être modulé dans le temps en fonction de sa situation financière.

Tous ces avantages ne sont pas sans contrepartie : le coût du *leasing* est loin d'être négligeable.

L'opération de crédit-bail à l'exportation est sensiblement plus complexe qu'un financement conventionnel d'exportations. La société de *leasing* est par ailleurs exposée à de nombreuses difficultés et à plusieurs risques : juridiques et fiscaux, d'une part, monétaires et politiques, d'autre part. Ce sont là des raisons pour lesquelles les sociétés de crédit-bail sont peu engagées dans le *leasing* à l'exportation[25]. Mais comme le notait la Banque Cantonale Vaudoise dans une publication consacrée à cette question : « Dans une époque de flottement généralisé des monnaies, le *leasing* à l'exportation prendra tôt ou tard de l'importrance malgré sa nouveauté et occupera la place qu'il mérite dans le financement des exportations, notamment en matière de garantie des risques monétaires. »

C. — Les autres services rendus par les sociétés de crédit-bail

Les sociétés de *leasing* peuvent rendre d'autres services. Elles peuvent acheter des biens à un fournisseur étranger pour les livrer à un preneur d'une troisième nationalité. Le schéma 2 illustre le cas de figure évoqué. Cette opération n'est pas destinée à faciliter le financement des exportations françaises. Elle représente malgré tout un service qui se traduit par une rémunération dont bénéficie la banque ou l'établissement financier français.

La transmission d'opérations de *leasing* à l'étranger est un autre service susceptible d'être offert par une société de crédit-bail française (schéma 3).

Schéma 2

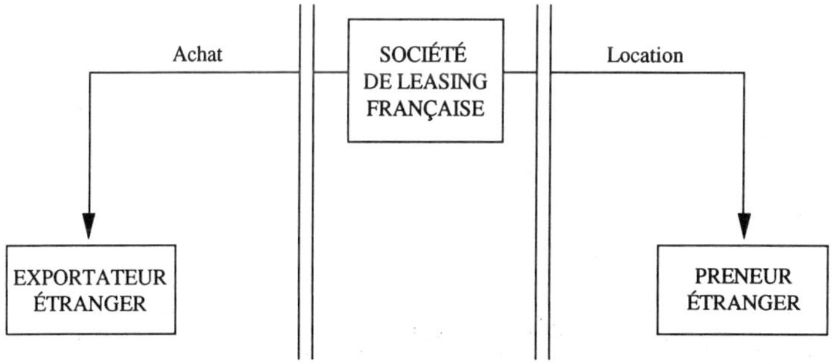

25. Les conventions sur la double imposition, l'octroi de garanties contre les risques à l'exportation, la possibilité de couvrir les risques de change à long terme permettent de remédier en partie à ces difficultés, mais tous les problèmes ne peuvent pas être résolus du jour au lendemain.

L'idée est de faire bénéficier les exportateurs des relations internationales créées entre de nombreuses sociétés de *leasing*. En pratique, l'exportateur s'adresse à une société de crédit-bail de son pays et l'informe de ses projets de vente et du nom des acheteurs potentiels à l'étranger. Cette société va servir d'intermédiaire et contacter d'autres sociétés de *leasing* localisées dans les pays des différents importateurs potentiels qui achèteront le matériel à la place des importateurs si ces derniers souhaitent acquérir le matériel.

La transmission d'opérations de *leasing* à l'étranger est un moyen d'encourager les exportations françaises. Cette transmission est facilitée par l'appartenance de la société de crédit-bail à un groupe financier multinational ou à un groupement de sociétés de *leasing*[26].

Schéma 3
La transmission d'opérations de leasing à l'étranger

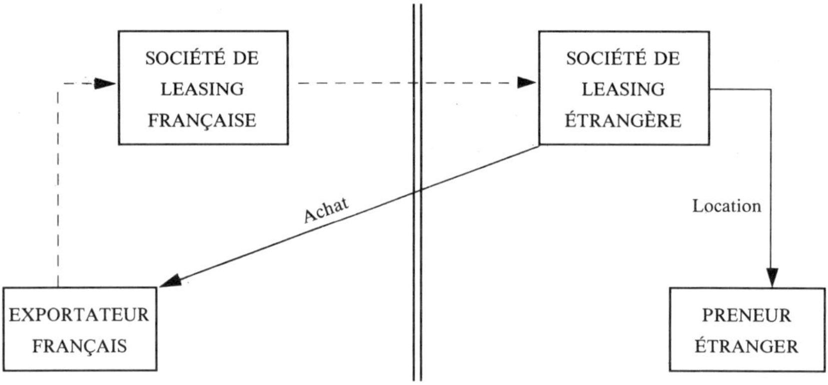

Les grandes banques françaises ont toutes créé des filiales spécialisées dans le montage d'opérations de crédit-bail à l'exportation, pour offrir à leur clientèle un service permettant d'assurer le financement intégral de certains équipements et de certaines exportations : matériels, outillage, véhicules industriels[27]. Ces opérations de crédit-bail sont également offertes aux

26. Multilease est l'exemple d'un tel groupement. Cette organisation dispose « d'un secrétariat permanent à Londres et coordonne les activités de nombreuses et importantes sociétés de *leasing*. Ces sociétés sont représentées sur les cinq continents par plus de 1000 filiales établies dans les principaux pays exportateurs ; elles achètent chaque année des biens d'équipement pour environ 1,5 milliard de francs suisses et les cèdent en *leasing* aux importateurs. Le groupe Multilease comprend, entre autres, la Deutsche Leasing AG, la première société allemande, l'US Leasing Inc. San Francisco, la plus ancienne entreprise de *leasing* du monde, et l'Orient Leasing Co. Ltd, la plus importante société de *leasing* du monde, avec des succursales au Japon, à Hong-Kong, Singapour, Kuala Lumpur, Sao Paulo, Séoul, Djakarta, Curaçao, Formose et aux Philippines », *Bulletin mensuel de la Banque Cantonale Vaudoise*.

27. La Société Générale, pour donner un exemple précis, a créé Sogelease International Leasing S.A. Cette société possède plusieurs filiales spécialisées dans différents pays : Arrendadora Internacional au Mexique, Socgenlease Ltd en Grande-Bretagne, Euramlease aux Etats-Unis et Sogefibail en Côte-d'Ivoire. A partir de Slibail International, une filiale de Slibail France, le Crédit Lyonnais a de son côté constitué un réseau international d'une dizaine de sociétés installées sur de nombreuses places financières : Milan, New York, Londres, Sao Paulo, Djakarta, Genève, Bruxelles, Madrid et Lisbonne.

acheteurs étrangers de gros investissements fabriqués en France, comme des avions, des navires, des porte-conteneurs, des ordinateurs, des satellites, des unités de raffinage pétrolier et du matériel de travaux publics. Dans ces différents cas, des montagnes financiers complexes peuvent être organisés à partir de filiales localisées, pour des raisons fiscales, dans certaines places *off-shore*. Pour des opérations de taille particulièrement importante, il est possible de créer des sociétés *ad hoc* pour chaque montage financier. La durée des opérations de *leasing* peut être très longue et atteindre 15 ans. On a même vu en 1985 une opération de crédit-bail au bénéfice de la société American Airlines atteindre 22 ans.

Les opérations de crédit-bail international peuvent être financées, selon les besoins de la clientèle, en franc ou en devise. Dans cette dernière hypothèse, un financement *multi-currencies* est envisageable. Il est même possible d'intégrer au montage des swaps de taux d'intérêt.

D'une manière plus générale, les sociétés multinationales cherchant à financer des grands projets considèrent désormais que le *leasing* est une possibilité de premier ordre.

§ 7. Les accords de compensation

Une partie de plus en plus importante des exportations occidentales à destination des pays en développement ne donne pas lieu à un versement monétaire, mais est réglée par des accords de compensation. Un échange compensé peut être défini comme « une opération commerciale par laquelle le vendeur prend l'engagement de réaliser dans le pays de son client des achats, des transferts, des services ou toute autre opération, en échange d'une vente qui n'est conclue qu'à cette condition »[28].

Dans cette forme moderne du troc, l'exportateur est payé par des marchandises ou des biens qu'il doit lui-même commercialiser. Le problème n'est pas spécifique aux exportations de biens et services. Les ventes d'usines clés en mains sont souvent payées par une partie de la production de l'usine. Un exemple souvent cité fut celui de la vente à l'URSS par Péchiney d'une usine produisant de l'aluminium. Le paiement de cette usine fut assuré par la livraison annuelle pendant 10 ans de 500 000 tonnes d'aluminium qui devaient être négociées sur le marché international.

Les opérations de compensation se sont développées de manière spontanée en Europe occidentale après la seconde Guerre Mondiale. Avec la généralisation de la convertibilité des monnaies et la restauration d'un système monétaire international, cette pratique fut abandonnée par les pays de l'OCDE, mais elle se développa dans les pays regroupés dans le cadre du Comecon. La crise de l'endettement des pays en développement a redonné au troc une nouvelle dimension. Plusieurs pays d'Amérique latine ont en effet conclu des conventions d'échange avec d'autres pays en développe-

---

28. Définition proposée par l'Association pour la compensation des échanges commerciaux.

ment. L'une des premières grandes opérations initiées par ces pays fut l'échange de 4 milliards de dollars de pétrole nigérian contre des produits industriels brésiliens.

Limitée initialement aux pays de l'est (les anciens pays du Comecon) la compensation touche actuellement :

- le Sud est asiatique : Malaisie, Corée du sud,
- l'Afrique du nord : Algérie, Tunisie,
- l'Amérique latine : Brésil, Argentine,
- les pays industrialisés : Italie, Autriche, Belgique, Canada, Australie[29],
- les pays en développement, de manière plus générale, ne pouvant, faute de ressources, recourir aux techniques traditionnelles de paiement et de financement des exportations.

Certains pays sont allés jusqu'à instaurer un régime obligatoire de compensation. Tel est en particulier le cas de l'Indonésie qui impose, depuis le 1er janvier 1983, des compensations intégrales sur tous les contrats publics d'importation.

Les exemples de compensation sont multiples et variés.

- Le contrat relatif à la vente aux pays occidentaux du gaz soviétique a pu être considéré à l'époque comme une vaste opération de compensation. Il s'agissait, en effet, d'un véritable marché lié car seuls les pays qui achetaient du gaz sibérien pouvaient fournir du matériel à l'URSS.
- Le contrat de vente de gaz algérien à la France en 1981 peut être lui aussi analysé comme une opération de compensation car, en contrepartie de cet accord, la France fut assurée de bénéficier de l'achat de biens d'équipement par l'Algérie.
- Le paiement de l'installation en URSS d'une usine de coca par la société Pepsi-Cola fut assuré par la livraison de vodka.
- Douglas Mc Donnel n'a pu vendre des avions au Canada qu'à la condition de s'engager à acheter des produits canadiens, ce qu'elle fit.

A. — Les différentes modalités de la compensation

Le monde de la compensation est particulièrement complexe et les modalités de cette activité sont multiples et variées. Qui plus est, la terminologie est loin d'être fermement établie. Ce que certains appellent compensation est dénommée par d'autres, commerce parallèle, accord de coopération, échanges compensés, *barter, counterbarter, counterdelivery, offset agreement, counterpurchase, compensatory arrangements.*

Pour essayer de clarifier ces activités, il n'est pas sans doute inutile de définir les différentes modalités prises par la compensation[30].

Le troc est « un échange simultané de marchandises d'égale valeur dans lequel on n'utilise pas d'instrument de paiement ». Le troc porte le plus souvent sur des matières premières. Le *barter*, au sens strict du terme, ne

---

29. BANQUE FRANÇAISE DU COMMERCE EXTÉRIEUR, *Rapport annuel,* 1980.
30. Cette rubrique emprunte largement à une étude publiée dans *Crédit Lyonnais International* de mars 1984 intitulée : Bilatéralisme et compensation.

comprend aucun règlement sous forme monétaire. Le recours à de telles procédures est rarissime. Il est généralement prévu que le règlement se fait en marchandises, et pour le solde par des devises.

Le contre-achat ou l'achat en contrepartie est l'opération de compensation la plus fréquemment utilisée. Dans cette opération, l'exportateur s'engage à acheter des biens produits par son acheteur. Les courants d'échange ne sont pas nécessairement synchronisés ni équilibrés. Ils se concrétisent par la signature de deux contrats distincts mais liés l'un à l'autre (dans le troc, un seul contrat est signé).

L'achat en retour ou *buy-back* s'applique aux produits fabriqués à la suite de l'exportation de biens d'équipement. Dans cette modalité de compensation, l'exportateur achète la production rendue possible par la vente des biens d'équipement.

La compensation anticipée est une opération dans laquelle l'achat en contrepartie précède la vente à l'exportation. Les achats effectués à l'avance par l'exportateur permettent de dégager les moyens financiers nécessaires au paiement de l'importation.

Les différentes opérations de compensation se font généralement sur une base bilatérale, mais il arrive de plus en plus souvent que l'opération fasse intervenir trois ou quatre pays, ce qui accroît sensiblement les difficultés de la compensation.

Les opérations de compensation, au sens large du terme, connaissent un essor indéniable. Les sources statistiques fiables sont inexistantes. Seuls des ordres de grandeur permettent d'évaluer l'ampleur du phénomène. Selon une estimation du ministère américain du Commerce, la part des opérations de compensation aurait représenté 10 à 20 % du commerce mondial pour la première moitié des années 1980. Pour le FMI, la compensation est devenue une activité banalisée qui affecte plus de 20 % du commerce mondial. Certaines banques internationales vont au-delà et avancent des chiffres de l'ordre de 25 à 30 %.

L'imprécision des statistiques provient de la très grande discrétion des sociétés de compensation, des *traders* et des responsables politiques et administratifs des pays qui se livrent à la compensation. Personne ne souhaite, en effet, révéler avec précision l'ampleur d'opérations formellement réprimées par le GATT.

Le développement des activités de compensation s'explique par l'inconvertibilité des monnaies et l'insolvabilité de certains pays due à un endettement extérieur excessif ou à une situation économique précaire. La compensation est devenue un outil indispensable pour tous les pays souffrant d'une insuffisance de devises.

B. — Les avantages et les inconvénients de la compensation

Le principal avantage de la compensation est de permettre aux pays qui l'initient de suppléer un manque de devises et de continuer à importer des biens de consommation ou d'investissement malgré les difficultés qu'ils éprouvent à exporter une partie de leur production nationale. Un avantage annexe est de leur permettre d'exporter des productions qui trouveraient difficilement des débouchés naturels sur les marchés extérieurs.

Les inconvénients de la compensation sont multiples. Ils affectent les entreprises et les pays obligés d'accepter cette modalité de paiement.

Le premier inconvénient est de perturber artificiellement les marchés et les économies des pays payés en compensation. La perturbation peut aller jusqu'à la disparition de certaines productions nationales submergées par une arrivée massive de produits vendus à des prix de *dumping*.

La longueur et la complexité de ces opérations sont le deuxième inconvénient. Certaines peuvent demander plusieurs mois, voire plus d'une année avant d'être définitivement soldées.

Par ailleurs, la qualité de certaines productions offertes en compensation laisse souvent à désirer et ne correspond pas aux exigences de la demande des pays occidentaux. Cette situation contraint l'exportateur à écouler les marchandises sur des marchés tiers et à réaliser des opérations triangulaires ou en chaîne qui en retardent le bouclage définitif.

Un exemple illustre parfaitement ces difficultés : un exportateur français de locomotives à destination de la Pologne fut payé en compensation par des métiers à tisser vendus au Nigéria en échange de pétrole négocié aux Etats-Unis, ce qui permit au fournisseur français d'obtenir des dollars vendus sur le marché des changes.

Ces inconvénients ont conduit les grandes institutions internationales à s'opposer vigoureusement aux opérations de compensation. Le GATT et le FMI sont les plus hostiles et condamnent la compensation sur la base d'une philosophie libre-échangiste. Ils lui reprochent d'engendrer l'inefficacité économique et de compromettre les avantages de la division internationale du travail. L'hostilité de la Banque Mondiale n'est pas aussi tranchée. Ses responsables soutiennent en effet qu'il est préférable de développer le commerce international en ayant recours à la compensation plutôt que de ne pas commercer, mais ils soulignent que les opérations de compensation impliquent malgré tout une certaine forme d'inefficacité économique.

C. — Les sociétés effectuant des opérations de compensation

Cinq types de sociétés réalisent des opérations de compensation.

- Les grandes sociétés produisant des biens industriels ou des biens de consommation tendent à créer des filiales de compensation. Tel est le cas d'entreprises comme General Motors, General Electric, Renault.
- Les sociétés de vente au détail créent également des filiales de compensation. Aux Etats-Unis, Sears, qui importe chaque année plus d'un milliard de dollars, a créé une filiale de compensation qui lui facilite grandement ses achats.
- Certains négociants internationaux de matières premières possèdent des départements très actifs de compensation. Tel est le cas par exemple de la société André et Cie à Lausanne.
- Les grandes banques interviennent dans les opérations de compensation. Elles le font de deux façons différentes : soit en créant des filiales ou des départements spécialisés dans les opérations de compensation, soit

en apportant leur concours à des clients engagés dans les opérations de compensation. Cette aide se concrétise par :
. des conseils au niveau du montage de l'opération de compensation et de la rédaction des contrats,
. la recherche de partenaires,
. la mise en contact avec des *traders* ou des sociétés de compensation,
. l'attribution de garanties ou de cautions,
. le financement de certaines activités associées à l'opération de compensation,
. l'émission, la notification ou la confirmation de crédits documentaires.

- Le dernier type de société effectuant des opérations de compensation est constitué par les maisons autrichiennes ou allemandes, depuis très longtemps spécialisées dans la compensation avec les pays de l'Est.

D. — La rentabilité des opérations de compensation

La rentabilité des opérations de compensation est difficile à apprécier. Il est cependant possible de présenter plusieurs points avec certitude.

- Après une période d'adaptation et d'apprentissage dont la durée peut atteindre deux à quatre ans, les sociétés de compensation ou les départements spécialisés des banques, sociétés de négoce ou producteurs industriels réalisent des profits, généralement substantiels.
- Il est exact que pour une opération de compensation qui aboutit, dix à vingt tentatives se terminent par un échec.
- Les profits unitaires et les marges obtenues sur chaque opération ont tendance à se réduire.
- Cette baisse est contrebalancée par le montant des opérations, ce qui a pour conséquence d'accroître le volume global des profits réalisés.

La conduite à bonne fin d'opérations de compensation est une activité toujours délicate et complexe, mais elle se révèle généralement rentable.

E. — La réaction des entreprises françaises

Pour remédier aux inconvénients de la compensation et atténuer la charge introduite par cette nouvelle modalité de financement du commerce international, certaines entreprises françaises ont créé des filiales spécialisées dans la compensation. C'est le cas de la CGE avec Cifeco, de Pechiney avec Coopinter et de Renault avec Sorimex. Ces sociétés, apparues sous la pression de contraintes, sont devenues des entreprises efficaces dont les opérations ont largement dépassé le cadre des activités de compensation de leur société-mère.

Confrontées aux problèmes de la compensation, les petites et moyennes entreprises recourent de plus en plus souvent aux services des filiales spécialisées des grands groupes industriels français. Elles peuvent également utiliser les services des sociétés de commerce international ou ceux de l'Association pour la compensation des échanges commerciaux. Ce dernier organisme travaille avec plus de 500 entreprises et sert d'intermédiaire entre les industriels, les importateurs et les sociétés de commerce spécialisées. La négociation d'une compensation est une opération généralement complexe qui requiert une certaine expertise. C'est la raison pour laquelle il est recommandé aux entreprises ne possédant pas de services spécifiques de s'adresser à des spécialistes rompus aux pratiques, techniques et usages de la compensation. Il n'est jamais interdit de recourir aux services de sociétés étrangères. Parmi les noms les plus souvent cités nous retiendrons ceux de Allgemeine Waren Treuhandel pour l'Autriche, Bankhaus pour l'Allemagne, André et Cie pour la Suisse, Golodetz pour la Grande-Bretagne[31].

Les accords de compensation font l'objet de critiques acerbes, en réalité très excessives. En créant des moyens de paiement, les échanges liés ne sont pas fondamentalement malsains. La compensation permet d'entretenir des opérations commerciales qui en son absence ne se seraient pas développées.

§ 8. Les crédits par signature

Les cautions constituent l'essentiel des crédits par signature utilisés pour le financement des exportations. Une caution n'est pas véritablement un crédit : c'est un engagement offert à une entreprise exportatrice pour lui permettre de tenir sa place sur la scène commerciale internationale.

Une caution est une garantie qui couvre l'exécution de l'obligation du cautionné, appelé débiteur principal. Les cautions peuvent être délivrées par une banque ou une société d'assurance à la demande de l'exportateur. Elles sont fournies par l'intermédiaire d'un correspondant étranger qui est contre garanti par la banque ou la société d'assurrance au cas où ce correspondant devrait payer le montant de la caution. Elles peuvent être également fournies directement par la banque ou la société d'assurance à l'acheteur étranger.

Les cautions ne relèvent pas de techniques spécifiques à la finance internationale mais de pratiques bancaires nationales transposées aux opérations commerciales internationales. Elles sont exigées par les importateurs, maîtres d'œuvre pour l'exécution de marchés de travaux publics ou la construction d'usines clefs en main.

Les cautions sont presque toujours exigibles à « première demande » et sans « contestation possible », car l'acheteur veut en obtenir le paiement sans délai ni discussion. Elles sont exigibles à tout moment et sans qu'il y ait nécessairement un rapport direct avec le contrat. Il arrive qu'elles soient appelées sans motif et sans justification.

Les cautions peuvent atteindre des sommes très élevées. Pour le contrat d'une valeur de 1,2 milliard de francs signé par Sperchim avec la Chine en 1973, le montant des cautions atteignait 700 millions de francs. De la même manière, la vente par la France d'une centrale nucléaire à l'Afrique du Sud a induit des cautions atteignant 550 millions de francs.

---

31. Ph. CHALMIN, *Négociants et chargeurs. La saga du négoce international des matières premières,* Paris, Economica, 1983, pp. 64-65.

Les cautions sont nombreuses et varient d'un pays à l'autre en fonction des pratiques commerciales et de la réglementation locale. Les plus importantes sont répertoriées au tableau 7 avec leur traduction anglaise. Elles font l'objet d'une représentation succincte dans les développements qui suivent[32].

Tableau 7
Les principales cautions

Caution de garantie d'offre	Bid Bond
Caution d'exécution de contrat	Performance Bond
Caution de restitution d'acompte	Advance Payment Bond
Caution de retenue de garantie	Retention Money Bond
Caution de maintenance	Maintenance Bond
Caution de paiement	Labour and Material Payment Bond

A. — La caution de garantie d'offre

Cette caution garantit à l'acheteur que l'entreprise candidate une fois retenue ne se désistera pas et acceptera la responsabilité des travaux conformément à son offre et au cahier des charges. A défaut, la caution donnée par une banque ou une société d'assurance sera retenue.

Le montant de cette garantie est en général de 5 % de la valeur estimée du contrat. Sa durée s'étend du dépôt des candidatures à l'acceptation du marché par l'entreprise adjudicataire.

B. — La caution d'exécution de contrat

C'est la plus connue de toutes les cautions. Elle garantit l'exécution du travail suivant les normes et spécifications précisées dans le contrat signé entre l'acheteur et l'exportateur.

Si l'entreprise est défaillante, la société d'assurance ou la banque peut indemniser l'importateur des pertes subies du fait de la rupture du contrat ou trouver une autre entreprise pour achever le chantier. Dans la deuxième hypothèse, la banque ou la société d'assurance paie toutes les augmentations de coût dues à la prise en charge du contrat par une nouvelle entreprise. La caution n'est pas illimitée. Elle vaut en général 100 % du contrat aux Etats-Unis, 50 % au Canada, 10 à 30 % dans les pays européens et 5 % dans certains pays d'Amérique latine ou d'Asie.

L'effet de cette caution cesse lors de la réception provisoire (ou définitive dans certains cas) des travaux par l'importateur.

C. — La caution de maintenance

Après la réception provisoire des travaux, il s'écoule une période d'essai (un an par exemple) avant la réception définitive des travaux.

---

32. Ce paragraphe reprend la présentation du Centre de documentation et d'information de l'assurance publiée dans les *Cahiers de l'assurance* de décembre 1977.

Quand la caution d'exécution de contrat cesse à la réception provisoire des travaux, elle est relayée par une caution de maintenance. Cette caution est plus limitée que la caution d'exécution et perd ses effets à la réception définitive des travaux.

D. — La caution de restitution d'acompte

Cette caution garantit à l'importateur que les acomptes avancés lui seront remboursés si les travaux ne sont pas exécutés. L'engagement de la banque ou de la société d'assurance est maximal au début et décroît ensuite pour s'annuler le plus souvent avant la fin des travaux.

E. — La caution de retenue de garantie

Le plan de financement prévoit généralement que l'importateur effectue des versements à l'entreprise exportatrice au fur et à mesure de la progression des travaux. Pour se protéger contre les imperfections qui peuvent apparaître, l'importateur retient très souvent une fraction de ces versements (5 à 10 %) à titre de garantie. Cette retenue alourdit bien évidemment les charges financières de l'exportateur. Pour les alléger, l'importateur accepte de verser la totalité des versements à condition de bénéficier d'une caution lui garantissant que les sommes qu'il aurait pu retenir lui seront restituées pour redresser les éventuelles imperfections qui pourraient apparaître dans l'exécution des travaux.

Section IV — Les modalités de financement des exportations dans les pays étrangers

L'accord sur les lignes directrices pour les crédits à l'exportation contraint les pays signataires à octroyer des crédits à des taux se situant au niveau des taux minima du Consensus. Dans la plupart des pays de l'OCDE, le système bancaire ne peut accorder des conditions aussi avantageuses sans un soutien financier des pouvoirs publics. Les responsables politiques de ces pays ont donc mis au point des mécanismes permettant de financer les crédits à l'exportation à des conditions concurrentielles sans pénaliser pour autant les banques commerciales.

Dans les années récentes, les exportations de biens d'équipement de certains pays en voie de développement ont été freinées par les difficultés éprouvées par ces pays à mettre en place des procédures de financement aussi sophistiquées que celles des pays occidentaux. Pour remédier à ces difficultés, la Commission des nations-unies pour le commerce et le développement (CNUCED) a imaginé la mise en place d'une facilité de financement. Ce projet n'a malheureusement pas abouti.

§ 1. Les modalités de financement des exportations dans les pays de l'OCDE

Dans la majorité des pays, un soutien financier public est accordé au financement des exportations. Trois modalités sont utilisées. Le soutien peut être accordé directement aux banques commerciales. Il peut l'être par le biais d'un intermédiaire spécialisé. Dans certains pays, enfin, la plus grande partie des crédits à l'exportation à moyen et long terme est directement accordée par des organismes publics[33].

A. — La Suisse

Les crédits à l'exportation sont octroyés par les banques commerciales. Elles se procurent les fonds nécessaires en émettant des titres à taux d'intérêt fixe sur le marché suisse des capitaux. Le refinancement des banques commerciales est insignifiant.

La participation publique au financement des exportations est réduite à quelques opérations de crédit mixte en faveur des pays en voie de développement.

B. — L'Allemagne

Le financement à court terme des exportations allemandes est en très grande partie assuré par les entreprises exportatrices elles-mêmes.

Les crédits à moyen et long terme sont financés au taux de marché par les banques ou par l'Ausfuhr Kreditgesellschaft (AKA), consortium créé en 1952 et regroupant plus de 50 institutions allemandes. Les ressources de l'AKA sont fournies par les banques adhérentes d'une part, par des facilités de réescompte auprès de la Bundesbank d'autre part.

Certaines exportations allemandes bénéficient d'un soutien public à travers un fonds spécial du Kreditanstalt für Wiederaufblau, institution officielle accordant des crédits publics à des taux inférieurs à ceux du marché. Elles peuvent également bénéficier de facilités spéciales de réescompte de l'AKA auprès de la banque centrale. Le volume est peu important, puisque moins de 1 % des exportations allemandes sont financées à des conditions préférentielles.

C. — Les Etats-Unis

Le financement des crédits à court terme est en grande partie assuré par les banques commerciales aux conditions du marché.

Le financement à moyen et long terme des exportations américaines repose sur l'Export-Import Bank (Eximbank), organisme public officiel créé en 1934 pour offrir directement des crédits aux acheteurs ou aux exportateurs.

---

33. Ce paragraphe emprunte largement à l'analyse d'une note de l'OCDE intitulée : Les systèmes de financement des crédits à l'exportation dans les pays membres de l'OCDE, analyse publiée dans *Crédit Lyonnais International,* février 1983, pp. 11-14. Le lecteur peut également se référer au livre de M. SCHLOGEL, *Les relations économiques et financières internationales,* Paris, Masson, 1972, pp. 180-184.

Ses ressources proviennent de ses fonds propres, des avances du Trésor public et des fonds empruntés sur les marchés financiers et auprès des banques. L'Eximbank accorde aux acheteurs des crédits à long terme et à taux fixe financés à l'aide de fonds empruntés sur le marché par l'intermédiaire de la Federal Financing Bank. Ces prêts concernent le plus souvent le financement de très grosses opérations : vente d'avions, de centrales atomiques, etc. L'Eximbank ne prête qu'une fraction comprise entre 45 et 65 % des fonds nécessaires. Les banques commerciales doivent financer le solde à des taux flottants, en bénéficiant, généralement, d'une assurance crédit officielle.

Une dizaine de très grands exportateurs bénéficient de l'essentiel des prêts de l'Eximbank. En 1980, les plus importants bénéficiaires étaient Boeing, General Electric, Westinghouse, McDonnel-Douglas, Lockheed, Western Electric, Combustion Engineering. Sur 5 milliards de dollars d'exportations effectuées par Boeing en 1980, plus de 3 milliards impliquaient un financement de l'Eximbank.

§ 2. Les modalités de financement des exportations dans les pays en voie de développement

De nombreux pays en voie de développement sont technologiquement en mesure de produire et d'exporter des produits manufacturés et des biens d'équipement sur les marchés mondiaux, mais ils sont handicapés par leur incapacité à offrir des conditions de paiement compétitives à leurs acheteurs. Ces derniers se retournent en conséquence vers les pays développés industrialisés dont les sytèmes bancaires bénéficient de garanties publiques et de refinancements privilégiés[34].

Très peu de pays en voie de développement disposent d'organismes financiers susceptibles d'accorder des crédits à moyen et long terme à leurs exportateurs et de mobiliser les fonds requis pour financer les acheteurs étrangers.

Cette situation s'explique par deux raisons : les ressources locales sont faibles ou inexistantes d'une part, les exportateurs locaux doivent payer en devises les importations nécessaires à la production des biens d'équipement exportés d'autre part. Ne disposant pas de ressources (qu'il s'agisse de devises ou de monnaie locale), les pays en voie de développement peuvent recourir aux marchés financiers internationaux et emprunter les fonds nécessaires pour accorder des crédits à l'exportation. Cette possibilité est de plus en plus théorique car de très nombreux pays en voie de développement sont sur-endettés et sont difficilement considérés comme parfaitement solvables. Ils ont du mal à emprunter des devises ou, quand ils y arrivent, ils doivent supporter une prime de risque élevée. La situation de certains pays leur interdit, en fait, d'accéder aux marchés financiers internationaux.

Pour remédier à cette situation, la CNUCED a proposé de créer une « Facilité de garantie du crédit à l'exportation » dont le but serait de don-

---

34. CNUCED, Financement des exportations des pays en développement, *Bulletin mensuel de la CNUCED,* janvier 1982.

ner aux pays en voie de développement la possibilité de refinancer les crédits à l'exportation consentis aux acheteurs étrangers. Le fonctionnement de ce mécanisme est reproduit au schéma 4.

Un exportateur localisé dans un pays en voie de développement accorde un crédit à son acheteur étranger [1] contre remise d'un billet à ordre [2]. Cet effet serait refinancé en monnaie locale par une banque commerciale du pays de l'exportateur [3]. Cette banque se refinancerait à son tour auprès d'une banque nationale [4] qui pourrait être un établissement spécialisé ou la banque centrale du pays. Cette banque nationale pourrait présenter ce billet à la Facilité qui le garantirait [5]. Munie de cette garantie, la banque vendrait ce billet sur le marché financier international [6]. Le pays exportateur obtiendait immédiatement les devises correspondant aux exportations effectuées diminuées d'un escompte inférieur à celui qu'il aurait dû consentir en l'absence de garantie. A l'échéance du crédit, la banque internationale qui a acheté le billet à ordre le présenterait à l'importateur [7]. Si ce dernier est incapable de payer, la banque internationale se retournerait vers la Facilité de garantie du crédit à l'exportation [8] pour être remboursée, laquelle se retournerait vers la banque locale du pays de l'exportateur [9] ou la banque nationale du pays de l'exportateur [10]. En dernier ressort ce serait le pays exportateur qui supporterait le risque de non paiement. La Facilité ne supporterait ce risque que si l'importateur et le pays exportateur ne faisaient pas face simultanément à leurs engagements.

Dans le mécanisme proposé, la Facilité n'est pas un organisme d'assurance au bénéfice des pays en voie de développement. Sa fonction est d'accroître la négociabilité des billets remis à l'occasion de l'octroi de crédits à l'exportation sur les marchés financiers internationaux. Elle se porte garante, en effet, des billets émis par les importateurs à l'égard de la banque qui les achète sur le marché financier international. Elle facilite ce faisant l'obtention des ressources en devises et améliore d'autant les conditions de crédit que peuvent accorder les exportateurs des pays en voie de développement. Il est certain que la création parallèle d'un véritable organisme d'assurance protégeant les pays en voie de développement contre les risques de non-paiement des importateurs serait un autre facteur capable de faciliter les exportations des pays en voie de développement.

La proposition du secrétariat de la CNUCED de créer une Facilité de garantie du crédit à l'exportation n'a malheureusement pas rencontré un écho suffisamment favorable pour être adoptée.

Schéma 4
Le fonctionnement de la Facilité de garantie du crédit à l'exportation

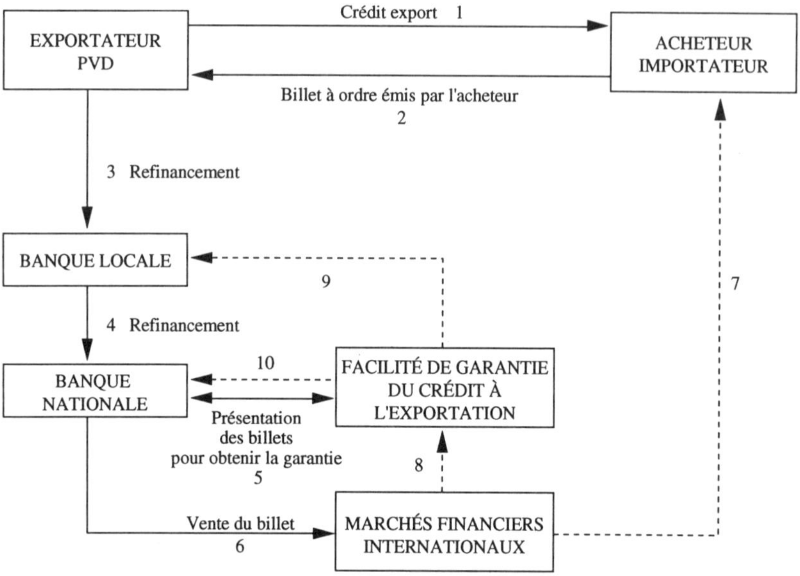

Section V — Le financement des opérations de négoce international

Dans la mythologie des marchés internationaux, les négociants occupent une place à part. Ils sont souvent villipendés et accusés de tous les maux, en particulier, celui d'influencer, voire de manipuler, les cours des produits sur lesquels ils opèrent, dans un objectif de pure spéculation. En fait, la réalité est toute autre. Les négociants sont des agents qui remplissent une fonction économique très importante au niveau du commerce international des matières premières ou des produits de base. Ils sont peu nombreux. Il faut cependant remarquer que l'activité de négoce est de moins en moins le fait de négociants indépendants. Aujourd'hui, cette activité est souvent assurée par des départements ou des filiales de grands groupes industriels. Le fait qu'il y ait moins de négociants individualisés, n'implique pas que la fonction disparaît..., bien au contraire. Dans l'exercice de cette activité, les négociants sont exposés à des risques considérables qu'ils doivent gérer dans les meilleures conditions. Toute erreur peut conduire à la disparition d'une société qui douze mois auparavant était florissante et faisait l'admiration de tous les observateurs. Le financement des opérations de négoce international exige des sommes colossales qui dépassent les capacités d'une seule banque et requièrent la constitution de pools bancaires.

§ 1. La fonction économique du négociant

L'opération de négoce international est typiquement le fait d'entités aussi importantes que Phibro, Cargill, Sucres et Denrées, March Rich. Ces sociétés peuvent intervenir dans le négoce des matières premières ou se porter contrepartie à l'achat et à la vente pour des quantités aussi importantes que 300 000 tonnes de sucre, un million de barils de pétrole ou 500 000 tonnes de maïs. Etre négociant et effectuer des opérations de négoce international conduit à remplir trois fonctions de base :

- assurer l'adéquation spatiale et temporelle de l'offre et de la demande sur un marché donné,
- contrôler les flux logistiques mis en œuvre pour l'activité de négoce,
- gérer l'ensemble des risques associés à l'activité de négoce international.

Le négoce présente une dimension physique impliquant la maîtrise d'un certain nombre de moyens de transport, de stockage, voire de première transformation, et une dimension financière impliquant le suivi des risques liés au marché d'une matière première ou à son financement.

L'activité de négoce concerne essentiellement, mais pas exclusivement, des matières premières ou des produits de base cotés sur des marchés à terme. Ce sont pour les plus importants d'entre eux les matières premières agricoles, les métaux, le pétrole et les produits dérivés du pétrole.

Le négociant réalise un chiffre d'affaires important pouvant atteindre plusieurs dizaines de milliards de francs, voire plusieurs dizaine de milliards de dollars, mais sa marge bénéficiaire est très faible et largement inférieure à 0,5 % du chiffre d'affaires. Il dispose d'antennes ou d'agents localisés dans les différents pays où se trouvent situés ses fournisseurs et ses clients. Cette organisation lui permet de disposer d'un vaste réseau de communication et d'information.

Le négociant emprunte des sommes considérables auprès de ses banquiers pour les besoins de son activité. Les emprunts peuvent atteindre plusieurs dizaines de fois le montant de ses fonds propres. De ce fait, il fait courir aux banques des risques financiers qui peuvent finalement se révéler supérieurs à ceux qu'il supporte lui-même.

§ 2. Les risques auxquels sont exposés les négociants

Les négociants sont exposés à de très nombreux risques. Ils sont regroupés en huit rubriques pour les besoins de l'analyse.

1. Le risque de prix sur la matière première est le plus connu et le plus évident de tous ceux auxquels le négociant est exposé. Quand un négociant achète ferme de l'aluminium, du pétrole ou n'importe quelle autre matière première pour lesquels il n'a pas de contrepartie immédiate, il est exposé à des risques considérables. Une baisse de un dollar du prix du baril de pétrole brut induit une perte de un million de dollars pour le négociant qui détient, faute de contrepartie, un stock de un million de barils. Une variation des prix en 24 heures de un dollar et des engagements de un million de barils ne sont pas des cas exceptionnels. La situation est identique pour

le négociant qui s'engage à livrer à un prix ferme et définitif du blé qu'il ne possède pas en stock, mais qu'il se procurera dans trois mois ou six mois auprès d'une coopérative quelques jours avant sa livraison effective.

Pour se couvrir contre le risque de prix, le négociant intervient sur les marchés à terme. Pour certaines matières premières (maïs, soja, pétrole) il peut recourir aux marchés d'options, mais il semble que les négociants préfèrent avoir recours aux marchés à terme. Le montant des primes et l'insuffisante liquidité des marchés d'options expliquent la préférence donnée aux marchés à terme.

2. Le risque de change est un risque essentiel et il peut prendre différentes modalités. Le dollar (accessoirement la livre sterling) est généralement la devise utilisée dans le négoce international des matières premières. Si son bilan n'est pas établi en dollar, le négociant est exposé à un risque de change permanent dont il doit sc protéger. Par ailleurs, pour éviter à l'acheteur ou au vendeur, avec qui il opère, de supporter le risque de change, le négociant peut très bien négocier dans une devise autre que le dollar et simultanément différente de la devise utilisée pour établir ses comptes.

Au total, le risque de change est, pour le négociant, un souci de tous les instants. Il s'en protège en opérant sur le marché des changes interbancaire au moyen d'opérations à terme ferme ou optionnelles. La maîtrise qui est la sienne des marchés de contrats peut le conduire à opérer sur les marchés d'options organisés de Philadelphie et de Chicago, voire sur les marchés de contrats de devises de l'International Monetary Market.

3. Dans la mesure où il assure le financement des transactions commerciales et celui des stocks de matières premières qu'il possède, le négociant est exposé à un risque de variation des taux d'intérêt. Ce risque ne peut être passé sous silence, mais il n'est pas, en fait, très important, car la durée d'une opération de négoce dépasse rarement trois mois. Or, il est rarissime qu'un négociant ne puisse pas trouver un financement à taux fixe sur une période aussi brève. Le risque de taux peut cependant exister quand la durée de la transaction est supérieure à trois mois ou quand il s'agit de financer des stocks à moyen terme. Dans de telles circonstances, le négociant se couvre par des opérations appropriées sur les marchés à terme d'instruments financiers et sur les marchés d'options. Il peut également recourir aux *cap*, *floor*, *collar* et autres techniques développées sur le marché au comptant.

4. Le négociant travaille pour l'essentiel sur des produits de base qui, le plus souvent, ont pour origine ou aboutissent à des utilisateurs situés dans des zones à haut risque politique : Moyen-Orient, Extrême-Orient, Amérique latine, pays en voie de développement, pays de l'ancienne Europe de l'Est.

Pour le négociant, la meilleure protection contre le risque politique est de recourir à des crédits documentaires irrévocables et confirmés. Cette technique n'est pas infaillible, mais elle est la plus rapide à mettre en œuvre. Les négociants peuvent également, dans certaines circonstances, recourir à la COFACE ou à des agences du même type localisées dans les pays des acheteurs et des vendeurs avec lesquels ils opèrent.

5. Le risque de fret est à certaines époques un risque important auquel sont exposés les négociants. Il existe à Londres un marché de contrats à terme portant sur un indice de fret, mais il n'est pas très actif, ni très liquide. De ce fait, il n'est guère utile et par voie de conséquence peu utilisé. Les négociants se protègent en ayant leur propre flotte ou en louant à terme, sur un *forward market*, des capacités de transport.

6. Le risque de non-paiement de la part de l'acheteur, ou le risque commercial de manière plus générale, parfois dénommé risque de contrepartie, est inhérent au négoce international. C'est le plus difficile à couvrir. Pour se protéger, le négociant peut demander à une banque de se porter ducroire du paiement de l'acheteur. Il peut également recourir à un crédit documentaire irrévocable, voire irrévocable et confirmé.

7. Le négociant est toujours à la merci d'un défaut de l'acheteur se traduisant par un risque de non-enlèvement, surtout lorsque les cours de la matière première ont chuté. L'acheteur sait en effet qu'il pourra, dans ces circonstances, se procurer ce dont il a besoin à prix réduit. Ce risque peut induire un financement forcé de stock, créateur d'un coût financier auquel s'ajoute une perte sur la revente du physique.

Symétrique au risque de non-enlèvement, il faut mentionner celui de non livraison par le vendeur lorsque les prix se sont élevés entre la signature du contrat commercial et la livraison de la marchandise.

8. Le risque logistique est le dernier risque auquel est confronté le négociant. Les plus fréquentes manifestations sont la grève dans les ports et le blocage direct ou indirect des voies de communication. Le négociant ne dispose pas de couverture adéquate pour se couvrir contre ce risque.

§ 3. Le banquier et le financement d'une opération de négoce international

La nature spécifique des opérations de négoce international conduit le banquier à assumer de très gros risques et l'oblige à utiliser des méthodes différentes de celles auxquelles il recourt lors de l'appréciation d'une entreprise industrielle. La complexité du négoce international permet à la banque d'intervenir à différents niveaux du montage d'une opération de financement.

A. Les risques encourus par le banquier[35]

Le financement du négoce international fait courir au banquier quatre risques : un risque tenant au négociant, un risque tenant au produit, un risque tenant au contrat commercial et un risque politique.

Le risque spécifique au négociant tient à la nature juridique de la société. Il s'agit souvent d'une société non cotée en bourse, à caractère familial, toujours secrète sur ses méthodes et sur l'information financière fournie aux tiers. Le risque tient également à la documentation comptable qui n'est

35. Les développements de ce paragraphe s'inspirent d'une note établie par M. Jacques Lamy.

pas adaptée à l'activité réelle des négociants et n'est pas capable d'en rendre compte avec précision. Le risque tient aussi aux méthodes de couverture utilisées sur les marchés à terme et les marchés d'options, que ce soit dans le domaine des matières premières, du change ou des taux d'intérêt. Ces méthodes peuvent recouvrir des opérations plus ou moins spéculatives. Le risque propre du négociant tient enfin à l'organisation interne de la firme, à la compétence de ses dirigeants et au comportement des *traders* qui peuvent disposer d'une plus ou moins grande latitude dans le montant des positions spéculatives qu'ils peuvent prendre.

Le risque tenant au produit varie en fonction de la marchandise faisant l'objet de négoce international (pétrole, céréales, métaux, produits agricoles), de la volatilité de son prix, de l'étendue du marché, de l'offre et de la demande dans les pays producteurs et les pays consommateurs.

Pour le risque relatif au contrat commercial signé entre le négociant et l'acheteur (ou le vendeur) le banquier doit s'assurer de la consistance de ces liens contractuels, de la réalité des flux commerciaux (il ne doit pas financer des flux fictifs), de la présence de clauses d'arbitrage.

Le financement du négoce international débouche souvent sur des risques souverains qu'il appartient au banquier d'apprécier avec beaucoup d'attention avant la mise en place effective des financements.

L'appréciation des risques qui viennent d'être mentionnés doit inciter le banquier finançant des opérations de négoce international à faire preuve de prudence, voire de circonspection, ne serait-ce qu'en raison de l'ampleur des sommes qui sont mises à la disposition du négociant.

B. Les méthodes de travail du banquier

Dans le financement du négoce international, le banquier travaille de manière originale. Plusieurs raisons expliquent ce comportement spécifique.

1. La marge bénéficiaire d'un négociant international est très généralement inférieure à 0,5 % de son chiffre d'affaires.

2. Les fonds propres d'une société de négoce sont souvent très faibles et représentent peu de chose par rapport à son chiffre d'affaires ou son endettement à court terme. Une opération de négoce sur 100 000 tonnes de blé représente 15 millions de dollars. Une opération portant sur 1 million de barils de pétrole brut exige un financement de 20 à 25 millions de dollars.

3. Le risque sur une seule opération peut être supérieur au total des fonds propres du négociant.

4. La problématique utilisée par le banquier pour analyser le risque du négociant ne relève pas d'une seule analyse bilantielle et financière. La mise en œuvre de procédures traditionnelles conduirait à un rejet de toutes les opérations.

5. Le financement d'une opération de négoce peut faire intervenir tous les aspects de l'activité bancaire. Ceci exige du banquier rapidité, polyvalence et capacité de décision. Ces exigences impliquent la présence, au sein des banques, d'équipes compétentes ou de cellules spécialisées dans le financement de l'activité des sociétés de négoce. Cette solution permet :

- d'apprécier les risques spécifiques des sociétés de négoce,

- de centraliser les engagements que porte la banque sur les groupes multinationaux opérant en France et dans de nombreux autres pays,
- de coordonner l'action de la banque à l'égard des sociétés de négoce afin de lui rendre les services adéquats,
- de développer une activité risquée, mais rentable du fait de l'ampleur considérable des crédits mis en jeu et des nombreuses retombées financières qu'implique la complexité d'une opération de négoce.

6. Dans l'évaluation d'une société de négoce, la confiance et la qualité des hommes jouent un rôle très important. La valeur d'une société de négoce est d'abord celle des hommes et des équipes de *traders* qui la composent.

C. Les modalités d'intervention du banquier

Lorsqu'elle finance une activité de négoce international une banque doit intervenir à différents niveaux et assumer de nombreuses activités.

- Elle finance les déposits et les appels de marge induits par les positions détenues par les négociants sur les marchés de contrats à terme et les marchés d'options.
- Elle gère le risque de change.
- Elle intervient dans la gestion du risque de taux d'intérêt.
- Elle accorde des crédits documentaires, des cautions de soumission *(bid bond)* et des cautions de bonne exécution *(performance bond).*
- Elle finance les opérations commerciales d'achat et de vente grâce à des lignes de crédit. L'idéal est d'aboutir à des lignes multi-devises, multi-sites, multi-produits et multi-sociétés. Une ligne de crédit peut atteindre plusieurs centaines de millions de dollars.
- Elle finance les besoins de trésorerie et en fonds de roulement de la société de négoce, car le négociant peut payer comptant ses fournisseurs et accorder un crédit à ses acheteurs.
- Elle accorde des crédits à moyen terme destinés au financement de stocks de certaines matières premières.
- Elle met en place des crédits d'accompagnement.
- Elle monte des crédits de préfinancement destinés à faciliter les futures exportations du producteur ou du pays producteur ; elle préfinance par exemple la production de café ou de cacao.
- Elle assure le risque commercial et le risque politique en confirmant des crédits documentaires ou en étant ducroire.
- Elle intervient dans les swaps de matières premières.

La banque doit être organisée de manière à pouvoir prendre des décisions portant sur des opérations se chiffrant parfois en dizaines de millions de dollars en quelques heures.

D. Les banques actives dans le financement du négoce international

Peu de banques sont très actives dans le financement des opérations de négoce international. Paribas est généralement considérée comme étant l'institution la plus présente dans le monde pour le financement des métaux et du pétrole *(hard commodities).* Elle développe par ailleurs ses activités dans le secteur des produits agricoles *(soft commodities)*. Les autres banques françaises ayant une activité significative sont Indosuez, le Crédit Lyonnais, la Société Générale et la BNP. Le Crédit Agricole occupe une position importante dans les *soft commodities* et il tente d'aborder le secteur des autres matières premières.

Parmi les autres banques européennes impliquées dans le financement du négoce international, il importe de mentionner la banque néerlandaise AMRO et deux banques helvétiques : Union de Banque Suisse et Société de Banque Suisse.

Certaines banques françaises, auparavant actives dans le financement du négoce international, ont abandonné cette activité. Tel est le cas du Crédit Commercial de France et de Vernes après son absorption par San Paolo di Turino.

A l'exception notable de Banker Trust, les grandes banques américaines se sont dégagées du financement du négoce international. Ce sont pourtant elles qui, à la fin des années 1960, avaient été à l'origine des grands financements de négoce international. Les plus importantes d'entre elles étaient, outre Banker Trust déjà mentionné, Chemical Bank, Chase Manhattan, Morgan Guaranty Trust et Citibank.

§ 4. Les grands négociants internationaux

Le monde des grandes sociétés de négoce ne comprend pas plus d'une cinquantaine de noms. Mais le négoce international de matières premières ne se limite pas à ces noms, car, de plus en plus, l'activité de négoce se développe au sein des entreprises industrielles.

Le rôle des négociants internationaux est devenu très important à partir de 1970 du fait de la conjonction de quatre séries d'événements :

- le début de l'instabilité des taux de change, des taux d'intérêt et des prix des matières premières,
- les premiers achats soviétiques de céréales,
- l'effondrement des réseaux commerciaux traditionnels,
- l'émergence des pays producteurs en tant qu'acteurs autonomes dans l'économie des matières premières.

La décennie 1980 fut le témoin de nombreuses restructurations dans le domaine du négoce international. Ces restructurations se sont concrétisées par la disparition de certains négociants (Cook en 1977, Gill and Duffus et Berisford à la fin de la décennie 1980) et la concentration du négoce chez quelques négociants multi-produits (March Rich, Cargill).

Références

A. — OUVRAGES

AMELON J.-L. : *Financer ses exportations*, Paris, Dunod, 1988.

ASSOCIATION POUR LA COMPENSATION DES ÉCHANGES COMMERCIAUX : *Le guide pratique de la compensation,* Paris, 1983.

BECK M. : *Pour rentabiliser l'exportation,* 2e éd., Paris, Editions Hommes et Techniques, 1975, pp. 81-97 et pp. 99-112.

BODINAT H. de, DE LEERSNYDER J.-M., GHERTMAN M., KLEIN J., MAROIS B. : *Gestion internationale de l'entreprise,* 2e éd., Paris, Dalloz, 1984, pp. 287-305.

BOUQUIN J.-P., COLIN DU TERRAIL H. : *L'entreprise face à l'importation,* Paris, J. Delmas, 1980.

BOWEN D., MILLS D., KNIGHT M. : *Export Finance*, Londres, Euromoney Publications, 1986.

COX A.N., Mc KENZIE J.-A. : *International Factoring*, Londres, Euromoney Publications, 1986.

DEFOSSÉ G. (ed.) : *Les exportations françaises et leur financement,* Paris, PUF, 1982.

EITEMAN D.K., STONEHILL A.I. : *Multinational Business Finance,* 2e éd., Reading, Mass., Addison Wesley, 1979.

ELDERKIN K.W., NORQUIST W.E. : *Creative Countertrade*, Cambridge Mass., Ballinger, 1987.

ERRERA J.M. : *La gestion de l'entreprise et les échanges compensés*, Paris, Economica, 1988.

GISCARD D'ESTAING F. : *Financement et garanties du commerce international,* Paris, PUF, 1977.

LELARGE A. : *Le troc, une nouvelle technique de commerce international*, Paris, Adetex, 1985.

LOUBERGE H., MAURER P. : *Financement et assurance des crédits à l'exportation*, Genève, Librairie Droz, 1985.

MOSCHETTO B., PLAGNOL A. : *Les activités bancaires internationales,* Paris, PUF, 1976.

SCHMOLL G.A. : *Vendre à l'étranger*, Paris, Jupiter, 1987, chapitre 8.

VERZARIU P. : *Countertrade, Barter and Offsets,* New York, McGraw-Hill, 1985.

ZENOFF D.B., ZWICK J. : *International Financial Management,* Englewood Cliffs, Prentice-Hall, 1969, pp. 378-411.

B. — ARTICLES

BANQUE DE FRANCE : La réforme du financement des crédits à l'exportation libellés en francs, *Bulletin trimestriel de la Banque de France*, décembre 1986, janvier 1987, pp. 51-53.

BEY E.M. : La convention d'Ottawa sur le crédit-bail international, *Semaine juridique - Cahiers de droit de l'entreprise*, 9 décembre 1989, pp. 726-732.

BFCE ACTUALITES : Les crédits à l'exportation à moyen et long terme offerts par la BFCE, *BFCE Actualités*, juin/juillet 1986, pp. 1-7.

BFCE ACTUALITES : Les crédits et les contrats à l'exportation en devises : une procédure encore en évolution, *BFCE Actualités*, mars 1985, pp. 1-9.

BRAU E., DILLON K.B., PUCKAHTIKOM C., XAFA M. : Export Credits, *World Economic and Financial Surveys*, International Monetary Fund, juillet 1986.

CHAREYRE P. : Le forfaitage : une alternative compétitive pour le financement des exportations, *Banque*, octobre 1987, pp. 911-914.

CHENEY D.M. : L'arrangement de l'OCDE relatif aux crédits à l'exportation, *Finances et Développement*, septembre 1985, pp. 35-38.

CHO K.R. : Using Countertrade as a Competitive Management Tool, *Management International Review*, 1987, n° 1, pp. 50-57.

CNUCED : Financement des exportations des pays en développement, *Bulletin mensuel de la CNUCED,* janvier 1982.

CREDIT LYONNAIS INTERNATIONAL : Le système de financement et de garantie des exportations des Etats-Unis, *Crédit Lyonnais International*, octobre 1987, pp. T 159-T 166.

GAUMONT B., MAILLARD J.R. : Réforme du financement des exportations, *Banque*, mars 1987, pp. 261-267.

JACQUIN F. : Les structures d'aide à l'exportation, *Cahiers français*, janvier-février 1987, notice 8.

KRAMER B. : La réforme du financement des exportations, *Banque,* novembre 1986, pp. 987-991.

LACROIX L. : Les différentes formes de compensation internationale, *Revue internationale de l'achat*, n° 1, 1989, pp. 25-29 ; n° 2, 1989, pp. 29-31.

LACUEILLE S., THION B. : Crédits export, crédits mixtes : du Consensus au compromis. *La Revue du financier*, juillet-août 1989, pp. 24-32.

LÜEM M.W. : Le leasing à l'exportation, *Banque cantonale vaudoise,* février 1979, pp. 20-21.

MAROIS B. : Le leasing international, *Banque,* mars 1976, pp. 288-294.

MELITZ J., MESSERLIN P. : Subventions à l'exportation et objectifs macroéconomiques : la France et la Grande-Bretagne, *Revue française d'économie*, automne 1987, pp. 58-107.

RIVES-LANGES J.-L., CHARTIER F., BARRAL G. : Garanties internationales et cautions, *Banque*, janvier 1987, pp. 11-18.

ROBSON J. : Trade Finance : Can America Win la guerre, *Euromoney*, mars 1986, pp. 135-147.

SCHMITT M. : Les opérations de compensation dans le commerce est-ouest : un point de vue, *Problèmes économiques,* 4 avril 1979, pp. 8-10.

SERAIN Ph. : Financements et garanties des grands contrats à l'exportation, *Les notes bleues,* 5 février 1990.

Pour suivre l'évolution des techniques et procédures associées au financement des exportations, le lecteur est invité à lire les articles publiés dans les revues suivantes :

ACCOMEX
Actualités de la BFCE
Banque
Bulletin trimestriel de la Banque de France
Corporate Finance
Crédit Lyonnais International
Euromoney
MOCI
The Banker
Trade and Project Finance

C. — AUTRES PUBLICATIONS

BANQUE FRANÇAISE DU COMMERCE EXTÉRIEUR : *Rapport annuel.*

BANQUE FRANÇAISE DU COMMERCE EXTÉRIEUR : *Le financement des exportations, Paris, BFCE, 1985.*

BANQUE DE FRANCE ; *Les principaux mécanismes de distribution du crédit,* 9e éd., Paris, 1985.

FINANCIAL TIMES : Asset-Backed Finance, *Financial Times*, 27 mars 1990, pp. 33-37.

FINANCIAL TIMES : Factoring, *Financial Times*, 1er mai 1990, pp. 35-38.

GMUR CH.-J., BUDD N. : *Case Histories in Trade Financing,* Londres, Euromoney Publications, 1984.

MINISTÈRE DE L'ÉCONOMIE DES FINANCES ET DU BUDGET : *Livre blanc sur la réforme du financement de l'économie*, Paris, La Documentation française, 1986, pp. 91-108.

MINISTÈRE DE L'ÉCONOMIE ET DES FINANCES : *Le crédit-bail à l'exportation,* Paris, Les Notes Bleues, 1978.

OCDE : *Les systèmes de financement des crédits à l'exportation dans les pays membres de l'OCDE,* 4e ed, Paris, 1990.

SOMÉ S. : *L'évolution du mécanisme de la compensation dans les relations économiques Est-Ouest,* Thèse de 3e cycle, Université de Dijon, 1983.

VERNHOLES A. : La coûteuse politique française d'aide à l'exportation, *Le Monde*, 10 mai 1988.

QUESTIONS

1. Quel est l'objectif des crédits de préfinancement ?
2. Quelle est la différence essentielle entre les crédits de préfinancement spécialisés et les crédits de préfinancement à taux stabilisé ?
3. Pourquoi les pouvoirs publics ont-ils mis en place des crédits de préfinancement à taux stabilisé ?
4. Quels sont les principaux crédits à court terme destinés au financement des exportations ?
5. Quelles sont les caractéristiques des crédits de mobilisation de créances nées à court terme sur l'étranger ?
6. Quelles sont les caractéristiques d'une avance en devise ?
7. Dans quel cas une avance en devise à l'exportation induit-elle un risque de change ?
8. Selon quelles modalités peuvent être financés les stocks détenus à l'étranger par les exportateurs ?
9. Quelle est la finalité des crédits de mobilisation des indemnités de sinistre dues par la COFACE ?
10. Que sont les crédits prospection ?
11. Quels sont les différents crédits à moyen et long terme destinés au financement des exportations ?
12. Quelles sont les caractéristiques communes aux crédits à moyen et à long terme en franc destinés à financer les exportations françaises ?
13. Quelles sont les caractéristiques des crédits fournisseurs en franc français destinés au financement des exportations ?
14. Quelles sont les caractéristiques des crédits acheteurs en franc français destinés au financement des exportations ?
15. Quels sont les avantages et les inconvénients respectifs du crédit fournisseur et du crédit acheteur ?
16. Qu'est-ce que le Consensus de l'OCDE ?
17. Que sont les taux de référence sur crédits domestiques, plus connus dans la terminologie du Consensus de l'OCDE sous leur dénomination anglaise *Commercial Interest Reference Rates (CIRR) ?*
18. Qu'est-ce qu'un protocole financier ?
19. Quel est l'objectif des crédits financiers ?
20. Quelles sont les caractéristiques et la finalité des crédits mixtes ?
21. Quelles sont les caractéristiques du *factoring* à l'exportation ?
22. Quelles sont les modalités de financement des exportations par le crédit-bail ?
23. Quels sont les avantages du financement des exportations par le crédit-bail ?
24. Qu'est-ce que la confirmation de commande ?
25. Qu'est-ce que le rachat forfaitaire de créances ?

26. Quelles sont les différentes modalités de la compensation ?
27. Quels sont les avantages et les inconvénients de la compensation ?
28. Quels sont les différents types de sociétés effectuant des opérations de compensation ?
29. Qu'est-ce qu'une caution ?
30. Quelles sont les principales cautions exigées par les importateurs ?
31. Quel est le rôle de l'Eximbank dans le financement des exportations américaines ?
32. Quels sont les actionnaires de la BFCE ?
33. Quel est le rôle de la BFCE dans le financement des exportations françaises ?
34. Quelles sont les modalités de financement mises en place en faveur des importateurs français ?

QUESTIONS A CHOIX MULTIPLES

Question 1

Dans le cas d'un crédit acheteur, si l'exportateur souscrit une police d'assurance risque de fabrication, la quotité maximale garantie est de :
— 60 % .... ☐
— 80 % .... ☐
— 90 % .... ☐
— 95 % .... ☐

Question 2

Le coût des crédits de préfinancement spécialisés :
— est lié au taux du marché monétaire .... ☐
— est fonction du taux de refinancement des crédits à moyen terme ☐
— est faible, car les exportateurs bénéficient d'une bonification d'intérêt.. ☐
— est lié au taux de base bancaire .... ☐
— est fonction du coût moyen des ressources bancaires......... ☐

Question 3

Le crédit acheteur est une procédure mise en place :
— immédiatement avant la deuxième guerre mondiale .... ☐
— immédiatement après la deuxième guerre mondiale .... ☐
— en 1951, quelques années après la mise en place du crédit fournisseur .... ☐
— en 1965-1966.. ☐
— en 1971-1972.. ☐

Question 4

Dans le cas d'un crédit acheteur, si le banquier souscrit une police d'assurance risque de crédit, la quotité maximale garantie est de :
— 60 % .... ☐
— 80 % .... ☐
— 90 % .... ☐
— 95 % .... ☐

Question 5

En 1985, les Etats-Unis, la Communauté Economique Européenne et les autres pays de l'OCDE sont parvenus à un premier accord sur les crédits mixtes en fixant la part minimale de l'aide publique dans ces crédits à :
— 5 % .... ☐
— 15 % .... ☐
— 25 % .... ☐
— 30 % .... ☐
— 40 % .... ☐
— 50 % .... ☐

Question 6

La caution de garantie d'offre :
— garantit l'exécution du contrat selon les normes et les spécifications précisées dans le contrat signé entre l'acheteur et l'exportateur ☐
— garantit à l'importateur que les sommes qu'il aurait pu retenir sur les versements effectués en paiement de ses achats lui seront restituées pour redresser les éventuelles imperfections qui pourraient apparaître dans l'exécution des travaux .... ☐
— garantit à l'acheteur que l'entreprise répondant à un appel d'offre ne se désistera pas et acceptera la responsabilité des travaux, conformément à son offre et au cahier des charges .... ☐
— garantit à l'importateur que les acomptes avancés lui seront remboursés si les travaux ne sont pas exécutés .... ☐

EXERCICES

Exercice 1

Le 5 janvier, une entreprise française exporte du petit matériel électrique pour une valeur de USD 520 000 en accordant un crédit de 6 mois.

L'exportateur décide d'effectuer une avance en devise de USD 520 000 qui lui permet de régler en même temps un problème de financement et un problème de change tout en évitant de supporter un déport important sur la vente de dollars à 6 mois.

Le 5 janvier, le cours du dollar au comptant à Paris est USD 1 = 7,3560 FRF. Le taux de l'eurodollar à 6 mois à Paris est 12,5 %. La banque perçoit une commission de 1,25 % sur l'opération. Six mois plus tard, le 5 juillet, le dollar au comptant se négociait sur la base USD 1 = 7,3980 FRF.

1. Quel est le montant de francs obtenu par l'exportateur le 5 janvier ?
2. Quel est le coût de l'avance en devise ?

Exercice 2

Le 5 janvier, une entreprise française exporte du petit matériel électrique pour une valeur de 520 000 dollars en accordant un crédit de 6 mois.

Il n'existe aucun contrôle des changes et l'exportateur décide de régler son problème de financement en recourant à une avance en devises. La consultation des taux d'intérêt sur le marché des euro-devises l'incite à retenir un financement en deutsche mark de préférence à un financement en dollar.

Le 5 janvier, les taux d'intérêt à 6 mois sur le marché de l'euro-deutsche mark et de l'euro-dollar s'établissent respectivement à 8,25 % et 11,25 %. La banque perçoit une commission de 1,25 % sur le montant de l'avance en devises effectuée le 5 janvier. Le 5 janvier, les taux de change entre le dollar, le deutsche-mark et le franc français étaient :

USD 1 = 7,3558 FRF
USD 1 = 2,4618 DEM
1DEM = 2,9880 FRF

Le 5 juillet, les différentes devises se négocient sur la base de :

USD 1 = 7,4075 FRF
USD 1 = 2,2285 DEM
1DEM = 3,3240 FRF

1. Quel est le montant de francs obtenus par l'exportateur, le 5 janvier ?
2. Quel est le coût de l'avance en devise exprimé en franc français ?
3. *Ex post*, et à la vue des données chiffrées du 5 juillet, n'aurait-il pas été préférable d'effectuer un financement en dollar ? Quel aurait été, exprimé en francs français, le coût d'une avance en dollar ?

Exercice 3

Un exportateur français dispose d'un effet de 125 000 dollars payable à 180 jours. Confronté à un problème de financement, cet exportateur souhaite escompter cet effet.

1. En supposant que le taux à 6 mois sur le marché de l'euro-dollar est 11,5 % et que la banque prend un bénéfice de 0,75 %, quelle somme reçoit cet exportateur ?
2. Quelle somme aurait reçu cet exportateur s'il avait escompté son effet, obtenu des francs et pris le risque de change, sachant que le taux au comptant au moment de l'escompte est égal à USD 1 = 8,20 FRF, que le taux de change au comptant au moment du paiement de l'effet, 180 jours plus tard, est égal à USD 1 = 7,60 FRF et que le taux d'escompte sur le marché domestique français est 14 % auquel s'ajoutent des commissions bancaires représentant 1 % de la valeur de l'effet ?
3. Quelle somme aurait reçu cet exportateur s'il avait escompté cet effet, obtenu des francs et évité le risque de change sachant que le taux au comptant au moment de l'escompte est égal à USD 1 = 8,20 FRF, que le taux de change au comptant au moment du paiement de l'effet, 180 jours plus tard, est égal à USD 1 = 7,60 FRF, que le report sur le dollar à 6 mois est égal à 4 % et que le taux d'escompte sur le marché domestique français est 14 % auquel s'ajoutent des commissions bancaires représentant 1 % de la valeur de l'effet.
4. Vous comparerez les résultats obtenus aux questions 2 et 3.

Chapitre 20

LE FINANCEMENT DES INVESTISSEMENTS A L'ETRANGER

Une entreprise qui développe ses exportations doit généralement disposer d'un réseau commercial à l'étranger mais, pour dépasser un certain niveau de ventes, l'implantation commerciale doit être complétée par une implantation industrielle. Qu'il soit de nature commerciale ou industrielle, l'investissement à l'étranger constitue une étape significative, mais risquée, du développement de l'entreprise.

De nombreuses études empiriques établissent que la décision d'investissement à l'étranger dépend plus de considérations stratégiques que de simples décisions financières reposant sur des critères de risque et de rentabilité[1]. Il n'en demeure pas moins nécessaire pour les entreprises de maximiser à long terme la richesse de leurs actionnaires ou, à tout le moins, de respecter un minimum d'objectifs et de contraintes financières. Ceci explique le contenu des deux premières sections de ce chapitre, consacrées à la présentation des considérations stratégiques et des critères financiers liés à la décision d'investissement à l'étranger. Dans la troisième section sont présentées les modalités de financement des investissements français à l'étranger. Ces investissements sont exposés à des risques politiques justifiant la mise en place de garanties spécifiques analysées à la quatrième sec-

1. Le lecteur peut se reporter au livre de Y. AHARONI, *The Foreign Investment Decision Process,* Boston, Harvard Business School, Division of Research, 1966.

tion. Dans une dernière section sont évoquées les modalités de financement des investissements à l'étranger mises en place dans les autres pays développés.

Section I — Les considérations stratégiques et la décision d'investissement à l'étranger

Les conditions stratégiques ont une grande importance dans la décision d'investissement. L'implantation à l'étranger résulte d'une stratégie commerciale, industrielle et financière.

§ 1. La stratégie commerciale

Plusieurs facteurs de nature commerciale sont pris en considération par une entreprise lorsqu'elle effectue un investissement à l'étranger.

- Elle peut vouloir développer ses exportations depuis le territoire national à destination du pays où elle effectue cet investissement. Cette considération est essentielle lorsque l'entreprise réalise à l'étranger un investissement commercial : achat ou constitution d'un réseau de distribution, constitution à l'étranger d'une société d'importation etc...
- Elle peut chercher à conquérir une part de marché, ou à l'accroître, dans le pays où elle s'implante.
- Elle peut s'efforcer de réduire les frais de transport.
- Elle peut souhaiter s'assurer un approvisionnement régulier de produits indispensables à la production de l'entreprise. Ce facteur est déterminant dans le cas de sociétés minières ou métallurgiques et dans celui des approvisionnements énergétiques : pétrole, gaz, uranium.
- Elle peut chercher à sauvegarder ou à maintenir un marché existant. Les mesures protectionnistes des autorités locales qui protègent les producteurs nationaux et freinent les importations conduisent fréquemment les entreprises à investir à l'étranger pour conserver leur marché.
- Elle peut vouloir répondre à la concurrence d'autres firmes multinationales qui investissent sur le marché français.
- Investir à l'étranger permet de produire pour exporter vers des pays tiers ou vers le pays d'origine de l'entreprise qui investit.

La mention de ce dernier élément conduit à aborder les facteurs relatifs à la stratégie industrielle.

§ 2. La stratégie industrielle

Trois considérations industrielles conduisent l'entreprise à investir à l'étranger.

- La première est la volonté de tirer profit d'un avantage technologique. Cette thèse développée par Vernon soutient que les entreprises (en particulier les sociétés américaines) commencent par produire pour leur marché national, car la demande y est généralement forte. Elles investissent, dans un deuxième temps, sur les marchés étrangers pour tirer profit des avantages acquis et utiliser le monopole temporaire dont elles disposent.

- L'abaissement des coûts de production et la volonté de tirer profit d'une main-d'œuvre bon marché sont des motivations fréquemment avancées pour investir à l'étranger. La possibilité de transférer une technologie performante dans un pays où le prix de la main-d'œuvre est faible conduit à rationaliser la production par dessus les frontières et à créer des filiales relais ou des unités d'assemblage dans certains pays en développement. Cette sous-traitance internationale se fait parfois avec l'accord explicite des pays d'accueil dont l'objectif n'est plus de substituer une production locale à des importations mais de favoriser les exportations. Cette motivation peut conduire à des phénomènes de délocalisation de la production nationale.
- Le sous-emploi de certains facteurs de production : capital technique et équipement industriel et plus encore cadres de direction et ressources en personnel peut pousser l'entreprise à investir à l'étranger.

§ 3. La stratégie financière

Trois facteurs financiers sont à prendre en considération pour expliquer l'investissement à l'étranger de certaines grandes entreprises.

- Ces sociétés — ce fut le cas aux Etats-Unis jusqu'au début de la décennie 1970 — peuvent vouloir tirer bénéfice d'avantages monétaires et financiers qu'elles possèdent dans leur pays d'origine. Ces avantages tiennent à un coût de financement avantageux sur leur marché domestique comparé à celui des entreprises localisées dans des pays étrangers. Ils peuvent tenir, à d'autres époques, à un taux de change favorable à l'achat d'entreprises étrangères.
- Les très importantes capacités d'auto-financement de certaines entreprises leur permettent quelquefois de financer sans difficulté leurs investissements nationaux et de dégager un surplus pour investir à l'étranger ou acheter des sociétés non-résidentes.
- La diversification des grandes entreprises offre une plus grande sécurité aux actionnaires. Le nivellement des fluctuations de l'activité économique — une récession dans un pays est compensée par une expansion dans un autre — de la société du fait d'une implantation dans de nombreux pays permet d'obtenir des bénéfices et dividendes en croissance régulière. A cette diversification géographique s'en ajoute une seconde due à la production de nouveaux biens et services.

A ces différentes composantes d'une stratégie commerciale, industrielle ou financière, il faut ajouter les initiatives de certains gouvernements qui encouragent par des aides, des garanties publiques, des subventions, des bonifications de taux et des mesures fiscales et financières l'investissement des sociétés étrangères sur leur territoire.

Section II — Les critères financiers et la décision d'investissement à l'étranger

Les critères financiers traditionnels ne sont pas d'un grand secours pour éclairer les choix et les décisions vu l'ampleur des risques associés aux investissements à l'étranger. Ils ne sont pas capables de déterminer les pays dans lesquels une firme multinationale doit investir. Ils retrouvent, en revanche, leur utilité dans le cadre plus restreint des décisions non stratégiques comme celles relatives au ré-investissement des bénéfices, au développement des capacités de production déjà installées etc...[2]

Quand il est possible de recourir aux critères financiers, l'investisseur doit calculer la valeur actuelle nette de l'investissement en raisonnant dans le cadre du pays d'accueil et de la monnaie locale et en utilisant comme taux d'escompte le coût du capital d'opportunité. Si la valeur actuelle nette est positive, ce résultat signifie que l'investisseur ne procède pas à une mauvaise allocation des ressources dans le pays d'accueil. Un exemple permet de mieux comprendre ce critère de décision. Une entreprise française obtenant une rentabilité de 10 % sur ses investissements français trouvera avantageux d'investir au Mexique si cet investissement lui procure une rentabilité de 14 %. Si le coût du capital au Mexique est de 16 %, cet investissement n'est pas satisfaisant du point de vue de l'économie mexicaine. En investissant au Mexique dans ces conditions, l'entreprise s'expose à des difficultés. A plus ou moins long terme, le pays d'accueil reconnaîtra qu'un mauvais usage est fait de ses ressources. Pour nous résumer, une entreprise ne doit pas entreprendre un investissement si elle ne peut obtenir une valeur actuelle nette positive dans le pays d'accueil, en prenant un taux d'actualisation égal au coût du capital local.

Dégager une valeur actuelle nette positive dans le pays d'accueil n'est pas suffisant pour évaluer une opportunité d'investissement à l'étranger. Il est indispensable en effet de calculer la valeur actuelle nette procurée par cet investissement dans la devise de l'investisseur. Le fait d'obtenir une rentabilité de 14 % pour un investissement français au Mexique ne signifie pas que tous les pesos résultant de cet investissement seront automatiquement disponibles en francs pour l'investisseur français. Des contraintes peuvent apparaître sur les flux de capitaux entre pays qui n'apparaissent jamais sur un marché national, contraintes qui viennent réduire le montant des cash-flows disponibles en francs. Ces contraintes ont pour nom : restrictions au rapatriement des capitaux, variations des taux de change, entraves administratives ou politiques, contraintes gouvernementales de la part du pays d'accueil, impôts nationaux et étrangers sur les bénéfices rapatriés, etc... Toutes ces contraintes réduisent le montant des flux financiers disponibles en francs et abaissent d'autant la rentabilité d'un investissement à l'étranger quand le calcul est effectué dans la devise de l'investisseur.

---

2. Les développements de cette section sont inspirés du chapitre 8 de l'ouvrage de D.K. EITEMAN et A.L. STONEHILL : *La gestion financière des entreprises multinationales,* Paris, Publi-Union, 1974.

Il importe également de prendre en considération l'incertitude. L'analyse suppose assez naïvement que les cash-flows sont connus, que les prix et les taux de change sont stables pour toute la période et que les pouvoirs publics n'interfèrent pas dans le processus économique et financier.

En fait, les prévisions de cash-flows ne sont que de simples anticipations, les prix et les taux de change varient constamment, et les autorités gouvernementales interviennent de façons diverses dans les processus économiques en bloquant le rapatriement des capitaux et des revenus des investissements, en créant de nouvelles taxes, en instaurant de nouvelles charges pour les entreprises, en imposant de nouvelles modalités de lutte contre la pollution, etc... Ces interférences peuvent aller jusqu'à l'expropriation[3].

Plusieurs techniques sont utilisées pour prendre en compte ces différentes formes d'incertitude. Les distributions de probabilité peuvent être utilisées pour remédier à l'incertitude sur le montant des cash-flows et le niveau des prix. Les méthodes de simulation peuvent être utilisées pour prendre en compte l'interférence entre les variations des cash-flows et celles du niveau des prix. L'emploi d'un taux d'actualisation plus élevé pour évaluer la rentabilité d'un investissement à l'étranger permet de remédier à certaines incertitudes spécifiques aux investissements à l'étranger. Pour se protéger contre le risque politique et le risque de change, l'investisseur doit recourir à des techniques spécifiques : couverture sur le marché des changes, obtention de garanties d'investissement, emprunts en monnaie locale, etc...

Ces techniques remédient en partie aux différentes incertitudes qui entourent les choix d'investissement à l'étranger, mais elles demandent beaucoup de temps pour être mises en œuvre et sont finalement assez coûteuses.

Section III — Les modalités de financement des investissements français à l'étranger

Les modalités de financement des investissements français à l'étranger sont multiples et variées. Les investissements peuvent être financés à partir de ressources en devise ou en franc, ces dernières pouvant être obtenues aux conditions du marché ou à des taux privilégiés. Par ailleurs, les financements peuvent se faire par recours à l'emprunt ou par augmentation des fonds propres. Différents organismes internationaux accordent, sous certaines conditions, des financements ou des garanties qui facilitent les implantations industrielles ou commerciales dans les pays en développement. De nombreux pays d'accueil offrent, enfin, des financements à des conditions plus ou moins privilégiées destinés à faciliter l'investissement international.

Cette section a pour objet de présenter concrètement, mais succinctement, les principales modalités de financement des investissements français à l'étranger[4].

---

3. D. K. EITEMAN et A.L. STONEHILL, *op. cit.*, pp. 279-280.
4. Le contenu de cette section reprend certains développements exposés dans l'article intitulé Le financement des investissements à l'étranger publié dans *Actualités de la BFCE*, novembre 1988, pp. 7-17.

§ 1. Les financements par emprunt

Ces financements, à court terme ou long terme, sont accordés aux conditions du marché, mais certains d'entre eux bénéficient de taux privilégiés.

A. — Les emprunts à court terme aux conditions du marché

Ces prêts ne sont pas destinés au financement lui-même des investissements à l'étranger, mais au financement de l'accroissement des besoins en fonds de roulement induits par ces investissements.

Ces financements peuvent être en franc ou en devise. Ils prennent généralement la forme d'une avance à court terme renouvelable pendant une durée qui ne peut être supérieure à 5 ans. Les taux d'intérêt, généralement flottants, sont déterminés à chaque renouvellement en fonction des taux prévalant sur le marché monétaire de la devise ou, plus généralement, sur celui des euro-devises.

Quand elles atteignent des montants très élevés, ces avances ou ces lignes de crédit sont parfois syndiquées par plusieurs banques et sont connues sous l'appellation *Multiple Option Facilities.*

B. — Les emprunts à moyen et long terme aux conditions du marché

Les besoins de financement à long terme des entreprises qui investissent à l'étranger peuvent être satisfaits par des prêts en franc ou en devise accordés aux conditions du marché par des banques ou des établissements financiers non bancaires.

Ces prêts peuvent être éventuellement jumelés à des crédits à moyen terme. Ces derniers représentent au maximum 75 % du programme d'investissement. Leur montant et leur durée (qui peut atteindre 7 ans) sont appréciés en fonction de l'ensemble des besoins du bénéficiaire. Ils doivent être compatibles avec sa capacité d'endettement et ses possibilités de remboursement.

C. — Le financement au titre de la procédure DIE

La procédure DIE a été mise au point en 1972 par le Crédit National et la Banque Française du Commerce Extérieur (BFCE).

Ouverte à toutes les entreprises quelles que soient leur taille, leur forme juridique et leur activité, la procédure DIE permet de financer tous les investissements à l'étranger ayant une finalité industrielle et commerciale. L'entreprise bénéficiaire du prêt est la société mère ou cette dernière conjointement avec sa filiale si l'investissement est réalisé dans la zone franc. Sont ainsi susceptibles d'être financées : la prise de participation ou de contrôle des sociétés industrielles, la création ou l'extension des capacités de production, l'acquisition de gré à gré ou par OPA d'entreprises étrangères. Dans la majorité des cas, ces implantations ont pour finalité l'acquisition de nouvelles technologies et la pénétration de nouveaux marchés sur lesquels, par suite de protectionnismes locaux, il est indispensable de s'implanter industriellement. Les investissements ayant le caractère d'un placement financier ne peuvent toutefois pas être financés au titre de la procédure DIE.

Le financement peut atteindre 100 % du montant de l'investissement. Toutes les dépenses à caractère permanent engagées par l'entreprise dans le cadre de son implantation à l'étranger peuvent bénéficier d'un financement DIE.

Cette procédure associe un établissement de prêt à long terme (Crédit National, CEPME, SDR) et les banques de l'entreprise dans l'étude des projets, le financement et la prise de risque sur les prêts consentis à long terme. Cette coopération permet d'apporter une aide technique et financière aux entreprises désireuses d'élargir à l'étranger le champ de leur activité.

La durée des prêts et les modalités d'amortissement sont adaptées au caractère spécifique des projets financés. Cette durée est généralement de 15 ans, mais clle peut varier entre 9 et 20 ans. Le remboursement se fait habituellement par amortissements égaux en capital avec des différés importants atteignant le tiers de la durée du prêt.

Le prêt est consenti conjointement par une banque ou un pool bancaire et l'établissement de prêt à long terme. Le pool bancaire prend sur lui la première période du financement, allant jusqu'à 5 ou 7 ans, qu'il finance, au choix du client, en franc ou en devise. Il applique à cette phase du crédit un taux variable en fonction des fluctuations du taux de base bancaire[5]. Les banques sont ensuite relayées par l'établissement de prêts à long terme qui prend en charge la seconde phase du crédit. Cette part est obligatoirement financée en franc français au taux des prêts ordinaires de cet établissement.

Le montant des prêts ne connaît ni minimum ni maximum. Le montant moyen est de 12 millions de francs. Un nombre relativement élevé d'opérations importantes dépasse 100 millions. Les petites et moyennes entreprises ont néanmoins largement bénéficié de la procédure : les prêts d'un montant inférieur à 2,5 millions représentent en effet 40 % du nombre des concours accordés[6].

Les investissements qui ont bénéficié de la procédure DIE se sont orientés dans leur grande majorité vers les pays industrialisés, essentiellement les Etats-Unis et les pays de la CEE. Les deux tiers des projets financés ont été réalisés en Amérique du Nord et en Europe. Ils se sont répartis pour l'ensemble de la période 1972-1982 de façon homogène entre les différents secteurs. Si les grandes entreprises sont les principales bénéficiaires des prêts accordés au titre de la procédure DIE, des PME en nombre croissant accèdent à cette modalité de financement.

Depuis 1981, le Crédit National a tenté d'élargir la procédure DIE « en mettant à la disposition des entreprises des financements en devises à long terme et à taux fixe pour financer leur implantation à l'étranger »[7]. Cette modalité de financement complète, sans s'y substituer, la gamme « des

---

5. La procédure DIE, *Le MOCI*, 5 avril 1982, pp. 66-67.
6. Le Crédit National et l'activité internationale des entreprises, *Bulletin du Crédit National*, 1er trimestre 1983, p. 10.
7. TIROUFLET, J.P. : Un financement spécifique : la procédure DIE, *Le MOCI*, 5 avril 1982, p. 42.

financements bancaires classiques en devises dont la durée dépasse rarement huit ans et qui sont généralement consentis à taux variable »[8].

Signalons enfin que des prêts participatifs du Fonds de développement économique et social peuvent être associés aux prêts DIE pour les entreprises dont la situation nécessite un renforcement des fonds propres.

D. — Les prêts de la Caisse centrale de coopération économique

La Caisse centrale de coopération économique peut consentir des prêts aux sociétés françaises désireuses d'investir dans les pays de la zone franc. Ces prêts d'une durée au plus égale à 10 ans bénéficient d'un différé d'amortissement pouvant atteindre 5 ans. La quotité financée ne peut dépasser 50 % du montant de l'investissement. Ces prêts peuvent être complétés à hauteur du solde non financé par des prêts relevant de la procédure DIE.

§ 2. Les financements par augmentation des fonds propres

Pour assurer le financement de leurs investissements à l'étranger, les entreprises recourent de plus en plus souvent à des ressources stables non empruntées : apport en fonds propres et appel aux sociétés de capital-risque.

A. — L'apport de fonds propres et de quasi-fonds propres

Les modalités les plus diverses peuvent être utilisées. Mentionnons, sans pouvoir développer, l'augmentation de capital, l'émission d'obligations convertibles et l'émission d'obligations avec bons de souscription en actions.

L'entreprise peut également recourir à la procédure des prêts participatifs qui sont assimilés à des fonds propres. Ces prêts d'une durée généralement supérieure à 7 ans comportent un taux fixe qui peut être majoré par le jeu d'une clause de participation aux résultats de l'entreprise.

B. — L'action spécifique des sociétés de capital-risque

Certaines sociétés de capital-risque ont pour objectif d'intervenir en faveur d'entreprises exportatrices effectuant des investissements à l'étranger. Tel est le cas de la Société pour le financement des industries exportatrices (SOFININDEX) et de la Société de promotion pour la coopération économique (PROPARCO).

a) *L'action de la SOFININDEX*

Créée en 1976 par la BFCE avec le concours d'établissements financiers et industriels et la SOFINNOVA[9], SOFININDEX est un établissement spé-

---

8. *Ibid.*
9. En juin 1982, ses principaux actionnaires étaient :
   - la Banque Française du Commerce Extérieur .... 19,65 %
   - le Crédit National .... 15,00 %
   - l'Institut de Développement Industriel .... 12,22 %
   - la Caisse Centrale de Coopération Economique .... 8,33 %
   - le Crédit d'Equipement des petites et moyennes entreprises .... 8,33 %
   - l'Union d'Etudes et d'Investissements .... 8,33 %

   Cf. *Actualités de la BFCE*, janvier 1983.

cialisé dans le financement en fonds propres des entreprises exportatrices. Elle a pour objectif d'apporter aux entreprises de taille moyenne et aux PME dynamiques les fonds propres nécessaires au développement de leurs exportations et de leur expansion à l'étranger. Ses interventions prennent la forme de participations minoritaires et temporaires au capital de la société française ou à celui des filiales à l'étranger. SOFININDEX peut apporter son concours pour aider au financement d'une implantation à l'étranger, qu'il s'agisse de la création d'une filiale commerciale ou industrielle, de l'acquisition d'une filiale commerciale ou industrielle ou d'une *joint venture*.

SOFININDEX s'intéresse aux entreprises exportatrices, quelles que soient leur activité et leur orientation géographique.

Les prises de participation peuvent prendre différentes modalités :
- la participation à une augmentation de capital,
- l'acquisition d'actions,
- l'acquisition d'obligations convertibles,
- l'acquisition d'obligations à bon de souscription d'actions,
- l'acquisition d'actions à dividendes prioritaires,
- la participation directe avec l'entreprise au financement de l'investissement à l'étranger.

Quelle que soit la modalité retenue, la participation de SOFININDEX est en principe minoritaire ; elle varie de 10 à 30 % du capital ; son montant peut aller jusqu'à 5 millions de francs ; toujours temporaire, elle dure en principe de 3 à 7 ans.

b) *L'action de PROPARCO*

Créée en 1977 par la Caisse centrale de coopération économique, PROPARCO a pour objectif de contribuer à la création et à l'extension de projets industriels et de services de moyenne dimension dans les pays de la zone franc en associant des intérêts locaux et français.

Ses interventions prennent la forme de conseil et d'apports en fonds propres. Elles se font aussi bien en faveur des promoteurs institutionnels ou privés des pays de la zone franc que de leurs partenaires français.

La participation de PROPARCO est toujours minoritaire et temporaire ; elle représente de 5 à 20 % du capital de la société et dure 5 ans en moyenne.

§ 3. L'action spécifique du Comité du développement extérieur

L'action de l'Etat français s'est orientée depuis le début de la décennie 1980 vers l'aide au financement des investissements destinés à accroître les exportations en direction des pays développés. Cette politique s'est traduite par la création du Comité du développement extérieur (CODEX).

Le CODEX est un comité interministériel regroupant différentes directions techniques du ministère de l'Industrie, la COFACE et certains établissements financiers comme la Banque Française du Commerce Extérieur et le Crédit National.

La finalité du CODEX est de soutenir le développement à l'étranger des entreprises françaises et leurs investissements dans les pays industrialisés.

Son objectif précis est « d'aider les entreprises du secteur concurrentiel à développer leurs réseaux de commercialisation à l'étranger en favorisant notamment l'implantation de structures permanentes sur les marchés extérieurs (bureaux de représentation, succursales, filiales...) ».

Le CODEX intervient pour toutes les entreprises, quelles que soient leur taille et leur activité, à condition qu'elles aient déjà une bonne expérience internationale dans le domaine des exportations, que leurs projets se traduisent *a priori* par un développement significatif de leurs exportations, et que ces projets soient dirigés vers les grands marchés industrialisés européens, américains (Etats-Unis et Canada) ou asiatiques (Japon, ou nouveaux pays industrialisés de la zone pacifique).

Les modalités d'action du CODEX sont d'une triple nature.

- Il facilite et simplifie l'attribution des différentes aides de l'Etat, qu'elles soient de nature fiscale ou financière, dont peut bénéficier l'entreprise pour couvrir ses risques et optimiser son financement.
- Il facilite les interventions en fonds propres des institutions bancaires ou non bancaires.
- Pour certains projets jugés particulièrement significatifs, le CODEX peut accorder des concours publics complémentaires.

Ces prêts ont pour objet de participer au financement des investissements commerciaux à l'étranger effectués par des entreprises exportatrices. Les firmes qui en bénéficient s'engagent à réaliser un apport en fonds propres égal à 50 % du prêt, mais ce chiffre n'est pas strictement impératif. Les entreprises éligibles à ces prêts doivent réaliser un chiffre d'affaires annuel inférieur à 3 milliards de francs, mais, là encore, cette limite n'est pas vraiment impérative. Quelle que soit leur nature, les besoins induits par ces investissements commerciaux à l'étranger peuvent être financés par ces prêts participatifs à condition qu'ils aient un lien incontestable avec le développement des exportations. Il faut toutefois noter que l'entreprise ne prend aucun engagement chiffré précis en matière d'accroissement des exportations.

Les prêts participatifs ont une échéance variable entre 7 et 12 ans avec un différé de remboursement de 2 ans. Ils ne doivent pas théoriquement financer plus de 50 % de l'investissement à l'étranger. Le taux d'intérêt fixe s'applique à la totalité du prêt accordé.

§ 4. Les financements en devises

Les financements en devises peuvent être obtenus sur les marchés financiers internationaux ou à partir des systèmes financiers du pays d'accueil de l'investissement.

A. — Les financements obtenus sur les marchés internationaux de capitaux

La possibilité de lever des fonds sur les marchés internationaux de capitaux est réservée aux très grandes entreprises qui effectuent des investissements volumineux.

Trois modalités sont utilisées. L'entreprise peut recourir au marché des euro-crédits. Elle peut émettre des titres euro-obligataires. Elle peut enfin s'adresser aux marchés nationaux étrangers.

Ces différents marchés ont fait l'objet d'une présentation détaillée à la troisième partie de ce livre. Il est donc inutile de revenir ici sur ce qui a été précédemment développé.

B. — Les financements obtenus à partir du système financier du pays d'accueil

Les modalités de financement varient selon les pays d'accueil.

Lorsque l'investissement est réalisé dans un pays développé, l'entreprise trouve des ressources auprès d'un système financier bien constitué. Ces financements sont fournis par des marchés de capitaux ou des institutions financières.

Si l'investissement est effectué dans un pays en développement, il est improbable que l'entreprise trouve sur place les financements requis, surtout s'il s'agit de besoins à long terme. Elle peut cependant bénéficier de financements privilégiés dispensés par des sociétés de développement locales ou des organismes bancaires internationaux dont l'objectif est d'aider au développement et de faciliter le financement des investissements industriels ou commerciaux. Ces organismes sont pour l'essentiel la Banque Mondiale, la Banque inter-américaine de développement, la Banque asiatique de développement et la Banque africaine de développement. Quand le financement est assuré par ces organismes internationaux, les ressources sont en devises et elles sont obtenues sur les marchés internationaux de capitaux.

Section IV — Les investissements à l'étranger et la garantie contre le risque politique

Quelques réflexions générales concernant la protection des investissements à l'étranger sont présentées dans un premier paragraphe. Les garanties offertes aux investissements français à l'étranger sont analysées dans un deuxième paragraphe.

§ 1. La protection des investissements à l'étranger

Différentes modalités de protection des investissements ont été mises en place par les pays occidentaux. Les garanties peuvent être offertes par une assurance auprès d'un organisme spécialisé, par un traité bilatéral ou multilatéral reliant le pays de l'investisseur et le pays où se trouve localisé l'investissement ou par le pays qui reçoit l'investissement[10].

---

10. Ce paragraphe reprend certaines analyses développées par Charles LEBEN dans une note technique du Groupe HEC intitulée : *La protection des investissements à l'étranger.*

A. — *Les garanties offertes par une assurance auprès d'un organisme spécialisé*

L'assurance obtenue auprès d'un organisme spécialisé est la meilleure protection. En contrepartie du paiement d'une prime, l'investisseur est assuré de ne subir qu'une fraction minime des pertes qui le frappent en cas de survenance du risque contre lequel il est protégé.

Peu de pays offrent à leurs nationaux les bénéfices d'une assurance auprès d'un organisme public. Ce système fut mis en place par les Etats-Unis en 1948, puis par le Japon en 1956, la République Fédérale d'Allemagne en 1959, la Norvège en 1964, l'Australie et le Danemark en 1966. Pour certains pays et dans certaines circonstances, cette modalité de protection est étroitement associée à la signature préalable d'un traité bilatéral de protection des investissements.

Les risques couverts par cette modalité de protection des investissements comprennent en général les risques de nationalisation, les dommages entraînés par les guerres, les révolutions, les émeutes et l'interdiction de transférer les revenus des investissements.

La protection offerte par l'assurance peut couvrir la totalité des pertes, mais il existe généralement une franchise, de sorte que la couverture dépasse rarement 90 % des pertes endurées. La durée de la protection varie selon les pays entre 12 et 20 ans. Le coût dépend des risques couverts et des pays où sont effectués les investissements qui bénéficient de la garantie. Il varie entre 0,5 % et 1,5 % de la valeur de l'investissement.

B. — *Les traités bilatéraux et multilatéraux pour la protection des investissements*

Ces traités ont pour objectif de garantir un traitement équitable des investissements effectués dans un pays donné par des non-résidents. Ils prévoient que les nationaux de chacune des parties contractantes, qu'il s'agisse de personnes physiques ou de personnes morales, bénéficieront dans leurs territoires respectifs d'un traitement juste et équitable. Ces traités prévoient également une compensation adéquate et effective en cas de nationalisation.

La plupart de ces traités sont bilatéraux. Les tentatives entreprises pour arriver à des conventions multilatérales n'ont, à quelques exceptions près, jamais abouti. L'exception la plus notable est le code de libération des capitaux de l'OCDE.

C. — *Les garanties offertes par les pays importateurs de capitaux*

Les pays voulant favoriser le développement d'investissements effectués par des non-résidents édictent de plus en plus souvent une législation spécifique précisant, entre autres, très clairement, les conditions et les effets de la protection des investissements. Cette législation est généralement regroupée au sein de codes d'investissement.

Ces codes définissent la politique que le gouvernement désire mener et prévoient la procédure à suivre par une société qui souhaite investir dans le pays.

Au sein de ces codes d'investissement, les clauses les plus fréquentes concernent :

- le traitement équitable des investissements étrangers,
- la liberté d'emploi d'un personnel étranger,
- les modalités de rapatriement des bénéfices,
- l'imposition des bénéfices et le statut fiscal des investissements,
- les modalités de protection contre le risque de nationalisation et les indemnisations[11].

§ 2. La garantie des investissements français à l'étranger contre le risque politique

Les investissements français à l'étranger peuvent être soumis à des risques politiques sur lesquels l'investisseur ne peut avoir aucune action. L'Etat français offre, dans certaines conditions, une protection contre ces risques sous la forme d'une garantie.

Ce système progressivement mis en place depuis 1967 est semblable dans ses modalités à ceux des autres pays industrialisés. Les investisseurs français sont aujourd'hui dans une situation comparable à celle de leurs principaux partenaires des pays occidentaux développés. Leur situation est même supérieure du fait du régime particulier réservé aux investisseurs porteurs d'exportations (IPEX). Ce régime n'a pas en effet d'équivalent dans les autres pays étrangers.

Le marché de l'assurance privée offre quant à lui une garantie appelée « Assurance confiscation ». Elle est proposée par le Lloyd's de Londres et la gestion en France est confiée à la société Assurance des Investissements Internationaux.

A. — La garantie fournie par l'Etat français

Les gestionnaires de la garantie offerte par l'Etat sont la BFCE pour le régime général et la COFACE pour le régime des IPEX[12].

a) Le régime d'application générale

Les demandes de garantie doivent être déposées à la BFCE. Cette dernière les instruit et gère les dossiers qui ont fait l'objet d'une décision favorable. La garantie est matérialisée par un contrat signé entre la BFCE et l'investisseur.

La décision est prise par le ministre de l'économie après avis d'un comité interministériel, présidé par le directeur du Trésor et dénommé Comité d'octroi de la garantie du Trésor aux investissements français à l'étranger.

---

11. *Actualité de la BFCE* publie régulièrement le contenu des codes d'investissement établis par les différents pays. A titre d'exemple, on trouve dans la livraison de mai 1983 de cette revue, pp. 27 à 42, les principales dispositions du nouveau code des investissements industriels promulgué par les autorités marocaines en janvier 1983.
12. Ce sous-paragraphe reprend les grandes lignes et les principaux développements d'un article publié dans *Actualité de la BFCE,* août-septembre 1979.

1 — Le système de garantie a pour objectif d'encourager le développement des investissements français à l'étranger. Les garanties sont accordées en fonction des retombées directes et indirectes pour l'économie française.

En 1984, onze accords de garantie furent donnés par la BFCE pour un montant de 385 millions de francs. A la fin de l'année 1984, l'ensemble des garanties accordées par la BFCE atteignait le montant cumulé de 2,82 milliards de francs. L'année 1980 a vu le paiement des premières indemnités sur sinistre, dans des conditions qui ont confirmé la valeur de cette garantie.

A titre de comparaison, signalons qu'au 31 décembre 1981 les accords de garantie donnés par la BFCE concernaient près de 300 projets réalisés dans une quarantaine de pays et atteignaient le montant cumulé de 3,8 milliards de francs. A la fin 1977, les garanties accordées s'élevaient à 1,5 milliard de francs correspondant à 150 opérations.

Différentes dispositions ont été prises par le ministère de l'Economie pour accroître l'efficacité du système. En février 1980, les améliorations concernaient les investissements miniers. En décembre 1980, les mesures prévoyaient une extension du champ d'application géographique au bénéfice de l'ensemble des secteurs d'activité.

2 — Trois conditions sont requises pour qu'un investissement soit éligible à la procédure gérée par la BFCE.

- L'opération doit présenter un intérêt certain pour l'économie française apprécié à partir des retombées directes et indirectes de cet investissement.
- L'entreprise doit investir dans des pays ayant conclu avec la France une convention de protection des investissements ou dans des pays liés au Trésor français par un compte d'opérations : pays africains de la zone franc. Certains pays ne figurant pas dans les deux catégories précédentes peuvent être rendus éligibles à titre dérogatoire.
- Presque tous les secteurs peuvent bénéficier de cette garantie. L'exploitation minière bénéficie cependant de dispositions particulièrement favorables.

3 — Les modalités de la garantie sont définies cas par cas par le directeur du Trésor sur avis du Comité d'octroi de la garantie du Trésor aux investissements français à l'étranger.

- Il n'y a pas de limite de principe, inférieure ou supérieure, quant au pourcentage de participation dans l'entreprise étrangère ou quant au montant de l'investissement.
- La quotité garantie est normalement de 90 %, mais elle peut être inférieure ou supérieure sans pouvoir dépasser 95 %. L'investisseur s'engage à ne pas garantir la fraction du risque qui est laissée à sa charge.
- La garantie prend effet au moment de la réalisation de chaque apport. Elle ne peut pas dépasser 15 ans. Les investissements miniers peuvent toutefois bénéficier d'une garantie de 20 ans.
- La commission payable annuellement et d'avance par le bénéficiaire de la garantie est calculée sur le montant des capitaux investis et garantis. Le taux annel est normalement de 0,7 % mais il peut atteindre 1,0 %.

4 — L'indemnisation intervient en cas de sinistre si le risque a été la conséquence directe de l'un des six faits suivants :

- acte ou décision des autorités étrangères conduisant à la nationalisation, l'expropriation, la confiscation ou la mise sous séquestre des investissements français ;
- mesures prises par les autorités étrangères dans l'intention délibérée de nuire à l'investisseur en raison de sa nationalité ;
- violation par les autorités étrangères des engagements spécifiques qu'elles avaient pris au titre de l'investissement ;
- guerre civile ou étrangère, révolution ou émeute dans le pays étranger ;
- moratoire général édicté par les autorités étrangères ;
- événements politiques, difficultés économiques intervenues hors de France ou mesures législatives ou administratives prises hors de France entraînant le risque de non transfert.

b) Le régime spécifique aux investissements porteurs d'exportations

Cette procédure gérée par la COFACE comporte des dispositions plus avantageuses, mais elle est subordonnée à l'engagement de l'investisseur sur un programme d'exportation dont le non-respect entraîne l'application de sanctions.

Les demandes de garantie sont soumises à la décision du ministre de l'économie après avis de la Commission des garanties et du crédit au commerce extérieur (CGCCE), présidée par le directeur de la DREE.

Les dossiers sont déposés par les investisseurs auprès de la COFACE qui en effectue l'instruction. C'est elle qui délivre et gère les garanties qui ont fait l'objet d'une décision favorable. Ces garanties sont matérialisées par une police d'assurance signée entre la COFACE et l'investisseur.

1 — Cette procédure a pour objectif de garantir les investissements à l'étranger dont la constitution est susceptible d'entraîner, sur une période de 5 ans, une augmentation des exportations françaises. Il n'y a pas, sauf circonstances exceptionnelles, de restriction géographique quant à la localisation de l'investissement.

La garantie est limitée aux risques politiques et de non-transfert. Le risque politique se définit par l'atteinte portée au droit de propriété de l'investisseur par un fait politique tel que nationalisation, expropriation, modification de la législation relative aux investissements étrangers, guerre, révolution ou émeute, moratoire. Le risque de non-transfert consiste dans l'impossibilité pour l'assuré de rapatrier tout ou partie des fonds investis en raison d'un fait politique ou d'événements économiques survenus hors de France.

Tout investissement, quelle que soit sa nature, est éligible s'il satisfait aux conditions prévues en matière d'accroissement des exportations.

2 — Les modalités de la garantie sont définies cas par cas par le directeur de la DREE sur avis de la CGCCE, en fonction de son appréciation par rapport aux conditions d'éligibilité et sur la base de l'engagement de l'investisseur sur le programme d'exportation présenté.

Il n'y a pas de limite de principe inférieure ou supérieure quant au pourcentage de participation dans l'entreprise étrangère ou à son montant. L'investissement peut être constitué par une participation sous forme d'apports en espèces ou en nature au capital d'une société étrangère, ou par la dotation d'une succursale ou d'une agence. Sont également éligibles à la garantie les prêts à long terme, les avances d'actionnaires et les cautions, dans la mesure où le caractère d'investissement leur a été reconnu.

La garantie doit être étendue aux bénéfices à réinvestir et aux dividendes dans les limites de cumuls égaux respectivement à 100 % et à 50 % du montant de l'investissement initial.

La quotité garantie peut atteindre 95 %. Elle peut cependant être fixée à un niveau inférieur, en fonction des caractéristiques de l'opération. L'investisseur doit s'engager à ne pas faire assurer ailleurs la fraction de risque laissée à sa charge.

La garantie prend effet au moment de la réalisation de chaque apport. La durée est définie à l'intérieur d'une limite maximum de 15 ans . Elle peut toutefois être ultérieurement augmentée de 5 ans sans pouvoir dépasser un total de 20 ans si, à l'issue des 5 premières années, l'investisseur prend un engagement complémentaire sur un flux d'exportations cumulées pour les 5 années suivantes égal au moins à 5 fois le montant annuel du programme initial.

La prime annuelle payable d'avance par le bénéficiaire de la garantie est calculée sur le montant des capitaux investis et garantis. Le taux est de 0,4 % l'an. Toutefois, si l'investissement est effectué dans un pays présentant des risques particuliers et n'ayant pas conclu de convention de protection des investissements avec la France, le taux de prime est modulé entre 0,5 % et 0,6 % l'an.

3 — L'investisseur doit s'engager sur un programme d'exportations présenté au moment de l'instruction du dossier et transcrit par la suite dans la police d'assurance.

Le contrôle de son exécution est assorti d'un barème de sanctions dans le détail desquelles nous n'entrerons pas.

4 — Les faits générateurs de sinistre sont identiques à ceux retenus dans le cadre des garanties offertes par le régime général géré par la BFCE. Le régime géré par la COFACE y ajoute cependant une disposition spécifique tenant à la fermeture brutale et imprévisible du marché du pays étranger aux exportations dont l'investissement devait favoriser le développement.

En cas de survenance d'un sinistre, l'investisseur est indemnisé lorsque la perte a été déterminée à l'expiration d'un délai qui varie de 6 à 12 mois suivant la nature du sinistre.

B. — La garantie fournie par des assureurs privés

Le Lloyd's de Londres peut délivrer aux investisseurs français effectuant des implantations à l'étranger une assurance contre le risque politique appelée assurance-confiscation[13].

La société Assurance des Investissements Internationaux gère en France l'assurance confiscation. Elle analyse les dossiers et soumet des propositions aux souscripteurs du Lloyd's. C'est elle qui établit et suit les contrats de garantie.

Aucune condition préalable n'est édictée sous réserve que l'investissement sur lequel porte la demande ne soit pas éligible aux garanties de l'Etat gérées par la BFCE et la COFACE. L'assurance confiscation peut être demandée par toute personne physique ou morale, pour tout bien détenu à l'étranger, qu'il s'agisse de participations dans des filiales, d'actifs détenus en pleine propriété, de prêts ou d'engagements fournis à des tiers.

La base d'évaluation de la couverture la plus souvent retenue est celle de l'actif net, mais elle peut être modifiée à la demande de l'investisseur. Contrairement aux garanties offertes par la BFCE et la COFACE, cette assurance n'est pas assise sur le montant des apports mais sur la valeur déclarée du patrimoine à couvrir, c'est-à-dire en principe sa valeur réelle.

La durée de la garantie est généralement d'un an, renouvelable. A chaque reconduction il peut être procédé à l'actualisation du montant couvert.

La quotité garantie est normalement de 90 %, mais elle peut atteindre exceptionnellement 100 %.

La prime dépend essentiellement des pays considérés, de la nature des investissements et de l'étalement géographique des couvertures délivrées à un même assuré.

La garantie couvre la perte et les dommages survenant aux biens assurés résultant directement des actes suivants : confiscation, expropriation, nationalisation, saisie, appropriation, réquisition, destruction volontaire de ces biens ou de leur titre de propriété ou tout autre acte ayant le caractère de spoliation et conduisant à la cessation totale de l'activité. Ces actes doivent avoir été commis sur décision du gouvernement local.

La garantie ne couvre pas les pertes ou dommages causés par un pouvoir local non reconnu ni ceux engendrés par une guerre civile ou étrangère, une révolution, une insurrection ou une émeute.

Section V — Les modalités de financement des investissements à l'étranger dans les autres pays développés

Tous les pays industrialisés occidentaux ont établi des procédures pour faciliter les investissements à l'étranger de leurs entreprises. Les systèmes mis en place par la République fédérale d'Allemagne, la Grande-Bretagne,

13. Ce paragraphe reprend les principaux développements d'un article publié dans *Actualités de la BFCE*, août-septembre 1979 et utilise une documentation fournie par la société Assurance des Investissements Internationaux.

les Etats-Unis, le Japon et la Belgique retiendront plus spécialement notre attention[14].

§ 1. L'Allemagne

Le système allemand repose sur des prêts gouvernementaux et s'appuie sur la *Deutsche Entwicklung Gesellschaft* (DEG).

La DEG est une société de développement créée en 1962, dotée d'un capital social de un milliard de deutsche marks. Cet organisme sans but lucratif, géré comme un organisme privé, se consacre plus particulièrement à la création et à l'expansion des petites et moyennes entreprises mises en place dans les pays en voie de développement sous forme d'entreprises conjointes et opérant dans les secteurs industriel, agricole et touristique. Pratiquement toutes les opérations font intervenir trois acteurs : la DEG, une entreprise allemande et une société locale. La participation de la DEG est toujours minoritaire. Elle atteint généralement 20 % du capital et elle est ultérieurement revendue à l'entreprise allemande ou au partenaire local. Plus de 50 % des interventions de la DEG se font dans le secteur industriel. Appliquant les critères de l'économie de marché, la DEG finance des investissements ayant des chances d'être rentables dans les pays en développement, y compris ceux de l'Europe du sud. La DEG a pour principal objectif la promotion de l'investissement privé. Elle effectue également des prêts à long terme. Du fait de ses prises de participation, la DEG est représentée au conseil d'administration des entreprises qu'elle finance. Le centre de gravité des investissements de la DEG se déplace progressivement vers l'Asie, au détriment de l'Afrique et de l'Amérique latine.

Les prêts gouvernementaux sont destinés aux banques de développement des pays d'accueil afin de favoriser l'essor des entreprises locales et aux entreprises allemandes afin de faciliter leurs investissements dans les pays étrangers.

§ 2. La Grande-Bretagne

Deux procédures facilitent le financement des investissements à l'étranger.

Le financement public a pour finalité l'aide aux organismes locaux de développement et le financement des équipements collectifs propres à faciliter les investissements britanniques dans les pays en voie de développement.

La *Commonwealth Development Corporation* est chargée, depuis sa création en 1948, de faciliter le financement des investissements contribuant au développement économique des territoires sous dépendance britannique.

§ 3. Les Etats-Unis

Le système américain d'aide au financement des investissements à l'étranger est géré par l'*Overseas Private Investment Corporation* (OPIC).

---

14. Le financement des investissements à l'étranger, *Le Nouveau Journal*, 28 et 29 avril 1982.

Cette société financière créée en 1971 a repris la quasi-totalité des activités de l'*US Agency For International Development,* mais elle bénéficie de pouvoirs plus larges. L'OPIC a pour objectif de financer et de promouvoir des projets économiquement viables. Ses financements prennent la forme de prêts à long terme et de souscriptions à des obligations convertibles. Elle accorde également des garanties aux entreprises qui investissent à l'étranger.

§ 4. Le Japon

De nombreux organismes interviennent pour favoriser le financement des investissements japonais à l'étranger.

La Banque d'Export-Import du Japon, le Fonds de coopération économique avec l'étranger, l'Office japonais du commerce extérieur et l'Institut des économies en développement apportent une aide indirecte en diffusant des informations pertinentes.

Les concours financiers aux investissements privés sont effectués par la Banque d'Export-Import du Japon. L'Office japonais du pétrole et la Société japonaise d'extraction des métaux sont des organismes semi-publics qui peuvent financer les entreprises investissant dans ces domaines.

§ 5. La Belgique

La Société belge d'investissement international aide au financement des entreprises belges qui investissent dans les différents pays étrangers.

Références

A. — OUVRAGES

ATHENOSY G., BENZAQUEN N., CHEVALIER A., GRENECHE-CHEVALIER F., GUPTA J., HIRSCH G. : *S'implanter à l'étranger,* Paris, Entreprise moderne d'édition, 1983.

BODINAT H. de, KLEIN J., MAROIS B. : *Gestion financière internationale,* Paris, Dunod, 1978, pp. 167-211.

BROOKE M.Z., REMMERS H.L. : *La stratégie de l'entreprise multinationale,* Paris, Sirey, 1973, pp. 355-383 et pp. 415-446.

CAVES R.E. : *Multinational Enterprise and Economic Analysis,* Cambridge, Cambridge University Press, 1982, pp. 31-67.

EITEMAN D.K., STONEHILL A.I. : *Multinational Business Finance,* 5e ed., Reading Mass., Addison-Wesley, 1989.

HAENDEL D. : *Foreign Investments and the Management of Political Risk*, Boulder, Westview-Press, 1979.

MERON Th. : *Investment Insurance in International Law,* Dobbs Ferry, New York, Oceana Publications, 1976.

OCDE : *Investissements directs internationaux : politique, procédures et pratiques des pays membres de l'OCDE,* Paris, OCDE, 1979.

PEYRARD M., PRAT E., SOULARUE G. : *Banques et fonds internationaux. Crédits et garanties,* Paris, Maisonneuve et Larose, 1982.

B. — ARTICLES

BODDEWYN J.J. : Theories of Foreign Direct Investment and Divestment : a Classificatory Note, *Management International Review*, 1985, n° 1, pp. 57-65.

MANDEL R. : The Overseas Private Investment Corporation and International Investment, *The Columbia Journal of World Business,* printemps 1984, pp. 89-95.

MAROIS B. : Désinvestissement international, *in* JOFFRE P., SIMON Y. (eds) : *Encyclopédie de gestion*, Paris, Economica, 1989, pp. 829-840.

Pour suivre l'évolution des procédures de financement des investissements à l'étranger et les problèmes associés, le lecteur est invité à se reporter aux nombreux articles publiés dans les revues suivantes :

Actualités de la BFCE
Bulletin du Crédit National
Crédit Lyonnais International
MOCI
Trade and Project Finance

C. — AUTRES PUBLICATIONS

BANQUE DE FRANCE : *Les principaux mécanismes de distribution du crédit,* 9e éd. Paris, 1985.

BANQUE FRANÇAISE DU COMMERCE EXTÉRIEUR : *S'implanter à l'étranger,* Paris, BFCE, 1985.

BODINAT H. de, KLEIN J. : *Expansion internationale : une étude des stratégies d'avenir,* Cahiers de recherche du CESA n° 66, 1977.

CONSEIL ECONOMIQUE ET SOCIAL : *Les investissements français à l'étranger et les investissements étrangers en France,* Paris, 1980.

GUYARD G. : *La réglementation des investissements directs en droit français*, Thèse de droit, Université Paris 2, 1986.

MAROIS B. : *Les firmes françaises face au risque politique relatif aux investissements à l'étranger,* Cahiers de recherche du CESA, n° 133, 1979.

MAROIS B. : *La traduction financière du risque politique lié aux investissements à l'étranger,* Cahiers de recherche du CESA, n° 193, 1981.

MAROIS B., BEHAR M. : *Le risque politique lié aux investissements à l'étranger : application au secteur bancaire,* Cahiers de recherche du CESA, n° 164, 1981.

MAROIS B., BEHAR M. : *Le risque pays lié aux prêts bancaires internationaux,* Cahiers de recherche du CESA, n° 163, 1981.

MAROIS B., REYNAUD-CRESSENT B. : *Les structures d'organisation mises en place par les firmes françaises pour gérer le risque politique relatif aux investissements à l'étranger,* Cahiers de recherche du CESA n° 210, 1982.

QUESTIONS

1. Quelle est la place des critères financiers dans la décision d'investissement à l'étranger ?
2. Quelles sont les caractéristiques de la procédure DIE ?
3. Quelles sont les principales modalités de protection des investissements réalisés à l'étranger ?
4. Quelles sont les caractéristiques de la garantie des investissements français à l'étranger contre le risque politique gérée par la BFCE ?
5. Quelles sont les caractéristiques de la garantie des investissements français à l'étranger contre le risque politique gérée par la COFACE ?
6. Quelles sont les caractéristiques de la garantie des investissements français à l'étranger contre le risque politique fournie par le Lloyd's de Londres ?

QUESTIONS A CHOIX MULTIPLES

Question 1

Les investissements français à l'étranger doivent être impérativement financés par des emprunts en devise à hauteur de :

— 100 % .... ☐
— 75 % .... ☐
— 50 % .... ☐
— 25 % .... ☐
— aucun des chiffres précédents .... ☐

Question 2

La procédure DIE fut mise en place par le Crédit National et la Banque Française du Commerce Extérieur en :

— 1969 .... ☐
— 1972 .... ☐
— 1974 .... ☐
— 1981 .... ☐

Question 3

Le Lloyd's de Londres peut délivrer aux investisseurs français effectuant des implantations à l'étranger une assurance contre le risque politique.
— vrai .... ☐
— faux .... ☐

Question 4

Le régime général de garantie des investissements français à l'étranger contre le risque politique est géré par :
— le Crédit National .... ☐
— la Banque de France .... ☐
— la DREE .... ☐
— la Direction du Trésor .... ☐
— la BFCE .... ☐
— la COFACE .... ☐

Question 5

Le régime spécifique de garantie des investissements porteurs d'exportations contre le risque politique est géré par :
— le Crédit National .... ☐
— la Banque de France .... ☐
— la DREE .... ☐
— la Direction du Trésor .... ☐
— la BFCE .... ☐
— la COFACE .... ☐

EXERCICES*

Exercice 1

Jeune diplômé, vous venez d'être engagé, en 1984, par le très célèbre cabinet anglo-saxon DLB BROTHERS. Il vous demande d'étudier le dossier d'un vaste projet d'implantation hôtelière dans l'île Moustique.

De la lecture des différents documents, il apparaît que cet investissement dégagerait un excédent brut d'exploitation de USD 220 000 en 1985 et USD

---

* Les exercices de ce chapitre ont été rédigés par Charles de La Baume. Ces exercices sont totalement fictifs. Toute ressemblance avec des personnes physiques ou morales existantes ou ayant existé serait purement fortuite.

650 000 les quatre années suivantes. La réalisation de ce projet entraînerait des dotations aux amortissements dont les montants seraient de USD 380 000 en 1985, USD 320 000 en 1986, USD 286 000 en 1987, USD 262 000 en 1988 et USD 244 000 en 1989.

Pour réaliser cet investissement, un emprunt de 5 ans de USD 1 000 000 serait contracté durant la première quinzaine de 1985. Cet emprunt serait remboursable en totalité *in fine*. Le taux d'intérêt nominal serait 16 %.

1 — Calculez, en tenant compte de ces informations, les cash-flows prévisionnels (entendez la marge brute d'auto-financement prévisionnelle) dégagés par ce projet pour les cinq années à venir, sachant que les bénéfices de cette société sont imposés à 50 %.

2 — Il vous est demandé d'étudier l'opportunité de ce projet d'investissement à l'aide du critère de la valeur actuelle nette. Ne pouvant ignorer l'influence du risque de change, vous décidez d'effectuer vos calculs en considérant trois taux de change : USD 1 = 8 FRF, USD 1 = 9 FRF, USD 1 = 10 FRF. Le taux d'actualisation retenu est 9 %. L'investissement initial d'un montant de USD 1 214 361 serait effectué au début janvier 1985. Les prévisions de taux de change laissent entendre que le taux moyen du dollar pour la première quinzaine de l'année 1985 serait USD 1 = 9,47 FRF.

3 — Quelles remarques pouvez-vous formuler sur la validité de cette démarche ?

Exercice 2

Implantée dans la Silicon Valley depuis sept ans, Commodore Corporation fabrique et commercialise des composants électroniques de haute technicité, des micro-ordinateurs et, depuis peu, des logiciels.

En forte croissance, sur un marché porteur, Commodore Corporation s'est rapidement tournée vers l'exportation après avoir rencontré un vif succès sur son marché national (les Etats-Unis). C'est ainsi que Commodore Corp. exporte chaque année en France 150 000 micro-ordinateurs au prix de USD 350. Les coûts variables de production et de commercialisation sont de USD 200 par unité.

La Direction des relations économiques extérieures par le biais de la DATAR, a décidé de contacter Mr Puce, président de Commodore Corp., pour lui proposer une implantation directe en France près de Granville en Normandie. La DATAR propose à Mr Puce de nombreux avantages (prix du terrain très modique, nombreux avantages fiscaux...) et lui précise qu'il n'aurait aucune difficulté pour rapatrier ses capitaux. En contrepartie, le président de Commodore Corp. s'engage à s'approvisionner auprès de fournisseurs locaux et à employer des cadres français.

Au terme d'une première étude, Mr Puce estime le coût de revient de la main-d'œuvre et des matières à USD 120 par unité. L'investissement concernant l'unité de production de Granville est évalué à 100 millions de dollars.

L'installation d'une durée de vie de cinq ans serait revendue à un entrepreneur français à la fin de la cinquième année pour la somme symbolique de USD 1.

En raison de la très forte concurrence sur le secteur de la micro-informatique, Mr Puce se voit contraint de vendre ses produits à USD 260. Mais cet investissement devrait permettre à Commodore Corp. de vendre chaque année 280 000 unités. D'autre part, certains composants, très spécifiques, seraient achetés à la société-mère pour un montant de USD 50 par unité et Commodore Corp. recevrait alors directement un revenu brut de USD 30 par unité vendue.

1 — Mr Puce vous demande si vous accepteriez ce projet d'implantation en France, sachant que l'amortissement de l'unité de production est linéaire, que les taux d'imposition en France et aux Etats-Unis sont respectivement de 50 % et 48 %, que les taux de change sont supposés constants sur la période et qu'il n'y a pas de problème lié au rapatriement des fonds.

2 — Mr Puce, très prudent à l'égard de l'Europe, vous demande de recalculer la rentabilité du projet sur la base de l'hypothèse pessimiste suivante : le gouvernement français exige le dépôt sur un compte bloqué, sans intérêt, durant cinq ans, des fonds dégagés par l'investissement.

Mr Puce pense que le dollar est sous-évalué par rapport au franc français. La lettre confidentielle publiée par une grande banque américaine à laquelle il est abonné prévoit par ailleurs une détérioration du franc français de l'ordre de 10 % par an à compter de la seconde année d'implantation de Commodore Corp en France. Cette évolution des taux de change aurait un impact direct sur les achats de composants spécifiques à Commodore Corp. dont le prix fixé en franc français équivalait à USD 50. Mr Puce estime que si le franc perd 40 % de sa valeur au bout des cinq ans, Commodore Corp. ne recevra plus que 60 % des USD 50 prévus par unité, c'est-à-dire USD 30. Les coûts de production restant inchangés aux Etats-Unis, la marge de Commodore Corp. tomberait de USD 30 à USD 10.

3 — Mr Puce vous demande de déterminer, pour une détérioration du franc de 10 % l'an à compter de la deuxième année d'exploitation, les cash-flows à venir sur les cinq années correspondant aux ventes de composants à l'usine implantée en France.

Bien que tous les cash-flows ne soient pas rapatriés aux Etats-Unis, recalculez, en tenant compte de l'évolution prévue du franc français, les cash-flows générés par le projet.

Calculez la rentabilité du projet en supposant que les fonds sont bloqués en France pendant 5 ans et que le franc français se déprécie annuellement de 10 % par rapport au dollar.

4 — Mr Puce vous demande de redéterminer la rentabilité du projet en franc français pour un cours de USD 1 = 8 FRF et de compléter, à l'aide des résultats obtenus, le tableau 1.

Tableau 1
Rentabilité comparée en terme de TIR

	Avec une dépréciation annuelle du franc de 10 %	*Avec une parité constante du franc par rapport au dollar*
Rentabilité du projet		
• en FRF		
• en USD		
Rentabilité pour la société mère après rapatriement des profits bloqués 5 ans		

5 — Commentez les résultats obtenus.

Chapitre 21

LE FINANCEMENT DE PROJET

Certains investissements industriels dans les pays développés ou en voie de développement, certains grands projets entrepris en vue de se procurer des ressources énergétiques ou des matières premières ont pris ces dernières années une importance considérable et atteint des sommes largement supérieures au milliard de dollars. Dans un tel contexte, les questions de financement revêtent une importance déterminante.

La mise en place de ces grands montages financiers a donné lieu à un ensemble de techniques et de savoir-faire, connu sous le terme anglais de *Project Financing* que l'on peut traduire par l'expression au demeurant approximative de « financement de projet ».

Cette notion et ces techniques nées aux Etats-Unis et au Canada se sont étendues à d'autres systèmes financiers. Elles furent reprises et utilisées dans le reste du monde. Leur étude, abordée dans ce chapitre, fait l'objet de quatre sections. La première présente les principales caractéristiques d'un financement de projet. La deuxième décrit le montage financier de ce type d'opération. La troisième section expose les risques auxquels sont confrontés les prêteurs. Les dernières pages de ce chapitre sont consacrées à une présentation des principales banques susceptibles d'intervenir dans le montage d'un financement de projet.

Section I — Présentation et caractéristiques des financements de projets

Aux Etats-Unis, durant la décennie 1960, on parlait de financement de projet lorsque l'octroi d'un crédit était fondé sur la capacité bénéficiaire du projet. Le cash-flow escompté du projet était le facteur déterminant du financement ; ce n'était pas le bilan de l'emprunteur, de sorte que des entreprises de taille réduite pouvaient obtenir des financements proportionnellement très élevés pour financer des projets *a priori* très rentables.

Par extension, et suite à une déviation particulièrement nette dans le contexte de la communauté financière européenne, on a souvent qualifié de financement de projet l'octroi d'un ensemble de crédits destinés à financer un projet, sans se préoccuper du problème de savoir si la capacité bénéficiaire du projet était apte à assurer le remboursement des prêts. Dans des situations de ce genre, les bailleurs de fonds se préoccupent plus de la solvabilité des emprunteurs que de la rentabilité des projets. Ces montages ne se différencient des financements classiques que par leur ampleur et ils ne méritent pas le qualificatif de financement de projet, même s'ils requièrent une solide expertise pour être mis en place.

Nous nous intéressons dans ce chapitre aux véritables financements de projets.

Par financement de projet, il faut entendre « le financement d'une unité économique viable sur le triple plan technique, commercial et financier et dont le cash-flow futur est jugé suffisant pour assurer, avec une marge couvrant les aléas, le service de la dette, la couverture des coûts opératoires et la juste rémunération du capital »[1].

Ces financements peuvent être sans recours contre les promoteurs du projet. Dans ces conditions, les banquiers et les prêteurs prennent tous les risques de nature technique, commerciale ou politique susceptibles de compromettre le cash-flow. Ces financements sont relativements rares.

Les financements avec recours sont beaucoup plus nombreux, même s'il ne s'agit bien souvent que d'un recours limité. Dans ces financements, il existe un partage des risques entre les promoteurs du projet et les prêteurs. Le partage peut se faire selon la nature des risques (techniques, commerciaux ou politiques) ou à l'intérieur de chacun d'eux.

Ces montages financiers font appel à des équipes pluri-disciplinaires capables de percevoir et de résoudre les multiples problèmes que soulève un projet. Chaque montage est unique et taillé sur mesure pour satisfaire des besoins spécifiques. Toute tentative de généralisation est dans ces conditions délicate. Malgré cette difficulté, il est possible de présenter quelques caractéristiques communes.

- La plupart des financements de projets ont pour finalité d'assurer le développement de ressources naturelles ou de certains investissements formant un tout organique comme une usine clef en mains.

---

1. M. SARMET, Les financements internationaux de projet en Europe, *Banque*, février 1980, p. 183.

- De très nombreux financements de projets sont ou ont été réalisés dans des pays du Tiers-Monde.
- Le projet doit être en lui-même financièrement viable et les premiers revenus dégagés par le projet n'apparaissent qu'après son achèvement.
- De nombreux participants et plusieurs sources de financement sont impliqués dans le montage financier.
- Le financement recourt en priorité à l'endettement ; les fonds propres représentent un pourcentage toujours minoritaire du plan de financement.
- Le montage du financement de projet organise généralement une protection des prêteurs contre le risque politique.

Les secteurs qui donnent le plus fréquemment lieu à des financements de projets sont l'exploitation minière, les transports maritimes, aériens et terrestres, les télécommunications, l'infrastructure (Eurotunnel), les loisirs (EuroDisneyland), les marchés de travaux publics, les grands ensembles industriels, la pétrochimie, les projets reliés au secteur énergétique : extraction pétrolière et gazière, transport par pipe-line de pétrole et de gaz, extraction charbonnière.

Les financements de projets diffèrent sensiblement des financements classiques. Les premiers s'adaptent aux conditions du projet, prennent en compte ses besoins spécifiques et laissent une certaine liberté aux différents partenaires. Ils permettent surtout de faire supporter à la communauté bancaire internationale une part significative du risque de développement et du risque industriel.

Les financements classiques sont beaucoup plus rapides à mettre en place, car les promoteurs ont une totale maîtrise du projet, conservent la propriété des actifs et assument seuls la totalité des risques industriels et politiques. A l'inverse des financements de projets, la rentabilité n'est pas le facteur exclusif pris en considération pour l'attribution des fonds dans une opération de financement traditionnel.

Section II — Le montage d'un financement de projet

Préalablement au montage d'un financement de projet, une étude de faisabilité a été établie par les équipes techniques du client avec l'aide de consultants extérieurs. Elle comprend une description technique et détaillée du projet, une évaluation du montant des investissements et des coûts d'exploitation, et une prévision de la production et des recettes anticipées.

Le montage d'un financement de projet comporte trois étapes : une étude d'ingénierie, une étude juridique comptable et fiscale et une étude financière.

L'étude d'ingénierie recouvre une partie technique et une partie économique. Elle a pour objet de déterminer la viabilité du projet et les risques que les banques peuvent accepter de prendre. Cette étude est conduite par des experts de la banque organisatrice du montage et par des consultants. La banque n'acceptera de participer au montage financier que si cette étude débouche sur une conclusion favorable.

L'analyse financière du projet vise à en déterminer la rentabilité. Les critères utilisés sont ceux habituellement retenus dans l'analyse des projets d'investissement, à savoir : le taux de rendement interne et la valeur actuelle nette.

Les besoins de financement sont multiples et variés. Avant le début de la construction effective du projet doivent être pris en compte les coûts d'exploration, les frais d'étude, d'ingénierie et de documentation, les honoraires d'avocat, et les frais relatifs à la mise en place du financement. Vu leur nature et la période à laquelle ils sont enregistrés, ces besoins de financement sont financés à partir de fonds propres. Il n'en demeure pas moins nécessaire de les intégrer dans le plan de financement global.

Pendant la construction du projet, les besoins de financement sont constitués des coûts d'investissement, mais il faut souvent y ajouter des dépenses imprévues et des intérêts intercalaires.

Pendant l'exploitation, les besoins de financement sont représentés par les coûts d'exploitation, les intérêts, le remboursement de la dette principale et de l'éventuelle dette complémentaire, les impôts et les dividendes. Les recettes sont constituées par la vente des biens et services produits par le projet.

L'étude des conditions financières permet d'établir le schéma du plan de financement en précisant la durée, le taux et la flexibilité d'utilisation des différentes sources auxquelles il est possible de recourir : crédits spécialisés (Banque Mondiale, Banque européenne d'investissement), crédits à l'exportation, crédits locaux et crédits internationaux.

L'étude financière permet de préciser la part respective des fonds propres et des fonds empruntés dans le plan de financement.

Cette importance relative est déterminée par le ratio de couverture, égal au rapport des cash-flows actualisés sur le montant des fonds prêtés. Ce ratio n'est généralement pas inférieur à 1,3. Un exemple simplifié permet d'en comprendre l'importance. Un projet de 600 millions de dollars procure des cash-flows actualisés de 750 millions de dollars. Si le ratio de couverture exigé par les bailleurs de fonds est égal à 1,5, le montant des prêts ne pourra dépasser 750/1,5 soit 500 millions de dollars, ce qui implique que les fonds propres atteindront 100 millions de dollars.

Le plan de financement proprement dit se fixe souvent trois objectifs : maximiser l'importance relative de la dette à long terme, maximiser l'importance relative des financements à taux fixe et minimiser les risques de refinancement.

Les sources de financement sont nombreuses. Sans vouloir prétendre à l'exhaustivité, il est possible d'en recenser une dizaine[2] :

- Les crédits à l'exportation constituent une source privilégiée. Tous les pays de l'OCDE ont mis en place des procédures identiques dans leur principe et leurs modalités aux crédits acheteurs ou fournisseurs accordés par la BFCE et garantis par la COFACE.

---

2. H.U. DOERIG, Financement de projets. Le point de vue de la banque, *Bulletin du Crédit Suisse*, juillet 1981, p. 12.

- Les crédits subventionnés par l'Etat et accordés par des sources publiques sont un complément significatif des crédits à l'exportation. Ils constituent des crédits mixtes pour reprendre l'expression utilisée par la pratique financière internationale. Ils participent à l'aide au développement et permettent d'obtenir des conditions financières plus favorables que celles autorisées par les accords du Consensus. La France et le Japon se sont faits une spécialité de ces crédits, ce qui leur est vivement reproché par la Grande-Bretagne et les Etats-Unis qui les accusent de tourner ainsi les règles du Consensus.
- Les crédits d'Etat accordés par les pays développés sont des prêts à long terme et à taux d'intérêt réduit bénéficiant d'un délai de grâce important en matière de remboursement. Ces prêts sont souvent accordés au titre de l'aide au développement.
- Les organisations comme l'Agence Internationale pour le Développement et les grandes institutions financières comme la Banque mondiale peuvent intervenir mais pour des montants relativement faibles et dans le cadre d'une procédure de cofinancement.
- Les marchés internationaux de capitaux sont de très importants pourvoyeurs de fonds au titre des euro-crédits syndiqués, d'une part, des émissions euro-obligataires, d'autre part.
- Le financement de certains équipements utilisés dans le projet peut être assuré par des opérations de *leasing*.
- Les marchés de capitaux domestiques peuvent offrir une source de financement, mais ceci est malgré tout exceptionnel. Il en est de même des prêts ordinaires accordés par les banques des pays industrialisés à partir de ressources nationales.
- Les financements locaux effectués par les autorités du pays d'accueil à partir de ressources obtenues d'agences internationales ou de pays industrialisés constituent parfois un complément pour assurer le bouclage d'un financement de projet.
- Les financements bancaires à court terme sont une source à laquelle les promoteurs du projet doivent recourir lorsqu'ils sont contraints de refinancer certaines dettes ou de mettre en place des financements relais à la suite d'un dépassement des coûts, d'un allongement de la durée d'installation du projet ou d'une hausse du coût de la dette à taux d'intérêt flottant.

Ces nombreuses sources ne doivent pas faire oublier que le financement des projets se fait pour l'essentiel par recours à deux grandes catégories de dettes : les crédits subventionnés dont le prototype est constitué par les crédits export et les financements initiés par le système bancaire international et les marchés internationaux de capitaux dont le prototype est l'euro-crédit syndiqué.

Les différentes sources précédemment mentionnées interviennent dans des proportions variables selon les montages financiers. Il est impossible d'établir un plan type. Il semblerait que les fonds propres assurent en moyenne entre 10 et 40 % du financement, les crédits export entre 30 et 50 % et les crédits bancaires internationaux entre 20 et 50 %. Les autres sources ont un rôle plus marginal.

Dans un financement de projet, l'emprunteur est très souvent une entité spécifique dont la création est liée au projet lui-même. Cela peut être une société *ad hoc*, anonyme ou en participation, une association industrielle, un groupement d'intérêt économique, un consortium industriel. Le prêteur est un pool bancaire dont l'organisation est identique à celle rencontrée sur les marchés financiers internationaux. Le chef de file (il peut y en avoir plusieurs) reçoit le mandat du client et dirige toute l'opération. Il est assisté de co-chefs de file. Les uns et les autres constituent le syndicat de direction. Les banques participantes au financement de projet se contentent d'apporter des fonds sans participer au syndicat de direction. La gestion administrative de l'ensemble du montage est assurée par une banque spécifique, généralement dénommée banque agent.

Les commissions sont multiples et variées : commission de montage, de garantie (*underwriting commission*), de gestion, de placement, d'engagement, et d'agent.

La mise en place d'un financement de projet demande beaucoup de temps. Les études préalables peuvent, en effet, durer des années et, une fois le projet accepté, le montage financier peut s'étaler sur deux ans.

Section III — L'étude des risques

Les risques associés à un financement sont nombreux. Certains sont susceptibles de se concrétiser pendant toute la durée du projet, d'autres sont plus spécifiques à une partie ou l'autre de la vie du projet.

Dans le premier groupe se rencontrent le risque politique au sens strict du terme, le risque de catastrophe (incendie, tremblement de terre), le risque de modification de l'environnement économique, social et politique (apparition de nouvelles taxes, de nouvelles normes ou modification de la législation).

Les risques susceptibles d'apparaître pendant la période de construction des installations sont les risques de non achèvement des travaux, de dépassement des coûts et de retard dans la construction.

Après la réception des travaux et pendant la phase d'exploitation, les principaux risques susceptibles de survenir sont ceux d'une mauvaise gestion du projet et d'une rupture du contrat de la part de l'exploitant. S'y ajoutent des risques d'exploitation, de marché, financiers et d'abandon de projet. Peuvent être également mentionnés des risques sur le niveau de la production et des risques de commercialisation.

Ces différents risques peuvent être partiellement ou totalement pris en charge. Ils doivent être de toute façon partagés entre les différentes parties prenantes. Les garanties les plus fréquemment utilisées sont la mise sous séquestre des comptes, les hypothèques sur les actifs, le nantissement des stocks ou des réserves, la souscription de polices d'assurance et leur délégation au profit des prêteurs.

Pendant la phase de construction, les garanties les plus fréquemment demandées sont relatives au risque d'augmentation des coûts. Pour s'en protéger peuvent être prévus une clause « clef en main », des pénalités de 3 à 5 % par jour ou semaine de retard, et des tests d'achèvement de travaux (*completion tests*) effectués par un consultant indépendant, choisi de concert par les promoteurs, les prêteurs et les constructeurs du projet.

Pendant la phase d'exploitation, les garanties exigées concernent le niveau et l'importance des réserves, le risque d'abandon du projet pour raison politique (une protection peut être obtenue par une lettre d'engagement du gouvernement local garantissant le non arrêt de la concession), le risque de commercialisation (la protection peut être offerte par la signature de contrats d'écoulement à long terme) et le risque financier associé à l'impossibilité de remboursement des prêts (pour s'en protéger, les bailleurs de fonds exigent le respect de certains ratios financiers et plus spécialement un ratio maximum d'endettement par rapport aux fonds propres).

Les offreurs de garanties sont en premier lieu les propriétaires et les entreprises directement liées au projet. Les agences gouvernementales chargées de garantir le financement des exportations des pays développés offrent des garanties très significatives. Tel est le cas de l'Export Credit Guarantee Department pour la Grande-Bretagne, d'Hermès pour l'Allemagne, de la Compagnie française d'assurance pour le commerce extérieur pour la France et du MITI pour le Japon. Quand le financement de projet est localisé dans un pays du Tiers-Monde, certaines banques de développement (Banque africaine de développement, Banque asiatique de développement, Banque interaméricaine de développement) accordent des garanties partielles sur tel ou tel aspect du projet. Des garanties accordées par le gouvernement du pays d'accueil sont souvent exigées par les prêteurs pour les protéger contre le risque politique. Ces garanties directes ou indirectes sont généralement limitées quant à leur durée et à leur montant.

Les derniers offreurs de garanties sont les firmes utilisatrices au moyen des *throughput agreements*. Ces contrats passés entre le propriétaire des installations et les utilisateurs stipulent que ces derniers « s'engagent à payer pour la réservation des capacités de transport[3] (...) un tarif suffisant pour couvrir globalement le service de la dette et le coût de fonctionnement des installations »[4]. Pour assurer la parfaite sécurité des prêteurs, une clause peut stipuler que les utilisateurs « s'engagent à effectuer à première demande et à tout moment, (y compris pendant la période de construction) des paiements d'avance sur tarifs futurs correspondant aux échéances de la dette de la société emprunteuse au cas où, pour une raison quelconque, les tarifs seraient insuffisants ».

---

3. Le *throughput agreement* ou contrat de transport sert de garantie pour le financement des *pipe-lines*. Des clauses de même nature se retrouvent sous des noms différents dans le financement d'autres projets. Pour les mines et les installations industrielles, on parle de *take or pay agreement* ou de *cash deficiency agreement*. Dans le domaine du *shipping*, la clause utilisée est dénommée *hell or high water clause*. Sur toutes ces questions, on se reportera à l'article de M. SARMET, *op. cit.*
4. M. SARMET, *op. cit.*

Section IV — Les banques et le financement de projet

Les besoins financiers de certains projets pouvant dépasser le milliard de dollars, les banques susceptibles de jouer un rôle important sur ce marché sont peu nombreuses. Une vingtaine d'institutions sont capables d'intervenir et de monter efficacement des financements de projets. Le nombre réduit n'interdit pas une redoutable concurrence. Il n'est pas rare qu'une dizaine d'offres sérieuses soient soumises pour un seul projet.

Quatre types d'établissements participent au marché des financements de projets. Quelle que soit la catégorie à laquelle elles appartiennent, ces banques doivent avoir une très grande compétence dans les domaines financier, légal, fiscal, comptable et technique.

Le premier groupe est constitué des banques commerciales internationales. Une dizaine de très grandes banques américaines et européennes ont montré leur capacité à rendre des services d'ingénierie financière ayant une réelle valeur ajoutée. Les banques japonaises se sont récemment mises sur ce marché.

Les *merchant banks* de Londres constituent le deuxième groupe d'institutions capables d'opérer sur le marché des financements de projets. Elles sont peu nombreuses et se sont spécialisées dans le financement à base de crédits exports afin d'être concurrentielles avec les grandes banques internationales.

Quelques banques d'investissement américaines se sont également spécialisées dans certains financements, pour lesquels il est possible de recourir au marché financier américain, ce qui leur donne un certain avantage par rapport à leurs concurrentes non américaines.

La Banque Mondiale, les banques de développement (Banque asiatique de développement, Banque américaine de développement, etc...), les agences d'aide au développement participent également au montage des financements de projets, mais elles le font généralement au titre d'opérations de cofinancement.

Les institutions financières les plus importantes sur le marché des financements de projets sont des grandes banques américaines : Citicorp, Chase Manhattan, Morgan Guaranty Trust, et Bank of America, auxquelles on peut adjoindre Morgan Grenfell une importante *merchant bank* londonienne.

Les banques françaises se sont lancées tardivement dans les financements de projets. Elles se sont intéressées à cette nouvelle technique à partir de 1975. Ce retard par rapport aux banques américaines qui travaillent dans ce secteur depuis la fin des années 60 est d'autant plus regrettable que le financement de projet exige un savoir-faire qui requiert de nombreuses années d'expérience.

Seules les banques possédant une envergure internationale et une excellente assise financière peuvent prétendre jouer un rôle dans les financements de projet. Il semblerait que le Crédit Lyonnais soit la banque française la plus avancée. La Société Générale a créé depuis plusieurs années une équipe spécialisée dans le financement de projet. La BNP est la seule banque française à avoir créé une filiale spécialisée : la Société de Promotion des Grands

Projets Internationaux. Paribas est connu pour avoir participé à plusieurs grands montages assimilables à des financements de projet.

Toute banque consciente de ses responsabilités fonde sa décision de monter un financement de projet ou de participer à une opération organisée par l'un de ses confrères sur la base d'un certain nombre de critères[5].

- Il faut en premier lieu que des études préalables, approfondies et sérieuses, aient démontré de manière indiscutable la rentabilité économique du projet en se basant sur des hypothèses moyennement pessimistes. Ces études réalisées par des ingénieurs conseils liés aux promoteurs du projet doivent être soumises à des contre-expertises de la part d'ingénieurs indépendants. Le coût de ces études peut être très élevé et atteindre 2 à 5 % de la valeur globale du projet.
- La qualité et le sérieux des promoteurs du projet et de ceux qui en assurent la gestion sont un facteur de décision primordial.
- La participation des différents partenaires doit reposer sur des motifs justes et parfaitement explicites. Chacun d'eux doit obtenir un rendement *a priori* satisfaisant à partir de calculs économiques et financiers reposant sur des hypothèses moyennement pessimistes.
- La structure du financement doit être appropriée à la nature du projet et à sa rentabilité potentielle.
- Il importe enfin que la répartition des risques soit correctement ventilée et que les différents partenaires soient en mesure d'assumer leurs responsabilités dans des circonstances et un environnement économique devenus brutalement très défavorables.

Références

A. — OUVRAGES

McKECHNIE G. (ed) : *Energy Finance*, Londres, Euromoney Publications, 1983.

NEVITT P.K. : *Project Financing*, Londres, Euromoney Publications, 1983.

B. — ARTICLES

BARRETT M. : Putting your Equity on the Live, *Euromoney*, octobre 1987, pp. 119-128.

BARRETT M. : Project Finance Develops New Risks, *Euromoney*, octobre 1986, pp. 73-85.

BEIDLEMAN C.R., FLETCHER D., VESHOSKY D. : On Allocating Risk : the Essence of Project Finance, *Sloan Management Review*, printemps 1990, pp. 47-55.

5. H.U. DOERIG, *op. cit.*, p. 11.

DOERIG U.H. : Financement de projets, le point de vue de la banque, *Bulletin du Crédit Suisse*, juillet 1981, pp. 10-12.

FOWLER T.V. : Project Financing. Article publié dans l'ouvrage collectif *New Dimensions of Project Management*, A.J. KELLEY (ed), Lexington, Mass., D.C. Heath, 1982, p. 97-105.

LEEPER R. : Project Finance ; a Term to Conjure With, *The Banker*, août 1978, pp. 67-75.

LOMBARD F. : L'ingénierie financière de projet, *Banque*, octobre 1987, pp. 925-932.

MARPLE A.C. : What is Project Finance ? *The Banker*, décembre 1977, pp. 47-71.

RADEZ R.E. : Opportunities in Project Financing, *The Banker*, août 1978, p. 53-63.

RIGAUD G. : Le démarrage d'activités nouvelles : typologie des risques et le financement des projets, *Banque*, mars 1987, pp. 244-258.

SARMET M. : Les financements internationaux de projet en Europe, *Banque*, février 1980, pp. 183-193.

SARMET M. : Tendances récentes des financements internationaux de projets, *Banque*, septembre 1981, pp. 957-964.

STROM T. : Project Financing in the North Sea, *Economies et Sociétés*, juillet 1986, pp. 145-157.

VER HULST N., LAPORTE J.M. : Le rôle des banques dans les grands projets énergétiques, *Economies et Sociétés*, juillet 1986, pp. 129-143.

C. — AUTRES PUBLICATIONS

BANQUE MONDIALE : *Cofinancement : examen des activités de la Banque mondiale*, Washington, 1976.

COTHLER B., TISSOT N. : *Les tendances nouvelles du financement de projet*, Mémoire de recherche, HEC, 1989.

PINZUTI J.C. *Les techniques bancaires de financement des projets internationaux*, Mémoire de recherche DEA, Université Paris-Dauphine, juin 1980.

SMADJA N. : *Project Financing*, Mémoire de recherche HEC, 1979.

Pour suivre l'évolution des techniques financières associées au *Project Financing*, le lecteur est invité à lire les articles publiés dans les revues suivantes :

Euromoney
MOCI
The Banker
Trade and Project Finance

QUESTIONS

1. Quelles sont les principales caractéristiques d'un financement de projet ?
2. Quels sont les principaux secteurs économiques donnant lieu à des financements de projets ?
3. Quelles sont les étapes du montage d'un financement de projet ?
4. Quelles sont les principales sources de financement auxquelles peuvent recourir les promoteurs d'un financement de projet ?
5. Quels sont les risques associés à un financement de projet ?
6. Quels sont les principaux offreurs de garanties susceptibles de prendre en charge les risques associés à un financement de projet ?
7. Quelle est la finalité d'un *throughput agreement* ?
8. Quelles sont les clauses principales d'un *throughput agreement* ?
9. Quelles institutions financières sont susceptibles de diriger le montage d'un financement de projet ?
10. Quels sont les critères pris en compte par une banque pour diriger ou participer à un financement de projet ?

CONCLUSION DE LA CINQUIÈME PARTIE

Le financement des activités internationales de l'entreprise a permis l'émergence de techniques originales et complexes. Nous avons tenté d'en présenter quelques-unes dans les différents chapitres de cette cinquième partie. Nous n'avons pas pour autant fait le tour de la question. Des pratiques sophistiquées n'ont pas été mentionnées ; certaines, évoquées, n'ont pas été développées. Heureusement notre objectif n'était pas d'être exhaustif. Il était de présenter le minimum indispensable à l'étudiant qui aborde pour la première fois le domaine de la finance internationale. A partir de ce point de départ, il lui sera possible d'aller, seul, plus loin dans la compréhension et la maîtrise des techniques financières internationales.

SIXIÈME PARTIE

Les places financières internationales

Les opérateurs intervenant sur les marchés des euro-devises, des euro-crédits et des euro-obligations, les spécialistes effectuant des montages financiers internationaux et les cambistes opérant sur le marché des changes sont localisés dans certains endroits spécifiques dénommés places financières internationales. Ces places jouent un rôle capital dans le développement des techniques financières internationales. Le premier chapitre de cette sixième partie est consacré à la définition du concept de place financière et à l'énoncé des exigences requises pour qu'une place mérite le qualificatif d'international. Le deuxième chapitre s'efforce de présenter les principales places financières internationales.

Chapitre 22

LES PLACES FINANCIÈRES INTERNATIONALES : CARACTÉRISQUES ET CONDITIONS REQUISES

Les places financières jouent un rôle essentiel dans le fonctionnement des marchés internationaux de capitaux et pour l'économie du pays dans lequel elles sont localisées. Trois données chiffrées relatives à la *City* suffisent à montrer l'importance d'une place financière.

En 1977, la contribution de la place financière de Londres au rééquilibrage de la balance des paiements britanniques a dépassé 1 700 millions de livres sterling.

Entre 1968 et 1977, les gains nets dégagés par la *City* ont été multipliés par quatre.

Actuellement, 35 % des revenus nets invisibles obtenus par le secteur privé britannique proviennent de la place financière de Londres.

Ces quelques données chiffrées suffisent à montrer, mieux qu'un long discours, l'importance d'une place financière. Ce qui est vrai de Londres, l'est également de New York, de Chicago, de Zurich et de nombreuses autres places dont l'importance et l'impact économique ne cessent de croître.

Unc grande place financière réunit des marchés de capitaux et des activités financières internationales, mais elle repose, en premier lieu, sur un ensemble de compétences et le savoir-faire des hommes qui l'animent. Nous analyserons les caractéristiques d'une place financière internationale dans une première section, puis les conditions de son développement dans une deuxième section. Depuis très longtemps, les responsables politiques et économiques français veulent faire de Paris une grande place internationale. Nous examinons dans une troisième section la réalité du renouveau de la place financière de Paris.

Section I — Les caractéristiques d'une place financière internationale

Une place financière internationale a pour vocation de constituer un pôle d'attraction et de redistribution des capitaux disponibles au niveau mondial. Pour assurer cette mission, une place financière doit :
- offrir une gamme étendue de marchés de capitaux,
- réunir des activités financières et bancaires internationales,
- rassembler un ensemble d'activités périphériques.

§ 1. Une gamme étendue de marchés de capitaux

Une place internationale est d'abord un marché financier, capable de satisfaire les besoins de capitaux à long terme des entreprises, mais une place financière est aujourd'hui beaucoup plus qu'un marché financier. Elle doit rassembler de nombreuses institutions et un ensemble diversifié de marchés de capitaux permettant de satisfaire les différents objectifs des investisseurs et les multiples besoins des emprunteurs.

A. — Le marché des titres financiers à long terme

L'ouverture du marché financier aux non-résidents et aux opérateurs internationaux est une condition primordiale pour assurer le développement d'une place internationale. Pour les titres financiers à long terme, il existe deux types de places internationales. Les unes, comme la bourse de Luxembourg, sont de simples centres d'enregistrement. Les autres tels Londres, Francfort, Amsterdam et Zurich, sont de véritables marchés internationaux, car elles collectent et redistribuent les capitaux à l'échelle internationale.

Le nombre d'actions étrangères inscrites à la cote n'est pas un critère tout à fait satisfaisant, mais il fournit malgré tout une indication précieuse sur le degré d'internationalisation d'un marché financier. Le tableau 1 souligne que le marché de Londres présente le caractère international le plus marqué. Les places européennes sont, en général, plus ouvertes que celles de New York et de Tokyo, dans la mesure où le nombre de valeurs étrangères inscrites à la cote du New York Stock Exchange et à celle de la bourse de Tokyo est très inférieur à celui des bourses européennes.

Tableau 1
Nombre d'actions étrangères inscrites à la cote des différentes bourses de valeurs

	Fin 1976	*Fin 1981*
Londres	375	480
Amsterdam	330	290
Paris	160	160
Francfort	140	180
Zurich	120	170

Source : Y. FLORNOY Conférence donnée en 1982 dans le cadre des travaux du Commissariat général du plan.

Le marché des titres financiers à long terme de Paris a perdu le caractère international qui était le sien avant la première guerre mondiale. Les choix effectués pendant plusieurs décennies par les responsables politiques français en faveur du protectionisme financier, le retard économique accumulé par l'économie française entre les deux guerres mondiales et les modalités retenues pour le financement des régimes de retraite et de prévoyance depuis 1945 ont largement contribué à cette évolution. Le développement de l'inflation et l'insuffisant essor des sociétés d'assurance-vie sont deux facteurs complémentaires qui ont entravé l'expansion du marché français des valeurs mobilières. Bien qu'il ait perdu une grande partie de son caractère international, le marché de Paris ne peut pas être considéré comme un marché fermé, tout du moins pour le compartiment des actions. Quatre éléments permettent d'étayer cette conclusion.

A la fin 1981, les actions étrangères cotées à Paris étaient au nombre de 160, ce qui était comparable à la situation de Zurich et de Francfort mais traduisait malgré tout une certaine stagnation depuis 1976 (cf. le tableau 1).

Les investisseurs non résidents interviennent, épisodiquement certes, mais interviennent malgré tout, sur le marché de Paris.

Durant l'année 1982, près de 26 % des transactions effectuées à la bourse de Paris avaient pour support des titres étrangers contre 22 % pour l'année 1980 et 10 % pour la décennie 1970[1].

La bourse de Paris demeure le marché directeur pour certaines valeurs cotées simultanément sur plusieurs places financières. Tel est le cas pour trois sociétés pétrolières : Schlumberger, Pétrofina et Norsk Hydro.

La situation est beaucoup moins favorable pour les obligations. Les contraintes réglementaires et la législation fiscale interdisent, en fait, la présence d'émetteurs et d'investisseurs non résidents sur les marchés primaire et secondaire.

1. La hausse de ce pourcentage est en grande partie induite par les sorties de capitaux durant le premier semestre 1981 et la réduction de la cote, du fait des nationalisations en 1982.

B. — Le marché monétaire et les marchés de capitaux à court terme

Une place financière doit posséder un vaste marché monétaire où les différents agents bancaires et financiers (et les entreprises, directement ou indirectement) s'alimentent en ressources liquides d'origine nationale ou étrangère et apportent leurs excédents de trésorerie. Ce marché doit, par ailleurs, fournir aux banques les facilités requises pour mobiliser en permanence leurs actifs financiers. Il doit cependant dépasser la simple fonction de refinancement pour devenir un marché des capitaux à court terme impliquant la présence d'une grande diversité de titres financiers: bons du Trésor, billets de trésorerie, certificats de dépôt, acceptations bancaires.

En complément au marché monétaire, il est souhaitable d'avoir un marché hypothécaire permettant une mobilisation de certaines créances à long terme.

A côté du marché monétaire, il est nécessaire de disposer d'un marché des changes actif, sur lequel se négocient au comptant et à terme toutes les devises utilisées dans le commerce international.

C. — Les marchés à terme de marchandises

Certaines places financières ont pour origine une vocation commerciale ancienne qui explique l'émergence de marchés à terme de marchandises. Leur présence renforce et accentue l'internationalisation d'une place financière, car ils sont des instruments de gestion indispensables aux sociétés de négoce qui sont internationales par nature. Ces marchés élargissent par ailleurs l'éventail des possibilités de placement offertes aux investisseurs.

Il est sans doute impossible de développer une place financière uniquement à partir des marchés à terme de marchandises mais il est intéressant de constater que les trois grandes places de New York, de Londres et de Chicago possèdent une gamme étendue de marchés à terme et déploient des efforts considérables pour en créer de nouveaux.

D. — Les nouveaux marchés de capitaux

Ces nouveaux marchés reprennent les techniques des marchés à terme de marchandises en les appliquant à des actifs financiers : métaux précieux, titres financiers à revenu fixe, indices boursiers et options négociables. Ces marchés qui existent désormais sur toutes les grandes places financières : Chicago, New York, Kansas City, Londres, Amsterdam, Hong-Kong, Sydney, Singapour, Tokyo, Montréal, Vancouver, connaissent un développement remarquable[2].

2. Pour de plus amples développements sur ce sujet, le lecteur peut consulter le livre de M. LEVASSEUR et Y. SIMON : *Marchés de capitaux : options et nouveaux contrats à terme.*

§ 2. Des activités financières et bancaires internationales

La présence d'activités financières et bancaires internationales est la deuxième caractéristique d'une place financière. Le caractère international d'une place financière est d'autant plus développé que les banques étrangères y sont nombreuses. La prééminence de Londres s'explique, en partie, par la présence de 600 banques étrangères directement représentées dans la *City*. L'essor de New York a été accentué par l'installation de nombreuses institutions financières non américaines. Des banques étrangères sont directement ou indirectement représentées à Paris, mais elles sont moins actives qu'à Londres et à New York. L'ampleur des contrôles est une des raisons invoquées pour expliquer cette moindre activité. L'entrée des banques étrangères est en effet assez strictement surveillée, et le contrôle des institutions financières est, d'une manière générale, assez rigide.

Avant les années 1960, le fait pour une devise de ne pas être utilisée dans le commerce international était un handicap rédhibitoire au développement de la place financière qui émettait cette monnaie. Depuis le début de la décennie 1970, l'essor du marché des euro-devises a beaucoup contribué au développement de plusieurs places financières. Elles purent, en effet, participer au financement du commerce international grâce aux dépôts en devises (essentiellement en dollar) effectués par des non-résidents, et remédier ainsi au fait que la monnaie du pays ne présentait pas de caractère international très marqué. Londres est la place qui a le mieux tiré profit de cette situation en devenant le plus important centre mondial du marché des euro-devises.

§ 3. Les activités périphériques d'une place financière internationale

L'extension de la gamme des marchés de capitaux et le développement des activités financières et bancaires internationales sont essentiels, mais cela ne signifie pas que d'autres activités ne sont pas importantes pour définir une grande place financière. Nous mentionnons simplement pour mémoire :

— les activités d'assurance : au-delà des services rendus, le principal avantage des compagnies d'assurance est d'accroître l'offre d'épargne susceptible d'être investie sur les marchés de capitaux ;
— les activités de fret ;
— les opérations de négoce international ;
— les activités de courtage ;
— le marché euro-obligataire secondaire : les principales institutions financières participant à ce marché sont localisées à Londres ; l'installation de nombreuses institutions spécialisées et de *market-makers* performants traduit bien la force d'attraction d'une place très bien structurée ;
— le marché des œuvres d'art.

Ces activités qualifiées d'annexes par certains observateurs ne le sont pas vraiment. Elles permettent d'élargir la gamme des services offerts. Leur présence permet à une place d'être véritablement qualifiée d'internationale.

Section II — Les conditions de développement d'une place financière

Deux conditions sont requises pour qu'une place financière puisse exercer un véritable rôle international. Il est souhaitable qu'elle bénéficie de la liberté des changes la plus large possible. Il est, en outre, indispensable qu'elle adapte sa réglementation et ses procédures de contrôle.

§ 1. Le rétablissement de la liberté des changes

La tendance naturelle de nombreux responsables politiques à utiliser le contrôle des changes comme première ligne de défense (et parfois la seule) de leur monnaie est un obstacle important à l'essor d'une place financière internationale. Il ne s'agit pas, malgré tout, d'un obstacle insurmontable, puisque Londres s'est développé de 1945 à 1979 en dépit d'un redoutable contrôle des changes. Mais cette place possédait une tradition et des atouts dont ne disposent pas toutes les places financières.

La théorie de la parité des pouvoirs d'achat établit que sur la longue période l'ajustement entre le différentiel d'inflation et la variation du taux de change est, sinon parfait, du moins satisfaisant. Elle explique que l'évolution du taux de change est déterminée à long terme par le taux d'inflation différentiel. Pour maintenir la valeur d'une devise, il n'est donc pas nécessaire d'avoir un contrôle des changes. Il est, en revanche, indispensable de mettre en place une politique monétaire adéquate. Très concrètement, la croissance de l'offre de monnaie doit être ramenée à un niveau qui permette au taux d'inflation du pays d'être identique à celui de ses principaux partenaires.

La liberté des changes doit permettre aux résidents du pays d'acquérir, de détenir et d'utiliser des devises étrangères, quel que soit le motif : financement d'activités commerciales, opérations de placement et d'investissement financier. Cette liberté doit également permettre aux résidents de prêter ou de vendre des devises et leur monnaie nationale à des non-résidents.

§ 2. L'adaptation de la réglementation et des procédures de contrôle

La seconde condition requise pour assurer l'essor d'une place internationale concerne le contrôle des activités financières. Une place ne peut véritablement se développer que dans un contexte réglementaire libéral. Le libéralisme ne signifie pas cependant pour autant, laisser-aller et laxisme.

Il est souhaitable que le contrôle soit compréhensif, pragmatique et proche des réalités. La surveillance d'une autorité extérieure doit être complétée par des procédures d'autoréglementation. Modifier l'esprit du contrôle n'implique pas un assouplissement de sa rigueur. Un ancien gouverneur de la Banque d'Angleterre n'affirmait-il pas que « les sourcils du gouverneur sont le plus puissant instrument de contrôle de la *City* ».

Section III — Le renouveau de la place financière de Paris

Pendant très longtemps, les responsables politiques et économiques français ont voulu faire de Paris une grande place internationale. Des décennies durant, ils ont répété leurs vœux pieux sans se donner les moyens de leurs objectifs. La modernisation de la place financière de Paris s'est amorcée en 1984. Il faut porter au crédit des gouvernements, et plus spécialement des ministres de l'Economie et des Finances : messieurs Bérégovoy et Balladur, d'avoir entrepris tout ce qui était en leur pouvoir pour développer et moderniser la place financière de Paris.

§ 1. La création de nouveaux marchés de capitaux

Le marché monétaire français a été profondément rénové par la mise en application, en 1971, de certaines recommandations du rapport Marjolin, Sadrin, Wormser. Il est cependant regrettable que toutes les suggestions n'aient pas été appliquées et que la philosophie qui l'inspirait n'ait pas été retenue. Leur adoption aurait permis d'aboutir à un marché monétaire de type anglo-saxon.

La modernisation de la place financière de Paris s'est concrétisée par l'ouverture du marché des certificats de dépôt, celui des billets de trésorerie et par la rénovation du marché des titres publics.

Les certificats de dépôt sont des titres émis en francs ou en devises par les établissements de crédit, accessibles à tous les investisseurs et librement négociables sur le marché secondaire. Le montant minimum d'un certificat est fixé à 5 millions de francs et sa durée doit être comprise entre 10 jours et 7 ans. La première émission a été effectuée en mars 1985. L'encours au 31 décembre 1987 était de 184 milliards de francs.

Les billets de trésorerie sont des titres courts, émis par les entreprises pour satisfaire des besoins de financement en leur évitant de s'adresser à des banques[3]. Les titres émis sont placés auprès d'investisseurs institutionnels, de banques ou de particuliers. L'avantage de ce marché est de réduire le coût de l'intermédiation financière. Le montant minimum d'un billet de trésorerie est fixé à un million de francs et sa durée doit être comprise entre 10 jours et 7 ans. Les billets émis pour une durée supérieure à 2 ans doivent avoir obtenu une notation d'une agence spécialisée[4]. Les premières émissions de billets de trésorerie ont été effectuées en décembre 1985. L'encours au 31 décembre 1987 était de 40 milliards de francs.

Les titres publics regroupent les bons du Trésor négociables (BTN) et les obligations assimilables du Trésor (OAT).

Les bons du Trésor négociables sont des titres à court et moyen terme émis par l'Etat. Depuis le 2 janvier 1986, la souscription est ouverte à tous les investisseurs y compris les particuliers et les entreprises. Ils sont deve-

---

3. Ce marché est équivalent au marché américain du *Commercial paper*.
4. Le lecteur peut se reporter à la section 8 du chapitre 14 pour obtenir des informations complémentaires.

nus l'élément essentiel du refinancement à court terme de l'Etat. En 1987, les émissions ont atteint un montant de 416 milliards de francs. Les BTN se classent en deux catégories principales :

- les bons à taux fixe et intérêts précomptés (BTF) ayant une valeur nominale de 1 million de francs et une durée à l'émission de 13, 26 ou 52 semaines ;
- les bons à taux fixe et intérêts annuels (BTAN) ayant un nominal de 1 million de francs et une durée à l'émission de 2 à 5 ans.

Les échéances des BTN sont standardisées. Le Trésor publie chaque trimestre un calendrier d'émission qui indique le montant minimum émis par échéance. Les BTN à 13 semaines sont émis tous les lundi, les autres bons sont émis en règle générale un lundi sur deux par roulement.

L'essentiel des emprunts émis par l'Etat est désormais constitué par les obligations assimilables du Trésor de valeur nominale égale à 2 000 francs et à durée de vie à l'émission variant entre 4 et 30 ans. Le coupon annuel de ces OAT peut être, à la discrétion du Trésor, fixe ou variable.

La technique de l'assimilation consiste à rattacher une nouvelle émission à une tranche d'emprunt émise antérieurement. Les caractéristiques de la nouvelle émission sont identiques à celles de l'ancienne. Seul le prix d'émission des nouvelles tranches est ajusté de manière que le taux de rendement de la nouvelle tranche soit identique, lors de l'émission, au taux de rendement de l'ancienne, négociée sur le marché secondaire.

La technique de l'assimilation évite la multiplication du nombre des emprunts aux caractéristiques différentes. Les lignes de cotation sont moins nombreuses, mais chacune d'elles atteint une capitalisation significative, ce qui favorise la liquidité et la profondeur du marché secondaire.

Les OAT se caractérisent par leur nature et leur date d'échéance.

En ce qui concerne la nature, on distingue les OAT à taux fixe et les OAT à taux variable. Ces dernières peuvent être indexées sur le taux révisable des bons du Trésor à 3 mois (il s'agit des OAT TRB) ou sur le taux moyen des emprunts d'Etat (il s'agit des OAT TME).

Il existe trois échéances standard pour les OAT à taux fixe : 10 ans, 15 ans et 30 ans et deux échéances standard pour les OAT à taux variable : 4 ans pour l'OAT TRB et 12 ans pour l'OAT TME.

Les adjudications d'OAT sont organisées régulièrement, le premier jeudi de chaque mois. Le Trésor publie un calendrier qui précise la nature et les échéances des lignes d'OAT mises en adjudication. Le montant de chaque émission est de un milliard de francs, mais la technique de l'assimilation permet d'avoir pour chaque ligne un encours variant entre 10 et 30 milliards de francs.

L'adjudication est publique et se fait « à la hollandaise ». Cette procédure consiste à mettre en concurrence tous les établissements de crédit selon le principe de l'appel d'offre. Les ordres sont servis aux prix offerts par les adjudicataires, en servant d'abord ceux dont les prix sont les plus élevés (et par conséquent les taux les plus bas) jusqu'à concurrence du montant souhaité par le Trésor.

Pour contribuer au placement des titres auprès des investisseurs français et étrangers, animer le marché des valeurs du Trésor, assurer une parfaite liquidité au marché secondaire et coter en permanence les principales lignes d'OAT et de BTN, la direction du Trésor a décidé de constituer, en janvier 1987, un groupe d'établissements « spécialistes en valeurs du Trésor » comprenant des banques, des sociétés de bourse et des maisons de réescompte. Ces établissements ont également pour vocation de conseiller la direction du Trésor sur la politique d'émission des emprunts publics et de la tenir informée de l'évolution des marchés.

Le marché de la dette publique française, suite à la modernisation et aux transformations qui viennent d'être mentionnées, a connu depuis 1985 un double saut qualitatif et quantitatif que résume le tableau 2.

Tableau 2
Encours de la dette publique négociable

	31.12.1985	*31.12.1986*	*31.12.1987*	*31.12.1988*
ns à taux fixe et à intérêts comptés	—	124	153	156
ns à taux fixe et à intérêts uels	—	101	212	276
ns du Trésor négociables	—	225	365	432
ns réservés au marché rbancaire	337	145	69	18
ns du Trésor	337	370	434	450
igations assimilables du sor	72	208	301	410
prunts d'Etat sans clause ssimilation	294	272	225	209
COURS DE LA DETTE BLIQUE NEGOCIABLE	703	850	960	1 068

Milliards de francs.
: Ministère de l'Economie, des Finances et du Budget, *Les valeurs du Trésor*, 1989.

Le marché hypothécaire a été, lui aussi, profondément modernisé grâce à des mesures mises en œuvre durant l'année 1985.

Avant cette réforme, une importante fraction du financement du logement (par nature un financement à long terme) était assurée par des établissements de crédit à partir de ressources à moyen terme (de 2 à 5 ans d'échéance). Le risque de transformation qui en résultait avait pour conséquence d'élever le taux des prêts au logement.

La réforme avait pour objectif d'allonger l'échéance des ressources, de supprimer le risque de transformation et de réduire en conséquence le coût du financement. Ceci fut conduit à bien par la création de la Caisse de refinancement hypothécaire, agence publique qui émet en permanence, et avec la garantie de l'Etat, des titres hypothécaires cotés en bourse, et reprête aux établissements de crédit, sans coût de transformation, les fonds ainsi recueillis sur le marché financier.

Les premières émissions hypothécaires ont eu lieu en novembre 1985.

§ 2. La modernisation de la bourse des valeurs

Le renouveau de la bourse des valeurs s'est traduit, en premier lieu, par la création d'un marché continu. Aussi curieux que cela puisse paraître, il n'existait pas, jusqu'en 1985, de cotation continue des valeurs mobilières à la bourse des valeurs de Paris. Les cotations s'effectuaient uniquement par un système de *fixing* pendant une séance de bourse (de 12 h 30 à 14 h 30), durant laquelle tous les titres faisaient à tour de rôle l'objet d'une cotation. Une décision de principe a été prise, en juillet 1985, de mettre en place une cotation en continu, comme cela se pratique sur toutes les grandes places boursières. L'expérience initiale portant sur un nombre restreint de valeurs mobilières donna des résultats satisfaisants. Elle fut progressivement étendue à l'ensemble des titres négociés sur le marché au comptant et celui du règlement mensuel.

Autre élément de modernisation de la bourse des valeurs : la création de sociétés de contrepartie capables d'améliorer la liquidité du marché. Si le principe de ces sociétés est bien acquis, les conditions de leur mise en œuvre semblent poser des problèmes.

Au printemps 1987, le ministre de l'Economie et des Finances a annoncé une profonde réorganisation du fonctionnement de la bourse des valeurs. Les banques, les maisons de courtage et les autres institutions financières, françaises ou étrangères, peuvent désormais prendre le contrôle des anciennes charges d'agents de change devenues sociétés de bourse et avoir directement accès, de ce fait, au marché boursier. Cette modernisation, identique sous certains aspects à la réorganisation de la bourse des valeurs de Londres, a permis au marché de Paris d'accroître sa dimension internationale.

§ 3. Le développement des marchés à terme d'instruments financiers et des options sur valeurs mobilières

Depuis l'entrée en vigueur le 1er février 1988 de la loi du 31 décembre 1987, les marchés à terme de matières premières ont été regroupés avec les marchés à terme d'instruments financiers au sein du Marché à Terme International de France (MATIF).

A Paris, les marchés à terme de marchandises sont peu nombreux et le volume des transactions y est faible. Seul le marché du sucre blanc présente une dimension internationale[5].

Les transactions à terme sur les titres financiers ont débuté le 20 février 1986 avec l'introduction d'un contrat portant sur un notionnel de titres obligataires publics à 10 ans d'échéance. Ce fut un énorme succès. Depuis cette date, plusieurs autres marchés ont été ouverts. Certains ont échoué : tel est le cas du marché sur les bons du Trésor à 90 jours ouvert le 25 juin

---

5. Pour de plus amples développements sur cette question, le lecteur peut se reporter au livre de Y. SIMON *Bourses de commerce et marchés à terme de marchandises*, 3e éd., Paris, Dalloz, 1986.

1986. D'autres ont très bien réussi : tel est le cas du contrat PIBOR à 90 jours.

A l'exemple de ce qui se faisait à l'époque dans plus de quinze places financières dans le monde, les responsables de la bourse des valeurs de Paris ont ouvert, le 10 septembre 1987, un marché d'options sur valeurs mobilières dénommé MONEP (Marché des options négociables de Paris).

Le 14 janvier 1988 fut ouvert au MATIF, et avec succès, un marché d'options ayant pour support le contrat à terme portant sur le notionnel de titres obligataires. Par la suite, d'autres options furent introduites ayant pour support les contrats à terme PIBOR à 90 jours et euro-deutsche mark à 90 jours.

*

* *

Le développement d'une place financière résulte d'efforts continus, mais lents à se concrétiser. Plusieurs années sont, en effet, nécessaires pour obtenir les résultats escomptés. La présence d'une place internationale a toutefois des conséquences positives dans trois domaines au moins.

1 — La concentration en un seul endroit d'activités financières multiples et de compétences diversifiées permet d'offrir aux entreprises et aux investisseurs des services de meilleure qualité se manifestant sous la forme :
— d'une réduction des coûts d'information,
— d'un abaissement des coûts de transaction,
— d'un renforcement de la concurrence bancaire,
— d'une aide au développement international.

Les entreprises peuvent, de ce fait, bénéficier d'économies d'échelle et d'effets externes.

2 — Une place internationale est créatrice d'emplois à forte valeur ajoutée. Le secteur des activités financières compte 400 000 emplois à New York, dont 150 000 au sein des activités bancaires. A Londres, près de 30 000 emplois sont assurés par les banques étrangères installées dans la *City*.

3 — Une place financière est créatrice de revenus et elle est à l'origine de rentrées invisibles qui améliorent les soldes de la balance des paiements. C'est sur ce point que nous avons débuté ce chapitre. Il est en conséquence inutile d'insister.

Références

A. — OUVRAGES

PILVERDIER-LATREYTE J. : *Le marché financier français*, 3e éd., Paris, Economica, 1991.

REDSLOB A. : *La Cité de Londres*, Paris, Economica, 1983.

B. — ARTICLES

DUPONT X. : La réforme de la bourse, *Banque*, novembre 1987, pp. 1 042-1 044.

FOURCANS A., HUBERT V., PENE D. : Paris : la grande place financière internationale de demain, *Banque*, mai 1987, pp. 438-443.

GOURNAY Ph. de : Paris, place financière européenne pour vos placements monétaires et obligataires, *Banque*, mars 1988, pp. 290-294.

LAROSIÈRE J. de : Les perspectives de la place de Paris, *Bulletin trimestriel de la Banque de France*, décembre 1987-janvier 1988, pp. 49-53.

MAROIS B., LESSARD M. : Paris, place financière internationale, *Banque*, décembre 1982, pp. 1433-1440.

SIMON Y. : Paris, place financière, *Défense Nationale*, juin 1980, pp. 109-118.

THE BANKER : Financial Centre : Paris, *The Banker*, décembre 1989, pp. 26-39.

THUREAU-DANGIN Ph. : La bourse de Paris, place internationale : atouts et handicaps, *Problèmes économiques*, 23 août 1989, pp. 9-15.

Pour suivre le développement de la place financière de Paris, le lecteur consultera les revues et journaux suivants :

Banque
Euromoney
Financial Times
Investir
Marchés et techniques financières
Option Finance
The Banker
La Tribune Desfossés

C. — AUTRES PUBLICATIONS

BANQUE DE FRANCE : *L'évolution récente du marché financier en France*, Banque de France, Note d'information n° 71, juillet 1987.

CHAMBRE DE COMMERCE ET D'INDUSTRIE DE PARIS : *Paris, place financière internationale*, Etudes et Documents, 1981.

AH-KANE : *Les places financières internationales*, Thèse de doctorat, Université d'Orléans ; 1986.

MINISTÈRE DE L'ÉCONOMIE DES FINANCES ET DU BUDGET : *Livre blanc sur la réforme du financement de l'économie*, Paris, la Documentation française, 1986, pp. 37-44

QUESTIONS

1. Quelle est la vocation d'une place financière internationale ?
2. Quelles sont les caractéristiques d'une place financière internationale ?

3. Une place financière est d'abord un ensemble diversifié de marchés de capitaux permettant de satisfaire les différents objectifs des investisseurs et les multiples besoins des emprunteurs. Quels sont ces marchés de capitaux ?
4. Quelles sont les conditions de développement d'une place financière internationale ?
5. Quelle est la finalité d'un marché de certificats de dépôt ?
6. Quelle est la finalité d'un marché de billets de trésorerie ?
7. Quelle est la fonction économique des spécialistes en valeurs du Trésor ?
8. Quelles sont les principales manifestations de la modernisation de la bourse des valeurs de Paris ?
9. Quels sont les marchés d'options négociables ouverts à Paris ?

QUESTIONS A CHOIX MULTIPLES

Question 1

Le marché des actions présentant le caractère international le plus marqué est celui de :
— New York .... ☐
— Amsterdam .... ☐
— Londres .... ☐
— Paris .... ☐
— Tokyo .... ☐

Question 2

La première émission de certificats de dépôt sur la place financière de Paris a été effectuée :
— en juin 1971 .... ☐
— en novembre 1976 .... ☐
— en février 1979 .... ☐
— en avril 1981 .... ☐
— en mars 1985 .... ☐

Question 3

A Paris, le marché des billets de trésorerie permet :
— aux banques d'obtenir des ressources à court terme .... ☐
— aux entreprises de satisfaire des besoins de financement à court terme en leur évitant de s'adresser aux banques .... ☐
— au Trésor public d'émettre des titres financiers à court terme auprès des investisseurs institutionnels .... ☐

— aux particuliers de s'endetter directement sur le marché monétaire ☐
— d'établir un lien entre le marché monétaire, le marché hypothécaire et le marché obligataire .... ☐

Question 4

Les transactions sur le marché à terme des instruments financiers de Paris ont débuté le :
— 6 janvier 1976 .... ☐
— 22 août 1977.................................... ☐
— 9 décembre 1981 .... ☐
— 10 septembre 1985............................... ☐
— 20 février 1986................................. ☐
— 19 octobre 1986................................. ☐

Question 5

Le marché des options sur valeurs mobilières de Paris s'est ouvert le :
— 5 janvier 1986 .... ☐
— 12 juillet 1986 .... ☐
— 18 juin 1987 .... ☐
— 10 septembre 1987............................... ☐
— 14 janvier 1988 .... ☐

Question 6

Le marché des options sur contrats à terme d'emprunt notionel s'est ouvert à Paris le :
— 21 avril 1985.................................... ☐
— 4 février 1986.................................. ☐
— 10 juin 1986 .... ☐
— 15 octobre 1987 .... ☐
— 14 janvier 1988 .... ☐

Chapitre 23

LES GRANDES PLACES FINANCIÈRES INTERNATIONALES

Les grandes places financières internationales susceptibles d'offrir toute la gamme des services exigés par les entreprises sont peu nombreuses. Elles sont par ailleurs de plus en plus sérieusement concurrencées par les places bancaires off-shore.

Section I — Les places financières traditionnelles

Londres et New York qui sont les deux plus grandes places financières internationales sont les seules à pouvoir offrir la gamme complète des services exigés par les entreprises et les investisseurs. Les autres places sont moins importantes ou plus spécialisées.

§ 1. La place financière de Londres

La *City* de Londres est indiscutablement l'exemple le plus achevé de ce qu'est une place internationale. Les autres places européennes n'ont, en comparaison, qu'une activité relativement modeste. La *City* est organisée autour de six pôles : la Banque d'Angleterre, le Stock Exchange, les marchés de matières premières, les marchés à terme sur instruments financiers, le marché des changes et le marché des euro-devises.

A. — La Banque d'Angleterre

La Banque d'Angleterre exerce un contrôle efficace, mais discret, sur l'ensemble des opérations financières de la *City*. La supervision s'étend bien au delà des banques et des institutions financières. Elle concerne les marchés à terme de matières premières et de produits financiers, les opérations financières internationales, le marché des euro-devises et des émissions internationales, le marché des obligations publiques et les différents compartiments du marché monétaire domestique. Ce contrôle est marqué par le pragmatisme et cette caractéristique n'est pas étrangère au succès de la *City*.

La *City* s'est vue doter, au début de l'année 1985, d'un nouvel organisme de régulation, le *Securities and Investment Board* (SIB), dont les membres sont nommés par le ministre du Commerce et de l'Industrie et le gouverneur de la Banque d'Angleterre. L'objectif assigné à cet organisme est de protéger les opérateurs intervenant sur les différents marchés financiers et boursiers londoniens. L'autorité du SIB a été renforcée par le *Financial Services Act*, voté en 1986 par le Parlement britannique.

B. — Le Stock Exchange

Le statut actuel de la bourse des valeurs résulte du regroupement effectué en 1973 du London Stock Exchange et de six bourses régionales. Troisième marché mondial après New York et Tokyo et premier marché européen avec une capitalisation de 150 milliards de livres sterling au 31 décembre 1983, la bourse de Londres fut le témoin, au début du 17ᵉ siècle, des premiers échanges d'actions et d'obligations. Elle demeure jusqu'au milieu du 20ᵉ siècle la première bourse de valeurs dans le monde. 2 800 sociétés dont 500 étrangères sont régulièrement cotées sur le marché de Londres mais la plus grande partie des transactions concerne les titres obligataires émis par l'Etat. En 1983, les transactions atteignaient 288 milliards de livres sterling, mais sur ce total 20 % concernaient les actions et 80 % les titres obligataires publics.

La deuxième composante du marché des valeurs mobilières est l'Unlisted Securities Market. Réservé aux sociétés qui ne souhaitent pas accéder à la cote officielle, ce marché, ouvert en novembre 1980, regroupait fin 1983 plus de 200 lignes de cotation et connaissait un essort tout à fait impressionnant.

Pilier essentiel de la *City*, le London Stock Exchange, dénommé depuis 1987 International Stock Exchange, s'est adapté aux profondes modifications du système financier international en entreprenant, à la fin des années 1970, une réflexion approfondie sur ses modalités de fonctionnement qui devenaient, aux yeux de nombreux observateurs, un frein à son propre dynamisme.

Le 4 juin 1985, les 4 500 membres de la bourse approuvaient à une majorité de 80 % les propositions du Livre Blanc de Sir Nicholas Goodison, le président en exercice de la bourse depuis 1976. Deux résolutions essentielles étaient adoptées. La première autorisait les firmes de contrepartie (*jobber*) et de courtage (*broker*) à ouvrir leur capital en leur permettant de céder la totalité de leurs parts et non plus un maximum de 29,9 % à des investiseurs anglais ou étrangers. La seconde permettait aux sociétés de devenir ıembres du Stock Exchange, alors que cette possibilité était auparavant éservée à des individus.

L'adoption de ces mesures devait permettre aux banques et aux sociétés 'assurance, désireuses d'offrir à leur clientèle une gamme élargie de prouits financiers, de devenir membres du Stock Exchange et de prendre le ontrôle de firmes de contrepartie et de sociétés de courtage. Certaines 'entre elles n'avaient pas attendu juin 1985 pour prendre des participaions minoritaires. Tel était le cas du Crédit Suisse, qui avait acheté 29,9 % es parts de Buckmaster, de la banque Louis-Dreyfus et de nombreuses ıstitutions financières britanniques comme National Westminster, Barclays, ⁄Iidland Bank, Samuel Montagu et Hambros. Il est certain que ces établisements vont accroître leur participation et prendre le contrôle définitif de ombreuses firmes de courtage. Les grands courtiers américains et japoais ont, eux aussi, pris des participations majoritaires dans le capital des irmes de courtage britanniques afin d'accéder directement au Stock Exchange. Ces nouvelles dispositions auront pour conséquence de renforer la concentration des firmes de courtage et d'accroître l'internationaliation de la bourse.

La première banque à tirer parti de l'adoption du projet de réforme fut e Crédit Commercial de France. Dès le 6 juin, cette banque annonçait u'elle prenait le contrôle de Laurence Prust, l'une des grandes firmes de ourtage britanniques, en détenant après le 1er avril 1986, 80 % de son apital.

C. — Les marchés de matières premières

Londres a toujours tenu un rôle important dans le secteur des matières remières, qu'il s'agisse du négoce, du financement, du change ou du fret. D'où la présence de grandes sociétés de négoce international et l'émergence e marchés à terme de matières premières. De nombreux courtiers, pluieurs bourses de commerce et plus de vingt marchés à terme localisés autour e Mincing Lane assurent à Londres un rôle déterminant dans le négoce e nombreuses marchandises et un leadership européen incontesté.

Les marchés à terme de produits agricoles sont installés au London Futues and Options Exchange (London Fox) et au Baltic Futures Exchange. Le London Fox regroupe plusieurs marchés placés chacun sous la responabilité d'une organisation professionnelle qui contrôle les activités et les nterventions des opérateurs. Les marchés les plus importants portent sur e cacao, le café, le sucre roux et le sucre blanc. Situé à St Mary Axe, le Baltic Futures Exchange abrite les transactions à terme sur l'orge, le blé, a pomme de terre, les animaux, les oléagineux et les indices de fret.

Malgré les vicissitudes de l'économie britannique et la crise de l'étain, Londres est demeuré la grande place financière internationale pour les nétaux. Cause et conséquence de cette réalité, c'est au London Metal Exchange que se fixent les cours mondiaux des principaux métaux non fereux : cuivre, plomb, zinc. L'argent y est négocié depuis 1968, l'aluminium lepuis 1978 et le nickel depuis 1979.

Les transactions sur les produits pétroliers ont débuté à l'International Petroleum Exchange. Cette bourse, officiellement constituée durant la deuxième quinzaine d'octobre 1980 pour abriter plusieurs marchés à terme portant sur des produits pétroliers, a ouvert ses portes le 6 avril 1981. Les contrats, libellés en dollar américain, portent sur du gazole et du pétrole brut. Elle est désormais rattachée au London Fox.

D. — Les marchés d'options et les marchés à terme d'instruments financiers

Les marchés d'options et les marchés à terme d'instruments financiers, qui ont connu un fulgurant succès aux Etats-Unis, ont été acclimatés avec un moindre succès en Grande-Bretagne. Mais il est à porter au crédit de la place financière de Londres d'avoir essayé d'ouvrir tous les types de marchés à terme de produits financiers.

En 1981, à la suite de la remise d'un rapport préconisant l'ouverture de ce qui allait devenir le London International Financial Futures Exchange (LIFFE), la Banque d'Angleterre donnait un accord de principe à l'ouverture de marchés à terme d'instruments financiers. Le 30 septembre 1982, le gouverneur de la Banque d'Angleterre inaugurait en personne la mise en place des marchés du LIFFE, localisés au Royal Exchange.

Quatre marchés de contrats de devises cotés en dollar américain furent ouverts entre le 30 septembre et le 1er décembre 1982. Ils portaient sur la livre sterling, le deutsche mark, le franc suisse et le yen. En janvier 1986, le LIFFE ouvrait un marché à terme portant sur le dollar américain coté en deutsche mark. Les transactions ont toujours été réduites et, pour l'instant, ces marchés sont un échec.

S'agissant des titres financiers à revenu fixe, les dirigeants du LIFFE ont mis en place trois marchés en septembre et novembre 1982. Les contrats avaient pour support des dépôts en livres sterling à 90 jours, des dépôts en euro-dollar à 3 mois et un emprunt notionnel d'obligations publiques. Après un démarrage assez difficile, ces marchés connaissent depuis le quatrième trimestre 1984 une progression satisfaisante et régulière du volume des transactions. La volonté de développement des responsables du LIFFE les a conduit à introduire de nouveaux contrats portant respectivement sur les obligations du Trésor américain, les titres publics britanniques à moyen terme et les obligations du Trésor japonais.

Le 1er mai 1984 s'ouvrait un marché à terme portant sur un indice boursier : le Financial Times Stock Exchange 100 (FTSE 100), élaboré à partir des cours des 100 plus importantes sociétés cotées à la bourse des valeurs de Londres.

Des options sont également négociées à Londres. Au Stock Exchange, le marché des options sur valeurs mobilières, inauguré en avril 1978, a eu beaucoup de difficultés à démarrer. Mais depuis 1985, les transactions ont tendance à se développer avec vigueur. Des options sur devises, sur taux d'intérêt et sur l'indice FTSE 100 sont également offertes au London Traded Options Market. Le LIFFE a, quant à lui, ouvert sept options sur instruments financiers.

E. — Le marché des euro-devises

La *City* est la terre d'élection du marché des euro-devises. C'est là que le marché a pris naissance et s'est développé. Londres demeure aujourd'hui le plus grand centre mondial du marché des euro-devises. A la fin de l'année 1983, les dépôts interbancaires atteignaient près de 500 milliards de dollars, ce qui représentait 50 % du marché européen des euro-devises. De nombreuses innovations y furent développées : euro-certificats de dépôt, *euro commercial paper*, euro-crédits syndiqués etc... C'est à Londres que sont montés les grands crédits et les opérations les plus complexes.

L'essor du marché des euro-devises s'explique par l'importante concentration de banques étrangères, conjuguée à la compétence acquise pendant plusieurs dizaines d'années en matière de financement des activités internationales. Plus de 600 banques étrangères sont installées à Londres. Elles étaient moins d'une centaine en 1965. A ce chiffre, il faut ajouter près de 200 établissements financiers britanniques regroupant les grandes banques de dépôt (Barclays, National Westminster, Lloyds, Midland), les maisons d'escompte, les *merchant banks*, etc...

Londres s'est fait une spécialité du marché des émissions euro-obligataires. La complexité de ces opérations exige, en effet, un savoir-faire qui ne pouvait guère se trouver en dehors de Londres. Les principales institutions financières participant au marché euro-obligataire secondaire sont localisées dans la capitale britannique. L'installation de nombreux opérateurs spécialisés et de *market makers* performants traduit la force d'attraction d'une place très bien structurée.

F. — Les autres activités

La présence de la plus importante concentration bancaire dont on puisse rêver explique que Londres soit le premier marché des changes dans le monde, qu'il s'agisse des transactions au comptant ou des transactions à terme. L'abolition, en 1979, du contrôle des changes a contribué à renforcer le *leadership* de Londres et son rôle dans le monde[1].

Les 4 600 courtiers du Lloyd's et les très importantes compagnies d'assurance britanniques font de Londres le premier marché mondial de l'assurance et la réassurance. La *City* maintient sa place, malgré les difficultés qui ont assailli le Lloyd's depuis 1982 et les efforts de New York pour développer, avec succès, un marché de l'assurance.

Réminiscence de la gloire ancienne, Londres est demeuré le premier marché mondial de fret maritime et a conquis une part significative du fret aérien. Près de 80 % de ces activités sont négociées au Baltic Exchange.

C'est sans doute « par hasard » que le principal marché secondaire des œuvres d'art se trouve à Londres, grâce à la présence de Christie's et Sotheby's, mais « le hasard fait parfois bien les choses ».

---

1. *Cf.* les développements de la section 5 du chapitre 1.

Ces activités annexes permettent d'élargir la gamme des services offerts. Leur présence contribue à faire de cette place financière un véritable centre international.

§ 2. La place financière de New York

New York est une place financière très importante, mais elle n'est pas encore dotée de l'ensemble des services offerts par Londres. Son caractère international est par ailleurs moins affirmé.

New York est une grande place bancaire. Le récent développement des banques étrangères est la manifestation la plus éclatante de son développement international.

Le New York Stock Exchange est la plus importante bourse de valeurs dans le monde pour le volume des transactions quotidiennes et, selon la valeur du taux de change, la première ou la deuxième pour la capitalisation, avant ou après la bourse des valeurs de Tokyo. Si le volume des émissions étrangères est, depuis quelques années, inférieur à celui des émissions effectuées sur les places suisses, il n'en demeure pas moins très important. La prééminence du dollar et l'ampleur des marchés de capitaux américains font de New York un véritable centre de redistribution des capitaux à l'échelle de la planète. Si la suprématie de New York est incontestable pour les actions et les obligations, elle est encore plus accentuée pour les titres à court terme comme le *commercial paper*.

Le marché des changes américain n'est pas concentré, pour des raisons géographiques et techniques tenant à l'organisation bancaire, sur une seule place financière, mais la plus grande partie des transactions se fait à New York. L'importance de ce marché ne cesse de s'affirmer même s'il n'a pas encore atteint le niveau et la compétence de celui de Londres. Pour expliquer cette moindre performance, il convient de souligner que la part des échanges internationaux de biens et services dans le produit national brut est beaucoup plus faible aux Etats-Unis que dans l'ensemble des pays européens, et plus spécialement en Grande-Bretagne. Il faut mentionner surtout que le développement du marché des changes de New York est relativement récent, puisqu'il date de 1975.

New York est également une grande place financière pour certaines matières premières, comme l'argent, l'or, le sucre, le café, le cacao et le pétrole. Ce fait justifie l'importance de certains marchés à terme et leur essor depuis la fin de la décennie 1970.

Dans le domaine des nouveaux produits financiers, New York n'a pas fait preuve d'un très grand esprit d'initiative. Les marchés à terme de contrats de devises et de taux d'intérêt lui ont échappé au bénéfice de Chicago. Dans le domaine des options et des marchés à terme d'indices boursiers, elle a mieux tiré son épingle du jeu grâce aux efforts de l'American Stock Exchange dans le domaine des options et du New York Futures Exchange dans celui des contrats à terme d'indices boursiers.

Le secteur de l'assurance était l'une des grandes faiblesses de New York. Aussi, pour pallier cette lacune, des efforts considérables ont été accomplis depuis 1980 par la capitale financière américaine. La densité de certaines activités périphériques caractéristiques de la place de Londres, comme le fret et le négoce, font toujours défaut à New York.

§ 3. La place financière de Chicago

Chicago constitue le centre mondial des marchés à terme et des options. La capitale du Middle West abrite les deux plus grandes bourses de commerce et la plus importante bourse d'options du monde.

C'est dans le Middle West américain que les bases de l'industrie des marchés furent jetés il y a plus de 100 ans par des marchands de grains désireux de se protéger contre les fluctuations des prix de certains produits agricoles. C'est à Chicago également que les premiers marchés d'options se sont développés au début des années 1970 au sein d'une bourse spécialement créée à cet effet : le Chicago Board Options Exchange. Lieu de naissance des marchés à terme et des options négociables, principal centre des marchés à terme de produits agricoles, la capitale du Middle West s'est également imposée à la fin des années 1970 comme le promoteur et le leader des marchés à terme de produits financiers.

Trois bourses de commerce sont implantées dans la deuxième place financière américaine : le Chicago Board of Trade (CBOT), le Chicago Mercantile Exchange (CME) et le MidAmerica Commodity Exchange (MACE) devenu en 1986 une filiale à 100 % du CBOT. Les deux premières bourses citées assurent à elles seules 75 à 80 % du volume d'activité enregistré sur les marchés à terme américains et environ 60 % des transactions mondiales. Ces deux géants offrent les contrats les plus actifs. Le marché le plus performant est celui des obligations du Trésor avec une moyenne quotidienne de transactions de l'ordre de 300 000 contrats.

Le CBOE, la seule bourse d'options sur valeurs mobilières implantée à Chicago, draine 65 % de l'activité des marchés d'options américains. C'est lui qui, tous marchés confondus, négocie le contrat le plus actif : l'option Standard and Poor 100, dont le volume de transactions a atteint 57,4 millions de contrats en 1988 et 58,4 millions en 1989.

Bien que Chicago demeure le centre mondial incontesté de l'industrie des marchés à terme et des options, son importance relative a diminué au cours des dernières années du fait de la croissance des autres marchés américains et de l'implantation de nouvelles bourses en Europe, au Canada, au Brésil et en Extrême-Orient. Les bourses de Chicago répondent à cette concurrence en participant activement au processus d'internationalisation des marchés à terme, en introduisant de nouveaux contrats et en conceptualisant de nouveaux projets.

§ 4. Les places financières suisses

Zurich, Bâle, Genève et Lausanne sont les principales places suisses.

Ce sont de très importants centres bancaires qui jouent un rôle de premier plan pour la redistribution des capitaux internationaux à l'échelle du monde. Cette importance transparaît dans le fait que les places suisses sont le premier marché dans le monde pour les émissions étrangères.

En 1986, le volume traité en actions et en obligations suisses et étrangères ainsi qu'en papiers monétaires à court terme s'est élevé à 558 milliards de francs suisses pour la bourse de Zurich, 234 pour celle de Genève, 98 pour celle de Bâle et 21 pour celle de Lausanne (tableau 1).

Tableau 1
Evolution du chiffre d'affaires des bourses suisses

	1983	*1984*	*1985*	*1986*
Zurich	266.10	308.30	451.70	558.23
Genève	138.32	167.20	209.71	233.52
Bâle	54.65	67.60	85.77	98.48
Lausanne	10.57	12.50	17.87	20.99
Berne	2.00	2.40	3.70	3.86
Total	471.64	558.00	768.75	915.08

Unité : Milliards de francs suisses.

La gestion de très grandes fortunes est une autre caractéristique des places financières helvétiques.

Il ne faudrait cependant pas réduire le rôle des places suisses à une seule composante bancaire et boursière. La Confédération Helvétique est en effet l'un des centres les plus sophistiqués dans le négoce des matières premières.

Elle s'est lancée dans le domaine des marchés à terme financiers et des options sur valeurs mobilières avec l'ouverture, le 19 mai 1988, d'une bourse entièrement informatisée dénommée Swiss Options and Financial Futures Exchange (SOFFEX).

Depuis le début de la décennie 1980, la croissance des places suisses est inférieure à ce qu'elle était auparavant. De nombreuses places internationales ont, en effet, pris des mesures de libéralisation, en particulier dans le domaine fiscal, pour améliorer leur compétitivité par rapport aux places helvétiques alors que le gouvernement de Berne introduisait de nouvelles taxes et renforçait le poids de la fiscalité. Un excès de conservatisme et de prudence explique également l'insuffisant dynamisme de certains acteurs des places financières suisses.

§ 5. La place financière de Luxembourg

La place financière luxembourgeoise a pour origine l'instauration en 1929 d'un régime fiscal en faveur des sociétés holdings. Elle ne doit pas être assimilée pour autant à un paradis fiscal. Plus de 120 institutions financières, la plupart filiales de grandes banques occidentales ou des pays de l'Est, sont en effet implantées à Luxembourg.

En réalité, le développement du Luxembourg date du début des années 1960. Il fut induit par l'essor des marchés des euro-devises et des euro-obligations. Pour des raisons fiscales, en effet, les banques allemandes n'interviennent pas sur le marché des euro-devises depuis leur territoire national. Elles le font, en revanche, à partir de leurs filiales localisées à Luxembourg.

Depuis le début des années 1980, les responsables luxembourgeois ont encouragé l'implantation de sociétés d'assurance et de réassurance « captives ». Ils ont, pour ce faire, promulgué une réglementation attrayante relative à la détermination du revenu imposable des sociétés d'assurance. Ils envisagent, par ailleurs, d'installer prochainement un marché à terme d'instruments financiers.

§ 6. La place financière d'Amsterdam

Amsterdam est l'une des plus anciennes places financières européennes. Elle prit son essor au début du 17e siècle. Ses activités, qui s'étaient réduites au 19e siècle, se sont de nouveau développées depuis la fin de la seconde guerre mondiale.

La force d'Amsterdam réside dans la solidité de son système bancaire et dans la très grande liberté qui préside au développement des activités financières. L'importance du système bancaire néerlandais tient à la présence d'institutions de premier ordre comme Algemene Bank Nederland (ABN), Amsterdam-Rotterdam Bank (AMRO) et Rabobank (banque coopérative). Amsterdam bénéficie également de la présence de banques étrangères qui opèrent dans un climat de très grande concurrence. Parmi les plus importantes citons la Banque de Paris et des Pays-Bas (depuis plus d'un siècle), la BNP et, plus récemment, le Crédit Lyonnais à la suite de la prise de contrôle de Slavenburg Bank, la sixième banque locale. Les banques néerlandaises ont elles-mêmes une activité internationale significative qui les conduit à être actives sur les marchés financiers internationaux et à prendre des participations dans des banques étrangères. L'une des plus importantes est celle détenue par ABN chez Neuflize-Schlumberger-Mallet et chez la Banque Jordaan SA.

Amsterdam possède la plus ancienne bourse de valeurs mobilières du monde. Sa création remonte en effet à 1611. Des titres très importants y sont cotés comme ceux de Royal Dutch Shell, Unilever, Philips, ABN, AMRO, Heineken, etc...

L'European Options Exchange est le troisième maillon de la place financière d'Amsterdam. Ouverte en avril 1978, cette bourse connaît, après quelques années difficiles, un succès certain. On y traite des options négociables sur valeurs mobilières, sur taux d'intérêt (ce fut une création mondiale) et sur indices boursiers. En association avec les bourses de Montréal, Vancouver et Sydney, elle négocie des options sur l'or, l'argent et les devises.

Section II — Les places bancaires off-shore

Sans prétendre à l'exhaustivité, le tableau 2 fournit une liste assez complète des principales places bancaires *off-shore*. Nous examinerons leurs caractéristiques communes. Les avantages et les coûts pour les pays d'accueil feront l'objet des derniers développements de ce paragraphe.

§ 1. Les caractéristiques des places off-shore

Les places *off-shore* présentent cinq caractéristiques communes.

- Les obligations concernant le capital minimum des banques sont réduites ou inexistantes.
- Les droits de licence sont en général faibles.
- L'entrée des banques est relativement facile.
- Les impôts et prélèvements portant sur les opérations financières effectuées à l'extérieur sont très faibles ou inexistants. Quelques places exigent cependant le paiement d'un impôt sur les bénéfices.
- Les places bancaires *off-shore* n'imposent pas de réserves obligatoires sur les engagements vis à vis de l'extérieur.

Tableau 2
Les principales places bancaires off-shore

ANGUILLA
ANTILLES NEERLANDAISES
BAHAMAS
BAHREIN
BARBADE
ILES CAIMAN
COSTA RICA
EMIRATS ARABES UNIS
GUERNESEY
HONG-KONG
JERSEY
LIBAN
LUXEMBOURG
ILE DE MAN
NOUVELLES HEBRIDES
PANAMA
PHILIPPINES
SAINT VINCENT
SEYCHELLES
SINGAPOUR

§ 2. Les avantages d'une place off-shore pour le pays d'accueil

Les avantages sont directs et indirects.
Les avantages directs sont triples.

- Le pays d'accueil bénéficie des dépenses de fonctionnement effectuées par les banques *off-shore*.
- Le versement de salaires aux employés des banques sont l'un des avantages les plus importants pour le pays d'accueil.
- Dans certains cas, les impôts sur les bénéfices et les droits de licence représentent une source de revenus non négligeables pour le pays d'accueil.

Les avantages indirects d'une place *off-shore* peuvent être regroupés sous trois rubriques.

- Cette place permet aux autorités locales d'avoir un accès plus facile aux marchés financiers internationaux.
- La présence de banques étrangères accroît l'efficacité du système financier local.
- La présence de filiales de grandes banques internationales accroît la compétence du personnel local.

§ 3. Les coûts d'une place off-shore pour le pays d'accueil

Comme pour les avantages, les coûts sont directs et indirects.

Les coûts directs sont doubles.

- Le développement d'une place financière exige la mise en place d'un service de télécommunications qui est généralement coûteux.
- Quelle que soit la liberté dont bénéficient les banques et institutions financières, il est nécessaire d'effectuer un certain contrôle et de faire respecter une réglementation minimale ce qui induit des coûts non négligeables.

Il est possible de recenser trois coûts indirects.

- Le premier concerne la perte d'autonomie de la politique monétaire locale dans la mesure où, pour développer une place financière, il est nécessaire de faire preuve d'un très grand libéralisme et d'être ouvert aux mouvements internationaux de capitaux.
- Un deuxième coût provient de l'évasion fiscale des particuliers et des entreprises que rend possible la présence d'une place financière *off-shore.*
- Le troisième coût indirect induit par la présence d'une place financière *off-shore* est la concurrence accrue exercée sur le financement local par les filiales des grandes banques multinationales.

Références

A. — OUVRAGES

AYLING D.E. : *The Internationalisation of Stockmarkets*, Londres, Gower, 1986.

BRAILLARD Ph. : *La place financière suisse : politique gouvernementale et compétitivité internationale*, Genève, Georg, 1987.

CLARKE W. M.. : *How the City of London Works : an Introduction to its Financial Markets*, London, Waterlow Publishers, 1988.

EITEMAN W.J., EITEMAN S.C. : *Nine Leading Stock Exchanges*, Ann Arbor, Michigan International Business Studies N° 10, The University of Michigan, 1968.

GERMIDIS D., MICHALET C.A. : *Banques internationales et places financières dans les pays en développement,* Paris, OCDE, 1984.

KERR I.M. : *Big Bang*, London, Euromoney Publications, 1986.

Mc RAE H., CAIRNCROSS F. : *Capital City : London as a Financial Center*, Londres, Methuen, 1985.

MICHALET C.A. (ed) : *Internationalisation des banques et des groupes financiers*, Paris, Ed du CNRS, 1981, pp. 229-274.

NEUE ZÜRCHER ZEITUNG : *Les principales places financières du monde,* Paris, Chambre de commerce suisse en France.

REDSLOB A. : *La Cité de Londres,* Paris, Economica, 1983.

SPRAY D.E. (ed) : *The Principal Stock Exchanges of the World,* Washington D.C., International Economic Publishers, 1984.

B. — ARTICLES

BANK OF ENGLAND QUARTERLY BULLETIN : London as an International Financial Centre, *Bank of England Quarterly Bulletin*, novembre 1989, pp. 516-528.

BERGER M. : Hong-Kong, pôle économique et financier, *Le Mois,* avril 1982, pp. 20-23.

BLANDEN M. : Financial Centre : London, *The Banker*, novembre 1989, pp. 35-87.

FINANCIAL TIMES : European Finance and Investisment : Offshore Centres, *Financial Times*, 29 mars 1990, pp. 13-16.

MAKIN C. : Will the City ever Recover ? *Institutional Investor*, novembre 1989, pp. 49-58.

Mc CARTHY O. : Les places bancaires off-shore : avantages et coûts, *Finances et Développement,* décembre 1979, pp. 45-48.

LEPETIT J.F. : Les places bancaires off-shore, *Banque,* mars 1981, pp. 291-300.

KENDRICK D.W. : The Future of London as an International Financial Centre, *Long Range Planning,* février 1980, pp. 42-47.

LAMY P. : La place financière de Hong Kong, *Economie prospective internationale*, 3e trimestre 1986, pp. 25-42.

THE BANKER : Financial Centre : Chicago, *The Banker*, décembre 1987, pp. 18-25.

THE BANKER : Financial Centre, Amsterdam, *The Banker*, juin 1988, pp. 59-68.

THE BANKER : Financial Centre : London, *The Banker*, novembre 1987, pp. 49-112.

THE BANKER : Financial Centre : New York, *The Banker,* mars 1985, pp. 99-147.

Pour suivre le développement des différentes places financières internationales, le lecteur consultera les revues et journaux suivants :

Banque
Euromoney
Financial Times
International Herald Tribune
The Banker
The Wall Street Journal

QUESTIONS

1. Quelles sont les grandes places financières internationales ?
2. Autour de quels pôles est organisée la place financière de Londres ?
3. Quelle est la fonction du *Securities and Investment Board* ?
4. Quels sont les principaux marchés de matières premières localisés à Londres ?
5. Quels sont les principaux contrats à terme négociés au London International Financial Futures Exchange ?
6. Quelles sont les principales caractéristiques de la place financière de New York ?
7. Quelles sont les principales bourses de Chicago ?
8. Quels sont les points forts de la place d'Amsterdam ?
9. Quelles sont les principales caractéristiques de la place financière de Luxembourg ?
10. Citez les plus importantes places bancaires *off-shore*.
11. Quelles sont les caractéristiques communes aux différentes places bancaires *off-shore* ?
12. Quels sont les avantages et les inconvénients d'une place bancaire *off-shore* ?

QUESTIONS A CHOIX MULTIPLES

Question 1

La plus importante place financière mondiale dans le domaine des matières premières est :
— Paris .... ☐
— Londres .... ☐
— Chicago .... ☐
— New York .... ☐
— Hong-Kong .... ☐

Question 2

L'exemple le plus achevé de place financière internationale est :
— New York .... ☐
— Chicago .... ☐
— Londres .... ☐
— Singapour .... ☐
— Amsterdam .... ☐

Question 3

En terme de capitalisation le premier marché boursier européen est :
— Paris .... ☐
— Londres .... ☐
— Amsterdam .... ☐
— Zurich .... ☐
— Luxembourg .... ☐

Question 4

La première bourse de valeurs ouverte en Europe fut celle de :
— Paris .... ☐
— Londres .... ☐
— Amsterdam .... ☐
— Zurich .... ☐
— Luxembourg .... ☐
— Genève .... ☐

Question 5

Le LIFFE s'est ouvert le :
— 20 octobre 1975 .... ☐
— 27 août 1977 .... ☐
— 30 septembre 1982 .... ☐
— 1er mars 1983 .... ☐
— 19 mai 1984 .... ☐

Question 6

Le marché des options sur valeurs mobilières de Londres s'est ouvert en :
— janvier 1975 .... ☐
— avril 1978 .... ☐
— juin 1980 .... ☐
— décembre 1982 .... ☐
— août 1984 .... ☐

CONCLUSION DE LA SIXIÈME PARTIE

L'internationalisation croissante des marchés de capitaux, le développement international des entreprises et l'extension des réseaux bancaires ont donné naissance à des places financières sur lesquelles sont concentrés compétence et savoir-faire. Ces places sont de fantastiques pôles d'attraction et des centres d'innovation. C'est là que s'élaborent les nouvelles technologies financières. Les véritables places internationales sont peu nombreuses mais leur influence est déterminante dans l'évolution et la diffusion des techniques financières internationales.

A côté de Londres, New York et Chicago se développent de nouveaux centres financiers dont l'influence est croissante. Tel est le cas de Singapour, Hong-Kong, Sydney. Des places financières autrefois autarciques et déconnectées des flux financiers internationaux s'ouvrent au monde extérieur et prennent leur essor. Tel est le cas de Paris et Tokyo. Toutes ces places font preuve d'une indéniable vitalité. Ce dynamisme est également celui des acteurs qui animent ces centres financiers.

CONCLUSION GÉNÉRALE

La finance internationale, les marchés internationaux de capitaux, les techniques financières internationales sont des domaines fascinants sur le plan de la théorie et celui des techniques.

La théorie financière internationale n'a pratiquement pas été abordée dans ce livre. La pratique financière internationale est à peine esquissée.

Notre objectif n'était pas d'être original ou exhaustif. Il était de présenter aux lecteurs le minimum indispensable à une meilleure perception du contexte dans lequel évoluent les entreprises et les institutions financières les plus performantes. Il était également de les amener à mieux comprendre certaines techniques auxquelles elles recourent. Notre objectif secondaire était de les inciter à aller plus loin sur le plan de la théorie et celui des pratiques. Nous n'aurions pas perdu notre temps si ces lecteurs acceptaient, après fermeture de cet ouvrage, de lire plus attentivement les articles et les ouvrages théoriques et décidaient d'être à l'affût des développements de la pratique financière internationale.

BIBLIOGRAPHIE GÉNÉRALE

ABDULLAH F.A. : *Financial Management for the Multinational Firm,* New York, Prentice-Hall, 1987.

ALTMAN E.I. : *Handbook of Financial Markets and Institutions*, 6e éd., New York, John Wiley, 1987.

BANQUE DES REGLEMENTS INTERNATIONAUX : *Recent Innovations in International Banking*, Bale, Banque des règlements internationaux, avril 1986.

BOMMENSATH M. : *Fluctuations monétaires et gestion financière de l'entreprise,* Paris, Ed. Hommes et Techniques, 1982.

BODINAT H. de, DE LEERSNYDER J.M., GHERTMAN M., KLEIN J., MAROIS B. : *Gestion internationale de l'entreprise,* Paris, Dalloz, 1978.

BOUDINOT A., CHARDONNEREAU J., FRABOT J.C. : *Dictionnaire : banque, bourse, commerce extérieur,* Paris, Clet, Editions Banque, 1981.

BROOKE M.Z., REMMERS H.L. : *La stratégie de l'entreprise multinationale,* Paris, Sirey, 1973.

CARLSON S. : *International Financial Decisions,* Scandinavian University Books, 1969.

CAVES R., JONES R. : *Economie internationale - Les Finances,* Paris, A. Colin, 1981.

CENTRE FRANÇAIS DU COMMERCE EXTÉRIEUR : *Guide des aides aux entreprises exportatrices,* 5e éd., Paris, CFCE, 1986.

CHAMPION P.F., TRAUMAN J. : *Mécanismes de change et marché des eurodollars,* 3eéd., Paris, Economica, 1982.

COPELAND L.S. : *Exchange Rate and International Finance*, Wockingham, Addison-Wesley, 1989.

ECOLE NATIONALE D'ADMINISTRATION : *Monnaie et finances internationales,* Paris, 1980.

EITEMAN D.K., STONEHILL A.I. : *Multinational Business Finance,* 5e éd., Reading, Mass, Addison-Wesley, 1989. Traduction française de la 1re éd. : *La gestion financière des entreprises multinationales,* Paris, Technic-Union, 1974.

FEIGER G., JACQUILLAT B. : *International Finance - Text and Cases,* Boston, Allyn and Bacon, 1982. Traduction française : *Finance internationale,* Paris, Dalloz, 1982.

FROGER A., GALZY G. : *La fin du contrôle des changes ou comment gérer votre entreprise en économie libérale*, Villennes-sur-Seine, Castelange Diffusion, 1987.

GEORGE A.M., GIDDY I.H. (eds) : *International Finance Handbook,* tomes 1 et 2, New York, John Wiley, 1983.

GRABBE J.O. : *International Financial Markets,* New York, Elsevier 1986.

GRUB Ph. D., GHADAR, F., KHAMBATA D. (eds) : *The Multinational Enterprise in Transition. Selected Readings and Essays,* Princeton, NJ, The Darwin Press, 1986.

HOTING H.G., SCHMOLL G.A. : *Vendre à l'étranger*, tomes 1 et 2, Genève, Market Development Publication, 1977.

KLEIN J., MAROIS B. : *Gestion et stratégie financières internationales*, Paris, Dunod, 1985.

LESSARD D.R. (ed) : *International Financial Management — Theory and Application,* New York, John Wiley and Sons, 1979.

LEVI M. : *International Finance,* New York, McGraw-Hill, 1983.

LINDERT P.H. : *Economie internationale,* 8e ed., Paris, Economica, 1989.

MOSCHETTO B. : *Les opérations internationales de banque*, Paris, Les cours de droit, 1981-1982.

NEHRT L.C. (ed).: *International Finance for Multinational Business,* Scranton Pa, International Textbook Company, 1967.

NÊME C. : *Relations monétaires internationales,* Paris, Hachette, 1993.

PAGE R. du : *La pratique de l'exportation,* 5e éd., Paris, J. Delmas et Cie, 1980.

PEYNOT D. : *Gestion financière internationale des entreprises,* Paris, Ed. Montchrestien, 1987.

PEYRARD J. : *Gestion financière internationale*, Paris, Clet, 1985.

PICHARD du PAGE : *La pratique de l'exportation*, 6e éd., Paris, J. Delmas et Cie, 1986.

RAYMOND R., CHAUSSARD A. : *Les relations économiques et monétaires internationales,* Paris, La revue Banque, 1979.

ROBBINS S.M., STOBAUGH R.B. : *Money in the Multinational Enterprise,* New York, Basic Books, 1973.

RODRIGUEZ R.M., CARTER E.E. : *International Financial Management,* Englewood Cliffs, N.J., Prentice Hall, Inc. 1976.

SHAPIRO A.C. : *Multinational Financial Management*, 3e éd., Boston, Allyn and Bacon, 1989.

SHAPIRO A.C. : *International Corporate Finance*, 2e ed., Cambridge Mass., Ballinger, 1988.

SOLNIK B., ROLL R. : *Système monétaire international et risque de change,* Paris, Economica, 1978.

STERN J.M., CHEW D.H. (eds). : *New Developments in International Finance*, Oxford, Basil Blackwell, 1988.

STONEHILL A.I. (ed) : *Readings in International Financial Management,* Pacific Palisades, Calif., Godyear Publishing Company, 1970.

STOPFORD J.M., WELLS L.T. : *Managing the Multinational Enterprise,* New York, Basic Books, 1972.

SYRETT W.W. : *Finance of Oversea Trade,* 4e ed., Londres, Pitman, 1964.

USUNIER J.C. : *Environnement international et gestion de l'exportation*, Paris, PUF, 1985.

USUNIER J.C. : *Management international*, Paris, PUF, 1985.

WASSERMAN M.J., HULTMAN C.W., WARE R.M. : *Modern International Economics,* 2e ed., Cambridge, Mass, Schenkman Publishing Company, 1971.

WASSERMAN M.J., PRINDL A.R., TOWNSEND Jr. : *International Money Management,* American Management Association, 1972.

WESTON J.F., SORGE B.W. : *International Managerial Finance,* Homewood III, Richard, D. Irwin, 1972.

ZENOFF D.B. : *Management Principles for Finance in the Multinational,* Londres, Euromoney Publications, 1980.

ZENOFF D., ZWICK J. : *International Financial Management,* Englewood Cliffs, NJ., Prentice Hall, 1969.

ABRÉVIATIONS

ABN	Algemene Bank Nederland
ACE	Amex Commodities Exchange
ACS	Police assurance crédit simplifiée délivrée par la COFACE
ADEF	Agence d'analyse financière
AIBD	Association of International Bond Dealers
AKA	Ausfuhr Kreditgesellschaft
AMRO	Amsterdam Rotterdam Bank
AMEX	American Stock Exchange
ANVAR	Agence nationale pour la valorisation de la recherche
ATS	Schilling autrichien
AUD	Dollar australien
BE	Police bien d'équipement délivrée par la COFACE
BEF	Franc belge
BEI	Banque Européenne d'Investissement
BELFOX	Belgian Futures and Options Exchange
BFCE	Banque Française du Commerce Extérieur
BIRD	Banque Internationale pour la Reconstruction et le Développement
BM	Bourse de Montréal
BMF	Bolsa Mercantil & de Futuros
BNP	Banque Nationale de Paris
BTAN	Bon du Trésor à taux fixe et intérêts annuels
BTN	Bon du Trésor négociable
BTF	Bon du Trésor à taux fixe
BVT	Bourse des valeurs de Tokyo
CAD	Dollar canadien
CAF	Coût, assurance, fret
CBOE	Chicago Board Options Exchange
CBOT	Chicago Board of Trade
CEE	Communauté Economique Européenne
CEPII	Centre d'Etudes Prospectives et d'Informations Inter nationales
CEPME	Crédit d'Equipement des Petites et Moyennes Entreprises

CFTC	Commodity Futures Trading Commission
CGCEE	Commission des garanties et du crédit au commerce extérieur
CHF	Franc suisse
CIME	Assurance change import-export délivrée par la COFACE
CIRR	Commercial Interest Reference Rate
CME	Chicago Mercantile Exchange
CODEX	Comité de développement extérieur
COFACE	Compagnie Française d'Assurance pour le Commerce Extérieur
COFISE	Compagnie pour le financement des stocks à l'étranger
COMEX	Commodity Exchange
CNUCED	Conférence des Nations Unies pour le Commerce et le Développement
CSCE	Coffee Sugar and Cocoa Exchange
DEG	Deutsche Entwicklung Gesellschaft
DEM	Deutsche mark
DIE	Développement des investissements à l'étranger
DJF	Franc de Djibouti
DKK	Couronne danoise
DREE	Direction des relations économiques extérieures
DTB	Deutsche Terminbörse
DTS	Droits de Tirage Spéciaux
EA	Police bien d'équipement délivrée par la COFACE
ECGD	Export Credit Guarantee Department
EDF	Electricité de France
ECU	European Currency Unit
EOE	European Options Exchange
ESC	Escudo portugais
FAB	Franco à bord
FCP	Fonds commun de placement
FDES	Fonds de développement économique et social
FECOM	Fonds européen de coopération monétaire
FIM	Mark finlandais
FOB	Free on Board
FRA	Forward Rate Agreement
FRF	Franc français
FRN	Floating Rate Note
FTSE 100	Financial Times Stock Exchange 100
FUTOP	Guarantee Fund for Danish Options and Futures
GATT	General Agreement on Tariff and Trade
GBP	Livre sterling
GCP	Police globale délivrée par la COFACE couvrant le risque commercial et politique

GCP SUPERS	Police globale délivrée par la COFACE couvrant le risque commercial et politique réservée aux entreprises réalisant un chiffre d'affaires annuel à l'exportation inférieur à 3 millions de francs.
GRD	Drachme grecque
IEP	Livre irlandaise
IFOX	Irish Futures and Options Exchange
IMM	International Monetary Market
IOM	Index and Options Market
IPE	International Petroleum Exchange
IPEX	Investissement porteur d'exportations
ISDA	International Swap Dealers Association
ITL	Lire italienne
JPY	Yen
LCE	London Commodity Exchange
LIBOR	London Interbank Offered Rate
LIFFE	London International Financial Futures Exchange
LSE	London Stock Exchange
LTOM	London Traded Options Market
MACE	MidAmerica Commodity Exchange
MATIF	Marché à Terme International de France
MEFF	Mercados Financieros de Futuros
MCE	Mobilisation de créance à l'exportation
MITI	Ministère de l'industrie et du commerce extérieur japonais
MXP	Peso mexicain
NEGO	Assurance change négociation délivrée par la COFACE
NLG	Florin
NOK	Couronne norvégienne
NYCE	New York Cotton Exchange
NYFE	New York Futures Exchange
NYMEX	New York Mercantile Exchange
NYSE	New York Stock Exchange
NZD	Dollar néo-zélandais
NZFE	New Zealand Futures Exchange
OAT	Obligation assimilable du Trésor
OCDE	Organisation de Coopération et de Développement Economique
OPA	Offre publique d'achat
OPEP	Organisation des pays exportateurs de pétrole
OPIC	Overseas Private Investment Corporation
OTC	Over the Counter
PBOT	Philadelphia Board of Trade
PCT	Police délivrée par la COFACE couvrant le risque politique, catastrophique et de non transfert
PHLX	Philadelphia Stock Exchange

PIBOR	Paris Interbank Offered Rate
PME	Petite et moyenne entreprise
PNB	Produit national brut
PROPARCO	Société de promotion pour la coopération économique
PTA	Peseta espagnole
RUF	Revolveng Underwriting Facilities
SEK	Couronne suédoise
SFE	Sydney Futures Exchange
SIB	Securities and Investment Board
SIBOR	Singapore Interbank Offered Rate
SICAV	Société d'investissement à capital variable
SIMEX	Singapore International Monetary Exchange
SME	Système monétaire européen
SOFFEX	Swiss Options and Financial Futures Exchange
SOFININDEX	Société pour le financement des industries exportatrices
SP-ADEF	Standard and Poor's - Agence d'Evaluation Financière
SWIFT	Society for Worldwide Interbank Financial Telecommunications
TFE	Toronto Futures Exchange
TIFFEX	Tokyo International Financial Futures Exchange
TMO	Taux moyen des obligations
UFINEX	Union pour le financement et l'expansion du commerce international
USD	Dollar américain
VSE	Vancouver Stock Exchange
XEU	Ecu
ZRZ	Franc zaïrois

INDEX

TABLE DES MATIÈRES

Dans la même collection

ASSOCIATION FINANCE FUTURES, *Les marchés à terme d'instruments financiers.*

AUGROS J.C., *Finance : options et obligations convertibles,* 2e éd.

AUGROS J.C., *Les options sur taux d'intérêt.*

BAGLIN G., BRUEL O., GARREAU A. et GREIF M., *Management industriel et logistique.*

BARTOLI A. et HERMEL Ph., *Le développement de l'entreprise.*

BÉCHU T. et BERTRAND E., *L'analyse technique – Pratiques et méthodes.*

BÉCOUR J.C. et BOUQUIN H., *Audit opérationnel.*

BENOUN M. et HÉLIÈS-HASSID M.L., *Distribution – Acteurs et stratégies.*

BESSIS J., *Capital-risque et financement des entreprises.*

BIDAULT F., *Le champ stratégique de l'entreprise.*

BILET J.P., *Marchés à terme et gestion de l'économie pétrolière.*

BLANCHET J., *Gestion du bénévolat.*

BOUCHIKHI H., *Structuration des organisations.*

BOURBONNAIS R. et USUNIER J.C., *Pratique de la prévision des ventes – Conception de systèmes.*

BOURDIN J., *Les finances communales.*

BUCHALET J.L. et alii, *Le MONEP – Théorie et pratique.*

CAPET M., CAUSSE G. et MEUNIER J., *Diagnostic. Organisation. Planification d'entreprise,* 2e éd.

CASSON M., *L'entrepreneur.*

CAUVIN C. et COYAUD C., *Gestion hospitalière : finance et contrôle de gestion.*

CHARREAUX G., COURET A., JOFFRE P., KŒNIG G. et MONTMORILLON (de) B., *De nouvelles théories pour gérer l'entreprise.*

CHEVALIER F., *Cercles de qualité et changement organisationnel.*

CLERMONT-TONNERRE A. (de) et LÉVY M.A., *Les obligations à coupon zéro.*

COBBAUT R., *Théorie financière,* 2e éd.

COHEN E., *Analyse financière,* 2e éd.

COLASSE B., *Comptabilité générale,* 4e éd.

COLLIGNON E. et WISSLER M., *Qualité et compétitivité des entreprises,* 2e éd.

DARMON R.Y., *Management des ressources humaines des forces de vente.*

DELANDE M., *Marchés à terme : incertitude, information, équilibre.*

DENIS H., *Stratégies d'entreprise et incertitudes environnementales.*

DESBRIÈRES Ph., *Participation financière, stocks-options et rachats d'entreprise par les salariés.*

DUBOIS P.L. et JOLIBERT A., *Le marketing,* 2e éd.

DUTRÉNIT J.M., *Gestion et évaluation des services sociaux.*

ECOSIP, *Gestion industrielle et mesure économique.*

EVRARD Y. et alii, *Le management des entreprises artistiques et culturelles.*

FERRANDIER R. et KOEN V., *Marchés de capitaux et techniques financières,* 2e éd.

FONTAINE P., *Arbitrage et évaluation internationale des actifs financiers.*

GAUTHIER G. et THIBAULT M. (sous la direction de), *L'analyse coûts – avantages – défis et controverses.*

GENSSE P., *Système comptable et variations monétaires.*

GERVAIS M., *Contrôle de gestion et stratégie de l'entreprise*, 4e éd

GIARD V., *Gestion de la production,* 2e éd.

GIARD V., *Gestion de projets.*

GIARD V., *Statistique appliquée à la gestion.*

GOBRY P., *La Bourse aux indices.*

GONTIER J.L. et MATHÉ J.C., *Politiques et procédures d'abando de produits dans l'entreprise.*

GOUILLART F., *Stratégie pour une entreprise compétitive,* 2e éd.

HATEM F., *La prospective – Pratiques et méthodes.*

HERMEL Ph. (sous la direction de), *Management européen et inte national.*

HOESLI M., *Investissement immobilier et diversification portefeuille.*

JABES J. (sous la direction de), *Gestion stratégique internationale*

JACQUEMOT P., *La firme multinationale : une introduction écon mique.*

JOFFRE P. (sous la direction de), *L'exportation dans la turbuler mondiale.*

JOFFRE P. et KŒNIG G. (coordonné par), *L'euro-entreprise.*

JOFFRE P. et KŒNIG G., *Stratégie d'entreprise. Antimanuel.*

KALIKA M., *Structures d'entreprises.*

KAST R., *Rationalité et marchés financiers.*

KAST R. et LAPIED A., *Fondements microéconomiques de la théorie des marchés financiers.*

LA BRUSLERIE H. (de), *Gestion obligataire internationale.*

LA BRUSLERIE H. (de) et alii, *Ethique, déontologie et gestion de l'entreprise.*

LABOURDETTE A. (éd.), *Mélanges en l'honneur de Jean-Guy Mérigot.*

LEBAN R., *Politique de l'emploi dans l'entreprise en termes de contrôle optimal.*

LEVASSEUR M. et QUINTART A., *Finance,* 2e éd.

LEVITT Th., *L'imagination au service du marketing.*

LILIEN G.L., *Analyse des décisions marketing.*

McCARTHY E.J. et PERREAULT W.D., Jr., *Le marketing. Une approche managériale,* 8e éd.

MARIET F., *La télévision américaine*, 2e éd.

MARION A. (sous la direction de), *Le diagnostic d'entreprise.*

MARMUSE C., *Politique générale.*

MARQUET Y., *Les marchés d'options négociables sur contrat à terme.*

MARTINET A.C. (coordonné par), *Epistémologies et sciences de gestion.*

MONTMORILLON B. (de), *Les groupes industriels.*

MORVAN Y., *Fondements d'économie industrielle,* 2e éd.

MOURGUES N., *Financement et coût du capital de l'entreprise.*

NOËL A. (sous la direction de), *Perspectives en management stratégique.*

NTAMATUNGIRO J., *Stabilisation des recettes d'exportation : stock régulateur, marchés à terme et options.*

ÈNE D., *Evaluation et prise de contrôle de l'entreprise*, 2e éd.

ORTER M.E., *Choix stratégiques et concurrence.*

UITTARD-PINON F., *Marchés des capitaux et théorie financière.*

AIMBOURG Ph., *Les agences de rating.*

ICHARD J., SIMONS P. et BAILLY J.M., *Comptabilité et analyse financière des groupes.*

OURE F., *Stratégies financières sur le MATIF et le MONEP.*

OY B., *Méthodologie multicritère d'aide à la décision.*

ROY B. et BOUYSSOU D., *Aide multicritère à la décision : méthodes et cas.*

SAVALL H., *Enrichir le travail humain : l'évaluation économique.*

SAVALL H. et ZARDET V., *Maîtriser les coûts et les performances cachés,* 2e éd.

SIMON H.A., *Administration et processus de décision.*

TRÉSARRIEU J.P. (sous la direction de), *Réflexions sur la comptabilité – Hommage à Bertrand d'Illiers.*

VAN HORNE J.C., *Principes de gestion financière.*

VATTEVILLE E., *Mesure des ressources humaines et gestion de l'entreprise.*

WOOT (de) Ph., *Les entreprises de haute technologie et l'Europe.*

WOOT (de) Ph. et DESCLÉE de MAREDSOUS X., *Le management stratégique des groupes industriels.*

Composé par Economica, 49, rue Héricart, 75015 PARIS
Imprimé en France. - JOUVE, 18, rue Saint-Denis, 75001 PARIS
N° 211602V. - Dépôt légal : Septembre 1993